KB101191

여러분의 합격을 응원하는
해커스경찰의 특별 혜택!

FREE 경찰 범죄학 **동영상강의**

해커스경찰(police.Hackers.com) 접속 후 로그인 ▶ 상단의 [무료강좌 → 경찰 무료강의] 클릭하여 이용

회독용 답안지 (PDF)

해커스경찰(police.Hackers.com) 접속 후 로그인 ▶ 상단의 [교재·서점 → 무료 학습 자료] 클릭 ▶
본 교재 우측의 [자료받기] 클릭하여 이용

해커스경찰 온라인 단과강의 **20% 할인쿠폰**

BE5D2698EFEEEBTN

해커스경찰(police.Hackers.com) 접속 후 로그인 ▶ 상단의 [내강의실] 클릭 ▶
[쿠폰/포인트] 클릭 ▶ 쿠폰번호 입력 후 이용

* 등록 후 7일간 사용 가능(ID당 1회에 한해 등록 가능)

합격예측 **모의고사 응시권 + 해설강의 수강권**

28C7483695A45459

해커스경찰(police.Hackers.com) 접속 후 로그인 ▶ 상단의 [내강의실] 클릭 ▶
[쿠폰/포인트] 클릭 ▶ 쿠폰번호 입력 후 이용

* ID당 1회에 한해 등록 가능

쿠폰 이용 관련 문의 **1588-4055**

단기 합격을 위한

해커스  커리큘럼

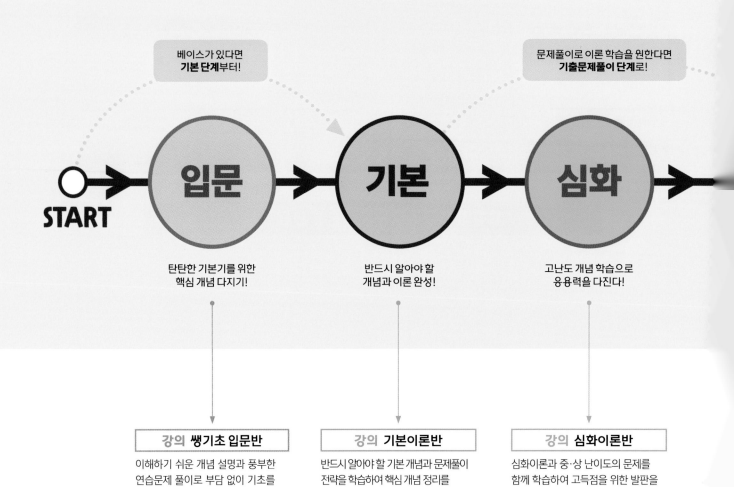

베이스가 있다면
기본 단계부터!

문제풀이로 이론 학습을 원한다면
기출문제풀이 단계로!

START → **입문** → **기본** → **심화** →

입문
탄탄한 기본기를 위한
핵심 개념 다지기!

기본
반드시 알아야 할
개념과 이론 완성!

심화
고난도 개념 학습으로
응용력을 다진다!

강의 쌩기초 입문반

이해하기 쉬운 개념 설명과 풍부한 연습문제 풀이로 부담 없이 기초를 다질 수 있는 강의

강의 기본이론반

반드시 알아야 할 기본 개념과 문제풀이 전략을 학습하여 핵심 개념 정리를 완성하는 강의

강의 심화이론반

심화이론과 중·상 난이도의 문제를 함께 학습하여 고득점을 위한 발판을 마련하는 강의

단계별 교재 확인 및
수강신청은 여기서!

police.Hackers.com

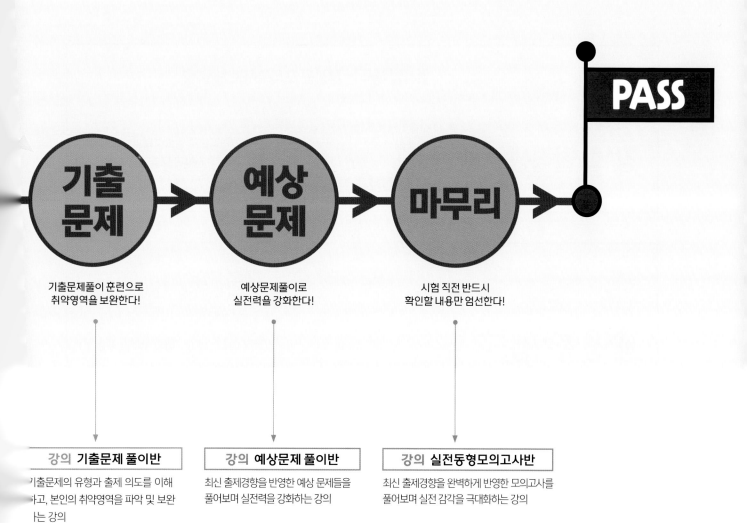

* 커리큘럼은 과목별·선생님별로 상이할 수 있으며, 자세한 내용은 해커스경찰 사이트에서 확인하세요.

기출문제 → **예상문제** → **마무리** → **PASS**

기출문제
기출문제풀이 훈련으로
취약영역을 보완한다!

강의 기출문제 풀이반
기출문제의 유형과 출제 의도를 이해하고, 본인의 취약영역을 파악 및 보완하는 강의

예상문제
예상문제풀이로
실전력을 강화한다!

강의 예상문제 풀이반
최신 출제경향을 반영한 예상 문제들을 풀어보며 실전력을 강화하는 강의

마무리
시험 직전 반드시
확인할 내용만 엄선한다!

강의 실전동형모의고사반
최신 출제경향을 완벽하게 반영한 모의고사를 풀어보며 실전 감각을 극대화하는 강의

강의 봉투모의고사반
시험 직전에 실제 시험과 동일한 형태의 모의고사를 풀어보며 실전력을 완성하는 강의

해커스경찰

노신 범죄학

단원별 기출+실전문제집

해커스경찰

노신

약력

현 | 해커스경찰 범죄학 강의
해커스공무원 교정학 강의
변호사

저서

해커스경찰 노신 범죄학 단원별 기출+실전문제집
해커스경찰 노신 범죄학 기본서
해커스공무원 노신 교정학 기본서
해커스공무원 노신 교정학 단원별 기출문제집
해커스공무원 노신 교정학 법령집
해커스공무원 노신 교정학 실전동형모의고사
해커스공무원 노시 교정학 핵심요약집

서문

범죄학이란 사회현상으로서의 비행과 범죄에 대한 지식의 체계로서, 과학적 원리를 적용하여 범죄행위와 그에 대한 사회의 반응에 대해 연구하는 학문을 말합니다.

경찰공무원시험 과목개편에 따라, 2022년부터 범죄학이 경찰간부후보생 선발시험과 경찰행정학과 경력채용시험에 필수과목으로 도입되었고, 더불어 해양경찰 간부후보(일반) 선발시험에도 선택과목으로 도입되었습니다.

다른 과목들도 마찬가지겠지만, 범죄학을 처음 접하는 수험생의 입장에서는 그 용어와 표현을 이해하는 것이 상당히 어려울 것으로 생각되며, 이는 '범죄학'이라는 학문의 특성상 불가피한 것입니다.

그러므로 '범죄학'을 준비하는 첫 번째 단계는, 이론을 꾸준하게 반복 학습하여 범죄학의 용어와 표현에 익숙해지는 것입니다. 다음으로는 범죄학 기출문제와 이와 유사한 시험과목의 기출문제 및 실전문제를 학습함으로써 출제의 포인트를 확인하고 반복하는 것이 수험의 두 번째 단계입니다.

이를 위해 2023년에 출제된 범죄학 및 관련과목(형사정책, 교정학 등)의 기출문제를 분석하여 2024년 대비 <해커스경찰 노신 범죄학 단원별 기출+실전문제집>을 선보이게 되었습니다.

본 교재를 통해 수험생 여러분들이 범죄학의 핵심을 정확하고 용이하게 이해하여 고득점에 이를 수 있도록 부단히 노력하였습니다.

본 교재가 수험생 여러분의 범죄학 공부에 대한 소중한 첫걸음이 되기를 바랍니다.

더불어 경찰공무원 시험 전문 **해커스경찰(police.Hackers.com)**에서 학원강의나 인터넷 동영상강의를 함께 이용하여 꾸준히 수강한다면 학습효과를 극대화할 수 있을 것입니다.

"단 한 명만 뽑더라도 내가 합격하겠다!"는 마음으로 묵묵히 최선의 노력을 다한다면, 합격의 기쁨이 여러분과 함께할 것이라고 믿습니다.

2024년 1월

노신

목차

제1편

범죄학 기초

제1장 | 범죄

제1절 | 범죄의 정의

01 범죄와 구별되는 개념으로서 일탈(deviance)에 대한 설명으로 적절하지 않은 것은?

① 특정사회의 집단적 사회규범이나 행동규칙에 위반된 행위라고 정의할 수 있다.

② 비범죄화 정책을 수립할 때 중요한 판단척도가 된다.

③ 낙인이론은 일탈을 정의할 때 규범위반 여부보다 사회적 반응을 중시한다.

④ 법규범은 사회규범의 일부에 불과하므로 일탈이 항상 범죄가 되지는 않는다.

해설

② [×] '실질적 범죄개념'은 사회유해성과 법익침해성을 기준으로 하는 반사회적 행위로서 실정형법을 초월하여 타당할 수 있는 범죄화와 비범죄화의 실질적 기준을 제시한다.

① [○] 일탈행위란 사회에서 보편적으로 인정되는 규범에 의해 승인되지 않는 행위를 의미한다(사회학적 범죄개념).

③ [○] 낙인이론에서는 일탈자에 대한 사회구성원에 의한 낙인(사회적 반작용)과 그러한 낙인이 행위자의 주관에 미치는 영향에 관심을 두고 있다.

④ [○] 일탈행위 중 법규범을 위반한 유형을 범죄라고 보아 일탈과 범죄를 구별하기도 한다.

정답 ②

02 범죄학의 연구대상이 되는 범죄개념에 대한 설명으로 옳은 것은?

① 개별현상으로서 범죄는 개인의 자연스러운 현상으로 이해되나, 집단현상으로서 범죄는 비정상적인 사회적 현상으로 이해해야 한다.

② 상대적 범죄개념은 타당하지 않으며, 범죄개념은 절대적인 것으로 이해되어야 한다.

③ 형식적 범죄개념은 신범죄화와 비범죄화의 실질적 기준을 제시하기 위한 개념이다.

④ 형사정책에서 범죄개념은 일탈행위를 포함한다.

해설

④ [○] 형사정책에서 범죄는 사회학적 범죄개념인 일탈행위를 포함하는 넓은 개념이다.

① [×] 개별현상으로서 범죄는 개인의 비정상적인 현상으로 이해되나, 집단현상으로서 범죄는 자연스러운 하나의 사회적 현상으로 이해해야 한다.

② [×] 오늘날 절대적 범죄개념은 타당하지 않으며, 범죄개념은 상대적인 것으로 이해된다.

③ [×] 신범죄화와 비범죄화의 실질적 기준을 제시할 수 있다는 것은 실질적 범죄개념에 대한 평가이다.

정답 ④

03 범죄학의 연구대상에 관한 설명 중 옳은 것은?

16. 사시

① 범행주체인 범죄자와 범죄는 범죄학의 연구대상이 되며, 범행대상인 피해자는 이에 해당되지 않는다.
② 형식적 의미의 범죄개념은 법적 개념으로 형사입법을 통해 범죄인지 여부가 정해지게 된다.
③ 실질적 의미의 범죄개념은 시간과 장소에 따라 변하지 않는 고정된 범죄개념을 전제로 하는 것이다.
④ 집단현상으로서의 범죄는 사회 병리적 현상이므로 사회심리학의 관점에서 다루어야 하며 범죄학의 연구대상이 되지 않는다.
⑤ 일탈행위는 일반적으로 기대되는 행위와 모범적 행위에서 벗어나는 행위를 의미하므로 그 자체가 범죄가 되지 않는 알코올중독이나 자살기도, 가출 등이 이에 해당하고, 형식적 의미의 범죄는 일탈행위에 해당하지 않는다.

해설

② [○] 형식적 범죄개념은 범죄를 구성요건에 해당되는 위법, 유책한 행위로 규정한다(형법상 범죄개념).
① [×] 형사정책의 궁극적 목표는 범죄의 방지와 범죄자의 처우에 있다고 할 수 있으므로 형사정책의 대상은 자연히 '범죄'와 '범죄자' 그리고 그에 대한 '범죄방지대책'으로 모아지지만, 범죄의 대상이 되는 '피해자'의 문제도 빼놓을 수 없다. 특히 최근에 피해자학의 발전으로 '피해자' 문제에 대한 관심이 증대하고 있다.
③ [×] 실질적 범죄개념은 사회유해성과 법익침해성을 기준으로 하는 반사회적 행위로서, 실정형법을 초월하여 타당할 수 있는 신범죄화와 비범죄화의 실질적 기준을 제시하기 위한 개념이다(범죄학의 범죄개념). 형사정책의 대상으로 실질적 범죄개념을 포함하여야 하는 이유는 범죄개념에는 시간적 · 공간적 상대성과 가변성이 있기 때문이다.
④ [×] 일정시기 · 일정사회의 자연적 산물인 범죄의 총체를 의미한다(Criminality). 이는 개별범죄의 집합이 아니라, 전체로서 자연스러운 하나의 사회적 현상으로 이해해야 한다. 일정한 유형성 · 경향성을 나타내므로 사회학적 연구방법으로 접근할 수 있으며, 일반예방적 관점과 입법정책 · 사법정책의 주요대상이 된다.
⑤ [×] 일탈행위란 흔히 공동체나 사회에서 보편적으로 인정되는 규범에 의해 승인되지 않는 행위를 의미한다(사회학적 범죄개념). 일탈행위의 범위는 형법상의 범죄개념보다 넓어서 공동체에서 통용되는 모든 규범에 대한 침해가 포함된다.

정답 ②

04 다음 설명의 내용과 범죄학의 연구대상이 옳게 짝지어진 것은?

16. 보호

> ㄱ. 형법해석과 죄형법정주의에 의한 형법의 보장적 기능의 기준이 된다.
> ㄴ. 범죄행위뿐만 아니라 그 자체가 범죄로 되지 아니하는 알코올중독, 자살기도, 가출 등과 같은 행위도 연구의 대상이 된다.
> ㄷ. 사회유해성 내지 법익을 침해하는 반사회적 행위를 의미하며, 범죄화와 비범죄화의 기준이 된다.
> ㄹ. 범죄 가운데 시간과 문화를 초월하여 인정되는 범죄행위가 존재한다고 보고, 이는 형법상 금지 여부와 상관없이 그 자체의 반윤리성 · 반사회성으로 인해 비난받는 범죄행위이다.

> A. 실질적 범죄개념　　B. 자연적 범죄개념
> C. 형식적 범죄개념　　D. 사회적 일탈행위

	ㄱ	ㄴ	ㄷ	ㄹ
①	A	B	C	D
②	A	D	C	B
③	C	B	A	D
④	C	D	A	B

해설

ㄱ-C. '형식적 범죄개념'은 범죄를 구성요건에 해당되는 위법, 유책한 행위로 규정한다(형법상 범죄개념). 범죄개념의 명확성을 기할 수 있다.

ㄴ-D. '일탈행위'란 흔히 공동체나 사회에서 보편적으로 인정되는 규범에 의해 승인되지 않는 행위를 의미한다(사회학적 범죄개념). 일탈행위의 범위는 형법상의 범죄개념보다 넓어서 공동체에서 통용되는 모든 규범에 대한 침해가 포함된다.

ㄷ-A. '실질적 범죄개념'은 사회유해성과 법익침해성을 기준으로 하는 반사회적 행위로서, 실정형법을 초월하여 타당할 수 있는 신범죄화와 비범죄화의 실질적 기준을 제시하기 위한 개념이다(범죄학의 범죄개념).

ㄹ-B. '절대적 범죄개념'은 시간과 공간을 초월해서 디당하고 일정한 국가의 법질서와 무관한 '자연적 범죄개념'을 말한다(예 살인, 폭력, 절도, 강간 등). 가로팔로(Garofalo)는 시간과 문화를 초월하여 인정되는 범죄가 존재한다고 보고 이를 자연범이라고 하였다.

정답 ④

05 법과 범죄에 대한 합의론적 관점(consensual view)에 가장 잘 부합하는 범죄는?

① 간통죄
② 도박죄
③ 살인죄
④ 뇌물죄

해설

③ [○] 범죄에 대한 사회학적 정의는 범죄행위를 어떻게 정의하고, 범죄의 원인을 어떻게 볼 것인지에 따라 합의론적 관점, 갈등론적 관점, 상호작용론적 관점의 세 가지 형태로 나누어진다. 이 중 합의론적 관점이란 법률에 의하여 금지되는 범죄에 대한 일반적인 합의를 전제하는 것으로 보고 형법은 대다수 사회 구성원의 공통적인 가치, 신념, 견해를 반영한다는 입장이다. 살인죄가 그 대표적인 범죄라고 할 수 있다.

정답 ③

06 법과 범죄에 대한 합의론적 관점에 관한 설명으로 가장 적절한 것은?

22. 경행경채

① 법은 지배계층을 보호할 수 있는 도구가 된다.
② 법은 대부분의 사회구성원이 공유하는 가치와 규범에 의해 만들어진다.
③ 범죄는 사회가 낙인찍거나 정의하기 때문에 불법적인 행위가 된다.
④ 범죄는 실제 행위의 위해(危害) 여부와는 관계없이 사회세력에 의해 유지된다.

해설

② [○] 합의론적 관점에 관한 설명이다.
①④ [×] 갈등론적 관점에 관한 설명이다.
③ [×] 상호작용론적 관점에 관한 설명이다.

정답 ②

제2절 I 비범죄화

07 비범죄화에 관한 설명 중 옳은 것은?

① 사실상 비범죄화의 상태에 있는 범죄사건이 기소된 경우 법원은 면소의 판결을 해야 한다.
② 비범죄화의 대상으로 거론되는 피해자 없는 범죄로서 도박, 마약흡입, 환경오염행위 등을 들 수 있다.
③ 비범죄화의 대상으로 거론되는 성범죄로 혼인빙자간음죄, 강제추행죄, 간통죄 등이 있다.
④ 비범죄화는 형법의 최후수단성이나 보충성원칙에 부합한다.

해설

④ [○] 비범죄화란 형법이 가지는 보충적 성격과 공식적 사회통제기능의 부담가중을 고려하여 일정한 범죄유형을 형벌에 의한 통제로부터 제외시키는 경향을 말한다.
① [×] '사실상의 비범죄화의 경우'에는 당해 형벌법규를 폐지하여야 하지만, '아직 형벌법규가 폐지되지 않고 비범죄화 상태에 있는 사건이 기소된 경우'에는 어떻게 할 것인가에 대해 다음과 같이 견해가 대립한다.

☑ 면소판결설과 형면제판결설의 비교

면소판결설	당해 형벌법규는 관습법상 효력을 상실한 것으로서 폐지된 것과 같이 취급하여야 하고, 기소된 사건은 「형사소송법」 제326조의 '범죄 후의 법령개폐로 형이 폐지되었을 때'에 해당한다고 보아 면소판결을 해야 한다.
형면제판결설	「형법」에서 관습법상의 효력을 인정하는 것은 옳지 않으며, 형의 면제판결도 실질적으로는 비범죄화에 다름 아니기 때문에 형의 면제판결을 해야 한다.

② [×] 환경오염행위는 피해의 규모 및 범위가 막대하므로 비범죄화의 대상으로 보지 않는다.
③ [×] 비범죄화는 주로 개인적 법익이 아니라 사회적 법익을 침해하는 범죄, 피해자 없는 범죄에 대해서 주장된다. 강제추행죄는 개인적 법익에 대한 죄로서 비범죄화의 대상으로 보지 않는다.

정답 ④

08 비범죄화이론에 관한 설명 중 옳은 것은?

① 비범죄화이론은 입법자에 의한 법률규정 자체의 폐지만을 말한다.
② 피해자 없는 범죄와 개인적 법익에 관한 범죄에서 특히 문제된다.
③ 검찰의 기소편의주의에 의한 불기소처분은 비범죄화 논의의 대상이 아니다.
④ 비범죄화이론은 형사사법기관의 업무부담을 덜어주는 데 기여한다.

해설

④ [○] 형사사법기관의 과중한 업무부담의 해소를 위해 대량의 경미범죄에 대한 비범죄화가 요청되고 과잉범죄화에 대한 반성 및 형사사법경제상 비범죄화가 요구된다.
① [×] 비범죄화의 유형은 법률상의 비범죄화와 사실상의 비범죄화로 나눌 수 있다. '법률상의 비범죄화'란 입법작용이나 헌법재판소의 위헌결정 등에 의해 형벌법규가 무효화됨으로써 이루어지는 비범죄화를 의미하고, '사실상의 비범죄화'는 형사사법의 공식적 통제권한에는 변함이 없으면서도 일정한 행위양태에 대한 형사사법체계의 점진적 활동축소로 이루어지는 비범죄화를 의미한다.
② [×] 비범죄화는 주로 개인적 법익이 아니라 '사회적 법익을 침해하는 범죄, 피해자 없는 범죄' 등에 대해서 주장된다.
③ [×] 검찰의 불기소처분은 '사실상의 비범죄화'의 유형에 속한다(수사상 비범죄화).

정답 ④

09 범죄학의 연구대상에 관한 설명으로 옳지 않은 것은?

① 범죄구성요건으로 규정된 형식적 의미의 범죄뿐만 아니라 반사회적 법익침해행위로서 실질적 의미의 범죄도 연구대상이다.

② 일반적 기대를 벗어나는 일탈행위인 알코올음용, 자살기도, 가출 등도 연구대상이다.

③ 특정 개인에 의한 개별현상으로서의 범죄뿐만 아니라 일정 시기, 일정 사회의 산물인 집단현상으로서의 범죄도 연구대상이다.

④ 비범죄화해야 한다고 보는 범죄로는 교통범죄, 청소년범죄, 가정폭력범죄 등이 거론된다.

해설

④ [×] 경범죄, 청소년범죄, 가정폭력 등은 '과범죄화'의 대표적인 예이다. 과범죄화란 가정이나 공동체 등에 의한 비공식적 사회통제기능이 약화됨으로 인하여 그것이 규율하던 부분을 법이 담당하게 되는 경향을 말한다.

정답 ④

10 비범죄화에 대한 설명으로 옳지 않은 것은?

① 제2차 세계대전 후에 영국, 미국, 독일 등에서 가치관의 다양화에 기초한 개방사회의 이념을 배경으로 대두되었다.

② 형벌에 대신하여 과태료 등의 행정벌을 과하는 것은 비범죄화에 포함되지 않는다.

③ 피해자 없는 범죄의 처벌을 반대하는 입장과도 맥락을 같이 한다.

④ 매춘, 낙태, 도박 등의 처벌에 회의적인 입장이라 할 수 있다.

해설

② [×] 형법의 탈윤리화의 입장에서 비범죄화의 대상으로 거론되는 것으로는 간통죄, 낙태죄, 단순도박죄 등이 있다. 또한, 행정형법상의 처벌을 형벌이 아닌 과태료로 전환하는 것도 비범죄화의 일종으로 본다.

정답 ②

11 간통죄를 처벌하는 규정을 폐지하는 형법개정안이 국회에서 통과된 경우는 어떤 유형의 비범죄화라고 할 수 있는가?

① 법률상의 비범죄화로서 국가의 임무에 대한 인식의 변화로 그 행위에 대해 국가형벌권의 중립성이 요구되는 경우

② 법률상의 비범죄화로서 그 행위가 법적·사회적으로도 완전히 승인된 경우

③ 사실상의 비범죄화로서 국가가 일탈행위의 존재를 잘 알고 있으면서도 국가형벌권을 철회하고 그 문제해결을 사회에 일임한 경우

④ 사실상의 비범죄화로서 형사사법의 공식적 통제권한에는 변함이 없지만 그 행위에 대해 형사사법체계의 활동을 점진적으로 축소한 경우

해설

'법률상의 비범죄화'란 입법작용이나 헌법재판소의 위헌결정과 같은 판결에 의해 형벌법규가 무효화됨으로써 이루어지는 비범죄화를 의미한다. 이에는 ⓐ 비범죄화와 동시에 해당 행위가 법적·사회적으로도 완전히 승인되는 경우, ⓑ 국가의 임무에 대한 인식변화와 인권신장이 일정한 행위양태에 대해 국가적 중립성을 요구하는 경우, ⓒ 해당 행위의 가벌성이 법률적으로 여전히 인정되어 있음에도 국가가 여러 가지 이유에서 형법의 투입을 포기하는 경우 등의 유형이 있다.

반면에 '사실상의 비범죄화'는 형사사법의 공식적 통제권한에는 변함이 없으면서도 일정한 행위양태에 대해 형사사법체계의 점진적 활동 축소로 이루어지는 비범죄화를 의미한다. 검찰의 기소편의주의(불기소처분), 범죄관련자의 고소 · 고발 기피, 경찰의 무혐의처리, 법원의 절차중단 등에 의한 비범죄화를 예로 들 수 있다. 이는 형벌법규가 존재함에도 불구하고 수사기관이 사실상 수사하지 아니함으로써 달성되는 '수사상의 비범죄화'와 재판주체가 더 이상 범죄로 판단하지 않음으로써 달성되는 '재판상의 비범죄화'로 구분할 수 있다.

① [○] 형법이 개정된 경우이므로 '법률상의 비범죄화'에 해당하고, 간통죄가 폐지되는 경우는 개인의 애정문제에 대해 국가가 형벌권을 통해 개입하는 것이 부당하다는 인식의 변화에 기인하는 것으로 볼 수 있다. 따라서 위의 ⓑ 국가의 임무에 대한 인식변화와 인권신장이 일정한 행위양태에 대해 국가적 중립성을 요구하는 경우에 해당한다고 볼 수 있다.

정답 ①

12 비범죄화에 대한 설명으로 옳지 않은 것은?

10. 사시

① 비범죄화는 형법의 보충성 원칙이나 최후수단성 원칙에 부합한다.
② 비범죄화는 도덕 또는 윤리에 맡겨도 될 행위에서 특히 문제된다.
③ 비범죄화는 사회가치관의 변화에 따라 입법자뿐만 아니라 수사기관이나 법원에 대해서도 요청된다.
④ 경미한 범죄에 대해서도 형사사법의 경제적 관점에서 비범죄화가 주장된다.
⑤ 비범죄화가 주장되는 범죄로는 단순도박죄, 편의시설부정이용죄, 강제추행죄 등을 들 수 있다.

해설

⑤ [×] 비범죄화 대상으로 거론되는 것으로 간통죄, 혼인빙자간음죄, 낙태죄, 단순도박죄 등이 있다. 편의시설부정이용죄, 강제추행죄 등은 개인적 법익을 침해하는 범죄이므로 원칙적으로 비범죄화의 대상이 되지 않는다.

①② [○] 형법의 보충성(최후수단성)의 원칙에 따라 단순히 사회윤리와 도덕에 맡길 수 있는 영역이 형법에 범죄로서 규정되어 있다면 이를 비범죄화하는 것이 합리적이라고 한다.

③ [○] 입법자 또는 법원의 작용에 의한 비범죄화를 '법률상 비범죄화'라고 하며, 수사기관에 의한 비범죄화를 '사실상 비범죄화'라고 한다.

④ [○] 형사사법기관의 과중한 업무부담의 해소를 위해 대량의 경미범죄에 대한 비범죄화가 요청되고 과잉범죄화에 대한 반성 및 형사사법경제상 비범죄화가 요구된다.

정답 ⑤

13 범죄학상 비범죄화의 논의대상이 될 수 있는 범죄가 아닌 것은?

12. 사시

① 준강간
② 음란물 판매
③ 간통
④ 낙태
⑤ 성매매

해설

비범죄화란 형법의 보충성과 공식적 사회통제기능의 부담가중을 고려하여 일정한 범죄유형을 형벌에 의한 통제로부터 제외시키는 경향을 말한다. 이는 주로 개인적 법익이 아니라 사회적 법익을 침해하는 범죄, 피해자 없는 범죄 등에 대해서 주장된다(예 비영리적 공연음란죄, 음화판매죄, 간통죄, 성매매, 낙태죄, 단순도박죄, 동성애, 경미한 마약사용 등). 또한, 행정형법상의 처벌을 형벌이 아닌 과태료로 전환하는 것도 비범죄화의 일종으로 보기도 한다.

① [×] 준강간죄는 「형법」 제299조상 개인적 법익에 대한 죄에 속한다. 개인의 성적 자유를 침해하는 범죄로서 사회적 법익을 침해하는 범죄가 아니고, 피해자가 없는 것으로도 볼 수 없으므로 비범죄화의 대상이 되지 않는다.

정답 ①

14 비범죄화에 대한 설명으로 옳은 것은? 17. 교정

① 검사의 기소유예처분은 비범죄화와 관계가 없다.

② 형법의 탈도덕화 관점에서 비범죄화 대상으로 뇌물죄가 있다.

③ 비범죄화는 형사처벌의 완화가 아니라 폐지를 목표로 한다.

④ 비범죄화는 형법의 보충성 요청을 강화시켜주는 수단이 되기도 한다.

해설

④ [○], ② [×] 사회의 다원화와 가치의 다양화에 의해 '형법의 탈윤리화(최후수단성 · 보충성)'가 요청됨에 따라 비범죄화가 논의되는 것은 맞으나, 비범죄화는 주로 개인적 법익이 아니라 사회적 법익을 침해하는 범죄, 피해자 없는 범죄 등에 대해서 주장된다(예 비영리적 공연음란죄, 음화판매죄, 간통죄, 성매매, 낙태죄, 단순도박죄, 동성애, 경미한 마약사용 등). 뇌물죄는 '국가적 법익에 대한 죄'에 속하여 공무원의 직무집행의 공정과 직무행위의 불가매수성을 그 보호법익으로 하므로(판례), 비범죄화와는 거리가 있다.

① [×] 비범죄화의 유형은 아래와 같이 구분할 수 있는데, 기소유예처분은 사실상 비범죄화(중 수사상 비범죄화)에 속한다고 볼 수 있다.

☑ 비범죄화 유형

법률상 비범죄화	입법작용이나 헌법재판소의 위헌결정과 같은 판결에 의해 형벌법규가 무효화됨으로써 이루어지는 비범죄화	
사실상 비범죄화	형사사법의 공식적 통제권한에는 변함이 없으면서도 일정한 행위양태에 대해 형사사법체계의 점진적 활동축소로 이루어지는 비범죄화	
	수사상 비범죄화	수사기관(경찰 · 검찰)이 형벌법규가 존재함에도 불구하고 사실상 수사하지 아니하는 경우의 비범죄화(기소유예 등)
	재판상 비범죄화	재판주체(법원)가 더 이상 범죄로 판단하지 않아 재판을 종결하는 경우의 비범죄화

③ [×] 비범죄화는 행위에 대한 형사처벌의 폐지가 아니라 '형사처벌의 완화'를 목표로 한다.

정답 ④

15 비범죄화(Decriminalization)에 대한 설명으로 옳지 않은 것은? 23. 교정 9급

① 비범죄화의 예시로 혼인빙자간음죄가 있다.

② 형사사법 절차에서 형사처벌의 범위를 축소하는 것을 의미한다.

③ 형사사법기관의 자원을 보다 효율적으로 활용하자는 차원에서 경미범죄에 대한 비범죄화의 필요성이 주장된다.

④ 비범죄화의 유형 중에서 사실상 비범죄화는 범죄였던 행위를 법률의 폐지 또는 변경으로 더 이상 범죄로 보지 않는 경우를 말한다.

해설

④ [×] 사실상의 비범죄화는 형사사법의 공식적 통제권한에는 변함이 없으면서도 일정한 행위양태에 대해 형사사법체계의 점진적 활동 축소로 이루어지는 비범죄화를 의미한다. 지문의 내용은 '법률상 비범죄화'에 대한 설명이다.

① [○] 비범죄화의 예로서 비영리적 공연음란죄, 음화판매죄, 간통죄, 혼인빙자간음죄, 성매매, 낙태죄, 단순도박죄, 동성애, 경미한 마약사용 등을 들 수 있다.

② [○] 비범죄화란 형법의 보충성과 공식적 사회통제기능의 부담가중을 고려하여 일정한 범죄유형을 형벌에 의한 통제로부터 제외시키는 경향을 말한다.

③ [○] 형사사법기관의 과중한 업무부담의 해소, 과잉범죄화에 대한 반성 및 형사사법경제를 이유로 비범죄화가 요구된다.

정답 ④

16 비범죄화에 대한 설명으로 옳지 않은 것은?

23. 보호 7급

① 비범죄화는 형법의 보충적 성격을 강조한다.

② 비범죄화는 형사처벌에 의한 낙인의 부정적 효과를 감소시킨다.

③ 「형법」상 간통죄의 폐지는 비범죄화의 예라고 할 수 없다.

④ 피해자 없는 범죄는 비범죄화의 주요 대상으로 논의된다.

해설

③ [×] 간통죄(구 형법 제241조)는 2015.2.6. 헌법재판소에서 위헌 결정되었고, 이에 따라 2016.1.6. 형법에서 삭제되었다. 이는 '법률상의 비범죄화'에 해당한다.

① [○] 비범죄화는 사회의 다원화와 가치의 다양화에 의해 형법의 탈윤리화(최후수단성 · 보충성)가 요청됨을 근거로 한다.

② [○] 경미범죄의 처벌로 인한 낙인효과의 심각성에 대한 반성으로 비범죄화가 대두된다.

④ [○] 비범죄화는 개인적 법익 또는 국가적 법익이 아니라 주로 사회적 법익을 침해하는 범죄, 피해자 없는 범죄에 대해서 주장된다.

정답 ③

17 다음 중 범죄에 대한 설명으로 가장 옳지 않은 것은?

23. 해경간부

① 비범죄화란 지금까지 형법에 범죄로 규정되어 있던 것을 폐지하여 범죄목록에서 삭제하거나 형사처벌의 범위를 축소하는 것이다.

② 신범죄화(신규 범죄화)란 지금까지 존재하지 않던 새로운 형벌구성요건을 창설하는 것이다.

③ 도구적 범죄란 범죄자의 경제적 위치나 사회적 위치를 향상시키기 위한 범법행위를 의미한다.

④ 형식적 의미의 범죄는 법규정과 관계없이 반사회적인 법익침해행위이고, 실질적 의미의 범죄는 형법상 범죄구성요건으로 규정된 행위이다.

해설

④ [×] 형식적 의미의 범죄는 형법상 범죄구성요건으로 규정된 행위이고(형법상 범죄개념), 실질적 의미의 범죄는 법규정과 관계없이 반사회적인 법익침해행위이다.

정답 ④

제3절 | 암수범죄(숨은범죄)

18 암수범죄에 관한 설명 중 옳지 않은 것은?

① 피해자 없는 범죄의 경우에 암수율이 높다.
② 화이트칼라 범죄의 경우에 암수율이 높다.
③ 암수범죄의 조사는 범죄통계표의 한계를 보완할 수 있다.
④ 암수범죄의 조사방법 중 피해자조사는 경미한 피해사례까지 정확하게 조사할 수 있다는 장점을 갖는다.

해설

④ [×] 피해자조사는 ⓐ 피해자를 개인으로 구체화할 수 없는 추상적 위험범, ⓑ 법인이나 재단 등 피해자가 개인이 아닌 범죄, ⓒ 보편적 법익과 관련되는 범죄, ⓓ 피해자로부터 범죄로 인식되지 않는 범죄, ⓔ 마약관련범죄나 성범죄처럼 피해자가 숨기기를 원하는 범죄 또는 객관적으로 범죄가 분명하지만 본인이 별 것이 아닌 일로 여기는 경우(경미범죄)나 ⓕ 기억조차 하기 싫은 중범죄의 경우 등과 같은 유형의 범죄에 대해서는 피해자조사가 이루어질 수 없다는 한계가 있다.

정답 ④

19 암수범죄(Hidden crime)에 관한 설명 중 옳지 않은 것은? 16. 사시

① 수사기관이 범죄의 혐의가 명백히 존재함에도 개인적 편견에 따라 차별적 취급을 한 경우 암수범죄로 볼 수 없다.
② 수사기관이 범죄피해자가 아닌 제3자의 신고를 받고 범죄를 인지하여 해결한 경우 암수범죄로 볼 수 없다.
③ 암수범죄는 성매매, 낙태, 도박과 같이 피해자가 없거나 피해자와 가해자의 구별이 어려운 범죄에 많이 발생한다.
④ 피해자를 대상으로 하는 암수조사는 기억의 부정확성으로 인하여 오류가 발생할 수 있다.
⑤ 자기보고조사는 보고자가 자신의 추가범죄사실에 대한 발각이 두려워 사실을 은폐하는 등 진실성에 문제가 있을 수 있다.

해설

① [×] 비판범죄학에서는 낙인이론과 결합하여 법집행과정에서 집행주체인 경찰 · 검찰 · 법원 등의 편견이나 가치관에 따라 범죄자를 차별적으로 취급함으로써 암수범죄가 발생한다고 본다.
② [○] 암수범죄는 실제로 범죄가 발생하였음에도 수사기관에 아예 인지되지 않았거나, 인지되기는 하였으나 해결되지 않아 공식적인 범죄통계에는 나타나지 않는 범죄의 총체를 말하는 것으로서, 수사기관이 범죄피해자가 아닌 제3자의 신고를 받고 범죄를 인지하여 해결한 경우에는 암수범죄에 해당하지 않는다.
③ [○] 암수범죄로 인해 특별히 피해를 입은 자가 없고 잘 적발되지도 않아 대부분 암수범죄가 되기 쉽다.
④ [○] 보고된 범죄가 실제로 발생했는가를 검증하기 어려우므로, 조사결과의 신뢰성에 대한 문제가 지적된다.
⑤ [○] 조사대상자의 정직성에 따라 조사 결과의 타당성 여부가 달라지게 된다는 비판이 제기된다.

정답 ①

20 범죄조사방법 중 자기보고방법(self-report)에 대한 설명으로 옳지 않은 것은?

① 공식통계에 나타나지 않은 암수범죄를 파악하는 데에 유용하다.
② 경미한 범죄보다는 살인, 강도 같은 강력범죄의 암수범죄를 파악하는 데에 유용하다.
③ 표본조사나 집단조사의 방법이 사용된다.
④ 응답의 성실성에 따라 조사결과의 신빙성이 좌우되는 문제점이 있다.

해설

② [×] 자기보고방법은 일정한 집단을 대상으로 개개인의 범죄 또는 비행을 스스로 보고하게 함으로써 암수범죄를 측정하는 방법이다. 이는 범죄피해를 당한 사실과 범죄행위를 한 경험까지를 포함한다. 다만, 중범죄나 사회적으로 금기시하는 범죄(예 살인 · 강간 등) 또는 직업적으로 행하는 범죄 등을 조사하는 데는 적합하지 않다는 한계가 있다.

정답 ②

21 범죄학자 甲 교수는 A고등학교 학생 약 300명을 대상으로 최근 1년간 불량배들에게 돈을 빼앗긴 경험을 적어내도록 하여 분석하였다. 甲 교수가 취한 조사방법은 암수범죄(숨은 범죄)의 조사방법 중 어느 방법에 해당하는가?

① 자기보고조사
② 참여적 관찰
③ 정보제공자조사
④ 피해자조사

해설

④ [○] 암수범죄의 조사방법에는 크게 직접적 관찰과 간접적 관찰(설문조사)가 있다. 직접적 관찰이란 조사자가 암수범죄를 직접 실증적으로 파악하는 방법을 말하는데, 이에는 실제로 일어나는 암수범죄를 직접 관찰하는 '자연적 관찰'과 인위적 실험을 통하여 암수범죄를 직접 실증하려는 '인위적 관찰(실험)'의 방법이 있다. 그리고 자연적 관찰에는 관찰하고자 하는 범죄행위에 직접 참가하여 관찰하는 '참여적 관찰'과 유리벽을 통해 절도를 관찰하거나 숨겨진 카메라로 촬영하는 등의 '비참여적 관찰'이 있다. 암수범죄의 조사는 오히려 간접적 관찰, 즉 설문조사를 통해 주로 실시된다. 여기에는 자기보고조사(행위자조사), 피해자조사, 정보제공자조사 등이 있는데, 위 설문의 방법은 피해자에게 자신이 당한 범죄를 진술하게 함으로써 암수범죄를 조사하는 방법인 '피해자조사'에 해당한다.

정답 ④

22 암수범죄에 대한 설명으로 옳지 않은 것은?

18. 보호

① 암수범죄란 실제로 발생하였지만 범죄통계에 포착되지 않은 범죄를 말한다.
② 신고에 따른 불편, 수사기관 출두의 번거로움, 보복의 두려움은 절대적 암수범죄의 발생원인이다.
③ 수사기관의 낮은 검거율과 채증력, 법집행기관의 자의적 판단은 상대적 암수범죄의 발생원인이다.
④ 설문조사는 정치범죄, 가정범죄 등 내밀한 관계 및 조직관계에서 일어나는 범죄의 암수를 밝히는 데에 적합하다.

해설

④ [×] 설문조사(간접적 관찰)는 조사대상자의 정직성에 따라 그 결과의 타당성 여부가 달라질 수 있다는 단점이 있으므로 지문에서 제시된 범죄유형의 조사에는 적합하지 않을 수 있다.
① [○] 암수범죄(숨은 범죄)란 실제로 범죄가 발생하였음에도 수사기관에 아예 인지되지 않았거나, 인지되기는 하였으나 해결되지 않아 공식적인 범죄통계에는 나타나지 않는 범죄의 총체를 의미한다.
② [○] 절대적 암수범죄란 실제로 범하여졌지만 인지하지 못하는 범죄의 경우를 말하는 것으로서, 피해자의 개인적 사정이나 신고에 따른 불편 · 불이익, 피해자나 제3자의 제한된 고소 · 고발행위 등에 그 원인이 있다고 한다.
③ [○] 상대적 암수범죄란 수사기관에 인지는 되었으나 해결되지 못한 범죄의 경우로서, 수사기관의 검거율, 기소편의주의와 같은 법집행기관의 자의 또는 재량 등에 그 원인이 있다고 한다.

정답 ④

23 암수(숨은)범죄에 관한 설명 중 옳지 않은 것은?

① 암수(숨은)범죄의 발생원인으로 범죄의 미인지, 범죄의 미신고, 수사기관과 법원의 재량적 또는 자의적 사건처리 등이 있다.

② 암수(숨은)범죄가 존재한다는 것은 범죄통계의 한계를 의미하며 공식범죄통계에 바탕을 둔 형사정책의 정당성에 회의를 갖게 한다.

③ 암수(숨은)범죄의 조사방법 중 피해자조사는 경미한 피해사례까지 정확하게 조사할 수 있다는 장점을 가지고 있다.

④ 암수(숨은)범죄의 조사방법으로 가장 많이 사용되는 설문조사방법에는 자기보고, 피해자조사, 정보제공자조사 등이 있다.

해설

③ [×] 피해자조사는 일정한 유형의 범죄에 대해서는 사용될 수 없는 한계가 있다. 즉, ⓐ 피해자를 개인으로 구체화할 수 없는 추상적 위험범, ⓑ 법인이나 재단 등 피해자가 개인이 아닌 범죄, ⓒ 보편적 법익과 관련되는 범죄, ⓓ 피해자로부터 범죄로 인식되지 않는 범죄(㉠ 대물범죄나 유아 등 의사소통이 불가능한 자에 대한 범죄), ⓔ 마약관련범죄나 성범죄처럼 피해자가 숨기기를 원하는 범죄 또는 객관적으로 범죄가 분명하지만 본인이 별 것이 아닌 일로 여기는 경우(경미범죄)나 ⓕ 기억조차 하기 싫은 중범죄의 경우 등에는 피해자조사가 이루어질 수 없다.

정답 ③

24 암수범죄에 대한 설명으로 가장 옳지 않은 것은?

22. 해경간부

① 암수범죄란 실제로 발생하였지만 범죄통계에 포착되지 않은 범죄를 말한다.

② 신고에 따른 불편, 수사기관 출두의 번거로움, 보복의 두려움은 절대적 암수범죄의 발생 원인이다.

③ 수사기관의 낮은 검거율과 채증력, 법집행기관의 자의적 판단은 상대적 암수범죄의 발생원인이다.

④ 피해자가 특정되지 않거나 직접적 피해자만 존재하는 경우, 암수범죄가 발생하기 쉽다.

해설

④ [×] 피해자가 특정되어 있지 않거나 '간접적 피해자만 존재'하는 경우도 암수범죄(특히 절대적 암수범죄)가 발생하기 쉽다(㉠ 탈세범죄, 환경범죄, 낙태범죄, 마약소지 등).

① [○] 암수범죄(숨은 범죄)란 실제로 범죄가 발생하였음에도 수사기관이 아예 인지하지 않았거나, 인지하기는 하였으나 해결되지 않아 공식적인 범죄통계에는 나타나지 않는 범죄의 총체를 의미한다.

② [○] 절대적 암수범죄는 실제로 발생하였지만 인지되지 못한 범죄를 말하는데, 이는 범죄의 특수성으로 인해 범죄자가 자신의 범죄사실을 인식하지 못하는 경우뿐만 아니라, 피해자가 특정되어 있지 않거나 간접적 피해자만 존재하는 경우, 피해자의 개인적 사정이나 신고에 따른 불편·불이익, 피해자나 제3자의 제한된 고소·고발에 그 원인이 있다고 한다.

③ [○] 상대적 암수범죄는 발생한 범죄가 수사기관에 인지되었으나 해결되지 못한 범죄를 말하는데, 이는 수사기관에 알려진 모든 범죄를 수사기관이 해결하는 것은 아니라는 점, 수사기관에서 해결한 모든 범죄행위에 대해 공소가 제기되는 것은 아니라는 점, 기소된 모든 범죄행위가 법원의 소송절차에서 유죄판결을 받는 것은 아니라는 점 등에 그 원인이 있다고 한다.

정답 ④

25 암수범죄(hidden crime)에 대한 설명 중 옳지 않은 것은?

① 암수는 고정된 수치가 아니라 일정치 않은 변수로 존재한다.

② 암수범죄의 존재로 인해 기장 많이 비판받는 형벌이론은 절대석 형벌이론이다.

③ 암수범죄의 조사방법으로서 가장 많이 활용되는 것은 피해자조사이다.

④ 셀린(T. Sellin)에 따르면 범죄통계의 가치는 절차의 개입에 의하여 범죄로부터 멀어지면 멀어질수록 증대한다.

해설

④ [×] 비판범죄학에서는 암수범죄의 원인으로 범죄화의 선별성(선별적 형사소추)을 가장 강조한다. 이는 낙인이론과 결합하여 법집행 과정에서 경찰 · 검찰 · 법원 등의 개인적 편견이나 가치관에 따라 범죄자를 차별적으로 취급함으로써 암수범죄가 발생한다고 본다. 이에 대하여 셀린(T. Sellin)은 선별과정에서 암수를 줄이기 위해 범죄와 가장 가까운 경찰통계를 활용할 것을 주장하였다.

① [○] 케틀레 등은 공식통계상의 범죄와 암수범죄가 일정한 비율관계에 있다고 보았으나(정비례의 법칙), 20세기에 들어와서 서덜랜드 등에 의해 암수범죄의 비율은 항상적인 것이 아니라 불규칙적으로 변화한다는 사실이 밝혀졌다.

② [○] 어떤 경우에도 정의는 바로 세워져야 한다는 절대적 형벌론의 주장은 형벌론이 미치지 않는 암수범죄의 영역이 존재한다는 사실 자체로 퇴색되지 않을 수 없다. 절대적 형벌론은 모든 범죄행위가 남김없이 처벌된다는 전제하에서 의미가 있기 때문이다.

③ [○] 피해자조사는 암수범죄의 조사방법 중 가장 많이 활용되는 것으로 볼 수 있고, 가장 오래된 방법이면서 또한 가장 신뢰할 수 있는 방법으로 여겨지고 있다.

정답 ④

26 암수범죄(숨은 범죄)에 대한 설명으로 옳지 않은 것은?

10. 사시

① 암수범죄란 실제로 발생하였지만 범죄통계에 포착되지 않은 범죄를 일컫는다.

② 범죄피해자의 신고기피도 암수범죄의 발생원인 중 하나이다.

③ 낙인이론은 특히 법집행 과정에서 발생하는 암수의 문제를 강조한다.

④ 현재 일반적으로 사용되는 암수범죄의 조사방법은 피해자조사이다.

⑤ 암수범죄의 비율은 범죄의 유형에 상관없이 비교적 일정하다.

해설

⑤ [×] 케틀레는 공식적으로 인지된 범죄와 암수범죄 사이에는 변함없는 고정관계가 존재한다고 보았다(정비례의 법칙). 그러나 20세기에 들어서 암수범죄의 문제는 범죄통계의 커다란 맹점으로 인식되기에 이르렀다. 특히 경미범죄, 피해자 없는 범죄, 화이트칼라 범죄 등의 경우에는 다른 범죄유형보다 암수범죄의 비율이 높다고 한다.

① [○] 암수범죄(숨은 범죄)는 실제로 범죄가 발생하였음에도 수사기관에 아예 인지되지 않았거나, 인지되기는 하였으나 해결되지 않아 공식적인 범죄통계에는 나타나지 않는 범죄의 총체를 의미한다.

② [○] 모든 범죄가 수사기관에 신고되는 것은 아니다. 이것은 피해자의 개인적 사정이나 신고에 따른 불편 · 불이익, 피해자나 제3자의 제한된 고소 · 고발행위에 그 원인이 있다.

③ [○] 낙인이론이 관심을 두는 것은 범죄행위가 아니라 범죄행위에 대한 통제기관의 반작용이다. 범죄는 어느 곳에나 골고루 편재되어 있음에도 그중에 일부만 처벌되는 것은 결국 사법기관이 범죄자를 선별하여 범죄자로 낙인을 찍기 때문이라는 것이다.

④ [○] 피해자조사는 피해자에게 자신이 당한 범죄를 진술하게 함으로써 암수범죄를 조사하는 방법을 말한다. 이는 암수범죄의 조사방법으로서 가장 많이 활용되는 것으로, 가장 오래된 방법이면서 또한 가장 신뢰할 수 있는 방법으로 여겨지고 있다.

정답 ⑤

27 암수범죄에 관한 설명 중 옳지 않은 것은?

12. 사시

① 암수범죄란 실제로 발생하였지만 범죄통계표에 포착되지 않은 범죄를 의미한다.

② 피해자 없는 범죄의 경우에는 암수범죄가 발생하지 않는다.

③ 암수범죄의 조사방법으로 피해자조사가 많이 활용된다.

④ 암수범죄의 발생원인에는 형사사법기관의 선별적인 범죄수사 내지 형사소추도 포함된다.

⑤ 통계조사의 흠결로 인하여 암수범죄가 발생하기도 한다.

해설

② [×] 피해자 없는 범죄(Victimless crime)란 법익침해 내지 그 위험성을 수반하지 않는 범죄, 즉 보호법익이 명백하지 않은 범죄를 의미한다. 이로 인해 특별히 피해를 입은 자가 없고 잘 적발되지도 않아 대부분 암수범죄가 된다. 특히 피해자 없는 범죄는 절대적 암수범죄와 관련이 깊다고 한다.

① [○] 암수범죄(숨은 범죄)란 실제로 범죄가 발생하였음에도 수사기관에 아예 인지되지 않았거나, 인지되기는 하였으나 해결되지 않아 공식적인 범죄통계에는 나타나지 않는 범죄의 총체를 의미한다.

③ [○] 피해자조사란 피해자에게 자신이 당한 범죄를 진술하게 함으로써 암수범죄를 조사하는 방법을 말한다. 피해자조사는 현재 암수범죄의 조사방법으로 가장 많이 활용되는 것으로, 지금까지 형사소송 · 피해보상 등에서 충분히 고려되지 못했던 피해자의 이익에 대한 관점이 강화되는 것을 의미한다고 평가된다.

④ [○] 비판범죄학에서 암수범죄의 원인으로 제시하는 가장 큰 원인은 '선별적 형사소추'의 문제이다. 이것은 통제기관이 일정한 의도를 가지고 특정 집단의 사람들만을 범죄인으로 만든다는 이론을 토대로 한다. 이 견해는 낙인이론과 결합하여 법집행과정에서 집행주체인 경찰 · 검찰 · 법원 등의 편견이나 가치관에 따라 범죄자를 차별적으로 취급함으로써 암수범죄가 발생한다고 본다.

⑤ [○] 일반적인 암수범죄의 발생원인 외에 당국의 통계조사의 흠결로 인하여 암수범죄로 남는 경우도 있다.

정답 ②

28 암수범죄에 대한 설명으로 옳은 것을 모두 고른 것은?

10. 보호

ㄱ. 케틀레(A. Quetelet)는 암수범죄와 관련하여 반비례의 법칙을 주장하면서, 공식적 통계상의 범죄현상은 실제의 범죄현상을 징표하거나 대표하는 의미가 있다고 보았다.
ㄴ. 자기보고조사는 범죄자가 자기가 범한 범죄를 인식하지 못한 경우나 범죄를 범하지 않았다고 오신하는 경우에는 실태파악이 곤란하다.
ㄷ. 범죄피해자조사는 피해자가 피해를 인식하지 못한 경우나 피해자가 범죄피해가 없었다고 오신하는 경우에는 조사결과의 정확성이 결여된다.
ㄹ. 정보제공자조사는 법집행기관에 알려지지 않은 범죄 또는 비행을 알고 있는 자로 하여금 그것을 보고하게 하는 것이다.

① ㄱ, ㄴ, ㄷ, ㄹ　　② ㄱ, ㄷ, ㄹ

③ ㄴ, ㄷ, ㄹ　　④ ㄴ, ㄷ

해설

ㄱ. [×] 케틀레(A. Quetelet)는 암수범죄를 범죄통계학적 고찰에서 제외시키려는 의도로 '정비례의 법칙'을 창안하였는데, 공식적으로 인지된 범죄와 암수범죄 사이에는 변함없는 고정관계가 존재한다고 보았다.

ㄴ, ㄷ, ㄹ. [○] 암수범죄의 조사방법에는 크게 직접적 관찰(참여적 관찰, 실험 등)과 간접적 관찰(설문조사)로 구분되고, 간접적 관찰에는 자기보고조사, 피해자조사, 정보제공자조사의 방법이 속한다. 지문은 각 조사방법에 관한 설명으로 옳은 지문이다.

정답 ③

29 암수(暗數)범죄의 조사방법의 유형에 관한 설명과 비판이 올바르게 연결된 것은? 13. 사시

ㄱ. 자기보고조사(행위자 조사)	ㄴ. 피해자조사	ㄷ. 정보제공자조사

a. 일정한 집단을 대상으로 개인의 범죄 또는 비행을 스스로 보고하게 하는 방법
b. 피해자에게 자신의 피해 경험을 보고하게 하는 방법
c. 범죄나 비행을 인지하고 있는 제3자에게 그 인지 내용을 보고하게 하는 방법

(1) 스스로 범한 범죄를 정확하게 보고할지 의문이어서 조사결과가 부정확할 수 있다.
(2) 피해자를 특정하기 어려운 환경범죄나 경제범죄 등에서는 정확한 조사결과를 얻기 어렵다.
(3) 주관적 편견이 개입되고 객관성을 유지하지 못하여 조사대상자에게 감정적으로 동화될 우려가 있다.

① ㄱ - b - (3)
② ㄱ - c - (1)
③ ㄴ - b - (2)
④ ㄴ - a - (1)
⑤ ㄷ - a - (3)

해설

'ㄱ - a - (1)', 'ㄴ - b - (2)'가 옳은 연결이다.

ㄱ. 자기보고조사(행위자조사)는 일정한 집단을 대상으로 개개인의 범죄 · 비행을 스스로 보고하게 함으로써 암수범죄를 측정하는 방법이다<a>. 이 방법은 조사대상자의 정직성에 따라 그 결과의 타당성 여부가 달라질 수 있다는 단점이 있다<(1)>.

ㄴ. 피해자조사란 피해자에게 자신이 당한 범죄를 진술하게 함으로써 암수범죄를 조사하는 방법을 말한다<b>. 이 방법은 피해자조사는 일정한 유형의 범죄(피해자 없는 범죄, 법인 · 재단 등 피해자가 개인이 아닌 범죄, 피해자가 범죄로 인식하지 않는 범죄, 경미범죄 또는 중범죄의 경우 등)에 대해서는 사용될 수 없는 한계가 있다<(2)>.

ㄷ. 정보제공자조사는 법집행기관에 알려지지 않은 범죄나 비행을 인지하고 있는 제3자에게 범죄내용을 보고하게 하는 방법이다<c>. (3)은 참여적 관찰법에 대한 비판으로, ㄷ, c와 연결되지 않는다.

정답 ③

30 암수범죄에 대한 설명 중 옳은 것들을 모두 묶은 것은? 14. 사시

ㄱ. 암수범죄를 파악하기 위해 범죄피해자로 하여금 범죄피해를 보고하게 하는 피해자조사가 행해지기도 한다.
ㄴ. 살인, 강간 등의 중범죄는 가해자의 자기보고방식을 통해서 암수범죄를 쉽게 파악해 낼 수 있다.
ㄷ. 피해자 없는 범죄의 경우 암수범죄가 발생할 가능성이 상대적으로 높다.
ㄹ. 화이트칼라 범죄는 피해규모가 크기 때문에 암수범죄가 될 가능성이 상대적으로 낮다.

① ㄱ, ㄴ
② ㄱ, ㄷ
③ ㄴ, ㄷ
④ ㄴ, ㄹ
⑤ ㄷ, ㄹ

해설

ㄱ. [○] 피해자조사는 암수범죄의 조사방법으로 가장 많이 활용되며, 가장 오래되고 가장 신뢰할만한 조사방법으로 평가되고 있다.

ㄴ. [×] 자기보고조사(행위자조사)에 대해서는 중범죄나 사회적으로 금기시하는 범죄(예 살인, 강간 등) 또는 직업적으로 행하는 범죄(예 화이트칼라 범죄) 등을 조사하는 데는 부적합하다는 단점이 지적된다.

ㄷ. [○] 피해자 없는 범죄는 특별히 피해를 입은 자가 없고 잘 적발되지도 않아 대부분 암수범죄가 된다는 특징을 가지고 있다.

ㄹ. [×] 화이트칼라 범죄는 업무활동에 섞여서 발생하므로 적발이 용이하지 않으며, 피해자의 피해의식도 약하고, 증거수집도 어려우므로 암수범죄의 비율이 높다는 특징을 가지고 있다.

정답 ②

31 암수범죄의 조사에 관한 설명 중 옳은 것은?

15. 사시

① 상점절도를 숨긴 카메라로 촬영하거나 유리벽을 통해 관찰하는 등의 참여적 관찰방법은 인위적 관찰방법에 속한다.

② 중범죄나 사회적으로 금기시되는 범죄를 조사하는 유일한 방법은 행위자의 자기보고방식이다.

③ 피해자를 개인으로 구체화할 수 없는 국가적 · 사회적 법익에 관한 범죄의 암수는 피해자조사를 통해 명확하게 파악할 수 있다.

④ 자기보고, 피해자조사 등은 암수범죄의 직접 관찰방법이다.

⑤ 정보제공자조사는 법집행기관에 알려지지 않은 범죄나 비행을 인지하고 있는 제3자로 하여금 이를 보고하게 하는 방법이다.

해설

⑤ [○] 정보제공자조사는 피해자조사에 대한 보조수단으로서, 법집행기관에 알려지지 않은 범죄나 비행을 인지하고 있는 제3자에게 범죄내용을 보고하게 하는 방법이다.

① [×] 상점절도를 숨긴 카메라로 촬영하거나 유리벽을 통해 관찰하는 등의 방법은 '비참여적 관찰'이고, '참여적 관찰'은 관찰하고자 하는 범죄행위에 직접 가담하는 것으로서 둘 다 '자연적 관찰'에 속한다. 인위적 관찰과 자연적 관찰은 암수범죄의 조사방법 중 직접적 관찰방법에 해당한다.

② [×] 자기보고방식은 중범죄나 사회적으로 금기시하는 범죄(예 살인, 강간 등) 또는 직업적으로 행하는 범죄(예 화이트칼라 범죄) 등을 조사하는 데는 부적합하다는 단점이 지적된다.

③ [×] 피해자조사는 피해자 없는 범죄, 법인 · 재단 등 피해자가 개인이 아닌 범죄, 피해자가 범죄로 인식하지 않는 범죄, 경미범죄 또는 중범죄의 경우, 피해자를 특정하기 어려운 환경범죄나 경제범죄, 국가적 · 사회적 법익에 관한 범죄 등 일정한 유형의 범죄에 대해서는 사용될 수 없는 한계가 있다.

④ [×] 자기보고조사, 피해자조사, 정보제공자조사 등은 암수범죄에 대한 '간접적 관찰'방법에 해당한다.

정답 ⑤

32 범죄에 대한 설명으로 옳지 않은 것은?

15. 교정

① 비범죄화란 지금까지 형법에 범죄로 규정되어 있던 것을 폐지하여 범죄목록에서 삭제하거나 형사처벌의 범위를 축소하는 것으로 그 대상범죄로는 단순도박죄, 낙태죄 등이 제시된다.

② 형식적 의미의 범죄는 법규정과 관계없이 반사회적인 법익침해행위이고, 실질적 의미의 범죄는 형법상 범죄구성요건으로 규정된 행위이다.

③ 신범죄화(신규 범죄화)란 지금까지 존재하지 않던 새로운 형벌구성요건을 창설하는 것으로 환경범죄, 경제범죄, 컴퓨터범죄 등이 여기에 해당한다.

④ 암수범죄(숨은 범죄)는 실제로 범죄가 발생하였으나 범죄통계에 나타나지 않는 범죄를 의미한다.

해설

② [×] 형식적 범죄개념은 범죄를 '구성요건에 해당되는 위법, 유책한 행위'로 규정한다(형법상 범죄개념). 반면에 실질적 범죄개념은 사회유해성과 법익침해성을 기준으로 하는 '반사회적 행위'로서, 실정형법을 초월하여 타당할 수 있는 신범죄화와 비범죄화의 실질적 기준을 제시하기 위한 개념이다(범죄학의 범죄개념).

① [○] 비범죄화(Decriminalization)란 형법의 보충성과 공식적 사회통제기능의 부담가중을 고려하여 일정한 범죄유형을 형벌에 의한 통제로부터 제외시키는 경향을 말한다. 비범죄화는 주로 개인적 법익이 아니라 사회적 법익을 침해하는 범죄, 피해자 없는 범죄에 대해서 주장된다(예 비영리적 공연음란죄, 음화판매죄, 간통죄, 성매매, 낙태죄, 단순도박죄, 동성애, 경미한 마약사용 등).

③ [○] 신범죄화란 산업화 · 도시화 등 사회구조의 변화에 따라 종래 예상치 못했던 행위에 대해 형법이 관여하게 되는 경향을 말한다(예 환경범죄, 교통범죄, 경제범죄, 컴퓨터범죄 등).

④ [○] 암수범죄(숨은 범죄)란 실제로 범죄가 발생하였음에도 수사기관에 아예 인지되지 않았거나, 인지되기는 하였으나 해결되지 않아 공식적인 범죄통계에는 나타나지 않는 범죄의 총체를 의미한다.

정답 ②

33 암수범죄에 관한 내용으로 가장 적절하지 않은 것은? 23. 간부(73)

① 암수범죄란 실제로 범죄가 발생하였으나 공식적인 통계에는 나타나지 않은 범죄를 말한다.

② 절대적 암수범죄란 수사기관에 의하여 인지되었으니 해결되지 못하여 범쇠통계에 반영되지 못한 범죄를 말한다.

③ 공식범죄통계가 갖는 암수범죄의 문제를 극복하기 위해 자기보고식조사나 피해자조사를 활용하기도 한다.

④ 서덜랜드(Sutherland)는 범죄와 비행에 대한 통계에는 암수가 존재하며, 암수는 가변적이므로 모든 사회통계 중에서 가장 신빙성이 없고 난해한 것이라고 하였다.

해설

② [×] '상대적 암수범죄'란 수사기관에 인지는 되었으나 해결되지 못한 범죄의 경우를 말하고, 절대적 암수범죄란 실제로 범하여졌지만 누구도 인지하지 못하는 범죄의 경우를 말한다.

① [○] 암수범죄(숨은 범죄)란 실제로 범죄가 발생하였음에도 수사기관이 아예 인지하지 못하였거나, 인지하기는 하였으나 해결되지 못하여 공식적인 범죄통계에는 나타나지 않는 범죄의 총체를 의미한다.

③ [○] 암수범죄를 파악하기 위한 방법에는 직접적 관찰로서 자연적 관찰, 인위적 관찰 등이 있고, 간접적 관찰(설문조사)로서 자기보고조사, 피해자조사, 정보제공자조사 등이 있다.

④ [○] 20세기에 들어서 암수범죄는 범죄통계의 커다란 맹점으로 인식되었고, "범죄와 비행에 대한 통계는 모든 사회통계 중 가장 신빙성이 없고 난해한 것이다(서덜랜드)."라고 지적되기도 하였다.

정답 ②

34 암수범죄에 관한 설명 중 가장 옳지 않은 것은? 23. 해경간부

① 일반적으로 형사사법기관에 인지되지 아니하여 공식통계에 기록되지 않는 범죄를 말한다.

② 우리나라는 암수범죄의 규모를 파악하기 위해 해마다 범죄피해패널조사를 실시한다.

③ 마약범죄와 같이 범죄자가 피해자이면서 가해자이기도 한 범죄에 많다.

④ 범죄사실이 수사기관에 의해 인지는 됐으나 용의자 신원 미파악 등 미해결된 사건은 상대적 암수범죄로 분류된다.

해설

② [×] 우리나라는 1994년부터 한국형사정책연구원에서 전국단위의 범죄피해조사를 실시하여 왔고, 2009년에 전국범죄피해조사, 2013년에 국민생활안전실태조사로 변경되었다. 2009년 이후 전국적으로 6,000~7,000가구를 대상으로 설문조사방식과 면접조사 방식을 병행하여 실시되고 있다(횡단 조사). 범죄피해실태조사로서 패널조사를 적용하는 사례는 미국의 <범죄피해조사(National Crime Victimization Survey: NCVS)>가 대표적이다.

① [○] 절대적 암수범죄에 대한 설명이다.

③ [○] 이른바 피해자 없는 범죄의 경우에 암수범죄가 되는 경우가 많다고 한다.

④ [○] 상대적 암수범죄에 대한 설명이다.

정답 ②

35 범죄에 대한 자기보고식 조사의 특성으로 가장 옳은 것은? 23. 해경간부

① 숨은 범죄를 파악하는 데 도움이 된다.

② 5년 이상의 오래된 범죄를 조사하는 데 유리하다.

③ 범죄의 원인이 되는 인격 특성, 가치관, 환경 등을 함께 조사할 수 없다.

④ 경미한 범죄를 조사하는데 부적합하다.

해설

① [○] 자기보고조사는 일정한 집단을 대상으로 설문조사와 면접을 통해 개개인의 범죄·비행을 스스로 보고하게 하는 암수범죄(숨은 범죄)의 조사방법 중 하나이다.

② [×] 자기보고조사를 비롯한 설문조사방법은 대상자의 기억력의 한계로 인하여 발생 후 상당한 기간이 지난 범죄에 대한 조사로 적합하지 않다고 평가된다.

③ [×] 자기보고조사는 범죄관련사항 외에 대상자의 인격 특성·가치관·태도·환경 등도 같이 조사한다.

④ [×] 자기보고조사는 주로 청소년의 비행(또는 경미한 성인범죄)을 조사하는 데 이용된다.

정답 ①

제4절 | 피해자 없는 범죄

36 피해자 없는 범죄에 대한 설명으로 옳지 않은 것은?

① 슈어(Schur)에 의해 명명된 것으로 가해자와 피해자의 구별이 어려운 범죄나 보호법익이 명백하지 않은 범죄 등을 말한다.

② 피해자 없는 범죄는 사회나 공공이익이 보호법익인 경우 주로 나타난다.

③ 피해자 없는 범죄 중 피해자가 불특정 다수인 범죄로는 매춘, 약물남용, 탈세 등이 있다.

④ 국가가 형벌에 의해 도덕을 강요하는 것은 과잉범죄화라는 입장에서 비범죄화의 논의가 이뤄진다.

해설

③ [×] 매춘, 약물남용은 피해자와 가해자가 동일인인 범죄이지 피해자가 불특정 다수인 범죄라고 보기 어렵다. 또한 탈세의 경우 피해자가 분산되었을 뿐 피해자 없는 범죄라고 보기 어렵다.

정답 ③

37 뽀로로와 친구들은 정기적으로 범죄학 스터디 모임을 하고 있다. 피해자 없는 범죄에 대한 다음 대화 중 옳지 않은 내용을 말한 친구로만 묶인 것은?

- **뽀로로**: 피해자 없는 범죄란 말이지, 법익침해 내지 그 위험성을 수반하지 않는 범죄, 즉 보호법익이 명백하지 않은 범죄를 말하는 거야.
- **패티**: 그래서 피해자 없는 범죄는 법에 의해 금지되어 있지만, 동의에 의한 범죄이거나, 가해자와 피해자의 대립이 명확하지 않거나, 사회적 법익을 침해하지 않는다는 특징이 있지.
- **크롱**: 그러니까 동의낙태죄, 성매매, 도박죄, 강간죄, 강제추행죄, 동성애, 경미한 마약사용, 공연음란죄 등이 피해자 없는 범죄의 대표적 예가 되는 거야.
- **포비**: 그러한 범죄로 인해 특별히 피해를 입은 자가 없고 잘 적발되지도 않기 때문에 대부분 암수범죄가 된다는 게 문제이지.

① 뽀로로, 포비　　② 패티, 포비

③ 패티, 크롱　　④ 뽀로로, 크롱

해설

③ [×] 피해자 없는 범죄는 법에 의해 금지되어 있으나, 동의에 의한 범죄이거나, 가해자와 피해자의 대립구도가 명확하지 않거나, '개인적 법익'을 침해하지 않는다는 특징이 있다(패티 - ×). 피해자 없는 범죄의 대표적 예로는 동의낙태죄, 성매매, 도박죄, 간통죄, 동성애, 경미한 마약사용, 공연음란죄 등을 들 수 있다. 그러나 '강간죄, 강제추행죄'는 개인적 법익을 침해하는 범죄로서 피해자 없는 범죄에 해당한다고 보지 않는다(크롱 - ×).

정답 ③

38 형사정책의 연구대상과 관련된 설명으로 옳지 않은 것은?

① 형식적 의미의 범죄와 실질적 의미의 범죄가 모두 형사정책의 연구대상이 된다.
② 실질적 범죄성의 기준으로는 일반적으로 사회유해성과 법익침해성이 제시되고 있다.
③ 이른바 피해자 없는 범죄는 형사정책의 연구대상이 아니다.
④ 일정한 행위의 범죄화 내지 비범죄화의 문제는 형사정책의 연구대상이 된다.

해설

③ [×] 피해자 없는 범죄란 법익침해 내지 그 위험성을 수반하지 않는 범죄, 즉 보호법익이 명백하지 않은 범죄를 의미한다. 이는 주로 공공법익에 관한 범죄로서 범에 의해 금지되어 있으나, 동의에 의한 범죄이거나, 가해자와 피해자의 대립구도가 명확하지 않거나, 개인적 법익을 침해하지 않는다는 특성을 가지고 있다. 또한, 이로 인해 특별히 피해를 입은 자가 없고 잘 적발되지도 않아 대부분 암수범죄가 된다. 피해자 없는 범죄는 피해자가 없음에도 불구하고 형벌로써 처벌할 필요성이 있는가의 문제가 입법론상 거론되고 있다.

정답 ③

39 피해자 없는 범죄에 대한 내용으로 옳지 않은 것은?

① 피해자 없는 범죄란 법익침해 내지 그 위험성을 수반하지 않는 범죄, 즉 보호법익이 명백하지 않은 범죄를 말한다.
② 피해자 없는 범죄는 법에 의해 금지되어 있지만 동의에 의한 범죄이거나, 가해자와 피해자의 대립이 명확하지만 사회적 법익을 침해하지 않는다는 특징이 있다.
③ 동의낙태죄, 성매매, 도박죄, 동성애, 경미한 마약사용, 공연음란죄 등이 피해자 없는 범죄의 대표적 예가 된다.
④ 피해자 없는 범죄로 인해 특별히 피해를 입은 자가 없고 잘 적발되지도 않기 때문에 대부분 암수범죄가 된다.

해설

② [×] 피해자 없는 범죄는 법에 의해 금지되어 있으나, 동의에 의한 범죄이거나, '가해자와 피해자의 대립구도가 명확하지 않거나, 개인적 법익을 침해하지 않는다'는 특징이 있다.

정답 ②

제2장 I 범죄학

제1절 I 범죄학의 의의

01 형법과 형사정책 그리고 범죄학의 관계에 관한 설명 중 옳은 것은? 11. 사시

① 리스트(F. v. Liszt)는 형사정책이 범죄대책을 목적으로 하기 때문에 형법의 한계를 넘어설 수 있다고 한다.

② 범죄학은 규범과학이지만, 형사정책은 경험과학이다.

③ 범죄학은 범죄원인을 분석하는 데 있어서 인접학문의 도움 없이 독자적인 기준을 가지고 분석한다.

④ 형사정책과 형법을 통합관계로 보는 입장에서는 법발견이 입법자의 목표를 창조적으로 발전시키고 체계화하는 것이므로 형사정책의 영역이라고 한다.

⑤ 형사정책은 범죄학의 연구결과를 토대로 하는 독자적인 학문영역이지만 종합과학은 아니다.

해설

④ [○] 록신(Roxin)에 의하면 법발견이란 논리적 추론과정을 통하여 기존 법률을 포섭적으로 적용하는 것보다 넓은 개념이라고 한다. 법발견은 법적 규율의 구체적 현실화과정이며, 법률에 내재된 입법자의 목표를 창조적으로 발전시키고 체계화하는 것은 겉으로는 도그마틱의 영역에 속하는 것처럼 보이지만 사실은 형사정책이라는 것이다(통합관계설).

① [×] 리스트는 '형법은 형사정책의 뛰어넘을 수 없는 한계'라고 한다. 형사정책은 범죄에 대한 효과적 대책의 수립을 목적으로 하지만, 그렇다고 정책적인 필요성이 형법의 원칙을 뛰어넘을 수는 없다는 것이다.

② [×] 범죄학은 범죄의 현실적 원인과 그에 대한 대책으로서 형벌의 실제적 효과를 경험적으로 연구하는 분야를 말한다(경험과학, 사실학). 반면에 형사정책은 범죄학의 경험적 연구를 토대로 독자적인 규범적 기준에 따라 범죄화·비범죄화 또는 형벌의 개폐를 결정하는 분야이다(규범과학, 정책학).

③ [×] 범죄원인은 종합적으로 규명되어야 하기 때문에 범죄학은 범죄사회학·범죄생물학·범죄심리학 등 모든 관련 주변학문영역에 대해 개방적이다(종합과학성).

⑤ [×] 형사정책은 인간과 사회에 관한 모든 방면의 지식이 총동원되어야만 효율적인 결과를 얻을 수 있다(종합과학성).

정답 ④

02 어떠한 이론이 범죄 또는 형사사법에 관해 적절하게 설명하는지 알기 위해서는 이론들을 특정한 기준에 의해 평가할 필요가 있다. 다음 중 에이커스(Akers)와 셀러스(Sellers)가 제시한 범죄학 이론 평가의 기준으로 가장 거리가 먼 것은? 22. 간부(72)

① 검증 가능성
② 시대적 대응성
③ 경험적 타당성
④ 정책적 함의

해설

② [×], ①③④ [○] 에이커스(Akers)와 셀러스(Sellers)는 범죄학 이론 평가의 기준으로 ⓐ 경험적 타당성, ⓑ 논리적 일관성·범위·간결성, ⓒ 검증 가능성, ⓓ 정책적 함의·유용성 등을 제시하였다. 따라서 범죄학 이론은 객관적이고 반복가능한 증거에 의하여 검증할 수 있어야 하고(검증 가능성), 경험적 증거에 의해 지지되어야 하며(경험적 타당성), 형사사법정책이나 실무에 지침을 제공할 수 있어야 한다(정책적 함의).

정답 ②

03 범죄학의 발전과정에 관한 설명으로 가장 적절하지 않은 것은?

23. 1차 경행경채

① 고전주의 범죄학은 범죄의 원인에 관심을 두기보다는 범죄자에 대한 처벌방식의 개선에 더 많은 관심을 기울였다.
② 실증주의 범죄학은 인간의 자유의지를 강조한 고전학파를 비판하며, 범죄자는 여러 요인에 의해 형성된다는 비결정론적 시각으로 인간을 바라보았다.
③ 신고전주의 범죄학의 등장은 실증주의 범죄학 및 관련 정책의 효과에 대한 비판적 시각과 관련이 있다.
④ 최근 범죄학 연구에서는 여러 이론을 통합하여 종합적으로 설명하는 새로운 경향이 등장하였다.

해설

② [×] 실증주의 범죄학은 범죄를 개인의 의지에 의한 규범침해(자유의사론, 비결정론)라고 보는 고전주의를 비판하면서, 과학적으로 분석가능한 개인적·사회적 원인 등에 의하여 범죄가 발생('결정론')한다고 주장하였다.
① [○] 고전주의 범죄학은 실증주의 범죄학과 달리 범죄행위에 대한 설명(범죄원인)보다는 형벌제도와 법제도의 개혁(범죄자 처벌방식의 개선)에 중점적으로 관심을 두었다.
③ [○] 실증주의 이후에 고전주의에 대한 관심이 새로이 제기된 것은 1960년대 후반부터이다. 이는 실증주의에 입각하여 재활이념과 부정기형으로 범죄예방을 도모했으나, 그 성과가 기대에 미치지 못하고 범죄문제가 점차 악화되면서 종래 고전주의가 추구하였던 범죄 억제에 관심을 갖게 되었기 때문이다. 이를 신고전주의(현대적 고전주의)라고 한다.
④ [○] 기존 이론들이 범죄원인의 설명에 한계를 보인다는 점을 지적하면서 사회학적, 심리학적, 경제적 요인 등을 통합하여 보다 복합적 관점에서 범죄의 원인을 규명하고자 하는 입장을 통합적 범죄이론이라고 한다.

정답 ②

04 범죄학의 발전과정을 시간 순서대로 나열한 것 중 가장 적절한 것은?

23. 간부(73)

㉠ 계몽주의와 고전학파	㉡ 도시생태와 시카고학파
㉢ 과학적 탐구와 실증학파	㉣ 신고전주의 범죄학
㉤ 비판주의 범죄학	

① ㉠-㉢-㉡-㉤-㉣
② ㉢-㉠-㉡-㉤-㉣
③ ㉠-㉢-㉡-㉣-㉤
④ ㉠-㉢-㉤-㉡-㉣

해설

범죄학의 발전과정은 ㉠-㉢-㉡-㉤-㉣ 순서로 나열할 수 있다.
㉠ 고전학파는 18세기 중엽에 등장하였다.
㉢ 실증학파는 19세기에 등장하였다.
㉡ 범죄생태학과 사회해체이론으로 유명한 시카고학파는 1920년대에 등장하였다.
㉤ 비판주의 범죄학은 1960년대에 등장하였다.
㉣ 신고전주의(현대적 고전주의)는 1980년대에 등장하였다.

정답 ①

05 범죄학과 범죄학의 연구방법에 관한 설명으로 가장 적절하지 않은 것은? 23. 2차 경행

① 서덜랜드(Sutherland)와 크레시(Cressey)에 따르면 범죄학은 범죄에 대한 모든 지식체계로서 범죄의 원인과 법 위반에 대해 대응하는 과정에 관한 연구를 포함한다.
② 범죄학은 법학, 심리학, 사회학 등 다양한 학문과 연계되는 학제적인 학문이다.
③ 경험론적 범죄학 연구방법에는 표본집단조사, 설문조사연구, 통계자료 분석, 실험연구 및 관찰연구가 포함된다.
④ 공식범죄통계를 통해 확인하기 어려운 암수를 직접 관찰하는 방법으로는 자기보고식 조사와 피해자조사가 있다.

해설

④ [×] 암수범죄의 조사방법에는 직접적 관찰과 간접적 관찰이 있으며, '간접적 관찰'에는 자기보고조사, 피해자조사, 정보제공자조사가 있다.
① [○] 서덜랜드(Sutherland)와 크레시(Cressey)는 "범죄학이란 범죄를 사회적인 현상으로 간주하는 지식체계이다. 범죄학의 연구범주에는 법 제정의 과정, 제정된 법의 위반과정, 법 위반행위에 대한 대응과정 등이 포함된다. 범죄학의 궁극적인 목적은 이러한 법, 범죄, 범죄에 대한 조치와 관련된 여러 가지 과정들에 대한 일반적이고 신뢰할 수 있는 원칙들을 확립하는 데 있다."라고 하였다.
② [○] 범죄학은 다양한 학문분야가 자신의 관점에서 독립적으로 관계하는 복수의 학제로, 때로는 이들 복수의 학제가 공동으로 관계하는 종합과학적 특성을 가지고 있다(종합과학성, 학제적 성격, 융합학문적 성격).
③ [○] 이외에도 사례 연구, 추행조사 연구, 코호트 연구, 자료발굴 연구 등이 범죄학 연구방법에 포함된다.

정답 ④

제2절 | 범죄학의 연구방법

06 종단적 연구방법이 아닌 것은? 17. 경비

① 패널 연구
② 추세 연구
③ 코호트 연구
④ 실태 연구

해설

종단적 연구방법은 연구대상을 일정기간 동안 관찰하여 그 대상의 변화를 파악하는 기법으로, 둘 이상의 시점(시간적 간격)에서 동일한 대상을 연구하므로 연구대상의 동태적 변화·발전을 연구함에 적합하다. 종단적 연구방법의 유형에는 패널 연구, 추세 연구, 코호트 연구 등이 있다.

④ [×] '실태 연구'는 '횡단적 연구방법'에 해당한다. 횡단적 연구방법은 연구대상의 문제나 현상을 특정시점에서 조사하는 것을 말한다.
① [○] '패널 연구'란 유사한 특성을 가진 집단, 다양한 특성이라도 고정된 대상으로 패널을 구성하여 일정 시간 간격을 두고 반복 조사하는 것이다.
② [○] '추세 연구'란 일정 기간 동안 전체 모집단 내의 변화를 연구하는 것으로, 광범위한 연구대상의 특정 속성을 시간을 두고 관찰·비교하는 조사이다.
③ [○] '코호트 연구'란 특정 조건에 부합하는 집단이나 특정 사건을 동시에 경험한 집단에 대해 시간 흐름에 따라 태도, 인식이 어떠한 변화를 보이는가를 분석하는 조사이다.

정답 ④

07 범죄학의 연구방법에 관한 설명 중 옳은 것만을 모두 고른 것은?

ㄱ. 범죄통계표의 분석방법은 범죄상황을 분석하는데 기본적인 수단으로 활용되고 있으며 다양한 숨은 범죄를 포함한 객관적인 범죄상황을 정확히 나타내는 장점이 있다.
ㄴ. 참여적 관찰방법은 연구자가 직접 범죄자 집단에 들어가 함께 생활하면서 그들의 생활을 조사하는 방법을 사용하기 때문에 경험적인 연구결과를 일반화할 수 있는 장점이 있다.
ㄷ. 추행조사방법은 일정한 범죄자 또는 비범죄자들에 대해 시간적 간격을 두고 추적·조사하여 그들의 인격과 사회적 조건의 변화를 관찰함으로써 그 상호연결관계를 파악할 수 있다.
ㄹ. 사례조사방법은 범죄자 개개인에 대해 인격과 환경 등 여러 요소를 종합적으로 분석하여 상호연결관계를 규명하는 방법이다.
ㅁ. 표본조사방법은 특정한 범죄에 대해 범죄자 일부를 표본으로 선정하여 그들에 대한 조사결과를 전체 범죄자에게 유추적용하는 방법이다.
ㅂ. 숨은 범죄의 조사방법으로 사용되는 피해자조사방법은 개인적 법익에 대한 범죄보다는 사회의 전체범죄를 개략적으로 파악하는데 유용한 방법이다.

① ㄱ, ㄴ, ㄷ ② ㄴ, ㄷ, ㄹ
③ ㄷ, ㄹ, ㅁ ④ ㄹ, ㅁ, ㅂ

해설

ㄱ. [×] 공식범죄통계는 일정한 환경조건과 범죄 또는 범죄자의 상관관계를 나타내주는 데 그치는 것이고 양자의 인과적 상호관련을 설명해 줄 수는 없다는 점과 객관적인 범죄상황을 정확히 나타내주지 못한다는 점(암수범죄의 문제)이 단점으로 지적되고 있다.
ㄴ. [×] 참여적 관찰방법에 대해서는 조사방법이 소규모로 진행되기 때문에 연구결과를 일반화할 수 없다는 비판이 가해진다.
ㄷ. [○] 추행조사란 표본조사시 실험집단과 비교하는 대조집단을 일정 시점과 일정한 시간이 경과한 다음 시점간의 추적적인 비교방법이다(수직적 비교). 이는 시간적 연속성 속에서 추적·조사함으로써 조사대상자들의 변화를 관찰할 수 있다는 장점이 있다.
ㄹ. [○] 범죄자 개인에 대하여 그 인격·환경 등 여러 측면을 종합적으로 분석하고 각 요소간의 상호관련을 밝힘으로써 범죄의 원인을 해명하고 이를 기초로 범죄자를 치료·처우하는 조사방법을 사례연구라고 한다.
ㅁ. [○] 표본조사에서는 범죄자의 일부를 표본으로 선정하여(실험집단) 이들을 정밀 관찰한 결과를 전체 범죄자에게 유추적용해서 그 전체상황을 파악하게 된다.
ㅂ. [×] 전통적 범죄가 주로 대상이 되므로 우리 사회의 전체범죄를 파악하는 데 있어서는 불충분한 면이 있다.

정답 ③

08 범죄학의 연구방법론에 대한 설명으로 옳지 않은 것은?

20. 보호

① 일반적으로 범죄율이라 함은 범죄통계와 관련하여 인구 100,000명당 범죄발생건수의 비율을 말한다.
② 자기보고조사란 일정한 집단을 대상으로 개개인의 범죄 또는 비행을 스스로 보고하게 함으로써 암수를 측정하는 방법이다.
③ 개별적 사례조사방법이란 연구자가 직접 범죄자 집단에 들어가 함께 생활하면서 그들의 생활을 관찰하는 조사방법을 말한다.
④ 범죄통계에는 필연적으로 암수가 발생하는바, 암수를 조사하는 방법으로는 참여적 관찰, 비참여적 관찰, 인위적 관찰방법 등이 있다.

해설

③ [×] 개별적 사례조사(개별조사, 직접관찰, 사례연구)는 범죄자 개인에 대하여 그 인격·환경 등의 측면을 종합적으로 분석하고 각 요소간의 상호관련을 밝힘으로써 범죄의 원인을 해명하고 이를 기초로 당해 범죄자의 치료·처우를 행하는 방법이다. 연구자가 직접 범죄자 집단에 들어가 함께 생활하면서 그들의 생활을 관찰하는 조사방법은 '참여적 관찰'이다.

① [○] 범죄수를 인구수로 나누고 100,000을 곱한 결과를 범죄율이라고 한다. 범죄율은 인구변동에 관계 없이 인구대비 범죄발생 건수를 비교할 수 있다는 장점이 있다.

② [○] 자기보고조사(행위자조사)는 암수범죄에 대한 조사방법 중 간접적 관찰(설문조사)의 한 방법이다.

④ [○] 암수범죄의 조사방법은 크게 직접적 관찰과 간접적 관찰(설문조사)로 나눌 수 있고, 직접적 관찰은 자연적 관찰(참여적 관찰, 비참여적 관찰), 인위적 관찰(실험)으로 나누며, 간접적 관찰은 자기보고조사, 피해자조사, 정보제공자조사로 나눌 수 있다.

정답 ③

09 범죄측정에 대한 설명으로 옳은 것은?

23. 보호 7급

① 참여관찰 연구는 조사자의 주관적 편견이 개입할 수 있고, 시간과 비용이 많이 들며 연구결과의 일반화가 어렵다.

② 인구대비 범죄발생건수를 의미하는 범죄율(crime rate)은 각 범죄의 가치를 서로 다르게 평가한다.

③ 자기보고식 조사(self-report survey)는 경미한 범죄보다는 살인 등 중대한 범죄를 측정하는 데 사용된다.

④ 피해 조사(victimization survey)는 개인적 보고에 기반하는 점에서 조사의 객관성과 정확성을 확보할 수 있다.

해설

① [○] 참여적 관찰에 대해서는 조사가 소규모로 진행되기 때문에 연구결과를 일반화할 수 없다는 점, 조사방법의 성격상 많은 시간과 비용이 소요된다는 점, 객관성을 유지하지 못한 채 조사 대상자들에게 동화되거나 반대로 이들을 혐오하는 감정을 가질 수 있다는 점 등이 문제점으로 지적된다.

② [×] 범죄율에 대해서는 '중대범죄와 상대적으로 가벼운 범죄가 동등한 범죄로 취급되어 통계화된다'는 점에 대한 비판이 제기된다.

③ [×] 자기보고조사(행위자조사)에 대해서는 '중범죄나 사회적으로 금기시하는 범죄'(예 살인, 강간 등) 또는 직업적으로 행하는 범죄(예 화이트칼라 범죄) 등을 조사하는 데는 '부적합'하다는 단점이 지적된다.

④ [×] 피해자 조사는 피해자에게 자신이 당한 범죄를 진술하게 함으로써 암수범죄를 조사하는 방법을 말하는데, 피해자가 '과장된 보고'를 할 수 있고, 조사자·피조사자의 태도에 의해 '조사결과가 왜곡'될 수 있으며, '조사결과의 신뢰성에 대한 문제' 등으로 인하여 조사결과의 객관성과 정확성을 확보하기 어렵다는 비판이 제기된다.

정답 ①

10 범죄학의 연구방법을 양적 연구방법과 질적 연구방법으로 분류할 때, 양적 연구방법에 해당하지 않는 것은?

① 설문조사　　② 통계분석

③ 실험연구　　④ 참여관찰

해설

양적 연구방법은 경험적 자료의 계량화를 통해 현상의 인과관계를 설명하고 법칙을 발견하는 연구방법이다. 반면, 질적 연구방법은 직관적 통찰과 감정이입적인 이해를 통해 인간의 주관적 행위 동기나 목적 등을 이해하는 연구방법이다.

④ [×] 참여관찰방법은 연구자가 직접 집단(범죄자 집단)에 들어가 함께 생활하면서 그들의 생활을 관찰하는 것으로, 질적 연구방법에 해당한다.

정답 ④

11 공식범죄통계에 대한 설명으로 가장 적절한 것은?

23. 간부(73)

① 범죄율은 일정 기간(통상 1년) 동안 특정 지역에서 인구 1,000명당 발생한 범죄 건수를 나타낸다.

② 총 인구가 2022년 20만명에서 2023년 15만명으로 감소한 인구소멸 지역인 A시에서 동 기간 범죄건수가 2,000건에서 1,000건으로 줄었다면 범죄율이 50% 감소한 것이다.

③ 우리나라의 공식 범죄통계 중 경찰청 「범죄통계」와 검찰청 「범죄분석」의 범죄발생 건수는 동일하다.

④ 우리나라 경찰의 검거율은 100%를 초과하여 달성되는 경우도 종종 발생한다.

해설

④ [○] 검거율이란 인지된 범죄사건에 대한 검거된 사건의 비율을 말한다. 보통 경찰이 1년 동안 범인을 검거한 사건수를 1년 동안 발생한 사건수로 나눈 비율로 계산한다(1년 동안 범인을 검거한 사건수/1년 동안 발생한 사건수×100). 실제로 범인이 시간이 한참 지난 후에 검거되는 경우도 많으므로, 범죄율은 1년 동안 발생한 사건 중에서 범인이 검거된 비율을 나타내는 것은 아니며, 결과적으로 검거율이 100%가 넘는 경우도 있다.

① [×] 범죄통계와 관련하여 일정 기간 동안 특정 지역에서 인구 '10만명'당 범죄발생 건수를 계산한 것을 '범죄율'이라고 한다(범죄수/인구×100,000).

② [×] A시의 2022년 범죄율은 1,000건[2,000(건)/200,000(명)×100,000=1,000]이고, 2023년 범죄율은 666.6건[1,000(건)/150,000(명)×100,000=666.6]이므로, 범죄율이 약 '33.3%' 감소한 것이다.

③ [×] 경찰청 「범죄통계」는 일선 경찰서에서 파악한 범죄발생 사항을 집계한 것이고, 검찰청 「범죄분석」은 위 「범죄통계」에 검찰의 인지 사건을 추가한 것이므로, 양자의 범죄발생 건수는 동일하지 않다.

정답 ④

12 범죄연구방법에 대한 설명으로 가장 옳지 않은 것은?

23. 해경간부

① 피해자조사는 암수범죄의 조사방법으로서 많이 활용되는 방법이다.

② 범죄율과 범죄시계는 인구변화율을 반영하여 범죄의 심각성을 인식할 수 있게 한다.

③ 공식범죄통계는 범죄의 일반적인 경향과 특징을 파악할 수 있게 한다.

④ 참여적 관찰법은 체포되지 않은 범죄자들의 일상을 관찰할 수 있게 한다.

해설

② [×] 범죄율과 범죄시계는 일반국민에게 범죄의 심각성을 인식하게 할 수 있다고 평가되나, 범죄율은 인구변동에 관계없이 인구대비 범죄발생 건수를 비교하는 방법이고, 범죄시계는 인구성장률(인구변화율)을 반영하지 않고 있다.

정답 ②

13 범죄학의 연구방법에 대한 설명으로 옳지 않은 것은? 10. 보호

① 참여적 관찰방법은 피관찰자들의 인격상태에 관한 객관적 관찰이 불가능하기 때문에 연구 관찰자의 주관적인 편견이 개입될 우려가 있다.

② 실험적 방법은 새로운 형사사법제도의 시행을 앞두고, 그 효과를 미리 점검해보고자 하는 경우에 유용하다.

③ 표본집단조사는 정상인집단인 실험집단과 연구하고자 하는 범죄자집단인 대조집단을 수평적으로 비교하는 방식으로 진행된다.

④ 추행조사는 추행을 당하는 사람들의 사실관계를 정확히 밝힐 수 있어 오랜 시간의 경과 후에도 그 사실을 파악할 수 있다는 장점이 있다.

해설

③ [×] 연구대상으로서 범죄자집단인 실험집단과 그에 대비되는 정상인집단인 대조집단을 선정하여 수평적 비교를 하는 것이 표본집단조사방법이다.

정답 ③

14 범죄학의 연구방법에 관한 설명 중 옳은 것은? 12. 사시

① 표본집단조사는 일반적으로 범죄인군에 해당하는 실험집단과 정상인군에 해당하는 대조집단을 선정하여 양 집단을 비교하는 방법을 취한다.

② 경험과학적 연구에서 실험은 가장 효과적인 방법 중의 하나이지만, 암수범죄의 조사에서 실험적 방법은 금지된다.

③ 사례연구는 범죄와 범죄자에 대한 다각적인 분석결과를 집계한 것으로, 범죄현상에 대한 대량적 관찰을 가능하게 한다.

④ 참여적 관찰법에서는 조사가 대규모로 진행되기 때문에 연구결과를 일반화할 수 있다.

⑤ 자원수형자로 교도소에 들어가 수형자와 함께 기거하면서 그들의 수형생활을 연구하는 것은 추행조사의 일례이다.

해설

① [○] 표본집단조사란 범죄의 종류·수법, 범인의 연령·범죄경력 또는 특정한 환경 등에 공통점을 가진 구체적 집단을 대상으로 하여 공통된 범인성을 규명하고, 어떤 특징과 관련되는가를 연구하여 범죄방지대책도 수립하는 방법을 말한다. 일반적으로 실험집단과 대비되는 통제집단(대조집단)을 선정하여 비교하는 방법을 사용하여(수평적 비교), 이를 통해 나온 결과를 전체 범죄자에게 유추적용해서 그 전체상황을 파악한다(예 쌍생아연구 등).

② [×] 실험이란 설정된 가정을 검증하기 위하여 제한된 조건하에서 반복적으로 이루어지는 관찰을 의미한다. 이는 보통 새로운 형사제도의 효율성을 미리 점검하는 데 많이 이용되며, 암수범죄의 조사방법으로도 활용될 수 있다.

③ [×] 사례연구(개별조사)란 범죄자 개인에 대하여 그 인격·환경 등의 측면을 종합적으로 분석하고 각 요소간의 상호관련을 밝힘으로써 범죄의 원인을 해명하고 이를 기초로 당해 범죄자를 치료·처우하는 방법이다. 이는 대상이 범죄자 개인, 즉 개별현상으로서 범죄이므로 통상 개별 행위자의 범죄원인을 규명하거나 그 처우방법을 모색하기 위하여 사용하는 경우가 많다. 범죄와 범죄자에 대한 다각적인 분석결과를 집계한 것으로, 범죄현상에 대한 대량적 관찰을 가능하게 하는 연구방법은 범죄통계(대량관찰)이다.

④ [×] 참여적 관찰법이란 연구자가 직접 범죄자집단에 들어가 함께 생활하면서 그들의 생활을 관찰하는 조사방법을 말한다. 이는 체포되지 않은 범죄자들의 일상을 관찰할 수 있다는 장점이 있으나, 조사방법이 소규모로 진행되기 때문에 연구결과를 일반화할 수 없다는 비판이 있다.

⑤ [×] 추행조사(follow-up study)란 일정수의 범죄자들을 일정기간 직접 접촉하면서 그들의 인격이나 사회적 조건들의 변화를 기록·분석하거나, 기록 등을 통하여 범죄자의 범죄경과를 추급하는 연구방법이다(수직적 비교). 이는 중범죄자를 대상으로 초범시부터 재범시까지 범죄자의 범죄행태의 변화를 연구하기에 가장 적합한 방법으로 평가되고 있다. 참여적 관찰법의 대표적 예로 드는 것이 오스번(T. M. Osborne)이 자원수형자 생활을 하면서 교도소상태를 관찰한 것이다. 오스번은 후에 오번교도소의 소장으로 취임하여 자원수형자 생활에서 경험한 것을 토대로 '수형자자치제'를 고안하였다.

정답 ①

15 범죄학 연구방법 중 실험연구에 대한 설명으로 옳지 않은 것은? 20. 교정

① 인과관계 검증과정을 통제하여 가설을 검증하는 데 유용한 방법이다.

② 실험집단과 통제집단에 대한 사전검사와 사후검사를 통해 종속변수에 미치는 처치의 효과를 검증한다.

③ 집단의 유사성을 확보하기 위해 무작위 할당방법이 주로 활용된다.

④ 외적 타당도에 영향을 미치는 요인들을 통제하는 데 가장 유리한 연구방법이다.

해설

④ [×] 실험연구에 의한 표본집단조사는 연구의 '내적 타당성'에 영향을 미치는 요인들을 통제하는 데 유리한 연구방법으로 평가된다.

① [○] 실험연구는 설정된 가정을 검증하기 위하여 제한된 조건하에서 반복적으로 이루어지는 관찰을 의미한다.

② [○] 실험연구에 의한 표본집단조사는 범죄인군에 해당하는 실험집단과 이와 대비되는 정상인군에 해당하는 통제집단(대조집단)을 선정하여 비교(사전 · 사후조사)하는 방법을 사용한다.

③ [○] 무작위 할당은 실험적 연구에서 집단의 유사성(동질성)을 확보하고 인과관계를 명확하게 밝히기 위해서 사용된다. 일정한 조건에 해당하는 대상자들이 실험집단과 통제집단에 고르게 분포하도록 하여 결과에 영향을 미칠 수 있는 다른 요인들을 통제하는 것이다(우연한 사건의 영향을 예방).

정답 ④

16 다음 ㄱ~ㄹ에 해당하는 범죄학 연구방법을 바르게 짝지은 것은? 12. 보호

ㄱ. 인류학자들이 즐겨 사용하는 연구방법이다. 조사대상자들과 인간적인 교감을 형성하면서 연구를 진행해야 하기 때문에 많은 시간이 소요된다.

ㄴ. 집단의 등가성 확보, 사전과 사후조사, 대상집단과 통제집단이라는 세 가지 전제조건을 특징으로 하고, 연구의 내적 타당성에 영향을 미치는 요인들을 통제하는데 유리한 연구방법이다.

ㄷ. 기술적 연구나 추론적 연구를 위한 양적 자료를 수집하고 인과성 문제를 다루기 위한 연구방법이며, 설문지, 면접, 전화접촉 등을 활용한다.

ㄹ. 미시범죄학적인 연구방법이며 하나 또는 몇 개의 대상에 대한 깊이 있는 정밀조사를 목표로 한다. 전형적인 대상이 아니면 다른 상황에 일반화할 수 없다는 단점이 있다. 대표적인 연구로는 서덜랜드(Sutherland)의 '전문절도범(Professional Thief)'이 있다.

	ㄱ	ㄴ	ㄷ	ㄹ
①	실험연구	조사연구	사례연구	참여관찰
②	참여관찰	실험연구	조사연구	사례연구
③	사례연구	실험연구	참여관찰	조사연구
④	조사연구	참여관찰	사례연구	실험연구

해설

ㄱ. 연구자가 직접 범죄자집단에 들어가 함께 생활하면서 그들의 생활을 관찰하는 참여관찰(참여적 관찰)에 대한 설명이다.

ㄴ. 표본조사(표본집단조사)에서 대상집단과 통제집단을 비교하는 방법으로 실험연구를 행하기도 한다.

ㄷ. 조사연구는 사람의 선호도, 생각, 행동 등에 대한 정보를 체계적으로 수집하기 위하여 표준화된 설문이나 면접을 활용하는 연구방법이다(설문조사). 이는 매우 광범위한 자료로서 직접적 관찰이 어려운 자료를 간접적으로 수집함에 적합한 방법으로 평가된다.

ㄹ. 범죄자 개인에 대하여 그 인격 · 환경 등의 측면을 종합적으로 분석하고 각 요소간의 상호관련을 밝힘으로써 범죄의 원인을 해명하고 이를 기초로 당해 범죄자의 치료 · 처우를 행하는 사례연구(개별조사)에 대한 설명이다.

정답 ②

17 범죄학의 연구방법 중에서 '중범죄자를 대상으로 초범시부터 재범시까지 범죄행태의 변화를 연구하기에 적합'하다는 평가를 받는 연구방법은?

① 추행조사
② 실험적 방법
③ 표본집단조사
④ 참여적 관찰방법

해설

① [○] 추행조사란 범죄자들을 일정기간 직접 접촉하면서 그들의 인격이나 사회적 조건의 변화를 분석하거나, 기록 등을 통하여 범죄경과를 추급하는 연구방법이다. 이는 중범죄자를 대상으로 초범시부터 재범시까지 범죄행태의 변화를 연구하기에 가장 적합한 방법으로 평가되고 있다. 다만, 조사방법상 사생활 침해의 우려가 있으며, 범죄자 자신이 조사대상임을 알게 된 경우에는 조사하기 어렵다는 단점이 있다.

정답 ①

18 범죄학의 연구방법에 대한 설명으로 옳지 않은 것은?

14. 교정

① 공식범죄통계는 범죄현상을 분석하는 데 기본적인 수단으로 활용되고 있으며, 다양한 숨은 범죄를 포함한 객관적인 범죄상황을 정확히 나타내는 장점이 있다.
② (준)실험적 연구는 새로 도입한 형사사법제도의 효과를 검증하는데 유용하게 활용된다.
③ 표본조사방법은 특정한 범죄자 모집단의 일부를 표본으로 선정하여 그들에 대한 조사결과를 그 표본이 추출된 모집단에 유추적용하는 방법이다.
④ 추행조사방법은 일정한 범죄자 또는 비범죄자들에 대해 시간적 간격을 두고 추적 · 조사하여 그들의 특성과 사회적 조건의 변화를 관찰함으로써 범죄와의 상호 연결 관계를 파악할 수 있다.

해설

① [×] 현실적으로 발생한 범죄량과 통계상에 나타난 범죄량과의 사이에는 상당한 차이가 있어 객관적인 범죄상황을 정확히 나타내주지 못한다는 비판(암수범죄의 문제)을 받는다.
② [○] 실험적 방법이란 설정된 가정을 검증하기 위하여 제한된 조건하에서 반복적으로 이루어지는 관찰을 의미하는데, 보통 새로운 형사제도의 효율성을 미리 점검하는 데 많이 이용되며, 암수범죄의 조사방법으로도 활용될 수 있다.
③ [○] 표본조사에서는 일반적으로 범죄인군에 해당하는 실험집단과 대비되는 정상인군에 해당하는 통제집단(대조집단)을 선정하여 비교(수평적 비교방법)하는 방법을 사용한다. 이를 통해 나온 결과를 전체 범죄자에게 유추적용해서 그 전체상황을 파악하게 된다.
④ [○] 추행조사(follow-up study, 추적조사)란 일정수의 범죄자(또는 비범죄자)들을 일정기간 직접 접촉하면서 그들의 인격이나 사회적 조건의 변화를 기록 · 분석하거나, 기록 등을 통하여 범죄경과를 추급하는 연구방법이다(수직적 비교방법).

정답 ①

19 다음 설명의 내용과 범죄학의 연구방법을 올바르게 연결한 것은? 16. 사시

> ㄱ. 기본적으로 사회 내에서 "얼마나 많은 범죄가 발생하는가?"를 중심내용으로 하는 연구방법이다.
> ㄴ. 경험과학에서 가장 효과적인 방법 가운데 하나로서 보통 새로운 형사제도의 효율성을 점검하는 데 많이 이용된다.
> ㄷ. 일정시점과 일정시간이 경과한 다음 조사대상자의 변화를 관찰하는 것으로 수직적 비교방법에 속하는 것이다.
> ㄹ. 1937년 서덜랜드(Sutherland)가 실시한 직업절도범 연구가 대표적인 예라고 할 수 있다.

> A. 개별적 사례조사　　B. 범죄통계표의 분석
> C. 추행조사　　D. 실험적 방법

	ㄱ	ㄴ	ㄷ	ㄹ
①	A	B	D	C
②	B	C	A	D
③	B	D	C	A
④	C	D	A	B
⑤	C	B	A	D

해설

ㄱ-B. 범죄통계는 사회의 대량현상으로서의 범죄에 대한 수량적 연구를 통해 범죄에 대한 일정한 경향을 파악할 수 있다는 장점이 있다(양적 연구방법).

ㄴ-D. 실험적 방법이란 설정된 가정을 검증하기 위하여 제한된 조건하에서 반복적으로 이루어지는 관찰을 의미한다. 이는 보통 새로운 형사제도의 효율성을 미리 점검하는 데 많이 이용되며(예 가택구금제도를 새로이 설정해놓고 그 안에서 일어나는 피구금자의 행동과 반응의 차이를 교도소 내에서의 경우와 비교), 암수범죄의 조사방법으로도 활용될 수 있다(예 블랑켄부르크의 연구).

ㄷ-C. 추행조사(follow-up study, 추적조사)란 일정수의 범죄자(또는 비범죄자)들을 일정기간 직접 접촉하면서 그들의 인격이나 사회적 조건의 변화를 기록·분석하거나, 기록 등을 통하여 범죄경과를 추급하는 연구방법이다(수직적 비교방법). 이는 중범죄자를 대상으로 초범시부터 재범시까지 범죄자의 범죄행태의 변화를 연구하기에 가장 적합한 방법으로 평가되고 있다.

ㄹ-A. 개별조사란 범죄자 개인에 대하여 그 인격·환경 등의 측면을 종합적으로 분석하고 각 요소간의 상호관련을 밝힘으로써 범죄의 원인을 해명하고 이를 기초로 당해 범죄자의 치료·처우를 행하는 방법이다(임상범죄학). 조사대상자에 대한 개별적 사례조사나 과거사를 조사하는 것도 이에 포함된다(예 서덜랜드의 직업절도범연구).

정답 ③

20 다음에서 설명하는 형사정책 연구방법은?

16. 보호

> 청소년들의 약물남용실태를 조사하기 위하여 매 2년마다 청소년 유해환경조사를 실시하고 있다. 이 조사는 매 조사 연도에 3,000명의 청소년들을 새롭게 표본으로 선정하여 설문지를 통해 지난 1년 동안 어떤 약물을, 얼마나 복용하였는지를 질문하고 있다.

① 자기보고식 조사
② 범죄피해조사
③ 추행조사
④ 참여관찰조사

해설

① [○] 암수범죄에 대한 조사방법 중 하나로서 자기보고식 조사는 일정한 집단을 대상으로 개개인의 범죄·비행을 스스로 보고하게 함으로써 암수범죄를 측정하는 방법이다(행위자조사).

② [×] 범죄피해조사란 피해자에게 자신이 당한 범죄를 진술하게 함으로써 암수범죄를 조사하는 방법을 말한다(피해자조사).

③ [×] 추행조사(추적조사)란 일정수의 범죄자(또는 비범죄자)들을 일정기간 직접 접촉하면서 그들의 인격이나 사회적 조건의 변화를 기록·분석하거나, 기록 등을 통하여 범죄경과를 추급하는 연구방법이다(수직적 비교방법).

④ [×] 참여관찰조사란 연구자가 직접 범죄자집단에 들어가 함께 생활하면서 그들의 생활을 관찰하는 조사방법을 말한다.

정답 ①

21 범죄학의 연구방법에 대한 설명으로 옳지 않은 것은?

18. 보호

① 참여적 관찰법은 체포되지 않은 범죄자들의 일상을 관찰할 수 있게 한다.

② 범죄통계는 범죄의 일반적인 경향과 특징을 파악할 수 있게 한다.

③ 범죄율과 범죄시계는 인구변화율을 반영하여 범죄의 심각성을 인식할 수 있게 한다.

④ 피해자조사는 암수범죄의 조사방법으로서 많이 활용되는 방법이다.

해설

③ [×] '범죄율'이란 인구 10만명당 범죄발생 건수를 계산한 것을 말하는데(범죄수/인구×100,000), 인구변동에 관계없이 인구대비 범죄발생 건수를 비교할 수 있다는 점에서 유용한 자료이지만, 중요범죄와 상대적으로 가벼운 범죄가 동등한 범죄로 취급되어 통계화되며 암수범죄를 포함하지 못한다는 비판이 있다. '범죄시계'란 매 시간마다 범죄발생 현황을 표시한 것으로서 범죄의 종류별 발생빈도를 시간단위로 분석하며 종류별 사건의 수를 시간으로 나눈 수치로 표시하는 것인데, 일반인들에게 범죄경보 기능을 한다는 장점이 있으나, 인구성장률을 반영하지 않고 있으며 시간을 고정적인 비교단위로 사용하는 문제점이 있어서 통계적 가치는 없다고 할 수 있다.

① [○] 서덜랜드가 '자유로운 상태에 있는 범죄자의 연구'라고 표현한 것처럼, 참여적 관찰법은 체포되지 않은 범죄자들의 일상을 관찰할 수 있다는 장점이 있다.

② [○] 범죄통계는 사회의 대량현상으로서의 범죄에 대한 수량적 연구를 통해 범죄에 대한 일정한 경향을 파악할 수 있다(양적 연구방법).

④ [○] '피해자조사'는 피해자에게 자신이 당한 범죄를 진술하게 함으로써 암수범죄를 조사하는 방법을 말한다. 이는 현재 암수범죄의 조사방법으로 가장 많이 활용되는 것으로, 가장 오래된 방법이자 가장 신뢰할 수 있는 방법이다.

정답 ③

22 범죄학 및 형사정책의 연구방법에 대한 설명으로 옳은 것은? 19. 교정

① 범죄(공식)통계표 분석방법은 범죄와 범죄자의 상호 연계관계를 해명하는 데 유용하며, 숨은 범죄를 발견할 수 있다.

② 참여관찰방법은 조사대상에 대한 생생한 실증자료를 얻을 수 있고, 연구결과를 객관화할 수 있다.

③ 실험적 연구방법은 어떤 가설의 타당성을 검증하거나 새로운 사실을 관찰하는 데 유용하며, 인간을 대상으로 하는 연구를 쉽게 할 수 있다.

④ 사례조사방법은 범죄자의 일기, 편지 등 개인의 정보 획득을 바탕으로 대상자의 인격 및 환경의 여러 측면을 분석하고, 그 각각의 상호 연계관계를 밝힐 수 있다.

해설

④ [○] 사례조사(개별조사)는 범죄자 개인에 대하여 그 인격 · 환경 등의 측면을 종합적으로 분석하고 각 요소간의 상호관련을 밝힘으로써 범죄의 원인을 해명하고 이를 기초로 당해 범죄자의 치료 · 처우를 행하는 방법이다.

① [×] 범죄통계는 범죄와 범죄자에 대한 다각적인 분석 결과를 집계한 것으로, 범죄현상에 대한 대량적 관찰을 가능하게 하는 방법이다. 이는 사회의 대량현상으로서 범죄에 대한 수량적 연구를 통해 범죄의 일정한 경향을 파악할 수 있다는 장점이 있으나, 현실적으로 발생한 범죄량와 통계상 범죄량 사이에 상당한 차이가 있어 객관적인 범죄상황을 정확히 나타내지 못한다는 단점이 지적된다(암수범죄의 문제).

② [×] 참여적 관찰이란 연구자가 직접 범죄자 집단에 들어가 함께 생활하면서 그들의 생활을 관찰하는 연구방법이다. 이에 대해서는 조사가 소규모로 진행되기 때문에 연구결과를 일반화(객관화)하기 어렵다는 단점이 지적된다.

③ [×] 실험적 방법은 설정된 가설을 검증하기 위하여 제한된 조건에서 반복적으로 이루어지는 관찰을 의미한다. 이에 대해서는 인간을 대상으로 하므로 실험조건 및 대상의 확보가 쉽지 않다는 단점이 지적된다.

정답 ④

23 범죄학의 연구방법에 대한 설명 중 가장 적절하지 않은 것은? 22. 간부(72)

① 설문조사를 통한 연구는 두 변수 사이의 관계를 넘어서는 다변량 관계를 살펴볼 수 있다는 장점이 있다.

② 양적 연구는 질적 연구에 비해 연구결과의 외적 타당성을 확보하기 어렵다는 단점이 있다.

③ 실험연구는 연구자가 필요한 조건을 통제함으로써 내적 타당성을 확보하기에 용이하다.

④ 설문조사를 통한 연구는 부정확한 응답의 가능성에 대한 고려가 필요하다.

해설

② [×], ③ [○] 외적 타당성이란 연구의 결과를 유사한 다른 사례나 집단에 적용할 수 있는가의 문제이다(일반화의 가능성에 대한 문제). '질적 연구'(대표적으로 표본집단조사 연구, 실험 연구 등)는 연구에 필요한 조건(자극, 환경, 시간 등)을 통제할 수 있어 연구결과의 내적 타당성을 확보하기에 유리하지만 '외적 타당성을 확보하기 어렵다'는 단점이 있다.

① [○] 범죄통계연구는 두 변수 사이의 관계를 연구함에 그친다는 한계가 있는 것과 달리, 설문조사 연구는 두 변수 사이의 관계를 넘어서는 다변량 관계를 연구할 수 있다고 평가된다.

④ [○] 설문조사는 대상자들이 불성실 또는 부정직한 응답을 할 경우 조사결과의 신뢰성이 문제되므로 이에 대한 대응이 필요하다.

정답 ②

24 다음 범죄연구 사례에서 활용된 연구방법에 관한 설명으로 가장 적절한 것은? 22. 경행경채

> 범죄학자 甲은 1945년 출생자 중에서 10세부터 18세의 기간 동안 ○○시에 거주한 청소년들을 조사하였고, 소수의 비행청소년들이 전체 소년범죄의 절반 이상을 집중적으로 저질렀으며 이들 중 약 45%의 청소년은 30세가 되었을 때 성인 범죄자가 되었다고 주장하였다.

① 유사한 특성을 공유하는 집단을 시간의 흐름에 따라 추적하여 관찰하는 연구방법이다.

② 연구자가 집단의 활동에 참여함으로써 연구대상을 관찰하여 자료를 수집하는 연구방법이다.

③ 연구대상자로 하여금 자신의 비행이나 범죄행동 사실을 스스로 보고하게 하는 연구방법이다.

④ 연구자가 내적 타당성에 관련된 요인을 통제하기 용이한 연구방법이다.

해설

① [○] 특정 지역에 거주하며 공통의 특성을 갖는 집단을 대상으로 상당한 기간 동안 관찰하며 연구를 수행하는 코호트 연구(cohort research)에 관한 설명이다.

② [×] 참여적 관찰연구에 관한 설명이다.

③ [×] 자기보고조사에 관한 설명이다.

④ [×] 실험연구에 관한 설명이다.

정답 ①

25 형사정책학의 연구대상과 연구방법에 대한 설명으로 옳지 않은 것은? 22. 보호

① 범죄학이나 사회학에서 말하는 일탈행위의 개념은 형법에서 말하는 범죄개념보다 더 넓다.

② 사회에 새롭게 등장한 법익침해행위를 형법전에 편입해야 할 필요성을 인정함에 사용되는 범죄개념은 형식적 범죄개념이다.

③ 헌법재판소의 위헌결정으로 폐지된 간통죄와 같이 기존 형법전의 범죄를 삭제해야 할 필요성을 인정함에 사용되는 범죄개념은 실질적 범죄개념이다.

④ 공식적 범죄통계를 이용하는 연구방법은 두 변수 사이의 2차원 관계 수준의 연구를 넘어서기 어렵다는 비판이 가능하다.

해설

② [×], ③ [○] '실질적 범죄개념'이란 사회유해성과 법익침해성을 기준으로 하는 반사회적 행위로서, 실정형법을 초월하여 타당할 수 있는 신범죄화와 비범죄화의 실질적 기준을 제시하기 위한 개념이다. 이를 기준으로 현행법상 처벌되지 않은 반사회적 행위를 '신범죄화'하거나(사회에 새롭게 등장한 법익침해행위를 형법전에 편입), 사회 변화에 따라 처벌할 필요가 없는 행위를 비범죄화하게 (헌법재판소의 위헌결정으로 폐지된 간통죄와 같이 기존 형법전의 범죄를 삭제) 되는 것이다.

① [○] 일탈행위란 흔히 공동체나 사회에서 보편적으로 인정되는 규범에 의해 승인되지 않는 행위를 의미한다. 이는 형법상의 범죄개념보다 넓어서 공동체에서 통용되는 모든 규범에 대한 침해가 포함된다.

④ [○] 공식범죄통계 연구에 대해서는 두 변수 사이의 2차원 관계를 넘어서는 다변량 관계를 연구할 수 없다는 한계가 있다는 비판이 제기된다.

정답 ②

26 범죄학의 연구방법에 관한 설명으로 가장 적절하지 않은 것은?

23. 1차 경행경채

① 피해자조사는 암수범죄를 파악하는데 용이하다.

② 실험연구는 연구결과의 내적 타당성을 확보하기에 유용하다.

③ 사례연구는 특정한 범죄자의 생애를 연구하기에 유용하다.

④ 참여관찰은 연구자의 주관이 개입될 가능성이 낮다.

해설

④ [×] 참여관찰이란 연구자가 직접 범죄자 집단에 들어가 함께 생활하면서 그들의 생활을 관찰하는 조사방법을 말하는데, '연구자가 객관성을 유지하지 못한 채 조사대상자들에게 동화되거나 반대로 이들을 혐오하는 감정을 가질 수 있다.'라는 비판이 제기된다.

① [○] 피해자조사는 피해자에게 자신이 당한 범죄를 진술하게 함으로써 암수범죄를 조사하는 방법을 말하는데, 현재 암수범죄의 조사방법으로 가장 많이 활용되는 것으로, 가장 오래된 방법이자 가장 신뢰할 수 있는 방법이라고 평가된다.

② [○] 실험연구는 연구자가 필요한 조건을 통제하여 연구결과의 내적 타당성을 확보하는 것이 용이하다고 평가된다.

③ [○] 사례연구란 범죄자 개인에 대하여 출생, 성장과정, 교우관계, 학교생활, 직장생활, 가족관계, 범죄경력 등 다양한 인격·환경 등의 측면을 종합적으로 분석하고 각 요소간의 상호관련을 밝힘으로써 범죄의 원인을 해명하고 이를 기초로 당해 범죄자의 치료·처우를 행하는 방법으로, 특정범죄자에 대한 개별적 사례조사나 과거사를 조사하는 것도 이에 포함된다.

정답 ④

27 연구방법론에 대한 설명으로 옳지 않은 것은?

23. 교정 7급

① 실험연구는 연구결과의 외적 타당성을 확보하기에 유용한 연구방법이다.

② 범죄피해조사는 연구대상자로 하여금 범죄피해 경험을 스스로 보고하게 하는 연구방법으로 암수범죄(Dunkelfeld)를 파악하는데 용이하다.

③ 사례연구는 연구대상자에 대한 깊이 있는 정밀조사를 목표로 하며, 서덜랜드(Sutherland)의 전문절도범(the professional thief) 연구가 대표적이다.

④ 참여관찰법은 연구자가 스스로 범죄집단에 참여함으로써 연구대상을 관찰하여 자료를 수집하는 연구방법이다.

해설

① [×] 실험연구는 연구자가 필요한 조건을 통제하여 '내적 타당성을 확보하는 것이 용이'하다는 장점이 있다.

② [○] 범죄피해조사(피해자 조사)는 피해자에게 자신이 당한 범죄를 진술하게 함으로써 암수범죄를 조사하는 방법으로, 현재 암수범죄의 조사방법으로 가장 많이 활용되는 방법이다.

③ [○] 사례연구(개별조사)는 조사대상자에 대한 개별적 사례조사나 과거사를 조사하는 것도 포함되며[서덜랜드(Sutherland)의 직업절도범 연구], 조사대상자에 대해 가장 깊이 있는 이해를 할 수 있으며, 이를 기초로 장래 대책(치료·처우)을 수립하는 것이 용이하다는 장점이 있다.

④ [○] 참여적 관찰이란 연구자가 직접 범죄자 집단에 들어가 함께 생활하면서 그들의 생활을 관찰하는 조사방법을 말한다.

정답 ①

28 다음은 범죄학 연구방법에 관한 내용이다. 가장 적절한 것은?

23. 간부(73)

가. 특정 지역에 거주하며 공통된 특성을 공유하고 있는 집단을 대상으로 상당 시간 동안 관찰하여 수행하는 것이다.
나. 대부분의 연구방법들은 시계열적 분석이 미흡하고, 범죄경력의 진전 과정이나 범죄율 증감 과정에 대한 분석이 간과되기 쉽다는 단점을 보완하기 위해 고안되었다.
다. 시간의 흐름에 따라 범죄율이 증감되는 과정의 관찰이 가능하다는 장점이 있으나, 대상자의 자료 수집에 큰 비용과 시간이 소요된다.

① 코호트연구(Cohort Research)
② 참여관찰연구(Participant Observation)
③ 데이터 마이닝(Data Mining)
④ 실험연구(Experimental Study)

해설

① [○] 코호트연구(Cohort Research)는 특정 지역에 거주하며 공통의 특성을 갖는 집단을 대상으로 상당한 기간 동안 관찰하며 연구를 수행하는 것을 말한다[예 울프강(M. Wolfgang) 등의 필라델피아 코호트 연구]. 주로 범죄대상자나 그의 가족과의 면담을 통해 자료를 수집하고, 각종 기록(학교, 병원, 복지시설, 경찰, 법원, 교도소 등)을 통해 이를 검증하는 작업을 진행한다.

② [×] 참여관찰연구란 연구자가 직접 범죄자 집단에 들어가 함께 생활하면서 그들의 생활을 관찰하는 조사방법을 말한다(현장조사연구).

③ [×] 데이터 마이닝(자료발굴연구)이란 인공지능과 컴퓨터공학을 활용하여 여러 정보원천을 대상으로 대량으로 자료를 분석하는 방법으로, 전통적 연구방법에 의하여 파악이 어려운 범죄의 유형과 경향을 파악하기 위한 것이다.

④ [×] 실험연구란 설정된 가정을 검증하기 위하여 제한된 조건하에서 반복적으로 이루어지는 관찰을 의미한다. 보통 새로운 형사제도의 효율성을 미리 점검하는 데 많이 이용되며(예 가택구금제도를 새로이 설정해놓고 그 안에서 일어나는 피구금자의 행동과 반응의 차이를 교도소 내에서의 경우와 비교), 암수범죄의 조사방법으로도 활용될 수 있다.

정답 ①

29 범죄자의 장기적인 범죄경력 연구에 가장 적합한 조사설계는?

23. 해경간부

① 횡단적 조사설계
② 반복횡단조사설계
③ 패널조사설계
④ 코호트조사설계

해설

③ [○] 패널조사는 조사자가 조사주제에 적합한 조사패널을 구축한 다음, 패널로부터 주제에 대해 정기적으로 조사하여 그 변화를 추적하는 조사기법이다. 패널(panel)은 계약을 통해 지속해서 자료를 제공하는 조사 응답자 집단을 말한다. 횡단조사와 종단조사의 한계를 극복하여 효율적인 연구가 이루어질 수 있게 하는 대안적 방법이 패널조사이다. 패널조사는 개인 간 차이뿐만 아니라 개인의 변화를 동시에 분석하게 함으로써 인간의 복잡하고 다양한 행동을 보다 쉽게 이해할 수 있도록 해준다는 점에서 장점을 가진다.

① [×] 횡단조사는 동시대 개인 간 차이를 깊이 있게 연구할 수 있다는 장점이 있으나, 시간의 흐름에 따른 변동에 관한 연구에는 매우 취약하다고 평가된다. 반면에 종단조사는 시간의 흐름에 따라 발생하는 변동을 이해하는 데 적합하지만, 조사대상의 지속적인 변화로 나타나는 자료 일치의 문제와 시간의 흐름에서 발생하는 자연적인 변화를 통제하기 어렵다는 문제가 있다.

② [×] 조사를 반복하면서 그 대상을 같은 모집단에 속한 새로운 표본으로 변경하여 시행하는 방법을 반복횡단조사라고 한다.

④ [×] 특정 지역에 거주하며 공통의 특성을 갖는 집단을 대상으로 상당한 기간 동안 관찰하며 연구를 수행하는 것을 코호트조사라고 한다.

정답 ③

제3장 | 범죄피해자론

제1절 | 피해자 연구의 의의

제2절 | 피해자학(범죄피해자이론)

01 피해자학에 관한 설명 중 괄호 안에 들어갈 이름으로 옳은 것은?

> 피해자에 대한 체계적인 연구는 제2차 세계대전 이후에 시작되었다고 볼 수 있다. (A)은/는 강간범죄의 피해자를 연구하여 형사정책적으로 의미 있는 피해자학의 기초를 마련하였고, 범죄에 대한 피해자의 유책성 정도에 따라 피해자를 분류하였다. (B)은/는 죄를 범한 자와 그로 인하여 고통받는 자라는 도식을 통하여 "피해자의 존재가 오히려 범죄자를 만들어낸다."라고 지적하면서 범죄자와 피해자의 관계에 대한 과학적인 연구의 필요성을 강조하였다.

> ㄱ. 포이어바흐(A. von Feuerbach)
> ㄴ. 멘델존(B. Mendelsohn)
> ㄷ. 가로팔로(R. Garofalo)
> ㄹ. 프라이(M. Fry)
> ㅁ. 헨티히(H. von Hentig)

	A	B
①	ㄱ	ㄷ
②	ㄴ	ㄹ
③	ㄱ	ㅁ
④	ㄴ	ㅁ

해설

④ [○] 멘델존은 '범죄학에 있어서 강간과 부인사법관의 중요성'에서 강간범죄의 피해자를 연구하였고, 피해자가 피해상태에 무의식적으로 순응하는 개인적 능력을 의미하는 '피해수용성'이란 개념을 도구로 하여 범죄피해자가 범죄에 대해 책임이 있는 정도를 분류하였다(A-ㄴ). 한편 헨티히는 범죄피해자가 되기 쉬운 성격을 연구하였고, 죄를 범한 자와 그로 인해 고통을 받는 자라는 도식을 통하여 "피해자의 존재가 오히려 범죄자를 만들어낸다."라고 지적하였다(B-ㅁ).

정답 ④

02 범죄피해자 또는 피해자학의 발전에 대한 설명으로 옳지 않은 것은?

① 제2차 세계대전 이후부터 피해자에 대한 연구가 활발하게 진행되었고, 나아가 피해자에 대한 연구를 범죄학에 대응하는 독자적인 학문분야로 인정하는 경향까지도 나타났다.

② 멘델존(Mendelsohn)은 피해자학이 범죄학과 인접해 있는 독자적인 학문분야라는 점을 강조하면서, 피해자를 범죄피해자에 한정하지 않고 널리 사고나 자연피해의 피해자도 포함시키는 최광의의 피해자 개념을 주장하였다.

③ 헨티히(Hentig)는 피해자에 대한 연구를 범죄학에 대한 보조과학으로서의 성격을 가진다고 보고, 피해자를 범죄의 발생원인 내지 환경요소로 파악하여 "피해자의 존재가 오히려 범죄자를 만들어낸다."라고 지적하였다.

④ 엘렌베르거(Ellenberger)는 『피해자를 위한 정의』라는 논문을 통해 피해자의 공적 구제에 대한 관심을 촉구하였다.

해설

④ [×] 프라이 여사(M. Fry)는 『피해자를 위한 정의』라는 논문을 통하여 피해자의 공적 구제에 대한 관심을 촉구하였다. 이에 영향을 받아 1963년 뉴질랜드가 범죄피해자보상법을 처음 제정 · 실시한 후, 영연방국가들과 미국 그리고 다른 유럽국가의 순서로 범죄피해자에 대한 공적 구제를 위한 입법이 이루어졌다.

정답 ④

03 범죄피해자 또는 피해자학에 관한 설명 중 옳지 않은 것은?

① 멘델존(Mendelsohn)은 범죄피해자가 범죄에 대해 책임 있는 정도에 따라 피해자를 분류하였다.

② 헨티히(Hentig)는 피해자의 존재가 범죄자를 만들어낸다고 하여 피해자를 범죄의 발생원인으로 파악하였다.

③ 범죄피해자학은 오늘날 범죄예방대책 수립의 기초를 제공하고, 형사절차에서 피해자의 참여권을 확대하며, 구성요건의 명확화를 촉진시키는 등 형사법학에 많은 영향을 주었다.

④ 성범죄피해자는 범죄의 피해자인 동시에 형사사법제도의 피해자, 사회의 피해자로서 3중의 피해를 받게 됨으로써 이에 대한 보호대책이 절실히 요구되는 피해자이다.

해설

③ [×] 형사정책에서 피해자에 대한 논의는 크게 두 영역과 관련을 맺고 있다. ⓐ 하나는 범죄원인론에서 피해자가 범죄발생에 미친 영향과 관련되는 문제이고, ⓑ 다른 하나는 피해자에 대한 적절한 보호대책과 관련되는 문제이다. ⓐ 첫 번째 영역의 문제는 범죄예방과 관련하여 피해방지대책의 수립에 기여하였고, ⓑ 두 번째 영역의 문제는 형사절차에서 피해자의 참여의 확대에 기여하였다고 볼 수 있다. 즉, 구성요건의 명확화 촉진은 피해자학과 거리가 있다.

정답 ③

04 멘델존(Mendelsohn)은 범죄피해자 유형을 5가지로 분류하였다. 분류의 기준은 무엇인가? 22. 간부(72)

① 피해자의 유책성(귀책성)
② 피해자의 외적특성과 심리적 공통점
③ 피해자의 도발유무
④ 일반적 피해자성과 잠재적 피해자성

해설

① [○] 멘델존(Mendelsohn)은 범죄발생에 있어서 '피해자의 유책성 정도를 기준'으로 피해자를 ⓐ 책임이 없는 피해자(무자각의 피해자, 이상적 피해자 예 미성년자약취유인죄의 미성년자, 영아살해죄의 영아), ⓑ 책임이 조금 있는 피해자(무지에 의한 피해자 예 낙태로 사망한 임산부), ⓒ 가해자와 동등한 책임의 피해자(자발적 피해자 예 동반자살, 살인을 촉탁 · 승낙한 자), ⓓ 가해자보다 더 유책한 피해자(유발적 피해자, 부주의에 의한 피해자 예 공격당한 패륜아), ⓔ 가장 유책한 피해자(공격적 피해자, 기망적 피해자, 환상적 피해자 예 정당방위의 상대방, 무고죄의 범인, 피해망상증 호소자)의 5가지 유형으로 분류하였다.
② [×] '헨티히(Hentig)'는 피해자의 특성을 기준으로 피해자를 일반적 피해자(피해자의 외적 특성을 기준)와 심리학적 피해자(피해자의 심리적 공통점을 기준)로 분류하였다.
③ [×] '레클리스(Reckless)'는 피해자의 도발 여부를 기준으로 피해자를 순수한 피해자와 도발한 피해자로 분류하였다.
④ [×] '엘렌베르거(Ellenburger)'는 심리학적 기준에 따라 피해자를 잠재적 피해자와 일반적 피해자로 분류하였다.

정답 ①

05 레크리스(W. Reckless)의 범죄피해자 유형 분류 기준으로 가장 옳은 것은? 22. 해경간부

① 피해자의 유책성(귀책성)
② 피해자의 도발 유무
③ 피해자의 외적 특성과 심리의 공통점
④ 일반적 피해자성과 잠재적 피해자성

해설

② [○] 레크리스(W. Reckless)는 피해자의 도발 여부를 기준으로 순수한 피해자(가해자 – 피해자 모델)와 도발한 피해자(피해자 – 가해자 – 피해자 모델)로 분류하였다.
① [×] 멘델존(B. Mendelsohn)은 범죄발생에 있어서 피해자의 유책성 정도를 기준으로 분류하였다.
③ [×] 헨티히(H. V. Hentig)는 피해자의 특성을 기준으로 일반적 유형(외적 특성을 기준)과 심리적 유형(심리적 공통점을 기준)으로 분류하였다.
④ [×] 엘렌베르거(H. Ellenburger)는 피해자를 심리학적 기준에 따라 잠재적 피해자와 일반적 피해자로 분류하였다.

정답 ②

06 피해자 분류에 대한 설명으로 옳지 않은 것은?

① 멘델존(Mendelsohn)은 피해자의 유형을 5가지로 나누고 영아살해죄의 영아 등과 같은 유형을 '이상적 피해자' 또는 '무자각의 피해자'라고 불렀다.
② 헨티히(Hentig)는 일반적 피해자 유형과 심리학적 피해자 유형으로 분류하였으며, 범죄예방분야에서 '피해원인'이란 개념을 제시하였다.
③ 카멘(Karmen)은 비행적 피해자, 유인 피해자, 조심성 없는 피해자, 보호받을 가치 없는 피해자로 분류하였다.
④ 레클리스(Rekless)는 피해자의 도발을 기준으로 '가해자 – 피해자' 모델과 '가해자 – 피해자 – 가해자' 모델로 분류하였다.

해설

② [×] 엘렌베르거(Ellenberger)는 '범죄자와 피해자의 심리학적 관계'에서 '피해원인'의 개념을 사용하면서, 피해자를 잠재적 피해자성과 일반적 피해자성으로 구분한다.

정답 ②

07 피해자 유형의 분류에 대한 설명으로 옳지 않은 것은?

10. 보호

① 엘렌베르거(H. Ellenberger)는 피해자 유형을 일반적 피해자성과 잠재적 피해자성으로 나누며, 피학대자를 잠재적 피해자성으로 분류한다.

② 헨티히(H. von Hentig)는 피해자 유형을 일반적 피해자와 심리학적 피해자로 나누며, 심신장애자를 심리학적 피해자로 분류한다.

③ 멘델존(B. Mendelsohn)은 피해자 유형을 피해자 측의 귀책성 여부에 따라 나누며, 영아살해죄의 영아를 안전히 유책성이 없는 피해자로 분류한다.

④ 레클리스(W. Reckless)는 피해자 유형을 피해자의 도발 유무를 기준으로 하여 순수한 피해자와 도발한 피해자로 나눈다.

해설

② [×] 헨티히(H. von Hentig)는 심신장애자를 '일반적 피해자'로 분류한다.

일반적 피해자	피해자의 외적 특성을 기준으로 한 구별(예 여성, 어린이, 노인, 심신장애자, 이민, 소수민족 등)
심리학적 피해자	피해자의 심리적 공통점을 기준으로 한 구별[예 의기소침자, 무관심자, 탐욕자, 호색가, 비탄에 빠진 사람, 학대자, 파멸된 자(가장 유력한 먹이) 등]

① [○] 엘렌베르거(H. Ellenberger)의 피해자 분류

잠재적 피해자	피학대자, 자기도취자, 강박증환자, 죄책감에 빠진 사람 등
일반적 피해자	잠재적 피해자와 같은 특수한 원인을 갖고 있지 않은 그 외의 사람

③ [○] 멘델존(B. Mendelsohn)의 피해자 분류

책임이 없는 피해자	무자각의 피해자(예 미성년자약취유인죄의 미성년자, 영아살해죄의 영아 등)
책임이 조금 있는 피해자	무지에 의한 피해자(예 낙태로 사망한 임산부 등)
가해자와 동등한 책임이 있는 피해자	자발적 피해자(예 동반자살, 살인을 촉탁·승낙한 자 등)
가해자보다 더 유책한 피해자	유발적 피해자, 부주의에 의한 피해자(예 공격당한 패륜아 등)
가해자보다 책임이 많은 피해자	가해자보다 범죄발생에 더 큰 영향을 미친 피해자[예 정당방위의 상대방(공격적 피해자), 무고죄의 범인(기망적 피해자), 피해망상증 호소자(환상적 피해자) 등]

④ [○] 레클리스(W. Reckless)의 피해자 분류

'가해자-피해자' 모델	순수한 피해자
'피해자-가해자-피해자' 모델	도발한 피해자

정답 ②

08 쉐이퍼(Schafer)가 제시한 범죄피해자 유형의 분류기준으로 가장 적절한 것은? 23. 간부(73)

① 범죄피해 위험요인(Risk Factors)

② 피해자책임 공유(Shared Responsibility)

③ 피해자에 대한 비난(Victim Blaming)

④ 기능적 책임성(Functional Responsibility)

해설

④ [○] 쉐이퍼(Schafer)는 '기능적 책임성(Functional Responsibility)을 기준'으로 범죄피해자의 유형을 ⓐ 무관한 피해자(Unrelated Victim), ⓑ 유발적 피해자(Provocative Victim), ⓒ 촉진적 피해자(Precipitative Victim), ⓓ 생물학적으로 연약한 피해자(Biologically Weak Victim), ⓔ 사회적으로 연약한 피해자(Socially Weak Victim), ⓕ 자기피해자화(Self-victimizing), ⓖ 정치적 피해자(Political Victim)로 분류하였다.

정답 ④

09 피해자학에 관한 설명으로 옳지 않은 것은?

① 피해자가 되기 쉬운 사람들의 심리상태나 피해자를 만들어 내는 사회구조를 연구한다.

② 피해자의 진술권보장, 배상명령제도 및 증인보호 등은 피해자학의 중요한 관심영역이다.

③ 범죄피해원인론 중 생활양식이론이 사회계층별 폭력범죄의 위험성을 밝히려고 했다면, 일상활동이론은 시간의 흐름에 따른 범죄율의 변화를 설명하려고 하였다.

④ 피해자학에서의 피해자는 형식적 의미의 범죄개념에 해당하는 범죄행위로 인하여 피해를 입은 자만을 의미한다는 데에 견해가 일치한다.

해설

④ [×] 피해자학에서 피해자의 개념에 대해서는 다음과 같은 입장이 있다.

☑ 피해자의 개념

최협의설	형식적 범죄개념에 입각하여, 범죄행위에 의해 손해를 입은 사람만을 의미한다.
협의설	실질적 범죄개념에 입각하여, 실정법상 처벌할 수 없는 행위에 의해 법익을 침해당한 사람까지도 피해자에 포함된다.
광의설	피해자를 범죄와 분리하여 독자성을 강조하며, 직접 피해자 외에 피해자의 가족 등의 간접피해자까지 범위를 확장한다.
최광의설	피해를 범죄와 분리하여, 피해의 원인이 범죄가 아닌 경우까지 포함하여 모든 유해한 결과가 발생된 경우로 확장한다.

정답 ④

10 범죄피해자에 관한 설명으로 가장 적절한 것은? 23. 2차 경행경채

① 레클리스(Reckless)는 피해자의 도발을 기준으로 피해자 유형을 '가해자 - 피해자' 모델과 '피해자 - 가해자 - 피해자' 모델로 분류하였다.
② 멘델존(Mendelsohn)은 심리학적 기준으로 피해자 유형을 잠재적 피해자와 일반적 피해자로 분류하였다.
③ 헨티히(Hentig)는 피해자의 유책성을 기준으로 피해자 유형을 이상적인 피해자, 무지에 의한 피해자, 자발적 피해자, 유발적 피해자 및 기망적 피해자 5가시 유형으로 분류하였다.
④ 엘렌베르거(Ellenberger)는 『피해자를 위한 정의』라는 논문을 통하여 피해자의 공적 구제에 대한 관심을 촉구하였다.

해설
① [○] 레클리스(Reckless)는 피해자의 도발 여부를 기준으로 순수한 피해자(가해자 - 피해자 모델)와 도발한 피해자(피해자 - 가해자 - 피해자 모델)로 분류하였다.
② [×] '엘렌베르거(Ellenburger)'는 피해자를 심리학적 기준에 따라 잠재적 피해자와 일반적 피해자로 분류하였다.
③ [×] 헨티히(Hentig)는 '피해자의 특성'을 기준으로 '일반적 유형과 심리적 유형'으로 분류하였다. 피해자의 유책성을 기준으로 피해자를 5가지 유형으로 분류한 사람은 멘델존(Mendelsohn)이다.
④ [×] '프라이 여사(M. Fry)'는 『피해자를 위한 정의』라는 논문을 통하여 피해자의 공적 구제에 대한 관심을 촉구하였다.

정답 ①

제3절 | 피해자화이론과 피해자책임론

11 피해자학 이론이 제시하고 있는 개념에 관한 설명으로 옳지 않은 것은? 11. 경비

① 범죄와의 근접성은 목표물과 범죄자간의 심리적 거리이다.
② 범죄에의 노출은 개인의 범죄에 대한 취약성을 나타내는 것이다.
③ 목표물의 매력성은 범죄자에게 느껴지는 상징적 또는 경제적 가치이다.
④ 보호능력은 범죄발생을 미연에 방지할 수 있는 능력이다.

해설
① [×] 범죄와 '물리적으로 근접'한 경우에는 피해자가 되기 쉽다.

정답 ①

12 최근의 범죄피해원인론에 대한 내용으로 옳은 것은?

① 범죄는 정상인과 구별되는 범죄성을 가진 범죄자에 의해 발생하는 것이라고 본다.
② 실증주의이론에 기초하여 범죄기회를 사전에 차단하는 것보다 범죄인의 교정·교화가 중요하다고 본다.
③ 생활양식노출이론에서는 늙은이·여자·기혼자·고소득층·고학력층 등이 다른 계층보다 범죄피해자가 될 확률이 상대적으로 높다고 본다.
④ 구조적 선택모형이론은 '범죄자와의 근접성'과 '범죄위험에의 노출'로 이루어진 범행기회의 관점에 '대상의 매력성'과 '감시의 부재'로 이루어진 대상선택의 관점을 가미하여 범죄발생을 설명한다.

해설

④ [○] 구조적 선택모형이론은 미시적 요소('대상의 매력성'과 '감시의 부재')를 중시하는 일상활동이론의 입장과 거시적 요소('범죄자와의 근접성'과 '범죄위험에의 노출')를 중시하는 생활양식노출이론의 입장을 모두 고려하는 절충적인 이론이다.

① [×] 인간은 합리적 존재라는 점을 전제하고, 범죄는 정상인과 구별되는 범죄성을 가진 범죄자에 의해 발생하는 것이 아니라 '누구나' 우연히 저지를 수 있다고 본다.

② [×] 현대의 피해자학은 '고전주의 · 억제이론 · 합리적 선택이론 등'에 기초하여 범죄인의 교정 · 교화보다 범죄기회를 사전에 차단하는 것이 중요하다고 본다.

③ [×] 생활양식노출이론에서는 '젊은이 · 남자 · 미혼자 · 저소득층 · 저학력층 등'이 다른 계층보다 범죄피해자가 될 확률이 상대적으로 높다고 본다.

정답 ④

13 일상활동이론(Routine Activity Theory)의 범죄발생 요소에 해당하지 않는 것은?

22. 해경간부

① 동기화된 범죄자(Motivated offenders)

② 비범죄적 대안의 부재(Absence of non-criminal alternatives)

③ 적절한 대상(Suitable targets)

④ 보호의 부재(Absence of capable guardians)

해설

② [×] 코헨(L. Cohen)과 펠슨(M. Felson)의 일상활동이론(Routine Activity Theory)에 의하면, 사회에서 발생하는 범죄는 ⓐ 범행 동기를 지닌 범죄자(동기화된 범죄자), ⓑ 적절한 범행대상(대상의 매력성), ⓒ 범행을 막을 수 있는 사람(감시자)의 부존재(보호의 부재) 등에 의해 결정된다(범죄기회이론). 전통적 범죄원인론은 대부분 ⓐ 요인의 규명에 중점을 두었으나, 일상생활이론에서는 범죄 동기나 범죄를 저지를 개연성이 있는 사람의 수는 일정하다고 가정하므로, ⓑ · ⓒ 요인에 의해 범죄발생 여부가 결정된다고 보았다. 비범죄적 대안의 부재는 일상활동이론의 범죄발생 요소에 해당하지 않는다.

정답 ②

14 코헨(L. Cohen)과 펠손(M. Felson)의 일상생활이론(routine activity theory)에 관한 설명 중 옳지 않은 것은?

11. 사시

① 범죄인의 특성을 분석하는 데 중점을 둔다는 점에서 실증주의 범죄원인론과 유사하다.

② 어느 시대나 사회에도 범죄를 범할 개연성이 있는 사람의 수는 일정하다고 가정한다.

③ 범죄의 발생 여부에 결정적인 영향을 미치는 요인은 적절한 범행대상(합당한 표적)과 보호능력의 부존재(감시의 부재)라고 본다.

④ 시간의 흐름에 따른 범죄율의 변화를 설명하기 위해 등장한 이론이다.

⑤ 경제적 불평등, 실업률 등 범죄를 자극하거나 동기를 부여하는 구조적 조건이 저하됨에도 불구하고 범죄율이 지속적으로 증가하고 있는 이유에 대한 설명을 가능하게 한다.

해설

① [×] 일상생활이론(일상활동이론)은 '범죄자의 입장에서보다는 피해자의 측면에서 범죄현상을 파악'하려 하였기 때문에, 범죄자가 구체적으로 범죄상황을 어떻게 해석하고 그 대상과 위험성을 어떻게 판단하는지에 대해서는 적절하지 않다는 비판이 있다.

정답 ①

15 범죄피해에 관한 이론들의 내용으로 가장 적절하지 않은 것은?

22. 간부(72)

① 생활양식 · 노출이론(Lifestyle-Exposure Theory)은 인구통계학적, 사회구조적 요인이 개인별 생활양식의 차이를 야기하고 이러한 생활양식의 차이가 범죄피해 가능성의 차이로 이어진다고 본다.

② 코헨(Cohen)과 펠슨(Felson)의 일상활동이론(Routine Activity Theory)은 사람들의 일상활동에 영향을 미친 사회 변화에 관한 거시적 차원의 고찰이 없다는 비판을 받는다.

③ 코헨(Cohen)과 펠슨(Felson)의 일상활동이론(Routine Activity Theory)은 동기가 부여된 범죄자, 적합한 표적(범행대상), 보호(감시)의 부재라는 세 가지 요소가 합치할 때 범죄피해가 발생한다고 본다.

④ 펠슨(Felson)은 경찰과 같은 공식적 감시자의 역할보다 가족, 이웃, 지역사회 등 비공식적 통제수단에 의한 범죄예방과 억제를 강조하였다.

해설

② [×] 일상활동이론은 거시적 차원에서 국가사회와 지역사회의 특징이 ⓐ 잠재적 범죄자의 존재, ⓑ 적당한 대상자나 목표물의 존재, ⓒ 방어능력의 부재라는 세 가지 요소의 결합에 의한 범죄발생을 더 용이하게 한다고 본다(㉠ 제2차 대전 이후 미국에서 주거침입절도와 차량절도가 급증한 현상).

① [○] 하인드랑과 고트프레드슨(Hindelang & Gottfredson)은 생활양식노출이론에서 개인의 노출과 방어능력이 범죄피해자화에 미치는 영향을 연구하여, 개인의 직업적 활동 · 여가활동 등 생활양식의 노출이 잠재적 범죄자들에 의한 범죄의 표적이 될 기회를 증가시킨다고 주장하였다. 즉, 개인의 생활양식과 범죄피해의 가능성 사이에 긴밀한 상관관계가 있다고 본다. 이는 인구학적 · 사회학적 계층 · 지역에 따른 범죄율의 차이는 피해자의 개인적 생활양식의 차이를 반영한다는 것으로, 피해자가 제공하는 범죄기회구조를 중시하는 입장이다.

③ [○] 코헨(Cohen)과 펠슨(Felson)은 일상활동이론에서 일상생활이나 생활양식의 일정한 유형이 범죄를 유발하는 데 적합한 사람이 그렇지 않은 사람보다 범죄피해자가 되기 쉽다고 한다. 이들은 범죄발생에 영향을 주는 요인으로 ⓐ 잠재적 범죄자의 존재, ⓑ 적당한 대상자나 목표물의 존재, ⓒ 방어능력의 부재를 제시하였다. 이에 의하면 시대 · 사회를 막론하고 잠재적 범죄자의 수에는 변화가 거의 없으나, 과다한 가정외적 활동 등으로 잠재적 범죄자에 대한 가시성과 접근성이 용이하고 범죄표적의 매력성이 있으며, 보호능력의 부재(무방비) 상태일수록 범죄피해의 위험성은 그만큼 높아지게 된다.

④ [○] 일상활동이론에서는 보호자(또는 감시자)로서 경찰이나 경비원 등 공식적 감시자보다 일반 시민들(가족, 이웃, 지역사회 등)이 더 많은 역할을 한다고 본다(비공식적 통제수단의 강조).

정답 ②

16 코헨(Cohen)과 펠슨(Felson)의 일상활동이론(Routine Activity Theory)에 관한 설명으로 가장 적절하지 않은 것은?

22. 경행경채

① 범죄기회가 주어지면 누구든지 범죄를 저지를 수 있다고 본다.

② 범죄를 저지르고자 하는 동기화된 범죄자(motivated offender), 적절한 범행대상(suitable target), 보호(감시)의 부재(absence of capable guardian)라는 세 가지 조건이 충족될 때 범죄가 발생한다고 가정한다.

③ 도시화, 여가활동 증대 등 가정 밖에서 일어나는 활동을 증가시킴으로써 피해자와 범죄자가 시 · 공간적으로 수렴할 가능성을 증대시킨다고 본다.

④ 형사사법체계에 의해서 수행되는 공식적 통제를 통한 범죄예방을 설명하는 데 유용하다.

해설

④ [×] '범죄행위에 대한 위험과 어려움을 높여(대상물 강화) 범죄기회를 줄임으로써 범죄예방을 도모'하는 것을 '상황적 범죄예방모델'이라고 하는데, 범죄기회가 주어지면 누구든지 범죄를 저지를 수 있는 것으로 보는 일상활동이론은 이 모델의 근거가 된다.

① [○] 일상활동이론은 범죄기회를 중시하는 이론으로서 기회가 주어지면 누구든지 범죄를 저지를 수 있다는 전제(동기화된 범죄자의 존재)에서 출발한다.

② [○] 코헨(Cohen)과 펠슨(Felson)은 범죄발생에 영향을 주는 요인으로 ⓐ 잠재적 범죄자의 존재, ⓑ 적당한 대상자나 목표물의 존재, ⓒ 방어능력의 부재를 제시하였다.

③ [○] 코헨(Cohen)과 펠슨(Felson)은 과다한 가정외적 활동 등으로 잠재적 범죄자에 대한 가시성과 접근성이 용이하고 범죄표적의 매력성이 있으며, 보호능력의 부재(무방비) 상태일수록 범죄피해의 위험성은 그만큼 높아지게 된다고 주장한다.

정답 ④

17 다음이 설명하는 범죄피해에 관한 이론으로 가장 적절한 것은?

23. 1차 경행경채

> 인구통계학적 · 사회구조적 요인이 개인별 생활양식의 차이를 야기하고 이러한 생활양식의 차이가 범죄피해 가능성의 차이로 이어진다고 본다. 예컨대, 밤늦은 시간 술집에 가거나 혼자 밤늦게까지 일하는 생활양식을 가진 사람은 그렇지 않은 사람에 비해 상대적으로 범죄피해의 가능성이 증가한다는 것이다.

① 집합효율성이론(Collective Efficacy Theory)

② 생활양식 · 노출이론(Lifestyle-Exposure Theory)

③ 생애과정이론(Life-Course Theory)

④ 합리적 선택이론(Rational Choice Theory)

해설

② [○] 생활양식 · 노출이론(Lifestyle-Exposure Theory)은 인구학적 · 사회학적 계층 · 지역에 따른 범죄율의 차이는 피해자의 개인적 생활양식의 차이를 반영한다는 것으로, 피해자가 제공하는 범죄기회구조를 중시하는 입장이다. 이에 의하면 젊은 사람, 남자, 미혼자, 저소득층, 저학력층이 늙은 사람, 여자, 기혼자, 고소득층, 고학력층에 비하여 폭력범죄의 피해자가 될 확률이 높다고 본다.

① [×] 샘슨(Sampson)은 지역사회의 구성원들이 무질서나 사회문제를 해결하기 위해 적극적으로 개입 · 참여하는 것을 집합효율성(Collective Efficacy)이라고 하면서, 이러한 집합효율성이 높은 지역은 범죄가 감소하나, 비공식적 사회통제가 제대로 되지 않고 지역사회의 응집력이 약해지면 범죄는 증가한다고 주장한다(집합효율성이론).

③ [×] 샘슨(Sampson)과 라웁(Laub)은 생애과정이론(Life Course Theory)에서, 범죄경력은 개인의 생애발달에서 다양한 범죄적 영향(개인적 특성, 사회적 경험, 경제적 상황 등의 영향)의 결과에 따라 발생한다고 주장한다. 이들은 범죄경력에 전환점이 있다는 사실을 파악하여, 결혼, 취업 및 군입대를 통해 사회자본(Social Capital)을 형성하는 것이 범죄를 중단하게 하는 요소(전환점)가 될 수 있다고 주장한다.

④ [×] 클라크(Clarke)와 코니쉬(Cornish)의 합리적 선택이론은 경제학에서의 기대효용 법칙에 기초하여, 인간은 범죄로 인하여 얻게 될 효용과 손실의 크기를 비교하여 범행 여부를 결정하므로, 범죄는 각 개인의 선택의 결과이고, 이러한 선택과정에서 고려하는 요인들에는 다양한 개인적 요인과 상황적 요인이 있다고 본다.

정답 ②

18 범죄피해이론에 대한 설명으로 가장 적절하지 않은 것은?

23. 간부(73)

① 일상활동이론은 범죄자와 피해자의 일상활동이 특정 시간과 공간에 걸쳐 중첩되는 양식을 고려하여 범죄피해를 설명한다.

② 생활양식 · 노출이론은 직장과 학교 등 직업적 활동과 여가활동을 포함한 매일의 일상적 활동이 범죄피해에 미치는 영향에 주목하였다.

③ 구조적-선택이론은 생활양식 · 노출이론과 집합효율성이론을 통합하여 기회이론의 의미를 심화시킨 이론이다.

④ 피해자-가해자 상호작용이론은 가해자와 피해자의 상호작용 등을 포함한 일련의 범죄피해의 전개 과정에 주목했다.

해설

③ [×] 구조적-선택이론(구조적 선택모형이론)은 '생활양식 · 노출이론과 일상활동이론을 통합'하여 범죄발생의 네 가지 요인을 범행기회와 대상선택이라는 두 가지 관점으로 압축하여 동태적으로 설명하였다.

정답 ③

19 미스(Miethe)와 마이어(Meier)의 구조적 선택이론을 구성하는 핵심 개념에 포함되지 않는 것은? 23. 해경간부

① 동기화된 범죄자 ② 대상의 매력성
③ 노출의 정도 ④ 보호력의 부재

해설

① [×] 미테와 메이어(T. Miethe & R. Meier)는 구조적 선택모형이론에서 생활양식노출이론과 일상활동이론을 통합하여 범죄발생의 네 가지 요인을 범행기회와 대상선택이라는 두 가지 관점으로 압축하여 동태적으로 설명하였다. 범행기회는 '범죄자와의 근접성'과 '범죄위험에의 노출(③)'로 이루어지는데 이를 범죄기회의 구조적 특성으로 두고, 여기에 대상선택의 관점인 '대상의 매력성(②)'과 '감시의 부재(보호가능성)(④)'를 가변변수로 두는 방법으로 범죄발생을 설명한다. 따라서 동기화된 범죄자(①)는 구조적 선택이론의 핵심 개념에 해당하지 않는다.

정답 ①

제4절 | 피해자 보호

20 형사절차에서 피해자의 참여권을 확대하는 방안과 가장 거리가 먼 것은?

① 사인소추제도의 도입 ② 재정신청 대상사건의 확대
③ 형사보상제도의 정비 ④ 피해자의 정보권 강화

해설

피해자참여의 확대방안으로는 ⓐ 사인소추제도의 도입, ⓑ 재정신청 대상사건의 확대, ⓒ 피해자의 인격권 보호, ⓓ 피해자의 정보권 보장, ⓔ 원상회복절차의 보완 등을 거론할 수 있다.

③ [×] 형사보상제도는 국가형사사법의 집행과정에서 무고한 국민이 억울하게 구금되었거나 형의 집행을 받은 경우에 국가가 그에 대하여 손해를 보상해주는 제도이므로, 피해자의 참여권 확대와는 거리가 있다.

정답 ③

21 범죄피해자 또는 피해자학과 관련된 설명 중 옳지 않은 것은?

① 「범죄피해자 보호법」의 보상대상에는 강요된 행위, 긴급피난, 과실에 의한 행위의 피해자도 포함된다.
② 마약복용, 매춘 등의 행위는 이른바 피해자 없는 범죄(victimless crime)에 속한다.
③ 현행법상 피해자는 고소권자로서의 권리를 갖거나, 불기소처분에 대하여 항고하거나, 공판절차에서 증인으로서 신문을 받거나, 배상명령절차에 의해 손해배상을 신청하는 등 일정한 범위 내에서 형사절차에 참여할 수 있다.
④ 「성폭력범죄의 처벌 등에 관한 특례법」에 의하면 성폭력피해자에 대한 심리를 비공개로 할 수 있도록 하여 피해자를 보호하고 있다.

해설

① [×] 형사미성년자 · 심신상실자 · 강요된 행위 · 긴급피난의 경우는 구조대상 범죄피해에 포함되나, 정당행위 · 정당방위 · 과실에 의한 행위는 제외된다(「범죄피해자 보호법」 제3조 제1항 제4호 참조).

정답 ①

22 형사절차에서의 피해자보호에 관한 설명으로 옳지 않은 것은?

① 피해자는 공판절차에서 증인으로 신문을 받는 경우 신뢰관계에 있는 자의 동석을 신청할 수 있다.
② 피해자가 법정에서 진술권을 행사하는 경우 피해의 정도 및 결과, 당해 사건에 관한 의견을 진술할 수 있으나 피고인의 처벌에 관한 의견은 진술할 수 없다.
③ 「성폭력범죄의 처벌 등에 관한 특례법」에 의하면 피해자의 사생활을 보호하기 위하여 성폭력범죄에 대한 심리를 비공개로 할 수 있다.
④ 「가정폭력범죄의 처벌 등에 관한 특례법」은 가정폭력범죄자에 대하여 피해자에게 접근하는 행위의 제한, 피해자에 대한 친권행사의 제한 등의 처분을 할 수 있도록 규정하고 있다.

해설

② [×] 피고인의 처벌에 관한 의견도 진술할 수 있다(「형사소송법」 제294조의2 제2항).

> 제294조의2 【피해자등의 진술권】 ② 법원은 제1항(→ 피해자등의 진술권)에 따라 피해자등을 신문하는 경우 피해의 정도 및 결과, 피고인의 처벌에 관한 의견, 그 밖에 당해 사건에 관한 의견을 진술할 기회를 주어야 한다.

① [○] 「형사소송법」 제163조의2 제1항
③ [○] 「성폭력범죄의 처벌 등에 관한 특례법」 제31조 제1항
④ [○] 「가정폭력범죄의 처벌 등에 관한 특례법」 제40조

정답 ②

23 피해자에 관한 설명 중 옳은 것은?

11. 사시

① 최초로 범죄피해자보상법을 제정·시행한 국가는 오스트레일리아이다.
② 멘델존(B. Mendelsohn)은 피해자를 일반적 피해자유형과 심리적 피해자유형으로 분류한다.
③ 「성매매알선 등 행위의 처벌에 관한 법률」상 '성매매피해자'에는 업무·고용 그 밖의 관계로 인하여 보호 또는 감독하는 자에 의해 마약에 중독되어 성매매를 한 자도 포함된다.
④ 「성매매알선 등 행위의 처벌에 관한 법률」에 따르면 '성매매피해자'에 해당하더라도 성매매의 시작 동기가 자발적이었다면 처벌된다.
⑤ 「범죄피해자 보호법」상 '범죄피해자'에는 타인의 범죄행위로 피해를 당한 사람과 사실상의 혼인관계에 있는 배우자가 포함되지 않는다.

해설

③ [○] 「성매매알선 등 행위의 처벌에 관한 법률」 제2조 제1항 제4호 나목
① [×] 최초로 범죄피해자보상법을 제정·시행한 국가는 뉴질랜드이다.
② [×] 헨티히의 피해자 분류이다.
④ [×] 성매매피해자의 성매매는 처벌하지 아니한다(「성매매알선 등 행위의 처벌에 관한 법률」 제6조 제1항).
⑤ [×] '범죄피해자'란 타인의 범죄행위로 피해를 당한 사람과 그 배우자(사실상의 혼인관계를 포함), 직계친족 및 형제자매를 말한다(「범죄피해자 보호법」 제3조 제1항 제1호).

정답 ③

24 현행법상 피해자보호에 관한 내용 중 옳지 않은 것은? 13. 사시

① 구속적부심사를 청구한 피의자가 피해자의 생명·신체나 그 재산에 해를 가하거나 가할 염려가 있다고 믿을만한 충분한 이유가 있는 때에는 보증금납입조건부 석방의 예외사유가 된다.

② 검사는 고소사건에 관하여 공소를 제기하지 아니하는 처분을 한 경우에 피해자인 고소인의 청구가 있는 때에는 14일 이내에 고소인에게 그 이유를 서면으로 설명하여야 한다.

③ 「성폭력범죄의 처벌 등에 관한 특례법」에 의하면 성폭력범죄에 대하여는 자기 또는 배우자의 직계존속을 고소할 수 있다.

④ 「소송촉진 등에 관한 특례법」에 의하면 법원은 특정범죄에 관하여 유죄판결을 선고할 경우 피고사건의 범죄행위로 인하여 발생한 직접적인 물적 피해, 치료비 손해 및 위자료의 배상을 명할 수 있다.

⑤ 「범죄피해자 보호법」에 의하면 범죄피해자 보호·지원에 관한 기본계획 및 주요사항 등을 심의하기 위하여 법무부장관 소속으로 범죄피해자보호위원회를 둔다.

해설

② [×] '7일' 이내에 설명하여야 한다(「형사소송법」 제259조).

> 제259조 【고소인등에의 공소불제기이유고지】 검사는 고소 또는 고발 있는 사건에 관하여 공소를 제기하지 아니하는 처분을 한 경우에 고소인 또는 고발인의 청구가 있는 때에는 7일 이내에 고소인 또는 고발인에게 그 이유를 서면으로 설명하여야 한다.

① [○] 「형사소송법」 제214조의2 제5항 단서

③ [○] 「성폭력범죄의 처벌 등에 관한 특례법」 제18조

④ [○] 「소송촉진 등에 관한 특례법」 제25조 제1항

> 제25조 【배상명령】 ① 제1심 또는 제2심의 형사공판 절차에서 다음 각 호(생략)의 죄 중 어느 하나에 관하여 유죄판결을 선고할 경우, 법원은 직권에 의하여 또는 피해자나 그 상속인(이하 "피해자"라 한다)의 신청에 의하여 피고사건의 범죄행위로 인하여 발생한 직접적인 물적 피해, 치료비 손해 및 위자료의 배상을 명할 수 있다.

⑤ [○] 「범죄피해자 보호법」 제15조 제1항

> 제15조 【범죄피해자보호위원회】 ① 범죄피해자 보호·지원에 관한 기본계획 및 주요 사항 등을 심의하기 위하여 법무부장관 소속으로 범죄피해자보호위원회(이하 "보호위원회"라 한다)를 둔다.

정답 ②

25 범죄의 피해자에 대한 설명으로 옳지 않은 것은?

22. 보호

① 「형법」에 의하면 피해의 정도뿐만 아니라 가해자와 피해자의 관계도 양형에 고려된다.

② 피해자는 제2심 공판절차에서는 사건이 계속된 법원에 「소송촉진 등에 관한 특례법」에 따른 피해배상을 신청할 수 없다.

③ 레크리스(Reckless)는 피해자의 도발을 기준으로 '가해자 - 피해자 모델'과 '피해자 - 가해자 - 피해자 모델'로 구분하고 있다.

④ 「범죄피해자보호기금법」에 의하면 「형사소송법」에 따라 집행된 벌금의 일부도 범죄피해자보호기금에 납입된다.

해설

② [×] 피해자는 '제1심 또는 제2심의 형사공판 절차'에서 피해배상을 신청할 수 있다(「소송촉진 등에 관한 특례법」 제25조 제1항 참조).

> 제25조 【배상명령】 ① 제1심 또는 제2심의 형사공판 절차에서 다음 각 호(생략)의 죄 중 어느 하나에 관하여 유죄판결을 선고할 경우, 법원은 직권에 의하여 또는 피해자나 그 상속인(이하 "피해자"라 한다)의 신청에 의하여 피고사건의 범죄행위로 인하여 발생한 직접적인 물적 피해, 치료비 손해 및 위자료의 배상을 명할 수 있다.

① [○] 「형법」 제51조 참조

> 제51조 【양형의 조건】 형을 정함에 있어서는 다음 사항을 참작하여야 한다.
> 1. 범인의 연령, 성행, 지능과 환경
> 2. 피해자에 대한 관계
> 3. 범행의 동기, 수단과 결과
> 4. 범행후의 정황

③ [○] 레크리스는 피해자의 도발 여부를 기준으로 순수한 피해자(가해자 - 피해자 모델)과 도발한 피해자(피해자 - 가해자 - 피해자 모델)로 구분한다.

④ [○] 「범죄피해자보호기금법」 제4조 제2항

> 제4조 【기금의 조성】 ② 정부는 「형사소송법」 제477조 제1항에 따라 집행된 벌금에 100분의 6 이상의 범위에서 대통령령으로 정한 비율을 곱한 금액을 기금에 납입하여야 한다.

정답 ②

26 형사절차상 피해자에 대한 설명으로 옳지 않은 것은? 14. 보호

① 범죄로 인해 인적 또는 물적 피해를 받은 자가 가해자의 불명 또는 무자력의 사유로 인하여 피해의 전부 또는 일부를 배상받지 못하는 경우 국가는 피해자 또는 유족에게 범죄피해구조금을 지급한다.

② 제1심 또는 제2심 형사공판절차에서 일정한 범죄에 관하여 유죄판결을 선고할 경우, 법원은 범죄행위로 인하여 발생한 직접적인 물적 피해, 치료비 손해 및 위자료의 배상을 명할 수 있다.

③ 범죄로 인한 피해자는 고소할 수 있고, 고소는 제1심판결 선고 전까지 취소할 수 있다.

④ 법원은 범죄피해자의 신청이 있는 때에는, 당해 사건에 관하여 공판절차에서 충분히 진술하여 다시 진술할 필요가 없거나 공판절차가 현저하게 지연될 우려가 있는 경우를 제외하고는 피해자를 증인으로 신문하여야 한다.

해설

① [×] 구조대상 범죄피해는 사망·장해·중상해의 '인적 피해'를 입은 것을 말하며(「범죄피해자 보호법」 제3조 제1항 제4호 참조), 가해자의 불명 또는 무자력의 사유를 필요로 하지 않는다(「범죄피해자 보호법」 제16조 참조).

> 제3조【정의】① 이 법에서 사용하는 용어의 뜻은 다음과 같다.
> 4. "구조대상 범죄피해"란 대한민국의 영역 안에서 또는 대한민국의 영역 밖에 있는 대한민국의 선박이나 항공기 안에서 행하여진 사람의 생명 또는 신체를 해치는 죄(→ 대인범죄)에 해당하는 행위(「형법」 제9조, 제10조 제1항, 제12조, 제22조 제1항에 따라 처벌되지 아니하는 행위를 포함하며, 같은 법 제20조 또는 제21조 제1항에 따라 처벌되지 아니하는 행위 및 과실에 의한 행위는 제외한다)로 인하여 사망하거나 장해 또는 중상해를 입은 것을 말한다.
>
> 제16조【구조금의 지급요건】국가는 구조대상 범죄피해를 받은 사람(이하 "구조피해자"라 한다)이 다음 각 호의 어느 하나에 해당하면 구조피해자 또는 그 유족에게 범죄피해 구조금(이하 "구조금"이라 한다)을 지급한다(→ 가해자의 불명 또는 무자력, 피해자의 생계 곤란을 불요).
> 1. 구조피해자가 피해의 전부 또는 일부를 배상받지 못하는 경우
> 2. 자기 또는 타인의 형사사건의 수사 또는 재판에서 고소·고발 등 수사단서를 제공하거나 진술, 증언 또는 자료제출을 하다가 구조피해자가 된 경우

② [○] 「소송촉진 등에 관한 특례법」 제25조 제1항 참조

> 제25조【배상명령】① 제1심 또는 제2심의 형사공판 절차에서 다음 각 호(생략)의 죄 중 어느 하나에 관하여 유죄판결을 선고할 경우, 법원은 직권에 의하여 또는 피해자나 그 상속인(이하 "피해자"라 한다)의 신청에 의하여 피고사건의 범죄행위로 인하여 발생한 직접적인 물적 피해, 치료비 손해 및 위자료의 배상을 명할 수 있다.

③ [○] 「형사소송법」 제223조, 제232조 제1항 참조

> 제223조【고소권자】범죄로 인한 피해자는 고소할 수 있다.
>
> 제232조【고소의 취소】① 고소는 제1심 판결선고 전까지 취소할 수 있다.

④ [○] 「형사소송법」 제294조의2 제1항 참조

> 제294조의2【피해자등의 진술권】① 법원은 범죄로 인한 피해자 또는 그 법정대리인(피해자가 사망한 경우에는 배우자·직계친족·형제자매를 포함한다. 이하 이 조에서 "피해자등"이라 한다)의 신청이 있는 때에는 그 피해자등을 증인으로 신문하여야 한다. 다만, 다음 각 호의 어느 하나에 해당하는 경우에는 그러하지 아니하다.
> 1. 삭제
> 2. 피해자등 이미 당해 사건에 관하여 공판절차에서 충분히 진술하여 다시 진술할 필요가 없다고 인정되는 경우
> 3. 피해자등의 진술로 인하여 공판절차가 현저하게 지연될 우려가 있는 경우

정답 ①

27 형사절차에서 피해자보호에 관한 설명 중 옳지 않은 것은?

16. 사시

① 「가정폭력범죄의 처벌 등에 관한 특례법」에 따르면 피해자는 행위자가 자기 또는 배우자의 직계존속인 경우에도 고소할 수 있게 하여 피해자를 보호하고 있다.

② 현행법상 피해자는 공판절차에서 증인으로서 일정한 범위 내에서 형사절차에 참여할 수 있는 지위를 보장받고 있다.

③ 「형사소송법」은 피의자 또는 피고인이 피해자 등에게 해를 가하거나 가할 염려가 있는 경우 보증금납입조건부 석방 내지 보석을 제한하여 범죄피해자를 보호하고 있다.

④ 「특정범죄신고자 등 보호법」에 따르면 법원은 범죄신고자 등이 보복을 당할 우려가 있는 경우에 사법경찰관 또는 검사의 신청에 따라 수사 및 공판과정에서 필요한 협력을 할 수 있는 보좌인을 지정할 수 있다.

⑤ 형사공판절차에서 상해죄에 관하여 유죄판결을 선고할 경우, 법원은 피고사건의 범죄행위로 인하여 발생한 직접적인 물적 피해, 치료비 손해 및 위자료의 배상을 명할 수 있다.

해설

④ [×] 법원은 직권으로 또는 범죄신고자등, 그 법정대리인이나 친족등의 신청에 의하여 보좌인을 지정할 수 있다(「특정범죄신고자 등 보호법」 제6조 제1항).

> 제6조【범죄신고자등보좌인】① 사법경찰관, 검사 또는 법원은 범죄신고자등이나 그 친족등이 보복을 당할 우려가 있는 경우에는 직권으로 또는 범죄신고자등, 그 법정대리인이나 친족등의 신청에 의하여 범죄신고자등보좌인(이하 "보좌인"이라 한다)을 지정할 수 있다.

① [○] 「가정폭력범죄의 처벌 등에 관한 특례법」 제6조 제2항

> 제6조【고소에 관한 특례】② 피해자는 「형사소송법」 제224조에도 불구하고 가정폭력행위자가 자기 또는 배우자의 직계존속인 경우에도 고소할 수 있다. 법정대리인이 고소하는 경우에도 또한 같다.

② [○] 「형사소송법」 제294조의2 제1항

> 제294조의2【피해자등의 진술권】① 법원은 범죄로 인한 피해자 또는 그 법정대리인(피해자가 사망한 경우에는 배우자 · 직계친족 · 형제자매를 포함한다. 이하 이 조에서 "피해자등"이라 한다)의 신청이 있는 때에는 그 피해자등을 증인으로 신문하여야 한다. 다만, 다음 각 호의 어느 하나에 해당하는 경우에는 그러하지 아니하다.
> 1. 삭제
> 2. 피해자등 이미 당해 사건에 관하여 공판절차에서 충분히 진술하여 다시 진술할 필요가 없다고 인정되는 경우
> 3. 피해자등의 진술로 인하여 공판절차가 현저하게 지연될 우려가 있는 경우

③ [○] 「형사소송법」 제214조의2 제5항 제2호, 제95조 제6호

> 제214조의2【체포와 구속의 적부심사】⑤ 법원은 구속된 피의자(심사청구 후 공소제기된 사람을 포함한다)에 대하여 피의자의 출석을 보증할 만한 보증금의 납입을 조건으로 하여 결정으로 제4항의 석방을 명할 수 있다. 다만, 다음 각 호에 해당하는 경우에는 그러하지 아니하다.
> 1. 범죄의 증거를 인멸할 염려가 있다고 믿을만한 충분한 이유가 있는 때
> 2. 피해자, 당해 사건의 재판에 필요한 사실을 알고 있다고 인정되는 사람 또는 그 친족의 생명 · 신체나 재산에 해를 가하거나 가할 염려가 있다고 믿을만한 충분한 이유가 있는 때
>
> 제95조【필요적 보석】보석의 청구가 있는 때에는 다음 이외의 경우에는 보석을 허가하여야 한다.
> 6. 피고인이 피해자, 당해 사건의 재판에 필요한 사실을 알고 있다고 인정되는 자 또는 그 친족의 생명 · 신체나 재산에 해를 가하거나 가할 염려가 있다고 믿을만한 충분한 이유가 있는 때

⑤ [○] 「소송촉진 등에 관한 특례법」 제25조 제1항

> 제25조【배상명령】① 제1심 또는 제2심의 형사공판 절차에서 다음 각 호(생략)의 죄 중 어느 하나에 관하여 유죄판결을 선고할 경우, 법원은 직권에 의하여 또는 피해자나 그 상속인(이하 "피해자"라 한다)의 신청에 의하여 피고사건의 범죄행위로 인하여 발생한 직접적인 물적 피해, 치료비 손해 및 위자료의 배상을 명할 수 있다.

정답 ④

28 다음 설명 중 옳지 않은 것은?

10. 사시

① 헨티히(Hentig)는 범죄자와 피해자 사이의 상호작용에 의해 범죄가 발생한다고 주장하였다.

② 피해자학은 형사절차에서 피해자의 권리와 안전을 적극적으로 보호하려는 것 외에 국가가 공적으로 범죄피해를 구제하는 것까지 그 관심분야에 포함시키고 있다.

③ 「형사소송법」은 피고인이 피해자의 생명·신체나 재산에 해를 가할 염려가 있다고 믿을만한 충분한 이유가 있는 경우를 필요직 보석의 예외사유로 규정하고 있다.

④ 「범죄피해자 보호법」에 의하면 범죄피해에 대한 구조금은 일시금으로 지급되며, 과실에 의한 범죄행위로 인한 범죄피해도 구조의 대상이 된다.

⑤ 「범죄피해자 보호법」에 의하면 국가는 범죄피해자에 관한 상담·의료제공 등의 업무에 종사하는 자에 대하여 필요한 교육과 훈련을 실시하여야 한다.

해설

④ [×] 구조금은 일시금으로 지급한다(「범죄피해자 보호법」 제17조 제1항). 그러나 정당행위, 정당방위에 의해 처벌되지 않는 행위 및 과실에 의한 행위는 구조대상에서 제외된다(「범죄피해자 보호법」 제3조 제1항 4호).

① [○] 헨티히는 죄를 범한 자와 그로 인해 고통을 받는 자라는 도식을 통해 "피해자의 존재가 오히려 범죄자를 만들어낸다."고 지적한다.

② [○] 피해자학은 범죄원인과 피해원인의 규명, 형사절차의 피해자보호 뿐만 아니라 피해자에 대한 공적 구조에 관하여도 그 과제로 삼고 있다.

③ [○] 「형사소송법」 제95조 제6호

제95조 【필요적 보석】 보석의 청구가 있는 때에는 다음 이외의 경우에는 보석을 허가하여야 한다. 6. 피고인이 피해자, 당해 사건의 재판에 필요한 사실을 알고 있다고 인정되는 자 또는 그 친족의 생명·신체나 재산에 해를 가하거나 가할 염려가 있다고 믿을만한 충분한 이유가 있는 때

⑤ [○] 국가 및 지방자치단체는 범죄피해자에 대한 이해 증진과 효율적 보호·지원 업무 수행을 위하여 범죄 수사에 종사하는 자, 범죄피해자에 관한 상담·의료 제공 등의 업무에 종사하는 자, 그 밖에 범죄피해자 보호·지원 활동과 관계가 있는 자에 대하여 필요한 교육과 훈련을 실시하여야 한다(「범죄피해자 보호법」 제10조).

정답 ④

29 피해자학 또는 범죄피해자에 대한 설명으로 옳지 않은 것은?

14. 교정

① 멘델존(Mendelsohn)은 피해자학의 아버지로 불리며 범죄피해자의 유책성 정도에 따라 피해자를 유형화하였다.

② 「범죄피해자 보호법」에서는 대인범죄 피해자와 재산범죄 피해자를 모두 범죄피해 구조대상으로 본다.

③ 마약 복용, 매춘 등의 행위는 '피해자 없는 범죄'에 해당한다.

④ 정당방위(「형법」 제21조 제1항)에 해당하여 처벌되지 않는 행위 및 과실에 의한 행위로 인한 피해는 범죄피해 구조대상에서 제외된다.

해설

② [×], ④ [○] 사람의 '생명 또는 신체를 해치는 죄(→ 대인범죄)'에 해당하는 행위로 인하여 사망하거나 장해 또는 중상해를 입은 것만을 구조대상 범죄피해로 한정하고, 정당행위 · 정당방위 · 과실에 의한 행위는 구조대상 범죄피해에서 제외하도록 규정되어 있다(「범죄피해자 보호법」 제3조 제1항 제4호 참조).

> 제3조【정의】① 이 법에서 사용하는 용어의 뜻은 다음과 같다.
> 4. "구조대상 범죄피해"란 대한민국의 영역 안에서 또는 대한민국의 영역 밖에 있는 대한민국의 선박이나 항공기 안에서 행하여진 사람의 생명 또는 신체를 해치는 죄에 해당하는 행위(「형법」 제9조, 제10조 제1항, 제12조, 제22조 제1항에 따라 처벌되지 아니하는 행위를 포함하며, 같은 법 제20조 또는 제21조 제1항에 따라 처벌되지 아니하는 행위 및 과실에 의한 행위는 제외한다)로 인하여 사망하거나 장해 또는 중상해를 입은 것을 말한다.

① [○] 멘델존은 피해자가 피해상태에 무의식적으로 순응하는 개인적 능력인 '피해수용성'이란 개념을 도구로 하여, 범죄피해자가 범죄에 대해 책임이 있는 정도를 분류하였다.

③ [○] 피해자 없는 범죄(Victimless crime)란 법익침해 내지 그 위험성을 수반하지 않는 범죄, 즉 보호법익이 명백하지 않은 범죄를 의미한다. 이는 법에 의해 금지되어 있으나, 동의에 의한 범죄이거나, 가해자와 피해자의 대립구도가 명확하지 않거나, 개인적 법익을 침해하지 않는다는 특성이 있다(예 동의낙태죄, 성매매, 도박죄, 간통죄, 동성애, 경미한 마약사용, 공연음란죄 등).

정답 ②

30 범죄피해자와 관련된 설명 중 옳은 것은?

① 「범죄피해자 보호법」에 의하면 재산범죄의 피해도 구조대상에 포함된다.
② 「특정강력범죄의 처벌에 관한 특례법」에 의하면 검사는 일정한 경우 증인에 대한 신변안전조치를 관할 경찰서장에게 요청하여야 한다.
③ 「범죄피해자 보호법」에 의하면 긴급피난으로 인한 피해는 구조대상에서 제외된다.
④ 「가정폭력범죄의 처벌 등에 관한 특례법」에 의하면 누구든지 가정폭력범죄를 알게 된 때에는 이를 수사기관에 신고하여야 한다.

해설

② [○] 검사는 특정강력범죄사건의 증인이 피고인 또는 그 밖의 사람으로부터 생명 · 신체에 해를 입거나 입을 염려가 있다고 인정될 때에는 관할 경찰서장에게 증인의 신변안전을 위하여 필요한 조치를 할 것을 요청하여야 한다(「특정강력범죄의 처벌에 관한 특례법」 제7조 제1항).
① [×] 사람의 생명 또는 신체를 해치는 죄에 해당하는 행위로 인하여 사망하거나 장해 또는 중상해를 입은 것만 구조대상 범죄피해로 본다(「범죄피해자 보호법」 제3조 제1항 제4호 참조).
③ [×] 형사미성년자 · 심신상실자 · 강요된 행위 · 긴급피난의 경우는 구조대상 범죄피해에 포함되나, 정당행위 · 정당방위 · 과실에 의한 행위는 제외된다(「범죄피해자 보호법」 제3조 제1항 제4호 참조).
④ [×] 누구든지 가정폭력범죄를 알게 된 경우에는 수사기관에 신고할 수 있다(「가정폭력범죄의 처벌 등에 관한 특례법」 제4조 제1항).

정답 ②

31 범죄피해자학 또는 범죄피해자에 대한 설명으로 가장 옳지 않은 것은? 23. 해경간부

① 정당방위에 해당하여 처벌되지 않는 행위 및 과실에 의한 행위로 인한 피해자는 범죄피해 구조대상에서 제외된다.

② 마약 복용, 성매매 등 행위는 피해자 없는 범죄에 해당한다.

③ 「범죄피해자 보호법」에서는 대인범죄 피해자와 재산범죄 피해자를 모두 범죄피해 구조대상으로 본다.

④ 멘델존(Mendelsohn)은 피해자학의 아버지로 불리며 범죄피해자의 유책성 정도에 따라 피해자를 유형화하였다.

해설

③ [×] 사람의 생명 또는 신체를 해치는 죄(→ 대인범죄)에 해당하는 행위로 인하여 사망하거나 장해 또는 중상해를 입은 피해자를 범죄피해 구조대상으로 본다(「범죄피해자 보호법」 제3조 제1항 제4호 참조).

① [○] 구조대상 범죄피해에 형사미성년자 · 심신상실자 · 강요된 행위 · 긴급피난의 경우는 포함되나, 정당행위 · 정당방위 · 과실에 의한 행위는 제외된다(「범죄피해자 보호법」 제3조 제1항 제4호 참조).

> 제3조 【정의】 ① 이 법에서 사용하는 용어의 뜻은 다음과 같다.
> 4. '구조대상 범죄피해'란 대한민국의 영역 안에서 또는 대한민국의 영역 밖에 있는 대한민국의 선박이나 항공기 안에서 행하여진 사람의 생명 또는 신체를 해치는 죄(→ 대인범죄)에 해당하는 행위[「형법」 제9조(→ 형사미성년자), 제10조 제1항(→ 심신상실자), 제12조(→ 강요된 행위), 제22조 제1항(→ 긴급피난)에 따라 처벌되지 아니하는 행위를 포함하며, 같은 법 제20조(→ 정당행위) 또는 제21조 제1항(→ 정당방위)에 따라 처벌되지 아니하는 행위 및 과실에 의한 행위는 제외한다]로 인하여 사망하거나 장해 또는 중상해를 입은 것을 말한다.

② [○] 동의낙태죄, 성매매, 도박죄, 간통죄, 동성애, 경미한 마약 사용, 공연음란죄 등을 피해자 없는 범죄의 예로 들 수 있다.

④ [○] 피해자학의 아버지라 불리는 멘델존은 피해자학(Victimology)이라는 용어를 처음 사용하였고, 범죄발생에 있어서 피해자의 유책성 정도를 기준으로 피해자의 유형을 분류하였다.

정답 ③

32 범죄피해자와 관련한 설명 중 옳은 것은?

① 멘델존(B. Mendelsohn)의 분류에 의하면 건강여건을 무시하고 낙태 중 사망한 임산부는 이상적 피해자로서 책임이 전혀 없는 피해자이다.

② 「범죄피해자 보호법」은 사람의 생명 또는 신체를 해치는 죄에 해당하는 행위로 인하여 사망하거나 장해를 입은 경우만을 구조대상으로 한다.

③ 「범죄피해자 보호법」에 따라 국가 및 지방자치단체는 범죄피해자의 명예와 사생활의 평온을 보호하기 위하여 필요한 조치를 하여야 한다.

④ 「범죄피해자 보호법」상 구조금 지급에 관한 사항을 심의 · 결정하는 기관은 범죄피해자보호위원회이다.

해설

③ [○] 「범죄피해자 보호법」 제9조 제1항

① [×] 낙태로 사망한 임산부는 무지에 의한 피해자의 경우로서 책임이 조금 있는 피해자에 해당한다.

② [×] '구조대상 범죄피해'란 대한민국의 영역 안에서 또는 대한민국의 영역 밖에 있는 대한민국의 선박이나 항공기 안에서 행하여진 사람의 생명 또는 신체를 해치는 죄에 해당하는 행위로 인하여 '사망하거나 장해 또는 중상해'를 입은 것을 말한다(「범죄피해자 보호법」 제3조 제1항 제4호).

④ [×] 구조금 지급에 관한 사항을 심의 · 결정하기 위하여 각 지방검찰청에 범죄피해구조심의회(지구심의회)를 두고 법무부에 범죄피해구조본부심의회(본부심의회)를 둔다(「범죄피해자 보호법」 제24조 제1항).

정답 ③

33 우리나라의 범죄피해자 보호제도에 관한 설명 중 옳지 않은 것은? 13. 사시

① 과실범의 피해자는 「범죄피해자 보호법」의 피해자 구조대상에서 제외된다.

② 범죄피해 방지 및 범죄피해자 구조활동으로 피해를 당한 사람도 「범죄피해자 보호법」상 범죄피해자로 본다.

③ 외국인이 구조피해자이거나 유족인 경우에는 해당 국가의 상호보증이 있는 경우에만 「범죄피해자 보호법」이 적용된다.

④ 국가는 범죄피해자가 해당 사건과 관련하여 수사담당자와 상담하거나 재판절차에 참여하여 진술하는 등 형사절차상의 권리를 행사할 수 있도록 보장하여야 한다.

⑤ 「범죄피해자 보호법」에 의하면 구조피해자가 가해자로부터 피해의 전부를 배상받지 못하여 생계 곤란의 사유가 인정될 때에만 구조를 받을 수 있다.

해설

⑤ [×] 피해자의 생계 곤란의 사유, 가해자의 불명 또는 무자력을 요건으로 하지 않는다(「범죄피해자 보호법」 제16조 참조).

> 제16조 【구조금의 지급요건】 국가는 구조대상 범죄피해를 받은 사람(구조피해자)이 다음 각 호의 어느 하나에 해당하면 구조피해자 또는 그 유족에게 범죄피해 구조금(이하 '구조금'이라 한다)을 지급한다(→ 가해자의 불명 또는 무자력을 요구하지 않음을 주의).
> 1. 구조피해자가 피해의 전부 또는 일부를 배상받지 못하는 경우
> 2. 자기 또는 타인의 형사사건의 수사 또는 재판에서 고소·고발 등 수사단서를 제공하거나 진술, 증언 또는 자료제출을 하다가 구조피해자가 된 경우

① [○] 「범죄피해자 보호법」 제3조 제1항 제4호(형사미성년자·심신상실자·강요된 행위·긴급피난의 경우는 포함, 정당행위·정당방위·과실에 의한 행위는 제외)

> 제3조 【정의】 ① 이 법에서 사용하는 용어의 뜻은 다음과 같다.
> 4. "구조대상 범죄피해"란 대한민국의 영역 안에서 또는 대한민국의 영역 밖에 있는 대한민국의 선박이나 항공기 안에서 행하여진 사람의 생명 또는 신체를 해치는 죄에 해당하는 행위(「형법」 제9조, 제10조 제1항, 제12조, 제22조 제1항에 따라 처벌되지 아니하는 행위를 포함하며, 같은 법 제20조 또는 제21조 제1항에 따라 처벌되지 아니하는 행위 및 과실에 의한 행위는 제외)로 인하여 사망하거나 장해 또는 중상해를 입은 것을 말한다.

② [○] 「범죄피해자 보호법」 제3조 제2항

> 제3조 【정의】 ① 이 법에서 사용하는 용어의 뜻은 다음과 같다.
> 1. "범죄피해자"란 타인의 범죄행위로 피해를 당한 사람과 그 배우자(사실상의 혼인관계를 포함), 직계친족 및 형제자매를 말한다.
>
> ② 제1항 제1호에 해당하는 사람 외에 범죄피해 방지 및 범죄피해자 구조 활동으로 피해를 당한 사람도 범죄피해자로 본다.

③ [○] 「범죄피해자 보호법」 제23조

> 제23조 【외국인에 대한 구조】 이 법은 외국인이 구조피해자이거나 유족인 경우에는 해당 국가의 상호보증이 있는 경우에만 적용한다.

④ [○] 「범죄피해자 보호법」 제8조 제1항

> 제8조 【형사절차 참여 보장 등】 ① 국가는 범죄피해자가 해당 사건과 관련하여 수사담당자와 상담하거나 재판절차에 참여하여 진술하는 등 형사절차상의 권리를 행사할 수 있도록 보장하여야 한다.

정답 ⑤

34 「범죄피해자 보호법」의 구조금 지급에 관한 설명으로 가장 옳지 않은 것은? 22. 해경간부

① 구조피해자나 유족이 해당 구조대상 범죄피해를 원인으로 하여 손해배상을 받았으면 그 범위에서 구조금을 지급하지 아니한다.

② 유족구조금을 받을 유족 중 부모의 경우 양부모를 선순위로 하고 친부모를 후순위로 한다.

③ 외국인이 구조피해자이거나 유족인 경우에도 구조금을 지급하여야 한다.

④ 범죄행위 당시 구조피해자와 가해자가 사실상의 혼인관계에 있는 경우 원칙적으로 구조금을 지급하지 아니한다.

해설

③ [×] 해당 국가의 상호보증이 있는 경우에만 범죄피해자 보호법이 적용되어 구조금을 지급한다(「범죄피해자 보호법」 제23조 참조).

> 제23조 【외국인에 대한 구조】 이 법은 외국인이 구조피해자이거나 유족인 경우에는 해당 국가의 상호보증이 있는 경우에만 적용한다.

① [○] 「범죄피해자 보호법」 제20조
② [○] 「범죄피해자 보호법」 제18조 제3항
④ [○] 「범죄피해자 보호법」 제19조 제1항 제1호

정답 ③

35 「범죄피해자 보호법」의 구조금 지급에 관한 설명 중 옳지 않은 것은? 16. 사시

① 범죄행위 당시 구조피해자와 가해자가 사실상의 혼인관계에 있는 경우 원칙적으로 구조금을 지급하지 아니한다.

② 구조피해자나 유족이 해당 구조대상 범죄피해를 원인으로 하여 손해배상을 받았으면 그 범위에서 구조금을 지급하지 아니한다.

③ 유족구조금을 받을 유족 중 부모의 경우 양부모를 선순위로 하고 친부모를 후순위로 한다.

④ 자기 또는 타인의 형사사건의 수사 또는 재판에서 고소·고발 등 수사단서를 제공하거나 진술, 증언 또는 자료제출을 하다가 구조피해자가 된 경우에도 구조금을 지급받을 수 있다.

⑤ 외국인이 구조피해자이거나 유족인 경우 해당 국가의 상호보증 유무와 관계없이 구조금을 지급하여야 한다.

해설

⑤ [×] 해당 국가의 상호보증이 있는 경우에만 「범죄피해자 보호법」이 외국인이 구조피해자이거나 유족인 경우에 적용된다(「범죄피해자 보호법」 제23조).

> 제23조 【외국인에 대한 구조】 이 법은 외국인이 구조피해자이거나 유족인 경우에는 해당 국가의 상호보증이 있는 경우에만 적용한다.

① [○] 「범죄피해자 보호법」 제19조 제1항 제1호

> 제19조 【구조금을 지급하지 아니할 수 있는 경우】 ① 범죄행위 당시 구조피해자와 가해자 사이에 다음 각 호의 어느 하나에 해당하는 친족관계가 있는 경우에는 구조금을 지급하지 아니한다.
> 1. 부부(사실상의 혼인관계를 포함한다)
> 2. 직계혈족
> 3. 4촌 이내의 친족
> 4. 동거친족

② [○] 「범죄피해자 보호법」 제21조 제1항
③ [○] 「범죄피해자 보호법」 제18조 제3항
④ [○] 「범죄피해자 보호법」 제16조 제2호

정답 ⑤

36 현행 「범죄피해자 보호법」의 내용으로 옳지 않은 것은?

14. 사시

① 유족구조금을 지급받을 수 있는 유족의 범위에서 태아는 구조피해자가 사망할 때 이미 출생한 것으로 본다.

② 범죄행위 당시 구조피해자와 가해자가 사실상 혼인관계에 있는 경우 구조금을 지급하지 않는 것이 원칙이지만, 지급하지 않는 것이 사회통념에 위배된다고 인정할 만한 특별한 사정이 있는 경우에는 구조금의 일부를 지급할 수 있다.

③ 국가는 구조피해자나 유족이 해당 구조대상 범죄피해를 원인으로 하여 손해배상을 받았으면 그 범위에서 구조금을 지급하지 아니한다.

④ 구조금 지급의 대상범죄는 살인, 폭행, 상해와 같은 생명과 신체에 관한 범죄 및 절도, 강도와 같은 재산범죄이다.

⑤ 구조금을 받을 권리는 그 구조결정이 해당 신청인에게 송달된 날로부터 2년간 행사하지 아니하면 시효로 인하여 소멸된다.

해설

④ [×] 재산범죄는 구조금 지급의 대상범죄에 해당하지 않는다(「범죄피해자 보호법」 제3조 제1항 제4호 참조).

> 제3조【정의】① 이 법에서 사용하는 용어의 뜻은 다음과 같다.
> 4. "구조대상 범죄피해"란 대한민국의 영역 안에서 또는 대한민국의 영역 밖에 있는 대한민국의 선박이나 항공기 안에서 행하여진 사람의 생명 또는 신체를 해치는 죄에 해당하는 행위(「형법」 제9조, 제10조 제1항, 제12조, 제22조 제1항에 따라 처벌되지 아니하는 행위를 포함하며, 같은 법 제20조 또는 제21조 제1항에 따라 처벌되지 아니하는 행위 및 과실에 의한 행위는 제외)로 인하여 사망하거나 장해 또는 중상해를 입은 것을 말한다.

① [○] 「범죄피해자 보호법」 제18조 제2항 참조

② [○] 「범죄피해자 보호법」 제19조 제1항 · 제7항 참조

> 제19조【구조금을 지급하지 아니할 수 있는 경우】① 범죄행위 당시 구조피해자와 가해자 사이에 다음 각 호의 어느 하나에 해당하는 친족관계가 있는 경우에는 구조금을 지급하지 아니한다.
> 1. 부부(사실상의 혼인관계를 포함한다)
> 2. 직계혈족
> 3. 4촌 이내의 친족
> 4. 동거친족
>
> ⑦ 제1항부터 제6항까지의 규정에도 불구하고 구조금의 실질적인 수혜자가 가해자로 귀착될 우려가 없는 경우 등 구조금을 지급하지 아니하는 것이 사회통념에 위배된다고 인정할 만한 특별한 사정이 있는 경우에는 구조금의 전부 또는 일부를 지급할 수 있다.

③ [○] 「범죄피해자 보호법」 제21조 제1항 참조

⑤ [○] 「범죄피해자 보호법」 제31조

정답 ④

37 「범죄피해자 보호법 시행령」상 범죄피해자보호위원회에 대한 설명으로 옳은 것은? 14. 교정

① 위원장은 법무부차관이 된다.

② 위원의 임기는 2년으로 하되 연임할 수 없다.

③ 회의는 재적위원 3분의 2 이상의 출석으로 개의하고 출석위원 과반수의 찬성으로 의결한다.

④ 위원장이 부득이한 사유로 직무를 수행할 수 없을 때에는 위원장이 미리 지정한 위원이 그 직무를 대행한다.

해설

④ [○] 「범죄피해자 보호법 시행령」 제14조 제2항 참조

① [×] 법무부장관이 된다(「범죄피해자 보호법 시행령」 제13조 제1항).

② [×] 연임할 수 있다(「범죄피해자 보호법 시행령」 제13조 제3항).

③ [×] 재적위원 과반수의 출석으로 개의하고, 출석위원 과반수의 찬성으로 의결한다(「범죄피해자 보호법 시행령」 제14조 제3항).

> 제13조 【범죄피해자보호위원회의 구성】 ① 법 제15조에 따른 범죄피해자보호위원회(이하 "보호위원회"라 한다)의 위원장은 법무부장관이 된다.
> ② 보호위원회의 위원은 다음 각 호의 사람이 된다.
> 1. 기획재정부차관, 교육부차관, 법무부차관, 안전행정부차관, 보건복지부차관, 여성가족부차관, 법원행정처차장, 대검찰청차장검사 및 경찰청차장
> 2. 범죄피해자 보호·지원에 관한 전문지식과 경험이 풍부한 사람 중에서 법무부장관이 위촉하는 10명 이내의 민간위원
> ③ 제2항 제2호에 따라 위촉된 위원의 임기는 2년으로 하되 연임할 수 있으며, 보궐위원의 임기는 전임자의 임기의 남은 기간으로 한다.
>
> 제14조 【보호위원회 위원장의 직무 등】 ① 보호위원회 위원장은 보호위원회를 대표하고 보호위원회의 업무를 총괄하며, 보호위원회의 회의를 소집하고 그 의장이 된다.
> ② 보호위원회 위원장이 부득이한 사유로 직무를 수행할 수 없을 때에는 위원장이 미리 지정한 위원이 그 직무를 대행한다.
> ③ 보호위원회의 회의는 재적위원 과반수의 출석으로 개의(開議)하고, 출석위원 과반수의 찬성으로 의결한다.
> ④ 보호위원회의 사무 처리를 위하여 보호위원회에 간사 1명을 두며, 간사는 법무부 소속 공무원 중에서 법무부장관이 지명한다.
> ⑤ 제1항부터 제4항까지에서 규정한 사항 외에 보호위원회의 운영에 필요한 사항은 보호위원회의 의결을 거쳐 위원장이 정한다.

정답 ④

38 「범죄피해자 보호법」에 의할 때 국가에 의한 범죄피해자구조금의 지급대상이 되는 경우는? 12. 사시

① 전치 8주의 폭행치상을 당한 자가 피해의 전부를 가해자로부터 배상받은 경우

② 10억원의 사기피해를 당한 자가 가해자로부터 5억원만 배상받은 경우

③ 강도상해를 당하여 반신불수가 된 자가 가해자로부터 배상받지 못한 경우

④ 단순폭행을 당한 자가 가해자로부터 일부 배상을 받았지만 피해자가 가난하여 생계유지가 곤란한 경우

⑤ 명예훼손을 당한 자가 심한 정신적 고통을 겪다가 결국 우울증에 걸려 자살하였고, 피해자의 유족인 처는 가해자의 행방불명으로 피해를 전혀 배상받지 못한 경우

해설

③ [○] 강도상해라는 신체를 해치는 죄로 인해 반신불수라는 장해의 결과가 발생하였고, 피해를 배상받지 못하였으므로 구조금의 지급대상에 해당한다.

① [×] 피해자가 피해의 전부를 배상받았으므로 구조금의 지급요건에 해당하지 않는다.

② [×] 생명 또는 신체를 해치는 죄만이 구조대상이 되므로 사기죄의 피해자는 구조대상이 되지 않는다.

④ [×] 사망하거나 장해 또는 중상해를 입은 경우만 구조대상이 되므로 단순폭행의 경우에는 구조대상이 되지 않는다.

⑤ [×] 명예훼손죄는 생명 또는 신체를 해지는 죄에 해당하지 않으므로 구조대상이 되지 않는다.

☑ 「범죄피해자 보호법」상 구조대상 및 구조금 지급요건

> 제3조 【정의】 ① 이 법에서 사용하는 용어의 뜻은 다음과 같다.
> 1. "범죄피해자"란 타인의 범죄행위로 피해를 당한 사람과 그 배우자(사실상의 혼인관계를 포함한다), 직계친족 및 형제자매를 말한다.
> 4. "구조대상 범죄피해"란 대한민국의 영역 안에서 또는 대한민국의 영역 밖에 있는 대한민국의 선박이나 항공기 안에서 행하여진 사람의 생명 또는 신체를 해치는 죄에 해당하는 행위(「형법」 제9조, 제10조 제1항, 제12조, 제22조 제1항에 따라 처벌되지 아니하는 행위를 포함하며, 같은 법 제20조 또는 제21조 제1항에 따라 처벌되지 아니하는 행위 및 과실에 의한 행위는 제외한다)로 인하여 사망하거나 장해 또는 중상해를 입은 것을 말한다.
>
> 제16조 【구조금의 지급요건】 국가는 구조대상 범죄피해를 받은 사람(이하 "구조피해자"라 한다)이 다음 각 호의 어느 하나에 해당하면 구조피해자 또는 그 유족에게 범죄피해 구조금(이하 "구조금"이라 한다)을 지급한다.
> 1. 구조피해자가 피해의 전부 또는 일부를 배상받지 못하는 경우
> 2. 자기 또는 타인의 형사사건의 수사 또는 재판에서 고소·고발 등 수사단서를 제공하거나 진술, 증언 또는 자료제출을 하다가 구조피해자가 된 경우

정답 ③

39 현행법상 범죄피해자 보호에 관한 설명 중 옳지 않은 것은?

① 「범죄피해자 보호법」상 범죄피해자의 개념에는 타인의 범죄행위로 피해를 당한 사람의 배우자도 포함된다.
② 지방자치단체는 범죄피해자 보호·지원을 위하여 적극적으로 노력해야 할 책무가 있다.
③ 긴급피난 규정에 의하여 처벌되지 않은 행위로 인해 피해를 입은 자도 범죄피해자구조금을 받을 수 있다.
④ 범죄피해자 보호·지원 업무에 종사하는 자는 그 범죄피해자에 관한 형사절차에서 가해자에 대한 처벌을 요구할 수 있다.

해설

④ [×] 범죄피해자 보호·지원 업무에 종사하는 자는 형사절차에서 가해자에 대한 처벌을 요구하거나 소송관계인에게 위력을 가하는 등 수사, 변호 또는 재판에 부당한 영향을 미치기 위한 행위를 하여서는 아니 된다(「범죄피해자 보호법」 제38조).
① [○] 「범죄피해자 보호법」 제3조 제1항 제1호
② [○] 「범죄피해자 보호법」 제5조
③ [○] 「범죄피해자 보호법」 제3조 제1항 제4호

정답 ④

40 「범죄피해자 보호법」상 구조금의 지급요건에 대한 설명으로 옳지 않은 것은?

① 자기 또는 타인의 형사사건의 수사 또는 재판에서 일정한 사유로 구조피해자가 되어야 한다.
② 구조피해자 또는 유족이 외국인인 경우에는 상호의 보증이 있어야 한다.
③ 구조피해자와 가해자 사이에 친족관계가 있는 경우에는 구조금의 전부 또는 일부를 지급하지 아니한다.
④ 정당방위나 긴급피난에 의한 피해는 보상의 대상이 되지 않는다.

해설

④ [×] 형사미성년자·심신상실자·강요된 행위·긴급피난의 경우는 구조대상 범죄피해에 포함되나, 정당행위·정당방위·과실에 의한 행위는 제외된다(「범죄피해자 보호법」 제3조 제1항 제4호 참조).
① [○] 「범죄피해자 보호법」 제16조 제2호
② [○] 「범죄피해자 보호법」 제23조
③ [○] 「범죄피해자 보호법」 제19조 제1항·제2항

정답 ④

41 「범죄피해자 보호법」상 구조금의 전부 또는 일부의 지급배제사유에 포함되지 않는 것은?

① 가해자가 구조피해자와 사실상의 혼인관계인 경우

② 구조피해자가 해당 범죄행위를 교사한 경우

③ 구조피해자가 과도한 폭행으로 해당 범죄행위를 유발한 경우

④ 가해자에게 신체장애 등의 사유가 있어서 당해 범죄를 범하는 것이 매우 곤란했을 것으로 인정되는 경우

해설

④ [×] 지문과 같은 사유는 규정되어 있지 않다.

① [○] 「범죄피해자 보호법」 제19조 제1항

> 제19조【구조금을 지급하지 아니할 수 있는 경우】① 범죄행위 당시 구조피해자와 가해자 사이에 다음 각 호의 어느 하나에 해당하는 친족관계가 있는 경우에는 구조금을 지급하지 아니한다.
> 1. 부부(사실상의 혼인관계를 포함한다)
> 2. 직계혈족
> 3. 4촌 이내의 친족
> 4. 동거친족

②③ [○] 「범죄피해자 보호법」 제19조 제3항

> 제19조【구조금을 지급하지 아니할 수 있는 경우】③ 구조피해자가 다음 각 호의 어느 하나에 해당하는 행위를 한 때에는 구조금을 지급하지 아니한다.
> 1. 해당 범죄행위를 교사 또는 방조하는 행위
> 2. 과도한 폭행·협박 또는 중대한 모욕 등 해당 범죄행위를 유발하는 행위
> 3. 해당 범죄행위와 관련하여 현저하게 부정한 행위
> 4. 해당 범죄행위를 용인하는 행위
> 5. 집단적 또는 상습적으로 불법행위를 행할 우려가 있는 조직에 속하는 행위(다만, 그 조직에 속하고 있는 것이 해당 범죄피해를 당한 것과 관련이 없다고 인정되는 경우는 제외한다)
> 6. 범죄행위에 대한 보복으로 가해자 또는 그 친족이나 그 밖에 가해자와 밀접한 관계가 있는 사람의 생명을 해치거나 신체를 중대하게 침해하는 행위

정답 ④

42 「범죄피해자 보호법」상 구조금 지급요건에 관한 설명으로 옳지 않은 것은?

① 생명 또는 신체를 해하는 범죄에 의한 피해에 대해서만 구조금을 지급한다.

② 과실행위에 의한 범죄피해에 대해서는 구조금을 지급하지 않는다.

③ 정당행위로 인한 범죄피해에 대해서는 구조금을 지급하지 않는다.

④ 타인의 형사사건의 재판에서 증언을 하다가 구조피해자가 된 경우에는 구조금을 지급하지 아니한다.

해설

④ [×] 자기 또는 타인의 형사사건의 수사 또는 재판에서 고소·고발 등 수사단서를 제공하거나 진술, 증언 또는 자료제출을 하다가 구조피해자가 된 경우에도 범죄피해 구조금을 지급한다(「범죄피해자 보호법」 제16조 제2호).

①②③ [○] 「범죄피해자 보호법」 제3조 제1항 제4호 참조

정답 ④

43 「범죄피해자 보호법」상 구조금 지급에 대한 설명으로 옳지 않은 것은? 17. 교정

① 범죄행위 당시 구조피해자와 가해자의 사이가 4촌 이내의 친족관계가 있는 경우 구조금을 지급하지 아니한다. 다만, 구조금을 지급하지 아니하는 것이 사회통념에 위배된다고 인정할 만한 특별한 사정이 있는 경우에는 구조금의 전부 또는 일부를 지급할 수 있다.

② 구조금은 유족구조금, 장해구조금 및 중상해구조금으로 구분하며, 일시금으로 지급한다. 다만, 특별한 사정이 있는 경우에는 분할하여 지급할 수 있다.

③ 구조피해자의 사망 당시 구조피해자의 수입으로 생계를 유지하고 있지 않은 구조피해자의 자녀, 부모, 손자·손녀, 조부모 및 형제자매도 유족구조금의 지급대상인 유족에 해당한다.

④ 국가는 구조피해자나 유족이 해당 구조대상 범죄피해를 원인으로 하여 손해배상을 받았으면 그 범위에서 구조금을 지급하지 아니한다.

해설

② [×] 예외 없이 일시금으로 지급한다(「범죄피해자 보호법」 제17조 제1항 참조).

> 제17조【구조금의 종류 등】① 구조금은 유족구조금·장해구조금 및 중상해구조금으로 구분하며, 일시금으로 지급한다.

① [○] 「범죄피해자 보호법」 제19조 제1항·제7항

> 제19조【구조금을 지급하지 아니할 수 있는 경우】① 범죄행위 당시 구조피해자와 가해자 사이에 다음 각 호의 어느 하나에 해당하는 친족관계가 있는 경우에는 구조금을 지급하지 아니한다.
> 1. 부부(사실상의 혼인관계를 포함한다)
> 2. 직계혈족
> 3. 4촌 이내의 친족
> 4. 동거친족
>
> ⑦ 제1항부터 제6항까지의 규정에도 불구하고 구조금의 실질적인 수혜자가 가해자로 귀착될 우려가 없는 경우 등 구조금을 지급하지 아니하는 것이 사회통념에 위배된다고 인정할 만한 특별한 사정이 있는 경우에는 구조금의 전부 또는 일부를 지급할 수 있다.

③ [○] 「범죄피해자 보호법」 제18조 제1항 제3호

> 제18조【유족의 범위 및 순위】① 유족구조금을 지급받을 수 있는 유족은 다음 각 호의 어느 하나에 해당하는 사람으로 한다.
> 1. 배우자(사실상 혼인관계를 포함한다) 및 구조피해자의 사망 당시 구조피해자의 수입으로 생계를 유지하고 있는 구조피해자의 자녀
> 2. 구조피해자의 사망 당시 구조피해자의 수입으로 생계를 유지하고 있는 구조피해자의 부모, 손자·손녀, 조부모 및 형제자매
> 3. 제1호 및 제2호에 해당하지 아니하는 구조피해자의 자녀, 부모, 손자·손녀, 조부모 및 형제자매

④ [○] 「범죄피해자 보호법」 제21조 제1항

> 제21조【손해배상과의 관계】① 국가는 구조피해자나 유족이 해당 구조대상 범죄피해를 원인으로 하여 손해배상을 받았으면 그 범위에서 구조금을 지급하지 아니한다.

정답 ②

44 현행 「범죄피해자 보호법」상 구조금에 관한 설명 중 옳지 않은 것은? 15. 사시

① 구조금 지급신청은 해당 구조대상 범죄피해의 발생을 안 날부터 1년이 지나면 할 수 없다.

② 구조금을 받을 권리는 양도하거나 담보로 제공하거나 압류할 수 없다.

③ 국가는 지급한 구조금의 범위에서 해당 구조금을 받은 사람이 구조대상 범죄피해를 원인으로 하여 가지고 있는 손해배상청구권을 대위한다.

④ 국가는 구조피해자나 유족이 해당 구조대상 범죄피해를 원인으로 하여 손해배상을 받았으면 그 범위에서 구조금을 지급하지 아니한다.

⑤ 구조금은 유족구조금 · 장해구조금 및 중상해구조금으로 구분하며, 일시금으로 지급한다.

해설

① [×] 범죄피해의 발생을 안 날부터 '3년'이 지나면 할 수 없다(「범죄피해자 보호법」 제25조 제2항).

> 제25조 【구조금의 지급신청】 ② 제1항에 따른 신청은 해당 구조대상 범죄피해의 발생을 안 날부터 3년이 지나거나 해당 구조대상 범죄피해가 발생한 날부터 10년이 지나면 할 수 없다.

② [○] 「범죄피해자 보호법」 제32조
③ [○] 「범죄피해자 보호법」 제21조 제2항
④ [○] 「범죄피해자 보호법」 제21조 제1항
⑤ [○] 「범죄피해자 보호법」 제17조 제1항

정답 ①

45 「범죄피해자 보호법」상의 구조금에 대한 설명으로 옳지 않은 것은? 11. 교정

① 자기 또는 타인의 형사사건 수사 또는 재판에서 고소 · 고발 등 수사단서를 제공하거나 진술, 증언 또는 자료제출을 하다가 구조피해자가 된 경우 범죄피해 구조금을 지급한다.

② 구조금 지급신청은 법무부령으로 정하는 바에 따라 그 주소지, 거주지 또는 범죄 발생지를 관할하는 지구심의회에 할 수 있다.

③ 구조금 지급신청은 당해 범죄피해의 발생을 안 날로부터 3년이 지나거나, 해당 구조대상 범죄피해가 발생한 날로부터 10년이 지나면 할 수 없다.

④ 구조피해자나 유족이 해당 구조대상 범죄피해를 원인으로 하여 손해배상을 받았더라도 국가는 구조금 전액을 지급해야 한다.

해설

④ [×] 국가는 구조피해자나 유족이 해당 구조대상 범죄피해를 원인으로 하여 손해배상을 받았으면 그 범위에서 구조금을 지급하지 아니한다(「범죄피해자 보호법」 제21조 제1항).
① [○] 「범죄피해자 보호법」 제16조 제2호
② [○] 「범죄피해자 보호법」 제25조 제1항
③ [○] 「범죄피해자 보호법」 제25조 제2항

정답 ④

46 회복적 정의(Restorative Justice)와 관련한 설명 중 옳지 않은 것은?

① 이 이론은 과거 응징적, 강제적, 사후대응적 사법제도에 대한 반성으로 나온 것으로서 정부와 범죄자가 주체이다.
② 피해자 및 지역사회의 손실을 복구하고 재통합을 추구하는 형사사법이론이다.
③ 싱가포르의 '노란 리본 프로젝트(Yellow Ribbon Project)'는 이 이론에 입각한 범국민 교정참여운동이다.
④ 교정처우에 있어 기존의 처벌과 응보 외에 치료와 화해의 개념을 도입하였다.

해설

① [×] 회복적 사법은 범죄로 인한 피해자와 가해자, 그 밖의 관련자 및 지역공동체가 함께 범죄로 인한 문제를 치유하고 해결하는 데에 적극적으로 참여하는 절차를 의미한다. 그러므로 우리나라의 「범죄피해자 보호법」에 근거한 피해자 지원대책은 국가에 의한 것으로서 피해자와 가해자 쌍방과 지역공동체의 참여를 전제로 하는 회복적 사법의 종류에 해당한다고 보기는 어렵다는 견해도 있다.

정답 ①

47 범죄학 교수가 수강생들에게 다음의 〈명제〉에 입각하여 새로운 형사사법제도를 제안해 보라는 과제를 내주었다. 〈보기〉에서 담당교수의 지시를 올바르게 따른 학생들만 모아 놓은 것은?

<명제>

범죄는 범죄인이 피해자 혹은 공동체사회로부터 부여받은 신뢰를 파괴하는 행위이다. 따라서 그에 대한 대처로서의 형사사법은 범죄인과 피해자간에 혹은 범죄인과 공동체 사회간에 깨어진 신뢰를 회복하는 절차이어야 한다.

<보기>

- **철수**: 최근 들어와 급증하는 마약범죄를 근본적으로 해결하기 위해 약물중독치료프로그램을 도입할 필요가 있다.
- **영희**: 미국의 일부 주에서 시행하고 있는 원상회복제도를 도입할 필요가 있다.
- **승주**: 사회봉사명령제도를 확대 실시할 필요가 있다.
- **남선**: 삼진아웃제도를 도입하여 보다 강한 형사사법을 구축하는 것이 필요하다.

① 철수, 영희
② 영희, 승주
③ 승주, 남선
④ 철수, 승주

해설

② [○] <명제>는 이른바 '회복적 사법(회복적 정의, 원상회복주의)'에 관한 내용이다. 일반적으로 회복적 사법은 범죄로 인한 피해자와 가해자, 그 밖의 관련자 및 지역공동체가 함께 범죄로 인한 문제를 치유하고 해결하는 데에 적극적으로 참여하는 절차를 의미한다. 따라서 <보기>에서는 영희와 승주의 주장이 회복적 사법에 해당하며, 철수의 주장은 치료모델, 남선의 주장은 정의모델에 해당한다.

정답 ②

48 회복적 사법에 기초한 프로그램으로 가장 옳지 않은 것은?

23. 해경간부

① 가족집단회합
② 전자장치 부착
③ 양형써클
④ 피해자와 가해자의 화해

해설

② [×] 전자감시제도는 범죄자의 사회복귀를 위해 사회 내 처우를 확대하여야 한다는 형사정책적 요구와 교정시설의 유지 및 관리를 위한 비용절감의 현실적 필요성에 따라 현대 과학을 감시·감독체계에 응용한다는 취지에서 도입된 것으로, 회복적 사법과 관련이 없다.

① [○] 가족집단회합모델은 뉴질랜드 마오리족의 전통에서 유래하는 모델로서, 중재자와 당사자 외에 그 가족 및 친구 등이 모두 참여할 수 있어 참여자의 범위가 매우 넓다는 특징이 있다.

③ [○] 양형써클모델은 아메리칸 인디언과 캐나다 원주민들에 의해 사용되던 것으로 범죄상황을 정리하여 피해자와 가해자를 공동체 내로 재통합하려는 시도에서 유래하여, 가해자 처벌과 관련하여 형사사법기관에 적절한 양형을 권고하는 데 중점을 둔 제도이다.

④ [○] 피해자-가해자 중재(화해) 모델은 최초의 공식적인 회복적 사법 프로그램의 모델로서 1970년대 캐나다 온타리오에서 시작되었다.

정답 ②

49 회복적 사법(Restorative Justice)에 대한 설명으로 옳지 않은 것은 몇 개인가?

12. 교정

- 회복적 사법의 핵심가치는 피해자, 가해자 욕구뿐만 아니라 지역사회 욕구까지 반영하는 것이다.
- 범죄를 개인 대 국가의 갈등으로 인식한다.
- 회복적 사법은 범죄가 발생하는 여건·환경에 관심을 둔다.
- 회복적 사법은 범죄로 인한 손해의 복구를 위해 중재, 협상, 화합의 방법을 강조한다.
- 회복적 사법은 범죄자의 교화개선이라는 교정의 이념을 실현시키기 위해 등장했으며, 피해자 권리운동의 발전과는 관련이 없다.

① 1개
② 2개
③ 3개
④ 4개

해설

② [○] 회복적 사법이란 범죄로 인한 피해자와 가해자, 그 밖의 관련자 및 지역사회가 함께 범죄로 인한 피해를 치유하고 해결하는 데에 적극적으로 참여하는 사회재통합을 추구하는 절차를 의미한다. 이는 종래의 응징적·강제적·사후대응적 사법제도에 대한 반성에서 유래하며, 범죄를 인간관계의 침해로 보는 입장이다.

범죄를 개인 대 국가의 갈등으로 인식하는 입장은 전통적·응징적 사법의 태도이다(두번째 지문). 회복적 사법은 범죄자의 처벌에 중점을 두는 것이 아니라 피해자의 피해회복을 통한 사회적 화합의 성취를 중요시하는 입장으로서 연혁적으로 피해자 권리운동의 발전과 연계되어 있다고 본다(다섯 번째 지문).

정답 ②

50 회복적 사법에 대한 설명으로 옳지 않은 것은? 12. 보호

① 범죄피해자의 피해회복을 통하여 사회적 화합을 성취하고자 한다.

② 브레이스웨이트의 재통합적 수치이론(reintegrative shaming theory)은 회복적 사법의 기본적 이론 틀이다.

③ 유엔에서 분류한 회복적 사법의 세가지 분류는 대면개념(encounter conception), 해체적 수치개념(disintegrative shaming conception), 변환개념(transformative conception)이다.

④ 회복적 사법의 목표는 사회복귀와 더불어 재범의 감소에 있다.

해설

③ [×] 유엔(UN)은 회복적 사법의 개념을 다음의 세 가지로 분류한다.

☑ 회복적 사법의 개념(UN)

대면개념	범죄의 피해자와 가해자가 함께 만나 범죄에 대하여 이야기를 하고 이를 시정하기 위하여 어떠한 일을 하여야 하는가에 대해서 토론하는 것
회복개념	범죄로부터 받은 피해를 회복하는 데에 중점을 두는 것 예 피해자의 공판절차 참여, 법원의 피해회복적 조치 등
변환개념	가장 넓은 의미의 회복적 사법으로서 범죄원인의 구조적 · 개인적 불의를 시정을 통해 변화를 가져오는 것 예 빈곤문제나 차별적 교육제도의 개선 등

① [○] 회복적 사법에서는 가해자의 처벌만이 능사가 아니라, 피해자의 피해회복을 통하여 사회적 화합을 성취하는 것이 중요하다고 본다.

② [○] 재통합적 수치는 범죄자의 잘못을 비난하고 이들을 관습적인 생활에 재통합시키려는 노력이 뒤따르는 형태의 사회적 반응양식을 뜻한다. 지역사회가 범죄자의 재통합을 도와준다는 의미에서 재통합적 수치이론과 회복적 사법이론은 같은 입장이다.

④ [○] 회복적 사법은 가해자에게 사회복귀의 기회와 가능성을 열어주고, 재범을 방지하는 것을 목표로 한다.

정답 ③

51 회복적 사법(Restorative Justice)에 대한 설명으로 옳지 않은 것은?

① 피해자와 가해자간의 합의와 조정을 강제한다.

② 전통적 형사사법이 가해자의 범죄에 대한 책임을 지나치게 강조하여 범죄로 인한 피해에 대한 실질적인 복구가 제대로 되지 못한 점을 비판한다.

③ 피해자의 상처를 진단하고 치유하는 과정이 형사사법절차에 반영되어야 함을 주장한다.

④ 지역사회의 역할과 책임을 강조한다.

해설

① [×], ③ [○] 회복적 사법(Restortive Justice)이란 범죄로 인한 피해자와 가해자, 그 밖의 관련자 및 지역사회가 함께 범죄로 인한 피해를 치유하고 해결하는 데에 적극적으로 참여하여 사회재통합을 추구하는 절차를 의미한다. 회복적 사법에서는 가해자의 처벌만이 능사가 아니라 피해자의 피해회복을 통하여 사회적 화합을 성취하는 것이 중요하다고 보며, 범죄문제를 인간관계의 위반으로 보아 이를 복구하는 데에 중점을 둔다. 따라서 피해자와 가해자의 합의와 조정을 위해 서로 '협조'하는 방식으로 행해지는 것이지 이를 '강제'한다고 볼 수는 없다.

② [○] 회복적 사법은 과거의 응징적 · 강제적 · 사후대응적 사법제도에 대한 반성에서 출발하여 범죄를 인간관계의 침해로 보아 범죄자가 생산적이고 책임감 있는 시민이 되도록 능력개발이 이루어져야 하며, 이를 통해 범죄의 피해가 실질적으로 회복되어야 한다는 목표를 지향한다.

④ [○] 회복적 사법은 가해자와 피해자의 재활을 지원하여 범죄를 방지할 수 있는 지역사회를 건설할 것을 주장한다.

정답 ①

52 회복적 사법에 대한 설명 중 가장 적절하지 않은 것은? 22. 간부(72)

① 최초의 공식적인 회복적 사법 프로그램은 미국 오하이오 주에서 도입된 피해자-가해자 화해프로그램(victim-offender mediation)이다.

② 가족집단회합모델(family group conference)은 뉴질랜드 마오리족의 전통에서 유래하였다.

③ 써클모델(circle)은 아메리칸 인디언과 캐나다 원주민들에 의해 사용되던 것으로 범죄상황을 정리하여 피해자와 가해자를 공동체 내로 재통합하려는 시도이다.

④ 미국에서 시행된 가장 대규모의 회복적 사법제도는 버몬트주의 배상적 보호관찰 프로그램이다.

해설

① [×] 최초의 공식적인 회복적 사법 프로그램은 '캐나다 온타리오주 키치너시'에서 도입된 피해자-가해자 화해프로그램이다.

정답 ①

53 회복적 사법(restorative justice)에 대한 설명으로 옳지 않은 것은? 15. 교정

① 회복적 사법은 가해자에 대한 강한 공식적 처벌과 피해의 회복을 강조한다.

② 회복적 사법은 공식적인 형사사법이 가해자에게 부여하는 오명효과를 줄이는 대안이 될 수 있다.

③ 회복적 사법의 시각에서 보면 범죄행동은 법을 위반한 것일 뿐만 아니라 피해자와 지역사회에 해를 끼친 것이다.

④ 회복적 사법 프로그램으로는 피해자-가해자 중재, 가족회합 등이 있다.

해설

① [×] 회복적 사법에서는 가해자의 처벌만이 능사가 아니라, 피해자의 피해회복을 통하여 사회적 화합을 성취하는 것이 중요하다고 본다.

② [○] 회복적 사법은 낙인효과를 배제하여 가해자에게 사회복귀의 기회와 가능성을 열어주고, 재범을 방지함을 목표로 한다.

③ [○] 회복적 사법은 범죄를 인간관계의 침해로 본다.

④ [○] 회복적 사법의 유형 중 내부 프로그램(형사사법제도 안에서 행해지는 경우)으로는 피해자와 가해자의 조정(중재)이 있으며, 외부 프로그램(형사사법제도 밖에서 행해지는 경우)에는 지역공동체와 가족그룹간의 협의, 원탁양형, 평화조성 서클, 회복적 보호관찰, 지역사회위원회 등이 있다.

정답 ①

54 회복적 사법에 관한 설명 중 옳지 않은 것은? 16. 사시

① 회복적 사법의 핵심가치는 피해자와 가해자 및 지역사회의 요구까지도 반영하는 것이다.

② 회복적 사법의 이념에 따르면 화해 또는 피해회복을 통한 형사책임의 면제·완화는 인정되지 않는다.

③ 피해자와 가해자 및 지역사회의 역할을 강조하고, 이를 통해 피해자와 지역사회의 손실을 복구하고 재통합을 추구하는 형사사법이론이다.

④ 유엔은 회복적 사법의 개념을 내용에 따라 대면개념(encounter conception), 배상개념(reparative conception), 변환개념(transformative conception)으로 분류하고 있다.

⑤ 회복적 사법은 범죄피해자와 가해자가 함께 만나 범죄에 대하여 이야기하고 회복을 위해 어떤 과정이 필요한지 의견을 모으는 것을 포함한다.

해설

② [×] 가해자와 피해자의 합의에 의한 화해 또는 피해회복이 이루어진 경우에는 기소 및 형 선고에 있어 고려될 수 있다고 할 것이어서, 형사책임의 면제 또는 완화도 인정될 여지가 있다. 독일 형법에서는 자율적 형벌대체수단으로서 원상회복제도가 규정되어 있다.

정답 ②

55 범죄피해자에 대한 설명으로 옳지 않은 것은? 18. 보호

① 멘델존(Mendelsohn)은 범죄발생에 있어 귀책성의 정도에 따라 피해자를 구분하였고, 엘렌베르거(Ellenberger)는 심리학적 기준에 따라 피해자를 분류하였다.

② 「범죄피해자 보호법」상 범죄피해자의 개념에는 타인의 범죄행위로 피해를 당한 사람의 배우자는 포함되지 않는다.

③ 피해자는 공판절차에서 증인으로 신문을 받는 경우 자신과 신뢰관계에 있는 자의 동석을 신청할 수 있다.

④ 회복적 사법은 범죄피해자의 피해회복을 통하여 사회적 화합을 성취하고 이를 통하여 가해자에게도 사회복귀의 기회와 가능성을 높여주기 위한 프로그램이다.

해설

② [×] 타인의 범죄행위로 피해를 당한 사람의 배우자도 범죄피해자에 포함된다(「범죄피해자 보호법」 제3조 제1항 제1호).

> 제3조【정의】① 이 법에서 사용하는 용어의 뜻은 다음과 같다.
> 1. '범죄피해자'란 타인의 범죄행위로 피해를 당한 사람과 그 배우자(사실상의 혼인관계를 포함한다), 직계친족 및 형제자매를 말한다.

① [○] 멘델존은 범죄발생에 있어서 피해자의 유책성 정도를 기준으로 책임이 없는 피해자, 책임이 조금 있는 피해자, 가해자와 동등한 책임의 피해자, 가해자보다 더 유책한 피해자, 가장 유책한 피해자로 분류하였다. 반면에 엘렌베르거는 '범죄자와 그 피해자의 심리적 관계'라는 논문에서 '피해원인'의 개념을 제시하면서 피해자를 일반적 피해자와 잠재적 피해자로 분류하였다.

③ [○] 「성폭력범죄의 처벌 등에 관한 특례법」에서 법원이 피해자를 증인으로 신문하는 경우 피해자와 신뢰관계에 있는 사람의 동석을 신청할 수 있음을 규정하고 있다(「성폭력범죄의 처벌 등에 관한 특례법」 제34조 제1항).

> 제34조【신뢰관계에 있는 사람의 동석】① 법원은 제3조부터 제8조까지, 제10조 및 제15조(제9조의 미수범은 제외한다)의 범죄의 피해자를 증인으로 신문하는 경우에 검사, 피해자 또는 법정대리인이 신청할 때에는 재판에 지장을 줄 우려가 있는 등 부득이한 경우가 아니면 피해자와 신뢰관계에 있는 사람을 동석하게 하여야 한다.
> ② 제1항은 수사기관이 같은 항의 피해자를 조사하는 경우에 관하여 준용한다.

④ [○] 회복적 사법은 피해자의 피해회복을 통하여 사회적 화합을 성취하는 것이 중요하다고 보며(범죄예방 및 통제에서 비처벌적 방식을 주장), 가해자에게 사회복귀의 기회와 가능성을 열어주고 재범을 방지하며, 낙인의 부정적 효과를 감소시키는 것을 지향한다.

정답 ②

56 범죄피해자와 관련한 현행 제도에 대한 설명으로 옳지 않은 것은? (다툼이 있는 경우 판례에 의함) 20. 보호

① 「소송촉진 등에 관한 특례법」 제25조 제1항에 따른 배상명령은 피고사건의 범죄행위로 발생한 직접적인 물적 피해, 치료비 손해와 위자료에 대하여 피고인에게 배상을 명함으로써 간편하고 신속하게 피해자의 피해회복을 도모하고자 하는 제도이다.

② 「범죄피해자 보호법」은 피해자와 피의자 사이의 합의가 이루어졌더라도 기소유예처분의 사유에 해당함이 명백한 경우 형사조정에 회부하지 못하도록 하고 있다.

③ 「범죄피해자 보호법」상 범죄피해자란 타인의 범죄행위로 피해를 당한 사람과 그 법률상 · 사실상 배우자, 직계친족 및 형제자매를 말한다.

④ 「성폭력범죄의 처벌 등에 관한 특례법」에 따르면 검사는 성폭력범죄 피해자에게 변호사가 없는 경우 국선변호사를 선정하여 형사절차에서 피해자의 권익을 보호할 수 있다.

해설

② [×] 기소유예처분의 사유에 해당하는 경우에는 형사조정에 회부할 수 있다(「범죄피해자 보호법」 제41조 제2항 제3호).

> 제41조 【형사조정 회부】 ② 형사조정에 회부할 수 있는 형사사건의 구체적인 범위는 대통령령으로 정한다. 다만, 다음 각 호의 어느 하나에 해당하는 경우에는 형사조정에 회부하여서는 아니 된다.
> 1. 피의자가 도주하거나 증거를 인멸할 염려가 있는 경우
> 2. 공소시효의 완성이 임박한 경우
> 3. 불기소처분의 사유에 해당함이 명백한 경우(다만, 기소유예처분의 사유에 해당하는 경우는 제외한다)

① [○] 「소송촉진 등에 관한 특례법」 제25조 제1항 참조

> 제25조 【배상명령】 ① 제1심 또는 제2심의 형사공판 절차에서 다음 각 호(생략)의 죄 중 어느 하나에 관하여 유죄판결을 선고할 경우, 법원은 직권에 의하여 또는 피해자나 그 상속인(이하 "피해자"라 한다)의 신청에 의하여 피고사건의 범죄행위로 인하여 발생한 직접적인 물적(物的) 피해, 치료비 손해 및 위자료의 배상을 명할 수 있다.

③ [○] 「범죄피해자 보호법」 제3조 제1항 제1호

> 제3조 【정의】 ① 이 법에서 사용하는 용어의 뜻은 다음과 같다.
> 1. "범죄피해자"란 타인의 범죄행위로 피해를 당한 사람과 그 배우자(사실상의 혼인관계를 포함한다), 직계친족 및 형제자매를 말한다.

④ [○] 「성폭력범죄의 처벌 등에 관한 특례법」 제27조 제6항 참조

> 제27조 【성폭력범죄 피해자에 대한 변호사 선임의 특례】 ⑥ 검사는 피해자에게 변호사가 없는 경우 국선변호사를 선정하여 형사절차에서 피해자의 권익을 보호할 수 있다.

정답 ②

57 「범죄피해자 보호법」상 형사조정에 대한 설명으로 옳은 것은? 18. 보호

① 공소시효의 완성이 임박한 형사사건이라도 형사조정에 회부할 수 있다.

② 형사조정위원회는 2명 이상의 형사조정위원으로 구성한다.

③ 형사조정위원회는 형사조정의 결과에 이해관계가 있는 사람의 신청이 없는 한 직권으로 이해관계인을 형사조정에 참여하게 할 수 없다.

④ 기소유예처분의 사유에 해당하는 형사사건은 형사조정에 회부할 수 없다.

해설

② [○] 「범죄피해자 보호법」 제42조 제2항

① [×] 공소시효의 완성이 임박한 경우에는 형사조정에 회부하여서는 아니 된다(「범죄피해자 보호법」 제41조 제2항 제2호).

> 제41조 【형사조정 회부】 ② 형사조정에 회부할 수 있는 형사사건의 구체적인 범위는 대통령령으로 정한다. 다만, 다음 각 호의 어느 하나에 해당하는 경우에는 형사조정에 회부하여서는 아니 된다.
> 1. 피의자가 도주하거나 증거를 인멸할 염려가 있는 경우
> 2. 공소시효의 완성이 임박한 경우
> 3. 불기소처분의 사유에 해당함이 명백한 경우(다만, 기소유예처분의 사유에 해당하는 경우는 제외한다)

③ [×] '신청 또는 직권으로' 이해관계인을 참여하게 할 수 있다(「범죄피해자 보호법」 제43조 제3항).

> 제43조 【형사조정의 절차】 ③ 형사조정위원회는 필요하다고 인정하면 형사소송의 결과에 이해관계가 있는 사람의 신청 또는 직권으로 이해관계인을 형사조정에 참여하게 할 수 있다.

④ [×] 불기소처분의 사유에 해당함이 명백한 경우에는 형사조정에 회부하여서는 아니 되나, 기소유예처분의 사유에 해당하는 경우는 형사조정에 회부할 수 있다(「범죄피해자 보호법」 제41조 제2항 제3호).

정답 ②

58 현행법상 피해자의 권리 · 보호를 위한 제도가 아닌 것은? 11. 사시

① 피해자의 판결공시청구권
② 공판절차상 피해자의 진술권
③ 수사기관의 성폭력범죄피해자 조사시 신뢰관계에 있는 자의 동석
④ 배상명령신청에 관한 피해자의 변호인선임권
⑤ 범죄피해자 보호업무종사자에 의한 피해자의 사생활에 관한 비밀누설금지

해설

④ [×] 현행법상 배상명령신청에 관한 피해자의 변호인선임권은 규정되어 있지 않다. 이에 대해 피해자를 위한 국선변호인제도 도입을 적극 검토하여 보다 실질적으로 범죄피해를 회복할 수 있도록 해야 한다는 지적이 있다.

① [○] 피해자의 이익을 위하여 필요하다고 인정할 때에는 피해자의 청구가 있는 경우에 한하여 피고인의 부담으로 판결공시의 취지를 선고할 수 있다(「형법」 제58조 제1항).

② [○] 법원은 피해자등을 신문하는 경우 피해의 정도 및 결과, 피고인의 처벌에 관한 의견, 그 밖에 당해 사건에 관한 의견을 진술할 기회를 주어야 한다(「형사소송법」 제294조의2 제2항).

③ [○] 「성폭력범죄의 처벌 등에 관한 특례법」 제34조 참조

> 제34조 【신뢰관계에 있는 사람의 동석】 ① 법원은 제3조부터 제8조까지, 제10조 및 제15조(제9조의 미수범은 제외)의 범죄의 피해자를 증인으로 신문하는 경우에 검사, 피해자 또는 법정대리인이 신청할 때에는 재판에 지장을 줄 우려가 있는 등 부득이한 경우가 아니면 피해자와 신뢰관계에 있는 사람을 동석하게 하여야 한다.
> ② 제1항은 수사기관이 같은 항의 피해자를 조사하는 경우에 관하여 준용한다.

⑤ [○] 범죄피해자 보호 · 지원 업무에 종사하고 있거나 종사하였던 자는 그 업무를 수행하는 과정에서 알게 된 타인의 사생활에 관한 비밀을 누설하여서는 아니 되며, 범죄피해자를 보호하고 지원하는 목적으로만 그 비밀을 사용하여야 한다(「범죄피해자 보호법」 제39조).

정답 ④

59 「범죄피해자 보호법」상 범죄피해자를 위한 지원에 대한 설명으로 옳지 않은 것은? 16. 보호

① 국가 또는 지방자치단체는 법무부장관에게 등록한 범죄피해자 지원법인의 건전한 육성과 발전을 위하여 등록법인에 보조금을 교부할 수 있다.

② 범죄피해구조금 지급에 관한 사항을 심의·결정하기 위하여 각 지방검찰청에 범죄피해구조심의회를 둔다.

③ 검사는 피의자와 범죄피해자 사이에 범죄피해자가 입은 피해를 실질적으로 회복하는데 필요하다고 인정되더라도 당사자의 신청이 없으면 수사 중인 형사사건을 형사조정에 회부할 수 없다.

④ 국가는 구조피해자나 유족이 해당 구조대상 범죄피해를 원인으로 하여 손해배상을 받았으면 그 범위에서 구조금을 지급하지 아니한다.

해설

③ [×] '직권'으로 수사 중인 형사사건을 형사조정에 회부할 수 있다(「범죄피해자 보호법」 제41조 제1항 참조).

> 제41조 【형사조정 회부】 ① 검사는 피의자와 범죄피해자(이하 "당사자"라 한다) 사이에 형사분쟁을 공정하고 원만하게 해결하여 범죄피해자가 입은 피해를 실질적으로 회복하는 데 필요하다고 인정하면 당사자의 신청 또는 직권으로 수사 중인 형사사건을 형사조정에 회부할 수 있다.

① [○] 「범죄피해자 보호법」 제34조 제1항 참조

> 제34조 【보조금】 ① 국가 또는 지방자치단체는 제33조에 따라 등록한 범죄피해자 지원법인(이하 "등록법인"이라 한다)의 건전한 육성과 발전을 위하여 필요한 경우에는 예산의 범위에서 등록법인에 운영 또는 사업에 필요한 경비를 보조할 수 있다.

② [○] 「범죄피해자 보호법」 제24조 제1항 참조

> 제24조 【범죄피해구조심의회 등】 ① 구조금 지급에 관한 사항을 심의·결정하기 위하여 각 지방검찰청에 범죄피해구조심의회(이하 "지구심의회"라 한다)를 두고 법무부에 범죄피해구조본부심의회(이하 "본부심의회"라 한다)를 둔다.

④ [○] 「범죄피해자 보호법」 제21조 제1항

정답 ③

60 회복적 사법(Restorative Justice)에 관한 설명으로 가장 적절하지 않은 것은? 23. 2차 경행경채

① 회복적 사법에서는 자발적인 피해자의 참여를 필요로 한다.

② 회복적 사법 프로그램으로는 피해자-가해자 중재, 가족회합 등이 있다.

③ 회복적 사법은 가해자에게는 엄격한 처벌을, 피해자에게는 회복을 중심으로 두고 있다.

④ 국제연합(UN)은 회복적 사법의 개념을 대면, 변환, 회복(배상) 3가지 개념으로 분류하고 있다.

해설

③ [×] 회복적 사법에서는 가해자의 처벌만이 능사가 아니라, 피해자의 피해회복을 통하여 사회적 화합을 성취하는 것이 중요하다고 주장한다. 따라서 '가해자에게는 엄격한 처벌'을 중심으로 두고 있다는 표현이 옳지 않다.

정답 ③

61 회복적 사법(Restorative Justice)에 관한 설명으로 가장 적절하지 않은 것은?

23. 1차 경행경채

① 피해자, 가해자 및 지역사회 등의 참여를 중시한다.

② 중재나 협상 및 합의 등을 통해 피해자 회복과 가해자의 처벌에 그 목표를 둔다.

③ 양형서클은 피해자와 가해자를 공동체 내로 재통합하려는 시도로써 회복적 사법에 해당한다.

④ 이론적 근거로는 브레이스웨이트(Braithwaite)의 재통합적 수치이론(Reintegrative Shaming Theory)을 들 수 있다.

해설

② [×] 회복적 사법에서는 '가해자의 처벌만이 능사가 아니라, 피해자의 피해회복을 통하여 사회적 화합을 성취하는 것이 중요'하다고 본다.

① [○] 회복적 사법(Restorative Justice)이란 범죄로 인한 피해자와 가해자, 그 밖의 관련자 및 지역사회가 함께 범죄로 인한 피해를 치유하고 해결하는 데에 적극적으로 참여하여 사회재통합을 추구하는 절차를 의미한다(회복주의 정의 개념).

③[○] 회복적 사법의 대표적 예로서 양형서클은 아메리칸 인디언과 캐나다 원주민들에 의해 사용되던 것으로 범죄상황을 정리하여 피해자와 가해자를 공동체 내로 재통합하려는 시도에서 유래하여, 가해자 처벌과 관련하여 형사사법기관에 적절한 양형을 권고하는 데 중점을 둔 제도이다.

④[○] 브레이스웨이트(Braithwaite)의 재통합적 수치이론에 따르면, 범죄자에게 지역사회가 완전히 관계를 끊고 해체적인 수치를 준다면 그는 자신을 더욱 범죄자로 생각하고 재범을 할 가능성이 높을 것이지만, 반대로 지역사회와 범죄자와의 관계를 범죄가 발생하기 전의 상태와 같이 유지하면서 재통합적으로 수치를 줄 때 범죄자는 사회로 복귀할 가능성이 높다고 한다. 이러한 재통합적 수치이론은 회복적 사법의 이론적 근거가 되었는데, 처벌을 통해 범죄자가 반성을 하면서 지역사회의 구성원으로 재통합하려는 노력을 병행하여 장래의 범죄 가능성을 줄이도록 하겠다는 입장이다.

정답 ②

62 회복적 사법에 대한 설명으로 옳지 않은 것은?

23. 교정 9급

① 처벌적이지 않고 인본주의적인 전략이다.

② 구금 위주 형벌정책의 대안으로 제시되고 있다.

③ 사적 잘못(private wrong)보다는 공익에 초점을 맞춘다는 비판을 받는다.

④ 범죄를 개인과 국가 간의 갈등으로 보기보다 개인 간의 갈등으로 인식한다.

해설

③ [×] 범죄란 공익을 침해하는 행위라고 보는 입장에서는 범죄를 인간관계의 침해라고 보는 회복적 사법에 대하여 '공익보다 사적 잘못에 초점을 맞춘다'는 비판이 제기된다.

① [○] 회복적 사법(Restorative Justice)이란 범죄로 인한 피해자와 가해자, 그 밖의 관련자 및 지역사회가 함께 범죄로 인한 피해를 치유하고 해결하는 데에 적극적으로 참여하여 사회재통합을 추구하는 절차를 의미하는데, 종래의 응징적 사법이 범죄자의 처벌에 중점을 둔 것과 달리 범죄로 인한 피해의 회복과 사회재통합을 추구하는 점에서 인간 중심적 사고에 따른 인류 사회의 존엄, 가치를 중시하는 인본주의의 입장으로 해석된다.

② [○] 회복적 사법은 가해자의 처벌만이 능사가 아니라, 피해자의 피해회복을 통하여 사회적 화합을 성취하는 것이 중요하며(범죄예방 및 통제에서 비처벌적 방식을 주장), 가해자에게 사회복귀의 기회와 가능성을 열어주고 재범을 방지하며, 낙인의 부정적 효과를 감소시킬 수 있다는 점에서 구금 위주 형벌정책의 대안으로 제시될 수 있다.

④ [○] 회복적 사법은 범죄를 개인과 국가 간의 갈등(공익을 침해)으로 보기보다 개인 간의 갈등(인간관계의 침해)으로 인식한다.

정답 ③

63 회복적 사법에 대한 설명으로 옳지 않은 것은?

23. 보호 7급

① 범죄로 인한 피해에는 지역사회가 겪는 피해가 포함된다.

② 시민에게 갈등과 사회문제의 해결에 참여하는 기회를 제공함으로써 공동체 의식을 강화하는 것을 목표로 한다.

③ 지역사회 내에서 범죄자와 그 피해자의 재통합을 추구한다.

④ 가해자는 배상과 교화의 대상으로서 책임을 수용하기보다는 비난을 수용하여야 한다.

해설

④ [×] 응보적 사법에서는 가해자를 처벌의 대상으로만 보아 가해자는 그에 대한 비난을 수용하여야 한다고 보지만, 회복적 사법에서는 가해자를 '배상과 교화의 대상'으로서 보아 가해자는 그에 대한 '책임(피해배상의 책임, 사회복귀의 노력)을 수용'하여야 한다고 본다.

① [○] 회복적 사법의 입장에서는 범죄의 피해는 피해자에게 끼친 피해 외에 지역사회에 끼친 피해도 포함된다.

②③ [○] 회복적 사법은 범죄로 인한 피해자와 가해자, 그 밖의 관련자 및 지역사회가 함께 범죄로 인한 피해를 치유하고 해결하는 데에 적극적으로 참여하여 사회재통합을 추구하는 절차를 의미한다.

정답 ④

64 「범죄피해자 보호법」상 형사조정에 대한 설명으로 옳지 않은 것은?

23. 보호 7급

① 검사는 피의자와 범죄피해자 사이에 형사분쟁을 공정하고 원만하게 해결하여 범죄피해자가 입은 피해를 실질적으로 회복하는 데 필요하다고 인정하면 직권으로 수사 중인 형사사건을 형사조정에 회부할 수 있다.

② 형사조정위원회는 필요하다고 인정하면 직권으로 형사조정의 결과에 이해관계가 있는 사람을 형사조정에 참여하게 할 수 있다.

③ 검사는 형사사건을 수사하고 처리할 때 형사조정이 성립되지 아니하였다는 사정을 피의자에게 불리하게 고려하여서는 아니 된다.

④ 검사는 기소유예처분 사유에 해당함이 명백한 형사사건을 형사조정에 회부하여서는 아니 된다.

해설

④ [×] 기소유예처분의 사유에 해당하는 경우는 형사조정에 회부할 수 있다(「범죄피해자 보호법」 제41조 제2항 제3호).

> 제41조 【형사조정 회부】 ② 형사조정에 회부할 수 있는 형사사건의 구체적인 범위는 대통령령으로 정한다. 다만, 다음 각 호의 어느 하나에 해당하는 경우에는 형사조정에 회부하여서는 아니 된다.
> 1. 피의자가 도주하거나 증거를 인멸할 염려가 있는 경우
> 2. 공소시효의 완성이 임박한 경우
> 3. 불기소처분의 사유에 해당함이 명백한 경우(다만, 기소유예처분의 사유에 해당하는 경우는 제외한다)

① [○] 「범죄피해자 보호법」 제41조 제1항

② [○] 「범죄피해자 보호법」 제43조 제3항

③ [○] 「범죄피해자 보호법」 제45조 제4항

정답 ④

65 응보적 사법과 회복적 사법에 대한 설명으로 가장 적절하지 않은 것은? 23. 간부(73)

① 응보적 사법은 응보, 억제, 무력화를 위한 유죄확정과 처벌을 목표로 한다.

② 회복적 사법은 범죄의 본질을 특정인 또는 지역사회에 대한 침해행위라고 본다.

③ 응보적 사법에서 피해자는 사법절차의 직접 참여자, 범죄 해결 과정의 중심인물이다.

④ 회복적 사법에서 가해자는 책임을 수용하고 배상과 교화의 대상으로 인식된다.

해설

③ [×] '회복적 사법'에서 피해자를 인식하는 관점이다. 응보적 사법에서는 피해자를 고소인이나 기소를 위한 증인에 한정하는 것으로 인식한다.

정답 ③

제2편

범죄원인론

제1장 | 고전주의 학파의 범죄이론

제1절 | 고전주의 학파의 기초

01 비결정론적 범죄원인론과 관련이 깊은 것은?

① 진화론
② 공리주의적 사고
③ 롬브로조
④ 경제구조

해설

② [○] 비결정론적 범죄원인론(고전학파)에서는 쾌락주의와 공리주의가 법률과 형사사법제도의 운용원리로 작용하였다.
① [×] 결정론적 범죄원인론(실증주의)은 진화론 등 19세기 자연과학의 발전을 배경으로 나타났다.
③ [×] 롬브로조를 실증주의 범죄학의 창시자라고 본다.
④ [×] 프랑스의 실증주의에서는 사회적 환경을 범죄원인으로 주장하였는데, 특히 라까사뉴는 경제적 환경을 중시하였다.

정답 ②

02 범죄원인론에 관한 고전학파의 입장으로 옳지 않은 것은?

① 사람들은 자신의 욕구를 충족시키거나 문제를 해결하기 위하여 준법적 방법과 범죄적 방법 중 어느 하나를 선택할 자유의사를 지닌 존재이다.
② 범죄적 방법의 선호는 그러한 행위에 대한 사회적 제재의 두려움에 의해서 통제될 수 있다.
③ 가장 효과적인 범죄예방대책은 처벌이 아니라 개별적 처우와 교화개선이다.
④ 범죄에 대한 처벌이 신속하고 확실하며 엄격할수록 더욱 잘 통제될 수 있다.

해설

③ [×] 실증주의학파의 입장에서는 '범죄인은 비범죄인과 본질적으로 다른 존재'이므로 처벌이 아니라 '처우(교화개선)'에 의해야 하고, 이에 의해 사회를 보호해야 한다고 보았다.
① [○] 자유의사론의 내용이다.
②④ [○] 고전학파의 주장 중 억제이론의 내용이다.

정답 ③

03 고전주의 범죄이론에 관한 설명 중 옳지 않은 것은?

① 효과적인 범죄예방대책은 형벌을 부과하여 사람들로 하여금 범죄를 선택하지 못하게 하는 것이다.
② 범죄를 예방하기 위해서는 행위자의 특성을 고려한 형벌을 부과하여야 한다.
③ 미국 범죄사회학이론 중 억제이론(deterrence theory)의 이론적 기초가 되었다.
④ 고전주의 이론가들이 관심을 둔 사항은 형벌제도의 개혁이었다.

해설

② [×] 범죄예방을 위해 행위자의 특성을 고려한 형벌을 부과하는 것은 '형벌의 개별화'에 대한 주장으로, 이는 '실증주의' 범죄이론의 주장이다.

정답 ②

04 범죄원인에 대한 고전학파의 이론이 대두된 시대적 환경에 관한 내용 중 옳지 않은 것은 몇 개인가?

ㄱ. 인간의 본성은 항상 기쁨을 극대화하고 고통을 최소화하려는 경향을 갖는다.
ㄴ. 인간과 사회와의 관계는 계약관계이다.
ㄷ. 생물학, 물리학, 화학 등 자연과학의 발전이 배경이 되었다.
ㄹ. 행위를 통제할 수 있는 근본적인 도구는 고통에 의한 공포감이다.
ㅁ. 사회는 개인을 처벌할 수 있는 권리가 있으며, 이는 형벌집행을 전담하는 국가기구에 위임될 수 있다.
ㅂ. 인간의 의지란 심리적으로 실재하는 것으로 인식되어야 한다.
ㅅ. 환경의 변화에 적응하는 생명체는 생존할 수 있다는 적자생존의 원칙이 제기되었다.

① 2개　② 3개
③ 4개　④ 5개

해설

ㄱ. 쾌락주의, ㄴ·ㅁ. 사회계약론, ㄹ. 억제이론, ㅂ. 자유의지론은 고전학파에 관련된 내용이다.
ㄷ. 자연과학, ㅅ. 진화론은 실증주의에 관련된 내용이다.

정답 ①

05 범죄원인론 중 고전학파에 대한 설명으로 가장 적절하지 않은 것은? 22. 간부(72)

① 고전학파는 범죄의 원인보다 형벌 제도의 개혁에 더 많은 관심을 기울였다.
② 고전주의 범죄학은 계몽주의 시대사조 속에서 중세 형사사법시스템을 비판하며 태동하였고, 근대 형사사법 개혁의 근간이 되는 이론적 토대를 제공하였다.
③ 고전주의 범죄학은 범죄를 설명함에 있어 인간이 자유의지(free-will)에 입각한 합리적 존재라는 기본가정을 바탕으로 한다.
④ 고전주의 범죄학은 처벌이 아닌 개별적 처우를 통한 교화개선을 가장 효과적인 범죄예방 대책으로 본다.

해설

④ [×] '실증주의 학파'의 주장이다. 실증주의 학파는 "범죄인은 비범죄인과 본질적으로 다르다."고 보아, 처벌이 아니라 처우(교화·개선)에 의하여 사회를 보호해야 한다고 주장한다.

①② [○] 고전주의 학파는 형이상학을 반대하고 합리적 이성을 지향하는 계몽주의를 토대로 하며, 실증주의 학파와 달리 범죄행위에 대한 설명(범죄원인)보다는 형벌제도와 법제도의 개혁에 중점적으로 관심을 두었다.

③ [○] 고전주의에서는 인간의 의지란 심리적으로 실재하는 것으로, 자유의지에 의해 사람들은 자기 스스로의 행동을 규율하고 통제할 수 있다고 본다(자유의지론).

정답 ④

06 고전주의에 대한 설명으로 옳지 않은 것은?

① 범죄인과 비범죄인이 본질적으로 다르지 않다고 본다.

② 책임에 따른 형벌을 부과해야 하므로 정기형제도를 주장한다.

③ 실증주의와 달리 형벌제도 및 법제도의 개혁에 중점을 두었다.

④ 형벌 부과의 목적은 특별예방에 있다고 본다.

해설

④ [×] 형벌의 목적은 일반예방을 통한 사회안전의 확보에 있다고 보았다.

① [○] 자유의사론에 기초하여 범죄인과 비범죄인은 차이가 없다고 본다.

② [○] 죄형법정주의 및 죄형균형론의 입장에서 정기형을 주장하고 부정기형은 반대한다.

③ [○] 범죄행위와 범죄자에 대해 관심을 두었던 실증주의와 달리, 고전주의는 당시의 사법제도의 폐해를 근절하기 위해 형벌제도 및 법제도의 개혁에 중점을 두었다.

정답 ④

07 고전주의 범죄학의 일반적 특징으로서 가장 옳지 않은 것은?

23. 해경간부

① 범죄자 개인이 아니라 형법 및 형사사법 체계의 개혁에 초점을 두었다.

② 사람은 욕구 충족이나 문제해결을 위한 방법으로 범죄를 선택할 수 있는 자유의지를 가지고 있다고 본다.

③ 범죄를 그것에 따른 위험과 이득을 합리적으로 계산하여 선택한 결과적 행위로 본다.

④ 법률이 공정하고 정의로운지 의문을 제기하고 법관의 법 해석상 자율권을 인정한다.

해설

④ [×] 고전주의에 속하는 베카리아(Beccaria)의 주장에 의하면, 입법자는 법관이 법률의 범위를 넘어 범죄자에게 형벌을 부과할 수 없도록 해야 한다고 본다(법관의 법해석 재량권을 부정).

① [○] 고전주의는 실증주의와 달리 범죄행위에 대한 설명(범죄원인)보다는 형벌제도와 법제도의 개혁에 중점적으로 관심을 두었다.

② [○] 고전주의에서는 인간의 의지가 심리적으로 실재하는 것으로, 자유의지에 의해 사람들은 자기 스스로의 행동을 규율하고 통제할 수 있다고 보았다.

③ [○] 고전주의에서는 범죄란 자유의지를 가진 인간의 합리적 선택의 결과라고 보았다(비결정론).

정답 ④

제2절 | 고전주의 학파의 주요 연구

08 베카리아(Beccaria)에 관한 설명으로 옳지 않은 것은?

① 『범죄와 형벌』이라는 저서를 통하여 당시의 형사사법제도를 비판하였다.

② 잔혹한 형의 집행보다는 예외 없는 처벌이 범죄예방에 효과적이라고 주장하였다.

③ 인도주의적 입장에서 범죄자에 대한 사면을 적극 활용하여야 한다고 주장하였다.

④ 범죄자와 피해자 사이에 계급의 차이가 있는 경우에는 배심원의 절반은 피해자 계급, 나머지 절반은 범죄자 계급으로 구성하여야 한다고 주장하였다.

해설

③ [×] 사면은 범죄자의 요행심을 불러일으킴으로써 법에 대한 존중심을 훼손하는 결과를 가져온다고 보아 기본적으로 반대하였다.
① [○] 베카리아는 비인간적 형벌의 폐지, 사형의 폐지, 고문의 폐지, 죄형법정주의 확립 등을 주장하였다.
② [○] 형벌집행의 3요소로서 처벌의 확실성 · 엄중성 · 신속성을 주장하면서, 그 중 처벌의 확실성이 범죄예방의 가장 확실한 수단이라고 보았다.
④ [○] 범죄자는 법관이 아닌 배심원에 의해 평결되어야 한다고 주장하면서(배심원제도), 범죄자와 피해자 사이에 계급의 차이가 있는 경우 배심원의 구성에 대해서 절반은 피해자 계급, 나머지 절반은 범죄자 계급으로 구성하여야 한다고 주장하였다.

정답 ③

09 베까리아(Beccaria)가 『범죄와 형벌(dei delitti e delle pene)』에서 주장한 내용에 관한 설명 중 옳지 않은 것은?

① 범죄와 형벌은 상당한 비례성이 있어야 한다.

② 일반예방 내지 범죄방지를 위해서는 국민이 이해하기 쉽도록 법률이 간결하고 명확해야 한다.

③ 범죄를 예방하기 위해서는 가혹한 처벌보다 신속하고 확실한 처벌이 더욱 효과적이다.

④ 배심원에 의한 평결을 배제하고 법관의 합리적 판단을 존중해야 한다.

해설

④ [×] 베까리아는 법관이 이미 설정되어 있는 범위를 넘어 범죄자들에게 형벌을 부과할 수 없도록 하여야 한다고 주장하여, 법관은 단지 법을 적용하는 도구에 지나지 않는다고 보았다. 또한, 범죄자는 배심원들에 의해 평결되어야 하며, 범죄자와 피해자 사이에 계급적 차이가 있을 경우에는 배심원의 절반은 피해자 계급에서, 나머지 절반은 범죄자 계급으로 구성되어야 한다고 주장하였다.

정답 ④

10 베카리아(Beccaria)의 사상에 관한 설명 중 옳지 않은 것은? 13. 사시

① 형벌은 범죄에 비례하지 않으면 안되며 법률에 의해 규정되어야 한다.

② 사형은 예방 목적의 필요한 한도를 넘는 불필요한 제도로서 폐지되어야 한다.

③ 처벌은 공개적이어야 하고 신속하며 필요한 것이어야 한다.

④ 범죄를 예방할 수 있는 가장 확실한 장치는 처벌의 가혹성에 있다.

⑤ 범죄와 처벌 사이의 시간적 길이가 짧을수록 범죄 예방에 더욱 효과적이다.

해설

④ [×] 형벌의 '확실성'은 비록 처벌의 정도가 그다지 강하지 않아도, 이보다 더욱 가혹하나 회피할 수 있다는 희망이 있는 처벌보다 더욱 강력한 효과가 있다는 점에서 범죄예방의 가장 확실한 수단이라고 주장하였다.

① [○] 죄형균형론과 죄형법정주의를 강조하였다.

② [○] 사형제도는 일반예방에 필요한 한도를 넘어서는 불필요한 제도이며 정당성이 없고, 예방효과에서도 회의적이며, 오판의 경우에 회복이 불가능하다고 지적하여 사형제도의 폐지를 주장하였다.

③ [○] 이를 통해 형벌은 일반예방의 목적을 달성할 수 있다고 본다.

⑤ [○] 형벌의 신속성에 대한 주장이다.

정답 ④

11 다음 설명과 가장 관련이 깊은 학자는?

23. 1차 경행경채

> 형벌의 목적은 오직 범죄자가 시민들에게 새로운 해악을 입힐 가능성을 방지하고, 타인들이 유사한 행위를 할 가능성을 억제시키는 것이다. 따라서 형벌 및 형 집행의 수단은 범죄와 형벌 간의 비례관계를 유지하면서 인간의 정신에 가장 효과적이고 지속적인 인상을 만들어 내는 동시에, 수형자의 신체에는 가장 적은 고통을 주는 것이다.

① 베카리아(Beccaria)
② 롬브로소(Lombroso)
③ 쉘던(Sheldon)
④ 에이커스(Akers)

해설

① [○] 지문의 내용은 고전주의학파의 베카리아(Beccaria)가 형벌의 목적에 대하여 주장한 내용이다(일반예방을 통한 사회안전의 확보, 죄형균형론).

② [×] 롬브로소(Lombroso)는 실증주의학파 중 이탈리아학파에 속하는 학자로서 생래적 범죄인론을 주장하였다.

③ [×] 쉘던(Sheldon)은 비행소년과 체형의 관계를 연구하여, 비행소년의 평균체형은 중배엽형이 많다고 주장하였다.

④ [×] 에이커스(Akers)는 버제스(Burgess)와 함께 학습이론을 기반으로 최초 범행은 모방에 기인하지만, 그 후에는 자신의 범행에 보상이 따르면 범죄성향을 강화(긍정적 강화)시키고 처벌이 뒤따르면 약화(부정적 강화)시킨다는 차별적 강화이론을 주장하였다.

정답 ①

12 베까리아(C. Beccaria)의 형사사법제도 개혁에 대한 주장으로 옳지 않은 것만을 모두 고르면?

19. 교정

> ㄱ. 형벌은 성문의 법률에 의해 규정되어야 하고, 법조문은 누구나 알 수 있게 쉬운 말로 작성되어야 한다.
> ㄴ. 범죄는 사회에 대한 침해이며, 침해의 정도와 형벌간에는 적절한 비례관계가 유지되어야 한다.
> ㄷ. 처벌의 공정성과 확실성이 요구되며, 범죄행위와 처벌간의 시간적 근접성은 중요하지 않다.
> ㄹ. 형벌의 목적은 범죄예방을 통한 사회안전의 확보가 아니라 범죄자에 대한 엄중한 처벌에 있다.

① ㄱ, ㄴ
② ㄱ, ㄹ
③ ㄴ, ㄷ
④ ㄷ, ㄹ

해설

ㄱ. [○] 베까리아는 죄형법정주의를 강조하고, 일반예방의 전제조건으로서 법조문은 누구나 알 수 있는 말로 작성되어야 한다고 주장한다.

ㄴ. [○] 베까리아는 범죄의 중대성을 사회에 미친 해악에 따라 판단하여야 하고, 범죄와 형벌 사이에는 비례성이 있어야 한다고 주장한다(죄형균형론).

ㄷ. [×] 베까리아는 형벌집행의 3요소로서 형벌의 확실성 · 엄중성 · 신속성(범죄와 처벌간의 시간적 근접성)을 주장한다.

ㄹ. [×] 베까리아는 형벌의 목적이 일반예방을 통한 사회안전의 확보에 있다고 주장하여, 범죄를 처벌하는 것보다 예방하는 것이 중요함을 강조하였다.

정답 ④

13 다음 중 벤담(Bentham)에 대한 기술로 옳은 것은?

① '최대다수의 최대행복'이라는 명제를 최초로 사용하였다.
② 상상적 범죄와 실제적 범죄를 구별하여, 상상적 범죄의 비범죄화를 주장하였다.
③ 최소비용으로 최대의 감시효과를 얻을 수 있는 파놉티콘형 교도소를 건립하였다.
④ 어떠한 경우에도 고문은 인정되지 않는다고 하여 범죄자의 인권보장에 기여하였다.

해설

② [○] 범죄란 악을 낳는 것이라고 전제하여 상상적 범죄와 실제적 범죄를 구별하면서, 상상적 범죄의 비범죄화를 주장하였다.
① [×] 베까리아는 '최대다수의 최대행복'이란 표현을 통해 공리주의를 강조하였다.
③ [×] 벤담은 최소비용으로 최대의 감시효과를 거둘 수 있는 새로운 감옥형태로서 파놉티콘(Panopticon)이라고 불리는 것을 제안하였으나, 실제 건립되지는 못하였다.
④ [×] 고전학파의 기본입장과 달리 '공익을 위해 필요한 경우에는 예외적으로 고문을 인정할 수 있다'는 입장을 보였다.

정답 ②

14 다음은 벤담(Bentham)의 주장을 소개한 것이다. 괄호 안에 들어갈 말을 모두 올바르게 고른 것은? 10. 사시

> 법의 목적은 최대 다수의 최대 행복을 보장하여 주는 것이고, 형벌부과의 목적은 (A)이며, 이를 위해 가장 적은 비용을 사용해야 한다고 보았다. 그리고 범죄로 인한 이익, 고통 등을 고려하여 적절한 형벌이 부과되도록 형벌을 (B)해야 한다고 주장하였다. 범죄란 악을 낳는 것, 즉 (C)이어야 한다고 보면서 그렇지 아니한 관념적(상상적) 범죄와 엄격히 구별하였다. 또한, 최소 비용으로 최대의 감시효과를 거둘 수 있는 (D)이라는 감옥형태를 구상하였다.

ㄱ. 응보	ㄴ. 범죄예방
ㄷ. 다양화	ㄹ. 계량화
ㅁ. 실제적 범죄	ㅂ. 형식적 범죄
ㅅ. 파놉티콘	ㅇ. 파빌리온

	A	B	C	D
①	ㄱ	ㄹ	ㅁ	ㅅ
②	ㄴ	ㄹ	ㅂ	ㅇ
③	ㄱ	ㄷ	ㅂ	ㅅ
④	ㄴ	ㄹ	ㅁ	ㅅ
⑤	ㄱ	ㄷ	ㅁ	ㅇ

해설

④ [○] A-범죄예방(ㄴ), B-계량화(ㄹ), C-실제적 범죄(ㅁ), D-파놉티콘(ㅅ)이 들어가면 된다.

정답 ④

15 벤담(Bentham)의 주장에 관한 설명 중 옳지 않은 것은?

15. 사시

① 법의 목적은 최대다수의 최대행복을 보장하는 것이라고 주장하였다.

② 형벌은 범죄자의 재사회화를 목표로 하는 특별예방에 주된 목적이 있다고 보아 형벌대용물사상을 주장하였다.

③ 최소비용으로 최대의 감시효과를 거둘 수 있는 파놉티콘(Panopticon)이라는 감옥형태를 구상하였다.

④ 범죄자에 대한 적개심에 따라 강도가 달라질 수 있는 채찍질처럼, 감정에 따라 불공정하게 형벌이 부과되는 것을 경계하였다.

⑤ 범죄를 상상(관념)적 범죄와 실제적 범죄로 구별하려고 하였다.

해설

② [×] 벤담은 형벌의 주된 목적은 일반예방이며, 개선은 부차적 목적에 불과하다고 본다. 지문에 제시된 주장은 '페리'의 입장으로, 그는 범죄를 사회제도 자체의 결함에 따른 전염병적 · 병리적 현상으로 보고, 형벌을 통한 직접적 대책보다는 범죄의 충동을 방지하는 간접적 대책으로 형벌에 대한 대용물이 필요하다고 주장한다.

① [○] 벤담은 최대다수의 최대행복이라는 공리주의를 바탕으로, 범죄의 사회적 원인을 지적하였다.

③ [○] 벤담은 최소비용으로 최대의 감시효과를 거둘 수 있는 새로운 감옥형태로서 파놉티콘형 교도소를 제안하였으나, 실제로 건립되지는 않았다.

④ [○] 벤담은 범죄와 형벌의 균형을 주장하면서(죄형균형론), 형벌이 관련당사자의 감정에 좌우되는 것은 불공정 · 불합리하며, 형벌의 강도는 범죄의 중대성에 의해서만 결정되어야 한다고 본다(채찍의 비유).

⑤ [○] 벤담은 상상적 범죄와 실제적 범죄를 구별하면서, 상상적 범죄의 비범죄화를 주장하였다.

정답 ②

16 감옥개량운동을 전개한 존 하워드(John Howard)의 주장이 아닌 것은?

① 수형자의 인권보장과 건강을 유지시켜야 한다.

② 수형자는 연령층과 성별에 따라서 분리 수용하여야 한다.

③ 통풍과 채광이 잘 되는 구금시설을 확보하고 교도소 내의 노동조건을 개선하여야 한다.

④ 수형자는 사회성을 유지하기 위하여 혼거하여야 한다.

해설

④ [×] 하워드(J. Howard)는 '감옥개량운동'의 선구자로서, 『감옥상태론』라는 저서에서 형벌집행의 목적은 노동습관을 교육시키는 데 있고 노동이 범죄교육학적 견지에서도 매우 중요하다고 보았다. 이에 독거구금과 독거방형무소의 건설, 복지차원의 감옥개량, 노동처우 등을 주장하였다.

정답 ④

17 다음에 제시된 〈보기 1〉의 설명과 〈보기 2〉의 학자가 바르게 연결된 것은?

<보기 1>

A. 감옥개량의 선구자로 인도적이고 합리적인 감옥개혁을 주장하였다.
B. 계몽시대를 대표하는 형법학자로 『범죄와 형벌』을 집필하여 죄형법정주의를 강조하였다.
C. '최대다수의 최대행복'을 주장한 공리주의의 대표적 사상가이다.
D. 자연법론에 기초하여 법률위반에 대해서 심리강제를 통한 통제를 주장하였다.

<보기 2>

ㄱ. 베까리아(Beccaria)　　ㄴ. 하워드(Howard)
ㄷ. 벤담(Bentham)　　ㄹ. 포이어바흐(Feuerbach)

	A	B	C	D
①	ㄱ	ㄴ	ㄷ	ㄹ
②	ㄴ	ㄱ	ㄷ	ㄹ
③	ㄴ	ㄱ	ㄹ	ㄷ
④	ㄷ	ㄱ	ㄴ	ㄹ

해설

ㄱ-B. 베카리아는 『범죄와 형벌』을 통하여 사회계약론에 입각하여 형법원리와 범죄통제를 주창하였다. 그는 비인간적인 형벌의 폐지, 사형의 폐지, 고문의 폐지, 형벌의 목적사상(일반예방사상), 죄형법정주의를 강조하였다.
ㄴ-A. 하워드는 감옥개량운동의 선구자이다.
ㄷ-C. 벤담은 최대다수의 최대행복이라는 공리적 사고를 바탕으로 범죄행위에서 인간내면에 있는 범죄동기를 중요시하였고 범죄의 사회적 원인을 지적하였다.
ㄹ-D. 포이어바흐의 사상의 축은 심리강제설과 비결정주의이다. 국가는 시민의 자유를 보장함에 그 목적이 있으므로 법률위반에 물리적 강제를 가해서는 안 되고 심리강제로 위법행위와 고통을 결부해야 한다는 것이다.

정답 ②

18 고전학파의 형법이론에 대한 비판으로 옳지 않은 것은?

① 범죄대책을 형벌을 통한 고통의 부과라고 지나치게 단순화하였다.
② 인간행위의 동기를 지나치게 단순하게 파악하였다.
③ 신속하고 확실한 처벌이 범죄를 억제한다는 주장에 대한 경험적 연구를 등한시하였다.
④ 관념론적 입장에서 처우를 통한 범죄인의 개선가능성을 과신하였다.

해설

④ [×] 고전주의에서는 형사사법제도의 개편이나 형벌제도의 개편을 통하여 범죄를 통제할 수 있다고 본다. 처우를 통한 범죄인의 개선은 실증주의학파의 주장이다.
① [○] 고전학파는 "행위를 통제할 수 있는 근본적인 도구는 고통에 의한 공포감이며, 처벌은 인간의지가 행위를 통제함에 영향을 주기 위해서 필요하다."고 보았다. 또한, 인간의 본래적 모습은 항상 기쁨을 극대화하고 고통을 최소화하려는 경향을 갖는다고 보았는데, 이에 대한 비판이다.
② [○] 고전학파는 "인간의 본래적 모습은 항상 기쁨을 극대화하고 고통을 최소화하려는 경향을 갖는다."고 보았는데, 이에 대한 비판이다.
③ [○] 특히 베까리아는 범죄예방의 가장 좋은 방법의 하나는 잔혹한 형의 집행보다 확실하고 예외 없는 처벌이라고 하였으나, 이를 뒷받침할 만한 경험적 연구는 제시하지 못하였다.

정답 ④

19 고전학파 범죄이론에 대한 설명으로 가장 옳지 않은 것은?

22. 해경간부

① 고전학파는 범죄의 원인보다 형벌 제도의 개혁에 더 많은 관심을 기울였다.

② 고전주의 범죄학은 계몽주의 시대사조 속에서 중세 형사사법 시스템을 비판하며 태동하였고, 근대 형사사법 개혁의 근간이 되는 이론적 토대를 제공하였다.

③ 파놉티콘(Panopticon) 교도소를 구상하여 이상적인 교도행정을 추구하였다.

④ 인간의 합리적인 이성을 신뢰하지 않고 범죄원인을 개인의 소질과 환경에 있다고 하는 결정론을 주장하였다.

해설

④ [×] '실증주의 학파'의 주장이다.

① [○] 고전주의 학파는 실증주의 학파와 달리 범죄행위에 대한 설명(범죄원인)보다는 형벌제도와 법제도의 개혁에 중점적으로 관심을 두었다.

② [○] 고전주의 학파는 18세기까지의 자의적 · 독선적인 형사사법의 운영실태를 비판하고, 인본주의를 바탕으로 합목적적인 형사사법 제도의 토대를 마련하였다.

③ [○] 고전학파의 일원인 벤담(Bentham)은 최소비용으로 최대의 감시효과를 거둘 수 있는 새로운 감옥 형태로서 파놉티콘형 교도소를 제안하였다.

정답 ④

제3절 I 현대적 고전주의 학파

20 억제이론에 관한 설명으로 옳은 것은?

① 학습이론의 일종이다.

② 범죄자도 이성적 · 합리적 존재라고 가정한다.

③ 양심과 같은 내적 통제를 가장 중요한 억제요소로 본다.

④ 억제의 요소로는 형벌의 확실성 · 엄격성 · 보충성을 든다.

해설

② [○] 억제이론은 기본적으로 고전주의 학파의 이론을 전제하므로, 인간은 자유의사에 의해 합리적 선택의 결과로 범죄를 저지른다고 본다.

① [×] 실증주의에 입각한 재활이념과 부정기형으로 범죄예방을 도모했으나 그 성과가 기대에 미치지 못하고 범죄문제가 점차 악화되면서, 종래 고전주의가 추구하였던 범죄억제에 관심을 갖게 되면서 등장한 것이 현대적 고전주의이며, 그 중 하나가 억제이론이다.

③ [×] 억제이론에서는 행위를 통제할 수 있는 근본적인 도구는 고통에 의한 공포감이며, 처벌은 인간의지가 행위를 통제함에 영향을 주기 위해서 필요하다고 본다.

④ [×] 억제이론은 형벌집행의 3요소로서 처벌의 확실성 · 엄중성 · 신속성을 주장한다.

정답 ②

21 억제이론(Deterrence theory)에 관한 설명으로 가장 적절하지 않은 것은?

22. 경행경채

① 억제(deterrence)는 고전주의 범죄학파의 주요 개념 중 하나이다.

② 효과적인 범죄억제를 위해서는 처벌이 확실하고 엄격하며 신속해야 한다.

③ 일반억제(general deterrence)는 전과자를 대상으로 한 재범방지에 중점을 둔다.

④ 촉법소년의 연령 하향을 주장하는 학자들의 이론적 근거 중 하나이다.

해설

③ [×] '일반억제'는 범죄자에 대한 처벌을 통해 '일반시민'이 범죄비용을 인식하게 하여 일반시민의 범죄를 줄이는 것이며, '특별억제'는 형벌을 통해 범죄자의 처벌에 대한 민감성을 자극하여 '범죄자(전과자)'의 재범을 줄이는 것이다.

① [○] 고전주의 학파에서는 행위를 통제할 수 있는 근본적인 도구는 고통에 의한 공포감이며, 처벌은 인간의 의지가 행위를 통제함에 영향을 주기 때문에 필요하다고 본다.

② [○] 억제이론(Deterrence Theory)은 인간의 공리주의적 합리성에 대한 고전주의 학파의 주장을 전제로 하여 형벌이 확실하게 집행될수록(확실성), 형벌의 정도가 엄격할수록(엄중성), 형벌집행이 범죄 이후에 신속할수록(신속성) 사람들이 형벌에 대한 두려움을 느끼고 범죄를 자제한다고 본다.

④ [○] 바톨라스와 밀러(C. Bartollas & W. Miller)가 제시하는 소년교정모형 중 범죄통제모형은 기존의 비행소년에 대한 처우를 중시하는 모형의 실패를 비판하면서, 엄격한 훈육과 처벌만이 소년범죄를 억제하는 대안이라고 본다.

정답 ③

22 억제이론에 따를 때 범죄를 예방하기 위해 형벌의 집행이 가져야 할 중요한 세 가지 요소는?

ㄱ. 평등성(equality)	ㄴ. 확실성(certainty)
ㄷ. 적정절차(due process)	ㄹ. 무력화(incapacity)
ㅁ. 신속성(swiftness)	ㅂ. 관용성(generosity)
ㅅ. 비례성(proportionality)	ㅇ. 엄중성(severity)

① ㄱ, ㄴ, ㅂ
② ㄴ, ㄷ, ㅅ
③ ㄴ, ㅁ, ㅇ
④ ㄷ, ㄹ, ㅇ

해설

③ [○] 억제이론(Deterrence Theory)에서는 현대 인간행동과학의 지식을 바탕으로 고전학파의 주장대로 형벌이 '확실'하게 집행될수록(ㄴ), 형벌의 정도가 '엄격'할수록(ㅇ), 형벌집행이 범죄발생 이후에 '신속'할수록(ㅁ) 사람들이 형벌에 대한 두려움을 더욱 느끼고 이에 따라 범죄를 자제한다고 보았다.

정답 ③

23 억제이론(Deterrence Theory)에 대한 설명으로 옳지 않은 것은?

12. 교정

① 억제이론의 기초가 되는 것은 인간의 공리주의적 합리성이다.
② 형벌의 특수적 억제효과란 범죄를 저지른 사람에 대한 처벌이 일반시민들로 하여금 처벌에 대한 두려움을 불러일으켜서 결과적으로 범죄가 억제되는 효과를 말한다.
③ 범죄자에 대한 처벌의 억제효과는 범죄자의 자기통제력 수준에 따라 달라질 수 있다.
④ 처벌의 신속성 · 확실성 · 엄격성의 효과를 강조한다.

해설

② [×] 형벌의 특수억제효과란 범죄자를 처벌함으로써 당해 '범죄자'에게 범죄로 인한 비용(손실)을 자각시켜 다시 범죄로 나아가는 것을 억제할 것이라는 주장이다.

①③④ [○] 억제이론(Deterrence Theory)은 인간의 공리주의적 합리성에 대한 고전학파의 주장을 전제로 하여 형벌이 확실하게 집행될수록(확실성), 형벌의 정도가 엄격할수록(엄중성), 형벌집행이 범죄 이후에 신속할수록(신속성) 사람들이 형벌에 대한 두려움을 느끼고 범죄를 자제한다는 입장이다.

정답 ②

24 억제이론에 대한 설명으로 가장 옳지 않은 것은?

23. 해경간부

① 억제이론은 처벌의 신속성, 확실성, 엄격성의 효과를 강조한다.
② 형벌의 특수적 억제효과란 범죄를 저지른 사람에 대한 처벌이 일반시민들로 하여금 처벌에 대한 두려움을 불러일으켜서 결과적으로 범죄가 억제되는 효과를 말한다.
③ 범죄자에 대한 처벌의 억제효과는 범죄자의 자기통제력 수준에 따라 달라질 수 있다.
④ 억제이론의 기초가 되는 것은 인간의 공리주의적 합리성이다.

해설

② [×] 형벌의 특수적 억제효과(특별억제)란 형벌의 고통을 통해 범죄자의 처벌에 대한 민감성을 자극하여 '범죄자의 재범을 줄이는 것'을 말한다. 반면에 일반억제란 범죄자에 대한 처벌을 통해 일반시민이 범죄비용을 인식(본보기로 작용)하게 하여 일반시민의 범죄를 줄이는 것을 말한다. 지문의 내용은 일반억제에 대한 설명이다.

정답 ②

25 범죄경제학에 대한 설명 중 옳지 않은 것은?

① 범죄경제학은 이른바 합리적 선택이론의 반격을 받아 쇠퇴하게 되었다.
② 범죄경제학은 형벌의 범죄억지력에 대한 연구를 시도하였다.
③ 범죄경제학은 인간이 형벌에 의한 위협을 이해하고 계산할 수 있는 존재라는 것을 전제로 한다.
④ 범죄경제학은 범죄인을 치료한다는 처우효과에 대한 불신을 배경으로 대두되고 발전하였다.

해설

① [×] 범죄경제학은 베커(Becker)에 의해 정립되었고, 합리적 선택이론이나 일상생활이론, 생활양식노출이론 등도 범죄경제학의 범주에 속한다고 본다.
② [○] 범죄경제학에서도 형벌의 신속성 · 확실성 · 엄중성을 강화함으로써 범죄를 억제할 수 있다고 본다.
③ [○] 범죄경제학에서는 사람들이 범죄행위를 생각할 때의 과정과 다른 행위를 생각할 때의 과정이 본질적으로 동일하다고 보았다. 즉, 일상생활에서 비용과 이익을 계산하듯이 범죄행위도 그의 이익과 손실을 계량한 후에 저지른다는 것이다.
④ [○] 실증주의 범죄학이론이 등장 이후에 고전주의 범죄학에 대한 관심이 새로이 제기된 것은 1960년대 후반부터이다. 이는 실증주의에 입각하여 재활이념과 부정기형으로 범죄예방을 도모했으나 그 성과가 기대에 미치지 못하고 범죄문제가 점차 악화되면서 종래 고전주의가 추구하였던 범죄억제에 관심을 갖게 되었기 때문이다.

정답 ①

26 코헨(L. Cohen)과 펠슨(M. Felson)의 일상생활이론(Routine Activities Theory)에서 범죄가 발생하기 위한 요소들이 옳게 나열된 것은?

① 생물학적 결함을 지닌 자, 사회의 해체, 적절한 범행대상
② 심리적 결함을 지닌 자, 사회윤리의 붕괴, 형사처벌의 약화
③ 범행동기를 지닌 자, 사회적 긴장, 범죄적 하위문화의 존재
④ 범행동기를 지닌 자, 적절한 범행대상, 유능한 감시인의 부재

해설

④ [○] 일상생활이론은 범죄자가 아니라 범행의 조건을 특정화하는 이론이다. 이들은 범죄 동기나 범죄를 저지를 개연성이 있는 사람의 수는 일정하다고 가정하였다. 이에 의하면 사회에서 발생하는 범죄는 ⓐ 범행 동기를 지닌 범죄자, ⓑ 적절한 범행대상, ⓒ 범행을 막을 수 있는 사람(감시자)의 부존재라는 세 가지 요인에 의해 결정된다.

정답 ④

27 기존의 범죄이론에서는 범죄발생의 원인에 대하여 범죄자의 동기적 측면을 주로 강조하였다. 이에 반해 피해자를 둘러싸고 있는 범행의 조건을 강조하는 이론은?

① 일상생활이론(routine activities theory)
② 낙인이론(labeling theory)
③ 표류이론(drift theory)
④ 갈등이론(conflict theory)

해설

① [○] 일상생활이론에 의하면 사회에서 발생하는 범죄는 ⓐ 범행 동기를 지닌 범죄자, ⓑ 적절한 범행대상, ⓒ 범행을 막을 수 있는 사람(감시자)의 부존재 등의 세 가지 요인에 의해 결정된다. 전통적 범죄원인론은 대부분 ⓐ 범행 동기를 지닌 범죄자 요인의 규명에 중점을 두었으나, 일상생활이론에서는 ⓑ 적절한 범행대상, ⓒ 범행을 막을 수 있는 사람(감시자)의 부존재 요인에 의해 범죄발생 여부가 결정된다고 보았다.

정답 ①

28 범죄행위도 다른 일반행위들과 마찬가지로 행위자 자신의 개인적 요인과 주위의 상황적 요인들을 같이 고려하여 범죄행위를 하는 것이 그렇지 않은 경우보다 더 이익이 된다고 판단하는 경우에 범죄가 행해진다고 보는 입장과 가장 밀접하게 관련된 이론은?

① 일상생활이론
② 합리적 선택이론
③ 사회학습이론
④ 차별적 접촉이론

해설

② [○] 클라크(Clarke)와 코니쉬(Cornish)의 합리적 선택이론은 경제이론에서의 기대효용의 법칙에 기초하고 있다. 즉, 인간은 범죄로 인하여 얻게 될 효용과 손실의 크기를 비교하여 범행 여부를 결정한다고 본다. 범죄는 각 개인의 선택의 결과이고, 이러한 선택과정에서 고려하는 요인들에는 개인적 요인과 상황적 요인이 있다는 것이다.

정답 ②

29 신고전주의 범죄학에 대한 설명 중 그 내용이 가장 적절하지 않은 것은? 22. 간부(72)

① 합리적 선택이론(Rational Choice Theory)은 사람들이 이윤을 극대화하고 손실을 최소화하기 위한 결정을 한다는 경제학의 기대효용원리에 기초하고 있다.

② 합리적 선택이론에 따르면, 범죄자는 범행 여부에 대한 의사결정을 함에 있어 처벌의 가능성과 강도뿐 아니라 다양한 개인적 · 상황적 요인을 포괄적으로 고려한다.

③ 일상활동이론(Routine Activity Theory)은 범죄 발생의 3요소 중 가해자의 범행 동기를 가장 중요한 요소로 제시한다.

④ 신고전주의 범죄학의 등장은 실증주의 범죄학 및 관련 정책의 효과에 대한 비판적 시각과 관련이 있다.

해설

③ [×] 코헨(L. Cohen)과 펠슨(M. Felson)의 일상생활이론은 범죄자가 아니라 범행의 조건을 특정화하는 이론이다. 이에 의하면 사회에서 발생하는 범죄는 ⓐ 범행 동기를 지닌 범죄자, ⓑ '적절한 범행대상', ⓒ '범행을 막을 수 있는 사람(감시자)의 부존재' 등에 의해 결정된다(범죄기회이론). 전통적 범죄원인론은 대부분 ⓐ 범행 동기를 지닌 범죄자 요인의 규명에 중점을 두었으나, 일상생활이론에서는 범죄 동기나 범죄를 저지를 개연성이 있는 사람의 수는 일정하다고 가정하므로, ⓑ '적절한 범행대상', ⓒ '범행을 막을 수 있는 사람(감시자)의 부존재' 요인에 의해 범죄발생 여부가 결정된다고 보았다.

① [○] 클라크(R. Clarke)와 코니쉬(D. Cornish)의 합리적 선택이론은 경제학에서의 기대효용 법칙에 기초하여, 인간은 범죄로 인하여 얻게 될 효용과 손실의 크기를 비교하여 범행 여부를 결정한다고 주장한다.

② [○] 합리적 선택이론에 의하면 범죄는 각 개인의 선택의 결과이고, 이러한 선택과정에서 고려하는 요인들에는 개인적 요인과 상황적 요인이 있다.

④ [○] 실증주의 범죄학 이론이 등장한 이후에 고전주의 범죄학 이론에 대한 관심이 새로이 제기된 것은 1960년대 후반부터이다(현대적 고전주의의 등장). 이는 실증주의에 입각하여 재활이념과 부정기형으로 범죄예방을 도모했으나, 그 성과가 기대에 미치지 못하고 범죄문제가 점차 악화되면서 종래 고전주의가 추구하였던 범죄 억제에 관심을 갖게 되었기 때문이다.

정답 ③

30 다음 그림은 에크(Eck)가 제시한 범죄의 삼각형이다. 이에 대한 설명으로 가장 적절하지 않은 것은?

23. 간부(73)

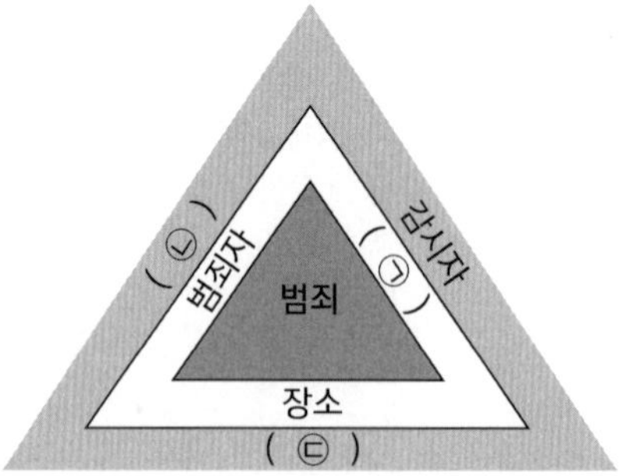

① 내부의 삼각형은 일상활동이론의 범죄발생 요소를 의미한다.

② ㉠은 적절한 범행대상 목표물로 범죄자가 갖거나 통제하고 싶은 어떤 대상을 의미한다.

③ ㉡은 보호자(Guardians)로서 범죄자와의 사적 유대관계를 통해 법 위반을 억제한다.

④ ㉢은 관리자(Managers)로 상점점원, 학교 교사, 시설의 경비원이나 안내원 등이 포함된다.

해설

① [×] 에크(Eck)의 범죄삼각형에서 내부의 삼각형은 '잠재적인 범죄자, 범죄의 대상물과 피해자, 범행에 용이한 장소'로 구성되어 있다. 반면에 일상활동이론의 범죄발생 3요소는 '잠재적인 범죄자, 범행에 적합한 대상, 감시의 부재'로 구성되어 있다.

③ [×] ㉡은 '통제인(Handler)'으로서, 잠재적 범죄자에게 영향력을 행사하고 통제할 수 있는 사람을 말한다(예 부모, 형제, 선생님 등).

정답 ①, ③

31 다음 그림에 관한 설명으로 가장 적절하지 않은 것은? 23. 1차 경행경채

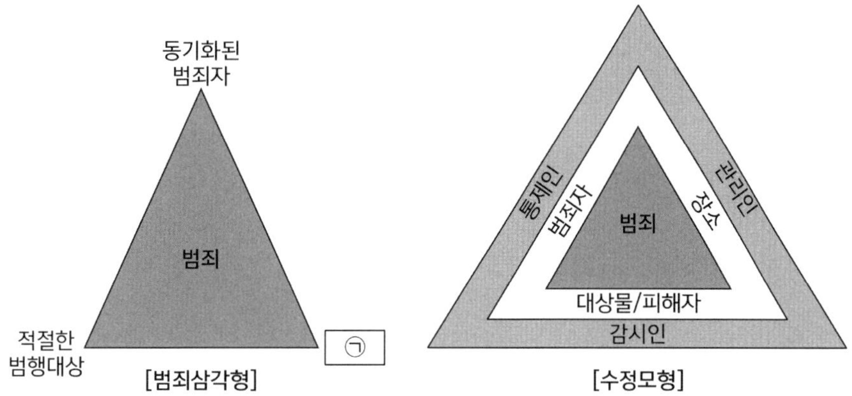

① 범죄삼각형은 일상활동이론(Routine Activity Theory)의 3요소가 시·공간에서 수렴했을 때 범죄가 발생한다는 것을 도식화한 것이다.

② 두 모형은 범죄문제 해결 및 예방을 위한 환경설계를 통한 범죄예방(CPTED) 및 상황적 범죄예방기법과 밀접한 관련이 있다.

③ ㉠에 대한 구체적 범죄예방 기법으로는 소유물에 대한 표시, 출입문 잠금장치 및 방범창 설치, 금고의 활용 등이 있다.

④ 수정모형은 ㉠의 개념을 보다 구체화한 것으로 동기화된 범죄자를 사적으로 통제할 수 있는 통제인(handler), 장소와 시설을 관리할 수 있는 관리인(manager), 범행대상을 공·사적으로 보호할 수 있는 감시인(guardian)으로서의 역할을 강조하였다.

해설

③ [×] 소유물에 대한 표시, 출입문 잠금장치 및 방범창 설치, 금고의 활용 등은 감시의 부재(㉠)에 대한 것이 아니라 '적절한 범행대상'에 대한 구체적 범죄예방 기법에 해당한다.

① [○] 일상활동이론은 동기화된 범죄자, 적절한 범행대상, 감시의 부재라는 요소로 구성된 범죄삼각형을 전제로 하며, 이러한 요소들이 동일한 시간과 공간에서 만나면 범죄발생 가능성이 높아진다고 한다.

② [○] 환경설계를 통한 범죄예방(CPTED)이란 지역이나 시설의 물리적 환경설계를 범죄자가 범행을 하기 어렵도록 하는 범죄예방기법을 말하고(범죄기회의 감소), 상황적 범죄예방은 범죄행위에 대한 위험과 어려움을 높여(대상물 강화) 범죄기회를 줄임으로써 범죄예방을 도모하는 것을 말하는데, 범죄기회가 주어지면 누구든지 범죄를 저지를 수 있는 것으로 보는 일상활동이론은 그 근거가 된다.

④ [○] 에크(Eck)라는 학자는 일상활동이론의 세 가지 요소에 통제인(광의)을 추가하여 수정된 범죄삼각형을 고안하였다(문제삼각형). 통제인으로 추가된 감시주체에는 ⓐ 잠재적 범죄자에게 영향력을 행사하고 통제할 수 있는 통제인(handler), ⓑ 대상물이나 피해자를 감시하고 보호할 수 있는 감시인(guardian), ⓒ 장소를 관리하는 관리인(manager)이 있다. 따라서 범죄자가 통제인의 영향력에서 벗어나 감시인이 없는 피해자나 대상물을 관리인의 눈길이 없는 장소에서 만나게 되면 범죄가 발생한다고 본다.

정답 ③

32 절도범죄의 취약물품(Hot Products)에 대한 설명으로 가장 적절하지 않은 것은? 23. 간부(73)

① 취약물품이란 범죄자의 주의를 끌고 절도의 대상이 되기 쉬운 물건을 의미한다.

② 클라크(Clarke)는 취약물품의 특성을 설명하기 위해 코헨과 펠슨(Cohen & Felson)의 VIVA 개념을 확장하여 CRAVED 개념을 제시하였다.

③ 취약물품으로서 휴대폰보다 대형 미술품의 경우가 CRAVED 성격에 더 가깝다.

④ 제품디자인(Product Design)이나 목표물 강화(Target Hardening) 전략은 취약물품 절도를 예방할 수 있다.

해설

③ [×] 취약물품으로서 '대형 미술품보다 휴대폰의 경우'가 CRAVED 성격에 더 가깝다.

② [○] 일상활동이론을 주장한 코헨과 펠슨(Cohen & Felson)은 범죄피해의 위험 수준을 결정하는 요소에 대한 VIVA 개념을 주장하였다. 이는 가치(Value), 이동의 용이성(Inertia), 가시성(Visibility), 접근성(Access)을 구성요소로 한다. 더 나아가 물건의 종류나 특성에 따라 범죄피해의 대상이 되는 빈도에 차이가 있고, 이러한 차이를 물건의 특성으로 설명하고자 한 시도가 코니쉬와 클라크(Cornish & Clarke)의 CRAVED 모델이다. 즉, 재산범죄 범죄자들이 선호하는 경향이 있는 물건, 피해대상의 속성을 CRAVED로 설명하는데, 은폐성(concealable), 이동용이성(removable), 사용성(available), 수익성(valuable), 오락성(enjoyable), 처분용이성(disposable)을 그 내용으로 한다.

정답 ③

33 클라크(Clarke)는 절도범죄와 관련하여 VIVA 모델과 CRAVED 모델을 제시하였다. 두 모델의 구성 개념들은 일부 중첩되는데, VIVA 모델에서 말한 관성(Inertia)은 CRAVED 모델의 무엇과 가장 가까운 개념인가?

23. 해경간부

① 가치성(Valuable)

② 접근성(Available)

③ 이동성(Removable)

④ 처분성(Disposable)

해설

③ [○] VIVA 모델은 적절한 범행대상의 특징을 가치(Value), '이동의 용이성(Inertia)', 가시성(Visibility), 접근성(Access)으로 규정한다. CRAVED 모델은 피해대상의 속성(취약물품의 특성)을 은폐성(Concealable), '이동용이성(Removable)', 사용성(Available), 수익성(Valuable), 오락성(Enjoyable), 처분용이성(Disposable)을 통해 설명한다.

정답 ③

제2장 | 실증주의 학파의 범죄이론

제1절 | 실증주의 학파의 기초

01 범죄 문제에 대한 고전학파의 특징에 대비되는 실증주의 학파의 특징으로 옳지 않은 것은? 18. 교정

① 범죄행위를 연구하는 데 있어서 경험적이고 과학적인 접근을 강조한다.
② 범죄행위는 인간이 통제할 수 없는 영향력에 의해서 결정된다고 주장한다.
③ 범죄행위의 사회적 책임보다는 위법행위를 한 개인의 책임을 강조한다.
④ 범죄행위를 유발하는 범죄원인을 제거하는 것이 범죄통제에 효과적이라고 본다.

해설

③ [×] 결정론을 취하여 범죄행위에 대한 개인의 도덕적 책임을 부정하고 이에 대신하는 사회적 책임을 제시한다.
① [○] 실증주의 철학과 자연과학(진화론, 인류학 등)이 발전함에 따라 인문 분야에서도 과학적·객관적인 방법에 의해 실증적으로 문제를 해결해야 한다는 요구가 야기되어 실증주의 학파가 등장하게 되었다.
② [○] 범죄행위를 비롯한 사람들의 행위는 본인들이 통제할 수 없는 어떤 영향(소질·환경)들에 의해 결정된다고 본다.
④ [○] 범죄 방지를 위해서는 범죄자의 개인적 원인에 대한 조치를 취하는 동시에 범죄를 발생시킨 사회의 제 사정을 연구하여 그 근원을 제거해야 한다고 본다.

정답 ③

02 실증주의 범죄학파의 기본입장에 대한 설명으로 가장 적절한 것은? 22. 간부(72)

① 인간을 자유로운 의사에 따라 합리적으로 결정하여 행동할 수 있는 이성적 존재로 인식한다.
② 합의의 결과물인 실정법에 반하는 행위를 범죄로 규정하고, 범죄에 상응하는 제재(처벌)를 부과하여야 한다고 본다.
③ 일반시민에 대한 형벌의 위하효과를 통해 범죄예방을 추구한다.
④ 인간의 행동은 개인적 기질과 다양한 환경요인에 의하여 통제되고 결정된다고 본다.

해설

④ [○] 실증주의 범죄학파는 범죄란 소질과 환경의 영향으로 발생하게 된다고 주장한다(결정론).
①②③ [×] 고전주의 범죄학파의 기본입장에 대한 설명에 해당한다.

정답 ④

03 실증주의 범죄학파에 관한 설명으로 가장 적절하지 않은 것은? 22. 경행경채

① 범죄행위보다는 범죄자 개인에게 중점을 두어 범죄요인을 제거하는 것이 범죄통제에 효과적이라고 보았다.
② 야만적인 형사사법제도를 개편하여 효율적인 범죄예방을 위한 형벌제도 개혁에 힘썼다.
③ 범죄의 원인 규명과 해결을 위해서 과학적 연구방법의 중요성을 강조하였다.
④ 학문적 지식은 이상 또는 신념에 의해 습득되는 것이 아니라, 직접적인 관찰을 통해서 얻어진다고 보았다.

해설

② [×] '고전주의 학파'의 입장이다. 고전주의 학파는 실증주의 학파와 달리 '형벌제도와 법제도의 개혁'에 중점적으로 관심을 두었다.
① [○] 실증주의 학파는 범죄인을 연구대상으로 하여 범죄를 과학적으로 분석가능한 개인적·사회적 원인 등에 의하여 발생(결정론)하는 것으로 보고 이러한 범죄원인을 제거함으로써 범죄문제를 해결할 수 있다고 주장한다.
③ [○] 실증주의 학파는 범죄행위를 연구하는 데 있어서 경험적이고 과학적인 접근을 강조하여, 과학적 분석을 통해 범죄원인을 규명한다.
④ [○] 실증주의 학파는 범죄연구에서도 과학적·객관적인 방법에 의해 실증적으로 문제를 해결해야 한다고 주장한다.

정답 ②

04 범죄의 원인이 생물학적, 심리학적 소질에 있는 것으로 판명되었을 때, 이러한 범죄자에 대한 처우로서 가장 거리가 먼 것은?

① 범죄인을 치료와 처우의 대상으로 본다.
② 범죄를 유전이나 염색체 등의 원인으로 본다.
③ 자연과학의 발달에 기초한 바가 크다.
④ 범죄방지를 위해 일반교육 개선정책을 통한 형사정책을 수립하는 데 용이하다.

해설

④ [×] 범죄의 원인이 개인의 소질에 있는 경우에는 일반교육을 통한 개선정책은 적합하지 않고, '치료 또는 교정의 개별처우'에 의하여야 한다고 본다.

정답 ④

05 고전주의 범죄학파와 실증주의 범죄학파에 관한 설명으로 가장 적절하지 않은 것은? 23. 2차 경행경채

① 고전주의 범죄학파는 개인의 소질과 환경에 주목하여 범죄자의 행위에 대한 결정론을 주장하였다.
② 실증주의 범죄학파는 생물학적, 심리학적, 사회학적 요인에 기반하여 범죄원인을 설명하였다.
③ 고전주의 범죄학파는 범죄자의 자유의지와 합리성에 기반하여 범죄원인을 설명하였다.
④ 실증주의 범죄학파는 범죄원인의 규명과 해결을 위해서 과학적 연구방법의 중요성을 강조하였다.

해설

① [×] 실증주의 범죄학파의 주장 내용이다.
② [○] 실증주의는 범죄원인으로 소질(생물학적·심리학적 요인), 환경(사회학적 요인)을 중시하였다.
③ [○] 고전주의는 범죄란 자유의지를 가진 인간의 합리적 선택의 결과라고 보았다(비결정론).
④ [○] 실증주의는 범죄행위를 연구하는 데 있어서 경험적이고 과학적인 접근을 강조하여, 과학적 분석을 통해 범죄원인을 규명하고자 하였다.

정답 ①

06 다음은 고전주의와 실증주의 범죄학파의 견해를 기술한 것이다. 실증주의 학파의 내용만으로 바르게 짝지어진 것은?

23. 간부(73)

㉠ 인본주의 철학사상을 배경으로 한다. ㉡ 인간은 환경의 영향을 받는 존재이다. ㉢ 과학적 연구방법을 중시한다. ㉣ 형벌의 본질은 응보이며, 형벌의 목적은 일반예방이다. ㉤ 형벌은 개인의 특성에 따라 차별적으로 결정되어야 한다. ㉥ 인간은 자유의지를 가진 합리적이고 이성적인 존재이다.

① ㉠, ㉡, ㉢
② ㉡, ㉢, ㉤
③ ㉢, ㉣, ㉤
④ ㉣, ㉤, ㉥

해설

㉠㉣㉥ [×] 고전주의 범죄학파의 견해에 해당한다(인본주의, 응보형주의와 일반예방주의, 자유의사론 등).
㉡㉢㉤ [○] 실증주의 범죄학파의 견해에 해당한다(결정론, 과학적 연구, 형벌의 개별화 등).

정답 ②

제2절 I 이탈리아 학파의 연구

07 롬브로조의 범죄인 분류가 아닌 것은?

① 생래적 범죄인
② 정신병 범죄인
③ 기회 범죄인
④ 과실 범죄인

해설

④ [×] 롬브로조(C. Lombroso)는 범죄인을 생래적 범죄인 이외에 정신병(또는 정신박약)에 의한 범죄인, 격정 범죄인, 기회 범죄인(이것을 다시 가범죄인, 준범죄인, 신체이상이 없는 상습범죄인으로 분류), 잠재적 범죄인 등으로 분류하였다.

정답 ④

08 롬브로조(Lombroso)의 주장으로 옳지 않은 것은?

① 여성범죄의 양적 특징 부정
② 범죄의 사회적 원인 부정
③ 생래적 범죄인론
④ 형벌의 개별화

해설

② [×] 롬브로조도 후기에는 제자인 페리의 영향으로 사회적 요인도 범죄의 원인으로 고려해야 한다고 하였으나, 간접적 영향력만을 가질 뿐이라고 하였다.
① [○] 여성범죄의 양적 특징(여성범죄 < 남성범죄)을 부정하면서, 여성범죄에 매춘을 포함시키면 남성범죄를 훨씬 능가한다고 주장한다.
③ [○] 롬브로조는 정신병원과 형무소에서 정신병과 범죄에 대한 생물학적 원인을 조사하여 수용자들의 두개골에 현저한 생물학적 퇴행성 혹은 격세유전적 특성이 있음을 발견하고, 이를 토대로 생래적 범죄인론을 주장하였다.

④ [○] 생래적 범죄인은 예방이나 교정이 불가능하기 때문에 초범이라도 무기형(영구격리)을 부과해야 하고, 잔혹한 누범자에 대해서는 사형(도태처분)도 인정한 반면에 격정범에 대하여는 단기자유형을 반대하고 벌금을 과하는 것이 효과적이라고 하는 등 형벌의 개별화를 주장하였다.

정답 ②

09 페리(Ferri)의 범죄 및 형벌이론과 관계없는 것은?

① 범죄원인을 인류학적 요소, 물리적 요소, 사회적 요소로 분류하였다

② 일정한 개인적·사회적 환경 아래에서는 일정량의 범죄가 반드시 발생한다는 범죄포화의 법칙을 주장하였다.

③ 생래적 범죄인에 대해서는 사형에 처할 것을 주장하였다.

④ 형벌을 통한 직접적인 대응보다는 범죄충동을 없앨 대체 수단이 필요하다고 주장하였다.

해설

③ [×] 페리는 범죄인을 생래적 범죄인, 정신병 범죄인, 격정 범죄인, 기회(우발) 범죄인, 관습(상습) 범죄인으로 분류하였으나, 롬브로조와 달리 생래적 범죄인에 대해 사형을 부정하고 '무기격리'할 것을 주장하였고 일반 범죄자에 대하여 직업훈련소에의 수용하여 재사회화를 도모하여야 한다고 주장한다.

정답 ③

10 〈보기 1〉에 제시된 설명과 〈보기 2〉에 제시된 학자를 옳게 짝지은 것은?

18. 교정

<보기 1>

ㄱ. 감옥개량의 선구자로 인도적인 감옥개혁을 주장하였다.
ㄴ. 『범죄와 형벌』을 집필하고 죄형법정주의를 강조하였다.
ㄷ. 파놉티콘(Panopticon)이라는 감옥형태를 구상하였다.
ㄹ. 범죄포화의 법칙을 주장하였다.

<보기 1>

A. 베까리아(Beccaria) B. 하워드(Howard)
C. 벤담(Bentham) D. 페리(Ferri)

	ㄱ	ㄴ	ㄷ	ㄹ
①	A	B	C	D
②	C	A	B	D
③	B	A	C	D
④	B	A	D	C

해설

ㄱ-B. 하워드(Howard)는 감옥개량운동의 선구자로서 『감옥상태론』을 저술하여 당시 감옥의 폐해를 고발하고 인도적 감옥개혁을 주장하였다.

ㄴ-A. 베까리아(Beccaria)는 『범죄와 형벌』에서 사회계약론에 입각한 형법 원리와 범죄통제를 주장하면서, 비인간적인 형벌의 폐지·사형의 폐지·고문의 폐지·형벌의 목적사상(일반예방사상)·죄형법정주의를 강조한다.

ㄷ-C. 벤담(Bentham)은 최소비용으로 최대의 감시효과를 거둘 수 있는 새로운 감옥형태로서 파놉티콘형 교도소를 제안하였다.

ㄹ-D. 페리(Ferri)는 범죄의 사회적 원인을 중시하여 일정한 개인적·사회적 환경에서는 그에 따르는 일정량의 범죄가 있는 것이 원칙이고 그 수가 절대적으로 증감할 수 없다는 내용의 범죄포화의 법칙을 주장하였다.

정답 ③

11 〈보기 2〉는 〈보기 1〉에 열거한 학자들의 견해들이다. 옳게 연결된 것은?

<보기 1>

ㄱ. 롬브로조(C. Lombroso)
ㄴ. 가로팔로(R. Garofalo)
ㄷ. 페리(E. Ferri)

<보기 2>

A. 인간의 근본적 품성인 연민이나 정직성의 결여로 저질러지는 살인 · 절도와 같은 자연범은 생래적인 것이므로 사형이나 유형에 처해야 한다.
B. 생물학적 퇴행성 때문에 범죄를 저지를 수밖에 없는 생래적 범죄인은 교정의 효과를 거의 기대할 수 없으므로 영구격리 또는 도태처분을 해야 한다.
C. 범죄를 일으키는 원인으로 물리적 요인, 인류학적 요인, 사회적 요인이 있는데, 어느 사회에나 이 세 가지 요인에 상응하는 일정량의 범죄가 발생한다.

① ㄱ - A　　② ㄱ - B
③ ㄴ - B　　④ ㄷ - B

해설
② [○] A - 가로팔로(ㄴ)의 자연범설, B - 롬브로조(ㄱ)의 생래적 범죄인설, C - 페리(ㄷ)의 범죄포화의 법칙이다.

정답 ②

12 이탈리아 학파에 관한 설명 중 옳지 않은 것은? 11. 사시

① 이탈리아 학파는 자연과학적 방법을 도입하여 범죄원인을 실증적으로 분석하였다.
② 롬브로조(C. Lombroso)는 생래적 범죄인에 대해서 무기형을 부과해야 하고 사형을 과해서는 안 된다고 주장하였다.
③ 페리(E. Ferri)는 마르크스의 유물사관, 스펜서의 발전사관, 다윈의 진화론 등의 영향을 받았다.
④ 페리(E. Ferri)는 형벌대용물사상과 범죄포화의 법칙을 주장하였다.
⑤ 가로팔로(R. Garofalo)는 범죄원인으로서 심리학적 측면을 중시하였다.

해설
② [×] 롬브로조에 의하면, 생래적 범죄인은 예방이나 교정이 불가능하기 때문에 초범이라도 무기형(영구격리)을 부과해야 하고 잔혹한 누범자에 대해서는 사형(도태처분)도 인정한다.

정답 ②

13 이탈리아의 초기 실증주의 학파와 관련된 내용으로 옳지 않은 것은?

① 범죄를 유발하는 요인으로는 물리적 · 인류학적 · 사회적 요인이 있는데, 이 세 가지 요인이 존재하는 사회에는 이에 상응하는 일정량의 범죄가 반드시 발생한다고 하였다.

② 생물학적 퇴행성이 범죄의 원인이라고 주장하였다.

③ 구체적인 증거와 논의에 대한 검증을 요구하는 과학적 연구방법론을 강조하였다.

④ 사회계약론과 쾌락주의에 근거하여 범죄와 형벌을 설명하였다.

해설

④ [×] 고전주의 학파의 기본내용에 관한 설명이다.

① [○] 페리는 범죄원인으로 인류학적 · 물리적 · 사회적 요소의 세 가지를 열거하였고, 특히 범죄의 사회적 원인을 중시하였다. 또한, 일정한 개인적 · 사회적 환경 아래에서는 그에 따르는 일정량의 범죄가 있는 것이 원칙이고 그 수가 절대적으로 늘어나거나 줄어들 수 없다는 내용의 '범죄포화의 법칙'을 주장하였다.

② [○] 롬브로조의 주장내용이다(생래적 범죄인론).

③ [○] 이탈리아 학파는 당시 발달하였던 자연과학의 성과를 기초로 범죄현상을 실증적으로 탐구하고 유효한 범죄방지대책을 확립하려고 노력하였다.

정답 ④

14 범죄인류학파(이탈리아 실증주의학파)에 대한 설명으로 가장 옳지 않은 것은?

22. 해경간부

① 롬브로조(Lombroso)는 자유의지에 따라 이성적으로 행동하는 인간을 전제로 하여 범죄의 원인을 자연과학적 방법으로 분석하였다.

② 페리(Ferri)는 범죄포화의 법칙을 주장하였으며 사회적 · 경제적 · 정치적 요소도 범죄의 원인이라고 주장하였다.

③ 가로팔로(Garofalo)는 범죄의 원인으로 심리적 측면을 중시하여 이타적 정서가 미발달한 사람일수록 범죄를 저지르는 경향이 있다고 하였다.

④ 생래적 범죄인에 대한 대책으로 롬브로조(Lombroso)는 사형을 찬성하였지만 페리(Ferri)는 사형을 반대하였다.

해설

① [×] 실증주의 학파에서는 인간의 사고나 판단은 이미 결정된 행위과정을 정당화하는 것에 불과하므로, 자신의 사고나 판단에 따라 자유롭게 행위를 선택할 수 없다고 주장한다. 자유의지에 따라 이성적으로 행동하는 인간을 전제로 하는 것은 '고전주의 학파'의 입장이다.

② [○] 페리(Ferri)는 범죄원인으로 인류학적 · 물리적 · 사회적 요소의 세 가지를 열거하면서, 특히 범죄의 사회적 원인을 중시하였다. 페리(Ferri)에 따르면 일정한 개인적 · 사회적 환경에서는 그에 따르는 일정량의 범죄가 있는 것이 원칙이고, 그 수가 절대적으로 증감할 수 없다는 내용의 범죄포화의 법칙을 주장하였다.

③ [○] 가로팔로(Garofalo)는 범죄원인으로서 인류학적 요소 중에서도 심리학적 측면을 중시하여, 정상인은 이타적인 정서(연민과 성실의 정)를 기본적으로 가지고 있으나 범죄자는 이러한 정서가 결핍되어 있다고 본다(심리적 · 도덕적 변종).

④ [○] 롬브로조(Lombroso)는 생래적 범죄인에 대하여 예방이나 교정이 불가능하기 때문에 초범이라도 무기형(영구격리)을 부과해야 하고, 잔혹한 누범자에 대해서는 사형(도태처분)도 인정한다. 반면에 페리(Ferri)는 롬브로조(C. Lombroso)와는 달리 생래적 범죄인에 대해서는 사형을 부정하고 무기격리할 것을 주장한다.

정답 ①

제3절 | 프랑스 학파의 연구

15 실증주의 범죄이론에 대한 설명 중 옳지 않은 것은?

① 롬브로조(Lombroso)는 생래적 범죄인에 대해 영구격리나 사형을 주장하였다.

② 롬브로조(Lombroso)는 범죄의 환경적 요인에 대해서는 관심을 기울이지 않았다.

③ 페리(Ferri)는 결정론적 입장에서 범죄포화의 원칙을 주장하였다.

④ 프랑스 초기의 실증주의자들은 범죄자를 둘러싼 사회환경에 관심을 많이 가졌다.

해설

② [×] 롬브로조도 후기에는 그의 제자였던 페리의 영향으로 사회적 요인도 범죄의 원인으로 고려해야 한다고 하였으나, 여전히 그러한 요인들은 간접적인 영향력만을 가질 뿐이라고 하였다.

① [○] 생래적 범죄인은 예방이나 교정이 불가능하기 때문에 초범이라도 무기형(영구격리)을 과해야 하고, 잔혹한 누범자에 대해서는 사형(도태처분)도 가능하다고 보았다.

③ [○] 페리(Ferri)는 일정한 개인적 · 사회적 환경(소질 · 환경)에서는 그에 따르는 일정량의 범죄가 있는 것이 원칙이고 그 수가 절대적으로 증감할 수 없다고 주장하였다.

④ [○] 이탈리아 학파와 달리 프랑스 학파는 범죄의 사회적 원인을 주목하여, 사회적 환경에 범죄원인이 있다는 결론에 이르렀다(환경학파).

정답 ②

16 뒤르껭(E. Durkheim)의 견해에 관한 설명 중 옳은 것은?

① 자살은 인간의 왜곡된 이성이 낳은 결과라고 하였다.

② 모든 사회와 시대에서 공통적으로 적용될 수 있는 객관적인 범죄란 존재하지 않으며, 특정 사회에서 형벌의 집행대상으로 정의된 행위가 범죄라고 보았다.

③ 범죄가 사회유지를 위해 중요한 기능은 하지만 정상적인 현상은 아니라고 하였다.

④ 자살은 호경기 때보다 불경기 때 가장 높다고 하였다.

해설

② [○] 모든 사회와 시대에 공통적으로 적용될 수 있는 범죄개념은 존재하지 않으며, 특정 사회에서 형벌의 집행대상으로 정의된 행위가 범죄가 된다고 보았다(절대적 범죄개념의 부정).

① [×] 뒤르껭은 자살이 단지 개인적인 문제라는 견해를 배척하고, 자살은 사회의 문화구조적 모순에서 비롯된 것이지 인간의 왜곡된 이성이 낳은 결과는 아니라고 하였다.

③ [×] 범죄란 모든 사회에 어쩔 수 없이 나타나는 현상으로 병리적이라기보다는 정상적 현상에 속한다고 한다. 그러므로 사회에 범죄가 없다면 그 사회는 비정상적이며 병리적인 상태에 있다고 보았다.

④ [×] 아노미적 자살의 예로는 불경기와 호경기 때 모두 급격한 경제침체 또는 성장으로 자살률이 높게 나타난다는 것이다. 이 시기에는 목표와 수단간의 괴리를 더 많이 경험하게 됨으로써 스트레스가 증가하게 되고, 높은 스트레스는 자살률로 나타나게 된다고 한다.

정답 ②

17 뒤르켐(E. Durkheim)에 대한 설명으로 옳지 않은 것은?

① 범죄는 사회에 유해한 행위라고 보았다.
② 아노미(Anomie)이론을 처음으로 주장하였다.
③ 범죄는 모든 사회가 피할 수 없는 정상적 현상으로 보았다.
④ 구조기능주의 관점에서 범죄의 원인을 설명한 학자이며, 범죄필수설을 바탕으로 범죄정상이론을 주창하였다.

해설

① [×] 뒤르켐(E. Durkheim)은 범죄의 본질을 집단감정의 침해로 본다. 범죄는 모든 사회에 어쩔 수 없이 나타나는 현상으로 병리적인 것이라기보다는 정상적 현상에 속한다고 한다. 그러므로 사회에 범죄가 없다면 그 사회는 오히려 비정상적이며 병리적인 상태에 있다고 본다. 범죄가 없다는 것은 사회성원에 대한 규제가 완벽하다는 의미이며, 이는 사회발전에 필요한 비판과 저항이 없기 때문에 사회는 발전하지 못하고 정체에 빠져드는 병리적 상태라는 것이다. 그러므로 범죄란 이에 대한 제재와 비난을 통하여 사회의 공동의식을 사람들이 체험할 수 있도록 함으로써 '사회의 유지존속에 있어 중요한 역할을 담당'한다는 것이다. 이렇게 되면 범죄는 건전한 사회의 통합적 구성요소가 된다(범죄의 순기능을 인정).

정답 ①

18 다음의 내용을 주장한 학자는 누구인가?

23. 간부(73)

> 가. 사회적 규범해체의 원인은 이기주의와 아노미(Anomie)이다.
> 나. 어느 사회나 일정량의 범죄는 발생할 수밖에 없는 지극히 자연스러운 사회적 현상이다.
> 다. 현재의 사회규범에 저항하는 범죄는 사회의 변화와 새로운 규범의 창설을 가능하게 한다.
> 라. 형벌은 개인의 피해에 대한 보복이 아니라 범죄예방이라는 목표를 지향하는 제도이다.

① 따르드(Tarde)
② 머튼(Merton)
③ 케틀레(Quetelet)
④ 뒤르껨(Durkheim)

해설

④ [○] 뒤르껨(Durkheim)은 사람은 원래 이기적이며 삶에 대한 불안감을 가진 존재이기 때문에 외부통제로 규제하여야 하는데, 사회적 통합의 수준이 낮거나 사회의 도덕적 권위가 훼손되면(아노미) 이러한 규제활동을 할 수 없어 많은 범죄가 발생한다고 보았다(가). 또한 범죄는 모든 사회에 불가피하게 나타나는 현상으로, 병리적인 것이 아니라 정상적인 현상이며(나), 범죄에 대한 제재와 비난을 통하여 사람들이 사회의 공동의식을 체험할 수 있도록 함으로써 사회의 유지존속에 있어 중요한 역할을 담당한다(사회의 변화와 새로운 규범의 창설을 가능하게 함)고 보았다(다). 형벌과 관련하여 형벌의 목표인 범죄예방은 사회의 규범의식 또는 도덕성을 회복까지 목표로 하여야 한다고 보아 적극적 일반예방을 주장하였다(라).

정답 ④

19 뒤르케임(Durkheim)의 범죄관을 표현한 것으로 가장 옳지 않은 것은? 23. 해경간부

① 범죄는 정상적인 것이다.
② 범죄는 기능적인 것이다.
③ 범죄는 상황적인 것이다.
④ 범죄는 필연적인 것이다.

해설

③ [×] 뒤르케임의 주장 내용에 해당하지 않는다.
① [○] 뒤르케임(Durkheim)은 범죄란 모든 사회에 불가피하게 나타나는 현상으로, 병리적인 것이 아니라 정상적인 현상이라고 보았다(범죄정상설).
②④ [○] 뒤르케임은 범죄에 대한 제재와 비난을 통하여 사람들이 사회의 공동의식을 체험할 수 있도록 함으로써 사회의 유지존속에 있어 중요한 역할을 담당하므로(사회의 변화와 새로운 규범의 창설을 가능하게 함). 결국 범죄는 건전한 사회의 통합적 구성요소가 된다고 보았다(범죄필요설, 범죄기능설).

정답 ③

20 다음 설명에 해당하는 학자는? 20. 교정

- 범죄는 정상(normal)이라고 주장함
- 규범이 붕괴되어 사회 통제 또는 조절 기능이 상실된 상태를 아노미로 규정함
- 머튼(R. Merton)이 주창한 아노미이론의 토대가 됨

① 뒤르켐(E. Durkheim)
② 베까리아(C. Beccaria)
③ 케틀레(A. Quetelet)
④ 서덜랜드(E. Sutherland)

해설

① [○] 뒤르켐은 범죄를 모든 사회에 불가피하게 나타나는 현상으로 병리적인 것이 아니라 정상적인 현상이라고 보았고(범죄정상설, 첫 번째 지문), 사회의 도덕적 권위가 무너져 사회구성원들이 지향적인 삶의 기준을 상실한 무규범 상태로서 사회통합의 결여를 아노미(Anomie)라고 규정지었다(두 번째 지문). 머튼(R. Merton)은 뒤르켐의 아노미 개념을 도입하여, 미국사회에서 사회적으로 수용 가능한 목표와 합법적인 수단간의 불일치를 의미하는 것으로 사용하였다(아노미이론, 세 번째 지문).

정답 ①

21 뒤르껭(E. Durkheim)이 주장한 이론에 관한 설명 중 옳은 것으로만 묶은 것은?

11. 사시

> ㄱ. 사회적 통합력의 저하 또는 도덕적 권위의 훼손은 범죄발생의 원인이 된다.
> ㄴ. 어느 사회든지 일정량의 범죄는 있을 수밖에 없다는 범죄정상설을 주장한다.
> ㄷ. 인간은 사회생활을 하는 중에 다른 사람의 행위를 모방하는데, 범죄행위도 그 한 예이다.
> ㄹ. 사회환경은 범죄의 배양기이며 범죄자는 미생물에 해당하므로 벌해야 할 것은 범죄자가 아니라 사회이다.
> ㅁ. 범죄는 이에 대한 제재와 비난을 통해 사회의 공동의식을 사람들이 체험할 수 있게 함으로써 사회의 유지존속에 있어서 중요한 역할을 담당한다고 한다.

① ㄱ, ㄴ, ㄹ
② ㄱ, ㄴ, ㅁ
③ ㄱ, ㄹ, ㅁ
④ ㄴ, ㄷ, ㄹ
⑤ ㄷ, ㄹ, ㅁ

해설

ㄱ. [○] 아노미는 사회구성원에 대한 도덕적 규제가 제대로 되지 않는 상태, 즉 사회의 도덕적 권위가 무너져 사회구성원들이 삶의 기준을 상실한 무규범상태로서 사회통합의 결여를 말한다. 뒤르껭은 이러한 아노미가 범죄를 유발하는 원인이 된다고 보았다.
ㄴ. [○] 뒤르껭에 의하면 범죄는 모든 사회에 어쩔 수 없이 나타나는 현상으로 병리적인 것이라기보다는 정상적 현상에 속한다고 한다. 그러므로 어떤 사회에 범죄가 없다면 그 사회는 오히려 비정상적이며 병리적인 상태에 있다고 본다.
ㄷ. [×] 따르드의 주장이다(모방의 법칙).
ㄹ. [×] 라까사뉴의 주장이다.
ㅁ. [○] 뒤르껭의 범죄필요설의 내용이다(범죄의 순기능 인정).

정답 ②

22 따르드(Tarde)의 모방설에 대한 설명으로 옳은 것은?

① 범죄자는 태어날 때부터 범죄성을 지닌다는 가정을 통계적 방법으로 입증하고자 하였다.
② 모방의 제1법칙(거리의 법칙)에 의하면 모방의 강도는 거리에 비례하고, 접촉의 긴밀도에 반비례한다.
③ 모방의 제2법칙(방향의 법칙)으로는 농촌에서 일어난 범죄를 도시지역에서 모방하는 경우를 설명할 수 없다.
④ 신종범죄가 출현하는 원인도 모방설에 의하여 잘 설명할 수 있다.

해설

③ [○] 대체로 열등한 사람이 우월한 사람을 모방하는 방향으로 진행된다(방향의 법칙). 따라서 범죄는 대도시에서 먼저 발생하고 이후에 농촌지역에서 모방된다.
① [×] 롬브로조의 생래적 범죄인론에 대한 설명이다.
② [×] 모방의 강도는 거리에 반비례하고, 접촉의 긴밀도에 비례한다(거리의 법칙).
④ [×] 새로운 사회현상인 신종범죄는 모방에 의해 설명하기 곤란하다는 비판을 받는다.

정답 ③

23 타르드(Tarde)가 주장한 모방의 법칙에 관한 설명 중 옳지 않은 것은? 12. 사시

① 롬브로조(Lombroso)의 생래적 범죄인설을 부정하고, 범죄행위도 타인의 행위를 모방함으로써 발생한다고 한다.
② 거리의 법칙에 의하면 모방은 시골보다는 도시지역에서 쉽게 발생한다.
③ 방향의 법칙에 의하면 원래 하류계층이 저지르던 범죄를 다른 계층들이 모방함으로써 모든 사회계층으로 전파된다.
④ 삽입의 법칙에 의하면 처음에 단순한 모방이 유행이 되고, 유행은 관습으로 변화·발전된다.
⑤ 총기에 의한 살인이 증가하면서 칼을 사용한 살인이 줄어드는 현상은 새로운 유행이 기존의 유행을 대체하기 때문이라고 보았다.

해설

③ [×], ②④⑤ [○] 타르드(Tarde)의 모방의 법칙의 내용은 다음과 같다.

☑ 모방의 법칙

거리의 법칙	사람들이 타인과 얼마나 밀접하게 접촉하는가에 비례하여 타인을 모방(학습)한다는 주장이다. 모방은 도시와 같이 사람들과 접촉이 빈번한 지역에서 쉽게 발생하고 쉽게 변화한다.
방향의 법칙	모방의 방향에 관한 것으로, 대체로 열등한 사람이 우월한 사람을 모방하는 방향으로 진행된다. 도시와 농촌에서 저질러지는 범죄들을 보면 대도시에서 먼저 발생하고 이후에 농촌지역에서 모방된다.
삽입의 법칙	모방의 변화과정에 관한 것으로서, 처음에는 단순한 모방이 다음 단계에서 유행이 되고, 유행이 관습으로 변화·발전되어 가면서, 새로운 유행이 기존의 유행을 대체한다(무한진행의 법칙).

① [○] 타르드(Tarde)에 의하면 인간은 타인과 접촉하면서 관념을 학습하며, 행위는 자기가 학습한 관념으로부터 유래한다. 따라서 사람은 태어날 때는 정상이지만, 이후 범죄가 생활방식인 환경에서 양육됨으로써 범죄자가 된다고 본다.

정답 ③

24 다음은 초기 실증주의 범죄학파와 관련된 설명이다. A~F에 들어갈 사람들을 순서대로 배열한 것은?

> 이탈리아 학파인 (A)은/는 (B)의 생래적 범죄인론의 영향을 많이 받았지만 인간행동에 대한 사회환경적 영향에 더 관심을 가졌으며, (C)은/는 (B)와/과 달리 신체적 비정상성이 아니라 정신적 비정상성에 관심을 갖고 범죄행위는 심리적 혹은 도덕적 변종에 의한 것이라고 주장하였다. 그에 반하여 프랑스 학파는 범죄발생원인으로서 범죄자를 둘러싼 사회환경에 주로 관심을 가졌는데, 그들 중 (D)은/는 사회환경 중에서 경제상황을 중시하였고, (E)은/는 사회현상을 모방의 결과로 보고 범죄행위를 설명하였으며, (F)은/는 범죄가 사회유지존속에 중요한 역할을 담당한다고 주장하였다.

	A	B	C	D	E	F
①	가로팔로	페리	롬브로조	라까사뉴	타르드	뒤르껭
②	페리	롬브로조	가로팔로	라까사뉴	타르드	뒤르껭
③	라까사뉴	롬브로조	가로팔로	페리	타르드	뒤르껭
④	페리	가로팔로	롬브로조	타르드	뒤르껭	라까사뉴

해설

② [○] 이탈리아 학파인 페리(A)는 롬브로조(B)의 생래적 범죄인론의 영향을 많이 받았지만 인간행동에 대한 사회환경적 영향에 더 관심을 가졌으며, 가로팔로(C)는 롬브로조(B)와 달리 신체적 비정상성이 아니라 정신적 비정상성에 관심을 갖고 범죄행위는 심리적 혹은 도덕적 변종에 의한 것이라고 주장하였다. 그에 반하여 프랑스 학파는 범죄발생원인으로서 범죄자를 둘러싼 사회환경에 주로 관심을 가졌는데, 그들 중 라까사뉴(D)는 사회환경 중에서 경제상황을 중시하였고, 타르드(E)는 사회현상을 모방의 결과로 보고 범죄행위를 설명하였으며, 뒤르껭(F)은 범죄가 사회유지존속에 중요한 역할을 담당한다고 주장하였다.

정답 ②

25 타르드(Tarde)가 주장한 모방의 법칙에 관한 설명으로 가장 적절하지 않은 것은? 23. 2차 경행경채

① 타르드는 사회란 곧 모방이라고 할 정도로 모든 사회적 현상을 모방의 결과로 보았고, 범죄행위 역시 모방된다고 보았다.

② 모방의 법칙은 학습이론(Learning Theory)에 영향을 미쳤다.

③ 거리의 법칙에 따르면 모방의 강도는 사람 간의 거리에 비례하고 사람과 얼마나 밀접하게 접촉하고 있는가에 반비례한다.

④ 방향의 법칙에 따르면 대개 열등한 사람이 우월한 사람을 모방하는 방향으로 진행된다.

해설

③ [×] 거리의 법칙에 따르면 사람들은 타인과 얼마나 밀접하게 접촉하는가에 비례하여 타인을 모방(학습)한다. 모방의 강도는 '거리에 반비례'하고 '접촉의 긴밀도에 비례'하므로, 모방은 도시와 같이 사람들과 접촉이 빈번한 지역에서 쉽게 발생하고 쉽게 변화한다.

① [○] 타르드는 개인과 사회의 접촉 과정을 연구하여 모든 사회현상은 모방의 결과이며, 범죄행위도 모방에 의해 행해진다고 보아 모방의 법칙을 주장하였다.

② [○] 모방의 법칙은 미국의 범죄사회학의 출발점인 학습이론에 결정적 기초를 제공하여 '초기학습이론'이라 불리기도 한다.

④ [○] 방향의 법칙이란 모방의 방향에 관한 것으로, 대체로 열등한 사람이 우월한 사람을 모방하는 방향으로 진행된다. 도시와 농촌의 범죄들을 보면 대도시에서 먼저 발생하고 이후에 농촌지역에서 모방된다. 또한 상류계층이 저지르는 범죄를 하류계층이 모방함으로써 범죄가 전파된다.

정답 ③

제4절 | 독일 학파의 연구

26 독일의 형사학자 리스트가 주장한 논지와 거리가 먼 것은?

① 범죄원인은 소질과 환경을 종합적으로 고려하여 파악되어야 한다.

② 형벌의 대상은 행위자가 아니라 행위이다.

③ 형법은 범죄인의 마그나카르타이다.

④ 개선이 불가능한 범죄인에 대해서는 무해화(無害化) 조치를 취해야 한다.

해설

② [×] '형벌의 부과기준은 행위가 아니고 행위자'라는 입장에서 범죄자의 반사회적 위험성을 기준으로 범죄자의 특성에 맞게 형벌을 개별화할 것을 강조하여 주관주의 형법이론을 정립하였다.

① [○] 리스트는 범죄원인에 대하여 환경과 소질을 모두 고려하면서도 사회적 원인을 보다 중시하였다. 즉, "범죄는 인간의 모든 행위가 그렇듯이 범죄자의 타고난 특성과 범행당시 그를 둘러싼 사회적 관계, 특히 경제적 관계에서 비롯되는 필연적 산물이다."라고 한다.

③ [○] "형법전은 범죄인의 마그나 카르타이며, 형법은 형사정책의 넘을 수 없는 한계이다."라고 주장하였다.

④ [○] 형벌의 사회적 효과를 고려하면서 행위자의 반사회적 태도 또는 위험성을 중심으로 범죄인을 처우할 것을 주장하였다. 즉, 개선이 가능하고 개선을 필요로 하는 범죄자에 대해서는 '개선', 개선을 필요로 하지 않는 범죄자에 대해서는 '위하', 개선이 불가능한 범죄자에 대해서는 '무해화'의 조치를 취해야 한다는 것이다.

정답 ②

27 리스트(Liszt)의 주장 내용에 관한 다음 설명 중 ( ) 안에 알맞은 것은?

> 리스트(Liszt)는 범죄원인에 대하여 소질과 환경을 모두 고려하면서도 (ㄱ)을 보다 중시하였다. 그는 '형벌의 부과기준은 (ㄴ)가 아니고 (ㄷ)'라는 입장에서 형벌을 개별화할 것을 강조하여, (ㄹ) 형법이론을 정립하였다.

	ㄱ	ㄴ	ㄷ	ㄹ
①	소질	행위	행위자	주관주의
②	소질	행위자	행위	객관주의
③	환경	행위	행위자	주관주의
④	환경	행위자	행위	주관주의

해설

③ [○] 리스트(Liszt)는 범죄원인에 대하여 소질과 환경을 모두 고려하면서도 환경(ㄱ)을 보다 중시하였다. 그는 '형벌의 부과기준은 행위(ㄴ)가 아니고 행위자(ㄷ)'라는 입장에서 형벌을 개별화할 것을 강조하여, 주관주의(ㄹ) 형법이론을 정립하였다.

정답 ③

28 학자와 그 주장이 바르게 연결되지 않은 것은?

① 페리(E. Ferri) - 일정한 조건의 사회에서는 그에 상응하는 일정한 양의 범죄가 발생하는 것이 원칙이며, 그 수가 절대적으로 늘어나거나 줄어들 수 없다.

② 따르드(G. Tarde) - 사회환경은 범죄의 배양기이고 범죄자는 그 미생물에 해당하므로, 처벌해야 하는 것은 범죄자가 아니라 사회이다.

③ 뒤르껭(E. Durkheim) - 자살은 인간의 왜곡된 이성이 낳은 결과가 아니라 사회의 문화구조적 모순에서 비롯된 것이다.

④ 리스트(F. v. Liszt) - 부정기형의 채택, 단기자유형의 폐지, 집행유예 · 벌금형 · 누진제도의 합리화, 소년범죄에 대한 특별처우 등을 요구하였다.

해설

② [×] 따르드도 "죄는 범죄인을 제외한 모든 사람에게 있다."고 주장하여 더욱 분명하게 범죄의 사회적 원인을 강조하였다(극단적 환경결정론). 그러나 지문에 제시된 것은 라까사뉴의 주장이다(범죄원인의 사회성).
① [○] 페리의 범죄포화의 법칙에 대한 설명이다.
③ [○] 뒤르껭의 자살론에 대한 설명이다.
④ [○] 리스트의 범죄대책에 대한 설명이다.

정답 ②

29 다음 학자와 그의 주장이 바르게 연결된 것은?

13. 교정

① 리스트(Liszt) - 죄는 범죄인을 제외한 모든 사람에게 있다.

② 케틀레(Quetelet) - 사회 환경은 범죄의 배양기이며, 범죄자는 미생물에 해당할 뿐이므로 벌해야할 것은 범죄자가 아니라 사회이다.

③ 타르드(Tarde) - 모든 사회현상이 모방이듯이 범죄행위도 모방으로 이루어진다.

④ 라카사뉴(Lacassagne) - 사회는 범죄를 예비하고, 범죄자는 그것을 실천하는 도구에 불과하다.

해설

③ [○] 타르드(Tarde)가 모방의 법칙(모방이론)에서 주장한 내용이다.
① [×] 타르드(Tarde)가 극단적 환경결정론의 입장에서 범죄의 사회적 원인을 강조하기 위해 주장한 내용이다.
② [×] 라카사뉴(Lacassagne)가 범죄원인이 사회와 환경에 있음을 강조하는 내용이다.
④ [×] 케틀레(Quetelet)가 범죄원인의 사회성을 주장한 내용이다.

정답 ③

30 리스트(Liszt)의 형사정책이론에 관한 설명 중 옳은 것은?

15. 사시

① 형벌의 목적으로 특별예방사상을 처음으로 주장함으로써 형벌 예고를 통해 일반인의 범죄충동을 억제하는 것이 형벌의 가장 중요한 기능이라고 보았다.

② '처벌되어야 할 것은 행위자가 아니고 행위'라는 명제를 제시하였다.

③ 개선이 불가능한 범죄자를 사회로부터 격리수용하는 무해화 조치도 필요하다고 주장하였다.

④ 부정기형의 폐지, 단기자유형의 활용, 강제노역의 폐지 등을 주장하였다.

⑤ 형벌의 주된 목적을 응보로 이해하였다.

해설

③ [○] 형벌의 개별화의 구체적 방안으로 ⓐ 개선이 가능하고 개선을 필요로 하는 범죄자는 '개선', ⓑ 개선을 필요로 하지 않는 범죄자는 '위하', ⓒ 개선이 불가능한 범죄자는 '무해화'의 각 조치가 필요하다고 주장한다.
①②⑤ [×] 리스트는 '형벌의 부과기준은 행위가 아니고 행위자'라는 입장에서 반사회적 위험성을 기준으로 범죄자의 특성에 맞게 '형벌을 개별화(특별예방)'할 것을 강조한다.
④ [×] 범죄대책으로 '부정기형의 채택', '단기자유형의 폐지', 집행유예 · 벌금형 · 누진제도의 합리화, '강제노역의 필요', 소년범죄에 대한 특별한 처우 등을 주장한다.

정답 ③

31 형법학과 형사정책에 대한 설명으로 옳지 않은 것은? 22. 보호

① 19세기 말 리스트(Liszt)는 '형법에서의 목적사상'을 주장하여 형이상학적 형법학이 아니라 현실과 연계된 새로운 형사정책 사상을 강조하였다.

② 형법학과 형사정책학은 상호의존적이며 동시에 상호제약적인 성격을 가지며, 리스트(Liszt)는 '형법은 형사정책의 극복할 수 없는 한계'라고 주장하였다.

③ 포이에르바흐(Feuerbach)는 형사정책을 '입법을 지도하는 국가적 예지'로 이해하고, 형사정책은 정책적 목적을 유지하기 위한 형법의 보조수단으로서 의미가 있다고 주장하였다.

④ 공리주의적 형벌목적을 강조한 벤담(Bentham)에 의하면, 형벌은 특별예방목적에 의해 정당화될 수 있고, 사회방위는 형벌의 부수적 목적에 지나지 않는다.

해설

④ [×] 벤담(Bentham)은 공리주의적 형벌관의 입장에서 형벌은 '일반예방'목적에 의해 정당화되며, 개선목적(또는 사회방위목적)은 부차적 목적에 불과하다고 주장하였다.

①② [○] 리스트(Liszt)는 형법의 목적사항을 주장면서 '형벌의 부과 기준은 행위가 아니고 행위자'라는 입장에서 반사회적 위험성을 기준으로 범죄자의 특성에 맞게 형벌을 개별화(특별예방)할 것을 강조하였다. 또한 그는 '형법은 형사정책의 뛰어넘을 수 없는 한계'라고 주장하였는데, 이는 형사정책이 범죄에 대한 효과적 대책수립을 목적으로 하지만, 정책적 필요성이 형법의 원칙을 넘을 수는 없다는 내용이다.

③ [○] 포이에르바흐(P. Feuerbach)는 형사정책이라는 용어를 처음 사용하였는데, 이때에는 단지 형사입법에서 국가의 예지(叡智), 즉 형사입법정책이라는 좁은 의미로만 사용되었다(형법의 보조수단).

정답 ④

제5절 | 기타 연구

32 다음 고전주의 학파와 실증주의 학파에 관한 내용 중 같은 학파에 해당하는 내용만으로 옳게 묶인 것은?

ㄱ. 인간을 의사자유를 가진 이성적 존재로 보았다.
ㄴ. 계몽주의, 공리주의에 사상적 기초를 두었다.
ㄷ. 범죄와 형벌의 균형을 중요시 하였다.
ㄹ. 형벌을 보안처분으로 대체할 것을 주장하였다.
ㅁ. 인간행위보다 인간 자체에 초점을 두었다.

① ㄱ, ㄴ, ㄷ
② ㄴ, ㄷ, ㅁ
③ ㄱ, ㄹ, ㅁ
④ ㄷ, ㄹ, ㅁ

해설

ㄱ, ㄴ, ㄷ은 고전주의 학파의 주장이고, ㄹ, ㅁ은 실증주의 학파의 주장이다.

ㄹ. 실증주의 학파인 이탈리아 학파의 일원인 페리(E. Ferri)의 주장이다. 그는 범죄를 사회제도 자체의 결함에 따른 전염병적인 병리적 현상으로 보고, 이에 대해서는 형벌을 통한 직접적인 반작용보다는 범죄의 충동을 방지하고 이를 없앨 간접적 대책으로 형벌에 대한 대용물이 필요하다고 하였다. 이에 따라 형벌을 대신하여 도덕적 색채를 띠지 않는 사회방위처분 내지 보안처분으로 일원화하는 내용의 이탈리아 형법초안(1921년 페리초안)을 기초하였다.

ㅁ. 실증주의 학파인 독일학파의 일원인 리스트(F. v. Liszt)의 주장이다. 그는 '형벌의 부과기준은 행위가 아니고 행위자'라는 입장에서 범죄자의 반사회적 위험성을 기준으로 범죄자의 특성에 맞게 형벌을 개별화(특별예방)할 것을 강조하여, 주관주의 형법이론을 정립하였다.

정답 ①

33 범죄학자의 저서 및 주장내용을 바르게 연결한 것은? 10. 교정

ㄱ. 감옥개량운동의 선구자로 감옥개혁을 주장하였다.
ㄴ. 범죄와 형벌 사이에는 비례성이 있어야 한다.
ㄷ. 감옥은 단순한 징벌장소가 아닌 개선장소가 되어야 한다.
ㄹ. 자연범설을 주장하면서 적응의 법칙을 강조하였다.
ㅁ. 범죄예방의 가장 좋은 방법의 하나는 잔혹한 형의 집행보다 확실하고 예외 없는 처벌이다.
ㅂ. 사형집행으로 죽는 죄수보다 감옥 내 질병으로 죽는 죄수가 많다는 것은 곤란한 일이다.
ㅅ. 근대범죄학의 아버지로 불리며 생래적 범죄인설을 주장하였다.
ㅇ. 잔혹한 누범자에 대하여 사형을 인정하였다.

① 베카리아(Beccaria) - 범죄와 형벌 - ㄴ, ㄷ, ㅁ
② 하워드(Howard) - 감옥의 상태 - ㄱ, ㄷ, ㅂ
③ 가로팔로(Garofalo) - 범죄사회학 - ㄴ, ㄹ, ㅂ
④ 롬브로조(Lombroso) - 범죄인론 - ㄷ, ㅅ, ㅇ

해설

② ㄴ, ㅁ은 베카리아의 주장, ㄱ, ㄷ, ㅂ은 하워드의 주장, ㄹ은 가로팔로의 주장, ㅅ, ㅇ은 롬브로조의 주장에 해당한다. '범죄사회학'은 페리(Ferri)의 저서이다.

정답 ②

34 범죄원인에 관한 아래의 주장들과 관계가 없는 사람은? 14. 사시

ㄱ. 어느 사회든지 일정량의 범죄는 있을 수밖에 없으며, 범죄는 사회의 유지와 존속을 위하여 일정한 순기능을 지닌다.
ㄴ. 사회는 범죄를 예비하고, 범죄자는 그것을 실천하는 도구에 불과하다.
ㄷ. 모든 사회적 현상은 모방의 결과이며, 범죄도 다른 사람의 범죄를 모방한 것이다.
ㄹ. 사회환경은 범죄의 배양기이며 범죄자는 미생물에 해당하므로, 벌해야 할 것은 범죄자가 아니라 사회이다.

① 리스트(Liszt)
② 라까사뉴(Lacassagne)
③ 케틀레(Quetelet)
④ 뒤르껨(Durkheim)
⑤ 타르드(Tarde)

해설

위 내용 중 리스트(Liszt)의 주장은 없다.
ㄱ. 범죄의 순기능에 대한 뒤르껨(④)의 주장이다(범죄정상설, 범죄필요설, 범죄기능설).
ㄴ. 케틀레(③)는 "사회는 범죄를 예비하고 범죄자는 그것을 실행하는 수단(도구)에 불과하다."고 하여 범죄원인의 사회성을 주장하였다.
ㄷ. 타르드(⑤)는 개인과 사회의 접촉과정을 연구하여 모든 사회현상은 모방의 결과이며, 범죄행위도 모방에 의해 행해진다고 보아 모방의 법칙을 주장하였다.
ㄹ. 라까사뉴(②)는 "사회는 범죄의 배양기이고 범죄자는 그 미생물에 해당된다. 처벌해야 하는 것은 범죄자가 아니라 사회이다."라고 하여, 범죄원인은 사회와 환경에 있다고 본다.

정답 ①

35 다음 설명 중 옳지 않은 것은? 14. 보호

① 롬브로조(Lombroso)는 범죄인류학적 입장에서 범죄인을 분류하였으나, 페리(Ferri)는 롬브로조가 생물학적 범죄원인에 집중한 나머지 범죄인의 사회적 영향을 무시한다고 비판하고 범죄사회학적 요인을 고려하여 범죄인을 분류하였다.

② 가로팔로(Garofalo)는 생물학적 요소에 사회심리학적 요소를 덧붙여 범죄인을 자연범과 법정범으로 구분하고, 과실범은 처벌하지 말 것을 주장하였다.

③ 아샤펜부르크(Aschaffenburg)는 개인적 요인과 환경적 요인을 결합하여 범죄인으로부터 생겨나는 법적 위험성을 기준으로 범죄인을 분류하였다.

④ 리스트(Liszt)는 형벌의 목적을 개선, 위하, 무해화로 나누고 선천적으로 범죄성향이 있으나 개선이 가능한 자에 대해서는 개선을 위한 형벌을 부과해야 한다고 하면서, 이러한 자에 대해서는 단기자유형이 효과적이라고 주장하였다.

해설

④ [×] 리스트는 범죄성향이 있으나 개선이 불가능한 상태에 이르지 않은 자에게는 개선을 위한 형벌이 부과되어야 하나, 단기자유형은 불합리한 결과를 초래할 수 있으므로 피해야 한다고 주장한다.

① [○] 롬브로조는 범죄인류학적 입장에서 범죄인을 생래적 범죄인, 정신병(또는 정신박약)에 의한 범죄인, 격정 범죄인, 기회 범죄인(가범죄인 · 준범죄인 · 상습범죄인 등), 잠재적 범죄인으로 분류하였으나, 페리는 범죄인류학적 입장에 기초하면서도 사회적 환경을 중시하여 기회 범죄인을 가장 중시하였다.

② [○] 가로팔로는 범죄원인으로서 인류학적 요소 중에서도 심리학적 측면을 중시하여, 범죄인을 자연범 · 법정범 · 과실범으로 구분하였다.

③ [○] 아샤펜부르크는 범죄원인의 개인적 요소와 환경적 요소를 결합하여, 범죄인의 법적 위험성을 기준으로 범죄인 7분법을 제시한다(우발 · 격정 · 기회 · 예모 · 누범 · 관습 · 직업범죄인).

정답 ④

36 (ㄱ)~(ㄷ)에 들어갈 학자를 올바르게 조합한 것은? 15. 사시

- (ㄱ)은/는 범죄를 자연범과 법정범으로 구별하고 자연범은 연민과 성실이라는 사회의 근본적인 감정을 침해하는 행위라고 보았다.
- (ㄴ)은/는 "사회환경은 범죄의 배양기이며 범죄자는 미생물에 해당한다."라는 말로써 사회환경이 범죄에 미치는 영향을 강조하였다.
- (ㄷ)은/는 어느 사회든지 일정량의 범죄는 있을 수 밖에 없다는 범죄정상설을 주장하였다.

	ㄱ	ㄴ	ㄷ
①	가로팔로(Garofalo)	라까사뉴(Lacassagne)	뒤르껭(Durkheim)
②	가로팔로(Garofalo)	라까사뉴(Lacassagne)	리스트(Liszt)
③	롬브로조(Lombroso)	타르드(Tarde)	뒤르껭(Durkheim)
④	페리(Ferri)	께뜰레(Quetelet)	리스트(Liszt)
⑤	페리(Ferri)	타르드(Tarde)	께뜰레(Quetelet)

해설

ㄱ. '가로팔로'는 생물학적 요인에 사회심리학적 요인을 결합하여 범죄인을 자연범과 법정범으로 크게 구별하고, 자연범은 인륜의 근본인 '연민과 성실의 정'이 침해 · 결여됨으로써 범행하는 자라고 하였다.

ㄴ. '라까사뉴'는 "사회는 범죄의 배양기이고 범죄자는 그 미생물에 해당된다. 처벌해야 하는 것은 범죄자가 아니라 사회이다."라고 하여, 범죄원인은 사회와 환경에 있다고 본다.

ㄷ. '뒤르껭'에 의하면 범죄는 모든 사회에 불가피하게 나타나는 현상으로서, 병리적인 것이 아니라 정상적인 현상에 속한다. 범죄가 없다는 것은 사회성원에 대한 규제가 완벽하다는 의미이며, 이는 사회발전에 필요한 비판과 저항이 없기 때문에 사회는 발전하지 못하고 정체에 빠져드는 병리적 상태이다(범죄정상설).

정답 ①

37 범죄에 관하여 고전주의 학파와 실증주의 학파로 나눌 때, 다음 설명 중 동일한 학파의 주장으로만 묶은 것은?

15. 교정

> ㄱ. 효과적인 범죄예방은 형벌을 통해 사람들이 범죄를 포기하게 만드는 것이다.
> ㄴ. 법·제도적 문제 대신에 범죄인의 개선 자체에 중점을 둔 교정이 있어야 범죄예방이 가능하다.
> ㄷ. 형이상학적인 설명보다는 체계화된 인과관계 검증 과정과 과거 경험이 더 중요하다.
> ㄹ. 형벌은 계몽주의, 공리주의에 사상적 기초를 두고 이루어져야 한다.
> ㅁ. 인간은 기본적으로 자유의지를 가진 합리적·이성적 존재이다.

① ㄱ, ㄴ, ㅁ
② ㄱ, ㄹ, ㅁ
③ ㄴ, ㄷ, ㄹ
④ ㄴ, ㄷ, ㅁ

해설

ㄱ·ㄹ·ㅁ은 고전주의 학파의 주장, ㄴ·ㄷ은 실증주의 학파의 주장에 해당한다.
ㄱ. 고전주의 학파의 전제로서 억제이론에 대한 설명이다.
ㄴ. 형벌제도와 법제도의 개혁에 중점을 두었던 고전주의 학파와 달리 실증주의 학파는 범죄행위에 대한 설명 및 범죄자의 교화·개선을 통한 범죄예방에 중점을 두었다.
ㄷ. 실증주의 학파는 범죄문제에 있어서 과학적·객관적 방법에 의한 실증적 문제해결을 중시한다.
ㄹ. 고전주의 학파는 18세기 계몽주의, 공리주의에 사상적 기초를 두고 있다.
ㅁ. 고전주의 학파의 자유의지론의 내용이다.

정답 ②

38 범죄원인론 중 고전주의 학파에 대한 설명으로 옳은 것만을 모두 고르면?

19. 교정

> ㄱ. 인간은 자유의사를 가진 합리적인 존재이다.
> ㄴ. 인간은 처벌에 대한 두려움 때문에 범죄를 선택하는 것이 억제된다.
> ㄷ. 범죄는 주로 생물학적·심리학적·환경적 원인에 의해 일어난다.
> ㄹ. 범죄를 효과적으로 제지하기 위해서는 처벌이 엄격·확실하고, 집행이 신속해야 한다.
> ㅁ. 인간에 대한 과학적 분석을 통해 범죄원인을 규명하고자 하였다.

① ㄱ, ㄴ, ㄷ
② ㄱ, ㄴ, ㄹ
③ ㄴ, ㄷ, ㄹ
④ ㄷ, ㄹ, ㅁ

해설

ㄱ. [O] 고전주의 학파는 인간의 자유의지(자유의사)가 존재한다고 주장한다.
ㄴ. [O] 고전주의 학파는 인간의 의지가 행위를 통제함에 영향을 주기 위해서는 처벌이 필요하다고 주장한다(억제이론).
ㄷ. [X] 범죄는 개인적·사회적 원인(소질, 환경) 등에 의하여 발생한다고 보는 실증주의 학파의 주장이다.
ㄹ. [O] 고전주의 학파에서는 범죄예방을 위한 형벌의 요소로서 확실성·엄중성·신속성이 필요하다고 주장한다.
ㅁ. [X] 실증주의 학파는 관찰과 검증 등의 과학적 방법을 동원하여 범죄원인을 규명하려고 하였다.

정답 ②

제3장 | 생물학적 범죄원인론

제1절 | 생물학적 범죄원인론(범죄인류학이론)

01 생물학적 범죄원인론에 대한 설명으로 옳지 않은 것은?

① 초기 실증주의자들은 범죄원인을 범죄자의 신체적 특성에 맞추어 연구하였다.
② 롬브로조(Lombroso)는 생래적 범죄인설을 주창하여 범죄의 원인을 생리적 요소에 중점을 두었다.
③ 고링(Goring)은 롬브로조의 범죄인 정형설을 비판하며 범죄의 원인에 대해 유전학적 열등성을 주장했다.
④ 후튼(Hooton)은 재소자와 비재소자의 비교를 통하여 범죄자는 생물학적으로 열등하다고 볼 수 없다고 하면서 롬브로조를 비판하였다.

해설
④ [×] 후튼은 범죄자는 생물학적으로 열등하다고 결론짓고 롬브로조의 생래적 범죄인설을 비판한 고링을 재비판하였다.

정답 ④

02 체형이론의 연구결과에 대한 설명으로 옳지 않은 것은?

① 수형자 중 가장 높은 비율을 차지하는 체형은 비만형이다.
② 비만형 체형은 조울증과 관계 깊으며 사기범이 많다.
③ 세장형 체형은 분열성 정신병과 관련이 깊다.
④ 발육부전형 체형은 주로 풍속범과 폭력범죄가 많다.

해설
① [×] 투사형의 체격형은 각종 범죄자 및 수형자 중에서 가장 높은 비율을 차지하며, 특히 조발상습범의 경우 높은 비율을 차지한다.

정답 ①

03 생물학적 범죄원인론에 대한 설명으로 옳지 않은 것은?

① 행위자 개인의 기본적 특성인 소질을 강조한다.
② 다윈의 진화론으로부터 영향을 받았다.
③ 크레츠머와 셀던은 체형과 정신적인 기질의 일치정도를 연구함으로써 생물학적 범죄원인론을 발전시켰다.
④ 롬브로조는 생물학적·실증적 인간관과 범죄관념에 따라 비결정론을 전제로 하여 범죄연구를 하였다.

해설
④ [×] 롬브로조는 범죄자적 신체특성을 5가지 이상 가진 사람들을 '생래적 범죄인'이라고 칭하면서 이들은 태어나면서부터 범죄를 저지를 수밖에 없는 운명을 타고난 사람이라고 보았다. 이는 범죄의 발생을 개인의지에 의한 규범침해가 아니라, 개인적·사회적 그리고 기타 원인에 의한 것이라고 보는 입장에 의한 것이다(결정론의 입장).

정답 ④

제2절 | 생물사회학적 범죄이론

04 "범죄친화적 성향은 유전된다."라는 명제를 뒷받침하는 연구결과가 아닌 것은?

① 누범자 집단과 초범자 집단을 대상으로 그들 부모의 범죄성을 조사하였는데, 누범자 집단의 부모 쪽이 더 높은 범죄성을 나타냈다.

② 일란성 쌍생아의 범죄일치율이 이란성 쌍생아의 범죄일치율보다 더 높았다.

③ 범죄자 중에 입양된 자들을 대상으로 실부와 양자간의 범죄일치율과 양부와 양자간의 범죄일치율을 조사하였는데, 전자가 더 높았다.

④ 결손가정의 청소년이 일반가정의 청소년보다 범죄를 저지르는 비율이 더 높았다.

해설

④ [×] 이는 환경적 원인에 근거하여 '가정환경이 범죄에 어떠한 영향을 미치는가'에 관한 문제로 유전적 요인과는 거리가 멀다.
①②③ [○] 생물학적 범죄원인론에 근거하여 유전적 요인을 중시하는 입장이다.

정답 ④

05 생물사회학적 범죄연구 사례에 대한 내용이다. 해당되는 연구는 무엇인가? 22. 간부(72)

> 마틴은 기독교 집안에서 자란 청년으로 미국 독립전쟁에 참전 후 귀가하던 도중 하룻밤 묵게 된 여관에서 지적장애를 가진 여성 종업원과 성관계를 맺었다. 그 후 자신의 고향에 돌아와 기독교인 여성과 결혼한 후 건실한 가정을 꾸리고 살았다. 연구자는 이 두 여성으로부터 태어난 마틴의 4대째 후손들까지를 조사하였는데, 이후에 결혼한 여성에게서 태어난 후손들 중에는 법률가, 성직자, 의사 등 사회적으로 성공한 사람들이 많았고 범죄자는 한 명도 없었다. 그에 비해 지적장애를 가진 여성 종업원으로부터 태어난 후손들은 절반 이상이 지적장애인이나 범죄자였다. 연구자는 이러한 연구결과를 토대로 부모의 범죄성향이 전적으로 유전에 의해 자식에게 대물림된다고 주장하였다. 하지만 이러한 연구결과만으로는 자식이 부모의 범죄성향을 닮은 이유가 순전히 유전에 의한 것인지 아니면 부모가 자식에게 제공한 환경의 영향 때문인지에 대해 명확한 해답을 제시할 수 없다는 비판을 받는다.

① 덕데일(Dugdale)의 쥬크(Juke)가문에 관한 연구
② 고다드(Goddard)의 칼리카크(Kallikak)가문에 관한 연구
③ 서덜랜드(Sutherland)의 조나단 에드워드(Jonathan Edward)가문에 관한 연구
④ 제이콥스(Jacobs)와 스트롱(Strong)의 연구

해설

② [○] 제시된 사례는 고다드(H. Goddard)의 칼리카크(Martin Kallikak)家 연구에 대한 내용이다. 고다드는 이 연구를 통해 부모(선조)와 자식의 범죄성이 상관관계가 매우 높다고 주장하였다(범죄성의 유전을 긍정).
① [×] 덕데일(Dugdale)의 쥬크(Ada Juke)家 연구는 18세기 미국에서 속칭 '범죄자의 어머니'로 불리던 쥬크(Ada Juke)라는 여자의 후손들이 범죄자인 경우가 많다는 것을 확인한 것으로서, 범죄성의 유전을 긍정하는 연구이다.
③ [×] 서덜랜드(E. H. Sutherland)의 에드워드家 연구에서는 선조의 살인성향이 후대에 이어지지 않았다는 점을 들어 범죄성의 유전을 부정하였다.
④ [×] 제이콥스(Jacobs)와 스트롱(Strong)은 성염색체의 형태 · 구성 · 개수 등의 이상이 성격적 결함을 초래하고 나아가 범죄성향과 연관된다는 연구를 하였다.

정답 ②

06 생물학적 범죄원인론에 대한 설명으로 옳지 않은 것은?

① 크리스챤센(Christiansen)은 쌍생아 연구에 있어서 가장 광범위한 표본을 대상으로 연구를 시행하고, 연구성과의 정확성을 기하기 위하여 쌍생아 계수를 사용하였다.
② 허칭스와 메드닉(Hutchings & Mednick)의 입양아 연구에 의하면 생부와 양부 그리고 입양아의 범죄기록을 모두 조사한 결과, 생부와 양부 둘 중 한쪽만 범죄를 저질렀을 때에는 양쪽 모두 범죄자인 경우보다 입양아에 대한 영향력이 약하나, 양부의 범죄성은 생부의 범죄성보다 영향력이 강하다고 본다.
③ 유전적 결함이 범죄에 직접적으로 영향을 주는 것이라고 볼 수는 없다.
④ 성염색체 연구에서는 초남성형(XYY형)의 경우에는 공격성이 강하여 성범죄·방화죄·살인죄 등을 저지를 확률이 높다고 본다.

해설

② [×] 허칭스와 메드닉(Hutchings & Mednick)에 의하면 생부와 양부 둘 중 한쪽만 범죄를 저질렀을 때에는 양쪽 모두 범죄자인 경우보다 입양아에 대한 영향력이 약하며, 양부의 범죄성은 생부의 범죄성보다 영향력이 약하다고 본다.

정답 ②

07 쌍둥이 연구에 관한 설명 중 옳지 않은 것은? 13. 사시

① 쌍둥이 연구는 일란성 쌍둥이와 이란성 쌍둥이의 범죄일치율을 비교해 봄으로써 유전적 소질이 범죄에 미치는 영향을 알 수 있다는 전제에서 출발하였다.
② 랑에(Lange)는 13쌍의 일란성 쌍둥이와 17쌍의 이란성 쌍둥이를 대상으로 연구한 결과, 일란성 쌍둥이에서 쌍둥이 모두가 범죄를 저지른 비율이 이란성 쌍둥이에서 쌍둥이 모두가 범죄를 저지른 비율보다 높다는 것을 확인하였다.
③ 크리스찬센(Christiansen)은 랑에의 연구가 가진 한계를 극복하기 위해 광범위한 표본을 대상으로 연구하였고, 그 연구결과에 의하면 일란성 쌍둥이 모두가 범죄를 저지른 비율보다 이란성 쌍둥이 모두가 범죄를 저지른 비율이 오히려 높다는 결과를 얻었다.
④ 달가드(Dalgard)와 크링글렌(Kringlen)은 쌍둥이 연구에서 유전적 요인 이외에 양육 과정의 차이도 함께 고려하여 연구하였다.
⑤ 쌍둥이 연구는 일란성과 이란성의 분류 방법의 문제, 표본의 대표성, 공식적인 범죄기록에 의한 일치율 조사 등에 문제가 있다는 비판이 있다.

해설

③ [×] 크리스찬센은 가장 광범위한 표본을 대상으로 연구를 시행하고, 연구성과의 정확성을 기하기 위하여 쌍생아 계수를 사용하였다. 그러나 일란성 쌍둥이의 범죄일치율이 이란성 쌍둥이의 범죄일치율보다 높기는 하지만 종래 연구들보다는 낮아지는 결과를 얻게 되었고, 결국 범죄원인은 유전적 요인이 중요하지만 사회적 변수에 따라 많은 영향을 받는다고 주장하였다.
① [○] 유전인자를 공통으로 가지고 있는 일란성 쌍생아가 그렇지 않은 이란성 쌍생아보다 범죄일치율이 높게 나타나면 범죄성향이 유전된다는 가설이 입증된다고 본다.
② [○] 랑에는 30쌍의 쌍둥이를 대상으로 연구를 하였는데 일란성의 경우 13쌍 중에서 10쌍이 범죄를 저질렀으며, 이란성의 경우는 17쌍 중에 2쌍만이 범죄를 저지른 것으로 나타났다. 즉, 일란성 쌍둥이의 범죄일치율이 이란성 쌍둥이의 범죄일치율보다 높게 나타났다.
④ [○] 달가드와 크링글렌은 쌍생아 연구에서 유전적 요인 이외에 환경적 요인을 함께 고려하여 연구하였는데, 일란성 쌍생아들이 다소 높은 범죄일치율을 보인 것을 유전적 요인이 아닌 양육과정상의 유사성에 기인한다고 보았다. 실제 양육과정별로 분석을 하였을 때에는 일란성 쌍생아의 일치율은 이란성 쌍생아의 일치율과 큰 차이가 없었다는 것이다.
⑤ [○] 쌍생아 연구는 범죄에서 유전소질의 영향이 적지 않음을 보여준 대표적 연구이다. 그러나 일란성과 이란성의 분류방법의 문제, 표본의 대표성, 공식적인 범죄기록에 의한 일치율의 조사, 환경의 영향을 무시, 불일치현상의 문제 등의 비판을 받는다.

정답 ③

08 생물학적 범죄원인론에 관한 설명으로 가장 적절하지 않은 것은? 23. 1차 경행경채

① 롬브로소(Lombroso)는 범죄인은 일반인에 비해 얼굴이나 두개골 등 신체 전반에 걸쳐 생물학적 열등성이 존재한다는 '생래적 범죄인(born criminals)'을 주장하였다.

② 크레취머(Kretschmer)는 인간의 체형을 크게 세장형(asthenic), 근육형(athletic), 비만형(pyknic) 등으로 분류한 후 각각의 신체특징별 성격과 범죄유형을 연구하였다.

③ 덕데일(Dugdale)은 범죄에 대한 유전성을 밝히기 위해 쥬크(Juke) 가문에 대한 가계도 연구를 실시하였다.

④ 허칭스(Hutchings)와 메드닉(Mednick)은 환경적 요인을 통제하지 못한 가계도 연구의 한계를 보완하기 위하여 쌍생아를 대상으로 범죄와 유전과의 관계를 연구하였다.

해설

④ [×] 허칭스(Hutchings)와 메드닉(Mednick)은 '입양아 연구(양자 연구)'를 통해 범죄원인으로 유전적 요인뿐만 아니라 환경적 요인도 중요한 역할을 한다고 주장하였다.

① [×] 롬브로소(Lombroso)는 정신병원과 형무소에서 정신병과 범죄에 대한 생물학적 원인을 조사하여 수용자들의 두개골에 현저한 생물학적 퇴행성 혹은 격세유전적 특성이 있음을 발견하고, 이를 토대로 생래적 범죄인론을 주장하였다.

② [×] 크레취머(Kretschmer)의 체형이론에 대한 설명이다.

③ [×] 덕데일(Dugdale)은 쥬크가(家) 연구를 통해 범죄성의 유전을 긍정하는 연구를 하였다(범죄인 가계 연구).

정답 ④

09 생물학적 범죄이론에 대한 설명으로 옳지 않은 것은? 23. 보호 7급

① 입양아 연구는 쌍생아 연구를 보충하여 범죄에 대한 유전의 영향을 조사할 수 있지만, 입양 환경의 유사성을 보장할 수 없기 때문에 연구결과를 일반화하기 어렵다.

② 가계 연구는 범죄에 대한 유전과 환경의 영향을 분리할 수 없는 단점을 갖는다.

③ 롬브로조(Lombroso)는 격세유전이라는 생물학적 퇴행성에 근거하여 생래성 범죄인을 설명하였다.

④ 셸던(Sheldon)은 크고 근육질의 체형을 가진 자를 외배엽형(ectomorph)으로 분류하고 비행행위에 더 많이 관여하는 경향이 있다고 주장하였다.

해설

④ [×] 셸던은 비행소년과 체형의 관계를 연구하여, 체형 분류에 따라 비행소년들의 신체적 특징을 조사하였는데, 비행소년의 평균체형은 '중배엽형'이 많이 나타났다고 한다.

① [○] 입양아 연구에 대해서는 입양기관이 연결하는 입양가정은 대개 중산층 이상인 경우가 많기 때문에 연구의 표본이 모집단에 실재하는 다양한 환경을 대표하지 못하는 경우가 있어 환경의 영향을 일반화하기 어렵다고 평가된다.

② [○] 범죄인 가계 연구는 범죄성의 유전 여부에 대한 연구를 하였으나, 환경의 영향을 해명하지 못하였다는 비판을 받는다.

③ [○] 롬브로조의 생래적 범죄인설에 대한 내용이다.

정답 ④

10 생물학적 범죄원인론에 대한 설명으로 가장 적절하지 않은 것은? 23. 간부(73)

① 셀던(Sheldon)은 소년교정시설에 수용된 청소년과 일반 청소년의 신체적 특징을 비교 조사하여 범죄자는 독특한 체형을 지니며, 이러한 체형이 반사회적 행동의 원인이라고 주장하였다.

② 랑게(Lange)는 이란성 쌍생아보다 일란성 쌍생아가 범죄적 일치성이 높아 범죄는 개인의 타고난 유전적 소질에 의한 것이라고 주장하였다.

③ 허칭스와 메드닉(Hutchings & Mednick)은 입양아 연구결과 양아버지의 영향이 생물학적 아버지의 영향보다 크다고 하였다.

④ 글룩(Glueck) 부부는 체형이 행위에 영향을 주어 간접적으로 비행을 유발하는 다양한 요인 중 하나라고 하였다.

해설

③ [×] 허칭스와 메드닉(Hutchings & Mednick)은 생부와 양부 그리고 입양아 본인의 범죄기록을 모두 조사한 결과 생부와 양부 둘 중 한 쪽만 범죄를 저질렀을 때에는 양쪽 모두 범죄자인 경우보다 입양아에 대한 영향력이 약하며, '양부의 범죄성은 생부의 범죄성보다 영향력이 약하다'고 주장하였다.

① [○] 셀던(Sheldon)은 비행소년과 체형의 관계를 연구하여, 비행소년의 평균체형은 중배엽형이 많다고 주장하였다.

② [○] 랑게(Lange)는 일란성 쌍생아들이 이란성 쌍생아들보다 범죄일치율이 현저히 높다는 연구결과를 바탕으로, 범죄란 개인이 타고난 유전적 소질에 의해 저질러지는 것이라고 주장하였다.

④ [○] 글룩(Glueck) 부부는 범죄소년 500명과 일반소년 500명을 비교하여 신체 특징이 중배엽형(운동형, 신체긴장형)일수록 범죄성향이 높다고 하였다. 다만, 이러한 체형이 비행의 직접적 원인이라기보다는 비행의 많은 원인 중 하나에 불과하다고 보았다.

정답 ③

제3절 | 유전학적 이론

11 유전적 요인과 범죄의 관계에 대한 연구만으로 옳게 묶인 것은?

① 쌍생아 연구, 범죄인 가계 연구, 양자(養子) 연구

② 쌍생아 연구, 성염색체 연구, 암수범죄 연구

③ 쌍생아 연구, 낙인효과 연구, 체형과 범죄 연구

④ 성염색체 연구, 생래적 범죄인 연구, 생태학적 범죄 연구

해설

① [○] 쌍생아 연구, 범죄인 가계 연구, 양자 연구는 범죄원인을 소질적 측면에서 찾는 생물학적 범죄원인론에 속하는 연구이다.

② [×] 암수범죄(숨은 범죄)는 실제로 범죄가 발생하였음에도 범죄통계에는 나타나지 않는 범죄를 의미하는 것이다.

③ [×] 낙인효과 연구(낙인이론)는 범죄는 일정한 원인에 의해 발생하는 것이 아니라 사법기관의 낙인에 의해 선별적으로 만들어 지는 것에 지나지 않는다는 범죄통제이론의 하나이다.

④ [×] 생태학적 범죄 연구는 쇼우와 맥케이(C. Shaw & H. D. Mckay)로 대표되는 비행지역과 범죄에 관한 이론이다.

정답 ①

12 생물학적 범죄원인론에 관한 설명 중 괄호 안에 들어갈 이름이 옳게 묶인 것은?

(A)은/는 범죄자들 가운데 일부는 선천적 기질로 인해 범죄를 저지르며, 그들은 진화론적으로 퇴행한 것으로서 격세유전을 통해 야만적 속성이 유전된 돌연변이적 존재라고 하였다. 그러나 (B)은/는 범죄는 신체적인 변이와 관련된 것이 아니라 유전학적 열등성에 기인한 것이라고 주장함으로써 (A)을/를 비판하였다. 한편 (C)은/는 체형을 비만형, 운동형, 쇠약형으로 나누고 각각의 범죄율과 범죄유형을 조사한 바 있다.

ㄱ. 롬브로조(Lombroso)
ㄴ. 고링(Goring)
ㄷ. 고다드(Goddard)
ㄹ. 후튼(Hooton)
ㅁ. 셀던(Sheldon)
ㅂ. 크레취머(Kretschmer)

	A	B	C
①	ㄱ	ㄴ	ㄹ
②	ㄱ	ㄴ	ㅂ
③	ㄱ	ㄷ	ㅁ
④	ㄴ	ㄹ	ㅁ

해설

A-ㄱ. 롬브로조는 범죄성의 해명에 있어서 생리적 요소에 중점을 두어, 범죄자는 선천적인 신체적·정신적 결함들에 의해 알아볼 수 있다고 한다(생래적 범죄인설).

B-ㄴ. 고링은 롬브로조의 범죄인분류는 현실적으로 불가능하다고 지적하면서, 범죄행위란 신체적인 변이형태와 관계된 것이 아니라 '유전학적 열등성'에 의한 것이라고 주장하였다.

C-ㅂ. 크레취머는 '신체구조와 성격'에서 범죄통계적 분석에 기초하여 인간의 체형을 나누고 각 체형의 특징을 구분하였다.

정답 ②

13 유전과 범죄에 관한 설명으로 옳지 않은 것은?

① 연구방법으로 유전부인 연구, 범죄인가계 연구, 쌍생아 및 양자 연구 등이 있다.

② 양자가 범죄를 저지를 경우, 그의 양부와 실부 중 범죄인의 비율이 실부가 더 높다면 범죄의 유전성이 입증될 수 있다고 본다.

③ 일란성 쌍생아, 이란성 쌍생아의 범행일치율을 비교하여 이란성 쌍생아의 일치율이 높은 경우에는 범죄가 소질에 의해 좌우된다는 결론을 얻을 수 있다.

④ 성염색체연구는 생물학적 방법론의 하나로서 X 또는 Y염색체가 증가한 경우에 범죄와의 상관관계를 밝히는 것이다.

해설

③ [×] 일란성 쌍생아의 범행일치율이 이란성 쌍생아의 경우보다 높다면, 범죄가 소질에 의존하는 비중이 크다고 할 수 있다는 것이 쌍생아 연구의 내용이다.

정답 ③

14 형사정책에 관한 학자와 그 이론의 연결이 옳지 않은 것은?

ㄱ. 롬브로조(C. Lombroso)	ㄴ. 페리(E. Ferri)
ㄷ. 제이콥스(P. P. Jacobs)	ㄹ. 랑에(J. Lange)
ㅁ. 셀던(W. H. Sheldon)	ㅂ. 리스트(F. v. Liszt)

A. 형법에 있어서의 목적사상(개선, 위하, 무해화)
B. 범죄인류학, 생래적 범죄인
C. 쌍생아연구
D. 범죄사회학, 범죄포화법칙
E. 체형이론
F. 성염색체이론

① ㄱ-B ② ㄴ-D
③ ㄷ-E ④ ㅂ-A

해설

③ [×] 제이콥스(P. Jacobs)는 성염색체에 관한 연구자이다. 체형이론은 일정한 체격형은 그와 병행하는 성격(기질)을 나타내며 다시 거기에 상응하는 정신병질 및 정신병이 존재한다고 하여 그것과 범죄가 관련을 가진다고 하는 견해로서 크레취머(E. Kretschmer)가 대표자이다.

정답 ③

15 생물학적 범죄원인론에 관한 설명이 옳은 것만으로 묶인 것은?

ㄱ. 고링(C. Goring)은 롬브로조의 범죄인 분류를 정면으로 반박하였다.
ㄴ. 셀던(W. Sheldon)은 비행소년의 평균체형은 중배엽형, 즉 근육이나 골격의 발달상태의 수치가 높다고 하였다.
ㄷ. 랑에(J. Lange)는 체형과 기질이 일치하는 쌍둥이가 비만형의 체형을 가지면 대체로 사기범죄를 저지를 경향이 높다고 하였다.
ㄹ. 제이콥스(P. Jakobs)는 남성성을 나타내는 Y염색체가 많은 자는 외배엽형으로 공격적인 행동을 하는 신체긴장형에 속하는 것으로 보았다.

① ㄱ, ㄴ ② ㄱ, ㄷ
③ ㄴ, ㄷ ④ ㄷ, ㄹ

해설

ㄱ. [○] 고링(C. Goring)은 롬브로조와 같은 범죄인분류는 현실적으로 불가능하다고 지적하였다. 다만, 범죄행위란 신체적인 변이형태와 관계된 것이 아니라 '유전학적 열등성'에 의한 것이라고 주장한다.
ㄴ. [○] 셀던(W. Sheldon)은 비행소년의 평균체형은 중배엽형의 수치가 높은 반면, 범죄경험이 없는 일반학생의 경우 외배엽형의 수치가 상대적으로 높게 나타난다고 주장하였다.
ㄷ. [×] 랑에(J. Lange)는 일란성 쌍둥이와 이란성 쌍둥이를 대상으로 범죄일치율을 조사하였다.
ㄹ. [×] 제이콥스(Jakobs)는 정신병자들의 염색체 구조를 조사하였는데, 이들 중 XYY형으로 파악된 사람의 비율이 일반인의 경우에 비해 매우 높았으며, XYY형은 일반인에 비해 수용시설에 구금되는 정도가 높다는 특징이 있다.

정답 ①

16 범죄이론에서 염색체연구에 관한 설명으로 옳지 않은 것은?

① 성염색체의 이상이 범죄성향과 관련된다는 가정을 증명하려는 연구가 그 시초이다.
② 성염색체 중 Y염색체가 증가된 경우는 일반적으로 클라인펠터증후군이라고 불리며 범죄성향이 높다고 한다.
③ 클라인펠터증후군보다 더욱 범죄성향을 띠기 쉬운 염색체 이상에는 이른바 초남성형(XYY형)의 경우가 있다.
④ 염색체 연구도 범죄발생에 있어서 유전적 특성의 역할을 강조하지만, 유전적 특성이 가계전승과 같이 세습되는 것이 아니라 수태전후의 변이에 의해 형성된다고 본다.

해설

② [×] 클라인펠터증후군은 X염색체가 증가된 경우에 해당한다(XXX, XXY, XXXY 등).

정답 ②

17 생물학적 범죄원인론에 관련된 설명 중 옳지 않은 것은?

14. 사시

① 랑게(Lange)는 일란성 쌍생아들이 이란성 쌍생아들보다 범죄일치율(두 명 모두 범죄를 저지른 비율)이 현저히 높다는 점을 근거로 유전적 소질이 범죄에 영향을 미친다고 주장하였다.
② 제이콥스(Jakobs)는 염색체 구조와 범죄의 관계를 조사하여, 남성성을 나타내는 Y염색체가 일반 남성보다 많은 XYY형 남성은 폭력적이며 강한 범죄성향을 가진다고 주장하였다.
③ 고링(Goring)은 신체적 특징과 범죄의 관계를 분석하여, 범죄자가 일반인과 현저히 구별되는 신체적 특징을 지녔다는 롬브로조의 주장을 지지하였다.
④ 크레취머(Kretschmer)는 사람의 체형을 세장형, 운동형, 비만형으로 나누고 각 체형과 범죄유형의 상관관계를 연구하였다.
⑤ 글룩 부부(S. Glueck & E. Glueck)의 연구에 따르면 범죄를 저지르는 경향이 가장 높은 체형은 중배엽형이다.

해설

③ [×] 고링(Goring)은 롬브로조의 연구를 방법론에 있어 비과학적인 것이라 비판하여, 범죄행위란 신체적 변이형태와 관계된 것이 아니라 유전학적 열등성에 의한 것이라고 주장하였다.

정답 ③

18 생물학적 범죄원인론에 대한 설명으로 옳지 않은 것은?

16. 보호

① 랑게(Lange)는 일란성 쌍둥이가 이란성 쌍둥이에 비해 쌍둥이가 함께 범죄를 저지를 가능성이 높다고 하였다.
② 허칭스(Hutchings)와 메드닉(Mednick)의 연구결과에 의하면 입양아는 생부와 양부 둘 중 한 편만 범죄인인 경우가 생부와 양부 모두가 범죄인인 경우보다 범죄인이 될 가능성이 낮다고 하였다.
③ 크레취머(Kretschmer)는 사람의 체형 중 비만형이 범죄확률이 높은데 특히 절도범이 많다고 하였다.
④ 제이콥스(Jacobs)에 의하면 XYY형의 사람은 남성성을 나타내는 염색체 이상으로 신장이 크고 지능이 낮으며 정상인들에 비하여 수용시설에 구금되는 비율이 높다고 하였다.

해설

③ [×] 비만형은 범죄의 확률이 적으나, 범죄를 저지른다면 주로 사기범이 많고 폭력범도 종종 있다고 한다.
① [○] 랑에는 범죄란 개인이 타고난 유전적 소질에 의해 저질러지는 것이라고 주장하면서, 30쌍의 쌍둥이를 대상으로 연구를 하였는데 일란성의 경우 13쌍 중에서 10쌍이 범죄를 저질렀으며, 이란성의 경우는 17쌍 중에 2쌍만이 범죄를 저지른 것으로 나타났다.
② [○] 허칭스와 메드닉에 의하면, 생부와 양부 그리고 입양아 본인의 범죄기록을 모두 조사한 결과, 생부와 양부 둘 중 한쪽만 범죄를 저질렀을 때에는 양쪽 모두 범죄자인 경우보다 입양아에 대한 영향력이 약하며, 양부의 범죄성은 생부의 범죄성보다 영향력이 약하다고 본다.
④ [○] XYY형은 초남성형이라고도 하며, 신장이 크고, 지능이 낮으며, 성적으로 조숙하여, 조발성 범죄자(평균 초범연령이 13~14세)가 많으며, 일반인에 비해 수용시설에 구금되는 정도가 높다는 특징이 있다고 한다.

정답 ③

19 생물학적 범죄이론에 관한 내용으로 가장 적절한 것은?

22. 경행경채

① 셀던(Sheldon)은 인간의 체형을 중배엽형(mesomorph), 내배엽형(endomorph), 외배엽형(ectomorph)으로 구분하고, 이 중 외배엽형은 활동적이고, 공격적이며, 폭력적 면모를 가진다고 주장하였다.
② 고링(Goring)은 수형자와 일반사회인에 대한 비교 연구를 통해 유전보다는 환경의 역할이 결정적이라고 주장하였다.
③ 초남성(supermale)으로 불리는 XXY 성염색체를 가진 남성은 보통 남성보다 공격성이 더 강한 것으로 알려져 있다.
④ 범죄성 유전에 대한 가계도 연구는 쥬크(Juke)가(家)와 칼리카크(Kallikak)가(家)에 대한 연구가 대표적이다.

해설

④ [○] 범죄인 가계 연구로 덕데일(R. Dugdale)의 쥬크家 연구, 고다드(H. Goddard)의 칼리카크家 연구 등에서는 부모와 자식의 범죄성은 상관관계가 매우 높다고 주장한다(범죄성의 유전을 긍정).
① [×] 셀던(Sheldon)은 '중배엽형'이 활동적이고, 공격적이며, 폭력적 면모를 가진다고 주장한다.
② [×] 고링(Goring)은 롬브로조(Lombroso)의 연구(생래적 범죄인론)를 방법론에 있어 비과학적인 것으로 간주하였으며, 범죄행위란 신체적 변이형태와 관계된 것이 아니라, 유전학적 열등성에 의한 것이라고 주장하였다. 고링(Goring)은 통계를 통하여 유전적 소질과 환경의 영향을 동시에 고려하고 객관적으로 상호비교하였고, '범죄성은 유전에 의해 전수'되는 것이라고 주장하였다.
③ [×] 초남성(supermale)은 성염색체 이상 중 'Y염색체가 증가한 경우(XYY형)'로서 신장이 크고, 지능이 낮으며, 성적으로 조숙하여 조발성 범죄자(평균 초범연령이 13~14세)가 많고, 공격성이 강하여 성범죄, 방화죄, 살인 등의 강력범죄를 저지를 확률이 높다고 한다.

정답 ④

20 생물학적 범죄원인론에 대한 설명으로 가장 옳지 않은 것은?

22. 해경간부

① 크레취머(Kretschmer)는 사람의 체형을 세장형, 운동형, 비만형으로 나누고 각 체형과 범죄유형의 상관관계를 연구하였다.
② 제이콥스(Jacobs)에 의하면 XYY형의 사람은 남성성을 나타내는 염색체 이상으로 신장이 크고, 정상인들에 비하여 수용시설에 구금되는 비율이 높다고 하였다.
③ 랑게(Lange)는 이란성 쌍둥이가 일란성 쌍둥이에 비해 쌍둥이가 함께 범죄를 저지를 가능성이 높다고 하였다.
④ 덕데일(Dugdale)은 범죄는 유전의 결과라는 견해를 밝힌 대표적인 학자이다.

해설

③ [×] 랑게(Lange)는 범죄란 개인이 타고난 유전적 소질에 의해 저질러지는 것이라고 주장하면서, 30쌍의 쌍둥이를 대상으로 연구를 하였다. 그 연구결과에 따르면 일란성의 경우 13쌍 중에서 10쌍이 범죄를 저질렀으며, 이란성의 경우는 17쌍 중에 2쌍만이 범죄를 저지른 것으로 나타났다고 한다(일란성 쌍생아들이 이란성 쌍생아들보다 범죄일치율이 현저히 높다).

정답 ③

제4절 | 생화학적 이론

21 범죄의 생물학적 원인이 아닌 것은? 11. 경비

① 테스토스테론 ② 중배엽형
③ 노르에피네프린 ④ 오이디푸스 콤플렉스

해설

④ [×] 콤플렉스와 범죄의 관계는 '심리학적 범죄이론' 중 정신분석학적 이론에서 다루고 있다.

정답 ④

22 생화학적 범죄이론에 대한 설명으로 옳지 않은 것은?

① 폴링(Pauling), 포돌스키(Podolski), 태판(Tappan), 스미스(Smith) 등이 대표적 연구자이다.
② 내분비장애도 범죄와 무관하지 않다고 본다.
③ 인체의 생화학적 기능장애가 범죄원인이 될 수 있다는 접근방법이다.
④ 범죄와 생화학적 요소의 특정한 연계성에 대한 직접적이고 일관성 있는 증거를 제시한다.

해설

④ [×] 생화학적 연구는 모든 범죄에 일반화되기는 어려우나 소년비행에 대하여 현실적 의미가 있는 것으로 나타나고 있다. 특히 가정이나 학교에서 청소년의 행동상의 문제영역, 예를 들면 학교에서의 비행, 낙제, 태학(怠學)과 반달리즘(Vandalism), 유아기의 성문제, 폭력 및 알콜과 마약중독 등에서 그 성과의 적용이 일단 타당성을 보이고 있다. 그러나 '생화학적 요인이 어느 정도 인체 내에서 범죄를 일으키는 요소로 작용하는가, 생화학적 이상을 보이는 사람 모두에게 적절한 치료를 통해 효과를 볼 수 있는가'하는 문제 등은 아직 밝혀지지 않고 있다.

정답 ④

23 범죄행위에 영향을 미치는 뇌와 신경전달물질에 관한 설명으로 가장 적절하지 않은 것은? 22. 간부(72)

① 뇌의 변연계에 존재하는 편도체는 공포 및 분노와 관련되어 있다.
② 뇌의 전두엽은 욕구, 충동, 감정 관련 신경정보를 억제하거나 사회적 맥락에 맞게 조절, 제어, 표출하게 하는 집행기능을 수행한다.
③ 세로토닌 수치가 너무 높을 경우 충동, 욕구, 분노 등이 제대로 통제되지 않을 수 있다.
④ 도파민 시스템은 보상 및 쾌락과 관련되어 있다.

해설

③ [×] 세로토닌(serotonin)은 뇌 속의 호르몬으로 인간의 행동을 통제하는 역할을 한다고 알려져 있는데, '세로토닌의 양이 적은 사람'이 공격적 행동을 하는 것으로 알려져 있다.
① [○] 뇌의 편도체는 공포, 침략 및 사회적 상호작용과 관련되어 있다.
② [○] 뇌의 전두엽은 사고력, 성격, 감정표현 조절과 같은 정신 및 행동기능에 관여한다.
④ [○] 도파민(dopamine)은 신경전달물질의 하나로서 뇌에서 동기, 보상, 쾌락 등을 위한 시스템에 관여하여 쾌감·즐거움 등에 관련한 신호를 전달해 인간에게 행복감을 느끼게 한다.

정답 ③

24 범죄생물학에 관한 설명 중 옳지 않은 것은? 15. 사시

① 제이콥스(Jakobs)는 남성성이 과잉인 XYY형 염색체를 가진 사람들이 폭력적이고 강한 범죄성향을 가진다고 보았다.

② 아이센크(Eysenck)는 내성적인 사람의 경우 대뇌에 가해지는 자극이 낮기 때문에 충동적, 낙관적, 사교적, 공격적이 된다고 보았다.

③ 달가드(Dalgard)와 크린글렌(Kringlen)은 쌍둥이연구를 통해 범죄 발생에서 유전적 요소는 중요하지 않다고 주장하였다.

④ 꼬르떼(Cortés)는 신체적으로 중배엽형의 사람일수록 범죄성향이 높다고 주장하였다.

⑤ 폴링(Pauling)은 영양결핍으로 인한 지각장애와 영양부족 · 저혈당증에 수반되는 과활동반응에서 범죄원인을 찾았다.

해설

② [×] 아이센크(Eysenck)는 자율신경계의 특징에 따라 내성적인 사람과 외향적인 사람을 분류한다. '내성적인 사람'은 자율신경계에서 불안반응의 유발기능은 발달되었고 해제하는 기능은 낮은 수준이며, 처벌로 인한 불안감을 크게 느끼고 회피하는 성향이 강하기 때문에 규범에 어긋난 행동을 하는 정도가 약하다. 반면에 '외향적인 사람'은 불안반응의 유발기능이 저조하고 해제능력은 발달되어, 처벌에 대한 불안감을 대체로 덜 느끼고(낙관적) 또한 기본적으로 새로운 자극을 항상 추구하기 때문에(충동적) 그만큼 반사회적 행위를 저지를 가능성이 크다.

① [○] 제이콥스와 스트롱(P. Jacobs & J. A. Strong)의 XYY형 성염색체 이상에 대한 연구에 의하면, 클라인펠터 증후군보다 더욱 범죄성향을 띠기 쉬운 염색체 이상으로 신장이 크고, 지능이 낮으며, 성적으로 조숙하여, 조발성 범죄자(평균 초범연령이 13~14세)가 많다고 한다. 공격성이 강해서 성범죄, 방화죄, 살인 등의 강력범죄를 저지를 확률이 높다고 하지만, 유전보다는 돌연변이에 의한 것으로 보아 비유전성이 특징이라고 한다.

③ [○] 달가드와 크린글렌(Dalgard & Kringlen)은 쌍생아 연구에서 유전적 요인 이외에 환경적 요인을 함께 고려하여 연구하였다. 양육과정별로 분석을 하였을 때에는 일란성 쌍생아의 일치율은 이란성 쌍생아의 일치율과 큰 차이가 없었다고 하면서, 결국 범죄발생에서 유전적 요소의 중요성이란 존재하지 않는다고 주장한다.

④ [○] 꼬르떼(J. Cortes)에 의하면 비행소년과 잠재적 범죄인은 신체적으로 더 중배엽형이라고 한다.

⑤ [○] 폴링(L. Pauling)은 영양결핍으로 인한 지각장애, 영양부족 · 저혈당증에 수반되는 과활동반응의 두 가지로 범죄원인을 나누었다.

정답 ②

25 공격성과 관련된 신경전달물질 중 다음 <보기>의 설명이 지칭하는 것은? 23. 해경간부

<보기>

정신치료감호소에 있는 폭력범죄자들의 경우 이것의 수치가 높을수록 과도한 공격성을 보였으나, 반대로 폭력범죄자들에게 낮은 수치가 발견되기도 하였다. 결국 높고 낮은 수치 모두 도구적 공격성과 관계가 있다.

① 노르에피네프린(Norepinephrine)
② 세로토닌(Serotonin)
③ 도파민(Dopamine)
④ 모노아민(Monoamine)

해설

① [○] 노르에피네프린(Norepinephrine)은 신경전달물질로서 노르아드레날린(Noradrenaline)이라고 불리기도 한다. 기본적으로 교감신경계를 자극하여 집중력 증가, 대사활동 증가, 혈압 상승 등의 작용을 나타낸다. 노르에피네프린의 수치가 낮을 경우 주의력결핍, 과잉행동, 우울증과 저혈압의 증상을 보이게 된다고 한다. 이러한 노르에피네프린과 공격성 사이의 상호작용은 일관되지 않다고 한다.

② [×] 세로토닌(Serotonin)은 뇌 속의 호르몬으로 충동이나 욕구를 조절 · 억제하는 역할을 담당하는데, 세로토닌의 양이 적은 사람이 공격적 행동을 하는 것으로 알려져 있다.

③ [×] 도파민(Dopamine)은 신경전달물질의 하나로서 뇌에서 동기, 보상, 쾌락 등을 위한 시스템에 관여하여 쾌감 · 즐거움 등에 관련한 신호를 전달해 인간에게 행복감을 느끼게 한다.

④ [×] 모노아민(Monoamine) 산화요소는 도파민, 세로토닌 등의 분해를 담당하는 효소로 이 효소의 합성과 활동이 비정상적인 경우에는 신경전달물질이 적절히 제거되지 않으므로 여러 반사회적 행동 및 정신병리 증상으로 이어지게 된다.

정답 ①

제5절 I 기타 이론

26 여성은 심리적 형성과정에서 남성에 대한 열등감, 시기심 등의 경향을 가지게 되고, 이를 극복하지 못하면 극단적인 경우 공격적인 성향을 갖게 되어 범죄의 원인이 된다고 주장한 학자는?

① 롬브로조(C. Lombroso)
② 페리(E. Ferri)
③ 프로이드(S. Freud)
④ 뒤르껭(E. Durkheim)

해설

③ [○] 프로이드는 여성의 심리적 특성과 범죄와의 관계를 설문과 같이 설명하였다.

정답 ③

27 여성범죄에 대한 설명으로 가장 옳지 않은 것은? 23. 해경간부

① 롬브로조(Lombroso)는 범죄여성은 신체적으로 다른 여성과 구별되는 특징이 없지만, 감정적으로는 다른 여성과 구별되는 특징이 있다고 설명하였다.
② 신여성범죄자 개념은 여성의 사회적 역할변화와 그에 따른 여성범죄율 변화와의 관계에 초점을 맞추어 등장하였다.
③ 폴락(Pollak)은 여성이 남성 못지않게 범죄행위를 저지르지만, 은폐 또는 편견적 선처에 의해 통계상 적게 나타나는 것일 뿐이라고 지적하였다.
④ 여성범죄는 우발적이거나 상황적인 경우가 많고 경미한 범행을 반복해서 자주 저지르는 경향이 있다.

해설

① [×] 롬브로조는 여성범죄인이 '신체적 · 감정적으로 남성에 가까운 특성'이 있다고 주장하였다(남성성 가설).
② [○] 아들러(Adler)는 여성해방운동 등으로 여성의 사회적 역할이 변하고 생활 형태가 남성의 생활상과 유사해지면서 여성의 범죄활동도 남성과 동일화되어 간다고 주장한다(신여성범죄론).
③ [○] 폴락에 의하면, 여성범죄는 대개 사적인 영역에서 발생하며 잘 들키지 않는다는 은폐성을 특징으로 하므로, 여성범죄가 남성보다 비율이 낮은 것은 은폐성으로 인하여 통계상에 잘 나타나지 않을 뿐이고 범죄적 성향은 남성에 못지않다고 한다(암수범죄의 문제). 또한 형사사법이 여성에게 기사도적이고 관대한 처분을 내리는 측면도 있다고 한다(기사도가설).
④ [○] 일반적으로 여성범죄의 질적 특성은 수동성에 있고, 여성범죄의 배후에는 많은 경우에 남성이 있고, 그 남성이 진정한 원인제공자이고 여성은 어쩔 수 없이 범죄에 내몰린 경우가 적지 않으며(공범으로 가담), 죄질에 있어서도 공격적인 범죄가 적은 편이라고 한다. 또한 여성범죄는 대개 잘 아는 사람을 대상으로 하는 경우가 많고, 범행수법도 비신체적인 경우가 많으며, 경미한 범행을 반복하는 경우가 많다고 한다.

정답 ①

28 여성범죄에 관한 설명으로 가장 적절하지 않은 것은? 22. 경행경채

① 아들러(Adler)는 여성해방운동이 여성범죄를 증가시켰다고 주장하였다.
② 폴락(Pollak)의 기사도 가설(chivalry hypothesis)에 따르면 형사사법기관 종사자들이 남성범죄자보다 여성범죄자를 더 관대하게 대하는 태도를 가졌다고 본다.
③ 체스니-린드(Chesney-Lind)는 형사사법체계에서 소년범들의 성별에 따른 차별적 대우가 존재한다고 보았다.
④ 헤이건(Hagan)과 그의 동료들은 테스토스테론(testosterone)이 남성을 여성보다 폭력적으로 만든다고 주장하였다.

해설

④ [×] 헤이건(J. Hagan)은 '권력통제이론'에서 범죄나 비행의 발생률이 사회적 지위와 가정 기능이라는 두 가지 요소에 의해 결정된다고 주장한다. 가정 기능은 다시 가부장적 기능과 평등주의적 기능으로 나뉘는데, ⓐ 가부장적 가정에서는 아버지가 생계 유지를 위한 경제활동을 하고, 어머니는 가사와 육아의 활동을 하는데 딸에 대해서는 통제가 강하나 아들에 대해서는 통제가 느슨하므로 아들의 비행가능성이 높다고 보는 반면, ⓑ 평등주의적 가정에서는 아버지와 어머니가 동등한 권력과 지위를 향유하므로 딸에 대한 통제가 약하며 그로 인하여 아들과 딸의 비행가능성에 차이가 없다고 본다.

① [○] 아들러(Adler)는 여성해방운동 등으로 여성의 사회적 역할이 변하고 생활 형태가 남성의 생활상과 유사해지면서 여성의 범죄활동도 남성과 동일화되어 간다고 주장한다(신여성범죄론, 남성다움가설).

② [○] 폴락(Pollak)은 "현존하는 남녀 범죄간에 보이는 불평등을 야기하는 현저한 원인의 하나는 기사도 정신에 의한 것이고, 그것은 남성의 여성에 대한 일반적인 태도이다. 경찰은 여성을 체포하기를 꺼려하고, 검찰은 기소하기를 꺼려하며, 재판관이나 배심원은 유죄로 하기를 꺼려한다."라고 지적하였다(기사도가설).

③ [○] 체스니-린드(Chesney-Lind)는 소년사법체계에서 소녀가 소년보다 더 가혹하게 취급되며, 이는 사법체계가 소녀가 전통적 성역할 기대를 저버린 것으로 보아 그 처리절차에서 성차별을 하기 때문이라고 주장한다.

정답 ④

29 여성범죄에 대한 설명으로 옳지 않은 것은?

16. 보호

① 여성범죄는 우발적이거나 상황적인 경우가 많고 경미한 범행을 반복해서 자주 저지르는 성향이 있다.

② 폴락(Pollak)은 여성이 남성 못지않게 범죄행위를 저지르지만, 은폐 또는 편견적 선처에 의해 통계상 적게 나타나는 것일 뿐이라고 지적하였다.

③ 신여성범죄자(new female criminals) 개념은 여성의 사회적 역할변화와 그에 따른 여성범죄율의 변화와의 관계에 초점을 맞추어 등장하였다.

④ 롬브로조(Lombroso)는 범죄여성은 신체적으로는 다른 여성과 구별되는 특징이 없지만, 감정적으로는 다른 여성과 구별되는 특징이 있다고 설명하였다.

해설

④ [×] 롬브로조에 의하면, 여성범죄인은 신체적·감정적으로 남성에 가까운 특성이 있다고 한다(남성성 가설).

① [○] 일반적으로 여성범죄는 수동적인 특성을 가지고 있다고 주장된다.

② [○] 폴락에 의하면, 여성범죄는 은폐성을 특징으로 하므로, 여성범죄가 남성보다 비율이 낮은 것은 은폐성으로 인하여 통계상에 잘 나타나지 않을 뿐이고 범죄적 성향은 남성에 못지않다고 한다(암수범죄의 문제).

③ [○] 아들러(Adler)는 여성의 사회적 역할이 변하고 생활형태가 남성의 생활상과 유사해지면서 여성의 범죄활동도 남성과 동일화되어 간다고 주장한다(신여성범죄론).

정답 ④

30 성별에 따른 범죄율의 차이를 설명하는 관점으로 옳지 않은 것은?

13. 경비

① 집합효율성
② 성역할의 사회화
③ 여성의 낮은 지위
④ 여성의 낮은 공격성

해설

① [×] 샘슨(R. Sampson)은 지역사회의 구성원들이 무질서나 사회문제를 해결하기 위해 적극적으로 개입·참여하는 것을 집합효율성이라고 하면서, 이러한 집합효율성이 높은 지역은 범죄가 감소하나, 비공식적 사회통제가 제대로 되지 않고 지역사회의 응집력이 약해지면 범죄는 증가한다고 주장한다(집합효율성이론).

정답 ①

31 여성범죄자에 대한 형사사법기관의 관대한 처벌을 설명하는 것은? 11. 경비

① 기사도 가설(chivalry hypothesis)

② 남성성 가설(masculinity hypothesis)

③ 신여성범죄자(new female criminal)

④ 성숙효과(maturation effect)

해설

① [○] 폴락(Pollak)은 "현존하는 남녀 범죄 간에 보이는 불평등을 야기하는 현저한 원인의 하나는 기사도 정신에 의한 것이고, 그것은 남성의 여성에 대한 일반적인 태도이다. 경찰은 여성을 체포하기를 꺼려하고, 검찰은 기소하기를 꺼려하며, 재판관이나 배심원은 유죄로 하기를 꺼려한다."고 지적하였다(기사도가설).

정답 ①

32 다음은 범죄학자 A의 여성범죄의 원인에 대한 내용이다. 이를 주장한 범죄학자 A는 누구인가? 23. 간부(73)

> 가. 자신의 저서 『여성의 범죄성(The Criminality of Women)』에서 여성의 범죄는 대개 사적인 영역에서 발생하며 잘 들키지 않는다고 주장하였다.
> 나. 여성범죄가 감추어져 있는 것이지 실제로는 남성의 범죄와 비슷한 양을 가지고 있을 것이라고 추정하였다.
> 다. 여성은 그들의 범죄를 잘 감추는 능력을 타고났다고 보았으며, 범죄를 교사하여 자신은 체포되지 않거나, 들키지 않는 방법으로 범죄를 행하는 특성이 있다고 하였다.

① 프로이트(Freud)

② 폴락(Pollak)

③ 롬브로조(Lormbroso)

④ 애들러(Adler)

해설

② [○] 폴락(Pollak)은 여성범죄의 특성으로 '은폐성'을 주장하였다.

정답 ②

33 연령과 범죄에 대한 논의로서 타당하지 않은 것은?

① 일반적으로 가장 많은 범죄를 저지르는 나이는 10대이다

② 청소년 비행 중 상당수는 지위비행(Status Offense)에 속한다.

③ Greenberg는 10대 후반의 범죄증가는 긴장이론으로, 20대 이후의 범죄감소현상에 대해서는 통제이론으로 설명하였다.

④ 청·장년기에는 폭력범이 많고, 갱년기와 노년기에는 상대적으로 지능범죄가 많다.

해설

① [×] 범죄가 가장 많이 발생하는 연령층은 청·장년기라고 한다. 외국의 범죄통계에 의하면 20대 초중반이 가장 높은 범죄율을 나타내나, 우리나라의 경우 30대 초중반이 가장 높은 비율을 보인다.

정답 ①

34 대부분의 범죄통계에서는 20대의 시기에 범죄성이 최고로 나타나고 이후 점차 감소하는 경향을 보인다고 한다. 이를 해명하기 위한 이론과 그 주장자가 바르게 연결되지 않은 것은?

① Glueck - 성숙이론
② Matza - 성장효과이론
③ Siegel - 노쇠화이론
④ Sutherland - 차별적 접촉이론

해설

④ [×] 연령과 범죄의 관계에 대해서는 다음과 같은 이론이 있다.

☑ 연령과 범죄의 관계

성숙이론	글룩부부(Gluecks)는 연령상 25~30세까지는 범죄를 반복하나 30세 이후에는 범죄를 중단하게 된다고 하였다.
성장효과이론	맛차(Matza)는 사회학적 관점에서 연령증가에 따른 범죄감소경향을 해명하였다. 그에 의하면 직장과 가족에 대한 책임감 및 기대충족의 동기로 인해 범죄가 감소한다고 본다.
노쇠화이론	지겔(Sigel)에 의하면 수형기간 중에는 범행의 기회가 차단되며 석방 후에도 연령증가에 따라 범죄가 감소된다고 한다.
정착과정이론	레크리스(Reckless)는 교정에 의해 재사회화된 결과로 고연령층의 범죄율이 낮다고 한다.

정답 ④

35 알코올과 범죄에 대한 상관관계로 옳지 않은 것은?

① Exner의 '범죄의 토 · 일 · 월 곡선'은 알콜의 직접적 범죄촉진작용의 연구이다.
② Hartmann은 '명정중의 자'의 이론을 통해 알콜의 생리적 훼손작용을 설명하려 하였다.
③ 알콜음용의 가장 큰 문제점은 간접적 범죄촉진작용이라고 할 수 있다.
④ 알콜범죄에 대하여는 치료처분보다 엄중한 처벌을 가하는 것이 각국의 추세이다.

해설

④ [×] 알콜중독자를 구금하여 불필요한 낙인을 찍기보다 일종의 비형벌화로서의 치료처분을 부과하는 것이 일반적이고, 그 대표적인 예로 미국의 중독제거원을 들 수 있다.

정답 ④

36 다음 설명 중 옳은 것으로만 짝지어진 것은?

ㄱ. 롬브로조는 진화론의 영향을 받았다.
ㄴ. 후튼은 롬브로조의 이론에 반대하였다.
ㄷ. 프로이드는 이드, 에고, 슈퍼에고의 이론 및 XXY, XYY 성염색체에 대해 연구하였다.
ㄹ. 메드닉은 MMPI를 개발하였다.
ㅁ. 글룩부부는 비행소년의 성격심리특징을 찾고자 하였다.
ㅂ. 크레취머는 신체구조와 성격의 연구를 통해 범죄의 상관성을 설명하고자 하였다.

① ㄱ, ㄴ
② ㄴ, ㄷ
③ ㄹ, ㅁ
④ ㅁ, ㅂ

해설

ㄴ. [×] 롬브로조의 이론에 반대한 것은 '고링'이다.
ㄷ. [×] 성염색체 연구는 제이콥스와 스트롱에 의해 행해졌다.
ㄹ. [×] MMPI는 하서웨이가 개발한 것으로, 왈도와 디니츠는 이를 이용하여 범죄자의 성격을 연구하였다.

정답 ④

제4장 | 심리학적 범죄원인론

제1절 | 서론

01 심리학적 범죄원인론에 대한 설명으로 옳지 않은 것은?

① 개인의 속성을 신체적 뇌기능, 생화학적 특성의 측면에서 찾는다는 점에 특징이 있다.
② 개인의 정신작용의 특이성 때문에 범죄가 발생하는 것으로 본다.
③ 범죄의 심리학적 분석은 범죄자에 대한 개별처우이념과 부합한다.
④ 인격적 특성에서 범죄의 원인을 찾는 인성이론은 사람의 성격을 다양한 기준으로 분류하여 연구한다.

해설
심리학적 범죄이론이란 범죄의 원인을 범죄자의 이상심리에서 구하려는 입장이다. 즉, 개인의 정신작용의 특이성 때문에 범죄가 발생하는 것으로 보는 견해이다. 범죄심리학은 사람의 정신적 이상성을 범죄원인으로 보고 이를 연구한다.
① [×] 인간의 몸 안에서 일어나는 각종 화학물질의 화학적 변화와 에너지 변화로 인하여 생화학적 기능에 장애가 있는 경우에, 이것이 반사회적 행동을 유발하는 원인이 될 수도 있다는 소위 '생화학적 범죄원인론'에 대한 설명이다.

정답 ①

제2절 | 정신분석학적 범죄이론

02 심리학적 범죄원인론에 대한 설명으로 옳지 않은 것은?

① 심리학적 범죄원인론은 범죄원인을 범죄자의 이상심리에서 구하는 입장으로서, 치료·교정의 개별처우이념에 부합한다는 특징이 있다.
② 프로이드(S. Freud)는 슈퍼에고의 미발달을 범죄의 원인이라고 하여, 비행소년의 경우 슈퍼에고가 제대로 형성되지 않아 이드가 제대로 통제되지 못한 경우로 이해한다.
③ 아이젠크(Eysenck)에 의하면 외향적인 사람은 반사회적 행위를 저지를 가능성이 크다고 본다.
④ 고다드(Goddard)는 범죄·비행의 원인 중 가장 중요한 것이 정신박약이라고 보아, 정신박약자는 특별한 억제조건이 주어지지 않는 한 범죄자로 된다고 본다.

해설
② [×] 아이히호른(A. Aichhorn)은 슈퍼에고의 미발달을 범죄의 원인이라고 하여, 비행소년의 경우 슈퍼에고가 제대로 형성되지 않아 이드가 제대로 통제되지 못한 경우로 이해한다. 반면에 프로이드(S. Freud)는 과도하게 발달한 슈퍼에고로 인하여 항상 죄책감과 불안을 느끼기 때문에 범죄에 따른 처벌을 통하여 죄의식을 해소하고 심리적인 균형감을 얻고자 하는 시도로 범죄를 저지를 수 있다고 본다.
③ [○] 아이젠크(Eysenck)는 자율신경계의 특징에 따라 외향적인 사람은 불안반응의 유발기능이 저조하고 해제능력은 발달되어, 처벌에 대한 불안감을 대체로 덜 느끼고, 또한 기본적으로 새로운 자극을 항상 추구하기 때문에 그만큼 반사회적 행위를 저지를 가능성이 크다고 본다.

정답 ②

03 다음 설명 중 옳지 않은 것은?

15. 사시

① 프로이드(Freud)는 의식을 에고(Ego)라고 하고, 무의식을 이드(Id)와 슈퍼에고(Superego)로 나누었다.
② 정신분석학은 개인이 콤플렉스에 기한 잠재적인 죄책감과 망상을 극복할 수 없는 경우에 범죄로 나아갈 수 있다고 보았다.
③ 에이크혼(Aichhorn)에 따르면 비행소년은 슈퍼에고(Superego)의 과잉발달로 이드(Id)가 통제되지 않아 양심의 가책 없이 비행을 하게 된다고 보았다.
④ 슈나이더(Schneider)는 정신병질유형 중에서 과장성(자기현시성) 정신병질자는 고등사기범이 되기 쉽다고 보았다.
⑤ 정신분석학은 초기 아동기의 경험과 성적 욕구를 지나치게 강조한다는 비판을 받는다.

해설

③ [×] 에이크혼(A. Aichhorn)은 '슈퍼에고의 미발달'을 범죄의 원인이라고 하여, 비행소년의 경우를 슈퍼에고가 제대로 형성되지 않아 이드가 제대로 통제되지 못한 경우로 이해한다. 슈퍼에고의 과잉발달이 범죄의 원인이 된다는 것은 프로이드의 주장이다.
①② [○] 프로이드(S. Freud)의 정신분석학적 범죄이론에서는 콤플렉스에 기한 잠재적인 죄악감과 망상을 극복할 수 없는 경우에 범죄로 나아간다고 설명하면서, 성격구조의 기본토대에서 의식의 개념은 ego로, 무의식의 개념은 id와 superego로 나누어 설명한다.
④ [○] 정신병질에 대한 슈나이더의 10분법에서, 과장성 정신병질의 경우는 자기중심적, 자신에의 주목 · 관심 유발, 기망적 허언 남발, 욕구좌절시 히스테리 반응 등의 특성이 있으며, 기망적 성격에 따른 고등사기와 관련이 있다고 한다.
⑤ [○] 정신분석학이론에 대해서는 주요개념을 측정하거나 기본가설을 검증하는 것이 어렵다는 것과 초기 아동기의 경험과 성적 욕구를 지나치게 강조한다는 것에 대한 비판이 제기된다.

정답 ③

04 프로이트(Freud)의 정신분석이론에 대한 설명으로 가장 적절한 것은?

23. 간부(73)

① 프로이트에 따르면 인성 구조에서 이드(Id)는 쾌락원칙, 에고(Ego)는 도덕원칙을 따른다.
② 슈퍼에고(Superego)는 양심과 이상 같은 긍정적 요소이므로 미발달한 경우는 문제이지만 과다하게 발달하는 경우는 문제가 되지 않는다.
③ 프로이트는 인간 발달의 성 심리적 단계를 구순기(Oral Stage), 항문기(Anal Stage), 남근기(Phallic Stage), 잠복기(Latent Stage), 생식기(Genital Stage) 순으로 제시하였다.
④ 남근기에 여자아이는 아버지에게 성적 감정을 가지게 되는데 이를 오이디푸스 콤플렉스라고 한다.

해설

③ [○] 프로이트(Freud)는 성심리의 단계적 발달이 인성형성에 중요한 역할을 한다고 보면서, 각 단계별로 필요한 욕구가 충족되지 못하면 긴장이 야기되고 이러한 긴장이 사회적으로 수용되지 못할 때 범죄적 적응이 유발될 수 있다고 주장하였고, 인간의 성심리의 발달단계를 성적 쾌감을 느끼는 신체부위의 변화에 따라 구순기(Oral Stage), 항문기(Anal Stage), 남근기(Phallic Stage), 잠복기(Latent Stage), 생식기(Genital Stage) 순으로 제시하였다.
① [×] 프로이트에 의하면, 이드(Id)는 쾌락을 요구하고(쾌락원칙), 슈퍼에고(Superego)는 욕구에 대한 죄의식을 느끼게 하며(도덕원칙), 에고(Ego)는 협상을 시도하여 욕구 충족을 위한 활동에 참여할 수 있게 한다(현실원칙).
② [×] 프로이트에 의하면, 어떤 사람들은 '과도하게 발달한 슈퍼에고(Superego)'로 인하여 항상 죄책감과 불안을 느끼기 때문에 범죄에 따른 처벌을 통하여 죄의식을 해소하고 심리적인 균형감을 얻고자 하는 시도로 범죄를 저지를 수 있다고 본다.
④ [×] 남근기(Phallic Stage)는 3세~6세 정도의 시기로서 자신의 성기에 관심을 갖고 남녀의 구별과 이성 부모에 대한 성적 감정 및 동성 부모에 대한 적대감을 느끼는 시기이다(오이디푸스 콤플렉스, 엘렉트라 콤플렉스). 여자아이가 아버지에게 성적 감정을 가지게 되는 것은 '엘렉트라 콤플렉스'이고, 반대로 남자아이가 어머니에게 성적 감정을 가지게 되는 것이 오이디푸스 콤플렉스이다.

정답 ③

제3절 | 성격과 범죄

05 성격과 범죄에 관한 이론에 대한 설명으로 옳지 않은 것은?

① 아이젠크는 외향적 사람과 내성적 사람을 구분하면서, 내성적인 사람은 외향적인 사람에 비해 규범합치적 행동성향이 불안정하므로 잘못 조건 지어진 방향으로 행동한다고 본다.

② 처벌을 피하기 위해 또는 자기이익을 위해 법을 지키는 사람은 법이 다른 사람의 이익을 위해 존재하는 것으로 보는 사람에 비해 범죄인이 될 가능성이 높다.

③ 행동이론(학습이론)에 의하면, 범죄는 비정상적이거나 도덕적으로 미성숙한 반응의 표현이 아니고 일상적으로 그렇게 반응하도록 학습된 내용에 지나지 않는다.

④ 행동이론(학습이론)은 범죄자의 행동수정요법에 원용되고 있다.

해설

① [×] 아이센크(Eysenck)는 자율신경계의 특징에 따라 성격이 내성적인 사람과 외향적인 사람의 두 가지로 분류하였다. 내성적인 사람은 자율신경계에서 불안반응을 유발하는 기능은 발달되었고 이를 제거하는 기능은 낮은 수준이므로, 처벌로 인한 불안감을 크게 느끼고 이를 회피하는 성향이 강하기 때문에 규범에 어긋난 행동을 하는 정도가 약하다. 반면, 외향적인 사람은 불안반응의 유발기능이 저조하고 해제능력은 발달되었으므로, 처벌에 대한 불안감을 대체로 덜 느끼고, 또한 기본적으로 새로운 자극을 항상 추구하기 때문에 그만큼 반사회적 행위를 저지를 가능성이 크다고 보았다.

정답 ①

06 심리학적 범죄이론에 관한 평가로 가장 적절하지 않은 것은?

23. 1차 경행경채

① 프로이트(Freud)의 정신분석이론은 범죄자의 현재 상황보다 초기 아동기의 경험을 지나치게 강조한다는 비판을 받는다.

② 스키너(Skinner)의 행동이론은 외적 자극의 영향보다는 인지·심리 등 내적 요인을 지나치게 강조하였다는 비판을 받는다.

③ 콜버그(Kohlberg)의 도덕발달이론은 도덕적 판단과 도덕적 행위간의 불일치가 문제점으로 지적되고 있다.

④ 아이젠크(Eysenck)의 성격이론은 극단적인 범행동기를 파악하는 데 유용하지만, 그렇지 않은 범죄자의 범행원인 파악은 어려운 것으로 평가된다.

해설

② [×] 스키너(Skinner)의 이론은 '인간의 행동이 내적 요인보다 외적 자극(칭찬·보상과 처벌·제재 등)에 의하여 영향을 받는다'는 점을 전제로 한다.

① [○] 프로이트(Freud)의 정신분석학이론에 대해서는 주요 개념을 측정하거나 기본가설을 검증하는 것이 어렵다는 것과 초기 아동기의 경험과 성적 욕구를 지나치게 강조한다는 것에 대한 비판이 제기된다.

③ [○] 콜버그(Kohlberg)의 이론에 대해서는 ⓐ 연구방법의 문제(도덕성 발달 단계의 구분이 주관적), ⓑ 문화적 보편성의 문제(미국 중산층의 도덕적 판단을 기준으로 하여 다른 계층, 인종, 지역의 사람들에게 일반화하기 곤란), ⓒ 도덕성 발달 단계의 불변성에 대한 비판(정해진 순서대로 발달하지 않기도 하며 오히려 후퇴하는 경우도 있음), ⓓ 여성들의 도덕 판단 수준에 대한 과소평가, ⓔ 도덕적 판단과 도덕적 행위가 일치하는가의 문제(도덕 판단 수준의 상승 이동이 그대로 도덕적 행위로 반영되지는 않는다는 한계) 등이 한계로 지적된다.

④ [○] 아이젠크(Eysenck)는 ⓐ 외향성, ⓑ 신경증, ⓒ 정신병적 성향이 반사회적 인성(성격)과 관련된다고 보고, 특히 외향적이고 동시에 신경증적인 사람은 자기통찰력이 부족하고 충동적이며 정서적으로 불안정해서 이성적 판단이 어려우므로 범죄와 연결되기 쉽다고 보았다. 따라서 아이젠크의 이론은 극단적 범행의 원인을 파악함에 유용하나, 그렇지 않은 범행의 원인을 파악하는 것은 어렵다고 평가된다.

정답 ②

07 심리학적 특성이론 중 인지이론에 대한 설명으로 가장 적절한 것은?

23. 간부(73)

① 연령에 따른 지적 능력 발달과 범죄 중단 과정의 관련성을 설명한다.

② 범죄행동은 보상에 의해 강화되고 처벌에 의해 소멸된다고 본다.

③ 미디어가 어떻게 범죄와 폭력에 영향을 미치는지 보여준다.

④ 초기 아동기의 무의식적 성격 발달이 일생 동안의 행동에 영향을 미친다고 본다.

해설

① [○] 인지발달이론(인지이론)은 인간의 인지발달에 따라 도덕적 판단능력이 내재화되는 과정을 통해 범죄원인을 연구하는 입장이다.
② [×] 행동·학습이론(사회학습이론 및 행동주의이론)에 대한 설명이다.
③ [×] 매스컴과 범죄의 관계에 대한 설명이다.
④ [×] 프로이드의 정신분석이론에 대한 설명이다.

정답 ①

08 다음은 범죄원인론에 관한 설명이다. ㉠, ㉡의 학자를 가장 적절하게 연결한 것은?

23. 2차 경행경채

> (㉠)은 범죄자 집단과 비범죄자 집단을 비교·분석한 결과, 범죄의 원인이 신체적 차이에 있는 것이 아니라 유전학적 열등성에 있다고 주장하면서 롬브로조(Lombroso)의 연구를 비판하였다.
> (㉡)는 도덕적 발달단계를 범죄에 적용하였으며, 도덕적 발달 단계를 3가지 수준인 전관습적, 관습적, 후관습적 수준으로 나누고 각 수준마다 2단계씩 총 6단계로 나누었다.

	㉠	㉡
①	후튼(Hooton)	피아제(Piaget)
②	고링(Goring)	콜버그(Kohlberg)
③	후튼(Hooton)	콜버그(Kohlberg)
④	고링(Goring)	피아제(Piaget)

해설

㉠ 고링(Goring)은 롬브로조(Lombroso)의 연구를 방법론에 있어 비과학적인 것으로 간주하였으며, 범죄행위란 신체적 변이형태와 관계된 것이 아니라, 유전학적 열등성에 의한 것이라고 주장하였다.

㉡ 콜버그(Kohlberg)는 도덕성의 발달단계를 ⓐ 관습적 수준 이전 단계(1단계: 타율적 도덕성 준수, 2단계: 이익형평성 고려), ⓑ 관습적 수준 단계(3단계: 타인의 기대 부응, 4단계: 사회 시스템 고려), ⓒ 관습적 수준 이상 단계(5단계: 개인의 권리 및 사회계약 인식, 6단계: 보편적 윤리원칙 고려)로 구분하였다. 그는 대부분의 성인들은 3·4단계 정도의 도덕적 수준이 발달하기 때문에 사회의 규범을 준수하고 범죄를 하지 않지만, 1·2단계의 도덕적 수준을 가진 사람들은 일탈과 범죄를 행한다고 주장한다.

정답 ②

09 사회학습이론 및 행동주의이론을 바탕으로 하여 이루어진 실제 실험에 대한 설명으로 가장 거리가 먼 것은?

23. 간부(73)

① 조건자극(종소리)이 무조건 자극(먹이) 없이도 개의 행동반응(침 흘림)을 유발할 수 있음을 증명하여 자극과 반응을 통한 학습의 원리를 처음으로 제시하였다.

② 피실험체(생쥐)가 우연한 기회(지렛대 누르기)에 긍정적인 보상(먹이)이 주어지는 것을 경험하고 지렛대 누르기를 반복하게 되는 것을 통해 행동의 강화를 증명하였다.

③ 성인 모델이 인형을 대상으로 하는 폭력적·비폭력적 행동을 아동이 화면으로 시청한 후에 성인 모델의 행동방식을 그대로 모방하는 경향을 관찰하였다.

④ 가상의 교도소에 교도관과 수용자 역할을 할 지원자를 모집하여 각자의 행동 변화를 관찰하였다.

해설

④ [×] 심리학자인 짐바르도(Zimbardo)의 스탠퍼드 교도소 실험은 교도관과 수용자의 어려움을 이해하기 위하여 시도된 것으로, 감옥이라는 환경이 인간의 반응과 행동에 어떤 영향을 미치는지 관찰하기 위하여 진행되었다.

①②③ [○] 파블로프(Pavolv)의 고전적 조건형성실험(①), 스키너(Skinner)의 조작적 조건형성 실험(②), 반두라(Bandura)의 보보인형실험(③) 등은 행동·학습이론(사회학습이론 및 행동주의이론)에 의한 대표적 실험이다. 행동·학습이론이란 인간의 행위를 경험을 통하여 학습된 내용의 표현으로 이해하는 입장이다.

정답 ④

10 성격과 범죄 관련성을 검사하는 방법 중 다음 <보기>의 설명이 지칭하는 것은?

23. 해경간부

<보기>

비행성이 있는 성격과 그렇지 않은 성격을 구분하기 위한 수단으로 개발됐다. 세계적으로 많이 쓰이고 있는 14세 이상 정상인 대상의 성격 측정 지필검사다.

① MBTI 검사
② CPI 검사
③ 과제통각검사
④ 로르샤흐검사

해설

② [○] CPI(California Psychological Inventory) 검사는 심리학자 해리슨 고프(Harrison G. Gough)에 의해 고안된 것으로, 그는 2차 세계대전 당시 군사병원에서 임상심리사로 근무하면서 PTSD(Post Traumatic Stress Disorder, 외상후 스트레스장애)와 같은 이상 반응을 탐지하는 MMPI를 연구하였고, 이후 MMPI를 일반인에게 적용시키는 방법에 대해 고민하여 1956년에 문항의 용어와 선택지 등을 쉽게 개량하고 정규분포를 도입하여 이상반응을 탐지함과 동시에 누구에게나 적용할 수 있는 검사를 개발하였다.

① [×] MBTI(Myers-Briggs Type Indicator) 검사는 작가 캐서린 쿡 브릭스(Katharine C. Briggs)와 그녀의 딸 이자벨 브릭스 마이어스(Isabel B. Myers)가 카를 융의 초기 분석심리학 모델을 바탕으로 1944년에 개발한 자기보고형 성격 유형 검사로, 사람의 성격을 16가지의 유형으로 나누어 설명한다. 이 지표는 본래 제2차 세계 대전의 발발 이후 징병제로 인해 발생한 인력 부족 및 총력전으로 인한 군수 공업의 수요 증가로 남성 노동자가 지배적이던 산업계에 여성이 진출하게 되자, 이들이 자신의 성격 유형을 구별하여 각자 적합한 직무를 찾을 목적으로 개발되었다.

③ [×] 과제통각검사는 미국의 머리(Murray)와 모건(Morgan)이 창안한 것으로 무의식적 욕구, 동기, 성격 따위를 알아보기 위한 투사법 검사이다. 이는 피험자에게 모호한 그림을 보여주고 그림에 대한 자유로운 이야기를 꾸며내게 하여, 그 속에 투사된 마음속의 희망이나 사상, 감정 따위를 알아내어 그 사람의 욕구나 동기를 밝히려는 것이다.

④ [×] 로르샤흐검사는 스위스의 정신의학자인 로르샤흐가 개발한 것으로 먼저 종이 위에 잉크 방울을 떨어뜨리고 종이를 반으로 접은 후 생긴 모양 10매를 피험자에게 보여준 뒤, 그림이 무엇처럼 보이는지, 무슨 생각이 나는지 등을 자유롭게 이야기하면서 피험자의 심리 상태를 파악하는 것이다. 종이에 그려진 잉크반점이 모호한 자극으로 작용하여 개인이 인지하지 못하는 성격의 여러 측면을 드러낼 수 있도록 만들어진 검사법이며, 자극에 의해 일어나는 지각반응을 분석하여 개인의 인격 성향을 추론하는 진단검사로, 불안·긴장·갈등을 측정하여 주로 개인의 성격구조를 밝히는 데 이용된다.

정답 ②

제4절 | 정신적 결함과 범죄

11 슈나이더의 정신병질 분류 중 범죄와 관련성이 적은 성격만으로 묶인 것은?

ㄱ. 무력성	ㄴ. 무정성
ㄷ. 발양성	ㄹ. 우울성
ㅁ. 의지박약성	ㅂ. 과장성
ㅅ. 기분이변성	ㅇ. 폭발성
ㅈ. 자신결핍성	ㅊ. 광신성

① ㄱ, ㄴ, ㅊ　　② ㄴ, ㄷ, ㅇ
③ ㄷ, ㄹ, ㅁ　　④ ㄱ, ㄹ, ㅈ

해설

④ [○] 종래 범죄자 가운데 정신병질자의 비율이 얼마나 되는가에 대해 많은 논의가 있었는데 조사결과에 많은 차이를 보이고 있다. 다만, 일반범죄자에 비해 상습범 · 누범 · 중범자의 경우 비율이 상당히 높다고 한다. 유형별로 기분이변성이 범죄자에게 가장 많이 나타나며, 그 다음으로 무정성, 발양성 그리고 폭발성, 과장성이 많이 나타난다고 하는 점이 보고되고 있다(→ 기 > 무 > 발 > 폭 > 과). 반면 무력성(ㄱ), 우울성(ㄹ), 자신결핍성(ㅈ)은 범죄와의 관계가 소극적이라고 한다(→ 무력하고 우울한 자신은 범죄와 관계가 없다).

정답 ④

12 슈나이더(K. Schneider)가 구분한 정신병질 중 감정변화가 심하여 행동예측이 곤란하고 방화범과 상해범에서 많이 나타나는 유형은?

① 기분이변성 정신병질자　　② 무정성 정신병질자
③ 자기현시욕성 정신병질자　　④ 폭발성 정신병질자

해설

① [○] 기분이변성 정신병질은 기분동요가 많아 예측곤란하고 정신병질자의 50%로 가장 많다. 의지박약 · 정신박약과 결합되면 위험한 유형으로 방화범과 상해범에서 많이 나타난다.

정답 ①

13 슈나이더(Schneider)의 정신병질자의 유형에 관한 설명 중 옳지 않은 것은?

① 발양성 정신병질자는 분별력 없이 떠벌리는 성격의 소유자로서 흉악범이 되는 경우는 적고 가벼운 절도, 상습사기, 모욕죄 등의 상습범과 누범이 되는 경우는 많다.

② 무정성 정신병질자는 자신의 정신과 행동을 아무 생각없이 끌고 가는 심신부조화의 유형으로서 비교적 범죄와 관련이 적은 유형으로 알려져 있다.

③ 자신결핍성 징신병질자는 내적 열등감과 불확실성을 특징으로 하는 유형으로서 내적 갈등으로 인하여 살인, 방화, 상해 등의 범죄를 저지르는 경우도 있으나 그 가능성은 낮다.

④ 자기현시성(과장성) 정신병질자는 자신을 과대평가하면서 자기를 의미있는 인물로 받아들이게 하기 위하여 반사회적 행위를 하는 경우가 있는 유형으로서 주로 사기성 범죄자가 이에 속한다.

해설

② [×] 무력성 정신병질에 대한 설명이다.

☑ 정신병질의 유형에 대한 슈나이더의 10분법

구분	성격의 특징	관련되는 범죄유형
발양성	자기운명과 능력에 대한 낙천적 태도, 경솔 및 불안정, 비판 · 감정제어능력의 결여	상습범 · 누범 중에 많음, 무전취식 등의 가벼운 절도 · 모욕죄 · 사기죄와 관련됨
우울성	염세적 · 회의적 인생관, 자책성, 발기제지성, 불평	범죄와 관련 적음, 자살유혹이 강함, 강박관념에 의한 살상이나 성범죄 가능
의지박약성	모든 영향에 대한 저항력(인내심) 상실, 저지능	청소년 비행과 관련, 누범의 60%, 각종 중독자, 계획 없는 소규모 절도, 사기
무정성 (배덕광)	동정심 · 수치심 · 회오 등 인간의 고등감정이 결여, 이기적이고 잔인한 행위	목적달성을 위한 흉악범(살인 · 강도 · 강간 등), 범죄단체조직, 누범 등에 많음
폭발성	자극에 민감한 반응, 병적 흥분, 음주시 무정성 · 의지박약성과 결합되면 매우 위험	살상 · 폭행 · 모욕 · 손괴 등 충동범죄의 대부분과 관련, 충동적인 자살도 가능
기분이변성 (욕동인)	기분 동요가 많아 예측곤란, 정신병질자의 50%로 가장 많음	방화, 도벽, 음주광, 격정범으로 상해 · 모욕 · 규율위반 가능
과장성 (자기현시성)	자기중심적, 자신에의 주목 · 관심 유발, 자기기망적 허언 남발, 욕구좌절시 히스테리 반응	기망적 성격에 따른 고등사기, 금고수형자 중 꾀병 앓는 자가 많음
자신결핍성	내적 열등감과 불확실성, 강박관념	범죄와 관련 적음, 감수성이 예민한 경우에는 강박관념으로 인한 범죄 가능
광신성 (열광성)	개인적 · 이념적 사상에 열중, 타인에 대한 불신	양심범 · 확신범, 투쟁적 광신자의 경우에는 정치범 가능, 개선이 어려워 재범을 저지르는 경우가 많음
무력성	심신부조화상태, 타인의 관심 호소, 신경증	범죄와 관련 적음

정답 ②

14 정신병질(Psychopathy)에 대한 설명으로 옳은 것은?

① 정신병질자들은 일상생활에서 이상행동을 자주 보이기 때문에 조기에 발견된다.

② 헤어(Robcrt Hare)는 교정시설에 수용되어 있는 범죄인들의 80%가 징신병질자라고 했다.

③ 정신병질을 측정하는 도구로 MMPI-2, PCL-R 등이 사용되고 있다.

④ 일반적으로 정신병질자는 지능이 높고, 회피학습능력이 탁월하다.

해설

① [×] 정신병질(psychopathy)은 계속적인 성격 이상 내지 병적 성격으로 외부 자극에 부자연스러운 반응을 보이고 신체기능이 협동적으로 이루어지지 않음으로써 사회적으로 적응하기 힘든 상태를 말한다. 정신병질은 성격이상이므로 질적으로는 일반인과 큰 차이가 나타나지 않는다고 한다.

② [×] 헤어(Robert Hare)는 수용된 범죄자들 중 약 15~25%가 정신병질자라고 보았다.

④ [×] 정신병질자는 지능은 평균 이상이나, 회피학습능력은 부족하다고 한다.

정답 ③

15 다음 중 화이트칼라 범죄자와 관련이 깊은 정신병질의 유형은?

① 자기현시성 ② 무정성

③ 폭발성 ④ 광신성

해설

① [○] 자기현시성(과장성) 정신병질은 자기중심적이고 자신에 대한 관심을 유발하고 싶어하는 성향이 있으며, 자기기망적인 허언을 남발한다. 따라서 이러한 기망적 성격에 따른 '고등사기'를 저지르는 경우가 많다.

정답 ①

16 슈나이더(Schneider)의 정신병질에 대한 10가지 분류에 관해 기술한 것이다. 가장 적절하지 않은 것은?

22. 간부(72)

① 의지박약성 - 모든 환경에 저항을 상실하여 우왕좌왕하고, 지능이 낮은 성격적 특징을 가지고 있으며, 인내심과 저항력이 빈약하다. 상습범, 누범에서 이러한 정신병질이 많이 발견된다.

② 기분이변성 - 기분 동요가 많아서 예측이 곤란하고, 폭발성과 유사하나 정도가 낮은 특징을 가지고 있다. 방화범, 상해범에서 이러한 정신병질이 많이 발견된다.

③ 무력성 - 심신의 부조화 상태를 호소하여 타인의 동정을 바라고 신경질적인 특징을 보이나, 범죄와의 관련성은 적다.

④ 발양성 - 자신의 운명과 능력에 대해 과도하게 비관적이며, 경솔하고 불안정한 특징을 보인다. 현실가능성이 없는 약속을 남발하기도 한다. 상습사기범과 무전취식자 등에서 이러한 정신병질이 많이 발견된다.

해설

④ [×] 발양성은 낙천적 태도, 경솔 및 불안정, 비판 · 감정제어 능력의 결여 등을 특징으로 하며, 상습범 · 누범 중에 많고 무전취식 등의 가벼운 절도 · 모욕 · 사기죄와 관련이 있다. 자신의 운명과 능력에 대해 과도하게 비관적'이라는 특징은 '우울성'에 대한 것이고, '현실가능성이 없는 약속을 남발'한다는 특징은 '과장성(자기현시성)'에 대한 것이다.

① [○] 의지박약성은 저항력(인내심) 상실, 저지능을 성격의 특징으로 하며, 청소년비행과 관련이 있고 누범의 60% 정도를 차지한다.

② [○] 기분이변성은 기분 동요가 많아 예측 곤란함을 특징으로 하며, 방화, 도벽, 음주광, 격정범으로 상해 · 모욕 · 규율위반을 할 수 있고, 정신병질자의 50%로 가장 많다.

③ [○] 무력성은 심신부조화 상태, 타인의 관심 호소, 신경증 등을 그 특성으로 하며, 범죄와의 관련은 적다.

정답 ④

17 슈나이더(K. Schneider)의 개별 정신병질의 유형과 그 범죄경향에 관한 연결 중 옳은 것을 모두 묶은 것은?

11. 사시

ㄱ. 무력성 - 충동적 살상범, 폭행범, 손괴범
ㄴ. 기분이변성 - 방화범, 상해범
ㄷ. 발양성 - 상습사기범, 무전취식자
ㄹ. 의지박약성 - 상습누범자, 성매매여성, 마약중독자
ㅁ. 자기현시성(과장성) - 종교적 광신자, 정치적 확신범
ㅂ. 우울성 - 자살자, 살인범

① ㄱ, ㄴ, ㄷ, ㄹ
② ㄴ, ㄷ, ㄹ, ㅁ
③ ㄴ, ㄷ, ㄹ, ㅂ
④ ㄴ, ㄹ, ㅁ
⑤ ㄷ, ㄹ, ㅂ

해설

ㄱ. [×] 무력성은 심신부조화상태, 타인의 관심을 호소, 신경증 등의 특색을 나타내며, 범죄와의 관련성은 적은 유형이다.
ㅁ. [×] 자기현시성(과장성)은 자기중심적, 자신에의 주목·관심 유발, 자기기망적 허언 남발, 욕구좌절시 히스테리 반응 등의 특색을 나타낸다. 이 유형에는 기망적 성격에 따른 고등사기, 금고수형자 중 꾀병 앓는 자 등이 많다. 종교적 광신자, 정치적 확신범은 광신성(열광성)의 유형에서 많이 나타난다.
ㅂ. [○] 우울성은 염세적·회의적 인생관, 자책성, 불평 등의 특색을 나타낸다. 이 유형은 범죄와의 관련이 적지만, 자살유혹이 강하고, 강박관념에 의한 살상이나 성범죄가 가능하다고 한다.

정답 ③

18 범죄원인론에 관한 설명 중 괄호 안에 들어갈 이름으로 옳은 것은?

- (A)은/는 범죄통계적 분석에 기초하여 운동형(투사형), 세장형, 비만형 등으로 구분하고 체형에 따른 범죄특성을 설명하였다.
- (B)은/는 정신병원에 수용된 환자들을 연구대상으로 하여 이들의 염색체를 조사한 결과 XYY형은 다른 정상인들에 비하여 수용시설에 구금되는 정도가 높다고 하였다.
- (C)은/는 부모의 범죄성과 자식의 범죄성이 관련이 있다는 연구결과에 근거하여 범죄성은 유전에 의해 전수되는 것으로 보았다.
- (D)은/는 크레펠린(E. Kraepelin)의 정신병질자 분류유형보다 더 세분된 10가지 유형으로 정신병질적 성격유형을 구분하였다.

ㄱ. 제이콥스(P. Jacobs)
ㄴ. 크레취머(E. Kretschmer)
ㄷ. 셀던(W. H. Sheldon)
ㄹ. 고링(C. Goring)
ㅁ. 슈나이더(K. Schneider)

	A	B	C	D
①	ㄱ	ㄷ	ㅁ	ㄹ
②	ㄴ	ㄱ	ㄹ	ㅁ
③	ㄴ	ㄱ	ㄷ	ㅁ
④	ㄴ	ㄷ	ㄹ	ㅁ

해설

② [O] A-ㄴ, B-ㄱ, C-ㄹ, D-ㅁ
셀던(W. Sheldon)은 체형을 내배엽, 중배엽, 외배엽으로 분류하면서 각 체형의 신체적 · 정신적 특징과 관련하여 내배엽형은 비만형, 중배엽형은 투사형, 외배엽형은 세장형과 유사하다고 하였다.

정답 ②

19 사이코패스에 대한 설명으로 옳지 않은 것은? 23. 보호 7급

① 감정, 정서적 측면에서 타인에 대한 공감능력이 부족하며 죄의식이나 후회의 감정이 결여되어 있다.
② 헤어(Hare)의 사이코패스 체크리스트 수정본(PCL-R)은 0~2점의 3점 척도로 평가되는 총 25개 문항으로 구성된다.
③ 모든 사이코패스가 형사사법제도 안에서 범죄행위가 드러나는 형태로 걸러지는 것은 아니다.
④ 공감, 양심, 대인관계의 능력 등에 대한 전통적 치료프로그램의 효과를 거의 기대하기 어렵다.

해설

② [×] PCL-R은 '총 20개 문항'으로 구성되어 있으며, 0~2점의 3점 척도로 평가한다.
① [O] 사이코패스는 ⓐ 현실파악의 의지와 능력이 결여되어 있고, ⓑ 폭발적이며 특정사안에 광적으로 집착하나 일상적으로는 무기력하며, ⓒ 타인의 고통에 대한 공감능력이 결여되어 있고, ⓓ 죄책감이 결여되어 있으며, ⓔ 교활하며 상습적 거짓말로 자신을 합리화하는 특징이 있다고 한다.
③ [O] 사이코패스는 계산적인 행동과 표정과 말투로 사회에서 능숙히 섞여 지내고 환경에 따라 발현되는 정도가 달라서 범죄를 저질렀을 때만 일반인과 구분할 수 있다는 특징을 가진다. 따라서 범죄행위를 저지르지 않은 채 살아가는 사이코패스도 존재한다.
④ [O] 사이코패스는 자신이 잘못된 행동을 하고 있음을 자각하지 못하고, 스스로 인정하지도 않는 경우가 많아서, 공감, 양심, 대인관계 등을 전제로 하는 기존의 치료프로그램으로는 효과를 보기 어렵다고 한다.

정답 ②

20 사이코패스(정신병질)에 대한 설명 중 가장 옳은 것은? 23. 해경간부

① 미국 정신의학회의 DSM에서는 이를 반사회적 성격장애와 구별한다.
② 유전적 · 생물학적 요인보다 후천적 · 환경적 요인이 더 크게 작용한다.
③ 가장 많이 사용되는 진단도구는 슈나이더(Schneider)가 개발한 PCL-R이다.
④ 무정성 정신병질자는 롬브로조(Lombroso)가 말한 생래적 범죄인에 가깝다.

해설

④ [O] 무정성 정신병질은 인간의 고등감정이 결여되어 있고, 이기적이고 잔인한 행위를 하는 특성이 있는데, 롬브로조의 생래적 범죄인이나 XYY형 범죄자와 유사하다고 평가된다.
① [×] 미국 정신의학회의 DSM에서는 반사회적 성격장애와 사이코패스를 별도로 구별하지 않는다.
② [×] 사이코패스의 특성은 생물학적 요인과 사회적 요인의 상호작용을 통해 형성되는데, 생물학적 요인이 더 강하다고 한다.
③ [×] 사이코패스의 진단방법으로 PCL-R을 개발한 사람은 '헤어(R. Hare)'이다.

정답 ④

21 심리학적 범죄이론에 대한 내용으로 가장 적절하지 않은 것은? 22. 간부(72)

① 심리학적 범죄이론에는 범죄자의 정신을 중심으로 범죄의 원인을 규명하려는 '정신분석이론', 범죄자의 행위가 과거의 학습경험을 통해 발달한다고 파악하는 '행동이론', 범죄자의 개인적 추론 과정이 행동에 미치는 영향을 바탕으로 범죄원인을 밝히고자 하는 '인지이론', 각 개인의 성격적 결함에서 비행성을 찾으려는 '인성(성격)이론' 등이 있다.
② 아이젠크(Eysenck)는 신경계적 특징과 범죄행동 및 성격특성 간의 관련성을 정신병적 경향성(Psychoticism), 외향성(Extroversion), 신경증(Neuroticism) 등 성격의 3가지 차원에서 설명하였다.
③ 헤어(Hare)는 사이코패스에 대한 표준화된 진단표(PCL-R)를 개발하였으며, 오늘날 사이코패스 검사 도구로 광범위하게 사용되고 있다.
④ 슈나이더(Schneider)는 대부분의 범죄자가 정신병질자이므로 정신치료에 초점을 맞추어야 한다고 주장하였다.

해설
④ [×] 정신병질자는 정신병 환자와 근본적으로 다르므로, 정신치료보다는 '성격교정'에 중심을 두어야 한다고 본다.
① [○] 심리학적 범죄이론은 범죄인의 행동 및 정신적 과정에 대한 과학적 연구로서 지문과 같은 이론들이 이 분야에 해당한다.
② [○] 아이젠크(H. Eysenck)는 범죄행동과 성격특성간의 관련성을 정신병적 경향성(psychoticism), 외향성(extraversion), 신경증(neuroticism) 등의 세 가지 차원에서 설명하면서, 범죄인 대부분이 외향적 성격을 갖는 것으로 주장한다. 즉, 외향적 사람은 내성적 사람에 비해 규범합치적 행동성향이 불안정하므로, 잘못된 방향으로 행동한다는 것이다.
③ [○] 사이코패스(psychopath)란 일반적으로 반사회적 인격장애를 지닌 사람을 말하는데, 헤어(R. Hare)는 사이코패스의 진단방법으로 PCL-R을 개발하였다.

정답 ④

22 심리학적 범죄이론에 관한 내용으로 가장 적절하지 않은 것은? 22. 경행경채

① 프로이트(Freud)의 인성구조 중 이드(Id)는 모든 행동의 기초를 이루는 생물학적·심리학적 욕구와 충동 자극 등을 대표하는 것으로서 즉각적인 만족을 요구하는 쾌락원리(pleasure principle)를 따른다.
② 스키너(Skinner)는 실험상자(Skinner box) 지렛대 실험에서 쥐의 행동이 보상과 처벌에 따라 변화하는 것을 확인하였고, 이를 통해 인간의 행위 역시 조절할 수 있다고 보았다.
③ 슈나이더(Schneider)의 정신병질에 대한 10가지 분류 중 무정성 정신병질자는 동정심이나 수치심 등 인간의 고등감정이 결여되었으며, 토막살인범이나 범죄단체조직원 등에서 많이 나타나는 유형이다.
④ 콜버그(Kohlberg)의 도덕발달이론에 관한 경험적 연구결과에 따르면 대부분의 범죄자는 도덕발달 6단계 중 중간단계인 3-4단계에 속하는 것으로 보았다.

해설
④ [×] 콜버그(Kohlberg)는 도덕성의 발달단계를 ⓐ 관습적 수준 이전 단계(1단계: 타율적 도덕성 준수, 2단계: 이익형평성 고려), ⓑ 관습적 수준 단계(3단계: 타인의 기대 부응, 4단계: 사회 시스템 고려), ⓒ 관습적 수준 이상 단계(5단계: 개인의 권리 및 사회계약 인식, 6단계: 보편적 윤리원칙 고려)로 구분하였다. 그는 대부분의 성인들은 3·4단계 정도의 도덕적 수준이 발달하기 때문에 사회의 규범을 준수하고 범죄를 하지 않지만, '1·2단계의 도덕적 수준을 가진 사람들은 일탈과 범죄를 행한다'고 주장한다.
① [○] 프로이드(S. Freud)의 정신분석학에서는 인간의 인성구조(성격구조)를 이드(id), 슈퍼에고(superego), 에고(ego)로 나누어 설명하였다. 이 중 이드(id)는 생물학적·심리학적 충동의 커다란 축적체로서 모든 행동의 밑바탕에 놓여 있는 충동을 의미하며, 이는 무의식의 세계에 자리 잡고 있으면서 쾌락추구 원칙에 따라 행동한다고 본다.
② [○] 스키너(Skinner)는 조작적 조건형성 실험을 통해 능동적 행동에 따른 보상의 경험으로 행동의 강화가 이루어지고 학습이 행해진다고 주장한다.
③ [○] 슈나이더(Schneider)에 의하면 무정성 정신병질은 인간의 고등감정 결여되어 있고 이기적·잔인한 행위를 하는 특징이 있고, 흉악범(살인·강도·강간 등), 범죄단체조직, 누범 등과 관련이 있다고 한다.

정답 ④

23 심리학적 범죄원인론에 대한 설명으로 옳지 않은 것은?

① 심리학적 범죄원인론은 내인적 원인론이라는 점에서 외인적 원인론인 생물학적 원인론과는 구별된다.
② 프로이드(Freud)는 에고(ego)와 슈퍼에고(superego)가 제대로 형성되지 않거나 직절히 작동되지 않기 때문에 범죄가 발생한다고 본다.
③ 처우의 중심개념인 위험성의 예측면에서, '잘못된 부정'의 문제는 '잘못된 긍정'의 문제보다 심각한 결과를 낳을 수 있다.
④ 범죄방지대책으로 형벌보다는 치료에 의한 범죄인 처우를 중시한다.

해설

③ [×] 실제로 문제되는 것은 잘못된 긍정(False Positive)의 문제로서, 위험하지 않은데도 위험한 것으로 예측된 경우 낙인의 위험 및 인권침해의 문제가 발생한다.

정답 ③

24 심리학적 범죄이론에 대한 설명으로 옳지 않은 것은? 23. 보호 7급

① 프로이트(Freud) 이론에 의하면, 성 심리의 단계적 발전 중에 필요한 욕구가 충족되지 못함으로써 야기된 긴장이 사회적으로 수용되지 못할 때 범죄행위를 유발하는 것으로 설명할 수 있다.
② 아이젠크(Eysenck)는 저지능이 저조한 학업성취를 가져오고, 학업에서의 실패와 무능은 비행 및 범죄와 높은 관련성을 갖는다고 하였다.
③ 고다드(Goddard)는 적어도 비행청소년의 50%가 정신적 결함을 갖고 있다고 하였다.
④ 콜버그(Kohlberg)의 도덕발달이론에 의하면, 인간의 도덕발달과정은 전관습적(pre-conventional), 관습적(conventional), 후관습적(post-conventional)이라는 3개의 수준으로 구분되고, 각 수준은 2개의 단계로 나뉜다.

해설

② [×] 아이젠크(Eysenck)는 범죄행동과 성격특성 간의 관련성을 정신병적 경향성(Psychoticism), 외향성(Extraversion), 신경증(Neuroticism) 등의 세 가지 차원에서 설명하면서, 범죄인 대부분이 외향적 성격을 갖는 것으로 주장한다. 저지능(지능발달에 결함이 있는 경우)과 범죄의 관련성을 주장한 사람으로는 '고다드'(Goddard)가 대표적이다.
① [○] 프로이트(Freud)는 성심리의 단계적 발달이 인성형성에 중요한 역할을 한다고 보면서, 각 단계별로 필요한 욕구가 충족되지 못하면 긴장이 야기되고 이러한 긴장이 사회적으로 수용되지 못할 때 범죄적 적응이 유발될 수 있다고 주장하였다.
③ [○] 고다드(Goddard)는 범죄 · 비행의 원인 가운데 가장 중요(약 50% 정도)한 것이 정신박약이라고 하면서, 정신박약자는 특별한 억제조건이 주어지지 않는 한 범죄자가 된다고 보았다.
④ [○] 콜버그(Kohlberg)는 도덕성의 발달단계를 ⓐ 관습적 수준 이전 단계(1단계: 타율적 도덕성 준수, 2단계: 이익형평성 고려), ⓑ 관습적 수준 단계(3단계: 타인의 기대 부응, 4단계: 사회 시스템 고려), ⓒ 관습적 수준 이상 단계(5단계: 개인의 권리 및 사회계약 인식, 6단계: 보편적 윤리원칙 고려)로 구분하였다. 그는 대부분의 성인들은 3 · 4단계 정도의 도덕적 수준이 발달하기 때문에 사회의 규범을 준수하고 범죄를 하지 않지만, 1 · 2단계의 도덕적 수준을 가진 사람들은 일탈과 범죄를 행한다고 주장한다(도덕발달이론).

정답 ②

제5장 | 환경적 범죄원인론

01 다음 이론이 설명하는 내용과 가장 관련이 적은 것은? 10. 교정

> 범죄는 내적 장애의 표출이다. 범죄자에게는 충동성, 공격성, 도덕성 부족, 낮은 자존감 등과 같은 특성을 발견할 수 있다.

① 심리학적 성격이론, 자기통제이론 등이 이에 해당한다.
② 범죄행위에 대한 개인의 자유의지를 부정하는 편이다.
③ 범죄인 교정을 위해 범인성에 대한 치료적 접근이 필요하다.
④ 범죄 원인 규명을 위해 개개인의 특성보다 범죄자가 처한 사회적 상황에 관심을 갖는다.

해설
④ [×] 이는 행위자가 처한 환경에 범죄원인이 있다고 보는 견해이다(환경적 범죄원인론).
①②③ [○] 제시된 지문은 실증주의의 입장에 근거를 두고 행위자의 특성인 소질에 범죄원인이 있다고 보는 견해를 나타낸다(생물학적 범죄원인론, 심리학적 범죄원인론).

정답 ④

제1절 | 가정환경과 범죄

02 다음 중 '범죄성향은 유전된다.'라는 주장을 뒷받침해 줄 수 없는 연구결과는?

① 초범자 집단보다 누범자 집단 부모들의 범죄성향이 더 높다.
② 이란성 쌍둥이 집단보다 일란성 쌍둥이 집단의 범죄일치율이 더 높다.
③ 일반가정보다 결손가정 청소년들의 범죄율이 더 높다.
④ 일반인보다는 범죄인 가계의 범죄율이 더 높다.

해설
③ [×] 미국의 연구결과에 의하면 결손가정은 소년범죄의 중요한 원인이 된다는 것이 일반적 견해이나, 우리나라에서는 결손가정과 청소년의 비행간에 직접적 연관성이 통계적으로 입증되지 않고 있다.

정답 ③

03 다음 중 범죄원인이 유전됨을 긍정하는 입장과 부합하지 않는 것은 모두 몇 개인가?

ㄱ. 결손가정출신 소년이 일반가정출신 소년보다 비행을 더 많이 저지른다.
ㄴ. 누범지 집단과 초범자 집단을 대상으로 그들 부보의 범죄성을 조사하였는데, 누범자 집단의 부모 쪽이 더 높은 범죄성을 나타냈다.
ㄷ. 범죄인의 가계는 일반인에 비하여 범죄자 내지 일탈자의 비율이 더 높았다.
ㄹ. 범죄자 중에 입양된 자들을 대상으로 한 연구에서 실부와 양자간의 범죄일치율보다 양부와 양자간의 범죄일치율이 더 높았다.

① 없음 ② 1개
③ 2개 ④ 3개

해설
ㄱ. [×] 이는 환경적 원인에 근거하여 가정환경이 범죄에 어떠한 영향을 미치는가에 관한 문제로 유전적 요인과는 거리가 멀다.
ㄹ. [×] 실부와 양자간의 범죄일치율보다 양부와 양자간의 범죄일치율이 더 높다는 것은 범죄원인이 유전적인 것보다 환경에 영향을 받는다는 것을 강조하는 결과이다.

정답 ③

04 가정환경과 범죄에 대한 내용으로 옳지 않은 것은?

① 미국의 연구에 의하면 결손가정은 소년범죄의 중요한 원인이 된다고 보나, 우리나라의 경우에는 결손가정과 소년비행의 직접적 연관성이 통계적으로 입증되지 않고 있다.
② 우리나라의 경우에는 빈곤가정출신 소년의 비행이 높은 것으로 나타나고 있다.
③ 가정폭력은 폭력의 세습화로 인하여 소년범죄의 원인이 된다는 점에 심각성이 있다.
④ 가정폭력범죄에는 일반 형법에 앞서서 「가정폭력범죄의 처벌 등에 관한 특례법」을 우선 적용하여 가정폭력범죄자에 대한 엄중한 처벌을 함으로써, 가정의 평화와 안정을 회복하고 피해자와 가족구성원의 인권을 보호한다.

해설
④ [×] 「가정폭력범죄의 처벌 등에 관한 특례법」은 가정폭력범죄의 형사처벌 절차에 관한 특례를 정하고 가정폭력범죄를 범한 사람에 대하여 환경의 조정과 성행의 교정을 위한 '보호처분'을 함으로써 가정폭력범죄로 파괴된 가정의 평화와 안정을 회복하고 건강한 가정을 가꾸며 피해자와 가족구성원의 인권을 보호함을 목적으로 한다(「가정폭력범죄의 처벌 등에 관한 특례법」 제1조).

정답 ④

05 다음 중 「가정폭력범죄의 처벌 등에 관한 특례법」상 가정구성원에 해당되는 사람은 모두 몇 명인가? (단, 다음 각 경우는 1인을 전제로 한다) 16. 경비

• 별거 중인 배우자	• 동거하는 계모
• 동거하는 사촌	• 동거하지 않는 부친

① 1명 ② 2명
③ 3명 ④ 4명

해설

④ [○] 별거 중인 배우자(가목), 동거하는 계모(다목), 동거하는 사촌(라목), 동거하지 않는 부친(나목) 모두 가정구성원에 해당한다(「가정폭력범죄의 처벌 등에 관한 특례법」 제2조 제2호 참조).

> 제2조 【정의】 이 법에서 사용하는 용어의 뜻은 다음과 같다.
> 2. '가정구성원'이란 다음 각 목의 어느 하나에 해당하는 사람을 말한다.
> 가. 배우자(사실상 혼인관계에 있는 사람을 포함한다. 이하 같다) 또는 배우자였던 사람
> 나. 자기 또는 배우자와 직계존비속 관계(사실상의 양친자 관계를 포함한다. 이하 같다)에 있거나 있었던 사람
> 다. 계부모와 자녀의 관계 또는 적모(嫡母)와 서자(庶子)의 관계에 있거나 있었던 사람
> 라. 동거하는 친족

정답 ④

06 「가정폭력범죄의 처벌 등에 관한 특례법」의 취지 및 내용에 대한 설명 중 옳지 않은 것은?

① 가정폭력범죄자에 대한 보호처분을 규정하고 있다.
② 가정폭력범죄를 가중처벌하려는 취지에서 제정되었다.
③ 누구든지 가정폭력범죄를 알게 된 때에는 이를 수사기관에 신고할 수 있다.
④ 가정폭력범죄 행위자가 피해자에게 접근하는 행위를 판사의 결정으로 제한할 수 있다.

해설

② [×] 「가정폭력범죄의 처벌 등에 관한 특례법」은 가정폭력범죄의 형사처벌절차에 관한 특례를 정하고 가정폭력범죄를 범한 자에 대하여 환경의 조정과 성행의 교정을 위한 보호처분을 행함으로써 가정폭력범죄로 파괴된 가정의 평화와 안정을 회복하고 건강한 가정을 가꾸며 피해자와 가족구성원의 인권을 보호함을 목적으로 한다(「가정폭력범죄의 처벌 등에 관한 특례법」 제1조).
① [○] 「가정폭력범죄의 처벌 등에 관한 특례법」 제40조
③ [○] 「가정폭력범죄의 처벌 등에 관한 특례법」 제4조 제1항
④ [○] 「가정폭력범죄의 처벌 등에 관한 특례법」 제40조 제1항 제1호

정답 ②

07 「가정폭력범죄의 처벌 등에 관한 특례법」에 규정되어 있는 가정폭력행위자에 대한 보호처분에 해당하지 않는 것은?

① 친권자인 행위자의 피해자에 대한 친권행사의 제한
② 행위자가 피해자에게 접근하는 행위의 제한
③ 상담소 등에의 상담위탁
④ 경찰관서 유치장 또는 구치소에의 유치

해설

「가정폭력범죄의 처벌 등에 관한 특례법」 제40조 제1항 참조

> 제40조 【보호처분의 결정 등】 ① 판사는 심리의 결과 보호처분이 필요하다고 인정하는 경우에는 결정으로 다음 각 호의 어느 하나에 해당하는 처분을 할 수 있다.
> 1. 가정폭력행위자가 피해자 또는 가정구성원에게 접근하는 행위의 제한
> 2. 가정폭력행위자가 피해자 또는 가정구성원에게 「전기통신기본법」 제2조 제1호의 전기통신을 이용하여 접근하는 행위의 제한
> 3. 가정폭력행위자가 친권자인 경우 피해자에 대한 친권 행사의 제한
> 4. 「보호관찰 등에 관한 법률」에 따른 사회봉사 · 수강명령
> 5. 「보호관찰 등에 관한 법률」에 따른 보호관찰
> 6. 법무부장관 소속으로 설치한 감호위탁시설 또는 법무부장관이 정하는 보호시설에의 감호위탁 <시행일: 2023.6.14.>
> 7. 의료기관에의 치료위탁
> 8. 상담소등에의 상담위탁

④ [×] '임시조치'의 하나이다(「가정폭력범죄의 처벌 등에 관한 특례법」 제29조).

정답 ④

08 「가정폭력범죄의 처벌 등에 관한 특례법」 제5조에 의하면 진행 중인 가정폭력범죄에 대하여 신고를 받은 사법경찰관리는 즉시 현장에 임하여 응급조치를 취하여야 한다. 이 경우 사법경찰관리가 취할 수 있는 응급조치에 해당하지 않는 것은?

① 폭력행위의 제지
② 현행범인의 체포 등 범죄수사
③ 피해자의 동의를 받은 경우에 가정폭력관련상담소 또는 보호시설로 피해자를 인도
④ 피해자의 주거, 직장 등에서 100미터 이내의 접근금지

해설

④ [×] 판사의 임시조치 중의 하나이다(「가정폭력범죄의 처벌 등에 관한 특례법」 제29조 제1항 제2호).

> 제29조 【임시조치】 ① 판사는 가정보호사건의 원활한 조사 · 심리 또는 피해자 보호를 위하여 필요하다고 인정하는 경우에는 결정으로 가정폭력행위자에게 다음 각 호의 어느 하나에 해당하는 임시조치를 할 수 있다.
> 1. 피해자 또는 가정구성원의 주거 또는 점유하는 방실(房室)로부터의 퇴거 등 격리
> 2. 피해자 또는 가정구성원이나 그 주거 · 직장 등에서 100미터 이내의 접근 금지
> 3. 피해자 또는 가정구성원에 대한 「전기통신기본법」 제2조 제1호의 전기통신을 이용한 접근 금지
> 4. 의료기관이나 그 밖의 요양소에의 위탁
> 5. 국가경찰관서의 유치장 또는 구치소에의 유치
> 6. 상담소등에의 상담위탁

①②③ [○] 「가정폭력범죄의 처벌 등에 관한 특례법」 제5조

> 제5조 【가정폭력범죄에 대한 응급조치】 진행 중인 가정폭력범죄에 대하여 신고를 받은 사법경찰관리는 즉시 현장에 나가서 다음 각 호의 조치를 하여야 한다.
> 1. 폭력행위의 제지, 가정폭력행위자 · 피해자의 분리
> 1의2. 「형사소송법」 제212조에 따른 현행범인의 체포 등 범죄수사
> 2. 피해자를 가정폭력 관련 상담소 또는 보호시설로 인도(피해자가 동의한 경우만 해당한다)
> 3. 긴급치료가 필요한 피해자를 의료기관으로 인도
> 4. 폭력행위 재발 시 제8조에 따라 임시조치를 신청할 수 있음을 통보
> 5. 제55조의2에 따른 피해자보호명령 또는 신변안전조치를 청구할 수 있음을 고지

정답 ④

09 「가정폭력범죄의 처벌 등에 관한 특례법」상 피해자보호명령에 해당하지 않는 것은?

① 피해자 또는 가정구성원의 주거 또는 점유하는 방실로부터의 퇴거 등 격리

② 피해자 또는 가정구성원의 주거, 직장 등에서 100미터 이내의 접근금지

③ 피해자 또는 가정구성원에 대한 「전기통신사업법」 제2조 제1호의 전기통신을 이용한 접근금지

④ 국가경찰관서의 유치장 또는 구치소에의 유치

해설

「가정폭력범죄의 처벌 등에 관한 특례법」 제55조의2 제1항 참조

> 제55조의2【피해자보호명령 등】① 판사는 피해자의 보호를 위하여 필요하다고 인정하는 때에는 피해자, 그 법정대리인 또는 검사의 청구에 따라 결정으로 가정폭력행위자에게 다음 각 호의 어느 하나에 해당하는 피해자보호명령을 할 수 있다.
> 1. 피해자 또는 가정구성원의 주거 또는 점유하는 방실로부터의 퇴거 등 격리
> 2. 피해자 또는 가정구성원이나 그 주거, 직장 등에서 100미터 이내의 접근금지
> 3. 피해자 또는 가정구성원에 대한 「전기통신사업법」 제2조 제1호의 전기통신을 이용한 접근금지
> 4. 친권자인 가정폭력행위자의 피해자에 대한 친권행사의 제한
> 5. 가정폭력행위자의 피해자에 대한 면접교섭권행사의 제한

④ [×] 임시조치에 해당한다(「가정폭력범죄의 처벌 등에 관한 특례법」 제29조 제1항 참조).

정답 ④

10 아동학대범죄 신고를 접수한 사법경찰관리가 현장에 출동한 경우, 피해아동등의 보호를 위하여 즉시 하여야 하는 응급조치에 해당하지 않는 것은?

① 아동학대범죄 행위의 제지

② 아동학대행위자를 피해아동등으로부터 격리

③ 긴급치료가 필요한 피해아동을 의료기관으로 인도

④ 아동학대행위자를 경찰관서의 유치장에 유치

해설

④ [×] 아동학대행위자에 대한 임시조치의 일종이다(동법 제19조 제1항 제7호).

①②③ [○] 「아동학대범죄의 처벌 등에 관한 특례법」 제12조 제1항 참조

> 제12조【피해아동 등에 대한 응급조치】① 제11조 제1항에 따라 현장에 출동하거나 아동학대범죄 현장을 발견한 경우 또는 학대현장 이외의 장소에서 학대피해가 확인되고 재학대의 위험이 급박·현저한 경우, 사법경찰관리 또는 아동학대전담공무원은 피해아동, 피해아동의 형제자매인 아동 및 피해아동과 동거하는 아동(이하 "피해아동등"이라 한다)의 보호를 위하여 즉시 다음 각 호의 조치(이하 "응급조치"라 한다)를 하여야 한다. 이 경우 제3호의 조치를 하는 때에는 피해아동등의 이익을 최우선으로 고려하여야 하며, 피해아동등을 보호하여야 할 필요가 있는 등 특별한 사정이 있는 경우를 제외하고는 피해아동등의 의사를 존중하여야 한다.
> 1. 아동학대범죄 행위의 제지
> 2. 아동학대행위자를 피해아동등으로부터 격리
> 3. 피해아동등을 아동학대 관련 보호시설로 인도
> 4. 긴급치료가 필요한 피해아동을 의료기관으로 인도

정답 ④

제2절 | 학교교육과 범죄

11 청소년의 학교생활과 범죄와의 상관성에 대한 설명으로 옳지 않은 것은?

① Healy와 Bronner는 '학업태만은 범죄의 유치원'이라 하여 학교교육의 중요성을 강조하였다.
② 최근 우리나라 통계를 보면 범죄에서 학생이 차지하는 비율이 점차 감소하고 있다.
③ 학생범죄 중 가장 높은 비율을 차지하는 것은 폭력범죄이다.
④ 학생범죄의 동기 중 가장 높은 비율을 차지하는 것은 우연에 의한 것이다.

해설

② [×] 교육의 기회가 증대되고 학생 수의 증가에 따라 범죄자 중 학생이 차지하는 비율이 점차 높아지고 있다.

정답 ②

12 학교교육이 범죄에 미치는 영향으로 바르지 못한 것은?

① 학교교육이 범죄를 억제하는 요인으로 작용한다고 보는 견해와 범죄를 촉진하는 방향으로 작용한다는 견해가 있다.
② 범죄자집단의 학력이 일반 국민에 비해 낮은 것은 세계 각국의 공통적 현상이다.
③ 최근에는 화이트칼라 범죄가 증가하는 경향을 보이므로 교육이 범죄를 촉진하는 작용이 강하다는 쪽으로 일반화되고 있다.
④ 우리나라 학생범죄를 동기별로 보면, 우연이 가장 많으므로 올바른 가치관의 정립과 자제력을 함양하는 교육이 강화되어야 한다.

해설

③ [×] 화이트칼라 범죄의 증가는 일면 교육의 범죄촉진적 측면을 암시할 수도 있으나, 일반적으로는 교육정도가 높을수록 범죄발생률은 낮은 경향을 보이고 있다. 그렇다고 해서 낮은 학력 자체가 직접적 범죄유발요인이라고 볼 수는 없다. 오히려 낮은 학력으로 인해 사회적 부적응 문제가 야기되기 때문에 학력은 간접적으로 작용한다고 보는 것이 타당하다.

정답 ③

제3절 | 직업과 범죄

13 직업과 범죄와의 상관관계에 대한 설명으로 옳지 않은 것은?

① Exner는 실업자 총수와 절도범의 수가 양의 상관관계에 있다고 주장하였다.
② 범죄자 자신의 직업뿐만 아니라 부모형제의 직업도 범죄와의 관련성이 있다.
③ 일반적으로 범죄와의 관련성이 가장 높은 직종은 무직이다.
④ 범죄학적으로 가장 문제시되는 실업은 갑작스런 일시적 실업의 문제이다.

해설

④ [×] 계절적 · 경기적 실업은 단기적인 것으로서 자연적 · 경제적 조건 및 자본주의 경제의 자동조절기능에 의하여 어느 정도 해소될 수 있으므로 범죄학상 큰 문제가 없다. 반면에 '만성적 실업'은 장기적으로 생활곤란을 초래하고 그것이 장기화되는 경우에는 인격형성에 큰 영향을 미치게 된다. 뿐만 아니라 간접적으로는 소년의 사회적 이용가치가 떨어지고 가정환경이 어려워짐에 따라 소년비행의 증가를 가져오게 된다.

정답 ④

14 다음 중 화이트칼라 범죄에 포함되지 않는 것은?

① 위증죄
② 수뢰죄
③ 업무상 횡령죄
④ 부당노동행위

해설

서덜랜드(Sutherland)에 의하면, 화이트칼라 범죄는 '사회 · 경제적 지위가 높은 사람들이 그 직업상 저지르는 범죄'를 말한다. 따라서 이러한 사람들의 범죄라도 그들의 직업과 관련이 없는 범죄(예 살인, 폭행 등)는 제외된다. 근래에 들어 화이트칼라 범죄의 개념은 서덜랜드(Sutherland)가 초기에 정의한 것과 달리 더욱 확대되는 경향을 보이고 있다. 그리하여 '하류계층보다 사회적 지위가 높고 비교적 존경받는 사람들이 자신의 직업수행과정에서 행하는 직업적 범죄'라고 정의하는 것이 보통이다.

① [×] 위증죄는 직업상 저지르는 범죄가 아니다.

정답 ①

15 화이트칼라 범죄에 대한 설명으로 옳지 않은 것은? 18. 보호

① 서덜랜드(Sutherland)에 따르면 사회적 지위가 높은 사람이 그 직업 활동과 관련하여 행하는 범죄로 정의된다.
② 범죄로 인한 피해의 규모가 크기 때문에 행위자는 죄의식이 크고 일반인은 범죄의 유해성을 심각하게 생각하는 것이 특징이다.
③ 범죄행위의 적발이 용이하지 않고 증거수집에 어려움이 있다.
④ 암수범죄의 비율이 높고 선별적 형사소추가 문제되는 범죄유형이다.

해설

② [×] 화이트칼라 범죄는 전통적인 범죄에 비하여 범죄피해가 크고 그 결과로서 범죄로 인한 이익도 크기 때문에 그만큼 행위자의 입장에서 범죄유혹을 받기 쉽고 죄의식이 약하며 피해자의 피해의식도 약하다고 한다.
① [○] 서덜랜드(Sutherland)에 따르면 화이트칼라 범죄(White Collar Crime)는 '사회 · 경제적 지위가 높은 사람들이 그 직업상 저지르는 범죄'를 말한다. 그러나 근래에 들어 화이트칼라 범죄의 개념은 더욱 확대되어 '하류계층보다 사회적 지위가 높고 비교적 존경받는 사람들이 자신의 직업수행 과정에서 행하는 직업적 범죄'라고 정의하는 것이 보통이다.
③ [○] 화이트칼라 범죄는 업무활동에 섞여서 일어나기 때문에 적발이 용이하지 않을 뿐만 아니라 증거수집도 어려운 점이 있다.
④ [○] 화이트칼라 범죄는 피해자의 피해의식이 약하여, 암수범죄의 비율이 높고 선별적 형사소추가 가장 문제되는 범죄유형이다.

정답 ②

16 화이트칼라 범죄(white collar crime)에 관한 설명 중 옳지 않은 것은?

① 서덜랜드(E. H. Sutherland)는 높은 사회적 지위를 가진 자들이 이욕적 동기에서 자신의 직업활동과 관련하여 행하는 범죄라고 하였다.
② 화이트칼라 범죄자의 범죄의식은 낮은 편이다.
③ 공무원의 뇌물수수, 회사원의 금융사기나 횡령 등을 예로 들 수 있다.
④ 피해자뿐만 아니라 일반인도 피해의식이 높다.

해설

④ [×] 화이트칼라 범죄는 업무활동에 섞여서 일어나기 때문에 적발이 용이하지 않을 뿐만 아니라 피해자의 피해의식도 약하며 증거수집도 어려운 점이 있다. 이로 인해 암수범죄(숨은 범죄)의 비율이 높으며, 선별적 형사소추가 가장 문제되는 범죄유형이기도 하다.

정답 ④

17 화이트칼라 범죄에 대한 설명으로 가장 옳지 않은 것은?

22. 해경간부

① 서덜랜드(Sutherland)에 따르면 사회적 지위가 높은 사람이 그 직업 활동과 관련하여 행하는 범죄로 정의된다.

② 범죄행위의 적발이 쉽지 않고 증거수집에 어려움이 있다.

③ 암수범죄의 비율이 높고 선별적 형사소추가 문제되는 범죄유형이다.

④ 범죄로 인한 피해의 규모가 크기 때문에 행위자는 죄의식이 크고 일반인은 범죄의 유해성을 심각하게 생각하는 것이 특징이다.

해설

④ [×] 화이트칼라 범죄는 그 위법성 및 사회해악성의 정도가 다른 범죄보다 심각함에도, 화이트칼라 범죄자는 규범의식이 없는 경우가 많고(자기가 처벌받는 것은 운이 없기 때문이라고 보는 경향 등 범죄자의 비범죄적 자기인상), 화이트칼라 범죄에 대한 사회적 인식이 그 유해성과 심각성에 비해 낮은 경우가 많다.

① [○] 서덜랜드(Sutherland)는 화이트칼라 범죄(white collar crime)를 사회·경제적 '지위'가 높은 사람들이 그 '직업'상 저지르는 범죄라고 최초로 정의하였다.

② [○] 화이트칼라 범죄는 업무활동에 섞여서 일어나기 때문에 적발이 용이하지 않을 뿐만 아니라 피해자의 피해의식도 약하며 증거수집도 어려운 점이 있다.

③ [○] 화이트칼라 범죄는 암수범죄의 비율이 높고 선별적 형사소추가 가장 문제되는 범죄 유형이기도 하다.

정답 ④

18 화이트칼라 범죄에 대한 다음 설명 중 옳지 않은 것은?

① 화이트칼라 범죄의 개념은 서덜랜드(Sutherland)가 처음으로 도입하였으며, 정치·경제적으로 명망이 높은 지위에 속하는 사람들의 직업상 범죄를 말한다. 따라서 사회적으로 명망이 없는 암흑가의 두목이 범한 범죄나 직무와 관련성이 없는 살인, 상해 등 전통적인 범죄는 그 대상에서 제외한다.

② 화이트칼라 범죄는 경제적 발전과 소득증대로 중산층이 두터워지면서 매우 빠른 속도로 확산되고 있는 추세이다. 국민경제와 법의식·윤리의식에 미치는 영향이 크고, 따라서 중요한 형사정책 문제의 하나로 대두되고 있다.

③ 화이트칼라 범죄는 관료적이고, 지능적이며, 권력적 특성을 지니고 있고, 전통적인 범죄에 비하여 그 피해나 손해가 크고, 범죄로 인해 얻는 이익도 크다. 인·허가 내지 세금징수와 관련한 공무원범죄, 정경유착에서 드러나는 매우 지능적인 뇌물수수와 돈세탁행위, 금융사고에서 나타나는 교묘한 사기·위조·횡령행위 등이 전형적인 화이트칼라 범죄에 속한다.

④ 화이트칼라 범죄의 경우 암수(숨은)범죄가 많은 이유는 비밀리에 지능적으로 행해지고, 범죄의 특성상 적법과 위법의 한계가 불분명하며, 증거인멸이 교묘하게 이루어지고, 지위를 이용한 로비(변호사 기타 정치적으로 영향력이 있는 사람들의 조력) 등으로 증거확보가 어렵다는 점이다. 화이트칼라 범죄의 경우 일반인은 화이트칼라 범죄를 중대한 범죄로 보는 경향이 있지만, 행위자는 규범의식이 없는 경우가 많다.

해설

④ [×] 일반인의 입장에서 화이트칼라 범죄는 그 피해가 자신에게 직접적이지 않은 경우에는 화이트칼라 범죄의 중대성과 피해에 대한 인식이 약하다고 볼 수 있다.

정답 ④

19 화이트칼라 범죄에 대한 설명 중 옳지 않은 것끼리 묶인 것은?

> ㄱ. 사회 일반인의 반규범적 의식이 일반범죄의 경우에 비해 희박하다.
> ㄴ. 지능적 · 조직적으로 범하지만 비권력적 · 비관료적인 성질을 가지고 있다.
> ㄷ. 사회적인 명망가에 의해 발생하는 모든 범죄를 말한다.
> ㄹ. 일반범죄에 비해 숨은 범죄의 비율이 높고 선별적 형사소추가 문제된다.
> ㅁ. 사회 · 경제 · 직업적으로 재량 내지 의사결정권을 가진 사람의 배임행위를 예로 들 수 있다.
> ㅂ. 피해자뿐만 아니라 일반인도 높은 피해의식을 가지고 있다.

① ㄱ, ㄴ, ㅁ　　② ㄱ, ㄷ, ㄹ
③ ㄴ, ㄷ, ㅂ　　④ ㄴ, ㄹ, ㅁ

해설

ㄴ. [×] 권력적이고 관료적인 성질을 갖는다.
ㄷ. [×] 서덜랜드에 의하면, 화이트칼라 범죄는 '사회 · 경제적 지위가 높은 사람들이 그 직업상 저지르는 범죄'를 말한다. 따라서 이러한 사람들의 범죄라도 그들의 직업과 관련이 없는 범죄(살인, 폭행 등)는 제외된다.
ㅂ. [×] 화이트칼라 범죄는 규범의식이 없는 경우가 많기 때문에 먼저 사회적 인식과 문화적 풍토의 개선을 통해 화이트칼라 범죄가 가지는 폐해의 심각성을 인식할 수 있도록 해야 한다. 화이트칼라 범죄는 업무활동에 섞여서 일어나기 때문에 적발이 용이하지 않을 뿐만 아니라 피해자의 피해의식도 약하며 증거수집도 어려운 점이 있다. 이로 인해 암수범죄(숨은 범죄)의 비율이 높으며, 선별적 형사소추가 가장 문제되는 범죄유형이기도 하다.

정답 ③

20 화이트칼라 범죄(White-collar Crime)에 대한 설명으로 옳지 않은 것은?　22. 교정

① 화이트칼라 범죄는 경제적 · 사회적 제도에 대한 불신감을 조장하여 공중의 도덕심을 감소시키고 나아가 기업과 정부에 대한 신뢰를 훼손시킨다.
② 화이트칼라 범죄의 폐해가 심각한 것은 청소년비행과 기타 하류계층 범인성의 표본이나 본보기가 된다는 사실이다.
③ 오늘날 화이트칼라 범죄의 존재와 현실을 부정하는 사람은 없으나, 대체로 초기 서덜랜드(Sutherland)의 정의보다는 그 의미를 좁게 해석하여 개념과 적용범위를 엄격하게 적용하려는 경향이 있다.
④ 화이트칼라 범죄는 피해규모가 큰 반면 법률의 허점을 교묘히 이용하거나 권력과 결탁하여 조직적으로 은밀히 이뤄지기 때문에 암수범죄가 많다.

해설

③ [×] 서덜랜드가 최초로 정의한 화이트칼라 범죄(White-collar Crime)는 '사회 · 경제적 지위가 높은 사람들이 그 직업상 저지르는 범죄'를 의미하였는데, 근래에 들어 화이트칼라 범죄의 개념은 더욱 확대되어 '하류계층보다 사회적 지위가 높고 비교적 존경받는 사람들이 자신의 직업수행 과정에서 행하는 직업적 범죄'라고 정의하는 것이 일반적이다.
① [○] 서덜랜드는 다른 범죄가 사회제도 · 조직에 그다지 큰 영향을 미치지 아니하는 것과 달리, 화이트칼라 범죄는 신뢰를 파괴하고 불신을 초래하며 대규모의 사회 해체를 유발하며 사회적 도덕을 저하시킨다고 주장한다.
② [○] 화이트칼라 범죄는 모범을 보여야 할 사회지도층이 저지르는 범죄로서 청소년이나 하위계층의 모방이라는 부정적 영향을 미치게 된다고 한다.
④ [○] 화이트칼라 범죄는 암수범죄의 비율이 높고 선별적 형사소추가 가장 문제되는 범죄 유형이라고 한다.

정답 ③

21 화이트칼라 범죄에 관한 설명으로 옳은 것은? 10. 사시

① 사회경제적 지위가 높은 사람들이 저지르는 일체의 범죄를 가리키는 용어이다.

② 개인이 저지르는 경우에 한하며 집단에 의한 경우는 제외된다.

③ 범죄피해의 규모는 크지만, 범죄자는 물론 일반인도 중대한 범죄로 보지 않는 경향이 있다.

④ 전형적인 형태로 절도, 사기, 횡령 등을 들 수 있다.

⑤ 적발이 용이하므로 범죄통계를 통해 그 규모를 쉽게 확인할 수 있다.

해설

③ [○], ⑤ [×] 전통적인 범죄에 비하여 범죄피해가 크고 그 결과로 범죄로 인한 이익도 크므로, 그만큼 행위자의 입장에서 보면 범죄 유혹도 받기 쉽다. 반면에 업무활동에 섞여서 일어나기 때문에 적발이 용이하지 않고 피해자의 피해의식도 약하며 증거수집도 어려운 점이 있다.

① [×] 서덜랜드에 의하면, 화이트칼라 범죄는 '사회·경제적 지위가 높은 사람들이 그 직업상 저지르는 범죄'를 말한다. 따라서 이러한 사람들의 범죄라도 그들의 직업과 관련이 없는 범죄(예 살인, 폭행 등)는 제외된다.

② [×] 집단에 의한 경우도 화이트칼라 범죄에 포함된다(예 기업범죄 등).

④ [×] 인·허가 내지 세금징수와 관련한 공무원범죄, 정경유착관계에서 드러나는 매우 지능적인 뇌물수수와 돈세탁행위, 금융사고에서 나타나는 교묘한 사기·위조·횡령범죄 등이 전형적인 화이트칼라 범죄에 속한다.

정답 ③

제4절 | 자연환경과 범죄

제5절 | 경제환경과 범죄

22 부유지역과 빈곤지역에서의 범죄율을 비교하여 상대적 빈곤이 범죄의 원인이라고 주장한 학자는?

① 서덜랜드(Sutherland)

② 케틀레(Quetelet)

③ 쉐프(Scheff)

④ 랑게(Lange)

해설

② [○] 케틀레(A. Quetelet)는 범죄의 원인은 본질적으로 도덕적 결핍이며, 절대적 빈곤보다는 상대적 빈곤이 범죄원인으로 중요하다고 보았다.

정답 ②

23 경제환경과 범죄에 관한 설명 중 옳지 않은 것은? 11. 사시

① 글뤽(Glueck) 부부는 절대적 빈곤과 범죄가 비례한다고 주장한다.

② 봉거(W. Bonger)는 자본주의의 경쟁적 · 착취적 특성이 불가피하게 범죄를 야기한다고 한다.

③ 엑스너(F. Exner)는 불경기와 범죄는 상관관계가 없다고 주장한다.

④ 토비(J. Toby)는 자신이 속한 사회에서 스스로 느끼고 경험하는 상대적 결핍감이 범죄원인이 된다고 한다.

⑤ 렝거(E. Renger)는 실질임금에 대한 범죄의 의존성을 지적한다.

해설

③ [×] 불황기에 범죄가 증가한다는 상관성을 인정한 학자로는 셀린, 엑스너, 아샤펜부르크, 뢰스너(Roesner), 럿셀(Russell), 플레처(Fletcher), 월쉬(Walsh), 버어트(Burt), 헨티히 등이 있다.

정답 ③

24 경제적 환경과 범죄에 대한 설명으로 옳지 않은 것은?

① 일반적으로 범죄는 경제안정기에만 감소할 수 있을 뿐이고, 경기변동이 있으면 호황이든 불황이든 증가한다고 한다.

② 인플레이션(inflation)의 경우에는 물건 자체에 대한 범죄가 증가하고, 디플레이션(deflation)의 경우에는 금전에 대한 범죄가 증가한다는 것이 일반적 입장이다.

③ 케틀레는 상대적 빈곤이 범죄원인으로 중요함을 강조하였고, 우리나라의 경우에도 상대적 빈곤과 관련하여 범죄가 많이 발생하고 있다.

④ 빈민의 유형 중 불안정한 빈민의 경우에는 가족관계 및 경제면에서 모두 불안정하여 소년비행이나 성인범죄의 발생가능성이 높다고 한다.

해설

③ [×] 우리나라에서는 아직까지 경제적 빈곤계층과 결부되어 범죄가 많이 발생하며(약 70% 정도), 중 · 상류계층의 상대적으로 낮은 범죄율을 고려해 볼 때 절대적 빈곤이 범죄발생의 중요한 요인으로 작용한다고 본다.

정답 ③

제6절 | 범죄지리학

제7절 | 사회환경과 범죄

25 다음은 어느 신문의 기사내용이다. 영화 등 매스컴이 범죄에 미치는 영향에 관한 이론 중 이 기사내용을 뒷받침하지 않는 것은?

> 경찰에 따르면 김군 등은 지난달 19일 0시 30분경 경기도 L주유소에 복면을 하고 들어가 테이프로 직원들의 손발을 묶은 뒤 현금과 수표 등 239만원과 주유권 30장을 빼앗는 등 최근까지 12차례에 걸쳐 1,000여 만원 상당의 금품을 빼앗은 혐의이다. 조사 결과 이들은 올해 초 서울의 한 주유소에서 종업원으로 일하면서 알게 된 사이로 김군이 영화 '00주유소 습격사건'을 본 뒤 "영화속 주인공들이 멋있다."며 이 같은 범행을 계획한 것으로 밝혀졌다.

① 범죄유발기능이론　② 단기효과이론
③ 직접효과이론　④ 카타르시스가설

해설

매스컴과 범죄발생의 관계를 긍정하는 견해(범죄유발기능)에는 자극성가설(단기효과이론 · 직접효과설)과 습관성가설(장기효과이론 · 간접효과설) 등이 있고, 매스컴과 범죄발생의 관계를 부정하는 견해(범죄억제기능)에는 카타르시스가설, 문화계발이론, 억제가설, 민감화작용 등이 있다.

④ [×] 지문의 내용은 매스컴과 범죄발생의 관계를 긍정하는 견해(범죄유발기능)와 관련된 사안이다. 카타르시스가설은 매스컴과 범죄발생의 관계를 부정하는 견해(범죄억제기능)의 내용이므로 관련이 없다.

정답 ④

26 TV에서 방영되는 '범죄자 수배 프로그램'이 시청자의 공격적 성향을 자제시켜 범죄를 억제하는 기능을 한다고 주장하는 이론은?

① 카타르시스가설　② 자극성가설
③ 관습성가설　④ 차별적 기회구조가설

해설

① [○] 카타르시스가설은 매스컴에서 등장하는 범죄 또는 그 범죄자에 대한 처벌은 일반인들에게 카타르시스의 역할을 하여 오히려 범죄를 억제하는 기능을 한다는 이론이다(범죄억제기능). 이에 의하면 매스컴은 사회환경의 일부에 불과하므로 범죄의 증가와 무관하며, 범죄는 개개인의 인격 · 가정 · 집단관계 등 복합적 요소에 의하여 좌우된다고 하고, 매스컴과 폭력의 관계도 미디어와 접촉자와의 상호선택과정에서 이루어지는 것으로서 전체적으로는 미디어가 오히려 범죄의 감소에 커다란 기여를 하고 있다는 것이다.

정답 ①

27 영화나 TV에서 폭력적인 장면이 시청자의 공격적 성향을 자제 또는 억제시킨다는 매스컴의 범죄순기능을 강조하는 이론과 시청자에게 단기적 또는 장기적 범죄유발요인이 된다는 매스컴의 범죄역기능을 강조하는 이론이 있다. 각 이론에 해당하는 것으로 옳게 묶인 것은?

	범죄순기능이론	범죄역기능이론
①	자극성가설 - 억제가설	집단갈등가설 - 습관성가설
②	자극성가설 - 억제가설	카타르시스가설 - 문화갈등가설
③	카타르시스가설 - 억제가설	자극성가설 - 습관성가설
④	카타르시스가설 - 집단갈등가설	자극성가설 - 억제가설

해설

③ [○] 카타르시스가설이나 억제가설에 의하면, 매스컴에서 등장하는 범죄 또는 그 범죄자에 대한 처벌은 일반인들에게 카타르시스의 역할을 하여 오히려 범죄를 억제하는 범죄 순기능 작용을 한다고 본다. 반면에 자극성가설이나 습관성가설에 의하면, 매스컴이 범죄학습효과를 가짐으로써 직접 범죄를 유발하는 원인이 된다(자극성가설, 단기효과이론, 직접효과설)고 보거나, 매스컴의 폭력장면에 끊임없이 노출되다 보면 자기도 모르게 폭력에 길들여질 개연성이 높다(습관성가설, 장기효과설, 간접효과설)고 보아 범죄 역기능 작용을 한다고 주장한다.

정답 ③

28 매스컴과 범죄의 관계에 관한 설명 중 옳지 않은 것은? 12. 사시

① 자극성가설에 의하면 매스컴이 묘사하는 범죄실행장면이 모방심리를 자극함으로써 범죄를 유발한다고 한다.

② 카타르시스가설에 의하면 일반인들이 매스컴의 범죄장면을 보고 스스로 카타르시스를 얻기 위해 범죄행위에 나설 수 있기 때문에 매스컴이 범죄를 유발한다고 한다.

③ 습관성가설에 의하면 매스컴의 폭력장면에 장기적으로 노출되다 보면 폭력에 무감각해지고 범죄를 미화하는 가치관이 형성되므로 범죄가 유발된다고 한다.

④ 억제가설에 의하면 매스컴의 범죄묘사는 폭력피해에 대한 책임감과 보복에 대한 공포심을 불러일으켜 일반인들의 공격적 성향을 억제한다고 한다.

⑤ 텔레비전이 가족의 대화를 단절시키고 구성원을 고립시킴으로써 범죄를 유발한다는 주장도 제기된다.

해설

② [×] 카타르시스가설이란 클래퍼(Klapper) · 레윈(Lewin) · 힘멜바이트(Himmelweit) · 트래셔(Thrasher) 등이 주장한 것으로, 매스컴에서 등장하는 범죄 또는 그 범죄자에 대한 처벌은 일반인들에게 카타르시스의 역할을 하여 오히려 범죄를 억제하는 기능을 한다는 이론이다.

① [○] 자극성가설이란 캇츠(Katz) · 버코위츠(Berkowitz) · 윌슨(Wilson) 등이 주장한 것으로, 매스컴이 범죄학습효과를 가짐으로써 직접 범죄를 유발하는 원인이 된다는 견해이다(단기효과이론 · 직접효과설).

③ [○] 습관성가설이란 쉬람(Shramm) · 쿤칙(Kunczik) 등이 대표적 주장자로서, 매스컴의 폭력장면에 끊임없이 노출되다 보면 자기도 모르게 폭력에 길들여질 개연성이 높다는 이론이다(장기효과이론 · 간접효과설).

④ [○] 억제가설이란 매스컴을 통해 범죄에 대한 적개심을 불러일으킬 수 있고, 범죄의 충격적 장면은 잠재적 범죄충동을 억제 · 해소하는 기회가 될 수 있다는 주장이다.

⑤ [○] 매스컴과 범죄의 관계를 태도 · 성향 내지 감수성의 문제로 보아 매스컴은 취미생활의 변화를 조장하고 건전한 정신발달을 저해하며 취미를 편협하게 만들어 일반적으로 폭력 · 범죄 · 오락에 탐닉하게 하고, 범죄를 미화하여 범죄를 동경하도록 가치관을 변화시키거나 범죄에 대한 무비판적 · 무감각적 성향으로 변모시키고 심지어 범죄의 과잉묘사로 엽기적 취향마저 유인할 수 있다고 보는 견해도 있다(둔감화작용).

정답 ②

29 범죄원인론의 발전에 관한 설명으로 옳지 않은 것은?

① 계몽주의에 근거한 고전주의이론은 범죄가 인간의 자유의지에 의하여 발생한다는 것을 전제로 한다.

② 실증주의이론에서는 범죄가 인간의 자유의지에 의한 것이 아니라 생물학적 · 심리학적 · 환경적 원인에 의해 일어난다는 사실을 강조한다.

③ 미국의 범죄사회학이론에서는 범죄원인이 되는 요인을 일반명제화하여 모든 범죄에 대한 공통적 설명이 가능할 수 있도록 하는 일반화이론이 주류이다.

④ 오늘날에는 소질과 환경의 상호작용에 의해서만 범죄가 발생하는 것으로 보는 것이 일반적이다.

해설

④ [×] 현대범죄학에서는 행위자의 의사자유 여부에 대해 결론을 내리기 보다는, 소질과 환경의 상호작용에 의해서 변화가능한 인격성의 자유의지를 함께 고려하여 범죄가 발생하는 것으로 본다.
① [○] 고전주의의 비결정론의 입장이다.
② [○] 실증주의의 결정론의 입장이다.
③ [○] 이에 따라 미국의 범죄사회학에서는 범죄가 일어나기까지의 사회적 환경 또는 일정한 행위가 범죄로 인식되기까지의 사회적 태도를 거시적으로 고찰한다.

정답 ④

30 환경과 범죄현상에 대한 설명으로 가장 적절하지 않은 것은? 10. 보호

① 급격한 도시화는 인구의 이동이나 집중으로 인해 그 지역의 사회관계의 혼란을 초래하고, 지역사회의 연대를 어렵게 하여 범죄의 증가를 초래할 수 있다고 한다.

② 케틀레(A. Quetelet)는 인신범죄는 따뜻한 지방에서, 재산범죄는 추운 지방에서 상대적으로 많이 발생한다고 한다.

③ 경기와 범죄는 상관관계가 없다는 주장도 있지만, 일반적으로 불황기에는 호황기에 비해 재산범죄가 많이 발생한다고 한다.

④ 전체주의 사회에서는 소수집단의 공격성 때문에 다수집단의 구성원이 대량 희생되어 모든 범죄가 전체적으로 감소하게 된다고 한다.

해설

④ [×] 전제적 강권정치가 횡행하는 시기에는 힘에 밀려 일반범죄가 감소한다는 주장도 있으나 이러한 효과는 언제나 다수집단의 공격성이 희생양으로 삼는 소수집단 내지 소외집단의 희생 위에서만 가능하다. 이러한 상황에서 교도소의 수감률은 감소하지 않고 다른 분야의 잠재적 분쟁소지는 오히려 증가한다는 것을 간과해서는 안 된다. 그러므로 전체주의사회의 범죄감소효과는 기껏해야 일시적인 범죄의 이동현상에 불과하고 진정한 범죄의 감소로 보기는 어렵다.
① [○] 도시화는 익명성, 타자지향성, 상대방에 대한 몰인격적 판단, 소비중심의 생활패턴 등을 가져오고, 그러한 요인들이 범죄의 억제작용을 하는 지역사회의 조직화, 즉 지역사회 자체가 가지는 범죄통제기능을 저해하여 결국 범죄와 비행을 증가시킨다고 할 수 있다.
② [○] 케틀레의 '범죄의 기온법칙'의 내용이다.
③ [○] 일반적으로 불황기에는 실업자가 증가하면서 생활이 불안정하게 되고 재산범(특히 절도)이 증가한다고 본다.

정답 ④

31 환경과 범죄원인에 대한 설명으로 옳지 않은 것은?

16. 보호

① 물가와 범죄의 관계에 대한 경험적 연구는 주로 곡물류 가격과 범죄의 관계를 대상으로 하였다.

② 계절과 범죄의 관계에 대한 연구에 의하면 성범죄와 폭력범죄는 추울 때보다 더울 때에 더 많이 발생한다고 알려져 있다.

③ 범죄인자 접촉빈도와 범죄발생과의 관계에 대한 이론인 습관성가설은 마약범죄 발생의 원인규명에 주로 활용되었다.

④ 엑스너(Exner)는 전쟁을 진행 단계별로 나누어 전쟁과 범죄의 관련성을 설명하였다.

해설

③ [×] 습관성가설은 '매스컴과 범죄'의 상관성과 관련하여, 매스컴의 폭력장면에 끊임없이 노출되다 보면 자기도 모르게 폭력에 길들여질 개연성이 높다는 이론이다(장기효과이론 · 간접효과설).

① [○] 물가변동과 범죄의 관계에 대하여, 마이어(G. v. Mayer)는 최초로 곡물가격과 절도의 상관관계(정비례관계)를 증명하였다.

② [○] 생명 · 신체에 대한 폭력범은 겨울에 적고 여름에 많으며, 성범죄는 저온에서 고온으로 이행하는 시기인 봄부터 증가하여 여름에 가장 많고, 겨울에 들어서면서 다시 낮아진다고 한다.

④ [○] 엑스너는 전쟁단계를 감격기, 의무이행기, 피폐기, 붕괴기, 전후기로 구분하고 각 단계에서 전쟁과 범죄의 관계를 설명하고자 하였다.

정답 ③

32 사회 · 문화적 환경과 범죄에 대한 설명으로 옳지 않은 것은?

22. 보호

① 체스니 - 린드(Chesney-Lind)는 여성범죄자가 남성범죄자보다 더 엄격하게 처벌받으며, 특히 성(性)과 관련된 범죄에서는 더욱 그렇다고 주장하였다.

② 스토우퍼(Stouffer), 머튼(Merton) 등은 상대적 빈곤론을 주장하면서 범죄발생에 있어 빈곤의 영향은 단지 빈곤계층에 국한된 현상이 아니라고 지적하였다.

③ 매스컴과 범죄에 대하여 '카타르시스 가설'과 '억제가설'은 매스컴의 역기능성을 강조하는 이론이다.

④ 서덜랜드(Sutherland)는 화이트칼라 범죄를 직업활동과 관련하여 존경과 높은 지위를 가지고 있는 사람이 저지르는 범죄라고 정의했다.

해설

③ [×] 카타르시스 가설은 매스컴에서 등장하는 범죄 또는 그 범죄자에 대한 처벌은 일반인들에게 카타르시스의 역할을 하여 오히려 범죄를 억제하는 기능을 한다는 이론이고, 억제 가설은 매스컴을 통해 범죄에 대한 적개심을 불러일으킬 수 있고, 범죄의 충격적 장면은 잠재적 범죄충동을 억제 · 해소하는 기회가 될 수 있다는 이론으로서, 모두 '매스컴과 범죄발생의 상관성을 부정'하는 입장(범죄억제 기능)에 해당한다.

① [○] 체스니-린드(Chesney-Lind)는 소년사법체계에서 소녀가 소년보다 더 가혹하게 취급되며, 이는 사법체계가 소녀가 전통적 성역할 기대를 저버린 것으로 보아 그 처리절차에서 성차별을 하기 때문이라고 주장한다.

② [○] 케틀레, 스토우퍼, 머튼, 토비 등은 상대적 빈곤 연구를 통해 범죄발생에 있어서 빈곤의 영향은 단지 하류계층에 국한된 현상이 아니라, 어떤 계층이든지 느낄 수 있는 것이므로 광범위한 사회계층에 작용하는 문제라고 주장한다(상대적 결핍감이 범죄원인이라는 주장).

④ [○] 서덜랜드는 화이트칼라 범죄(White-collar Crime)를 '사회 · 경제적 지위가 높은 사람들이 그 직업상 저지르는 범죄'라고 정의하였다.

정답 ③

제6장 | 범죄사회학이론

제1절 | 범죄사회학이론 개관

01 미국의 범죄사회학이론에 대한 설명으로 옳지 않은 것은?

① 미국의 범죄사회학이론은 실증연구를 통하여 다원적인 미국사회에 맞는 실용주의이론을 전개하는 데 중점을 두었다.
② 미국의 범죄사회학이론은 범죄인분류보다는 범죄유형론이 발달하였고, 행형 · 교정절차의 연구가 활발하다는 특징을 나타낸다.
③ 사회해체이론은 범죄대책으로서 개별 범죄자에 대한 처우를 보다 강화하여 사회통제력을 증가시킬 것을 주장한다.
④ 차별적 접촉이론에서는 범죄대책으로서 집단관계에 기한 요법이 유용하다고 본다.

해설
③ [×] 사회해체이론은 범죄대책으로서 개별 범죄자에 대한 처우보다 도시의 지역사회를 재조직화하여 사회통제력을 증가시킬 것을 주장한다.

정답 ③

제2절 | 범죄생태학과 사회해체이론

02 사회해체이론(social disorganization theory)에 대한 설명으로 옳지 않은 것은? 20. 보호

① 화이트칼라 범죄 등 기업범죄를 설명하는 데에 유용하다.
② 범죄는 개인적인 차이에 의한 것이라기보다는 환경적 요인들을 범죄의 근원적 원인으로 본다.
③ 지역사회의 생태학적 변화가 범죄의 발생에 중요한 역할을 한다고 보는 것이다.
④ 범죄의 발생이 비공식적인 감시기능의 약화에서 비롯되는 것으로 설명하기도 한다.

해설
① [×] 사회해체이론에 따르면, 범죄는 사회해체의 진행 과정에서 반사회적 행위가 일반화되어 나타난다고 한다. 따라서 사회해체이론은 화이트칼라 범죄 등 기업범죄에 대한 설명에는 적합하지 않다.
②③ [○] 사회해체란 틈새지역의 '사회적 환경'(사회변동 · 이민증대 · 계층간의 갈등, 윤리의식의 저하 등)으로 인해 종래의 사회구조가 붕괴됨에 따라 규범이 개인에게 미치는 영향력이 감소하여 사람들의 반사회적 태도(비행, 범죄)가 증가하는 상태를 말한다(내적 · 외적 사회통제의 약화).
④ [○] 버식(Bursik)은 사회해체의 원인으로 주민의 이동성과 이질성에 의한 '비공식적 감시 기능의 약화', 행동지배율의 결핍, 직접통제의 부재 등을 주장한다.

정답 ①

03 사회해체론(social disorganization theory)에 관한 설명으로 옳지 않은 것은?

① 생물학적 · 심리학적 범죄원인론에 비해 사회적 환경을 중요시한다.

② 비판범죄학의 갈등론적 관점을 취한다.

③ 지배적 사회관계가 와해되었지만 아직까지 새로운 관계가 형성되어 있지 않은 틈새지역은 범죄유발환경이 된다.

④ 열악한 환경에 따른 지역사회의 통제력 약화도 범죄유발요인이 된다.

해설

② [×] 사회해체론은 공업화 · 도시화와 같은 사회발전이 도시의 조직해체를 초래함으로써 사회통제력이 감소되고 범죄가 늘어나는 것으로 보고, 이와 같은 연쇄작용을 막는데 정책의 초점을 두는 이론이다. 반면 비판범죄학은 마르크스주의이론에 입각하여 범죄를 파악하는 이론으로 상호간에 관점이 다르다.

정답 ②

04 사회해체이론에 대한 설명으로 옳지 않은 것은?

① 사회해체이론의 중요한 업적은 행위자 개인의 특성이 아니라 도시의 생태를 범죄나 비행의 발생원인으로 파악한 것이다.

② 비행이 사회해체에 기인하기 때문에 비행예방을 위해서는 개별비행자의 처우보다 도시생활환경에 영향을 미치는 사회의 조직화가 필요하다고 본다.

③ 사회해체이론은 주로 경찰이나 법원의 공식기록에 의존하였기 때문에 그 연구결과의 정확성은 문제되지 않는다.

④ 사회통제이론, 아노미이론, 차별적 접촉이론 그리고 문화적 갈등이론 등에 이론적 발전의 기초를 제공한 것으로 평가된다.

해설

사회해체이론은 범죄행위를 정신적 · 성격적 결함이나 신체적 기능장애 또는 유전성 때문이라고 보았던 이전의 범죄원인론에 비해 사회적 환경을 중요시하였다. 그들이 범죄를 유발하는 사회적 환경으로 주목했던 사항은 지역사회의 해체였다. 지역사회의 통제력 약화는 반사회적 하위문화를 배태하고 이러한 문화는 지역에서 계승됨으로써 특정지역은 주거민의 변화에도 불구하고 계속적으로 높은 범죄발생률을 보인다는 것이다. 이들은 도시의 지역사회를 재조직함으로써 사회통제력을 증가시키려고 한다.

③ [×] 경찰의 방범활동은 주로 슬럼가나 우범지역에 집중되는바, 범죄의 실제상황이 경찰의 활동에 의한 검거실태와 반드시 일치된다고는 할 수 없다는 비판이 있다.

정답 ③

05 쇼(Shaw)와 맥케이(McKay)의 사회해체이론(Social Disorganization Theory)에 관한 설명으로 가장 적절하지 않은 것은?

23. 2차 경행경채

① 특정 지역에서의 범죄가 다른 지역에 비해서 많이 발생하는 이유를 규명하고자 하였다.

② 지역 거주민의 인종과 민족의 변화가 해당 지역의 범죄율을 좌우하는 핵심요인으로 나타났다.

③ 전이지역(transitional zone)은 타 지역에 비해 범죄율이 상대적으로 높게 나타났다.

④ 사회해체의 요소로 낮은 경제적 지위, 민족적 이질성, 거주 불안정성 등을 제시하였다.

해설

② [×] 쇼(Shaw)와 맥케이(McKay)는 변이지역 내에서 '구성원의 인종 · 국적이 바뀌었음에도 불구하고 계속적으로 높은 범죄율을 보인다'는 사실을 통해, '지역의 특성과 범죄발생과는 중요한 연관이 있음'을 주장한다.

정답 ②

06 사회해체이론(Social Disorganization Theory)에 관한 설명으로 가장 적절하지 않은 것은? 22. 경행경채

① 쇼(Shaw)와 멕케이(McKay)는 지역사회의 특성과 청소년비행 간의 관계를 검증하였다.

② 지역사회의 생태학적 변화를 범죄 발생의 주요 원인으로 본다.

③ 초기 시카고학파의 학자들은 지역사회수준의 연구결과를 개인의 행동에 적용하는 생태학적 오류(ecological fallacy) 문제를 해결하였다는 평가를 받는다.

④ 집합효율성(collective efficacy)이란 공통의 선을 유지하기 위한 지역주민들 사이의 사회적 응집력을 의미하며, 상호신뢰와 유대 및 사회통제에 대한 공통된 기대를 포함하는 개념이다.

해설

③ [×] 로빈슨(Robinson)은 개인적 상관관계와 생태학적 상관관계를 구분하면서 사회해체이론에 대하여 '생태학적 오류의 문제점'을 지적하였다. 그는 쇼와 멕케이 등의 학자들이 '개인의 특성을 파악하고자 연구하면서 생태학적 상관관계에 근거하여 주장을 펼친다고 비판'하였다.

① [○] 쇼(Shaw)와 멕케이(McKay)는 지역사회의 특성과 청소년비행율 사이에 강한 생태학적 상관관계가 있음을 경험적으로 검증하였다. 이들은 경제적 박탈 또는 불이익, 다양한 이민자집단의 존재, 인구전환 또는 이주 등의 지역적 특성이 청소년비행율과 상관관계가 있다고 주장한다.

② [○] 사회해체이론에 의하면 도시의 각 지역 중 제2지대인 변이지역(퇴화과도 지역)에 범죄가 집중적으로 발생하였고, 이러한 변이지역은 전통적 사회통제를 약화시키는 생태학적 조건이 두드러진 지역으로서 사회통제가 범죄를 억제하는 데에 역부족인 공간이라고 본다.

④ [○] 샘슨(R. Sampson)은 지역사회의 구성원들이 무질서나 사회문제를 해결하기 위해 적극적으로 개입·참여하는 것을 집합효율성이라고 하면서, 이러한 집합효율성이 높은 지역은 범죄가 감소하나, 비공식적 사회통제가 제대로 되지 않고 지역사회의 응집력이 약해지면 범죄는 증가한다고 주장한다(집합효율성이론).

정답 ③

07 사회해체론에 대한 설명으로 옳지 않은 것만을 모두 고른 것은? 14 부하

ㄱ. 개별적으로 누가 거주하든지 관계없이 지역의 특성과 범죄발생간에는 중요한 연관성이 있다고 본다.
ㄴ. 쇼우(Shaw)와 맥케이(Mckay)는 도심과 인접하면서 주거지역에서 상업지역으로 바뀐 이른바 전이지역(transitional zone)의 범죄발생률이 지속적으로 높다고 지적하였다.
ㄷ. 버식(Bursik)과 웹(Webb)은 지역사회가 주민들에게 공통된 가치체계를 실현하지 못하고 지역주민들이 공통적으로 겪는 문제를 해결할 수 없는 상태를 사회해체라고 정의하고, 그 원인을 주민의 비이동성과 동질성으로 보았다.
ㄹ. 버식(Bursik)과 웹(Webb)은 사회해체지역에서는 공식적인 행동지배규범(movement-governing rules)이 결핍되어 있으므로 비공식적 감시와 지역주민에 의한 직접적인 통제가 커진다고 주장하였다.
ㅁ. 사회해체지역에서는 전통적인 사회통제기관들이 규제력을 상실하면서 반가치를 옹호하는 하위문화가 형성되나, 주민이동이 많아지면서 이러한 문화는 계승되지 않고 점차 줄어들면서 범죄율이 낮아진다고 본다.

① ㄱ, ㄴ, ㄷ　　② ㄴ, ㄷ, ㄹ

③ ㄴ, ㄹ, ㅁ　　④ ㄷ, ㄹ, ㅁ

해설

ㄱ. [○] 사회해체이론에 의하면 일단 높은 범죄율을 보였던 지역에서는 구성원의 변화에도 불구하고 그러한 경향이 지속된다. 반면에 해당 지역이 안정된 후에는 구성원의 변화가 진행되더라도 전 단계와 별반 차이 없는 범죄율을 보인다.

ㄴ. [○] 쇼우와 맥케이(Shaw & Mckay)는 변이지역 내에서 구성원의 인종·국적이 바뀌었음에도 불구하고 계속적으로 높은 범죄율을 보인다는 사실을 통해 지역의 특성과 범죄발생과는 중요한 연관이 있음을 주장한다.

ㄷ, ㄹ. [×] 사회해체의 원인으로 주민이동과 주민이질성에 의한 비공식적 감시기능의 약화, 행동지배율의 결핍, 직접통제의 부재 등을 주장한다.

ㅁ. [×] 전통적 사회통제기관들이 규제력을 상실하면 반사회적 가치를 옹호하는 범죄하위문화가 형성되고 계속적으로 주민들간에 계승됨으로써, 해당 지역에는 높은 범죄율이 유지된다고 한다(문화전달이론).

정답 ④

08 시카고학파인 쇼(Shaw)와 맥케이(McKay)가 수행한 연구의 결과로 가장 적절하지 않은 것은? 22 간부(72)

① 지역 거주민의 인종과 민족이 바뀌었을 때 해당 지역의 범죄율도 함께 변했다.

② 시카고 시(市)의 전이지대(transition zone)에서 범죄율이 가장 높게 나타났다.

③ 새로운 이민자가 지속적으로 유입되면서 지역사회의 사회해체 상태가 초래되었다.

④ 범죄지역에서는 전통적 규범과 가치가 주민들의 행동을 제대로 통제하지 못했다.

해설

① [×] 쇼(Shaw)와 맥케이(McKay)는 변이지역 내에서 구성원의 인종·국적이 바뀌었음에도 불구하고 '계속적으로 높은 범죄율'을 보인다는 사실을 통해, 지역의 특성과 범죄발생과는 중요한 연관이 있음을 주장하였다.

② [○] 쇼(Shaw)와 맥케이(McKay)는 시카고 시(市)의 변이지역(제2지대)에서 범죄율이 가장 높은 현상에 주목하여 그 이유를 분석하였다.

③ [○] 쇼(Shaw)와 맥케이(McKay)에 의하면, 변이지대는 유럽 이민들과 흑인 이주자들이 혼재되어 문화적 이질성이 매우 높고, 빠른 속도의 사회변화가 발생하며 이러한 점이 사회해체를 초래하는 요인으로 작용한다.

④ [○] 쇼(Shaw)와 맥케이(McKay)에 의하면, 변이지대에서 전통적 사회통제기관들이 규제력을 상실하면 반사회적 가치를 옹호하는 범죄하위문화가 형성되고 계속적으로 주민들간에 계승됨으로써, 해당 지역에는 높은 범죄율이 유지된다고 한다.

정답 ①

09 사회해체이론(Social Disorganization Theory)에 대한 설명으로 가장 옳지 않은 것은? 22. 해경간부

① 지역사회의 생태학적 변화가 범죄의 발생에 중요한 역할을 한다고 보는 것이다.

② 범죄는 개인적인 차이에 의한 것이라기보다는 환경적 요인들을 범죄의 근원적 원인으로 본다.

③ 범죄의 발생이 비공식적인 감시기능의 약화에서 비롯되는 것으로 설명하기도 한다.

④ 버식(Bursik)과 웹(Web)은 사회해제 원인을 주민의 비이동성과 동질성으로 보았다.

해설

④ [×] 버식(Bursik) 등은 사회해체의 원인으로 주민의 '이동성'과 '이질성'에 의한 비공식적 감시 기능의 약화, 행동지배율의 결핍, 직접통제의 부재 등을 주장한다.

① [○] 사회해체란 틈새지역의 사회적 환경(사회변동·이민증대·계층간의 갈등, 윤리의식의 저하 등)으로 인해 종래의 사회구조가 붕괴됨에 따라, 규범이 개인에게 미치는 영향력이 감소하여 사람들의 반사회적 태도가 증가하는 상태를 말한다(내적·외적 사회통제의 약화).

② [○] 범죄의 발생은 이성에 의한 합리적 선택이나 개인의 특성의 문제가 아니라 지역주민들 사이에 적정한 이웃관계를 유지하고 발전시킬 수 있는 요인이 없거나 부족하기 때문이라고 본다. 이는 범죄의 발생이 환경적 조건과 밀접하게 관련되어 있음을 의미한다.

③ [○] 샘슨(R. Sampson)은 지역사회의 구성원들이 무질서나 사회문제를 해결하기 위해 적극적으로 개입·참여하는 것을 집합효율성(collective efficacy)이라고 하면서, 이러한 집합효율성이 높은 지역은 범죄가 감소하나, 비공식적 사회통제가 제대로 되지 않고 지역사회의 응집력이 약해지면 범죄는 증가한다고 주장한다(집합효율성이론).

정답 ④

10 사회해체이론에 대한 설명으로 가장 적절하지 않은 것은? 23. 간부(73)

① 사회해체(Social Disorganization)란 지역사회가 공동체의 문제해결을 위한 능력이 상실된 상태를 의미한다.

② 초기 사회해체이론은 사회해체의 개념을 명확히 측정하고 다수의 실증연구를 제시했다.

③ 사회해체이론에 기반한 대표적 정책은 시카고지역프로젝트(Chicago Area Project)가 있다.

④ 집합효율성이론, 환경범죄학, 깨진 유리창 이론은 사회해체이론을 계승·발전한 것이다.

해설

② [×] 초기 사회해체이론에 대해서는 사회해체의 개념이 사회해체의 결과인 범죄 및 비행의 증가와 뚜렷이 구분되지 않는다는 것과 사회해체를 범죄와 연결하는 사회통제의 부재를 실증적으로 측정하기 어렵다는 것이 문제점으로 지적되었다.

정답 ②

11 다음 글에서 설명하는 이론은? 23. 보호 7급

> 공동체의 사회통제에 대한 노력이 무뎌질 때 범죄율은 상승하고 지역의 응집력은 약해진다. 이에 지역사회 범죄를 줄이기 위해서는 이웃 간의 유대 강화와 같은 비공식적 사회통제가 중요하며, 특히 주민들의 사회적 참여는 비공식적 사회통제와 밀접하게 관련되어 있다.

① 샘슨(Sampson)의 집합효율성(collective efficacy)

② 쇼(Shaw)와 맥케이(Mckay)의 사회해체(social disorganization)

③ 머튼(Merton)의 긴장(strain)

④ 뒤르켐(Durkheim)의 아노미(anomie)

해설

① [○] 지역사회의 구성원들이 상호신뢰 또는 연대하여 무질서나 사회문제를 해결하기 위하여 적극적으로 개입·참여하는 것을 집합효율성이라고 한다(비공식적 사회통제의 결합). 샘슨(Sampson)은 지역사회의 범죄율의 차이는 지역사회의 구성원들이 범죄문제를 공공의 적으로 인식하고 이를 해결하기 위해 적극적으로 참여하는 것에 기인하며, 집합효율성이 높은 지역은 범죄가 감소하나, 비공식적 사회통제가 제대로 되지 않고 지역사회의 응집력이 약해지면 범죄는 증가한다고 주장한다. 집합효율성이론은 기존의 경찰중심 범죄예방 전략의 한계를 극복할 수 있는 방안을 제시하고 있다(지역사회 범죄예방에 대한 시민참여의 필요성을 설명).

정답 ①

제3절 | 학습이론

12 사회심리학적 방법을 기초로 개인의 특성과 사회의 접촉과정을 중시하여 거리의 법칙, 방향의 법칙, 삽입의 법칙을 제시한 이론은 무엇인가? 16. 사시

① 아샤펜부르크(Aschaffenburg)의 행동심리이론
② 뒤르껭(Durkheim)의 범죄정상설
③ 따르드(Tarde)의 모방의 법칙
④ 프로이드(Freud)의 정신분석이론
⑤ 버제스(Burgess)의 동심원이론

해설

③ [○] 따르드(G. Tarde)는 롬브로조의 생물학적 범죄원인론을 부정하면서, 인간은 타인과 접촉하면서 관념을 학습하고 행위는 학습한 관념으로부터 유래하는 것이라고 주장한다. 이에 의하면 인간은 태어날 때는 모두 정상이지만, 이후 범죄가 생활방식의 하나인 분위기에서 양육됨으로써 범죄자가 되는 것이어서, 결국 범죄행위는 모방의 결과라고 본다(모방의 법칙).

☑ 모방의 법칙

거리의 법칙	모방은 사람 사이의 거리에 반비례하여 이루어진다는 것으로서, 사람들 사이의 거리가 가까울수록 모방이 강하게 일어난다.
방향의 법칙	모방은 사회적 지위가 우월한 사람을 중심으로 이루어진다. 즉, 범죄는 상층계급으로부터 하층계급으로, 도시에서 농촌으로 모방이 이루어진다.
삽입의 법칙	모방은 유행이 되고 유행은 관습이 된다(모방 → 유행 → 관습, 무한진행의 법칙).

정답 ③

13 다음의 설명과 관련 있는 범죄이론가는? 16. 교정

- 범죄는 의사소통을 통한 타인과의 상호작용 과정에서 학습된다.
- 범죄학습에서 중요한 사항은 친밀한 사적 집단 사이에서 이루어진다.
- 차별적 교제의 양상은 빈도, 지속성, 우선성, 강도의 측면에서 다양하다.

① 뒤르켐(E. Durkheim)
② 롬브로조(C. Lombroso)
③ 서덜랜드(E. Sutherland)
④ 레머트(E. Lemert)

해설

③ [○] 문제에서 제시된 설명은 서덜랜드(E. H. Sutherland)의 차별적 접촉이론에서 범죄학습이 이루어지는 과정(9가지 명제)에 대한 내용 중 일부이다.

☑ 범죄학습의 과정(서덜랜드)

ⓐ 범죄행동은 학습된다.
ⓑ 범죄행동은 타인과 상호작용 속에서 의사소통과정을 통해 학습된다.
ⓒ 범죄학습의 주요부분은 친밀한 관계를 맺고 있는 개인집단 안에서 일어난다.
ⓓ 범죄학습내용은 범죄기술 외에 범죄동기 · 충동 · 합리화 방법 · 태도 등을 포함한다.
ⓔ 범죄동기 · 충동의 구체적 방향은 법규범에 대한 긍정적 · 부정적 정의로부터 정해진다.
ⓕ 어떤 사람이 범죄자가 되는 것은 법률위반에 대한 긍정적 정의가 부정적 정의를 압도하기 때문이다(차별적 접촉).
ⓖ 차별접촉은 빈도 · 기간 · 순위 · 강도에 따라 달라진다.
ⓗ 범죄자와 접촉을 통해 범죄를 배우는 과정은 다른 모든 행위의 학습과정과 같다.
ⓘ 범죄행동은 사회의 일반적 욕구와 가치관의 표현이지만 그것만으로 범죄를 설명하는 것은 한계가 있다.

정답 ③

14 차별접촉이론(differential association theory)을 가장 잘 설명하고 있는 주장은?

① 나쁜 친구를 사귀면 범죄자가 되기 쉽다.
② 문제아로 찍히면 비행을 하기 쉽다.
③ 성염색체에 이상이 있으면 범죄자가 된다.
④ 좋은 자아관념을 가진 사람은 범죄적 환경 속에서도 범죄에 빠져들지 않는다.

해설

① [○] 서덜랜드(E. H. Sutherland)의 차별적 접촉이론은 범죄행위를 타인과 접촉하는 과정에서 개인마다 서로 다르게 타인을 접촉하면서 그의 행동을 학습하는 결과로서 생기게 된다고 파악한다. 즉 어떤 사람이 범죄자가 되는 것은 법률위반에 대한 긍정적 정의가 부정적 정의를 압도하기 때문이라고 설명한다(차별적 접촉).

정답 ①

15 서덜랜드(Sutherland)의 차별접촉이론(Differential Association Theory)에서 제시하는 명제로 가장 적절하지 않은 것은?

22. 간부(72)

① 범죄행위의 학습과정은 일반적 학습과정의 기제와 다르다.
② 범죄행위는 타인과의 의사소통에서 이루어지는 상호작용으로 학습된다.
③ 차별적 접촉은 교제의 빈도, 기간, 우선성, 강도에 있어 다양할 수 있다.
④ 범죄행위는 일반적인 욕구와 가치관으로 설명될 수 없다.

해설

① [×] 서덜랜드(Sutherland)는 '범죄자와 접촉을 통해 범죄를 배우는 과정은 다른 모든 행위의 학습과정과 같다.'라고 주장한다.
② [○] 서덜랜드(Sutherland)는 '범죄행동은 타인과의 상호작용 속에서 의사소통 과정을 통해 학습된다.'라고 주장한다.
③ [○] 서덜랜드(Sutherland)는 '차별접촉은 빈도 · 기간 · 순위 · 강도에 따라 달라진다.'라고 주장한다.
④ [○] 서덜랜드(Sutherland)는 '범죄행동은 사회의 일반적 욕구와 가치관의 표현이지만 그것만으로 범죄를 설명하는 것은 한계가 있다.'라고 주장한다.

정답 ①

16 서덜랜드(Sutherland)의 차별적 접촉이론의 내용이 아닌 것은?

12. 사시

① 범죄행위 학습의 중요한 부분들은 친밀한 관계를 맺고 있는 집단 안에서 일어난다.

② 범죄행위의 학습내용에는 범행 기술뿐만 아니라 동기, 합리화, 태도 등도 포함된다.

③ 사람은 자신이 직접 만나본 적이 없더라도 특정 인물과 자신을 동일시하면서 자아를 형성하고, 이것이 그의 행동선택에 영향을 미친다.

④ 어떤 사람이 범죄자가 되는 것은 법률위반을 긍정적으로 생각하는 정도가 부정적으로 생각하는 정도보다 크기 때문이다.

⑤ 범죄행위는 일반적인 욕구나 가치관의 표현이지만 동일한 욕구와 가치관이 비범죄적 행동을 통해 표현될 수도 있다.

해설

③ [×] 서덜랜드의 차별적 접촉이론에 의하면 범죄학습의 중요부분이 친밀한 관계를 맺고 있는 집단(개인집단) 안에서 일어난다고 보므로, 실제로 범죄학습이 매스미디어와 같은 비개인적 접촉수단에 의해 영향을 받음을 간과한다는 비판을 받는다. 이에 대해 글래저(Glaser)는 사람은 누구나 자신을 누군가와 동일시하려는 경향이 있으며 자신의 범행행동을 수용할 수 있다고 생각되는 실재의 인간이나 관념상의 인간에게 자신을 동일시하는 경우 범죄를 저지른다고 하여 차별적 접촉이론을 수정하였다(차별적 동일시이론).

①②④⑤ [○] 서덜랜드의 차별적 접촉이론에서는 범죄란 개인이 타인과 접촉하는 과정에서 서로 다르게 타인을 접촉하면서 상대방의 행동을 학습하는 결과로서 생기게 된다고 파악한다. 이에 따라 범죄학습이 이루어지는 과정을 9가지 명제로 설명한다.

정답 ③

17 서덜랜드(Sutherland)의 차별접촉이론(Differential Association Theory)에 관한 설명으로 가장 적절하지 않은 것은?

22. 경행경채

① 기존 생물학적 범죄이론에서 강조한 개인의 범인성을 부정한다.

② 범죄행위를 학습할 때 학습은 범죄기술, 구체적 동기나 욕구, 합리화, 태도 등을 포함한다.

③ 범죄행위의 학습은 타인과의 의사소통과정에서 이루어지는 상호작용의 산물이다.

④ 갓프레드슨(Gottfredson)과 허쉬(Hirschi)의 자기통제이론과 달리 하류계층의 반사회적 행동을 설명하는데 국한된다.

해설

④ [×] 서덜랜드는 인종, 성별, 사회경제적 지위 등 다양한 특성에 기인한 범죄원인 연구는 일반화가 어렵고 과학적인 범죄원인 연구에 적합하지 않다고 보아, 범죄와 비행을 설명할 수 있는 '일반이론'으로서 차별적 접촉이론을 제시하였다.

① [○] 차별적 접촉이론 등의 학습이론에서는 범죄를 정상적인 사람들의 정상적인 학습행위의 산물로 파악하면서, 범죄를 비정상성의 결과로 파악하는 생물학적·심리학적 범죄이론을 거부하면서 준법적인 의식이나 행동들과 마찬가지로 범죄도 사회생활상 습득된 행위패턴이라고 주장한다.

②③ [○] 서덜랜드가 제시하는 범죄학습 과정에 대한 9가지 명제의 내용이다.

정답 ④

18 서덜랜드(E. H. Sutherland)의 차별적 접촉이론(differential association theory)에 관한 설명 중 옳지 않은 것은?

① 범죄행위는 학습된다.
② 범죄행위 학습의 중요한 부분들은 친밀한 관계를 맺고 있는 집단들에서 일어난다.
③ 범죄행위는 일반적 욕구나 가치관의 표현이지만, 일반적 욕구나 가치관으로만 범죄행위를 설명할 수 없다.
④ 범죄자와 비범죄자간의 차이는 접촉유형의 차이가 아니라 학습과정의 차이이다.

해설

④ [×] 차별적 접촉이론에서 범죄자와 비범죄자간의 차이는 학습과정의 차이가 아니라 접촉유형의 차이라고 한다.

☑ 차별적 접촉이론의 범죄학습과정에 대한 9가지 명제

ⓐ 범죄행동은 학습된다.
ⓑ 범죄행동은 타인과 상호작용 속에서 의사소통과정을 통해 학습된다.
ⓒ 범죄학습의 주요부분은 친밀한 관계를 맺고 있는 개인집단 안에서 일어난다.
ⓓ 범죄학습내용은 범죄기술 외에 범죄동기 · 충동 · 합리화 방법 · 태도 등을 포함한다.
ⓔ 범죄동기 · 충동의 구체적 방향은 법규범에 대한 긍정적 · 부정적 정의로부터 정해진다.
ⓕ 어떤 사람이 범죄자가 되는 것은 법률위반에 대한 긍정적 정의가 부정적 정의를 압도하기 때문이다(차별적 접촉).
ⓖ 차별접촉은 빈도 · 기간 · 순위 · 강도에 따라 달라진다.
ⓗ 범죄자와 접촉을 통해 범죄를 배우는 과정은 다른 모든 행위의 학습과정과 같다.
ⓘ 범죄행동은 사회의 일반적 욕구와 가치관의 표현이지만 그것만으로 범죄를 설명하는 것은 한계가 있다.

정답 ④

19 서덜랜드(Sutherland)의 차별적 접촉이론에 대한 설명으로 옳지 않은 것은? 22. 보호

① 차별접촉은 빈도, 기간, 우선순위, 그리고 강도(強度) 등에 의하여 차이가 발생한다고 주장한다.
② 범죄학습이 신문 · 영화 등 비대면적인 접촉수단으로부터도 큰 영향을 받는다는 점을 간과하고 있다.
③ 범죄원인으로는 접촉의 경험이 가장 큰 역할을 한다고 보아, 나쁜 친구들을 사귀면 범죄를 저지를 것이라는 단순한 등식을 제시했다.
④ 범죄인과 가장 접촉이 많은 경찰 · 법관 · 형집행관들이 범죄인이 될 확률이 높지 않다는 비판이 있다.

해설

③ [×] 단순히 나쁜 친구들을 사귀면 범죄를 저지르는 것이 아니라, '법률 위반에 대한 긍정적 정의가 부정적 정의를 압도하는 경우에 범죄를 학습'하여 저지르게 된다고 본다(차별적 접촉).
① [○] 서덜랜드가 주장한 범죄학습이 이루어지는 과정에 대한 9가지 명제 중 하나이다.
② [○] 차별적 접촉이론에 대해서는 범죄학습이 매스미디어와 같은 비개인적 접촉 수단에 의해 영향을 받음을 간과하였다는 비판이 제기된다.
④ [○] 차별적 접촉이론에 대한 비판 중 하나인 이질적 반응의 문제이다.

정답 ③

20 서덜랜드(E. H. Sutherland)의 차별적 접촉이론에 대한 설명으로 옳은 것은? 18. 교정

① 범죄행위의 학습 과정과 정상행위의 학습 과정은 동일하다.

② 범죄행위는 유전적인 요인뿐만 아니라 태도, 동기, 범행 수법의 학습 결과이다.

③ 법에 대한 개인의 태도는 개인이 처한 경제적 위치와 차별 경험에서 비롯된다.

④ 타인과 직접 접촉이 아닌 매체를 통한 특정 인물의 동일시에 의해서도 범죄행위는 학습된다.

해설

① [○] 범죄자와 접촉을 통해 범죄를 배우는 과정은 다른 모든 행위의 학습과정과 같다고 본다.

② [×] 차별적 접촉이론을 비롯한 학습이론에서는 범죄를 비정상성의 결과로 파악하는 생물학적 · 심리학적 범죄이론을 거부하면서 준법적인 의식이나 행동들과 마찬가지로 범죄도 사회생활상 습득된 행위패턴이라고 주장한다. 따라서 범죄행위에 유전적인 요인이 있다고 보지 않는다.

③ [×] 범죄동기 · 충동의 구체적 방향은 법 규범에 대한 긍정적 · 부정적 정의로부터 정해지며, 어떤 사람이 범죄자가 되는 것은 법률위반에 대한 긍정적 정의가 부정적 정의를 압도하기 때문이라고 본다(차별적 접촉).

④ [×] 서덜랜드에 의하면 "범죄학습의 주요 부분은 친밀한 관계를 맺고 있는 개인집단 안에서 일어난다."고 하는바, 범죄학습이 매스미디어와 같은 비개인적 접촉 수단에 의해 영향을 받음을 간과한다는 비판을 받는다.

정답 ①

21 글래저(Glaser)의 차별적 동일화이론은 서덜랜드(Sutherland)의 다음 명제 중 주로 어느 부분을 수정한 것인가?

① 범죄행위는 학습된다.

② 범죄행위학습의 주요부분은 주로 친밀한 집단 내에서 이루어진다.

③ 동기와 욕구의 구체적 방향은 법에 대한 긍정적 혹은 부정적 정의로부터 학습된다.

④ 법위반에 대한 긍정적 정의가 부정적 정의를 능가하는 경우 범죄자가 될 수 있다.

해설

② [○] 글래저의 차별적 동일화이론은 서덜랜드의 접촉이라는 개념 대신 '동일시'라는 개념을 사용하여 문화전달의 주체를 직접 접촉하는 사람(직접적 접촉에 의한 학습)뿐만 아니라 멀리 떨어져 있는 준거집단이나 준거인까지 확장(간접적 접촉에 의한 학습)함으로써 학습이론의 범위를 보다 탄력적이고 광범위하게 확장한 이론으로 평가받는다(매스미디어의 중요성을 강조).

정답 ②

22 다음과 같이 서덜랜드의 차별적 접촉이론을 비판하여 수정 · 보완한 이론은?

범죄학습의 주요 부분은 친밀한 개인집단 안에서 일어나며, 이러한 학습은 친밀한 집단과의 직접적인 접촉을 통해서만 가능하다고 주장하여 대중매체와 같은 간접적인 접촉을 통한 학습방법의 가능성을 간과하였다.

① 차별적 기회구조론(Differential Opportunity Theory)

② 차별적 동일시이론(Differential Identification Theory)

③ 자기관념이론(Self-Concept Theory)

④ 중화기술이론(Techniques of Neutralization Theory)

해설

② [○] 글래저(D. Glaser)는 사람은 누구나 자신을 누군가와 동일시하려는 경향이 있으며 자신의 범행행동을 수용할 수 있다고 생각되는 실재의 인간이나 관념상의 인간에게 자신을 동일시하는 경우 범죄를 저지른다고 한다(차별적 동일시이론). 즉, 범죄는 행위자가 단순히 범죄적인 가치에 접촉됨으로써 발생되는 것이 아니라, 스스로 그것을 자기 것으로 동일시시키는 단계로까지 나아가야 발생된다고 주장한다. 그는 서덜랜드의 접촉이라는 개념 대신 '동일시'라는 개념을 사용하여 문화전달의 주체를 직접 접촉하는 사람뿐만 아니라 멀리 떨어져 있는 준거집단이나 준거인까지 확장함으로써 문화전달의 범위를 보다 탄력적이고 광범위하게 보았다(매스미디어의 중요성을 강조).

정답 ②

23 중학생 A는 어느 조직폭력단 두목의 일대기에 심취하여 그의 행동을 흉내내다가 범죄를 저지르기에 이르렀다. 다음 중 A의 범죄화 과정을 설명하는 이론으로 가장 옳은 것은? 22. 해경간부

① 머튼(Merton)의 아노미이론
② 그레이저(Glaser)의 차별적 동일시이론
③ 셀린(Sellin)의 문화갈등이론
④ 터크(Turk)의 권력갈등론

해설

② [○] 그레이저(Glaser)에 의하면, 사람은 누구나 자신을 누군가와 동일시하려는 경향이 있으며 자신의 범행 행동을 수용할 수 있다고 생각되는 실재의 인간이나 관념상의 인간에게 자신을 동일시하는 경우 범죄를 저지른다고 본다. 이에 따르면 범죄는 행위자가 단순히 범죄적인 가치에 '접촉'됨으로써 발생되는 것이 아니라, 스스로 그것을 자기 것으로 '동일시'하는 단계로까지 나아가야 발생된다(차별적 동일시이론). 문제에서 A의 행동은 학습이론에 해당하는 차별적 동일시이론에 의해 설명할 수 있다.

정답 ②

24 범죄원인에 관한 학자들의 견해로 가장 적절하지 않은 것은? 23. 간부(73)

① 반두라(Bandura)는 사람들이 폭력행위를 할 수 있는 능력을 가지고 태어나는 것이 아니라, 삶의 경험을 통해서 공격적 행동을 학습하는 것이며, 학습행동이 범죄와 깊은 관련성이 있다고 보았다.
② 아들러(Adler)는 열등감을 갖는 사람들은 열등감을 보상받기 위해 탁월함을 보여주려고 노력한다고 주장하면서 열등 콤플렉스(Inferiority Complex)라는 용어로 설명하였다.
③ 글레이저(Glaser)는 단순히 범죄적 집단이나 가치에 접촉함으로써 범죄를 저지르는 것이 아니라, 그것을 자기와 동일시하는 단계에 이르러야 범죄를 저지른다고 보았다.
④ 보울비(Bowlby)는 아동이 한 행동에 대하여 칭찬이나 보상을 하면 그 행동이 강화되지만 처벌이나 제재를 하면 그러한 행동이 억제된다고 하였다.

해설

④ [×] 보울비(Bowlby)는 어렸을 때 어머니가 없는 경우에는 자녀가 기초적인 애정관계를 형성하지 못하여 불균형적인 인성구조를 형성하고 이후 범죄와 같은 반사회적 행위에 빠져든다고 보았다(모성의 영향을 중시).

정답 ④

25 행태이론(behavior theory)에 대한 설명으로 옳지 않은 것은?

23. 보호 7급

① 버제스(Burgess)와 에이커스(Akers)의 차별적 강화이론에 의하면, 범죄행동은 고전적 조건형성의 원리에 따라 학습된다.

② 범죄행위는 어떤 행위에 대한 보상 혹은 처벌의 경험에 따라 학습된 것이다.

③ 행태이론은 범죄의 원인을 설명하면서 개인의 인지능력을 과소평가한다.

④ 반두라(Bandura)는 직접적인 자극이나 상호작용이 없어도 미디어 등을 통해 간접적으로 범죄학습이 이루어질 수 있다는 이론적 근거를 제시하였다.

해설

① [×] 버제스(Burgess)와 에이커스(Akers)는 차별적 접촉이론을 수정·보완하면서 '스키너(Skinner)의 조작적 조건형성 개념'을 결합한 차별적 강화이론을 주장하였다. 고전적 조건형성 개념은 파블로프(Pavolv)가 자극과 반응을 통한 학습의 원리로 제시한 것이다.

② [○] 행태이론의 주장자 중 하나인 스키너(Skinner)는 아동이 성장기에 한 행동에 대하여 칭찬·보상이 주어지면 그 행동이 강화되지만, 처벌·제재를 받으면 그러한 행동을 억제하게 된다고 주장한다.

③ [○] 스키너(Skinner)의 이론은 '인간의 행동이 내적 요인(인지능력)보다 외적 자극(칭찬·보상과 처벌·제재 등)에 의하여 영향을 받는다'는 점을 전제로 한다.

④ [○] 반두라(Bandura)가 보보인형 실험을 통해 주장한 것이다.

정답 ①

26 버제스와 에이커스(Burgess & Akers)의 차별강화이론에 대한 설명으로 가장 적절하지 않은 것은?

23. 간부(73)

① 범죄행위에 대해 처벌이 이루어지지 않아 범죄행위가 지속·강화된다면 이것은 부정적 처벌이다.

② 범죄행동은 행위의 결과로 얻게 되는 보상과 처벌에 의해 영향을 받게 된다.

③ 범죄행위에 대한 보상이 제공됨으로써 범죄행위가 지속·강화된다면 이것은 긍정적 강화이다.

④ 차별접촉이론과 심리학적 학습이론을 접목하였다.

해설

① [×] 어떤 행동에 대해 처벌이 이루어지지 않아 그 행동을 지속할 가능성이 높아지는 것을 '부정적 강화'라고 한다. 부정적 처벌이란 어떤 행동을 했음에도 불구하고 보상이 주어지지 않는다면 향후 그 행동을 지속할 가능성이 낮아진다는 것이다.

☑ 차별적 강화의 유형

유형	보상	처벌	결과
긍정적 강화	○		행위 지속·증가
부정적 강화		×	행위 지속·증가
긍정적 처벌		○	행위 중단·감소
부정적 처벌	×		행위 중단·감소

정답 ①

27 사회학적 범죄이론 가운데 학습이론에 관한 다음 설명 중 옳지 않은 내용들만으로 묶인 것은?

ㄱ. 준법행위와 마찬가지로 범죄행위도 주위로부터 학습된다는 이론이다.
ㄴ. 따르드(J. G. Tarde)는 모방의 법칙을 주장하면서, 그 내용 중 하나로 모방은 가까운 사람들 사이에 강하게 일어난다는 삽입의 법칙을 주장하였다.
ㄷ. 서덜랜드(E. H. Sutherland)는 차별적 접촉이론(differential association theory)을 주장하면서, 그 내용 중 하나로 어떤 사람이 범죄자가 되는 것은 법률위반을 긍정적으로 생각하는 정도가 부정적으로 생각하는 정도보다 크기 때문이라고 하였다.
ㄹ. 글래저(D. Glaser)의 차별적 동일시이론(differential identification theory)은 공간적으로 멀리 떨어져 있는 준거집단도 학습의 대상으로 고려했다는 점에서 차별적 접촉이론과 차이가 있다.
ㅁ. 버제스(R. Burgess)와 에이커스(R. Akers)의 사회적 학습이론(social learning theory)은 사회적 상호작용만을 중시하고 개인의 욕구와 같은 비사회적 사정들을 배제시킨 이론이라는 점에 특징이 있다.

① ㄱ, ㄴ, ㄷ　　② ㄱ, ㄴ, ㄹ
③ ㄴ, ㅁ　　④ ㄷ, ㄹ, ㅁ

해설

ㄴ. [×] 모방의 법칙 중 제1법칙인 '거리의 법칙'에 대한 설명이다. 삽입의 법칙은 모방의 변화과정에 관한 것으로서 처음에는 단순한 모방이 다음 단계에서는 유행이 되고, 유행이 관습으로 변화·발전되어 가면서 상호배타적인 유행이 동시에 발생하면 새로운 유행이 기존의 유행을 대치한다는 것이다.
ㅁ. [×] 사회적 학습이론은 행위에 대해 기대되는 결과가 다를 수 있다는 차별적 재강화의 개념, 즉 자기의 범죄행위에 대한 보답이나 처벌에 대한 생각의 차이가 사회적 학습에서 나름의 의미를 지닌다고 보므로 개인의 요구와 같은 비사회적 사정들을 배제시킨 이론이라는 것은 옳지 않다.

정답 ③

28 차별적 접촉이론, 차별적 동일시이론 및 차별적 강화이론에 대한 설명으로 옳지 않은 것은? 18. 보호

① 서덜랜드(Sutherland)의 차별적 접촉이론은 범죄자의 학습과정과 비범죄자의 학습과정에 차이가 있다는 데에서 출발한다.
② 서덜랜드(Sutherland)의 차별적 접촉이론에 따르면 범죄행위는 타인과의 의사소통을 통한 상호작용으로 학습된다.
③ 글래저(Glaser)의 차별적 동일시이론에 따르면 범죄자와의 직접적인 접촉이 없이도 범죄행위의 학습이 가능하다.
④ 버제스(Burgess)와 에이커스(Akers)의 차별적 강화이론도 차별적 접촉이론과 마찬가지로 범죄행위의 학습에 기초하고 있다.

해설

① [×] 서덜랜드(Sutherland)의 차별적 접촉이론에서는 "범죄자와 접촉을 통해 범죄를 배우는 과정은 다른 모든 행위의 학습과정과 같다."고 한다. 즉, 범죄자와 비범죄자의 차이는 학습과정의 차이가 아니라 접촉유형의 차이라고 본다.
② [○] 서덜랜드(Sutherland)의 차별적 접촉이론에서는 "범죄행동은 타인과 상호작용 속에서 의사소통 과정을 통해 학습된다."고 한다.
③ [○] 글래저(Glaser)의 차별적 동일시이론은 '동일시'라는 개념을 사용하여 문화 전달의 주체를 직접 접촉하는 사람뿐만 아니라 멀리 떨어져 있는 준거집단·준거인까지 확장함으로써 문화 전달의 범위를 보다 탄력적이고 광범위하게 보았다(매스미디어의 중요성을 강조, 간접적 접촉의 문제 해결).
④ [○] 버제스(Burgess)와 에이커스(Akers)에 의하면, 범죄행위는 그것을 강화하고 두드러지게 하는 사회외적 분위기 또는 사람들과의 사회적 상호작용을 통해 학습된다고 한다(차별적 강화이론, 사회학습이론).

정답 ①

29 학습이론(learning theory)에 대한 설명으로 옳은 것은?

14. 보호

① 버제스(Burgess)와 에이커스(Akers)에 따르면 범죄행위를 학습하는 과정은 과거에 이러한 행위를 하였을 때에 주위로부터 칭찬, 인정, 더 나은 대우를 받는 등의 보상이 있었기 때문이다.

② 타르드(Tarde)의 모방의 법칙에 따르면 학습의 방향은 대개 우월한 사람이 열등한 사람을 모방하는 방향으로 진행된다.

③ 서덜랜드(Sutherland)에 따르면 범죄자와 비범죄자의 차이는 접촉유형의 차이가 아니라 학습과정의 차이에서 발생한다.

④ 글레이저(Glaser)에 따르면 범죄를 학습하는 과정에 있어서는 누구와 자신을 동일시하는지 또는 자기의 행동을 평가하는 준거집단의 성격이 어떠한지보다는 직접적인 대면접촉이 더욱 중요하게 작용한다.

해설

① [○] 버제스와 에이커스(Burgess & Akers)에 의하면, 범죄행위는 그것을 강화하고 두드러지게 하는 사회외적 분위기 또는 사람들과의 사회적 상호작용을 통해 학습된다고 한다.

② [×] 모방의 법칙 중 '방향의 법칙'에 의하면, 모방은 사회적 지위가 우월한 사람을 중심으로 이루어진다. 즉, 범죄는 상층계급으로부터 하층계급으로, 도시에서 농촌으로 모방이 이루어진다.

③ [×] 서덜랜드는 "범죄자와 접촉을 통해 범죄를 배우는 과정은 다른 모든 행위의 학습과정과 같다."고 한다(소위 '9가지 명제').

④ [×] 글래저는 '동일시'라는 개념을 사용하여 문화전달의 주체를 직접 접촉하는 사람뿐만 아니라 멀리 떨어져 있는 준거집단·준거인까지 확장함으로써 문화전달의 범위를 보다 탄력적이고 광범위하게 보았다(매스미디어의 중요성을 강조, 간접적 접촉의 문제 해결).

정답 ①

30 범죄행위는 학습된다는 학습이론과 관계가 없는 것은?

13. 사시

① 타르드(Tarde)의 모방의 법칙

② 셀린(Sellin)의 문화갈등이론

③ 그레이저(Glaser)의 차별적 동일시이론

④ 서덜랜드(Sutherland)의 차별적 접촉이론

⑤ 버지스(Burgess)와 에이커스(Akers)의 사회학습이론

해설

학습이론이란 범죄를 정상적인 사람들의 정상적인 학습행위의 산물로 파악하는 관점이다. 타르드의 모방의 법칙(모방이론)은 미국 범죄사회학의 출발점인 학습이론에 기초를 제공하였다고 평가된다(초기학습이론, ①). 서덜랜드의 차별적 접촉이론은 범죄학습의 과정에 대한 논의(9가지 명제)를 통해 범죄란 개인이 타인과 접촉하는 과정에서 서로 다르게 접촉하면서 행동을 학습하는 결과로서 발생한다고 본다(④). 그레이저의 차별적 동일시이론(③)과 버지스와 에이커스의 사회학습이론(차별적 강화이론, ⑤)은 차별적 접촉이론의 문제점을 수정·보완한 이론이다.

② [×] 셀린의 문화갈등이론은 사회구조의 측면에서 범죄를 파악하는 입장(사회구조이론)으로 갈등이론의 범주에 속하는 이론이다.

정답 ②

31 학습이론가들과 그들의 핵심 주장을 가장 옳지 않게 연결한 것은? 23. 해경간부

① 서덜랜드(Sutherland) - 범죄행위는 의사소통 과정에서 다른 사람과 상호작용하는 가운데 학습된다.
② 글레이저(Glaser) - 사람들은 물리적 접촉을 통해서뿐만 아니라, 주관적 애착을 통해서도 영향을 받는다.
③ 버제스(Robert L. Burgess) - 범죄로부터 얻을 만족에 대한 기대감이 부정적 기대감을 상회할 때 범행하기 쉽다.
④ 렉클리스(Reckless) - 동일한 비행적 접촉 환경 속에서도 사람들이 다른 반응을 하는 이유는 자아관념의 차이 때문이다.

해설

③ [×] '글레이저(Glaser)'가 차별적 동일시이론을 재구성한 '차별적 기대이론'에서 주장한 내용이다.
① [○] 서덜랜드(Sutherland)의 차별적 접촉이론의 주장 내용이다.
② [○] 글레이저(Glaser)의 주장에 의하면, 학습은 공간적 밀착보다 주관적 애착(subjective attachments)이 있는 대상과 동일시에 의해 큰 영향을 받는다고 한다.
④ [○] 렉클리스(Reckless)의 자아관념이론의 주장 내용이다.

정답 ③

제4절 | 통제이론

32 사회학적 범죄원인론 중 통제이론을 주장한 학자만을 모두 고르면? 22. 교정

ㄱ. 서덜랜드(Sutherland)
ㄴ. 나이(Nye)
ㄷ. 애그뉴(Agnew)
ㄹ. 라이스(Reiss)
ㅁ. 베커(Becker)

① ㄱ, ㄷ
② ㄴ, ㄹ
③ ㄴ, ㄷ, ㄹ
④ ㄷ, ㄹ, ㅁ

해설

ㄱ. [×] 서덜랜드(Sutherland)는 범죄를 정상적인 사람들의 정상적인 학습행위의 산물로 파악하는 학습이론 중 차별적 접촉이론을 주장하였다.
ㄴ. [○] 나이(Nye)는 라이스(Reiss)의 견해를 발전시켜 청소년의 비행을 예방하는 사회통제의 유형을 분류하였고, 사회통제의 유형 중 가장 효율적인 방법은 비공식적 간접 통제의 방법이라고 보았다.
ㄷ. [×] 애그뉴(Agnew)는 사회에서 스트레스와 긴장을 경험하는 개인이 범죄를 저지르기 쉬운 이유를 설명하고자 하는 일반긴장이론을 주장하였다.
ㄹ. [○] 라이스(Reiss)는 통제이론의 입장에서 범죄와 개인의 자기통제력의 관계를 처음으로 지적하여, 소년비행의 원인을 개인통제력의 미비와 사회통제력의 부족에서 파악하였다.
ㅁ. [×] 베커(Becker)는 낙인이론의 주장자이다.

정답 ②

33 레크리스(W. Reckless)의 봉쇄이론(견제이론, containment theory)에 관한 설명으로 옳지 않은 것은?

① 범죄나 비행으로 이끄는 힘이 있더라도 차단하는 힘이 강하면 범죄나 비행이 통제된다.

② 나쁜 친구는 범죄나 비행으로 이끄는 유인요인이 될 수 있다.

③ 좌절감에 대한 내성은 범죄나 비행을 차단하는 내적 봉쇄요인에 해당한다.

④ 자기통제력은 범죄나 비행을 차단하는 외적 봉쇄요인에 해당한다.

해설

④ [×] 자기통제력은 내적 봉쇄요인(내부적 억제요소)에 해당한다. 이는 건강한 개인이 사회 속에서 갖게 되는 내적 힘 또는 사회의 규범이나 도덕을 내면화함으로써 내부적으로 형성한 범죄차단에 관한 요인들이다. 한편 외적 봉쇄요인(외부적 억제요소)은 사회적 연대와 끈(social bond and tie)이라고도 하며, 가족이나 주위 사람들과 같이 외부적으로 범죄를 차단하는 요인들이다.

정답 ④

34 렉클리스(Reckless)의 봉쇄이론(Containment Theory)이 말하는 범죄유발요인에 해당하지 않는 것은?

23. 해경간부

① 합리화(Rationalization)　② 유인(Pull)

③ 배출(Push)　④ 압력(Pressure)

해설

① [×] 렉클리스(Reckless)는 봉쇄이론에서 범죄유발요인과 범죄억제요인을 구분하였는데, 범죄유발요인으로 압력(④), 유인(②), 배출(③)과 범죄유발요인으로 외부적 억제, 내부적 억제를 제시하였다. 합리화(①)는 범죄유발요인에 해당하지 않는다.

정답 ①

35 서덜랜드(Suthrland)의 차별적 접촉이론(differential association theory)은 비행문화가 만연된 지역에 살면서 비행자가 되지 않은 소년들의 행태를 설명하지 못한다는 이유로 비판을 받았다. 이러한 이론적 비판을 보완하기 위한 노력으로 대두된 범죄이론은?

① 사회통제이론(social control theory)

② 자기관념이론(self-concept theory)

③ 아노미이론(anomie theory)

④ 낙인이론(labeling theory)

해설

② [○] 렉크리스(Reckless)에 의하면 자기관념(자아관념)이란 소년이 자기 자신에 대해서 갖는 인식을 말하며, 좋은 자기관념은 비행에 대한 절연체의 역할을 한다. 범죄억제요소 중 내부적 억제요소가 적절히 형성되는지 여부는 자기관념에 달려있고, 소년들로 하여금 비행을 멀리하게 하는 중요한 절연체의 요소는 가족관계에 있으며 이를 바탕으로 형성된 적정한 자기관념의 획득·유지가 범죄에서 멀어지게 하는 요인이 된다. 이는 차별적 접촉이론의 이질적 반응의 문제에 대한 보완방법 중의 하나에 해당한다.

정답 ②

36 초기 통제이론들에 대한 설명 중 가장 적절하지 않은 것은? 22. 간부(72)

① 나이(Nye)는 가정을 사회통제의 가장 중요한 근본이라고 주장하였다.

② 리스(Reiss)는 개인이 스스로 욕구를 참아내는 능력인 개인적 통제력의 개념을 제시하였다.

③ 레클리스(Reckless)의 봉쇄이론(Containment Theory)은 청소년비행의 요인으로 내적 배출요인과 외적 유인요인이 있다고 하였다.

④ 토비(Toby)의 통제이론은 범죄를 통제하는 기제로서 자아의 역할을 특히 강조하였다.

해설

④ [×] 토비(Toby)의 통제이론은 '개인적 통제와 사회적 통제를 함께 고려'해야 한다는 입장이다. 지문에서 '범죄를 통제하는 기제로서 자아의 역할을 특히 강조하였다.'는 표현은 개인적 통제를 강조하였다는 의미이다.

① [○] 나이(Nye)는 가정이나 학교에서 행해지는 비공식적 간접 통제가 사회통제의 유형 중 가장 효율적이라고 주장하였다.

② [○] 라이스(A. Reiss)는 범죄와 개인의 자기통제력의 관계를 처음으로 지적하여, 소년비행의 원인을 개인통제력의 미비와 사회통제력의 부족에서 파악하였다.

③ [○] 레클리스(W. C. Reckless)는 모든 사람들에게는 범죄로 이끄는 범죄유발요인과 범죄를 억제하는 범죄억제요인이 부여되어 있다고 하면서, 범죄유발요인으로는 압력(pressures: 사람들을 불만에 빠지게 하는 요소로서 가난, 가족간의 갈등, 실업, 열등한 지위, 성공기회의 박탈 등), 유인(pulls: 정상적인 생활로부터 이탈하도록 유인하는 요인으로 나쁜 친구, 비행적 대체문화, 범죄조직, 불건전한 대중매체 등), 배출(강요, pushes: 범죄를 저지르도록 하는 개인의 생물학적 · 심리적 요소로서 불안, 불만, 내적 긴장, 증오, 공격성, 즉흥성 등)이 있다고 주장하였다. 여기서 '유인'은 외부요인이고 '배출'은 내부요인에 해당한다.

정답 ④

37 많은 소년들이 범죄나 비행을 유발하는 환경에 노출되어 있음에도 불구하고 비행을 저지르지 않는 이유는 비행에 대한 절연체가 있기 때문이며, 스스로를 올바른 소년으로 인식할 경우 비행에의 유혹이나 압력을 단절시킬 수 있다. 이러한 내용을 주장하는 이론은?

① 자아관념이론(self-concept theory)

② 표류이론(drift theory)

③ 비행적 하위문화이론(theory of delinquent subculture)

④ 문화갈등이론(culture conflict theory)

해설

① [○] 레클리스(W. C. Reckless)는 봉쇄이론을 통해 범죄억제요소 가운데 어느 하나라도 제대로 작용하면 범죄를 예방할 수 있다고 하면서 특히 '내부적 억제요소'를 강조하였다. 또한, 내부적 억제요소들이 적절히 형성되는 여부는 자아관념에 달려있다고 보아 자아관념을 비행에 대한 절연체라고 주장하였다(자아관념이론).

정답 ①

38 다음의 설명에 해당하는 이론은? 10. 교정

> 이 이론은 차별적 접촉이론(differential association theory)이 각각의 개인들의 차별적 반응에 대한 문제를 도외시하고 있다는 비판을 한다. 즉, "왜 범죄적 문화와 접촉한 사람 중에서 어떤 사람은 범죄에 빠지지 않는가?"라는 질문을 한다. 이 이론에 따르면 비행다발지역의 청소년들 중에서 다수가 비행에 가담하지 않는 것은 자신에 대한 좋은 이미지를 통해 비행에의 유혹이나 압력을 단절시키기 때문이다.

① 봉쇄이론(containment theory)
② 사회학습이론(social learning theory)
③ 중화이론(neuturalization theory)
④ 억제이론(deterrence theory)

해설

① [○] 차별적 접촉이론의 이질적 반응의 문제에 대한 보완으로 레클리스(Reckless)의 자아관념이론이 등장하는 바, 동일한 비행적 접촉환경에서도 좋은 자기관념을 갖는 자는 범죄에 빠지지 않고, 나쁜 자기관념을 갖는 자는 범죄를 저지르게 된다고 본다. 자아관념이론은 후에 봉쇄이론으로 발전하였다.

② [×] 사회학습이론이란 버제스와 에이커스(Burgess & Akers)가 주장한 차별적 강화이론을 달리 표현한 것이다. 여기에서는 차별적 접촉이론이 제시하는 학습과정이 명확하지 않다는 점을 지적하면서 차별적 강화의 개념을 제시하여 범죄에 이르는 과정을 설명한다(차별적 접촉 → 차별적 강화 → 범죄).

③ [×] 맛차와 사이크스(Matza & Sykes)의 중화기술이론에서는 비행소년은 비행과 무비행의 생활양식 사이에 떠다니고 있는 존재라고 보면서(표류이론), 비행소년들도 전통적인 가치 및 문화를 인정하지만 단지 그들이 차별적 접촉과정에서 배우는 것은 전통적 규범을 중화시키는 기술 내지 방법이라고 하면서 중화기술의 유형을 제시한다.

④ [×] 억제이론이란 고전학파의 주장을 전제로 하여 형벌이 확실하게 집행될수록, 형벌의 정도가 엄격할수록, 형벌집행이 범죄 이후에 신속할수록 사람들이 형벌에 대한 두려움을 느끼고 범죄를 자제하게 된다는 입장이다.

정답 ①

39 통제이론에 대한 설명으로 가장 옳은 것은? 22. 해경간부

① 통계이론은 "개인이 왜 범죄로 나아가지 않게 되는가?"의 측면이 아니라 "개인이 왜 범죄를 하게 되는가?"의 측면에 초점을 맞춘다.
② 나이(Nye)는 범죄 통제방법 중 비공식적인 직접 통제가 가장 효율적인 방법이라고 주장하였다.
③ 레크리스(W. Reckless)는 외부적 통제요소와 내부적 통제요소 중 어느 한 가지만 제대로 작동되어도 범죄는 방지될 수 있다고 보았다.
④ 마차(Matza)와 사이크스(Sykes)가 주장한 중화기술 중 '가해의 부정'은 자신의 행위로 피해를 입은 사람은 그러한 피해를 입어도 마땅하다고 합리화하는 기술이다.

해설

③ [○] 레크리스(W. Reckless)는 모든 사람들에게 범죄로 이끄는 범죄유발요인과 범죄를 억제하는 범죄억제요인이 부여되어 있지만, 범죄억제요인이 더 강할 경우 범죄로 나아가지 않는다고 한다. 또한 범죄억제요인인 외부적 억제요인과 내부적 억제요인 가운데 어느 하나라도 제대로 작용하면 범죄를 예방할 수 있다고 하며, 특히 내부적 억제요인을 강조하였다.

① [×] 통제이론(Control Theory)은 기존의 범죄이론의 입장과 달리, 범죄연구의 초점을 '개인이 왜 범죄를 행하게 되는가?'의 측면이 아니라 '개인이 왜 범죄로 나아가지 않게 되는가?'의 측면에 맞추는 이론이다(관점의 전환).

② [×] 나이(Nye)는 청소년의 비행을 예방하는 사회통제의 유형을 분류하였고, 사회통제의 유형 중 가장 효율적인 방법은 '비공식적 간접 통제'의 방법이라고 보았다.

④ [×] 마차(Matza)와 사이크스(Sykes)의 중화기술유형 중 가해의 부정은 자신의 범행에 의한 손해를 사회통제기관과 달리 평가하여 매우 가볍게 여기는 것을 말한다. 자신의 행위로 피해를 입은 사람은 그러한 피해를 입어도 마땅하다고 합리화하는 것은 '피해자의 부정'에 해당한다.

정답 ③

40 맛차(Matza)의 표류이론(drift theory)에 대한 설명으로 옳지 않은 것은? 15. 교정

① 비행청소년들은 비행의 죄책감을 모면하기 위해 다양한 중화의 기술을 구사한다.
② 비행이론은 표류를 가능하게 하는, 즉 사회통제를 느슨하게 만드는 조건을 설명해야 한다고 주장하였다.
③ 대부분의 비행청소년들은 합법적인 영역에서 오랜 시간을 보낸다.
④ 비행청소년들은 비행 가치를 받아들여 비행이 나쁘지 않다고 생각하기 때문에 비행을 한다.

해설

④ [×] 비행소년들도 전통적 가치 · 문화를 인정하므로 비행이 나쁘다는 것을 인정하지만, 차별적 접촉을 통해 규범을 중화(비행을 정당화)시키는 기술 · 방법, 즉 중화기술을 습득한 자들은 사회 속에서 표류하여 범죄 · 일탈행위의 영역으로 들어가게 된다는 것이다.
① [○] 중화기술의 유형에는 비난자에 대한 비난, 피해자의 부정, 보다 높은 충성심에의 호소, 가해의 부정, 책임의 부정 등이 있다.
② [○] 대부분의 비행소년들은 사회통제가 느슨한 상태에서 합법과 위법의 사이를 표류하는 표류자일 뿐이라고 보아, 중요한 것은 소년들을 표류하게 하는 여건, 즉 사회통제가 느슨하게 되는 조건이 무엇인지를 밝히는 것이라고 하였다.
③ [○] 비행소년도 대부분의 경우에는 규범에 순응하지만 특별한 경우에 한하여 위법행위에 빠져들게 된다고 본다.

정답 ④

41 범죄에 관한 〈보기 1〉의 이론과 〈보기 2〉의 내용이 바르게 연결된 것은? 10. 보호

<보기 1>

ㄱ. 표류이론
ㄴ. 정화(Catharsis)가설
ㄷ. 차별적(분화적) 동일화이론
ㄹ. 습관성가설

<보기 2>

A. 사람은 범죄적 행동양식과 직접 접촉하지 않더라도 TV나 영화 속에 등장하는 주인공과 자신의 이상형을 일치시키면 관념적 동일화를 거쳐 범죄를 학습할 수 있다.
B. 비행소년은 일반사회로부터 상대적으로 밖에 자립할 수 없는 중간적이고 표류하는 존재로, 사회의 전통적 가치에 동조를 나타내면서 비행을 저지르게 된다.
C. 매스컴에서 폭력장면을 오랜 기간 시청하면 범죄행위에 대해 무감각하게 되고, 범죄를 미화하는 가치관이 형성되어 범죄유발요인이 된다.
D. 매스컴의 폭력은 자기가 직접 할 수 없는 폭력행위에 대해 대리만족을 시켜 시청자의 내면에 내재된 폭력욕구를 자제시킨다.

	ㄱ	ㄴ	ㄷ	ㄹ
①	B	C	A	D
②	B	D	A	C
③	B	C	D	A
④	B	A	C	D

해설

② [○] ㄱ-B, ㄴ-D, ㄷ-A, ㄹ-C이 바르게 연결된 것이다.

정답 ②

42 사이크스(G. Sykes)와 맛차(D. Matza)가 제시한 중화기술의 유형에 관한 예시로 옳지 않은 것은? 11. 사시

① 다른 사람의 교통위반행위는 눈감아 주면서 나의 교통위반행위를 문제 삼는 것은 도저히 용납할 수 없다.
② 아버지가 폭력을 사용하여 나를 심하게 괴롭혀왔기 때문에 나도 아버지에게 폭력을 행사할 수 있다.
③ 당신도 나와 같은 가정환경에서 자랐다면 나처럼 불량청소년이 될 수밖에 없었을 것이다.
④ 나의 잘못에 대하여 신이 벌한다면 몰라도 현재의 부패한 사법당국이 나를 벌하는 것은 도저히 수용할 수 없다.
⑤ 나의 폭력적인 쟁의행위가 위법이지만 악덕기업인으로부터 근로자로서의 정당한 권익을 보장받기 위해서 어쩔 수 없다.

해설

중화기술의 유형에는 책임의 부정, 가해의 부정, 피해자의 부정, 비난자에 대한 비난, 보다 높은 충성심에의 호소 등이 있다.
① [×] 중화기술의 유형에 해당하지 않는다.
② [○] 피해자의 부정에 해당한다.
③ [○] 책임의 부정에 해당한다.
④ [○] 비난자에 대한 비난에 해당한다.
⑤ [○] 보다 높은 충성심에의 호소에 해당한다.

정답 ①

43 범죄자들이 사용하는 중화기술(中和技術)에 해당하지 않는 것은? 16. 사시

① 범죄자 甲은 타인 乙의 재물을 절취하면서 자신은 아무런 재산이 없기 때문에 그러한 행위를 하였다고 하면서 자신의 책임을 부정하였다.
② 범죄자 甲은 타인 乙의 재물을 횡령하면서 사후에 대가를 지불하면 아무런 문제가 없다고 변명하였다.
③ 범죄자 甲은 병역의무가 있음에도 불구하고 관련 법률이 개인의 자유권을 침해했다는 이유로 이를 부정하였다.
④ 범죄자 甲은 특수절도를 하는 과정에서 공범인 乙 및 丙과의 친분관계 때문에 어쩔 수 없었다고 주장하였다.
⑤ 범죄자 甲은 수뢰죄 혐의로 수사를 받으면서 사건 담당 사법경찰관 乙의 강제추행사실을 비난하였다.

해설

③ [×] 중화기술의 유형에 해당하지 아니한다.
① [○] 책임의 부정에 해당한다.
② [○] 가해의 부정에 해당한다.
④ [○] 보다 높은 충성심에의 호소에 해당한다.
⑤ [○] 비난자에 대한 비난에 해당한다.

☑ 중화기술의 유형

비난자에 대한 비난	사회통제기관들은 부패한 자들로 자기를 심판할 자격이 없다고 하면서 그들의 위선을 비난하는 것이다. 예 경찰 · 법관은 부패하였고, 선생은 촌지의 노예이며, 부모는 자기의 무능을 자식에게 분풀이하는 사람이라고 하여 죄책감 · 수치심을 억누르는 것 등
피해자의 부정	피해자는 응당 당해야 마땅할 일을 당했을 뿐이라고 자신의 비행을 정당화하는 것이다. 예 선생을 구타하면서 학생들에게 불공평하기 때문에 당연하다고 하는 것, 상점에서 절도를 하면서 주인이 정직하지 못하다고 하는 것 등
보다 높은 충성심에 호소	자신의 비행을 인정하면서도 의리 · 조직을 위해 어쩔 수 없었다고 하여 형법의 요구보다는 자신이 속한 집단의 연대성이 더 중요하다고 하는 것이다(고도의 상위가치에 호소). 예 차량절도를 하면서 규범에 어긋나지만 친구간의 의리상 어쩔 수 없다고 하는 것, 시위현장에서 폭력의 사용은 위법하지만 자유 · 평등을 위한 것이라고 하는 것 등
가해의 부정	자신의 범행에 의한 손해를 사회통제기관과 달리 평가하여 매우 가볍게 여기는 것이다. 예 절도는 물건을 잠시 빌리는 것이고, 마약복용은 타인에게 피해를 주지 않는다고 하며, 방화시 보험회사가 피해보상을 해줄 것이라고 하는 것 등
책임의 부정	범죄 · 비행에 대한 자신의 책임을 인정하지 않고 오히려 자신을 사회상황의 피해자로 여기는 것이다. 예 비행의 책임을 열악한 가정환경 · 빈약한 부모훈육 · 빈곤 등의 외부적 요인으로 전가하여 합리화하는 것 등

정답 ③

44 다음은 사이크스(Sykes)와 마차(Matza)의 중화기술에 관한 내용이다. 해당되는 유형은 무엇인가?

22. 간부(72)

> '이 사회를 운영하는 지도층도 다들 부패했고 도둑놈들이기 때문에 법을 어기는 것은 괜찮아. 그들은 내가 하는 것에 대해서 비판하는 위선자들일 뿐이야. 그렇게 존경받는 사람들이 저지르는 화이트칼라 범죄를 봐.'

① 책임의 부정(Denial of Responsibility)
② 피해의 부정(Denial of Injury)
③ 피해자의 부정(Denial of Victim)
④ 비난자에 대한 비난(Condemnation of Condemners)

해설

④ [○] 비난자에 대한 비난이란 사회통제기관들은 부패한 자들로 자기를 심판할 자격이 없다고 하면서 그들의 위선을 비난하는 것을 말한다. 제시된 사례는 비난자에 대한 비난에 해당한다.
① [×] 책임의 부정이란 범죄 · 비행에 대한 자신의 책임을 인정하지 않고 오히려 자신을 사회상황의 피해자로 여기는 것을 말한다.
② [×] 피해의 부정(가해의 부정)이란 자신의 범행에 의한 손해를 사회통제기관과 달리 평가하여 매우 가볍게 여기는 것을 말한다.
③ [×] 피해자의 부정이란 피해자는 응당 당해야 마땅할 일을 당했을 뿐이라고 자신의 비행을 정당화하는 것을 말한다.

정답 ④

45 아래의 기사에서 피의자 갑이 사용한 범죄의 중화기술은?

12. 사시

> 서울 강남경찰서는 상습적으로 고급 아동복 등을 훔친 혐의로 갑(여, 36세)에 대해 구속영장을 신청하였다. 갑은 어제 서울 잠실에 있는 백화점의 한 의류 매장에서 아동복을 훔치는 등 지난해 6월부터 최근까지 서울 명동과 강남 일대에서 아동복 50여점과 아동화 25점 등 2,000만원 어치의 물건을 훔친 혐의를 받고 있다. 갑은 경찰에서 자신의 잘못을 잘 알고 있으며 피해자들에게도 죄송한 마음뿐이지만, 유치원에 다니는 자신의 딸을 다른 아이들처럼 부유하고 깨끗한 모습으로 키우고 싶다는 생각으로 절도를 하게 되었다고 진술하였다.

① 책임의 부정
② 가해의 부정
③ 피해자의 부정
④ 비난자에 대한 비난
⑤ 상위가치에의 호소

해설

⑤ [○] 갑의 진술은 자신의 범죄를 인정하면서도 자신의 딸을 위한 모정이 형법의 요구보다 중요하다는 내용으로, 중화기술 중에서 '보다 높은 충성심에 호소(고도의 상위가치에 호소)'에 해당한다.

정답 ⑤

46 다음은 사이크스(Sykes)와 마차(Matza)의 중화기술에 관한 내용이다. ㄱ, ㄴ에 해당되는 유형이 가장 적절하게 짝지어진 것은?

22. 경행경채

> ㄱ. 범죄자 甲은 이 세상은 타락했고 경찰도 부패했다며 '왜 나만 갖고 그래!'라고 소리쳤다.
> ㄴ. 범죄자 乙은 자신에게 폭행당한 사람에게 '네가 힘없는 부녀자를 때렸기 때문에 넌 맞아도 돼!'라고 말했다.

	ㄱ	ㄴ
①	비난자에 대한 비난(Condemnation of condemners)	피해자의 부정(Denial of Victim)
②	책임의 부정(Denial of Responsibility)	피해의 부정(Denial of Injury)
③	책임의 부정(Denial of Responsibility)	피해자의 부정(Denial of Victim)
④	비난자에 대한 비난(Condemnation of condemners)	책임의 부정(Denial of Responsibility)

해설

사이크스(Sykes)와 마차(Matza)는 중화기술의 유형으로 비난자에 대한 비난, 피해자의 부정, 보다 높은 충성심에의 호소, 가해의 부정, 책임의 부정을 제시한다.

ㄱ. 사회통제기관들은 부패한 자들로 자기를 심판할 자격이 없다고 하면서 그들의 위선을 비난하는 것을 '비난자에 대한 비난'이라고 한다.

ㄴ. 피해자는 응당 당해야 마땅할 일을 당했을 뿐이라고 자신의 비행을 정당화하는 것을 '피해자의 부정'이라고 한다.

정답 ①

47 여성에 대한 성폭력의 경우 가해자가 피해자에게 노출이 심한 옷차림을 한 것에 성폭력의 원인이 있다고 하여 피해자를 오히려 비난한다고 하면, 다음 중 어느 이론이 이러한 현상을 잘 설명할 수 있는가?

① 비행하위문화이론　　② 중화기술이론
③ 급진적 갈등이론　　④ 사회통제이론

해설
② [○] 맛차와 사이크스(D. Matza & G. M. Sykes)의 연구에 의하면 비행자에게 이미 내면화되어 있는 규범의식이나 가치관이 중화(neutralization), 즉 마비되면서 비행에 나아가게 된다고 한다. 비행소년들도 전통적인 가치 및 문화를 인정하지만, 단지 그들이 차별적 접촉과정에서 배우는 것은 전통의 규범을 중화시키는 기술 내지 방법이라고 한다. 그리고 중화기술을 습득한 자들은 사회 속에서 표류하여 범죄 및 일탈행위의 영역으로 들어가게 된다는 것이다. 문제에서 제시된 사례는 '피해자의 부정'에 해당한다.

정답 ②

48 맛차와 사이크스(Matza & Sykes)가 주장한 중화기술이론에서 중화기술 또는 합리화의 유형이 아닌 것은?

① 가해의 부정(denial of injury)
② 책임의 부정(denial of responsibility)
③ 규범의 부정(denial of norm)
④ 피해자의 부정(denial of the victim)

해설
③ [×] 규범의 부정은 중화기술의 유형에 해당하지 않는다.

정답 ③

49 다음 〈보기〉는 사이크스(Sykes)의 마차(Matza)의 중화기술에 관한 내용이다. 이에 해당되는 유형은 무엇인가?

22. 해경간부

<보기>

범죄자 A는 경찰, 검사, 판사들은 부패한 공무원들이기 때문에 자신의 비행을 비난할 자격이 없다고 합리화한다.

① 책임의 부정(Denial of Responsibility)
② 가해의 부정(Denial of Injury)
③ 비난자에 대한 비난(Condemnation of the Condemners)
④ 피해자의 부정(Denial of Victim)

해설
③ [○] 비난자에 대한 비난이란 사회통제기관들은 부패한 자들로 자기를 심판할 자격이 없다고 하면서 그들의 위선을 비난하는 것이다.
① [×] 책임의 부정이란 범죄·비행에 대한 자신의 책임을 인정하지 않고 오히려 자신을 사회상황의 피해자로 여기는 것이다.
② [×] 가해의 부정이란 자신의 범행에 의한 손해를 사회통제기관과 달리 평가하여 매우 가볍게 여기는 것이다.
④ [×] 피해자의 부정이란 피해자는 응당 당해야 마땅할 일을 당했을 뿐이라고 자신의 비행을 정당화하는 것이다.

정답 ③

50 사이크스(Sykes)와 맛차(Matza)의 중화기술이론과 관련하여 다음이 의미하는 것은?

> 자신의 범죄행위는 자신의 의지로는 어쩔 수 없는 주변환경이나 외부적 요인에 의한 것이므로 자신에게는 아무런 책임이 없다고 주장하였다.

① 책임의 부정
② 피해발생의 부인
③ 피해자의 부인
④ 충성심의 표출

해설

① [○] 범죄·비행에 대한 자신의 책임을 인정하지 않고 오히려 자신을 사회상황의 피해자로 여기는 것을 '책임의 부정'이라 한다.

정답 ①

51 중화기술이론의 사례에서 '책임의 부정'에 해당하는 것은? 22. 보호

① 기초수급자로 지정받지 못한 채 어렵게 살고 있던 중에 배가 고파서 편의점에서 빵과 우유를 훔쳤다고 주장하는 사람
② 성매수를 했지만 성인끼리 합의하여 성매매를 한 것이기 때문에 누구도 법적 책임을 질 필요가 없다고 주장하는 사람
③ 부정한 행위로 인하여 사회적 비난을 받는 사람의 차량을 파손하고 사회정의를 실현한 것이라고 주장하는 사람
④ 교통범칙금을 부과하는 경찰관에게 단속실적 때문에 함정단속을 한 것이 아니냐고 따지는 운전자

해설

① [○] 책임의 부정이란 범죄·비행에 대한 자신의 책임을 인정하지 않고 오히려 자신을 사회상황의 피해자로 여기는 것이다(예 비행의 책임을 열악한 가정환경·빈약한 부모훈육·빈곤 등의 외부적 요인으로 전가하여 합리화하는 것 등).
② [×] 가해의 부정(자신의 범행에 의한 손해를 사회통제기관과 달리 평가하여 매우 가볍게 여기는 것)에 해당한다.
③ [×] 피해자의 부정(피해자는 응당 당해야 마땅할 일을 당했을 뿐이라고 자신의 비행을 정당화하는 것)에 해당한다.
④ [×] 비난자에 대한 비난(사회통제기관들은 부패한 자들로 자기를 심판할 자격이 없다고 하면서 그들의 위선을 비난하는 것)에 해당한다.

정답 ①

52 사이크스(Sykes)와 맛짜(Matza)의 중화기술이론에 따르면 다음 사례가 해당하는 유형은?

> 고등학교 3학년인 甲은 친구들과 공모하여 대학수학능력시험에서 부정행위를 하였다. 甲은 좋은 대학을 나와야 출세길이 열린다는 심리적 부담감으로 인해 부정행위를 하였으며, 자신은 학벌만능주의라는 시대적 상황에 따른 희생양이라고 주장하였다.

① 책임의 부정
② 피해자의 부정
③ 가해의 부정
④ 비난자에 대한 비난

해설

① [○] 문제에서 제시된 사례는 중화기술 중 '책임의 부정'에 해당한다. 책임의 부정이란 범죄나 비행에 대한 자신의 책임을 인정하지 않고 오히려 자신을 사회상황의 피해자로 여기는 것으로, 비행의 책임을 열악한 가정환경, 빈약한 부모훈육, 빈곤 등의 외부적 요인으로 전가하여 합리화하는 것이다.

정답 ①

53 甲은 보석을 절도하면서 피해자가 부당한 방법으로 모은 재산이기 때문에 보복으로 한 것이라고 자기의 행위를 합리화하였다. 이는 사이크스(G. M. Sykes)와 맛차(D. Matza)의 중화기술의 유형 중 어디에 속하는가?

① 책임의 부정
② 가해의 부정
③ 피해자의 부정
④ 비난자에 대한 비난

해설

③ [○] 문제의 사례는 중화기술의 유형 중 '피해자의 부정'에 해당한다. 이는 피해자가 응당 당해야 마땅할 일을 당했을 뿐이라고 하며 자신의 범죄행위를 정당화하는 것이다.

정답 ③

54 사이크스(Sykes)와 맛짜(Matza)의 표류이론 중 다음에 해당하는 중화기술은? 12. 보호

> 말썽을 부려 부모로부터 꾸중을 듣게 되자 오히려 꾸짖는 부모에게 "아버지가 내게 해준게 뭐가 있는데?"라며 항변하고, 오히려 자신의 잘못된 행동은 모두 부모의 무능 탓으로 돌리고 있다.

① 책임의 부정(denial of responsibility)
② 손상의 부정(denial of injury)
③ 비난자에 대한 비난(condemnation of the condemners)
④ 피해자의 부정(denial of victim)

해설

③ [○] 문제에서 제시된 지문은 중화기술의 유형 중 '비난자에 대한 비난'에 해당한다. 이 유형에서는 사회통제기관들은 부패한 자들로 자기를 심판할 자격이 없다고 하면서 그들의 위선을 비난한다(예 경찰 · 법관은 부패하였고, 선생은 촌지의 노예이며, 부모는 자기의 무능을 자식에게 분풀이하는 사람이라고 하여 죄책감 · 수치심을 억누르는 것 등).

정답 ③

55 다음 사례에 해당하는 중화의 기술을 옳게 짝지은 것은? 18. 교정

> ㄱ. 친구의 물건을 훔치면서 잠시 빌린 것이라고 주장하는 경우
> ㄴ. 술에 취해서 자기도 모르는 사이에 저지른 범행이라고 주장하는 경우

	ㄱ	ㄴ
①	가해(손상)의 부정	책임의 부정
②	가해(손상)의 부정	비난자에 대한 비난
③	책임의 부정	비난자에 대한 비난
④	피해자의 부정	충성심에 대한 호소

해설

① [○] 중화기술의 유형 중에서 ㄱ는 '가해의 부정', ㄴ는 '책임의 부정'으로 볼 수 있다. 가해의 부정은 자신의 범행에 의한 손해를 사회통제기관과 달리 평가하여 매우 가볍게 여기는 것이고, 책임의 부정은 범죄 · 비행에 대한 자신의 책임을 인정하지 않고 오히려 자신을 사회상황의 피해자로 여기는 것이다.

정답 ①

56 사이크스(Sykes)와 맛차(Matza)는 청소년들이 표류상태에 빠지는 과정에서 '중화(neutralization)기술'을 습득함으로써 자신의 비행을 합리화한다고 하였다. 〈보기 1〉의 중화기술의 유형과 〈보기 2〉의 구체적인 사례를 바르게 연결한 것은?

18. 보호

<보기 1>

ㄱ. 책임의 부정(denial of responsibility)
ㄴ. 가해의 부정(denial of injury)
ㄷ. 피해(자)의 부정(denial of victim)
ㄹ. 비난자에 대한 비난(condemnation of the condemners)

<보기 2>

A. 甲은 경찰, 검사, 판사는 부패한 공무원들이기 때문에 자신의 비행을 비난할 자격이 없다고 합리화한다.
B. 乙은 자신이 비행을 범한 것은 열악한 가정환경과 빈곤, 불합리한 사회적 환경 탓이라고 합리화한다.
C. 丙은 마약을 사용하면서 마약은 누구에게도 피해를 주지 않는다고 합리화한다.
D. 점원 丁은 점주의 물건을 훔치면서 점주가 평소 직원들을 부당하게 대우하여 노동을 착취해왔기 때문에 그의 물건을 가져가는 것은 당연하다고 합리화한다.

	ㄱ	ㄴ	ㄷ	ㄹ
①	B	A	D	C
②	B	C	D	A
③	B	D	C	A
④	D	C	B	A

해설

사이크스(Sykes)와 맛차(Matza)가 제시하는 중화(neutralization)기술에는 비난자에 대한 비난, 피해자의 부정, 보다 높은 충성심에의 호소, 가해의 부정, 책임의 부정이 있다.
A-ㄹ. '비난자에 대한 비난'이란 사회통제기관들은 부패한 자들로 자기를 심판할 자격이 없다고 하면서 그들의 위선을 비난하는 것이다.
B-ㄱ. '책임의 부정'은 범죄·비행에 대한 자신의 책임을 인정하지 않고 오히려 자신을 사회상황의 피해자로 여기는 것이다.
C-ㄴ. '가해의 부정'은 자신의 범행에 의한 손해를 사회통제기관과 달리 평가하여 매우 가볍게 여기는 것이다.
D-ㄷ. '피해자의 부정'이란 피해자는 응당 당해야 마땅할 일을 당했을 뿐이라고 자신의 비행을 정당화하는 것이다.

정답 ②

57 학교폭력의 한 유형인 집단따돌림(왕따)의 경우 가해자학생들이 피해자학생(들)에게 따돌림의 원인이 있다고 하여 피해자들을 오히려 비난한다고 하면, 다음 중 어느 이론이 이러한 현상을 가장 적절히 설명할 수 있는가?

① 비행하위문화이론
② 문화갈등이론
③ 중화기술이론
④ 급진적 갈등이론

해설

③ [O] 중화기술이론의 5가지 유형 중 '피해자의 부정'(denial of victim)에 해당한다. 이는 피해자가 응당 당해야 마땅할 일을 당했을 뿐이라고 자신의 범죄행위를 정당화하는 것으로, 선생을 구타하면서 학생들에게 불공평하게 대했기 때문에 당연하다고 하는 것, 상점에서 절도를 하면서 주인이 정직하지 못하다고 하는 것 등을 예로 들 수 있다.

정답 ③

58 상점주인 甲은 근처에 다른 가게가 없음을 이용하여 마을 사람들에게 폭리를 취했다. 甲의 행동을 괘씸하게 여긴 乙은 甲의 가게에서 물건을 훔치면서 자신의 행동이 정당하다고 생각하였다. 사이크스(Sykes)와 맛차(Matza)의 중화기술이론에 따르면 이러한 행동은 어느 유형에 속하는가?

① 책임의 부정(denial of responsibility)
② 가해의 부정(denial of injury)
③ 피해자의 부정(denial of victim)
④ 비난자에 대한 비난(condemnation of condemners)

해설

③ [○] 중화기술이론의 5가지 유형 중 피해자의 부정(denial of victim)에 해당한다. 이는 피해자가 응당 당해야 마땅할 일을 당했을 뿐이라고 자신의 범죄행위를 정당화하는 것을 말한다.

정답 ③

59 甲은 차량을 절도하면서 사회 일반적인 규범에는 어긋나지만 친구들과의 의리때문에 할 수밖에 없었다고 합리화하였다. 이는 사이크스(G. M. Sykes)와 맛차(D. Matza)의 중화기술의 유형 중에서 어디에 해당하는가?

① 책임의 부정
② 가해의 부정
③ 피해자의 부정
④ 상위가치에 대한 호소

해설

④ [○] 보다 높은 충성심에의 호소(appeal to higher loyalties)에 해당한다. 자신의 비행을 인정하면서도 의리나 조직을 위해 어쩔 수 없었다고 하여 형법의 요구보다는 자신이 속한 집단의 연대성이 더 중요하다고 하는 것으로, '상위가치에 대한 호소'라고도 한다.

정답 ④

60 다음 사례는 사이크스(Sykes)와 맛차(Matza)의 중화기술 유형 중 무엇에 해당하는가?

> 강간범 A는 자신이 술에 너무 취해서 제 정신이 없는 상태에서 자신도 모르게 피해자를 강간하게 되었다고 주장하고 있다.

① 가해의 부정
② 피해자의 부정
③ 비난자에 대한 비난
④ 책임의 부정

해설

④ [○] 문제에서 자신이 저지른 범죄를 자기가 통제할 수 없는 외부적 요인(만취상태)에 의한 것이라고 변명하는 것은 중화기술 중 '책임의 부정'에 해당될 것이다(만취상태라는 것이 자신의 책임을 부정하는 정당한 이유가 될 수 있는가에 대한 것은 논외로 한다).

정답 ④

61 사이크스(Sykes)와 맛차(Matza)는 청소년들이 표류상태에 빠지는 과정에서 중화기술을 습득함으로써 자신의 비행을 합리화한다고 주장하였다. 다음 중 5가지 중화기술의 유형과 구체적인 사례를 바르게 연결한 것은?

14. 사시

A. 책임의 부정(denial of responsibility)
B. 가해의 부정(denial of injury)
C. 피해자의 부정(denial of victim)
D. 비난자에 대한 비난(condemnation of the condemners)
E. 상위가치에 대한 호소(appeal to higher loyalty)

ㄱ. 경찰, 검사, 판사들은 부패한 공무원들이기 때문에 자신의 비행을 비난할 자격이 없다고 합리화한다.
ㄴ. 폭력시위 현장에서 화염병을 사용하는 것이 위법행위이기는 하지만 민주주의를 위해 어쩔 수 없다고 합리화한다.
ㄷ. 절도죄를 범하면서 필요에 의해 물건을 잠시 빌리는 것뿐이라고 합리화한다.
ㄹ. 학생이 선생님을 때리면서 이 선생은 학생들을 공평하게 대하지 않았기 때문에 구타당해 마땅하다고 합리화한다.
ㅁ. 자신이 비행을 범한 것은 열악한 가정환경과 불합리한 사회적 환경 탓이라고 합리화한다.

	A	B	C	D	E
①	ㄷ	ㅁ	ㄹ	ㄴ	ㄱ
②	ㅁ	ㄷ	ㄹ	ㄱ	ㄴ
③	ㄹ	ㄷ	ㄴ	ㄱ	ㅁ
④	ㄹ	ㅁ	ㄷ	ㄱ	ㄴ
⑤	ㅁ	ㄹ	ㄷ	ㄱ	ㄴ

해설

A-ㅁ. 책임의 부정이란 범죄·비행에 대한 자신의 책임을 인정하지 않고 오히려 자신을 사회상황의 피해자로 여기는 것이다.
B-ㄷ. 가해의 부정이란 자신의 범행에 의한 손해를 사회통제기관과 달리 평가하여 매우 가볍게 여기는 것이다.
C-ㄹ. 피해자의 부정이란 피해자는 응당 당해야 마땅할 일을 당했을 뿐이라고 자신의 비행을 정당화하는 것이다.
D-ㄱ. 비난자에 대한 비난이란 사회통제기관들은 부패한 자들로 자기를 심판할 자격이 없다고 하면서 그들의 위선을 비난하는 것이다.
E-ㄴ. 상위가치에 대한 호소란 자신의 비행을 인정하면서도 의리·조직을 위해 어쩔 수 없었다고 하여 형법의 요구보다는 자신이 속한 집단의 연대성이 더 중요하다고 하는 것이다(보다 높은 충성심에의 호소).

정답 ②

62 다음 사례를 적절히 설명할 수 있는 이론과 그 이론을 주장한 학자로 옳은 것은?

15. 교정

A회사에 근무하는 甲은 신입직원 환영회에서 여직원들에게 인기를 독차지한 乙이 자신이 근무하는 부서로 발령을 받자 다른 남자 동료 직원과 함께 乙을 집단으로 따돌렸다. 甲은 乙이 오히려 부서의 단합을 저해한 원인을 제공하고 있다고 비난하였다.

① 허쉬(Hirschi)의 사회통제이론
② 클로워드(Cloward)와 오린(Ohlin)의 차별적 기회구조이론
③ 사이크스(Sykes)와 맛차(Matza)의 중화기술이론
④ 베커(Becker)의 낙인이론

해설

중화기술이론에서는 사람들이 내면화되어 있는 규범의식 · 가치관이 중화(neutralization), 즉 마비되면서 비행에 나아가게 된다고 본다. 이 중화기술의 유형으로 ⓐ 비난자에 대한 비난, ⓑ 피해자의 부정, ⓒ 보다 높은 충성심에의 호소, ⓓ 가해의 부정, ⓔ 책임의 부정을 제시한다.

③ [○] 사례에서 甲은 집단따돌림의 피해자인 乙이 부서의 단합을 저해한 원인을 제공하여 응당 당해야 마땅한 일을 당했을 뿐이라고 하면서 자신의 비행을 정당화하는 이른바 '피해자의 부정'에 해당한다.

정답 ③

63 중화의 기법 중 다음 <보기>의 연구와 관련성이 가장 적은 것은?

23. 해경간부

<보기>

1971년 메나헴 아미르(Menachem Amir)는 필라델피아에서 강간범죄 피해자에 대한 연구를 수행하였다. 이 연구에서 아미르는 여성피해자가 흔히 도발적인 복장을 하거나 외설적인 언어를 사용하거나 심지어 일부는 마조히즘 성향을 보이며 강간범과 관계를 가지려고 함으로써 공격에 원인을 제공하였다고 주장하였다.

① 책임의 부정
② 가해의 부정
③ 피해자의 부정
④ 비난자에 대한 비난

해설

④ [×] 중화기술의 유형 중 비난자에 대한 비난이란 사회통제기관들은 부패한 자들로 자기를 심판할 자격이 없다고 하면서 그들의 위선을 비난하는 것으로, 문제에서 주어진 <보기>와 관련성이 적다.

①②③ [○] 강간범죄의 여성피해자가 도발적인 복장을 하거나 외설적인 언어를 사용하거나 심지어 일부는 마조히즘 성향을 보이며 강간범과 관계를 가지려고 함으로써 공격에 원인을 제공하였다고 주장하는 것은 중화기술의 유형 중 책임의 부정, 가해의 부정, 피해자의 부정에 해당할 수 있다.

정답 ④

64 허쉬(Hirschi)의 사회유대이론에 대한 설명으로 옳은 것은?

17. 교정

① 모든 사람을 잠재적 법위반자라고 가정한다.
② 인간의 자유의지와 도덕적 책임감을 강조한다.
③ 범죄율을 이웃공동체의 생태학적 특징과 결부시킨다.
④ 범죄행위는 다른 사람들과의 상호작용으로 학습된다.

해설

① [○] 허쉬의 사회유대이론(사회통제이론)을 비롯한 통제이론에서는 "범죄행위의 동기는 인간본성의 일부이어서 사회 속의 개인은 모두 '잠재적 범죄인'이기 때문에 범죄이론은 그러한 개인이 왜 범죄행위에 실패하게 되는가를 설명해야 한다."고 주장한다.

② [×] 인간의 자유의지와 도덕적 책임감을 강조하는 것은 '고전주의'의 입장이다.

③ [×] '범죄생태학이론'에서는 도시에서 범죄가 집중적으로 발생하는 특정지역(변이지역)이 전통적 사회통제를 약화시키는 생태학적 조건이 두드러진 지역으로서 사회통제가 범죄를 억제하는 데에 역부족인 공간이라고 주장한다.

④ [×] 서덜랜드의 차별적 접촉이론 등 '학습이론'에서 기본적으로 취하는 관점이다.

정답 ①

65 허쉬(T. Hirschi)의 사회통제이론(social control theory)에 관한 설명으로 옳지 않은 것은?

① 범행을 야기하는 이유보다 특정한 사람들이 범죄를 저지르지 않는 이유에 초점을 둔다.
② 부모와의 애착관계가 긴밀할수록 범죄를 저지를 가능성이 낮다.
③ 공식적 사회와의 유대감이 클수록 범죄를 저지를 가능성이 높다.
④ 규범에 대한 믿음이 약할수록 범죄를 저지를 가능성이 높다.

해설

③ [×] 사회통제이론은 애착, 전념, 참여, 믿음 등의 사회연대가 강할수록 개인의 범죄잠재력은 보다 적절히 통제되어 비행이나 범죄가 억제된다는 것을 주요 내용으로 한다. 즉, 부모에 대한 애착이 강할수록, 학업에 대한 전념이 강할수록, 학교생활에 참여정도가 강할수록, 법과 사회규범의 타당성에 대한 믿음이 강하면 강할수록 비행을 덜 저지른다는 것이다.

정답 ③

66 허쉬(Hirschi)의 사회통제이론(Social Control Theory)에 관한 설명 중 옳은 것은?

① "왜 범죄를 범하지 않는가?"가 아니라 "왜 범죄를 범하는가?"를 탐구한다.
② 규범준수에 따른 사회적 보상에 관심을 많이 가질수록 범죄나 비행을 적게 저지른다고 한다.
③ 사회의 통상적인 활동에 적극적으로 참여할수록 범죄나 비행을 많이 저지른다고 한다.
④ "모든 사람은 범죄성을 지니고 있다."라는 고전주의의 명제를 부정한다.

해설

② [○] 허쉬가 주장한 사회연대의 네 가지 요소 중 전념(수행, commitment)에 대한 설명이다. 이는 규범준수에 따른 사회적 보상에 얼마나 관심을 갖는가에 관한 것으로, 개인이 사회의 합법적인 목적과 수단을 수용하고 그것을 실행하기 위해 애쓴 나름의 노력을 의미한다. 전념에 의한 통제는 규범적인 생활에 집착하고 많은 관심을 두었던 사람이 그렇지 않은 사람들에 비해 잃을 것이 많기 때문에 비행이나 범죄를 자제하도록 한다고 본다.
① [×] 허쉬는 "왜 범죄를 저지르는가?"가 아니라 "왜 범죄를 저지르지 않는가?"에 관심을 둔다.
③ [×] 일상적 행위에의 '참여'의 정도가 강할수록 비행에 빠질 가능성이 적어지며, 참여가 낮으면 그만큼 일탈행동의 기회가 증가됨으로써 비행이나 범죄를 저지를 가능성이 높다고 한다.
④ [×] 사회 속의 개인은 모두 잠재적 범죄자라고 본다.

정답 ②

67 허쉬(Hirschi)의 사회유대이론에 대한 설명으로 가장 옳지 않은 것은?

22. 해경간부

① '애착(Attachment)'은 개인이 다른 사람과 맺는 감성과 관심으로, 이를 통해서 청소년은 범죄를 스스로 억누르게 되는 것을 말한다.
② '참여(Involvement)'는 관습적 활동 또는 일상적 활동에 열중하는 것으로, 참여가 높을수록 범죄에 빠질 기회와 시간이 적어져 범죄를 저지를 가능성이 감소되는 것을 말한다.
③ '신념(Belief)'은 지역사회가 청소년의 초기 비행 행동에 대해 과잉반응하지 않고 꼬리표를 붙이지 않는 것을 말한다.
④ '관여 또는 전념(Commitment)'은 관습적 활동에 소비하는 시간 · 에너지 · 노력 등으로, 시간과 노력을 투자할수록 비행을 저지름으로써 잃게 되는 손실이 커져 비행을 저지르지 않는 것을 말한다.

해설

③ [×] 사회유대의 요소 중 신념은 '관습적인 규범의 내면화'를 통하여 개인이 사회와 맺고 있는 유대의 형태로서, 내적 통제의 다른 표현이다. 즉, 법과 사회규범의 타당성에 대한 믿음이 강하면 비행에 빠지지 않는다는 것이다. 지문에서 지역사회가 청소년의 초기 비행 행동에 대해 과잉빈응하지 않고 꼬리표를 붙이지 않는 것은 '낙인이론'에서 경미한 일차적 일탈에 대하여 비범죄회 등으로 낙인을 부여하지 말자는 주장이다.

① [○] 사회유대의 요소 중 애착은 애정과 정서적 관심을 통해 개인이 사회와 맺고 있는 유대관계로서, 특히 부모 · 교사 · 친구 등에 대한 애착이 큰 영향을 미친다. 허쉬(Hirschi)는 애착에 의한 사회유대가 가장 중요한 요소라고 주장하였다.

② [○] 사회유대의 요소 중 참여는 행위적 측면에서 개인이 사회와 맺고 있는 유대의 형태이다. 일상적 행위에 참여가 높을수록 비행의 가능성이 적고, '게으른 자에게 악이 번창하듯이' 참여가 낮으면 일탈의 기회가 증가되어 비행의 가능성이 높다.

④ [○] 사회유대의 요소 중 전념은 '규범 준수에 따른 사회적 보상에 얼마나 관심을 갖는가'에 관한 것이다. 규범적인 생활에 많은 관심을 두었던 사람은 그렇지 않은 사람에 비해 잃을 것이 많기 때문에 비행이나 범죄를 저지를 가능성이 낮다고 한다.

정답 ③

68 허쉬(Hirschi)의 사회유대이론에 대한 설명으로 옳지 않은 것은? 20. 보호

① '신념(belief)'은 지역사회가 청소년의 초기 비행행동에 대해 과잉반응하지 않고 꼬리표를 붙이지 않는 것을 말한다.

② '애착(attachment)'은 개인이 다른 사람과 맺는 감성과 관심으로, 이를 통해서 청소년은 범죄를 스스로 억누르게 되는 것을 말한다.

③ '관여 또는 전념(commitment)'은 관습적 활동에 소비하는 시간 · 에너지 · 노력 등으로, 시간과 노력을 투자할수록 비행을 저지름으로써 잃게 되는 손실이 커져 비행을 저지르지 않는 것을 말한다.

④ '참여(involvement)'는 관습적 활동 또는 일상적 활동에 열중하는 것으로, 참여가 높을수록 범죄에 빠질 기회와 시간이 적어져 범죄를 저지를 가능성이 감소되는 것을 말한다.

해설

① [×] 신념(믿음)이란 관습적인 규범의 내면화를 통하여 개인이 사회와 맺고 있는 유대의 형태로서, 내적 통제의 다른 표현이다. 이에 의하면 "법과 사회규범의 타당성에 대한 믿음이 강하면 비행에 빠지지 않는다."고 한다. 지문의 내용은 낙인이론에서 일차적 일탈에 대한 비범죄화와 관련된 설명이다.

② [○] 애착이란 애정과 정서적 관심을 통해 개인이 사회와 맺고 있는 유대관계로, 특히 부모 · 교사 · 친구 등에 대한 애착이 큰 영향을 미친다고 한다. 허쉬는 애착에 의한 사회유대가 가장 중요한 요소라고 보았다.

③ [○] 전념(관여, 수행)이란 규범 준수에 따른 사회적 보상에 얼마나 관심을 갖는가에 관한 것으로, 규범적인 생활에 많은 관심을 두었던 사람은 그렇지 않은 사람에 비해 잃을 것이 많기 때문에 비행이나 범죄를 저지를 가능성이 낮다고 한다.

④ [○] 참여란 행위적 측면에서 개인이 사회와 맺고 있는 유대의 형태로서, 일상적 행위에 "참여가 높을수록 비행의 가능성이 적고, 참여가 낮으면 일탈의 기회가 증가되어 비행의 가능성이 높아진다."고 한다.

정답 ①

69 허쉬(Hirschi)의 사회통제이론의 네 가지 유대에 대한 설명으로 옳지 않은 것은? 13. 교정

① 애착(attachment) - 애정과 정서적 관심을 통하여 개인이 사회와 맺고 있는 유대관계가 강하면 비행이나 범죄를 저지를 가능성이 낮다.

② 전념(commitment) - 규범적인 생활에 집착하고 많은 관심을 지닌 사람은 그렇지 않은 사람들에 비해 잃을 것이 많기 때문에 비행이나 범죄를 저지를 가능성이 낮다.

③ 참여(involvement) - 사회생활에 대하여 참여가 높으면 그만큼 일탈행위의 기회가 증가됨으로써 비행이나 범죄를 저지를 가능성이 높다.

④ 신념(belief) - 규범에 대한 믿음이 약할수록 비행이나 범죄를 저지를 가능성이 높다.

해설

③ [×] '참여'란 행위적 측면에서 개인이 사회와 맺고 있는 유대의 형태이다. 일상적 행위에 참여가 높을수록 비행의 가능성이 적고, '게으른 자에게 악이 번창하듯이' 참여가 낮으면 일탈의 기회가 증가되어 비행의 가능성이 높다.

① [○] '애착'이란 애정과 정서적 관심을 통하여 개인이 사회와 맺고 있는 유대관계이다. 특히 부모·교사·친구 등에 대한 애착이 비행통제에 큰 영향을 미친다.

② [○] '전념'이란 '규범준수에 따른 사회적 보상에 얼마나 관심을 갖는가'에 관한 것이다. 규범적인 생활에 많은 관심을 두었던 사람은 그렇지 않은 사람에 비해 잃을 것이 많기 때문에 비행이나 범죄를 자제하도록 한다.

④ [○] '신념'이란 관습적인 규범의 내면화를 통하여 개인이 사회와 맺고 있는 유대의 형태로서, 내적 통제의 다른 표현이다. 법과 사회규범의 타당성에 대한 믿음이 강하면 비행에 빠지지 않는다.

정답 ③

70 다음은 두 명의 학생 사이에 이루어지는 가상의 대화이다. 이들 주장의 근거가 되는 범죄학자들의 이름이 올바르게 짝지어진 것은? 22. 간부(72)

> ㄱ. 인간의 본성은 악하기 때문에 그냥 두면 범죄를 저지를 위험성이 높습니다. 그래서 어릴 때부터 부모나 주변 사람들과의 정서적 유대를 강화하여 행동을 통제해야 합니다.
> ㄴ. 저는 다르게 생각합니다. 사람이 악하게 태어나는 것이 아니라 주변 환경의 영향 때문에 악해지는 것입니다. 따라서 아동이 범죄자로 성장하지 않도록 하기 위해서는 범죄행동을 부추기는 사람들과의 접촉을 차단하는 것이 더 중요합니다.

	ㄱ	ㄴ
①	갓프레드슨(Gottfredson)	허쉬(Hirschi)
②	허쉬(Hirschi)	서덜랜드(Sutherland)
③	에이커스(Akers)	서덜랜드(Sutherland)
④	갓프레드슨(Gottfredson)	에이커스(Akers)

해설

ㄱ. 인간을 잠재적 범죄자로 보는 관점(성악설)에서 인간행동에 대한 통제를 범죄대책으로 중시하여 사회유대(사회적 통제) 중 애착을 가장 중요한 요소라고 보는 허쉬(Hirschi)의 사회유대이론에 관한 내용이다.

ㄴ. 범죄란 개인이 타인과 접촉하는 과정에서 서로 다르게 타인을 접촉하면서 상대방의 행동을 학습하는 결과로서 생기게 된다고 파악하는 서덜랜드(Sutherland)의 차별적 접촉이론에 관한 내용이다.

정답 ②

71 허쉬(T. Hirschi)의 사회유대이론의 요소에 대한 설명으로 옳게 짝지어진 것은?

14. 교정

ㄱ. 부자지간의 정, 친구 사이의 우정, 가족끼리의 사랑, 학교 선생님에 대한 존경 등 다른 사람과 맺는 감성과 관심을 의미한다.
ㄴ. 미래를 위해 교육에 투자하고 저축하는 것처럼 관습적 활동에 소비하는 시간과 에너지, 노력 등을 의미한다.
ㄷ. 학교, 여가, 가정에서 많은 시간을 보내게 되면 범죄행위의 유혹에서 멀어진다는 것을 의미한다.
ㄹ. 관습적인 규범의 내면화를 통하여 개인이 사회와 맺고 있는 유대의 형태로 관습적인 도덕적 가치에 대한 믿음을 의미한다.

	ㄱ	ㄴ	ㄷ	ㄹ
①	애착	전념	참여	신념
②	애착	전념	신념	참여
③	전념	애착	신념	참여
④	전념	참여	애착	신념

해설

허쉬는 개인의 생래적인 범죄성향을 통제하는 수단을 개인이 일상적으로 가족·학교·동료 등 사회와 맺고 있는 유대(연대)라고 보아, 개인이 사회와 유대관계를 맺는 방법을 다음과 같이 제시한다.

☑ 허쉬(Hirschi)의 사회유대이론의 요소

애착	ⓐ 애정과 정서적 관심을 통하여 개인이 사회와 맺고 있는 유대관계이다. 특히 부모·교사·친구 등에 대한 애착이 비행 통제에 큰 영향을 미친다. ⓑ 허쉬는 애착에 의한 사회유대가 가장 중요한 요소라고 보았다. 예 자식이 비행을 저지르다가도 부모가 실망할 것을 우려해서 중지하는 것을 예로 들 수 있다.
전념 (수행)	ⓐ 규범준수에 따른 사회적 보상에 얼마나 관심을 갖는가에 관한 것이다. ⓑ 규범적인 생활에 많은 관심을 두었던 사람은 그렇지 않은 사람에 비해 잃을 것이 많기 때문에 비행이나 범죄를 저지를 가능성이 낮다. 예 소년들이 미래를 생각해서 공부에 전념하는 것은 비행에 빠지면 자신에게 큰 손실이 있으리라고 판단하기 때문이다.
참여	ⓐ 행위적 측면에서 개인이 사회와 맺고 있는 유대의 형태이다. ⓑ 일상적 행위에 참여가 높을수록 비행의 가능성이 적고, '게으른 자에게 악이 번창하듯이' 참여가 낮으면 일탈의 기회가 증가되어 비행의 가능성이 높다. 예 학교수업을 태만하고 거리를 배회하는 소년들에서 비행의 정도가 높은 것은 참여에 의한 사회통제가 되지 못한 대표적 예이다.
신념 (믿음)	ⓐ 관습적인 규범의 내면화를 통하여 개인이 사회와 맺고 있는 유대의 형태로서, 내적 통제의 다른 표현이다. ⓑ 법과 사회규범의 타당성에 대한 믿음이 강하면 비행에 빠지지 않는다. 예 음주운전은 안 된다는 믿음을 가진 사람이 그렇지 않은 사람보다 음주운전을 자제하는 것은 신념을 통한 사회통제의 한 예이다.

① [○] ㄱ은 '애착', ㄴ은 '전념', ㄷ은 '참여', ㄹ은 '신념'에 대한 설명이다.

정답 ①

72 허쉬(Hirschi)가 주장한 사회유대이론(Social Bond Theory)을 바탕으로 다음 사례에서 도출 가능한 유대 개념을 가장 적절하게 연결한 것은?

23. 1차 경행경채

> 경찰관이 되고자 하는 甲은 본인의 꿈을 달성하기 위하여 다음과 같은 노력을 기울이고 있다.
> ㉠ 경찰관련 학과에 진학하여 전공과목에서 A+학점을 취득하기 위해 수업에 집중하고 있다.
> ㉡ 학과에서 실시하고 있는 학생 순찰대에 가입하여 방과 후 대부분의 시간을 순찰활동에 할애하였다.

	㉠	㉡
①	전념(commitment)	참여(involvement)
②	참여(involvement)	전념(commitment)
③	전념(commitment)	신념(belief)
④	신념(belief)	참여(involvement)

해설

㉠ 허쉬(Hirschi)의 사회유대 요소 중 '전념(commitment)'에 대한 사례이다. 전념이란 규범 준수에 따른 사회적 보상에 얼마나 관심을 갖는가에 관한 것으로, 규범적인 생활에 많은 관심을 두었던 사람은 그렇지 않은 사람에 비해 잃을 것이 많기 때문에 비행이나 범죄를 저지를 가능성이 낮다고 본다.

㉡ 허쉬(Hirschi)의 사회유대 요소 중 '참여(involvement)'에 대한 사례이다. 참여란 행위적 측면에서 개인이 사회와 맺고 있는 유대의 형태로서, 일상적 행위에 참여가 높을수록 비행의 가능성이 적고, '게으른 자에게 악이 번창하듯이' 참여가 낮으면 일탈의 기회가 증가되어 비행의 가능성이 높다고 본다.

정답 ①

73 허쉬(Hirschi)의 사회유대이론에 관한 설명으로 가장 적절하지 않은 것은?

23. 간부(73)

① 모든 사람이 범죄성을 지니고 있는 것은 아니지만 사회적 유대가 약해질 때 범죄를 저지르게 된다.

② 사회유대이론은 『비행원인론(Causes of Delinquency)』이라는 저서를 통하여 발표되었다.

③ 사회유대이론 중 애착(Attachment)이란 청소년이 상대방과의 관계를 중요하게 생각하고 감정적으로 유대감을 가지는 것을 의미한다.

④ 허쉬의 이론은 주로 청소년비행을 설명하기 위해 이론을 제시했지만, 다양한 범죄에 적용할 수 있다.

해설

① [×] 허쉬(Hirschi)는 "우리는 모두 동물이고 따라서 범죄성을 본질적으로 지니고 있기 때문에 비행의 원인이 무엇인지 설명하는 것은 필요 없다."라고 보아, '왜 범죄를 저지르는가'가 아니라 '왜 범죄를 저지르지 않는가'에 관심을 두었다.

정답 ①

74 허쉬(Hirschi)가 말한 사회적 유대의 네 가지 요소 중 '규범준수에 따른 사회적 보상에 대한 관심'을 나타내는 것으로 가장 옳은 것은?

23. 해경간부

① 애착(Attachment)
② 관여(Commitment)
③ 참여(Involvement)
④ 신념(Belief)

해설

② [○] 허쉬(Hirschi)는 사회유대이론에서 사회유대의 요소로 애착, 전념(수행, 관여), 참여, 신념을 제시하였다. 여기서 전념(수행, 관여)이란 규범 준수에 따른 사회적 보상에 얼마나 관심을 갖는가에 관한 것이다. 규범적인 생활에 많은 관심을 두었던 사람은 그렇지 않은 사람에 비해 잃을 것이 많기 때문에 비행이나 범죄를 저지를 가능성이 낮다고 본다.

정답 ②

75 갓프레드슨과 허쉬(Gottfredson & Hirschi)의 일반이론의 내용으로 옳지 않은 것은?

① 자기통제력이 범죄의 원인이라고 본다.
② 고전주의와 실증주의 범죄학을 통합하려고 시도했다.
③ 청소년 성장기의 환경요인은 크게 중요하다고 보지 않았다.
④ 교정기관에서의 심리치료를 주요 방안으로 제시한다.

해설

④ [×] 갓프레드슨과 허쉬(M. Gottfredson & T. Hirschi)는 범죄의 일반적 원인을 제공된 기회에 직면한 '낮은 자기통제'라고 설명한다. 낮은 자기통제의 형성에 가장 많은 영향을 끼치는 것은 잘못된 자녀양육이며, 그에 대한 대책은 아이들의 행동을 항상 관찰하고 비행을 저질렀을 때 즉시 확인하여 벌주는 외적 통제라고 주장한다. 이러한 외적 통제는 사회화 과정을 거쳐서 아이에게 내면화되어 비행을 예방한다는 것이다.

정답 ④

76 갓프레드슨(Gottfredson)과 허쉬(Hirschi)의 자기통제이론에 대한 설명으로 가장 적절하지 않은 것은?

22. 간부(72)

① 갓프레드슨과 허쉬는 성인기 사회유대의 정도가 한 개인의 자기통제능력을 변화시킬 수 있다고 주장한다.
② 갓프레드슨과 허쉬는 자기통제능력의 상대적 수준이 부모의 양육방법으로부터 큰 영향을 받는다고 주장한다.
③ 갓프레드슨과 허쉬는 어린 시절 형성된 자기통제능력의 결핍이 모든 범죄의 원인이라고 주장한다.
④ 범죄를 설명함에 있어 청소년기에 경험하는 다양한 환경적 영향요인을 충분히 고려하지 않는다는 비판이 제기되어 왔다.

해설

① [×] 갓프레드슨(Gottfredson)과 허쉬(Hirschi)는 범죄일반이론(낮은 자기통제이론)에서 어렸을 때 부정적으로 형성된 자기통제력이라는 내적 성향 요소가 이후 청소년기나 성인기의 문제행동의 원인이 된다고 주장한다.
② [○] 갓프레드슨(Gottfredson)과 허쉬(Hirschi)는 낮은 자기통제의 형성에 가장 많은 영향을 끼치는 것은 부모의 잘못된 자녀양육이라고 주장한다.
③ [○] 갓프레드슨(Gottfredson)과 허쉬(Hirschi)는 모든 범죄행위의 원인을 낮은 자기통제력에 있다고 주장한다.
④ [○] 갓프레드슨(Gottfredson)과 허쉬(Hirschi)는 어린 시절에 형성된 자기통제력이 이후 환경이나 제도의 영향을 받지 않고 일생 동안 유지된다고 주장하였는데, 이에 대해서 성장기에 경험하는 다양한 환경의 영향을 고려하지 않았다는 비판이 제기된다.

정답 ①

77 갓프레드슨(Gottfredson)과 허쉬(Hirschi)의 자기통제이론(Self Control Theory)에 관한 설명으로 가장 적절한 것은? 23. 2차 경행경채

① 갓프레드슨과 허쉬는 자기통제이론이 모든 인구사회학적 집단에 의해 발생하는 모든 유형의 범죄행위와 범죄유사행위를 설명할 수 있다고 주장하였다.

② 유년기에 형성된 자기통제력은 개인의 상황과 생애과정의 경험에 따라 변화한다.

③ 낮은 자기통제력의 주요 원인은 청소년기 동안 경험한 비행친구와의 교제이다.

④ 청소년은 사회통제로부터 벗어나 합법과 위법의 사이를 표류하여 비행을 저지른다.

해설

① [○] 갓프레드슨(Gottfredson)과 허쉬(Hirschi)는 모든 유형의 범죄행위와 범죄유사행위를 설명할 수 있는 범죄의 일반적 원인을 범죄발생의 기회와 낮은 자기통제력이라고 본다.

② [×] 갓프레드슨(Gottfredson)과 허쉬(Hirschi)는 어렸을 때 부정적으로 형성된 자기통제력이라는 내적 성향 요소가 이후 청소년기나 성인기의 문제행동의 원인이 된다고 주장한다. 이에 의하면 자기통제력은 개인의 상황과 생애과정의 경험에 따라 변화하는 것이 아니다.

③ [×] 갓프레드슨(Gottfredson)과 허쉬(Hirschi)는 낮은 자기통제의 형성에 가장 많은 영향을 끼치는 것은 부모의 잘못된 자녀양육이라고 보았다.

④ [×] 맛차(Matza)의 표류이론의 내용이다.

정답 ①

78 갓프레드슨(Gottfredson)과 허쉬(Hirschi)의 낮은 자기통제(low self-control)에 대한 설명으로 옳지 않은 것은? 23. 보호7급

① 폭력범죄부터 화이트칼라범죄에 이르기까지 모든 범죄를 낮은 자기통제의 결과로 이해한다.

② 순간적인 쾌락과 즉각적 만족에 대한 욕구가 장기적 관심보다 클 때 범죄가 발생한다.

③ 비효율적 육아와 부적절한 사회화보다는 학습이나 문화전이와 같은 실증적 근원에서 낮은 자기통제의 원인을 찾는다.

④ 자기통제가 결여된 자도 범죄기회가 주어지지 않는 한 범죄를 저지르지 않는다.

해설

③ [×] 갓프레드슨(Gottfredson)과 허쉬(Hirschi)는 어렸을 때 부정적으로 형성된 자기통제력이라는 내적 성향 요소가 이후 청소년기나 성인기의 문제행동의 원인이 된다고 주장하며, 낮은 자기통제의 형성에 가장 많은 영향을 끼치는 것은 '부모의 잘못된 자녀양육'이라고 본다.

①②④ [○] 갓프레드슨(Gottfredson)과 허쉬(Hirschi)는 모든 유형의 범죄행위와 범죄유사행위를 설명할 수 있는 범죄의 일반적 원인을 범죄발생의 기회와 낮은 자기통제력이라고 본다(자기통제력이 작용할 수 있는 전제로서 범죄발생의 기회를 제시).

정답 ③

79 사회통제이론에 대한 내용으로 옳지 않은 것은?

① 사회통제이론들은 공통적으로 범죄원인의 규명에는 관심이 없고, 어떠한 사회통제장치가 범죄예방을 위해 효과적인지에 초점을 맞추고 있으며, 주로 가족관계를 중심으로 다루고 있다.

② 레크리스(W. Reckless)는 빈곤과 같은 외적 압력, 불량교우와 같은 외적 요인, 내적 강요 등이 범죄유발요인이지만 이를 억제하는 내적 · 외적 억제장치가 있어서 통제기능을 발휘한다고 보았다.

③ 허쉬(T. Hirschi)는 인간은 도덕적인 존재로 부도덕한 존재도 아니며, 범행을 억제하는 요인이 부재하거나 부실하면 자연히 범죄를 수단으로 하여 역망을 충족하는 존재하고 하면서 개인별 일탈의 차이는 애착(attachment), 전념(commitment), 참여(involvement), 믿음(belief)의 정도에 따른 것으로 보았다.

④ 사회통제이론은 기존의 범죄원인론이 검증불가능한 가설을 토대로 제기되어 온 것에 비하여 자기보고조사 등의 경험적 조사방법을 이용하여 연구한 점에서 의미가 있으나 강력범죄 등 중대범죄에 대하서는 설득력이 떨어진다는 한계가 있다.

해설

① [×] 통제이론(Control Theory)은 기존의 범죄이론의 입장과 달리, 범죄연구의 초점을 '개인이 왜 범죄를 행하게 되는가?'의 측면이 아니라 "개인이 왜 범죄로 나아가지 않게 되는가?"의 측면에 맞추는 이론이다. 범죄행위의 동기는 인간본성의 일부이어서 사회 속의 개인은 모두 잠재적 범죄인이기 때문에 범죄이론은 그러한 '개인이 왜 범죄행위에 실패하게 되는가?'를 설명해야 한다는 것이다. 그리고 그 원인으로 주목하는 내용은 개인과 사회가 갖고 있는 통제력 또는 억제력이다. 범죄를 저지르는 사람은 통제력이 약화되었기 때문이지, 기존의 이론처럼 범죄를 충동하는 힘이 강해졌기 때문은 아니라는 것이다.

정답 ①

80 통제이론에 관한 설명으로 옳지 않은 것은?

① 통제이론은 사람들이 왜 범죄행위로 나아가지 않고 합법적인 행동을 하는가라는 물음에 중점을 두고 있다.

② 라이스(A. Reiss)는 개인의 통제력과 범죄의 관계를 주목하였다.

③ 통제이론의 공통된 견해는 생물학적이거나 심리학적 혹은 사회적인 특정 요인이 사람들로 하여금 범죄에 빠지게 한다는 것이다.

④ 나이(F. Nye)는 청소년들의 비행을 예방할 수 있는 가장 효율적인 방법이 비공식적인 간접통제방법이라고 주장하였다.

해설

③ [×] 통제이론(Control Theory)은 기존의 범죄이론과 달리, 범죄연구의 초점을 '개인이 왜 범죄를 행하게 되는가?'의 측면이 아니라 "개인이 왜 범죄로 나아가지 않게 되는가?"의 측면에 맞추었다. 이에 의하면 범죄행위의 동기는 인간본성의 일부이어서 사회 속의 개인은 모두 '잠재적 범죄인'이기 때문에, 범죄이론은 그러한 '개인이 왜 범죄행위에 실패하게 되는가?'를 설명해야 한다. 그리고 그 원인으로 주목하는 내용은 개인과 사회가 갖고 있는 통제력 또는 억제력이다.

정답 ③

81 통제이론에 대한 설명으로 옳지 않은 것은?

20. 교정

① 라이스(A. Reiss) - 소년비행의 원인을 낮은 자기통제력에서 찾았다.

② 레크리스(W. Reckless) - 청소년이 범죄환경의 압력을 극복한 것은 강한 자아상 때문이다.

③ 허쉬(T. Hirschi) - 범죄행위의 시작이 사회와의 유대약화에 있다고 보았다.

④ 에그뉴(R. Agnew) - 범죄는 사회적으로 용인된 기술을 학습하여 얻은 자기합리화의 결과이다.

해설

④ [×] 에그뉴(R. Agnew)는 사회에서 스트레스와 긴장을 경험하는 개인이 범죄를 저지르기 쉬운 이유를 설명하고자 하였다(긴장의 개인적 영향). 목표달성의 실패, 기대와 성취 사이의 괴리, 긍정적 자극의 소멸, 부정적 자극의 발생을 범죄원인으로 제시하고, 경험한 긴장의 강도가 강하고 횟수가 거듭될수록 개인은 충격을 많이 받으며 범죄에 빠질 가능성이 높다고 본다(일반긴장이론).

① [○] 라이스(A. Reiss)는 범죄와 개인의 자기통제력의 관계를 처음으로 지적하여, 소년비행의 원인을 개인통제력의 미비와 사회통제력의 부족에서 파악하였다.

② [○] 레크리스(W. Reckless)는 모든 사람들에게는 범죄로 이끄는 범죄유발요인과 범죄를 억제하는 범죄억제요인이 부여되어 있지만, 범죄억제요인이 더 강할 경우 범죄로 나아가지 않는다고 하면서(봉쇄이론), 자기관념(자아관념, self-concept)이란 소년이 자기 자신에 대해서 갖는 인식을 말하며, 좋은 자기관념은 비행에 대한 절연체라고 하였다(자기관념이론).

③ [○] 허쉬(T. Hirschi)는 사회유대의 약화를 비행의 원인으로 본다(사회유대이론).

정답 ④

82 통제이론(Control theory)에 관한 설명 중 옳은 것은?

16. 사시

① 통제이론은 사회적 상호작용과정에서 행해지는 주위사람들의 반응이 범죄문제를 더욱 악화시킨다고 본다.

② 통제이론은 특히 하층계급의 중범죄를 설명하는 데 적절하다.

③ 허쉬(Hirschi)는 개인의 사회적 활동에 대한 참여가 높을수록 일탈행동의 기회가 증가하여 비행이나 범죄를 저지를 가능성이 많다고 보았다.

④ 나이(Nye)는 사회통제방법을 직접통제, 간접통제, 내부통제로 나누고, 소년비행예방에 가장 효율적인 방법은 내부통제라고 보았다.

⑤ 레크리스(Reckless)는 올바른 자아관념이 비행에 대한 절연체라고 보았다.

해설

⑤ [○] 레크리스의 봉쇄이론에 의하면, 자기관념(자아관념, self-concept)이란 소년이 자기 자신에 대해서 갖는 인식을 말하며, '좋은 자기관념은 비행에 대한 절연체'라고 하였다.

① [×] 낙인이론에 관한 설명이다.

② [×] 통제이론에 대해서는 평범한 소년들의 사소한 범죄를 대상으로 하기 때문에 대표성이 낮고, 강력범죄 등 중대범죄에 대하서는 설득력이 떨어진다는 비판에 제기된다.

③ [×] 허쉬의 사회통제이론에 의하면, 일상적 행위에 참여가 높을수록 비행의 가능성이 적고, '게으른 자에게 악이 번창하듯이' 참여가 낮으면 일탈의 기회가 증가되어 비행의 가능성이 높다고 본다.

④ [×] 나이(Nye)는 라이스의 견해를 발전시켜 청소년의 비행을 예방하는 사회통제의 유형을 분류하였고, 사회통제의 유형 중 가장 효율적인 방법은 '비공식적 간접 통제'의 방법이라고 보았다.

정답 ⑤

83 통제이론에 대한 설명으로 옳은 것은? 20. 보호

① 나이(Nye)는 범죄통제방법 중 비공식적인 직접통제가 가장 효율적인 방법이라고 주장하였다.

② 레크리스(Reckless)는 외부적 통제요소와 내부적 통제요소 중 어느 한 가지만 제대로 작동되어도 범죄는 방지될 수 있다고 보았다.

③ 맛차(Matza)와 사이크스(Sykes)가 주장한 중화기술 중 '가해의 부정'은 자신의 행위로 피해를 입은 사람은 그러한 피해를 입어도 마땅하다고 합리화하는 기술이다.

④ 통제이론은 "개인이 왜 범죄로 나아가지 않게 되는가?"의 측면이 아니라 "개인이 왜 범죄를 하게 되는가?"의 측면에 초점을 맞춘다.

해설

② [○] 레크리스(Reckless)는 모든 사람들에게 범죄로 이끄는 범죄유발요인과 범죄를 억제하는 범죄억제요인이 부여되어 있지만, 범죄억제요인이 더 강할 경우 범죄로 나아가지 않는다고 한다. 범죄유발요인은 다시 압력 · 유인 · 배출로 나뉘고, 범죄억제요인은 외부적 억제요소 · 내부적 억제요소로 나뉘는데, "범죄억제요인 가운데 어느 하나라도 제대로 작용하면 범죄를 예방할 수 있다."고 하며 특히 내부적 억제요인을 강조하였다.

① [×] 나이(Nye)는 청소년의 비행을 예방하는 사회통제의 유형을 분류하였고, 사회통제의 유형 중 가장 효율적인 방법은 비공식적 '간접 통제'의 방법이라고 보았다.

③ [×] 맛차(Matza)와 사이크스(Sykes)의 중화기술이론에 의하면, 가해의 부정은 자신의 범행에 의한 손해를 사회통제기관과 달리 평가하여 매우 가볍게 여기는 것이다. 지문의 내용은 중화기술의 유형 중 '피해자의 부정'에 해당한다.

④ [×] 통제이론(Control Theory)은 기존의 범죄이론의 입장과 달리, 범죄연구의 초점을 "개인이 왜 범죄를 행하게 되는가?"의 측면이 아니라 "개인이 왜 범죄로 나아가지 않게 되는가?"의 측면에 맞추는 이론이다.

정답 ②

84 범죄원인에 관한 설명 중 옳지 않은 것은?

① 페리(Ferri)는 인류학적, 물리적, 사회적 원인을 인정하였다.

② 허쉬(Hirschi)는 사회결속력의 구성요소로 애착, 전념, 참여, 신념을 주장하였다.

③ 낙인이론은 실증주의적 또는 심리학적, 다원적 범죄원인론을 비판하였다.

④ 레크리스(Reckless)의 견제이론에 의하면 외적 압력요인에는 정신적 결함 등 범죄나 비행을 범하도록 하는 각 개인의 생물학적 또는 심리적 요소 등이 있다.

해설

④ [×] 레클리스(W. Reckless)의 봉쇄이론(견제이론, Containment Theory)에 의하면 모든 사람들에게는 범죄로 이끄는 범죄유발요인과 범죄를 억제하는 범죄억제요소가 부여되어 있지만 범죄억제요소가 더 강할 경우 범죄로 나아가지 않는다고 한다. 이 이론에서 정신적 결함 등 범죄나 비행을 범하도록 하는 각 개인의 생물학적 또는 심리적 요소는 범죄유발요인 중 배출(pushes)에 해당한다. 압력(pressures)은 사람들을 불만에 빠지게 하는 것(예 가난, 가족간의 갈등, 실업, 열등한 신분적 지위, 성공기회의 박탈 등)을 의미한다.

정답 ④

85 다음 기술 중 옳지 않은 것은? 14. 사시

① 서덜랜드(Sutherland)는 범죄자는 원래부터 정상인과 다르기 때문에 범죄를 저지르는 것이 아니라, 타인들과 접촉하는 과정에서 범죄행위를 학습하기 때문에 범죄를 저지른다고 보았다.

② 허쉬(Hirschi)는 사람은 누구나 범죄를 저지를 가능성을 가지고 있으나 가족, 학교, 동료 등의 사회집단과 밀접한 유대를 맺고 있는 사람은 범죄를 저지를 가능성이 낮다고 보았다.

③ 폴락(Pollack)은 통계상 여성의 범죄율이 남성의 범죄율보다 현저히 낮은 이유는 여성이 범죄를 저지를 만한 상황에 이르면 남성이 여성을 대신하여 범죄를 저지르는 기사도 정신을 발휘하기 때문이라고 보았다.

④ 범죄경제학의 입장에서 보면 범죄는 비용과 이득이라는 관점에서 개인이 내린 자유로운 의사결정의 결과이다.

⑤ 코헨(Cohen)과 펠손(Felson)의 일상생활이론(Routine Activities Theory)에 의하면 범죄발생 여부는 범행 동기를 지닌 범죄자, 적절한 범행대상, 범행을 막을 수 있는 사람의 부존재라는 세 가지 변수에 의해 결정된다고 보았다.

해설

③ [×] 폴락(Pollack)에 의하면 여성범죄는 은폐성을 특징으로 하므로, 여성범죄가 남성보다 비율이 낮은 것은 은폐성으로 인하여 통계상에 잘 나타나지 않을 뿐이고 범죄적 성향은 남성에 못지않다고 한다(암수범죄의 문제). 또한, "현존하는 남녀 범죄간에 보이는 불평등을 야기하는 현저한 원인의 하나는 기사도 정신에 의한 것이고, 그것은 남성의 여성에 대한 일반적인 태도이다. 경찰은 여성을 체포하기를 꺼려하고 검찰은 기소하기를 꺼려하며 재판관이나 배심원은 유죄로 하기를 꺼려한다."고 지적하였다(기사도가설).

① [○] 서덜랜드(Sutherland)의 차별적 접촉이론의 내용이다.

② [○] 허쉬(Hirschi)의 사회유대이론의 내용이다.

④ [○] 범죄경제학이란 사람들이 범죄행위를 생각할 때의 과정과 다른 행위를 생각할 때의 과정이 본질적으로 동일하다고 보아, 일상생활에서처럼 범죄행위도 이익과 손실을 계량한 후에 저지른다는 입장이다. 이에 의하면 범죄의 발생은 개인의 자유로운 의사결정의 결과이므로, 문화적 영향(환경)이나 생물학적 영향(소질) 등에 대한 논의는 불필요하다고 본다.

⑤ [○] 코헨(Cohen)과 펠손(Felson)의 일상생활이론은 범죄자가 아니라 범행의 조건을 특정화하는 이론이다. 사회에서 발생하는 범죄는 ⓐ 범행 동기를 지닌 범죄자, ⓑ 적절한 범행대상, ⓒ 범행을 막을 수 있는 사람(감시자)의 부존재 등에 의해 결정된다고 본다(범죄기회이론). 전통적 범죄원인론은 대부분 ⓐ 범행 동기를 지닌 범죄자 요인의 규명에 중점을 두었으나, 일상생활이론에서는 범죄 동기나 범죄를 저지를 개연성이 있는 사람의 수는 일정하다고 가정하므로 ⓑ 적절한 범행대상, ⓒ 범행을 막을 수 있는 사람(감시자)의 부존재 요인에 의해 범죄발생 여부가 결정된다고 보았다.

정답 ③

86 범죄 원인에 대한 사회과정이론(Social Process Theory)의 설명으로 가장 적절하지 않은 것은? 22. 간부(72)

① 법 위반에 대한 우호적 정의를 학습할수록 범죄를 저지를 가능성이 커진다.

② 아동기에 형성된 자기통제력이 낮을수록 범죄를 저지를 가능성이 커진다.

③ 부모와의 정서적 유대관계가 약할수록 범죄를 저지를 가능성이 커진다.

④ 낮은 사회적 지위 때문에 목표 달성에 실패할수록 범죄를 저지를 가능성이 커진다.

해설

④ [×] '사회구조이론'에 대한 설명이다. 사회구조이론이란 범죄의 유형과 정도의 다양성을 설명하기 위해 하위문화를 포함한 문화 및 사회제도의 속성을 중시하는 입장으로, 여기에는 사회해체이론, 갈등이론, 아노미이론(긴장이론), 하위문화이론 등이 속한다.

① [○] 사회과정이론이란 집단과 개인의 상호작용의 결과와 유형에 초점을 두는 입장으로, 여기에는 학습이론, 통제이론, 낙인이론 등이 속한다. 지문은 사회과정이론 중 학습이론에 해당하는 차별적 접촉이론(서덜랜드)의 주장이다.

② [○] 사회과정이론 중 통제이론에 해당하는 범죄일반이론(고트프레드슨과 허쉬)의 주장이다.

③ [○] 사회과정이론 중 통제이론에 해당하는 사회유대이론(허쉬)의 주장이다.

정답 ④

87 통제이론(Control Theories)에 관한 설명으로 가장 적절하지 않은 것은?

23. 1차 경행경채

① 레클리스(Reckless)는 긍정적 자아관념이 청소년을 범죄환경의 압력과 유인으로부터 보호한다고 주장하였다.

② 나이(Nye)는 직접통제가 공식적 제재를 통해 행사될 수 있음을 인정하면서도, 가정에서의 비공식적 간접통제를 강조하였다.

③ 마차(Matza)는 비행청소년들이 비행가치를 받아들여 비행이 나쁘지 않다고 생각하기 때문에 비행을 저지른다고 보았다.

④ 갓프레드슨(Gottfredson)과 허쉬(Hirschi)는 낮은 수준의 자기통제력이 범죄행동의 주요 원인이라고 보았다.

해설

③ [×] 마차(Matza)는 비행소년이 '항상 하위문화에 지배되어 끊임없이 반사회적 행위를 하는 것이 아니라' 비행과 무비행의 생활양식 사이에 떠다니고 있는 존재라고 보면서, 비행소년도 '대부분의 경우에는 규범에 순응하지만' 특별한 경우에 한하여 위법행위에 빠져들게 되며, 성년이 되면 대부분 정상적인 생활을 하게 된다고 주장한다(표류이론).

① [○] 레클리스(Reckless)는 범죄로 이끄는 범죄유발요인(압력, 유인, 배출)과 범죄를 억제하는 범죄억제요인(외부적, 내부적)을 분류하고, 범죄억제요인 중 내부적 억제요인을 강조하면서, 긍정적 자아관념의 획득 · 유지가 범죄에서 멀어지게 하는 요인이 된다고 주장한다(봉쇄이론, 자기관념이론).

② [○] 나이(Nye)는 잘못을 했을 때 즉시 억압적 수단을 사용하여 이후의 비행을 예방하는 직접통제에는 국가기관에 의한 공식 통제와 가정이나 학교에서 이루어지는 비공식 통제가 있다고 하면서, 사회통제의 유형 중 가장 효율적인 방법은 비공식적 간접통제의 방법이라고 보았다.

④ [○] 갓프레드슨(Gottfredson)과 허쉬(Hirschi)는 범죄의 일반적 원인을 범죄발생의 기회와 낮은 자기통제력이라고 보며(자기통제력이 작용할 수 있는 전제로서 범죄발생의 기회를 제시), 어렸을 때 부정적으로 형성된 자기통제력이라는 내적 성향 요소가 이후 청소년기나 성인기의 문제행동의 원인이 된다고 주장한다.

정답 ③

제7장 | 사회구조이론

제1절 | 사회구조이론 서설

01 범죄의 원인을 거시적으로 분석한 이론이 아닌 것은? 10. 경비

① 아노미이론
② 하위문화이론
③ 사회해체이론
④ 차별접촉이론

해설

④ [×] 사회과정이론은 집단과 개인의 상호작용의 결과와 유형에 초점을 두는 입장을 말하며, 학습이론, 통제이론, 낙인이론 등이 이에 속한다.

①②③ [○] 문제에서 '범죄의 원인을 거시적으로 분석한 이론'이란 사회구조이론을 사회과정이론과 대비시켜 표현한 것이다. 사회구조이론이란 범죄의 유형과 정도의 다양성을 설명하기 위하여 하위문화를 포함한 문화 및 사회제도의 속성을 중시하는 입장을 말하며, 사회해체이론, 갈등이론, 아노미이론, 하위문화이론 등이 이에 속한다.

정답 ④

02 다음 중 미시적 관점에 해당하는 이론을 모두 고른 것은? 23. 1차 경행

> ㉠ 뒤르켐(Durkheim)의 아노미이론(Anomie Theory)
> ㉡ 서덜랜드(Sutherland)의 차별접촉이론(Differential Association Theory)
> ㉢ 애그뉴(Agnew)의 일반긴장이론(General Strain Theory)
> ㉣ 메스너와 로젠펠드(Messner & Rosenfeld)의 제도적 아노미이론(Institutional Anomie Theory)

① ㉠, ㉡
② ㉡, ㉢
③ ㉠, ㉢
④ ㉢, ㉣

해설

㉠ [×] 뒤르켐(Durkheim)은 범죄의 사회적 원인(환경)을 주목하는 프랑스 학파에 속하는 학자로서, 그는 아노미(Anomie)를 사회구성원에 대한 도덕적 규제가 제대로 되지 않는 상태, 즉 사회의 도덕적 권위가 무너져 사회구성원들이 지향적인 삶의 기준을 상실한 무규범 상태로서 사회통합의 결여라고 규정하면서 범죄를 유발하는 원인이 된다고 주장하였다. 따라서 뒤르켐(Durkheim)의 아노미이론(Anomie Theory)은 거시적 관점의 이론에 해당한다.

㉡ [○] 서덜랜드(Sutherland)는 차별접촉이론(Differential Association Theory)에서 범죄란 개인이 타인과 접촉하는 과정에서 서로 다르게 타인을 접촉하면서 상대방의 행동을 학습하는 결과로서 생기게 된다고 주장한다. 이는 범죄원인을 타인과의 상호작용을 통한 학습의 결과로 보는 것으로, 미시적 관점의 이론에 해당한다.

㉢ [○] 애그뉴(Agnew)의 일반긴장이론(General Strain Theory)은 머튼의 아노미이론을 수정하고 미시적으로 계승하여 사회에서 스트레스와 긴장을 경험하는 개인이 범죄를 저지르기 쉬운 이유를 설명하고자 하는 입장으로, 미시적 관점의 이론에 해당한다.

㉣ [×] 메스너와 로젠펠드(Messner & Rosenfeld)의 제도적 아노미이론(Institutional Anomie Theory)은 머튼의 아노미이론에 동의하여 거시적 관점을 계승하면서 범죄·비행을 미국 사회의 문화적·제도적 영향의 결과로 보는 입장으로, 거시적 관점의 이론에 해당한다.

정답 ②

제2절 | 아노미이론(사회적 긴장이론)

03 머튼(Merton)이 주장한 아노미의 발생원인과 가장 거리가 먼 것은? 22. 간부(72)

① 물질적 성공만을 과도하게 강조하는 문화
② 성공을 위한 제도화된 기회의 부족
③ 급격한 사회변동과 위기
④ 공평한 성공기회에 대한 평등주의적 이념

해설

③ [×] 급격한 사회변동과 위기는 머튼이 주장하는 아노미의 발생원인에 해당하지 않는다. 이는 아노미(Anomie) 개념을 처음 주장하였던 뒤르껭(Durkheim)이 그 원인으로 예시한 것이다.

①②④ [○] 머튼(Merton)은 아노미(사회적 긴장)란 특정 사회에서 문화적 목표(예 물질적 성공)에 대해서는 지나치게 강조하는 반면에, 사회구조적 특성에 의해 제도화된 수단으로 문화적 목표를 성취할 수 있는 기회가 제한되었을 때에 발생한다고 주장한다. 이념적으로 성공이라는 목표를 달성할 수 있는 기회는 누구에게나 공평하게 주어진다고 얘기하지만(평등주의적 이념), 실제로는 그 기회가 계층에 따라 차별적이기 때문에 아노미 상황이 발생하게 된다는 것이다.

정답 ③

04 머튼(Merton)의 아노미이론에 대한 설명으로 옳지 않은 것은? 22. 교정

① 부(富)의 성취는 미국사회에 널리 퍼진 문화적 목표이다.
② 목표달성을 위한 합법적 수단에 대한 접근은 하류계층에게 더 제한되어 있다.
③ 합법적 수단이 제한된 하류계층 사람들은 비합법적인 수단을 통해서라도 목표를 달성하려고 한다.
④ 하류계층뿐만 아니라 상류계층의 범죄를 설명하는 데 유용하다.

해설

④ [×] 아노미이론은 근 증가하는 중산층이나 상류층의 범죄를 설명하는 데에는 한계를 나타냄으로써 범죄원인의 일반이론으로 보기는 힘들다는 비판을 받는다.

① [○] 아노미이론에서는 사람들의 욕구(목표)는 생래적이거나 이기적 동기에 의한 것이 아니라, 사회의 관습이나 문화적 전통과 같은 사회환경에 의해 형성된다고 보며(공통가치설), 미국과 같은 자본주의사회에서는 부의 성취가 구성원들의 공통적 목표(문화적 목표)라고 본다.

② [○] 아노미이론에서는 문화적 목표를 달성하기 위한 합법적 수단의 확보기회가 계층에 따라 차별적이어서 사회적 긴장(아모미)가 발생한다고 본다.

③ [○] 아노미이론에서는 문화적 목표를 달성하기 위한 합법적인 수단에 접근할 수 있는 가능성은 개인의 능력이나 사회적 계층에 따라 각기 다른 상태에 두고 있고, 수단에 접근할 기회가 제한된 사람들(하위계층)은 목표의 달성을 위하여 수단의 합법성 여부를 무시한 행동(범죄)으로 나아간다고 본다.

정답 ④

05 "이 일을 평생 해봐도 남들처럼 번듯한 집에서 살거나 고급 승용차를 타거나 가족들과 해외여행 한 번 가보기는 틀렸다. 하지만 과분한 욕심을 버리자. 알뜰한 아내 덕에 빚 안지고 이만큼 살아왔는데, 내가 뇌물을 받다가 교도소라도 가는 날이면 이 조그만 행복도 끝장이다."라고 생각하는 하위직 공무원은 머튼(R. Merton)의 아노미이론에 제시된 개인의 적응방식 중 어느 유형에 속하는가?

① 동조형 ② 혁신형
③ 의례형 ④ 도피형

해설

③ [○] 설문은 의례형(의식주의, ritualism)에 대한 설명으로 문화적 목표를 부인하고 제도화된 수단은 승인하는 것으로서, 수단이 자신의 목표가 되는 경우이다. 자기가 하는 일의 목표는 안중에 없고 무사안일하게 절차적 규범이나 규칙만을 준수하는 관료들을 전형적인 예로 들 수 있다. 이러한 반응양식을 택하는 사람들은 목표 자체를 포기하였기 때문에 목표를 달성하지 못한 것에 실망하지 않으며 모든 제도화된 수단을 따르므로 실제 큰 문제를 일으키지 않는다.

정답 ③

06 아노미이론에 대한 설명으로 옳지 않은 것은?

① 범죄는 목표와 수단의 불일치로 발생하는 것이다.
② 혁신형은 혁명형이라고도 하며, 그러한 유형에는 혁명가가 해당한다.
③ 의례형은 샐러리맨과 같은 유형으로 범죄와 관련이 적다.
④ 동조형은 정상유형으로 범죄와 관련성이 없다.

해설

② [×] 혁신형(개혁형)은 문화적 목표는 승인하지만 제도화된 수단은 부정하는 경우로서, 범죄자들의 전형적인 반응양식이다. 반면 혁명형(반항형, 전복형)은 문화적 목표와 사회적으로 승인된 수단 모두를 부정하는 동시에 기존 사회질서를 다른 사회질서로 대체할 것을 요구함으로써 지배적 목표와 수단으로부터 소외되는 경우이다.

정답 ②

07 아노미이론(anomie theory)에 관한 설명으로 옳지 않은 것은?

① 뒤르껭(Durkheim)은 처음으로 범죄원인론에 아노미 개념을 도입하여, 급속한 변화를 겪는 사회에서는 도덕적 규제의 감소와 사회연대감의 약화로 인하여 범죄가 증가한다고 주장하였다.
② 머튼(Merton)은 아노미의 발생원인을 문화적 목표와 제도화된 수단간의 괴리에서 찾았다.
③ 머튼(Merton)은 아노미상태에서 개인의 적응방식을 동조형, 혁신형, 의례형, 도피형, 반역형으로 나누고, 그 중 혁신형이 범죄와 가장 깊은 관련이 있다고 보았다.
④ 머튼(Merton)의 아노미이론은 최근 들어 증가하는 중산층이나 상류층의 범죄를 설명하는 데에도 무리없이 적용될 수 있는 이론적 보편성을 가지고 있다.

해설

④ [×] 머튼의 아노미이론에 대해서는 최근에 들어 증가하는 중산층이나 상류층의 범죄를 설명하는 데는 한계를 나타냄으로써 범죄원인의 일반이론으로 보기는 힘들다는 점과 과실범, 격정범, 근친상간, 동성애 등의 유형, 상류계층의 경미한 재산범죄와 같이 목적달성이 가능한 경우에 발생하는 범죄유형 등을 설명할 수 없다는 문제점이 있다. 그리고 범죄가 사회구조적 문제로 일어나는 것이라는 점만을 강조하면서 그에 대응할 수 있는 사회정책을 제시하지 못하고 있다는 비판도 있다.

정답 ④

08 "모로 가도 서울만 가면 된다."와 같이 목표를 지나치게 강조하는 반면에 이를 추구하는 수단을 경시하는 인식에 대한 설명과 부합하는 범죄원인론은?

① 사회유대이론　② 낙인이론
③ 일상활동이론　④ 아노미이론

해설

④ [○] 사람들이 추구하는 목표가 문화적으로 형성될 뿐만 아니라 이를 달성할 수 있는 수단 역시 문화적으로 규정되어 있다고 보면서 문화적 목표와 사회적 수단을 구별하는 것이 머튼의 아노미이론의 기초이다. 문제는 문화적 목표를 달성하기 위한 수단의 확보기회가 차별적이라는 점에 있으며, 여기에서 사회적 긴장관계가 형성된다. 이때 구성원의 문화적 목표가 제도적 규범에 맞는 정당한 수단으로 달성할 수 있는 가능성이 없고 목표달성을 위한 정당한 수단이 별로 강조되지 않는 경우가 생기는데, 일탈행위는 이 틈새에서 발생한다는 것이다.

정답 ④

09 머튼(R. Merton)의 아노미이론에 관한 설명으로 옳지 않은 것은?

① 머튼은 범죄를 개인의 속성이 아닌 일정한 사회구조에서 인정되는 목적과 그 수단과의 괴리관계에서 찾았다.
② 의례형(ritualism)은 문화적 목표를 수용하고 제도화된 수단도 수용하는 경우에 나타나는 반응으로서, 이는 문화적 목표에 대한 사회적 가치가 널리 퍼져있을 때 나타난다.
③ 문화적 목표와 제도화된 수단을 거부할 때 사회로부터 도피해버리는 퇴행형(retreatism)이 발생한다.
④ 문화적 목표는 수용하지만 제도화된 수단은 거부하는 경우 나타나는 가장 흔한 일탈유형은 혁신형(innovation)이다.

해설

② [×] 의례형은 문화적 목표를 부인하고 제도화된 수단은 승인하는 것으로서, 수단이 자신의 목표가 되는 경우이다. 지문의 내용은 동조형(순응형)에 대한 설명이다.

☑ **반응양식(적응유형)**

반응양식	문화적 목표	제도화된 수단	행위유형
동조(순응)	+	+	대부분의 정상인
혁신(개혁)	+	−	전통적 재산범죄자
의례(의식주의)	−	+	하층관료, 샐러리맨
은둔(도피, 퇴행)	−	−	약물중독자, 부랑자
반항(혁명)	±	±	반역자, 혁명가

※ '+'는 수용, '−'는 거부, '±'는 이전의 가치는 거부하고 새로운 가치를 수용하는 것

정답 ②

10 머튼(Robert K. Merton)의 긴장이론(Strain Theory)에 대한 설명으로 옳지 않은 것은? 11. 교정

① 사회 내에 문화적으로 널리 받아들여진 가치와 목적, 그리고 그것을 실현하고자 사용하는 수단 사이에 존재하는 괴리가 아노미적 상황을 이끌어낸다고 보았다.

② 특정 사회 내의 다양한 문화와 추구하는 목표의 다양성을 무시하고 있다.

③ 다섯 가지 적응유형 중에 혁신형(Innovation)이 범죄의 가능성이 제일 높은 유형이라고 보았다.

④ 하층계급을 포함한 모든 계층이 경험할 수 있는 긴장을 범죄의 주요 원인으로 제시하였다.

해설

④ [×] 머튼의 아노미이론은 최근에 들어 증가하는 중산층이나 상류층의 범죄를 설명하는 데는 한계를 나타냄으로써 범죄원인의 일반이론으로 보기는 힘들다는 비판을 받는다. 후에 이어진 연구인 애그뉴(R. Agnew)의 일반긴장이론에 의하면 계층·인종에 관계없이 다양한 원인에 의해 긴장이 발생하고, 이는 부정적 감정상태로 이어지게 되며, 결국 반사회적 행위(범죄, 비행)으로 이어지게 된다고 한다.

① [○] 머튼은 사회적 긴장(아노미)이란 특정사회에서 문화적 목표에 대해서는 지나치게 강조하는 반면에, 사회의 구조적 특성에 의해 특정집단의 사람들이 제도화된 수단으로 문화적 목표를 성취할 수 있는 기회가 제한되었을 때에 발생한다고 보았다.

② [○] 머튼의 아노미이론은 어느 사회에서나 문화적 목표나 가치에 대해서 사람들 간에 기본적인 합의가 있다는 공통가치설을 지나치게 강조하고 있다고 비판받는다.

③ [○] 머튼의 반응양식(적응양식) 중 혁신형이란 문화적 목표는 승인하지만 제도화된 수단은 부정하는 경우로서, 범죄자들의 전형적인 반응양식이다.

정답 ④

11 머튼(Merton)의 아노미이론에 대한 설명으로 옳은 것으로만 묶인 것은? 12. 보호

ㄱ. 동조형(conformity)은 안정적인 사회에서 가장 보편적인 행위유형으로서 문화적인 목표와 제도화된 수단을 부분적으로만 수용할 때 나타난다.
ㄴ. 혁신형(innovation)은 문화적인 목표에 집착하여 부당한 수단을 통해서라도 성공을 달성하려는 행위유형으로 이욕적 범죄가 대표적이다.
ㄷ. 의례형(ritualism)은 문화적 성공의 목표에는 관심이 없으면서도 제도화된 수단은 지키려는 유형으로 출세를 위한 경쟁을 포기한 하위직원들 사이에서 발견된다.
ㄹ. 은둔형(retreatism)은 사회의 문화적 목표와 제도화된 수단을 모두 수용하지만 사회로부터 소외된 도피적인 유형을 말한다.
ㅁ. 혁명형(rebellion)은 기존의 사회가 수용하는 목표와 제도화된 수단을 모두 거부하고 체제의 전복 등을 통해 새로운 것으로 대체하려는 유형이다.

① ㄱ, ㄴ, ㄷ
② ㄱ, ㄹ, ㅁ
③ ㄴ, ㄷ, ㄹ
④ ㄴ, ㄷ, ㅁ

해설

ㄱ. [×] 아노미이론의 반응양식(적응유형) 중 동조형은 정상적인 기회구조에 접근할 수는 없지만, 문화적 목표도 승인하고 제도화된 수단도 승인하는 경우이다. 금전적 성공이 문화적 목표로 강조되고 근면·검약·교육 등이 제도화된 수단으로 인정되는 경우, 비록 본인은 충분한 교육기회가 없더라도 주어진 조건 내에서 돈을 벌고자 하는 태도를 예로 들 수 있다. 이는 문화적인 목표와 제도화된 수단을 '부분적'으로만 수용하는 것이 아니라 '전면적'으로 수용하는 태도이다.

ㄹ. [×] 은둔형은 문화적 목표와 사회적으로 승인된 수단 모두를 부정하여 사회활동을 거부하는 경우이다. 정신병자, 빈민층, 부랑자, 방랑자, 폭력배, 만성적 알콜중독자 및 마약상습자 등의 경우를 예로 들 수 있다.

정답 ④

12 머튼(Marton)의 아노미이론에 대한 설명으로 가장 옳지 않은 것은? 22. 해경간부

① '순응형(Conformity)'은 문화적 목표와 제도화된 수단을 모두 승인하는 적응방식으로 반사회적인 행위유형이 아니다.
② '퇴행형(Retreatism)'은 문화적 목표와 제도화된 수단을 모두 부정하고 사회활동을 거부하는 적응방식으로 만성적 알코올 중독자, 약물 중독자, 부랑자 등이 이에 해당한다.
③ '순응형(Conformity)'은 안정적인 사회에서 가장 보편적인 행위유형으로 문화적인 목표와 제도화된 수단을 부분적으로만 수용할 때 나타난다.
④ '혁신형(innovation)'은 문화적인 목표에 집착하여 부당한 수단을 통해서라도 성공을 달성하려는 행위유형으로 이욕적 범죄가 대표적이다.

해설

③ [×] 순응형(동조형)은 '문화적 목표와 제도화된 수단을 모두 승인'하는 경우이다.
① [○] 순응형(동조형)은 문화적 목표도 승인하고 제도화된 수단도 승인하는 경우로서, 정상적인 사람들의 반응양식(적응방식)에 해당한다.
② [○] 퇴행형(은둔형, 도피형)은 문화적 목표와 사회적으로 승인된 수단 모두를 부정하여 사회활동을 거부하는 경우이다.
④ [○] 혁신형(개혁형)은 문화적 목표는 승인하지만 제도화된 수단은 부정하는 경우로서, 범죄자들의 전형적인 반응양식이다.

정답 ③

13 머튼(Merton)의 아노미이론에 관한 설명 중 옳은 것은? 13. 사시

① 머튼은 무규범상태를 의미하는 아노미(Anomie)라는 개념을 처음 사용하였다.
② 이 이론은 낙인이론으로 분류된다.
③ 문화적 목표를 달성할 수 있는 제도화된 수단이 제한되었을 때 개인의 적응방식에 따라 비행이 발생할 수 있다.
④ 아노미상황에서 개인의 적응방식 중 동조(conformity)도 반사회적 적응방식의 일종이다.
⑤ 하류계층의 범죄뿐만 아니라 상류계층의 범죄를 설명할 때에도 보편적 유용성을 지닌 일반이론이다.

해설

③ [○] 사회적 긴장(아노미상황)은 특정사회에서 문화적 목표에 대해서는 지나치게 강조하는 반면에, 사회구조적 특성에 의해 제도화된 수단으로 문화적 목표를 성취할 수 있는 기회가 제한되었을 때에 발생하고, 이에 대한 개인의 반응양식에 따라 범죄의 발생 여부가 달라진다고 본다.
① [×] 아노미(Anomie) 개념은 뒤르껭이 무규범상태 또는 사회통합의 결여를 의미하는 용어로 처음 사용하였다.
② [×] 머튼의 아노미이론은 사회구조의 측면에서 범죄원인을 연구하는 입장으로서, 범죄를 낙인이라는 사회반응의 측면에서 연구하는 낙인이론과는 구별된다.
④ [×] 머튼의 적응양식 중 동조형은 '일반적인 정상인들의 반응양식'에 해당한다.
⑤ [×] 머튼은 대부분의 전통적 범죄는 하류계층에 의해 실행됨을 설명하고자 하였고, 이에 대해서는 최근 증가하는 중산층이나 상류층의 범죄를 설명하는 데는 한계를 나타냄으로써 범죄원인의 일반이론으로 보기는 힘들다는 비판이 제기된다.

정답 ③

14 머튼(R. Merton)이 주장한 아노미이론에서 문화적 목표는 수용하지만 제도화된 수단은 거부하는 적응유형은?

14. 교정

① 동조형(conformity)
② 혁신형(innovation)
③ 의례형(ritualism)
④ 반역형(rebellion)

해설

머튼은 대부분의 전통적 범죄는 하류계층에 의해 실행됨을 설명하고자 하며, 개인의 반응양식의 차이는 개인의 속성이 아니라 사회의 문화구조에 의한 것이라고 보았다. 개인의 반응양식은 문화적 목표와 제도화된 수단에 따라 각각 수용과 거부의 조합을 기준으로, 다섯 가지의 형태로 나타난다.

☑ 반응양식(적응유형)

반응양식	문화적 목표	제도화된 수단	행위유형
동조(순응)	+	+	대부분의 정상인
혁신(개혁)	+	−	전통적 재산범죄자
의례(의식주의)	−	+	하층관료, 샐러리맨
은둔(도피, 퇴행)	−	−	약물중독자, 부랑자
반항(혁명)	±	±	반역자, 혁명가

※ '+'는 수용, '−'는 거부, '±'는 이전의 가치는 거부하고 새로운 가치를 수용하는 것

② [○] 문제에 제시된 적응유형은 혁신형(개혁형)에 대한 내용이다.

정답 ②

15 머튼(Merton)의 아노미이론에서 제시한 개인의 적응방식 중 다음의 사례에서 찾을 수 없는 유형은? 14. 보호

- 비록 자신은 충분한 교육을 받지 못했지만 주어진 조건 내에서 돈을 많이 벌려고 노력하는 자
- 정상적인 방법으로는 부자가 될 수 없다고 판단하고 사기, 횡령 등을 행하는 자
- 사업이 수차례 실패로 끝나자 자신의 신세를 한탄하면서 부랑생활을 하는 자
- 환경보호를 이유로 공공기관이 시행하는 댐건설현장에서 공사 중단을 요구하며 시위를 하는 자

① 혁신형(innovation)
② 회피형(retreatism)
③ 의례형(ritualism)
④ 반역형(rebellion)

해설

문제에서 제시된 사례 중 의례형(ritualism)은 없다.

- 첫 번째 사례는 머튼의 아노미이론에서 제시하는 개인의 적응방식 중 정상적인 기회구조에 접근할 수는 없지만, 문화적 목표도 승인하고 제도화된 수단도 승인하는 경우로서 '동조형'에 해당한다.
- 두 번째 사례는 문화적 목표는 승인하지만 제도화된 수단은 부정하는 경우로서, 범죄자들의 전형적인 반응양식인 '혁신형'에 해당한다(①).
- 세 번째 사례는 문화적 목표와 사회적으로 승인된 수단 모두를 부정하여 사회활동을 거부하는 경우로서 '은둔형(회피형)'에 해당한다(②).
- 네 번째 사례는 문화적 목표와 사회적으로 승인된 수단 모두를 부정하는 동시에 기존 사회질서를 다른 사회질서로 대체할 것을 요구하는 경우인 '반역형(혁명형)'에 해당한다(④).

정답 ③

16 어느 기업의 대표가 정부기관의 고위공무원에게 로비자금을 제공한 혐의로 수사를 받았다. 머튼(Merton)의 긴장이론(strain theory)에 따르면 벤처기업의 대표는 문화적 목표에 대하여 어떤 태도를 보인 경우라고 할 수 있는가?

① 순응(conformity)
② 혁신(innovation)
③ 의례(ritualism)
④ 퇴행(retreatism)

해설

② [○] 혁신형(개혁형, innovation)이란 문화적 목표는 승인하지만 제도화된 수단은 부정하는 경우로서, 범죄자들의 전형적인 반응양식이다. 대부분의 범죄가 비합법적인 수단을 통하여 자신들이 원하는 목표를 달성하려고 한다는 점에서 이러한 반응양식에 해당한다.

정답 ②

17 머튼(Merton)이 제시한 아노미 상황에서의 적응양식 중에서 기존 사회체제를 거부하는 혁명가(A)와 알코올 중독자(B)에 해당하는 유형을 옳게 짝지은 것은? (+는 수용, -는 거부, ±는 제3의 대안을 추구하는 것을 의미한다)

18. 교정

적응양식의 유형	문화적 목표	제도화된 수단
ㄱ	+	+
ㄴ	+	-
ㄷ	-	+
ㄹ	-	-
ㅁ	±	±

	(A)	(B)
①	ㄹ	ㄷ
②	ㄴ	ㅁ
③	ㅁ	ㄹ
④	ㅁ	ㄷ

해설

③ [○] 머튼의 아노미이론에 의한 개인의 반응양식(적응양식) 중에서 ㄱ은 '동조(순응)', ㄴ은 '혁신(개혁)', ㄷ은 '의례(의식주의)', ㄹ은 '은둔(도피)', ㅁ은 '반항(혁명)'에 해당한다. 문제에서 제시된 '기존 사회체제를 거부하는 혁명가(A)'는 '반항(혁명)'에 해당하고(ㅁ), '알코올 중독자(B)'는 '은둔(도피)'에 해당한다(ㄹ).

정답 ③

18 머튼(Merton)의 아노미이론에 대한 설명으로 옳지 않은 것은? 20. 보호

① '순응(conformity)'은 문화적 목표와 제도화된 수단을 모두 승인하는 적응방식으로, 반사회적인 행위유형이 아니다.
② '혁신(innovation)'은 문화적 목표는 승인하지만 제도화된 수단을 부정하는 적응방식으로, 마약밀매, 강도, 절도 등이 이에 해당한다.
③ '퇴행(retreatism)'은 문화적 목표와 제도화된 수단을 모두 부정하고 사회활동을 거부하는 적응방식으로, 만성적 알코올 중독자, 약물 중독자, 부랑자 등이 이에 해당한다.
④ '의식주의(ritualism)'는 문화적 목표와 제도화된 수단을 모두 부정하고 기존의 사회질서를 다른 사회질서로 대체할 것을 요구하는 적응방식으로, 혁명을 시도하는 경우 등이 이에 해당한다.

해설

④ [×] 개인의 반응양식(적응유형) 중 의식주의(의례형)은 문화적 목표를 부인하고 제도화된 수단은 승인하는 것으로서, 수단이 자신의 목표가 되는 경우를 말한다. 지문의 내용은 '반항형(혁명형)'에 대한 설명이다.
① [○] 머튼(R. Merton)의 아노미이론에서 개인의 반응양식(적응유형) 중 순응형(동조형)은 문화적 목표도 승인하고 제도화된 수단도 승인하는 경우를 말한다. 머튼은 반응양식 중 동조만이 '정상적인 사람들의 반응양식'이며, 그 외에는 모두 반사회적 적응양식이라고 본다.
② [○] 개인의 반응양식(적응유형) 중 혁신형(개혁형)은 문화적 목표는 승인하지만 제도화된 수단은 부정하는 경우로서, 범죄자들의 전형적인 반응양식이다. 머튼은 대부분의 범죄가 비합법적인 수단을 통하여 자신들이 원하는 목표를 달성하려고 한다는 점에서 이러한 반응양식에 해당한다고 본다.
③ [○] 개인의 반응양식(적응유형) 중 퇴행형(은둔형, 도피형)에 대한 옳은 설명이다.

정답 ④

19 마약남용자나 만성적 알코올중독자가 증가한다면 이는 머튼의 아노미이론에서 제시된 아노미상태에서의 개인의 적응방식 중 어느 유형과 관계가 깊은가?

① 동조형
② 혁신형
③ 도피형
④ 반역형

해설

③ [○] 설문은 은둔형(도피형, retreatism)에 대한 설명이다. 이는 문화적 목표와 사회적으로 승인된 수단 모두를 부정함으로써 사회활동을 거부하는 것으로서, 성공하려는 시도를 포기하는 경우이다. 이는 주로 합법적 수단을 통한 목표성취의 계속적인 실패와 제도화된 수단의 내면화에 따른 양심의 가책 때문에 불법적인 수단을 사용할 능력이 없는 결과로 나타나는 것이라고 한다. 이의 전형적인 예로는 정신병자, 빈민층, 부랑자, 방랑자, 폭력배, 만성적 알코올중독자 및 마약상습자 등을 들 수 있다.

정답 ③

20 범죄원인론에 관한 설명 중 옳지 않은 것은? 15. 사시

① 레크리스(Reckless)는 압력(pressures), 유인(pulls), 배출(pushes) 요인이 범행을 유발한다고 보았다.

② 허쉬(Hirschi)는 개인이 사회와 유대관계를 맺는 방법으로 애착(attachment), 전념(commitment), 믿음(belief), 참여(involvement)를 제시하였다.

③ 맛짜(Matza)와 사이크스(Sykes)는 범죄자가 피해자 혹은 사회일반에 책임을 전가하거나 더 높은 가치에 의지하는 등 범죄행위를 정당화하는 방법을 '중화(Neutralization)기술'이라고 하였다.

④ 머튼(Merton)은 사람들이 사회적 긴장에 반응하는 방식 중 '혁신형'은 문화적 목표와 사회적 수단을 모두 자신의 의지에 따라 새로운 것으로 대체하려는 특성을 갖는다고 하였다.

⑤ 서덜랜드(Sutherland)의 '차별적 접촉(Differential Association)이론'은 범죄자와 비범죄자의 차이는 접촉유형의 차이에서 생긴다고 보았다.

해설

④ [×] 머튼의 아노미이론에서 반응양식 중 혁신형(개혁형, innovation)이란 '문화적 목표는 승인하지만 제도화된 수단은 부정하는 경우'로서, 범죄자들의 전형적인 반응양식이다. 대부분의 범죄가 비합법적인 수단을 통하여 자신들이 원하는 목표를 달성하려고 한다는 점에서 이러한 반응양식에 해당하며, 머튼이 가장 관심 깊게 다룬 유형이다. 지문의 내용은 '반항형(혁명형, rebellion)'에 대한 설명이다.

① [○] 레크리스의 봉쇄이론에 의하면, 모든 사람들에게는 범죄로 이끄는 범죄유발요인과 범죄를 억제하는 범죄억제요소가 부여되어 있지만, 범죄억제요소가 더 강할 경우 범죄로 나아가지 않는다고 한다. 이때 범죄유발요인은 압력 · 유인 · 배출로, 범죄억제요소는 외부적 억제 · 내부적 억제로 나눌 수 있다.

② [○] 허쉬는 개인의 생래적인 범죄성향을 통제하는 수단을 개인이 일상적으로 가족 · 학교 · 동료 등 사회와 맺고 있는 유대(연대)라고 보아, 개인이 사회와 유대관계를 맺는 방법으로 애착 · 전념 · 참여 · 신념(믿음)을 제시한다.

③ [○] 맛짜와 사이크스는 비행소년들도 전통적 가치 · 문화를 인정하지만, 그들이 범죄자와의 차별적 접촉에서 배우는 것은 규범을 중화(비행을 정당화)시키는 기술 · 방법이고, 중화기술을 습득한 자들은 사회 속에서 표류하여 범죄 · 일탈행위의 영역으로 들어가게 된다고 한다.

⑤ [○] 서덜랜드(E. H. Sutherland)는 범죄란 개인이 타인과 접촉하는 과정에서 서로 다르게 타인을 접촉하면서 상대방의 행동을 학습하는 결과로서 생기게 된다고 파악하면서, '범죄자와 접촉을 통해 범죄를 배우는 과정은 다른 모든 행위의 학습과정과 같다'고 보므로, 학습과정의 차이가 아니라 접촉유형의 차이 때문에 범죄자와 비범죄자의 차이가 발생한다고 본다.

정답 ④

21 범죄이론에 대한 설명으로 옳지 않은 것은? 16. 보호

① 서덜랜드(Sutherland)에 의하면 범죄행동은 학습되며 범죄자와 비범죄자의 차이는 학습과정의 차이가 아니라 접촉유형의 차이라고 한다.

② 글래저(Glaser)에 의하면 범죄는 행위자가 단순히 범죄적 가치와 접촉함으로써 발생하는 것이 아니라, 행위자 스스로 그것을 자기 것으로 동일시하는 단계로까지 나가야 발생한다고 한다.

③ 사이크스(Sykes)와 맛짜(Matza)에 의하면 비행소년들이 범죄자와 접촉하는 과정에서 전통의 규범을 중화시키는 기술을 습득하게 된다고 한다.

④ 머튼(Merton)에 의하면 반응양식 중 혁신(innovation)은 문화적 목표는 부정하지만 제도화된 수단은 승인하는 형태라고 한다.

해설

④ [×] 혁신형(개혁형)은 문화적 목표는 승인하지만 제도화된 수단은 부정하는 경우로서, 범죄자들의 전형적인 반응양식이다. 대부분의 범죄가 비합법적인 수단을 통하여 자신들이 원하는 목표를 달성하려고 한다는 점에서 이러한 반응양식에 해당하며, 머튼이 가장 관심 깊게 다룬 유형이다.

① [○] 서덜랜드는 범죄란 개인이 타인과 접촉하는 과정에서 서로 다르게 타인을 접촉하면서 상대방의 행동을 학습하는 결과로서 생기게 된다고 파악한다(차별적 접촉이론).

② [○] 글래저는 사람은 누구나 자신을 누군가와 동일시하려는 경향이 있으며, 자신의 범행행동을 수용할 수 있다고 생각되는 실재의 인간이나 관념상의 인간에게 자신을 동일시하는 경우 범죄를 저지른다고 본다(차별적 동일시이론).

③ [○] 사이크스와 맛차에 의하면 비행소년들도 전통적 가치·문화를 인정하지만, 그들이 차별적 접촉에서 배우는 것은 규범을 중화(비행을 정당화)시키는 기술·방법이며, 중화기술을 습득한 자들은 사회 속에서 표류하여 범죄·일탈행위의 영역으로 들어가게 된다고 한다.

정답 ④

22 다음은 마약범죄에 가담한 다양한 형태의 사람들에 대한 내용이다. 머튼(Merton)의 아노미이론 관점에서 가장 적절한 것은?

23. 간부(73)

가. 전과자 甲은 마약범죄 총책으로 해외에 본거지를 두고 조직을 운영하면서 범죄수익으로 해외 부동산 개발투자를 하고 있다. 나. 대학생 乙은 주식투자 실패로 대출금을 갚기 위해 고수익 아르바이트를 찾던 중 마약배송을 하게 되었다. 다. 공무원 丙은 경제적 문제로 배우자와 이혼을 한 이후 틈틈이 불법약물로 스트레스를 풀고 있다. 라. 가정주부 丁은 한때 마약중독에 빠졌으나, 현재는 재활치료에 전념하면서 사회복귀를 위해 준비하고 있다.

① 甲 - 순응형(Conformity)
② 乙 - 혁신형(Innovation)
③ 丙 - 의례형(Ritualism)
④ 丁 - 은둔형(Retreatism)

해설

② [○] 乙은 머튼(Merton)의 아노미이론에서 개인의 반응양식 중 '혁신형(개혁형)'에 해당한다.
① [×] 甲은 머튼(Merton)의 아노미이론에서 개인의 반응양식 중 '혁신형(개혁형)'에 해당한다.
③ [×] 丙은 머튼(Merton)의 아노미이론에서 개인의 반응양식 중 '은둔형(도피형)'에 해당한다.
④ [×] 丁은 머튼(Merton)의 아노미이론에서 개인의 반응양식 중 '동조형(순응형)'에 해당한다.

정답 ②

23 제도적 아노미이론(institutional anomie theory)이 지적하는 현대사회의 문제점으로 옳지 않은 것은?

11. 경비

① 비경제적 제도 기능의 가치가 절하된다.
② 비경제적 제도가 경제적 제도의 요구사항을 과다하게 수용한다.
③ 경제적 규범이 비경제적 제도 사이로 침투한다.
④ 비경제적 제도가 우월적 위치를 차지한다.

해설

④ [×] 메스너와 로젠펠드(S. Messner & R. Rosenfeld)는 문화와 제도에 있어서 경제적 욕망의 지배가 가족·교회·학교 등에서 시행하는 비공식적 사회통제를 약화시키고 이는 미국 사회의 높은 범죄율로 연결된다고 주장한다(제도적 아노미이론).

정답 ④

24 다음에서 설명하는 이론을 주장한 학자는?

23. 교정 9급

- 아메리칸 드림이라는 문화사조는 경제제도가 다른 사회제도들을 지배하는 '제도적 힘의 불균형' 상태를 초래함
- 아메리칸 드림과 같은 문화사조와 경제제도의 지배는 서로 상호작용을 하면서 미국의 심각한 범죄문제를 일으킴

① 머튼(Merton)

② 코헨과 펠슨(Cohen & Felson)

③ 코니쉬와 클라크(Cornish & Clarke)

④ 메스너와 로젠펠드(Messner & Rosenfeld)

해설

④ [○] 제도적 아노미이론을 주장한 메스너와 로젠펠드(Messner & Rosenfeld)는 머튼(Merton)의 아노미이론에 동의하면서 범죄·비행을 미국 사회의 문화적·제도적 영향의 결과로 본다. 이에 의하면 문화와 제도에 있어서 경제적 욕망(아메리칸 드림)의 지배는 가족·교회·학교 등에서 시행하는 비공식적 사회통제를 약화시키고(제도적 힘의 불균형), 이는 미국 사회의 높은 범죄율로 연결된다는 것이다.

① [×] 머튼(Merton)은 아노미이론의 주장자이다.

② [×] 코헨과 펠슨(Cohen & Felson)은 일상활동이론의 주장자이다.

③ [×] 코니쉬와 클라크(Cornish & Clarke)는 합리적 선택이론의 주장자이다.

정답 ④

25 1990년대에 등장한 긴장이론의 하나인 메스너(Messner)와 로젠펠드(Rosenfeld)의 제도적 아노미이론(Institutional Anomie Theory)에 대한 설명으로 가장 적절하지 않은 것은?

22. 간부(72)

① 아메리칸 드림이라는 문화사조는 경제제도와 다른 사회제도 간 '힘의 불균형' 상태를 초래했다고 주장한다.

② 머튼의 긴장이론이 갖고 있던 거시적 관점을 계승하여 발전시켰다.

③ 아메리칸 드림이라는 문화 사조의 저변에는 성취지향, 개인주의, 보편주의, 물신주의(fetishism of money)의 네 가지 주요 가치가 전제되어 있다고 분석한다.

④ 머튼의 긴장개념을 확장하여 다양한 상황이나 사건들이 긴장 상태를 유발할 수 있다고 하였다.

해설

④ [×] '애그뉴(R. Agnew)'는 '일반긴장이론'에서 하층계급뿐만 아니라 다른 계급에 속한 개인이 다양한 원인에 의하여 긴장을 느낄 수 있고, 이러한 긴장은 분노, 좌절, 두려움 등의 부정적 감정을 야기하게 되어 반사회적 행동으로 이어질 수 있다고 주장한다.

① [○] 메스너(Messner)와 로젠펠드(Rosenfeld)는 이른바 아메리칸 드림이 다른 제도와 가치의 몰락 및 규범적 통제의 붕괴(아노미)를 촉진한다고 주장한다.

② [○] 메스너(Messner)와 로젠펠드(Rosenfeld)는 경제제도의 측면을 중시한 머튼의 아노미이론을 발전시켜 거시적 관점에서 여러 문화 및 사회제도와 미국사회의 높은 범죄율 사이의 상호관계를 설명하고자 하였다.

③ [○] 메스너(Messner)와 로젠펠드(Rosenfeld)는 부의 추구를 중시하는 미국사회의 문화는 성취지향, 개인주의, 보편주의, 물신주의를 바탕으로 하고 있다고 분석하였다.

정답 ④

26 애그뉴(R. Agnew)의 일반긴장이론(General Strain Theory)에 대한 설명으로 옳은 것만을 모두 고른 것은?

17. 교정

> ㄱ. 머튼(R. Merton)의 아노미이론(Anomie Theory)에 그 이론적 뿌리를 두고 있다.
> ㄴ. 거시적 수준의 범죄이론으로 분류된다.
> ㄷ. 범죄발생의 원인으로 목표달성의 실패, 기대와 성취 사이의 괴리, 긍정적 자극의 소멸, 부정적 자극의 발생을 제시했다.
> ㄹ. 긴장을 경험하는 모든 사람이 범죄를 저지른다거나 범죄에 의존하게 되는 것은 아니다.

① ㄱ, ㄹ
② ㄱ, ㄴ, ㄷ
③ ㄱ, ㄷ, ㄹ
④ ㄱ, ㄴ, ㄷ, ㄹ

해설

ㄱ, ㄷ. [○] 애그뉴(R. Agnew)는 머튼의 아노미이론을 계승하면서도 사회에서 스트레스와 긴장을 경험하는 개인이 범죄를 저지르기 쉬운 이유를 설명하고자 하였다(일반긴장이론).
ㄴ. [×] 애그뉴의 일반긴장이론은 긴장의 개인적 영향에 관한 설명으로서 '미시적 범죄이론'으로 분류된다.
ㄹ. [○] 경험한 긴장의 강도가 강하고 횟수가 거듭될수록 개인은 충격을 많이 받으며 범죄에 빠질 가능성이 높다고 보는 것이므로, 긴장을 경험하는 모든 사람이 범죄를 저지른다거나 범죄에 의존하게 되는 것은 아니다.

정답 ③

27 일반긴장이론(General Strain Theory)에서 애그뉴(Agnew)가 주장하는 세 가지 긴장 원인 유형의 예에 해당하지 않는 것은?

23. 2차 경행경채

① 수년 동안 부모의 학대와 방임을 경험한 사람
② 가장 친한 친구의 죽음을 경험한 사람
③ 학교 시험에서 기대한 점수를 받지 못해 속상한 사람
④ 반사회적이고 공격적인 성향을 가진 사람

해설

④ [×] 애그뉴가 제시하는 긴장의 원인에 해당하지 않는다.
① [○] 일반긴장이론에서 애그뉴는 긴장의 원인으로 ⓐ 목표달성의 실패(특히 기대와 성취 사이의 괴리), ⓑ 긍정적 자극의 소멸, ⓒ 부정적 자극의 발생을 제시한다. 지문의 내용은 긴장의 원인 중 부정적 자극의 발생에 해당한다.
② [○] 긴장의 원인 중 긍정적 자극의 소멸에 해당한다.
③ [○] 긴장의 원인 중 목표달성의 실패에 해당한다.

정답 ④

28 에그뉴(Agnew)의 일반긴장이론(General Strain Theory)에 관한 설명 중 옳은 것은 모두 몇 개인가?

22. 경행경채

ㄱ. 모든 사회인구학적 집단의 범죄행위와 비행행위를 설명하는 일반이론 중 하나이다.
ㄴ. 개인적인 스트레스와 긴장이 범죄의 유발요인이므로 미시적 수준의 범죄이론으로 볼 수 있다.
ㄷ. 긴장 원인의 복잡성과 부정적 감정의 상황들을 밝혀내어 결국 아노미이론을 축소시켰다.
ㄹ. 부정적 자극의 발생(presentation of negative stimuli)은 일상생활에서 자신이 통제할 수 없는 부정적 사건의 발생을 의미하며, 부모의 사망, 이혼 등이 대표적 사례이다.

① 0개 ② 1개
③ 2개 ④ 3개

해설

ㄱ. [○] 에그뉴(Agnew)의 일반긴장이론(General Strain Theory)은 머튼(R. Merton)의 아노미이론과 같이 하층계급의 범죄에 국한한 것이 아니라, 사회의 모든 계층의 범죄에 대한 일반론적인 설명을 제공하고자 한다. 이를 통해 개인 차원의 일탈을 예측할 수 있고, 나아가 공동체의 범죄율의 차이를 설명할 수도 있다고 주장한다.
ㄴ. [○] 에그뉴(Agnew)는 일반긴장이론에서 사회에서 스트레스와 긴장을 경험하는 개인이 범죄를 저지르기 쉬운 이유를 설명하고자 하였다(긴장의 개인적 영향). 따라서 일반긴장이론은 머튼의 아노미이론(긴장이론)을 수정하고 미시적으로 계승한 이론으로 평가된다.
ㄷ. [×] 에그뉴(Agnew)는 긴장 원인의 복잡성과 부정적 감정의 상황의 관련성에 주목하여 아노미이론(긴장이론)을 수정 · 확장하였다.
ㄹ. [×] 부모의 사망, 이혼 등은 '긍정적 자극의 상실(소멸)'에 해당한다.

정답 ③

29 애그뉴(Agnew)의 일반긴장이론에 대한 설명으로 가장 옳지 않은 것은?

23. 해경간부

① 아노미이론에 비해 긴장을 보다 개인적 수준에서 바라보았다.
② 긴장의 원인을 다양화하였다.
③ 아노미이론에 비해 긴장에 대한 폭력적 반응도 잘 설명할 수 있다.
④ 긴장 상태에 있는 모두가 범죄를 행하는 것은 아니라는 점에 대한 적절한 해명을 하지 못한다.

해설

④ [×] 긴장 상태에 있더라도 긍정적인 정서를 가진 사람은 자신의 능력을 신뢰하여 범죄로 나아가지 않는다고 보므로, 같은 수준의 긴장에 처한 경우에 모든 사람이 동일한 정도로 범죄를 저지르는 것은 아니라고 한다.
① [○] 애그뉴(Agnew)는 머튼의 아노미이론을 수정하고 미시적으로 계승하여 사회에서 스트레스와 긴장을 경험하는 개인이 범죄를 저지르기 쉬운 이유를 설명하고자 하였다(긴장의 개인적 영향, 미시적 범죄이론).
② [○] 일반긴장이론은 머튼의 긴장 개념을 확장하여 다양한 상황이나 사건들이 긴장 상태를 유발할 수 있다고 보는 입장이다.
③ [○] 일반긴장이론은 사회의 모든 계층의 범죄에 대한 일반론적인 설명을 제공하고자 한다.

정답 ④

30 다음은 고등학교 야구선수 A의 비행 시작과 비행중단에 대한 이론적 설명이다. 가장 적절하지 않은 것은?

23. 간부(73)

> 어려서부터 유망한 야구선수였던 A는 고교 진학 후 좋은 성적을 내야 한다는 심리적 부담과 급작스런 부상으로 야구를 그만두고 비행친구와 어울리게 된다. 하지만 소속팀을 떠나 음주, 흡연, 성인오락실 출입 등 방황과 일탈로 시간을 보내던 중, 자신이 정말 원하고 좋아하는 일이 야구 그 자체였음을 깨닫고 다시 어렵사리 야구부로 돌아왔다. 일탈적 생활습관이 추후 선수생활을 유지하는 데 지장을 줄 수 있다고 생각하여 비행친구의 유혹을 뿌리치고 운동에만 매진하게 되었다.

① 애그뉴(Agnew)의 일반긴장이론에 따르면 야구선수 A의 부상과 성적에 대한 부담은 긴장으로 볼 수 있다.
② 허쉬(Hirschi)의 사회유대이론에 따르면 A가 야구부 복귀 후 비행친구의 유혹을 뿌리치고 운동에만 매진하는 것은 전념(Commitment)에 해당한다.
③ 레클리스(Reckless)의 봉쇄이론에 따르면 A의 비행중단은 외적 봉쇄요인보다 내적 봉쇄요인의 작용이 컸다.
④ 갓프레드슨과 허쉬(Gottfredson & Hirschi)의 자기통제이론에 따르면 A의 비행은 전형적인 낮은 자기통제력 사례에 해당한다.

해설

④ [×] 갓프레드슨과 허쉬(Gottfredson & Hirschi)는 범죄의 일반적 원인을 범죄발생의 기회와 낮은 자기통제력이라고 보며(자기통제력이 작용할 수 있는 전제로서 범죄발생의 기회를 제시), 어렸을 때 부정적으로 형성된 자기통제력이라는 내적 성향 요소가 이후 청소년기나 성인기의 문제행동의 원인이 된다고 주장한다(자기통제이론). 사례에서 A의 비행은 낮은 자기통제력과 관련이 없다.

정답 ④

제3절 | 갈등이론

31 법은 대다수 사회구성원들의 가치, 목표, 신념의 산물이라고 보는 합의론적 관점(consensual view)에 가장 잘 부합하는 범죄는?

① 간통죄
② 도박죄
③ 살인죄
④ 뇌물죄

해설

③ [○] 범죄에 대한 사회학적 정의는 범죄행위를 어떻게 정의하고, 범죄의 원인을 어떻게 볼 것인지에 따라 합의론적 관점, 갈등론적 관점, 상호작용론적 관점의 세 가지 형태로 나누어진다. 합의론적 관점이란 법률에 의하여 금지되는 범죄에 대한 일반적인 합의를 전제하는 것으로 보고 형법은 대다수 사회 구성원의 공통적인 가치, 신념, 견해를 반영한다는 입장이다. 살인죄가 그 대표적인 범죄라고 할 수 있다.

정답 ③

32 법과 형사사법에 대한 갈등주의적 관점과 가장 거리가 먼 이론은?

22. 간부(72)

① 챔블리스(Chambliss)의 마르크스주의 범죄이론
② 체스니-린드(Chesney-Lind)의 페미니스트 범죄이론
③ 블랙(Black)의 법행동이론
④ 메스너(Messner)와 로젠펠드(Rosenfeld)의 제도적 아노미이론

해설

갈등주의적 관점(갈등론)에서는 사회의 다양한 집단들 중에서 자신들의 정치적·경제적 힘을 주장할 수 있는 집단이 자신들의 이익과 기득권을 보호하기 위한 수단으로 만들어 낸 것이 법률이라고 본다.

④ [×] 메스너(Messner)와 로젠펠드(Rosenfeld)의 제도적 아노미이론은 머튼의 아노미이론을 확장한 것으로서, 자유시장주의 경제체제에서 사람들에게 경제적 이익추구라는 문화적 목표가 최우선시되면서 다른 제도와 가치가 무너져서 범죄로 이어진다는 주장이다.

① [○] 챔블리스(Chambliss)는 급진적 마르크스주의의 입장에서 자본주의가 발달할수록 부와 권력을 가진 지배계층이 늘어나고, 지배계층은 자신들의 부와 권력을 유지하기 위한 사회적 규범을 더 많이 제정하게 되며, 이를 위반한 것이 범죄라고 보았다.

② [○] 체스니-린드(Chesney-Lind)는 페미니스트 범죄이론의 입장에서 기존 범죄학의 연구관점을 남성주의적이라고 비판하고, 범죄는 남성 고유의 문제가 아니며 젠더(gender)의 차이를 인정해야 한다고 주장하면서, 범죄는 남성과 여성 모두에게 있어 정상적으로 나타나는 현상으로 이해해야 한다고 강조한다.

③ [○] 블랙(Black)의 법행동이론에 의하면, 법은 사회통제의 일종이며 사회적 계층이나 문화 등의 차이에 의해 법을 동원하는 양(量)이 결정된다고 본다. 따라서 사회계층이 높은 사람들이 낮은 사람들에 비해서 법을 이용할 확률이 높아지고 법은 많아진다(법은 사회계층에 정비례하여 변화한다).

정답 ④

33 볼드(Vold)의 집단갈등이론으로 설명하기에 적합하지 않은 범죄는?

11. 경비

① 정치적 시위 때문에 발생하는 범죄
② 성격장애로 인한 범죄
③ 인종적, 민족적 충돌 때문에 발생하는 범죄
④ 노동쟁의 때문에 생겨나는 범죄

해설

② [×] 집단갈등이론에 대해서는 이익집단들의 갈등과 연계되지 않는 충동적이고 비합리적인 범죄에 대해서는 적용될 수 없다는 한계가 있다.

①③④ [○] 볼드(Vold)의 주장에 의하면, 범죄행위란 집단갈등의 과정에서 자신들의 이익과 목적을 제대로 방어하지 못한 집단의 행위로 인식한다. 즉, 범죄는 법제정 과정에 참여하여 자기의 이익을 반영시키지 못한 집단의 구성원이 일상생활 속에서 법을 위반하여 자기의 이익을 추구하는 행위이고, 그에 대한 형사제재 역시 법의 내용을 장악한 집단이 자기들의 이익을 보호하고 공고히 하는 정치적 행위라는 것이다.

정답 ②

34 셀린(T. Sellin)이 주장한 문화갈등이론(cultural conflict theory)에 관한 설명 중 옳지 않은 것은?

① 개별집단의 문화적 행동규범과 사회 전체의 지배적 가치체계 사이에 발생하는 문화적 갈등관계가 범죄원인이 된다.
② 동일문화 안에서 사회변화에 의하여 문화갈등이 생기는 경우를 일차적 문화갈등이라고 한다.
③ 범죄학적으로 의미있는 문화갈등은 합법적 행위규범과 비합법적 행위규범이 다른 경우이다.
④ 문화갈등이 있게 되면 법규범은 다양한 사회구성원들 사이의 합의된 가치를 반영하는 것이 불가능해진다.
⑤ 문화갈등이 존재하는 지역의 사람들은 그 지역의 행위규범이 모호하고 서로 경쟁적이기 때문에 사회통제가 약화되어 보다 용이하게 범죄나 일탈행위에 이끌리게 된다.

해설

② [×] 이민의 경우와 같이 이질적 문화의 충돌에 의한 갈등을 '일차적 문화갈등(횡적 문화갈등)'이라 하고, 동일문화 안에서 사회변화에 의해 문화갈등이 생기는 경우를 '이차적 문화갈등(종적 문화갈등)'이라고 한다.

정답 ②

35 범죄원인에 대한 설명으로 가장 옳은 것은?

22. 해경간부

① 퀴니(Quinney)는 대항범죄(Crime of resistance)의 예로 살인을 들고 있다.
② 부모 등 가족구성원이 실망할 것을 우려해서 비행을 그만두는 것은 사회유대의 형성 방법으로서 애착(Attachment)에 의한 것으로 설명할 수 있다.
③ 중화기술이론에서 세상은 모두 타락했고, 경찰도 부패했다고 범죄자가 말하는 것은 책임의 부정에 해당한다.
④ 레크리스(W.Reckless)는 범죄를 유발하는 압력요인으로 불안감을 들고 있다.

해설

② [○] 허쉬(Hirschi)의 사회유대이론에서 사회유대요소 중 애착이란 애정과 정서적 관심을 통해 개인이 사회와 맺고 있는 유대관계로서 특히 부모·교사·친구 등에 대한 애착이 큰 영향을 미친다고 하며, 자식이 비행을 저지르다가도 부모가 실망할 것을 우려해서 중지하는 것 등을 그 예로 들 수 있다.
① [×] 퀴니(Quinney)는 자본주의 사회의 범죄의 유형을 자본가계급의 범죄인 지배와 억압의 범죄와 노동자계급의 범죄인 적응과 저항의 범죄로 구분하면서, 노동자계급의 범죄 중 '적응(화해)의 범죄'는 생존의 필요에 의한 약탈범죄(예 절도, 강도, 마약거래 등), 기본모순의 심화 속에서 야기된 난폭성의 표현인 대인범죄(예 살인, 폭행, 강간 등) 등을 의미하고, '저항(대항)의 범죄'는 노동자집단이 기본모순에 저항하고 극복하려는 과정에서 행하는 행위들을 국가가 범죄로 규정한 것이라고 주장한다. 따라서 살인은 '적응(화해)범죄'의 예에 해당한다.
③ [×] 중화기술의 유형 중 사회통제기관들은 부패한 자들로 자기를 심판할 자격이 없다고 하면서 그들의 위선을 비난하는 것은 '비난자에 대한 비난'에 해당한다.
④ [×] 레크리스(W. Reckless)는 범죄유발요인을 압력(사람들을 불만에 빠지게 하는 요소 예 가난, 가족간의 갈등, 실업, 열등한 지위, 성공기회의 박탈 등), 유인(정상적인 생활로부터 이탈하도록 유인하는 요인 예 나쁜 친구, 비행적 대체문화, 범죄조직, 불건전한 대중매체 등), 배출(강요, 범죄를 저지르도록 하는 개인의 생물학적·심리적 요소 예 불안, 불만, 내적 긴장, 증오, 공격성, 즉흥성 등)로 분류하였다. 불안감은 범죄유발요인 중 '배출(강요)'에 해당한다.

정답 ②

36 자본주의에 의해 곤경에 빠진 사람들이 다른 사람의 수입과 재산을 탈취함으로써 보상받으려 하거나 또는 자본주의에 의해 피해를 입은 사람들이 무력을 행사하여 다른 사람의 신체를 해하는 유형의 범죄를 적응(화해)범죄(crime of accommodation)라고 칭한 학자는?

① 퀴니(R. Quinney) ② 따르드(G. Tarde)
③ 베커(H. Becker) ④ 코헨(A. Cohen)

해설

① [○] 퀴니는 범죄란 자본주의의 기본모순에서 파생된다고 보면서, 범죄의 유형을 지배와 억압의 범죄와 적응 및 저항의 범죄로 구별한다.
② [×] 따르드는 모방의 법칙을 주장한 실증주의 학파의 일원이다.
③ [×] 베커는 낙인이론가 중의 하나로서 단계적 모델, 낙인의 주지위 등을 주장하였다.
④ [×] 코헨은 비행하위문화이론을 주장하였다.

정답 ①

37 범죄원인론에 관한 설명으로 옳지 않은 것은? 10. 교정

① 셀린(Sellin)은 이해관계의 갈등에 기초한 집단갈등론을 1958년 이론범죄학에서 주장하였다.
② 사이크스(Sykes)와 맛차(Matza)의 중화기술이론에 의하면 중화기술의 유형에는 책임의 부정, 가해의 부정, 피해자의 부정, 비난자에 대한 비난, 고도의 충성심에 호소 등 5가지가 있다.
③ 메스너(Messner)와 로젠펠드(Rosenfeld)는 머튼(Merton)의 아노미이론을 계승하여 제도적 아노미이론을 주장하였다.
④ 합리적 선택이론은 고전주의 학파에 그 뿌리를 두고 있다.

해설

① [×] 집단갈등론은 볼드(Vold)의 이론이다. 집단갈등론에서는 범죄를 개인적 법률위반이 아닌 집단투쟁으로 보아, 범죄행위란 다른 집단들과의 갈등관계에서 위치를 유지하기 위해 그 집단에 요구되는 행위로 본다. 셀린(Sellin)은 문화갈등이론을 주장한 학자이다.
② [○] 중화기술의 유형으로서 옳다(→ 비/피/충/가/책).
③ [○] 메스너와 로젠펠드(S. Messner & R. Rosenfeld)는 머튼의 이론에 동의하면서 범죄·비행을 미국 사회의 문화적·제도적 영향의 결과로 본다. 문화와 제도에 있어서 경제적 욕망의 지배는 가족·교회·학교 등에서 시행하는 비공식적 사회통제를 약화시키고 이는 미국사회의 높은 범죄율로 연결된다는 것이다. 따라서 시민들이 경제적 안전망(예 복지·연금 등)을 제공받게 된다면 경제적 박탈감의 영향을 극복할 수 있게 되며 범죄율은 감소한다고 본다(제도적 아노미이론).
④ [○] 합리적 선택이론은 클라크와 코니쉬(Clarke & Cornish)가 주장한 이론으로서, 인간은 합리적이기 때문에 이익과 손실을 계산한 후에 범행 여부를 결정한다고 한다. 이는 고전학파의 이론을 전제로 하여 1960년대 이후에 새로이 등장한 현대적 고전학파이론에 해당한다.

정답 ①

38 범죄에서의 성별 차이가 부모의 가부장적 양육행태에 의해서 결정된다고 주장하는 이론은? 11. 경비

① 헤이건(Hagan)의 권력통제이론
② 브레이스웨이트(Braithwaite)의 재통합적 수치이론
③ 반두라(Bandura)의 사회학습이론
④ 베커(Becker)의 낙인이론

해설

① [O] 헤이건(J. Hagan)은 권력통제이론에서 범죄나 비행의 발생률이 사회적 지위와 가정 기능이라는 두 가지 요소에 의해 결정된다고 주장한다. 가정 기능은 다시 가부장적 기능과 평등주의적 기능으로 나뉜다. 가부장적 기능이 강한 가정에서는 아버지가 생계 유지를 위한 경제활동을 하고 어머니는 가사와 육아의 활동을 하는데, 딸에 대해서는 통제가 강하나 아들에 대해서는 통제가 느슨하기 때문에 남자아이들의 비행가능성이 높다고 한다. 평등주의적 기능이 강한 가정에서는 아버지와 어머니가 동등한 권력과 지위를 향유하므로 딸에 대한 통제가 약하며, 그로 인하여 여자아이들과 남자아이들의 비행가능성에 차이가 없다고 본다.

정답 ①

39 다음 <보기>의 내용을 주장한 학자는 누구인가? 23. 해경간부

<보기>

가. 성과 계급, 가족구조를 하나의 이론적 틀 안에서 고려하면서 범죄를 설명하였다.
나. 부모는 가족 내에서 자신들의 직장 내 권력관계를 재생산한다. 따라서 부모의 직업과 지위가 자녀의 범죄성에 영향을 준다.
다. 부모가 직장이나 가정에서 비슷한 권력을 소유하는 평등한 가정에서 자란 딸은 아들과 비슷한 수준의 비행을 저지른다.

① 헤이건(Hagan)
② 메셔슈미트(Messerschmidt)
③ 티프트(Tifft)
④ 설리번(Sullivan)

해설

① [O] <보기>에서 제시된 내용은 헤이건(Hagan)의 권력통제이론에 대한 설명이다. 이 이론에 의하면, 부모의 직장에서의 권력적 지위가 가족구성원 간의 권력관계에 반영되고, 가정 내에서 권력이 젠더구조화된 정도는 부모가 자녀를 양육하는 방식에 영향을 미친다고 본다. 가부장적 가정에서는 아버지가 생계 유지를 위한 경제활동을 하고, 어머니는 가사와 육아의 활동을 하는데 딸에 대해서는 통제가 강하나 아들에 대해서는 통제가 느슨하다. 따라서 아들의 비행가능성이 높다고 한다. 반면에 평등주의적 가정에서는 아버지와 어머니가 동등한 권력과 지위를 향유하므로 딸에 대한 통제가 약하며, 그로 인하여 아들과 딸의 비행가능성에 차이가 없다고 본다. 부모가 비슷한 권력을 소유하고 있는 가정에서 딸은 남자 형제와 비슷하게 직업적 성공에 대한 기대감을 갖고 있으며, 그 결과 성별에 관계없이 위험추구적 행동이나 비행을 저지르도록 사회화된다는 것이다.

정답 ①

40 갈등이론에 대한 설명으로 옳지 않은 것은?

① 셀린의 2차적 문화갈등이란 이질적인 문화 사이에서 발생한다.
② 볼드의 집단갈등이론에서는 사람은 집난시향적인 존재라는 섬을 선제로 한다.
③ 봉거는 자본주의적 생산양식 때문에 범죄가 발생한다고 보았다.
④ 퀴니에 의하면 대항범죄란 자본가들의 지배에 대항하는 범죄형태이다.

해설

① [×] 셀린의 2차적 문화갈등은 하나의 단일문화가 각기 독특한 행위규범을 갖는 여러 개의 상이한 하위문화로 분화될 때 일어나는 갈등형태이다. 이의 예로서는 동일문화 내에서 사회분화로 인한 갈등, 세대간의 갈등, 도시와 농촌의 갈등, 빈부간의 갈등 등을 들 수 있다. 이민의 경우와 같이 이질적인 문화 사이의 충돌에 의한 갈등은 1차적 문화갈등이라고 한다.

정답 ①

41 갈등이론에 대한 설명으로 옳지 않은 것은?

10. 보호

① 셀린(T. Sellin)의 문화갈등론 – 문화갈등에 따른 행위규범의 갈등은 심리적 갈등의 원인이 되고, 나아가 범죄의 원인이 된다.
② 볼드(G. Vold)의 집단갈등론 – 범죄는 집단 사이에 갈등이 일어나고 있는 상황에서 자신들의 이익과 목적을 제대로 방어하지 못한 집단의 구성원들이 자기의 이익을 추구하기 위해 표출하는 행위이다.
③ 봉거(W. Bonger)의 급진적 갈등론 – 범죄와 같은 현행 규범에서의 일탈을 이탈(離脫)로 하고, 고차원의 도덕성을 구하기 위해 현행규범에 반대하거나 어긋나는 일탈을 비동조로 구분한다.
④ 터크(A. Turk)의 범죄화론 – 사회적으로 권력이 있는 집단이 하층계급의 사람들에게 그들의 실제 행동과는 관계없이 범죄자라는 신분을 부여할 수 있다는 측면에서 피지배집단의 범죄현상을 이해한다.

해설

③ [×] 봉거는 범죄의 원인이 경제적 이유에 있다고 주장한다. 그에 의하면 범죄에 영향을 미치는 것은 부의 불평등한 분배의 문제이며, 하류계층의 범죄는 그들의 경제적 종속과 빈곤의 산물이다. 반면 지배계층도 범죄와 무관하지는 않은 바, 자본주의사회의 비도덕화는 그들의 범죄를 설명하는데 적합하다고 본다.
① [○] 셀린(T. Sellin)은 '문화갈등과 범죄'에서 전체 문화가 아닌 개별집단의 상이한 문화를 범죄원인에 대한 설명거점으로 삼고 있다. "개별집단의 문화적 행동규범과 사회 전체의 지배적 가치체계 사이에 발생하는 문화적 갈등관계가 범죄원인이 된다."는 것이다.
② [○] 볼드(G. Vold)의 집단갈등이론은 사람이란 원래 집단지향적인 존재이며, 이들의 생활은 대부분 집단에 참여함으로써 가능하다는 전제에서 출발한다. 범죄행위란 집단갈등의 과정에서 자신들의 이익과 목적을 제대로 방어하지 못한 집단의 행위로서, 다른 집단들과의 갈등관계에서 자신의 위치를 유지하기 위해 그 집단에 요구되는 행위로 이해된다.
④ [○] 터크(A. Turk)는 사회의 권위구조를 집단의 문화규범·행동양식을 타인에게 강제할 수 있는 권위를 가진 지배집단과 그렇지 못한 피지배집단으로 구분하면서, 지배집단의 힘이 강하고 갈등이 그들의 행동규범이나 문화규범에 중요한 경우에 피지배집단의 구성원들이 범죄자로 규정되고 처벌될 가능성이 크다고 본다.

정답 ③

42 범죄원인론 중 갈등이론에 대한 설명으로 가장 옳지 않은 것은?

23. 해경간부

① 터크(Turk)는 갈등의 개연성은 지배집단과 피지배집단 양자의 조직화 정도와 세련됨의 수준에 의해 영향을 받는다고 한다.

② 셀린(Sellin)은 전체 사회의 규범과 개별집단의 규범 사이에는 갈등이 존재하고, 개인도 이러한 종류의 갈등이 내면화됨으로써 인격해체가 이루어지고 범죄원인으로 작용하게 된다고 한다.

③ 볼드(Vold)는 범죄를 입제징과징에 참여하여 자기의 이익을 반영시키지 못한 집단의 구성원이 일상생활 속에서 법을 위반하며 자기의 이익을 추구하는 행위로 본다.

④ 갈등이론에 의하면 한 사회의 법률을 위반하는 범죄 문제는 사회경제적이고 정치적인 함의를 지니는 문제가 아니라 도덕성의 문제로 다루어진다.

해설

④ [×] 범죄 문제를 도덕성의 문제로 다루는 것은 '합의론'의 입장이다.
① [○] 터크(Turk)의 권력갈등이론에 대한 설명이다.
② [○] 셀린(Sellin)의 문화갈등이론에 대한 설명이다.
③ [○] 볼드(Vold)의 집단갈등이론에 대한 설명이다.

정답 ④

43 범죄 및 범죄원인에 대한 설명으로 옳지 않은 것은?

12. 교정

① 비결정론은 법률적 질서를 자유의사에 따른 합의의 산물로 보고 법에서 금지하는 행위를 하거나 의무를 태만히 하는 행위 모두를 범죄로 규정하며, 범죄의 원인에 따라 책임소재를 가리고 그에 상응하는 처벌을 부과해야 한다는 견해이다.

② 결정론에 따르면 인간의 사고나 판단은 이미 결정된 행위과정을 정당화하는 것에 불과하므로 자신의 사고나 판단에 따라 자유롭게 행위를 선택할 수 없다고 본다.

③ 미시적 환경론과 거시적 환경론은 개인의 소질보다는 각자가 처해있는 상황을 주요한 범죄발생원인으로 고려한다는 점에서 유사하다.

④ 갈등이론에 의하면 법률은 사회구성원들이 함께 나누고 있는 가치관이나 규범을 종합한 것으로서, 법률의 성립과 존속은 일정한 가치나 규범의 공유를 상징한다.

해설

④ [×] 갈등이론에서는 법을 사회구성원의 합의의 산물로 보는 전통적 관점을 배척하고 법의 기원을 선별적인 과정으로 본다. 즉, 사회의 다양한 집단들 중에서 자신들의 정치적·경제적 힘을 주장할 수 있는 집단이 자신들의 이익과 기득권을 보호하기 위한 수단으로 만들어 낸 것이 법률이라는 것이다. 지문의 내용은 이른바 '합의론'의 입장이다.
① [○] 비결정론은 고전주의 학파의 주장이다(자유의사론, 책임주의, 응보형주의).
② [○] 결정론은 실증주의 학파의 주장이다(자유의사의 부정).
③ [○] 범죄의 원인을 환경적 요인에서 구하는 입장으로서, 그 범위를 좁게 또는 넓게 보는가에 따라 구분된다.

정답 ④

44 범죄발생원인으로서의 소질과 환경에 대한 설명으로 옳은 것은? 14. 사시

① 고전학파는 소질과 환경이 모두 범죄원인으로 작용하지만 소질이 훨씬 강하게 작용한다고 보았다.
② 범죄발생원인으로서 소질의 내용에는 유전, 신체, 빈곤, 가정해체 등이 포함된다.
③ 에이커스(Akers)는 범죄발생은 개인의 소질이 아니라 자본주의의 모순으로 인해 자연적으로 발생하는 사회현상이라고 보고, 노동자계급의 범죄를 적응범죄와 대항범죄로 구분하였다.
④ 크리스찬센(Christiansen)은 쌍생아 연구를 통해 유전적 소질이 범죄원인으로 작용하는지를 탐구하였다.
⑤ 볼드(Vold)는 집단갈등론을 통해 범죄유전인자를 가진 가족 사이의 갈등이 중요한 범죄원인이 된다고 보았다.

해설

④ [○] 크리스찬센(Christiansen)은 가장 광범위한 표본을 대상으로 쌍생아 연구를 시행하였다(쌍생아 계수를 사용). 쌍생아의 범죄일치율은 범죄의 종류 · 출생지역 · 사회계층 · 범죄에 대한 집단저항의 강도에 따라 차이가 있다고 보아, 범죄원인은 유전적 요인이 중요하지만 사회적 변수에 따라 많은 영향을 받음을 주장하였다.
① [×] 고전학파에서는 범죄란 자유의지를 가진 인간의 합리적 선택의 결과라고 본다(자유의사론 · 비결정론). 이에 반해 '실증학파'에서는 범죄란 과학적으로 분석가능한 개인적 · 사회적 원인(소질 · 환경)에 의하여 발생한다고 본다(결정론).
② [×] 빈곤과 가정해체는 범죄발생원인으로서 '환경'의 내용에 해당한다.
③ [×] 급진적 갈등이론에 의하면 범죄는 자본주의사회의 경제모순에서 야기되는 산물이다. 이 이론의 주장자 중 하나인 '퀴니(R. Quinney)'는 자본주의사회의 범죄유형을 자본가계급의 범죄(지배와 억압의 범죄)와 노동자계급의 범죄(적응과 저항의 범죄)로 구분하였다.
⑤ [×] 볼드(G. Vold)의 집단갈등이론에서는 범죄행위란 집단갈등의 과정에서 자신들의 이익과 목적을 제대로 방어하지 못한 집단의 행위로서 다른 집단과의 갈등관계에서 자신의 위치를 유지하기 위해 요구되는 행위라고 보았다.

정답 ④

45 갈등이론에 관한 설명 중 옳은 것[○]과 옳지 않은 것[×]을 올바르게 조합한 것은? 15. 사시

ㄱ. 퀴니(Quinney)는 피지배집단(노동자계급)의 범죄를 적응(accommodation)범죄와 대항(resistance)범죄로 구분하였다.
ㄴ. 볼드(Vold)는 법제정 과정에서 자신들의 이익을 반영시키지 못한 집단의 구성원이 법을 위반하며 자기의 이익을 추구하는 행위를 범죄로 보았다.
ㄷ. 터크(Turk)는 피지배집단의 저항력이 약할수록 법의 집행가능성이 높아진다고 보았다.
ㄹ. 봉거(Bonger)는 범죄발생의 원인을 계급갈등과 경제적 불평등으로 보고, 근본적 범죄대책은 사회주의 사회의 달성이라고 하였다.

	ㄱ	ㄴ	ㄷ	ㄹ
①	○	×	○	×
②	×	○	×	×
③	○	○	×	×
④	×	○	×	○
⑤	○	○	○	○

해설

ㄱ. [○] 퀴니(Quinney)는 범죄란 자본주의의 물질적 상황에 의해 어쩔 수 없이 유발되는 반응양태라고 보면서, 자본주의 사회의 범죄의 유형을 자본가계급의 범죄인 '지배와 억압의 범죄'와 노동자계급의 범죄인 '적응과 저항(대항)의 범죄'로 구분하였다.

ㄴ. [○] 볼드(Vold)는 범죄행위란 집단갈등의 과정에서 자신들의 이익과 목적을 제대로 방어하지 못한 집단의 행위로 인식한다. 즉, 범죄는 법제정 과정에 참여하여 자기의 이익을 반영시키지 못한 집단의 구성원이 일상생활 속에서 법을 위반하여 자기의 이익을 추구하는 행위이고, 그에 대한 형사제재 역시 법의 내용을 장악한 집단이 자기들의 이익을 보호하고 공고히 하는 정치적 행위라는 것이다(집단갈등이론).

ㄷ. [○] 터크(Turk)에 의하면, 통상적으로 법은 법집행에 도전할 수 있는 힘을 가진 지배집단보다는 이 같은 힘을 갖지 못한 피지배집단에 더욱 집요하게 집행된다(권력갈등이론).

ㄹ. [○] 봉거(Bonger)는 범죄에 영향을 미치는 것은 부의 불평등한 분배의 문제라고 하면서, 하류계층의 범죄는 그들의 경제적 종속과 빈곤의 산물인 반면, 지배계층의 범죄는 자본주의 사회의 비도덕화로서 설명할 수 있다고 한다. 그는 자본주의 사회에서는 범죄를 예방할 방법이 없기 때문에 범죄문제가 항상 심각할 것이라고 예측하면서 범죄문제에 대한 정책으로 사회주의 사회의 달성을 제시하였다.

정답 ⑤

46 범죄현상에 대한 급진적 페미니즘의 설명으로 가장 적절한 것은? 22. 간부(72)

① 임신, 출산, 육아에 있어 여성의 생물학적 특성에서 비롯된 역할로 인해 노동의 성 분업이 이루어졌고, 남성에 대한 여성의 의존도가 높아졌으며, 남성에게 더 많은 범죄기회가 주어졌다.

② 가부장제에서 비롯된 남성우월주의에 대한 믿음과 남성지배 - 여성종속의 위계구조가 사회 전반으로 확대되면서 여성에 대한 남성의 폭력이 정당화되었다.

③ 자본주의 체제로 인해 남성이 경제권을 장악하고 여성은 가사노동으로 내몰리면서 남성의 경제적 지배를 위협하는 여성의 행동은 범죄로 규정되었다.

④ 사회적 · 문화적으로 요구되는 전통적 성 역할의 차이로 인해 여성보다 남성이 더 많은 범죄를 저지른다.

해설

② [○] 범죄는 통제를 원하는 남성욕구의 표현 중 하나이고 가부장제를 통하여 남성의 여성에 대한 지배가 사회의 모든 제도 · 조직으로 확대된다고 보는 '급진적 페미니즘'의 입장이다.

① [×] 여성의 임신 · 출산 · 육아는 여성이 생존을 위해 남성에게 의존하도록 만들었고, 이는 노동의 성 분업과 남성의 여성에 대한 지배 · 통제를 초래하여 남성에게 더 많은 범죄기회가 주어졌다고 보는 '사회주의적 페미니즘'의 입장이다.

③ [×] 남성의 재산소유와 생산수단에 대한 통제가 남성지배의 근원이므로 자본주의 - 가부장제를 위협하는 여성의 행동은 범죄로 규정된다는 '마르크스주의 페미니즘'의 입장이다.

④ [×] 성의 사회화가 범죄의 원인으로 작용하여 여성보다 남성이 더 많은 범죄를 저지르는 것은 성에 대한 역할기대에 부합하기 때문이라고 보는 '자유주의적 페미니즘'의 입장이다.

정답 ②

47 페미니즘 범죄이론에 대한 설명으로 가장 적절하지 않은 것은?

23. 간부(73)

① 자유주의적 페미니즘은 성 불평등의 원인은 법적 · 제도적 기회의 불평등이므로 여성에게 동등한 기회를 부여하고 선택의 자유를 허용한다면 성 불평등은 해결될 수 있다고 한다.

② 사회주의적 페미니즘은 계급불평등과 함께 가부장제로 인한 성 불평등을 분석해야 한다고 한다.

③ 급진적 페미니즘에 따르면 남성은 생물학적 우월성을 근거로 여성이 자신보다 나약한 존재이기 때문에 통제나 지배를 할 수 있는 대상이라고 인식한다.

④ 페미니즘 범죄이론은 1970년대에 다양한 실증적 연구가 이루어져 1980년대부터 주류 범죄학 이론 중 하나로 완전히 자리매김하였다.

해설

④ [×] 페미니즘 범죄이론이 주류 범죄학 이론 중 하나로 완전히 자리매김하였는지에 대해서는 부정적으로 보는 것이 일반적 입장이다.

정답 ④

48 헤이건(Hagan)과 동료들의 권력통제이론(Power Control Theory)에 관한 설명으로 가장 적절한 것은?

23. 2차 경행경채

① 아노미(anomie)의 발생원인을 문화적 목표와 제도화된 수단 간의 괴리에서 찾는다.

② 부모가 아들보다 딸을 더 많이 통제하기 때문에 결과적으로 소녀가 소년보다 더 위험한 행동을 한다.

③ 부모의 직장에서의 권력적 지위가 부부 간의 권력관계에 반영되고, 이는 자녀에 대한 감독 · 통제 수준과 연계된다.

④ 부모의 권력이 평등한 가정의 자녀들은 성별에 따른 범죄 정도의 차이가 뚜렷하지만, 가부장적 가정의 자녀들은 성별에 따른 범죄 정도의 차이가 상대적으로 뚜렷하지 않다.

해설

③ [○] 헤이건(Hagan)은 권력통제이론에서 직장에서의 권력적 지위가 가족구성원 간의 권력관계에 반영되고, 가정 내에서 권력이 젠더구조화된 정도는 부모가 자녀를 양육하는 방식에 영향을 미친다고 본다.

① [×] 머튼(Merton)의 아노미이론의 내용이다.

② [×] 가부장적 가정에서는 딸에 대해서 통제가 강하나 아들에 대해서는 통제가 느슨하므로, 아들의 비행가능성이 높다.

④ [×] 평등주의적 가정에서는 아들과 딸의 성별에 따른 비행가능성에 차이가 없다고 보지만, 가부장적 가정에서는 아들의 비행가능성이 높다고 본다.

정답 ③

49 범죄원인론에 관한 설명과 그에 해당하는 이론이 올바르게 연결된 것은? 15. 사시

ㄱ. 범죄는 하나의 단일문화가 독특한 행위규범을 갖는 여러 개의 상이한 하위문화로 분화될 때, 사람들이 자신이 속한 문화의 행위규범을 따르다 보면 발생할 수 있다.
ㄴ. 지역사회의 전통적인 기관들이 주민들의 행동을 규제하지 못하고, 지역사회의 공통문제를 자체적으로 해결할 수 있는 능력을 상실하면 범죄율이 높아진다.
ㄷ. 인간은 범죄성을 본질적으로 지니고 있기 때문에 그대로 두면 누구든지 범죄를 저지를 것이라는 가정에서 출발한다.

A. 사회해체이론 B. 통제이론 C. 문화갈등이론

	ㄱ	ㄴ	ㄷ
①	A	B	C
②	B	A	C
③	B	C	A
④	C	A	B
⑤	C	B	A

해설

ㄱ-C. 셀린(T. Sellin)은 '문화갈등과 범죄'에서 전체 문화가 아닌 개별집단의 상이한 문화를 범죄원인에 대한 설명거점으로 삼고 있다. "개별집단의 문화적 행동규범과 사회 전체의 지배적 가치체계 사이에 발생하는 문화적 갈등관계가 범죄원인이 된다."는 것이다(문화갈등이론).

ㄴ-A. 쇼우와 맥케이(Shaw & Mckay)는 전통적 사회통제기관들이 규제력을 상실하면 반사회적 가치를 옹호하는 범죄하위문화가 형성되고 계속적으로 주민들간에 계승됨으로써, 해당 지역에는 높은 범죄율이 유지된다고 한다(사회해체이론).

ㄷ-B. 통제이론에 의하면, 범죄행위의 동기는 인간본성의 일부이어서 사회 속의 개인은 모두 잠재적 범죄인이기 때문에 범죄이론은 그러한 개인이 왜 범죄행위에 실패하게 되는가를 설명해야 한다고 본다.

정답 ④

50 다음 학자와 그 이론에 대한 설명으로 바르게 연결되지 않은 것은? 15. 교정

① 롬브로조(Lombroso) - 범죄의 원인을 생물학적으로 분석하여 격세유전과 생래적 범죄인설을 주장하였다.
② 페리(Ferri) - 범죄의 원인을 인류학적 요인, 물리적 요인, 사회적 요인으로 구분하고 이 세 가지 요인이 존재하는 사회에는 이에 상응하는 일정량의 범죄가 발생한다는 범죄포화의 법칙을 주장하였다.
③ 셀린(Sellin) - 동일한 문화 안에서 사회변화에 의하여 갈등이 생기는 경우를 일차적 문화갈등이라 보고, 상이한 문화 안에서 갈등이 생기는 경우를 이차적 문화갈등으로 보았다.
④ 머튼(Merton) - 아노미 상황에서 개인의 적응 방식을 동조형(conformity), 혁신형(innovation), 의례형(ritualism), 도피형(retreatism), 반역형(rebellion)으로 구분하였다.

해설

③ [×] 셀린은 이질적 문화의 충돌에 의한 문화갈등을 일차적 문화갈등으로, 동일문화 안에서 사회변화에 의해 문화갈등이 생기는 경우는 이차적 문화갈등으로 보았다.

① [○] 롬브로조는 정신병원과 형무소에서 정신병과 범죄에 대한 생물학적 원인을 조사하여 수용자들의 두개골에 현저한 생물학적 퇴행성 혹은 격세유전적 특성이 있음을 발견하고, 이를 토대로 생래적 범죄인론을 주장하였다.

② [○] 페리는 마르크스의 유물사관, 스펜서의 발전사관, 다윈의 진화론 등의 영향을 받아 범죄원인으로 인류학적 요소 · 물리적 요소 · 사회적 요소의 세 가지를 열거하면서, 특히 범죄의 사회적 원인을 중시한다. 또한, 일정한 개인적 · 사회적 환경에서는 그에 따르는 일정량의 범죄가 있는 것이 원칙이고 그 수가 절대적으로 증감할 수 없다는 내용의 범죄포화의 법칙을 주장하였다.

④ [○] 머튼은 개인의 반응양식은 문화적 목표와 제도화된 수단에 따라 각각 수용과 거부의 조합을 기준으로, 다섯 가지의 형태(동조형, 혁신형, 의례형, 도피형, 반역형)로 나타난다고 하면서, 개인의 반응양식(적응양식) 중 '동조형'만이 정상적인 사람들의 반응양식이며, 그 외에는 모두 반사회적 적응양식이라고 본다.

정답 ③

51 다음 학자들의 범죄이론에 관한 내용 중 옳지 않은 것은? 13. 사시

① 렉크리스(Reckless)는 범죄를 법제정 과정에 참여하여 자기의 이익을 반영하지 못한 집단의 구성원이 일상생활 속에서 법을 위반하며 자기의 이익을 추구하는 행위라고 주장하였다.

② 헨티히(Hentig)는 피해자를 일반적 피해자 유형, 심리학적 피해자 유형으로 구분하고, 피해자도 범죄 발생의 원인이 될 수 있다고 주장하였다.

③ 서덜랜드(Sutherland)는 범죄행위는 다른 사람들과의 상호작용과정에서 의사소통을 통해 학습되며, 범죄행위 학습의 중요한 부분은 친밀한 관계를 맺고 있는 집단들에서 일어난다고 주장하였다.

④ 레머트(Lemert)는 범죄를 포함한 일탈행위를 일차적 일탈과 이차적 일탈로 구분하고, 이차적 일탈은 일차적 일탈에 대한 사회적 반응으로 야기된 문제들에 대한 행위자의 반응에 의해 발생하는 것이라고 주장하였다.

⑤ 케틀레(Quetelet)는 기후, 연령분포, 계절 등 사회환경적 요인들이 범죄 발생과 함수관계에 있다는 것을 밝힘으로써 범죄가 사회환경적 요인에 의해 유발된다고 주장하였다.

해설

① [×] 볼드(G. Vold)의 집단갈등이론의 내용이다. 그는 범죄행위를 집단갈등의 과정에서 자신들의 이익과 목적을 제대로 방어하지 못한 집단의 행위로 인식한다. 즉, 범죄는 법제정 과정에 참여하여 자기의 이익을 반영시키지 못한 집단의 구성원이 일상생활 속에서 법을 위반하여 자기의 이익을 추구하는 행위이고, 그에 대한 형사제재 역시 법의 내용을 장악한 집단이 자기들의 이익을 보호하고 공고히 하는 정치적 행위라는 것이다.

② [○] 헨티히는 피해자를 일반적 유형과 심리적 유형으로 나누어 설명하였고, 죄를 범한 자와 그로 인해 고통을 받는 자라는 도식을 통하여 "피해자의 존재가 오히려 범죄자를 만들어낸다."고 지적하였다.

③ [○] 서덜랜드의 차별적 접촉이론의 내용이다.

④ [○] 낙인이론가인 레머트는 일차적 일탈과 이차적 일탈을 구분하면서, 이차적 일탈은 일차적 일탈에 대한 공식적 반응인 낙인으로 인해 야기되는 것이라고 주장하였다.

⑤ [○] 케틀레(A. Quetelet)는 모든 사회현상을 '대수의 법칙'으로 파악하여, 범죄는 집단현상이며 사회적 · 경제적 상태와 함수관계에 있다고 봄으로써, 범죄현상의 법칙성을 주장하여 범죄연구에 대한 과학적 접근을 가능하게 하였다(결정론적 입장).

정답 ①

제4절 | 범죄적 하위문화이론(문화적 비행이론)

52 범죄이론과 그 내용의 연결이 옳은 것은? 11. 사시

① 사회유대(통제)이론 – 소년은 자기가 좋아하고 존경하는 사람들의 기대에 민감하고, 그들이 원하지 않는 경우 비행을 멀리하게 된다.

② 아노미이론 – 중산층문화에 적응하지 못한 하위계층 출신의 소년들은 자신을 궁지에 빠뜨렸던 문화와 정반대의 문화를 만들어 자신들의 적응문제를 집단적으로 해결하려고 한다.

③ 비행적 하위문화이론 – 소년은 사회통제가 약화되었을 때 우연히 발생하는 상황을 어떻게 판단하는가에 따라 합법적인 행위를 하거나 비행을 저지르게 된다.

④ 봉쇄(견제)이론 – 소년비행에 있어서는 직접적인 대면접촉보다 자신의 행동을 평가하는 준거집단의 성격이 더 중요하게 작용한다.

⑤ 차별적 동일시이론 – 소년은 범죄를 유발하는 힘이 범죄를 차단하는 힘보다 강할 때 비행을 저지르게 된다.

해설

① [○] 허쉬의 사회통제이론(사회유대이론)에서 사회유대의 요소 중 애착에 대한 설명이다. 허쉬는 사회의 가치나 규범을 개인이 내면화하기 위해서는 타인에 대한 애착관계가 형성됨으로써 가능하다는 점에서 애착에 의한 사회유대를 가장 중요한 요소로 보았다.
② [×] 코헨의 비행적 하위문화이론에 대한 설명이다.
③ [×] 맛차와 사이크스의 표류이론(중화기술이론)에 대한 설명이다.
④ [×] 글래져의 차별적 동일시이론에 대한 설명이다.
⑤ [×] 레클리스의 봉쇄이론(견제이론)에 대한 설명이다.

정답 ①

53 다음 ㄱ, ㄴ에 들어갈 용어가 바르게 연결된 것은? 16. 보호

- 뒤르껭(Durkheim)에 의하면 (ㄱ)는 현재의 사회구조가 구성원 개인의 욕구나 욕망에 대한 통제력을 유지할 수 없을 때 발생한다고 보았으며, 머튼(Merton)에 의하면 문화적 목표와 이를 달성하기 위한 제도적 수단 사이에 간극이 있고 구조적 긴장이 생길 경우에 발생한다고 보았다.
- 밀러(Miller)에 의하면 (ㄴ)는 중산층과 상관없이 고유의 전통과 역사를 가진 독자적 문화로 보았으며, 코헨(Cohen)에 의하면 중산층의 보편적인 문화에 대항하고 반항하기 위해서 형성되는 것이라고 보았다.

	ㄱ	ㄴ
①	아노미	저항문화
②	아노미	하위문화
③	사회해체	저항문화
④	사회해체	하위문화

해설

ㄱ 아노미. 뒤르껭에 의하면 '아노미'란 사회구성원에 대한 도덕적 규제가 제대로 되지 않는 상태, 즉 사회의 도덕적 권위가 무너져 사회구성원들이 지향적인 삶의 기준을 상실한 무규범상태로서 사회통합의 결여를 말한다. 반면 머튼(R. K. Merton)은 뒤르껭의 아노미(Anomie)개념을 도입하여, 미국사회에서 사회적으로 수용 가능한 목표와 합법적인 수단 간의 불일치를 의미하는 것으로 사용한다.

ㄴ 하위문화. 밀러에 의하면 '하위문화'는 사회의 주류문화에 대하여 다른 가치를 가지는 문화로 파악된다. 따라서 범죄 및 일탈은 병리적인 행위도 아니고 중산층 규범에 대항하는 반작용도 아니며, 단지 자기가 소속된 해당문화에 충실한 행위일 뿐이라는 것이다. 반면 코헨에 의하면 중산층 문화에 적응하지 못한 하류계층의 소년들이 그들의 좌절감을 해소하고 자신들의 삶에 의미를 부여하기 위해서 다른 하류계층 소년들과 함께 주류문화의 가치체계와 전혀 다른 문화(비행하위문화)를 구성하여 중류계층의 거부에 대한 해결책을 찾는다고 본다.

정답 ②

54 밀러(Miller)의 하류계층 하위문화이론에 대한 설명으로 가장 옳지 않은 것은? 22. 해경간부

① 하류계층의 비행이 반항도 혁신도 아닌 그들만의 독특한 관심의 초점을 따르는 동조행위라고 보았다.
② 하류계층의 비행을 중류층에 대한 반발에서 비롯된 것이라는 코헨(Cohen)의 주장에 반대하고 그들만의 독특한 하류계층 문화 자체가 집단비행을 발생시킨다고 보았다.
③ 하류계층의 문화를 범죄적 하위문화, 갈등적 하위문화, 도피적 하위문화로 분류하였다.
④ 하류계층의 대체문화가 갖는 상이한 가치는 지배계층의 문화와 갈등을 초래하며, 지배집단의 문화와 가치에 반하는 행위들이 지배계층에 의해 범죄적 · 일탈적 행위로 간주된다고 주장하였다.

해설

③ [×] '클로워드와 오린(R.Cloward & L.Ohlin)의 차별적 기회구조이론'에 대한 설명이다.
① [○] 밀러(Miller)에 의하면, 하층계급의 범죄 및 일탈은 병리적인 행위가 아니고 중류계층의 규범에 대항하는 것도 아니며, 단지 자기가 소속된 해당 문화에 충실한 행위일 뿐이다. 이는 악의적인 저항이 아니라는 점에서 코헨(A. Cohen)의 비행하위문화이론과 구별된다.
②④ [○] 밀러(Miller)에 의하면, 하위계층에는 독자적인 문화규범이 존재하고, 이에 따른 행동이 중류계층 문화의 법규범에 위반됨으로써 범죄가 발생한다.

정답 ③

55 밀러(Miller)의 하류계층 문화이론(lower class culture theory)에 대한 설명으로 옳지 않은 것은?

23. 보호 7급

① 밀러는 하류계층의 문화를 고유의 전통과 역사를 가진 독자적 문화로 보았다.
② 하류계층의 여섯 가지 주요한 관심의 초점은 사고치기(trouble), 강인함(toughness), 영악함(smartness), 흥분추구(excitement), 운명(fate), 자율성(autonomy)이다.
③ 중류계층의 관점에서 볼 때, 하류계층 문화는 중류계층 문화의 가치와 갈등을 초래하여 범죄적 · 일탈적 문화로 간주된다.
④ 범죄와 비행은 중류계층 문화에 대한 저항으로서 하류계층 문화 자체에서 발생한다.

해설

④ [×] '코헨(Cohen)의 비행하위문화이론'의 내용이다.
① [○] 밀러(Miller)는 하류계층에게는 그들만의 독자적인 문화규범이 존재한다고 보았다.
② [○] 밀러는 하류계층에 독자적인 문화규범이 생기는 이유로 그들의 관심의 초점이 중류계층과 다르기 때문이라고 보면서, 관심의 초점의 내용으로 사고치기(말썽), 자율성, 운명, 흥분, 영악함(교활), 강인함을 제시하였다.
③ [○] 밀러는 하류계층이 자신들의 독자적인 문화규범에 따라 행동하는 것이 중류계층 문화의 법규범에 위반됨으로써 범죄가 발생한다고 본다.

정답 ④

56 밀러(Miller)가 지적한 하위계층의 주요 관심사항에 해당하지 않는 것은?

① 흥분을 유발하는 일 또는 위험스러운 일을 기피하는 것

② 육체적인 힘이나 싸움능력을 중시하는 것

③ 기만적인 방법으로 다른 사람을 속일 수 있는 능력을 중시하는 것

④ 경찰, 학교선생, 부모 등으로부터 간섭받는 것은 스스로 나약함을 보이는 것이라고 인식하여 자신의 일을 뜻대로 처리하는 것

해설

밀러는 하층계급에 독특한 문화규범이 생기는 이유는 그들의 관심의 초점(focal concern) 또는 중심가치가 일반인(중산층)과 다르기 때문이라고 본다.

☑ **밀러가 제시하는 하위계층의 관심의 초점(중심가치)**

말썽(사고치기) [Trouble]	하층계급은 유난히 사고를 유발하고, 이를 원활히 처리하는 데에 많은 관심을 갖고 있다. 사고를 저지르고 경찰에 체포되거나 피해자에게 배상하는 것은 어리석은 것이며, 이를 교묘히 피해가는 것이 주위의 주목을 끌고 높은 평가를 받게 된다.
자율성(독자성) [Autonomy]	경찰, 선생, 부모 등의 권위로부터 벗어나려 하고, 그들의 간섭을 받는 것을 혐오한다. 따라서 사회의 권위 있는 기구들에 대한 경멸적 태도를 취하게 된다.
숙명(운명주의) [Fatalism]	미래가 자기의 노력보다는 통제할 수 없는 운명에 달려있다는 믿음이다. 범죄를 저지르고 체포된 경우, 반성하기 보다는 운이 없었다고 판단하기도 한다.
흥분(자극) [Excitement]	스릴과 위험한 일을 추구하여 권태감을 해소하는 것이다. 하층계급의 거주지역에서는 도박 · 싸움 · 음주 · 성적 일탈이 많이 발생한다.
교활(기만) [Smartness]	지적인 총명함을 의미하는 것이 아니라, 도박 · 사기 · 탈법 등과 같이 기만적인 방법으로 다른 사람을 속일 수 있는 능력을 말한다.
강인(억셈) [Toughness]	감성적이며 부드러운 것을 거부하고 육체적인 힘이나 싸움능력을 중시하며 두려움을 나타내지 않는다. 이는 여성가장기구에 대한 반작용으로 볼 수 있다.

① [×] 하층계급문화에 속하는 스릴과 위험한 일을 '추구'하여 권태감을 해소하는 데에 많은 관심을 갖고 있다고 한다(흥분, 자극).
② [○] 하위계층의 관심의 초점(중심가치) 중 강인(억셈)에 대한 내용이다.
③ [○] 하위계층의 관심의 초점(중심가치) 중 교활(기만)에 대한 내용이다.
④ [○] 하위계층의 관심의 초점(중심가치) 중 자율성(독자성)에 대한 내용이다.

정답 ①

57 밀러(Miller)가 주장한 하위계층문화이론(Lower Class Culture Theory)의 '관심의 초점(focal concerns)'에 관한 설명으로 가장 적절하지 않은 것은?

23. 1차 경행경채

① 말썽부리기(trouble) - 싸움이나 폭주 등 문제행동을 유발할수록 또래들로부터 인정받기 때문에 말썽을 일으키는 것

② 강인함(toughness) - 감성적으로 정에 이끌리는 태도보다는 힘의 과시나 남자다움을 중시하는 것

③ 영악함(smartness) - 사기나 도박 등과 같이 남을 속임으로써 영리함을 인정받는 것

④ 운명주의(fatalism) - 자기 마음대로 자신의 일을 처리하는 것으로, 경찰이나 부모 등 어느 누구로부터의 통제나 간섭을 기피하는 것

해설

④ [×] 관심의 초점 중 운명주의(숙명)란 미래가 자기의 노력보다는 통제할 수 없는 운명에 달려 있다는 믿음을 말한다. 지문의 내용은 관심의 초점 중 '자율성(독자성)'에 대한 설명이다.
① [○] 관심의 초점 중 말썽부리기(사고치기)란 하층계급은 유난히 사고를 유발하고, 이를 원활히 처리하는 데에 많은 관심을 갖고 있으며, 사고를 저지르고 경찰에 체포되거나 피해자에게 배상하는 것은 어리석은 것이므로, 이를 교묘히 피해가는 것이 주위의 주목을 끌고 높은 평가를 받게 된다는 것이다.

② [○] 관심의 초점 중 강인함(억셈)이란 감성적이며 부드러운 것을 거부하고, 육체적인 힘이나 싸움능력을 중시하며 두려움을 나타내지 않는 것을 말한다.
③ [○] 관심의 초점 중 영악함(교활)이란 지적인 총명함이 아니라, 도박 · 사기 · 탈법 등과 같이 기만적인 방법으로 다른 사람을 속일 수 있는 능력을 말한다.

정답 ④

58 다음 <보기> 중 밀러(Miller)가 하층계급 사람들의 중심적인 관심사항(Focal Concerns)으로 제시한 항목들만으로 묶인 것은? 23. 해경간부

<보기>

㉠ 자율성(Autonomy)	㉡ 악의성(Maliciousness)
㉢ 운명주의(Fatalism)	㉣ 부정성(Negativism)
㉤ 쾌락주의(Hedonism)	㉥ 자극(Excitement)
㉦ 영악함(Smartness)	㉧ 강인함(Toughness)
㉨ 비실리성(Non-utility)	

① ㉠, ㉡, ㉦, ㉨
② ㉠, ㉢, ㉥, ㉧
③ ㉢, ㉤, ㉥, ㉨
④ ㉢, ㉤, ㉦, ㉧

해설

② [○] 밀러(Miller)는 하위계층문화이론에서 하층계급의 관심의 초점(중심가치)으로 말썽(사고치기), 자율성(독자성)(㉠), 숙명(운명주의)(㉢), 흥분(자극)(㉥), 교활(기만)(㉦), 강인(억셈)(㉧)을 제시하였다.
악의성(㉡), 부정성(반항성)(㉣), 쾌락주의(㉤), 비실리성(비공리성)(㉨)은 코헨(Cohen)이 비행하위문화이론에서 비행하위문화의 특성으로 제시한 것이다.

정답 ②

59 코헨(Cohen)의 비행하위문화이론과 관련된 설명 중 옳지 않은 것은? 14. 사시

① 하위문화(subculture)란 지배집단의 문화와는 별도로 특정한 집단에서 강조되는 가치나 규범체계를 의미한다.
② 하위문화이론에 속하는 여러 견해들의 공통점은 특정한 집단이 지배집단의 문화와는 상이한 가치나 규범체계에 따라 행동하며, 그 결과가 범죄와 비행이라고 보는 것이다.
③ 코헨은 하위계층 청소년들 사이에서 반사회적 가치나 태도를 옹호하는 비행문화가 형성되는 과정을 규명하였다.
④ 비행하위문화이론은 중산층 또는 상류계층 청소년의 비행이나 범죄를 잘 설명하지 못한다.
⑤ 코헨은 비행하위문화의 특징으로 사고치기(trouble), 강인함(toughness), 기만성(smartness), 흥분 추구(excitement), 운명주의(fatalism), 자율성(autonomy) 등을 들었다.

해설

⑤ [×] 코헨의 비행하위문화이론에서 비행하위문화의 특징으로 제시하는 것으로는 다면성(변덕), 단기적 쾌락주의, 반항성(부정성), 집단자율성, 비공리성(비합리성), 악의성 등이 있다. 지문에 제시된 것은 밀러의 하위계층문화이론에서 관심의 초점(중심가치)으로 제시된 것이다.

정답 ⑤

60 다음 설명 중 옳지 않은 것은?

14. 보호

① 라까사뉴(Lacassagne)는 사회는 범죄의 배양기이고 범죄자는 그 미생물에 해당한다고 하여 범죄원인은 결국 사회와 환경에 있다는 점을 강조하였다.

② 셀린(Sellin)은 동일한 문화 안에서의 사회변화에 의한 갈등을 1차적 문화갈등이라고 하고, 이질적 문화 간의 충돌에 의한 갈등을 2차적 갈등이라고 설명하였다.

③ 뒤르켐(Durkheim)은 집단적 비승인이 존재하는 한 범죄는 모든 사회에 어쩔 수 없이 나타나는 현상으로 병리적이기 보다는 정상적인 현상이라고 주장하였다.

④ 코헨(Cohen)은 중산층 문화에 적응하지 못한 하위계층 출신 소년들이 자신을 궁지에 빠뜨린 문화나 가치체계와는 정반대의 비행하위문화를 형성한다고 보았다.

해설

② [×] 셀린(Sellin)의 문화갈등이론에서 1차적 문화갈등은 이질적 문화의 충돌에 의한 문화갈등의 경우를 말하고, 2차적 문화갈등은 동일문화 안에서 사회변화에 의해 문화갈등이 생기는 경우를 말한다.

① [○] 라까사뉴(Lacassagne)는 브로조의 생물학적 결정론을 반대하면서 범죄의 환경적 요인을 강조하면서 "사회는 범죄의 배양기이고 범죄자는 그 미생물에 해당된다. 처벌해야 하는 것은 범죄자가 아니라 사회이다."라고 하여, 범죄원인은 사회와 환경에 있다고 본다.

③ [○] 뒤르켐(Durkheim)에 의하면 범죄는 모든 사회에 불가피하게 나타나는 현상으로서, 병리적인 것이 아니라 정상적인 현상에 속한다. 범죄가 없다는 것은 사회성원에 대한 규제가 완벽하다는 의미이며, 이는 사회발전에 필요한 비판과 저항이 없기 때문에 사회는 발전하지 못하고 정체에 빠져드는 병리적 상태이다(범죄정상설).

④ [○] 코헨(Cohen)은 중산층 문화에 적응하지 못한 하류계층의 소년들이 좌절감을 해소하고 삶에 의미를 부여하기 위해서 다른 하류계층 소년들과 함께 주류문화와 전혀 다른 문화(비행하위문화)를 구성하여 중류계층의 거부에 대한 해결책을 찾는다고 보았다.

정답 ②

61 다음 범죄학자들의 주장 중 가장 옳지 않은 것은?

23. 해경간부

① 코헨(Cohen)은 중산층 문화에 적응하지 못한 하위계층 출신 소년들이 자신을 궁지에 빠뜨린 문화나 가치체계와는 정반대의 비행하위문화를 형성한다고 보았다.

② 머튼(Merton)은 문화적 목표와 제도화된 수단 간의 불일치로 범죄를 설명하였다.

③ 셀린(Sellin)은 동일한 문화 안에서의 사회변화에 의한 갈등을 1차적 문화갈등이라고 하고, 이질적 문화 간의 충돌에 의한 갈등을 2차적 갈등이라고 설명하였다.

④ 라까사뉴(Lacassagne)는 사회는 범죄의 배양기이고 범죄자는 그 미생물에 해당한다고 하여 범죄원인은 결국 사회와 환경에 있다는 점을 강조하였다.

해설

③ [×] 셀린(Sellin)은 '이질적 문화의 충돌에 의한 갈등의 경우를 1차적 갈등'이라고 하고, '동일한 문화 안에서 사회변화에 의한 갈등의 경우를 2차적 문화갈등'이라고 하였다.

① [○] 코헨(Cohen)은 중산층 문화에 적응하지 못한 하류계층의 소년들이 좌절감을 해소하고 삶에 의미를 부여하기 위해서 다른 하류계층 소년들과 함께 주류문화와 전혀 다른 문화(비행하위문화)를 구성하여 중류계층의 거부에 대한 해결책을 찾는다고 보며(문화적 혁신), 결국 비행하위문화는 중류계층의 가치와 규범에 대한 반동(저항)적 성격을 지닌다고 본다.

② [○] 머튼(Merton)은 뒤르켐(E. Durkheim)의 아노미(anomie) 개념(→ 무규범 상태, 사회통합의 결여)을 도입하여, 미국사회에서 사회적으로 수용 가능한 목표와 합법적인 수단 간의 불일치를 의미하는 것으로 사용하면서, 문화적 목표를 정당한 수단으로 달성할 수 있는 가능성이 없고, 목표달성을 위한 정당한 수단이 별로 강조되지 않는 경우에 일탈행위(범죄)가 발생한다고 보았다.

④ [○] 라까사뉴(Lacassagne)는 "사회는 범죄의 배양기이고 범죄자는 그 미생물에 해당된다. 처벌해야 하는 것은 범죄자가 아니라 사회이다."라고 하여 범죄원인은 사회와 환경에 있다고 보았다.

정답 ③

62 코헨(Cohen)이 1955년에 발표한 비행하위문화이론에 대한 설명으로 가장 적절하지 않은 것은? 22. 간부(72)

① 주로 사회학습이론의 틀을 빌어 비행하위문화의 형성과정 및 유래를 제시한다.

② 하층 비행청소년들의 비행 하위문화가 비실리적이고, 악의적이며, 부정적인 특성을 갖는다고 하였다.

③ 중간계급의 문화에 잘 적응하지 못하는 하층 청소년들이 하위문화 형성을 통해 문제를 해결하고자 하는 과정을 문화적 혁신이라고 하였다.

④ 경제적 목표와 수단 사이의 괴리가 긴장을 유발하는 것이 아니라 중간계급의 문화적 가치에 대한 부적응이 긴장을 유발한다고 하였다.

해설

① [×] 코헨(A. Cohen)의 비행하위문화이론을 비롯한 범죄적 하위문화이론들은 '사회해체이론과 아노미이론'을 결합하여, 해체되고 타락한 지역의 거주자들(하위계층)이 사회적 소외와 경제적 박탈에 대해 어떻게 반응하는지를 설명하고자 한다.

② [○] 코헨(A. Cohen)은 비행하위문화의 특성으로 다면성, 단기적 쾌락주의, 반항성(부정성), 집단자율성, 비공리성(비합리성, 비실리성), 악의성을 제시한다.

③ [○] 코헨(A. Cohen)은 중산층 문화에 적응하지 못한 하류계층의 소년들이 좌절감을 해소하고 삶에 의미를 부여하기 위해서 다른 하류계층 소년들과 함께 주류문화와 전혀 다른 문화(비행하위문화)를 구성하여 중류계층의 거부에 대한 해결책을 찾는다고 주장한다.

④ [○] 코헨(A. Cohen)의 비행하위문화이론에 의하면 중류계층에 가치체계의 의해 지배되는 사회에서는 중산층의 가치나 규범을 중심으로 형성된 사회의 중심문화와 빈곤계층 소년들의 익숙한 생활 사이에서 긴장이나 갈등이 발생한다고 본다. 경제적 목표와 수단 사이의 괴리가 긴장을 유발한다고 보는 것은 머튼의 아노미이론의 입장이다.

정답 ①

63 코헨(Cohen)의 비행하위문화이론에 대한 비판으로 가장 적절하지 않은 것은? 23. 간부(73)

① 청소년비행의 원인을 자본주의 체제에 책임을 전가함으로써 사회구성원 간의 상호작용 과정에서 주로 발생하는 대부분의 비행행위를 객관적으로 설명하지 못한다.

② 상당수의 청소년비행은 비행하위문화에 속한 청소년들에 의해 집단적으로 발생하기보다는 청소년 각자의 개인적 이유 때문에 발생한다.

③ 하류층의 청소년 중에서 비행을 저지르지 않는 청소년들이 많다는 사실을 간과하였다.

④ 비행하위문화이론은 중산층 또는 상류층 청소년이 저지르는 비행에 대해서는 잘 설명하지 못한다.

해설

① [×] 자본주의 체제에 범죄 · 비행의 원인이 있다는 입장은 비판범죄학의 입장이다. 지문의 내용은 '비판범죄학에 대한 비판'이라고 할 수 있다.

정답 ①

64 코헨(Cohen)이 주장한 비행하위문화의 특징으로 가장 옳지 않은 것은? 22. 해경간부

① 부정성(Negativism)

② 악의성(Malice)

③ 자율성(Autonomy)

④ 비합리성(Non-utilitarianism)

해설

③ [×] '자율성'이란 경찰, 선생, 부모 등의 권위로부터 벗어나려 하고, 그들의 간섭을 받는 것을 혐오하여 사회의 권위 있는 기구들에 대한 경멸적 태도를 취하게 된다는 것으로, 밀러(Miller)가 하위계층문화이론에서 하위계층의 관심의 초점(중심가치)의 하나로 주장하는 것이다. 반면에 코헨(Cohen)이 비행하위문화의 특성의 하나로 주장하는 집단자율성은 하류계층 소년들이 기존 사회에서 인정받지 못하는 것에 대한 반작용으로, 내적으로 강한 단결력과 외적으로 적대감을 나타낸다는 특성을 말한다.

① [○] 코헨(Cohen)은 비행하위문화의 특성으로 다면성, 단기적 쾌락주의, 반항성(부정성), 집단자율성, 비공리성(비합리성), 악의성을 주장한다. 부정성(반항성)이란 하류계층의 소년들은 사회의 지배적 가치체계를 무조건 거부하고, 사회의 중심문화와 반대방향으로 하위문화의 가치 · 규범을 형성한다는 특징을 말한다.

② [○] 악의성이란 타인에게 불편을 주고 금기를 파괴하는 행위를 강조하는 특징을 말한다.

④ [○] 비합리성(비공리성)이란 합리적 계산을 통한 범죄의 이익보다는 타인에게 피해를 입히고 동료로부터 얻는 명예 · 지위 때문에 범죄행위를 한다는 특징을 말한다.

정답 ③

65 하위문화이론에 관한 설명 중 옳지 않은 것은?

① 하위문화란 일반 사회구성원이 공유하는 문화와는 별도로 특정집단에서 강조되는 특수한 가치 또는 규범체계를 의미한다.

② 밀러(W. Miller)는 하위계층 청소년들의 '관심의 초점'(focal concerns)이 중산층 문화의 그것과는 다르기 때문에 범죄에 빠져들기 쉽다고 보았다.

③ 코헨(A. Cohen)은 하위계층 청소년들간에 형성된 하위문화가 중산층의 문화에 대해 대항적 성격을 띠고 있다고 본다.

④ 코헨(A. Cohen)은 '비행적 하위문화'를 범죄적 하위문화, 갈등적 하위문화, 도피적 하위문화라는 3가지 기본형태로 분류하였다.

해설

④ [×] 코헨(A. Cohen)은 비행적 하위문화의 특성으로 다면성(변덕), 단기적 쾌락주의, 반항성(부정성), 집단자율성의 강조, 비공리성(비합리성), 악의성을 들고 있다. 비행적 하위문화를 범죄적 하위문화, 갈등적 하위문화, 도피적 하위문화라는 3가지 기본형태로 구분한 것은 클로워드(R. A. Cloward)와 오린(L. E. Ohlin)의 연구이다(차별적 기회구조이론).

정답 ④

66 클로워드(Cloward)와 올린(Ohlin)의 차별적 기회구조이론의 내용과 다른 것은?

10. 사시

① 아노미현상을 비행적 하위문화의 촉발요인으로 본다는 점에서 머튼(Merton)의 영향을 받았다.

② 성공이나 출세를 위하여 합법적 수단을 사용할 수 없는 사람들은 바로 비합법적 수단을 사용할 것이라는 머튼(Merton)의 가정에 동의하지 않는다.

③ 범죄적 하위문화는 청소년 범죄자에게 성공적인 역할모형이 될 수 있는 조직화된 성인범죄자들의 활동이 존재하는 지역에서 나타난다.

④ 성인들의 범죄가 조직화되지 않아 청소년들이 비합법적 수단에 접근할 수 없는 지역에서는 갈등적 하위문화가 형성되는데, 범죄기술을 전수할 기회가 없기 때문에 이 지역의 청소년들은 비폭력적이며 절도와 같은 재산범죄를 주로 저지른다.

⑤ 문화적 목표를 추구하는 데 필요한 합법적인 수단을 이용하기도 어렵고 비합법적인 기회도 결여된 사람들은 이중실패자로 분류되며, 이들은 주로 마약과 음주 등을 통하여 도피적인 생활양식에 빠져 든다.

해설

④ [×] 갈등적 하위문화가 형성된 지역에서는 비합법적 수단을 가르쳐 주는 성공적인 범죄집단은 없지만 범죄가 없는 것도 아니다. 그러나 대체로 개인적이고, 비조직적이며, 가벼운 범죄(예 과시적 폭력범죄)들만 발생한다.

① [○] 클로워드(R. Cloward)와 오린(L. Ohlin)은 머튼의 아노미이론과 같이 사회에는 문화적으로 상소되는 목표와 이러한 목표를 합법적인 방법으로 달성할 수 있는 가능성간에 현격한 차이가 있는데 이러한 차이로 인해 비행하위문화가 형성된다고 본다.

② [○] 반면에 성공하기 위하여 합법적인 방법을 사용할 수 없는 사람들은 비합법적 수단을 사용한다는 머튼의 주장에 대해서는 동조하지 않는다. 머튼의 이론은 비합법적인 수단에 대한 접근가능성을 간과하였다고 하면서, 실제 비행하위문화의 성격은 비합법적인 기회가 어떻게 분포되었는가에 따라 다르며 이에 연관된 비행행위의 종류도 다르다고 주장하였다.

③ [○] 범죄적 하위문화는 비합법적 기회구조가 많은 지역에서 형성되는 하위문화로서, 소년들은 범죄로 성공한 성인범죄자를 자신의 미래상으로 인식하고 범죄조직에 관련된 잡일을 하면서 범죄적 가치나 지식을 습득하게 된다.

⑤ [○] 문화적 목표를 추구하는 데에 필요한 합법적인 수단을 이용하기도 어렵고 불법적인 기회도 없는 상황에서 '도피적 하위문화'가 형성된다(예 약물중독자, 정신장애자, 알콜중독자 등).

정답 ④

67 차별적 기회구조이론(Differential Opportunity Theory)에 관한 설명 중 옳지 않은 것은? 12. 사시

① 클로워드(Cloward)와 올린(Ohlin)이 제시한 이론이다.

② 머튼(Merton)의 아노미이론과 서덜랜드(Sutherland)의 차별적 접촉이론의 영향을 받았다.

③ 불법적 수단에 대한 접근기회의 차이가 그 지역의 비행적 하위문화의 성격 및 비행의 종류에 영향을 미친다고 한다.

④ 합법적 수단을 사용할 수 없는 사람들은 곧바로 불법적 수단을 사용할 것이라는 머튼(Merton)의 가정을 계승하고 있다.

⑤ 비행적 하위문화로 '범죄적 하위문화', '갈등적 하위문화', '도피적 하위문화' 등 세 가지를 제시하고, 범죄적 가치나 지식을 습득할 기회가 가장 많은 문화는 '범죄적 하위문화'라고 주장하였다.

해설

④ [×] 성공하기 위하여 합법적인 수단을 사용할 수 없는 사람들은 비합법적 수단을 사용한다는 머튼의 주장에 대해서는 반대한다. 머튼의 이론은 비합법적인 수단에 대한 접근가능성을 간과하였으며, 실제 비행하위문화의 성격은 비합법적인 기회가 어떻게 분포되었는가에 따라 다르며 연관된 비행행위의 종류도 다르다고 본다.

①② [○] 클로워드와 오린(Cloward & Ohlin)은 아노미이론(머튼)과 차별적 접촉이론(서덜랜드)을 통합하여, 성공을 위한 목표로의 수단에는 합법적·비합법적 기회구조가 있음을 전제로 하여, 차별적 기회이론을 제시한다.

③⑤ [○] '개인이 성공을 위한 목표를 달성하려고 할 때 어느 수단을 취하는가'는 사회구조와의 관계에서 '어느 수단을 취할 수 있는 지위에 있는가'에 달려있다고 보아 비행하위문화의 기본형태를 분류하였다.

☑ 차별적 기회구조이론

범죄적 하위문화	• 비합법적 기회구조가 많은 지역에서 형성되는 하위문화로서, 범죄적 가치와 지식이 체계적으로 전승된다. • 소년들은 범죄로 성공한 성인범죄자를 자신의 미래상으로 인식하고 범죄조직에 관련된 잡일을 하면서 범죄적 가치나 지식을 습득한다. • 절도 등의 공리적 범죄가 일상화되어 범죄가 가장 많이 발생한다.
갈등적 하위문화	• 성인들의 범죄가 조직화되지 않아 소년들이 비합법적인 수단에 접근할 수 없는 지역에서 형성되는 하위문화이다. • 대체로 개인적·비조직적·경미한 범죄(예 과시적 폭력범죄)만 발생하므로 범죄적 하위문화는 형성되지 못한다.
도피적 하위문화	문화적 목표를 추구하는 데에 필요한 합법적인 수단을 이용하기도 어렵고 불법적인 기회도 없는 상황에서 형성되는 하위문화이다. 예 약물중독자·정신장애자·알콜중독자 등 자포자기하여 퇴행적 생활로 도피하는 것

정답 ④

68 클라워드(Cloward)와 올린(Ohlin)의 차별기회이론(differential opportunity theory)에 대한 설명으로 옳지 않은 것은? 23. 교정 9급

① 합법적 수단뿐만 아니라 비합법적 수단에 대해서도 차별기회를 고려하였다.

② 도피 하위문화는 마약 소비 행태가 두드러지게 나타나는 갱에서 주로 발견된다.

③ 머튼의 아노미이론과 서덜랜드의 차별접촉이론으로 하위문화 형성을 설명하였다.

④ 비행 하위문화를 갈등 하위문화(conflict subculture), 폭력 하위문화(violent subculture), 도피 하위문화(retreatist subculture)로 구분하였다.

해설

④ [×] 비행 하위문화의 형태를 '범죄 하위문화', '갈등 하위문화', '도피 하위문화'로 구분하였다.

① [○] 머튼(Merton)의 아노미이론은 비합법적인 수단에 대한 접근가능성을 간과하였다고 비판하면서, 실제 비행 하위문화의 성격은 비합법적인 기회가 어떻게 분포되었는가에 따라 다르며 연관된 비행행위의 종류도 다르다고 주장하였다.

② [○] 비행 하위문화 중 도피 하위문화는 문화적 목표를 추구하는 데 필요한 합법적 수단을 이용하기 어렵고 불법적인 기회도 없는 상황에서 형성되는 하위문화로서, 약물중독자 · 정신장애자 · 알코올중독자 등이 자포자기하여 퇴행적 생활로 도피하는 것을 예로 든다.

③ [○] 머튼(Merton)의 아노미이론과 서덜랜드(Sutherland)의 차별접촉이론을 통합하여, 성공을 위한 목표로의 수단으로는 합법적 · 비합법적 기회구조가 있음을 전제로 하여 차별기회이론을 주장하였다.

정답 ④

69 하위문화이론(Subcultural Theory)에 관한 설명이다. 이와 관련된 〈보기 1〉의 설명과 〈보기 2〉의 학자를 가장 적절하게 연결한 것은? 22. 경행경채

<보기 1>

(가) 하류계층의 비행은 범죄적(criminal), 갈등적(conflict), 은둔(도피)적(retreatist) 유형으로 구분된다.
(나) 하류계층의 청소년들은 중류사회의 성공목표를 합법적으로 성취할 수 없기 때문에 지위좌절(status frustration)이라고 하는 문화갈등을 경험하게 된다.
(다) 하류계층 비행청소년들의 비행하위문화는 비실리적(nonutilitarian), 악의적(malicious), 부정적(negativistic)이라는 특성을 보인다.
(라) 비행과 기회(Delinquency and Opportunity)라는 저서를 통해 불법적인 기회에 대한 접근이 불평등하게 분포되어 있다고 주장하였다.
(마) 신체적 강건함, 싸움능력 등을 중시하는 강인함(toughness)이 하류계층의 주된 관심 중 하나라고 주장한다.

<보기 2>

㉠ 코헨(Cohen)
㉡ 클라워드(Cloward)와 올린(Ohlin)
㉢ 밀러(Miller)

	(가)	(나)	(다)	(라)	(마)
①	㉠	㉡	㉢	㉢	㉡
②	㉡	㉠	㉠	㉡	㉢
③	㉡	㉡	㉠	㉢	㉠
④	㉡	㉠	㉡	㉠	㉢

해설

(가) - ㉡ 클라워드(Cloward)와 올린(Ohlin)은, 차별적 기회구조이론에서 '개인이 성공을 위한 목표를 달성하려고 할 때, 합법적 수단과 비합법적 수단 중 어느 수단을 취하는가'는 사회구조와의 관계에서 '어느 수단을 취할 수 있는 지위에 있는가'에 달려있다고 주장하면서, 비행하위문화의 기본형태를 범죄적 하위문화, 갈등적 하위문화, 도피(은둔)적 하위문화로 구분한다.

(나) - ㉠ 코헨(Cohen)은 비행하위문화이론에서 중산층의 가치나 규범을 중심으로 형성된 사회의 중심문화와 빈곤계층 소년들의 익숙한 생활 사이에서 긴장이나 갈등이 발생한다고 주장한다(지위좌절).

(다) - ㉠ 코헨(Cohen)은 비행하위문화의 특성으로 다면성, 단기쾌락주의, 반항성(부정성), 집단자율성, 비공리성(비합리성, 비실리성), 악의성 등을 제시한다.

(라) - ㉡ 클라워드(Cloward)와 올린(Ohlin)은 목표 달성을 위한 '불법적 수단에 대한 차별적 접근'의 개념을 제시하면서, 합법적 수단뿐만 아니라 불법적 수단에 대해서도 기회의 차별을 고려해야 한다고 주장한다.

(마) - ㉢ 밀러(Miller)는 하위계층문화이론에서 하위계층에는 독자적인 문화규범이 존재하고, 이에 따른 행동이 중류계층문화의 법규범에 위반됨으로써 범죄가 발생한다고 주장하면서, 하층계급에 독특한 문화규범이 생기는 이유는 그들의 관심의 초점(중심가치)이 일반인(중류계층)과 다르기 때문이라고 주장한다. 그가 하위계층의 관심의 초점(중심가치)로 제시하는 것으로는 말썽, 자율성, 숙명, 흥분, 교활, 강인 등이 있다.

정답 ②

70 사회적 범죄원인론의 내용과 이론을 바르게 연결한 것은?

ㄱ. 조직적인 범죄활동이 많은 지역에서는 범죄기술을 배우거나 범죄조직에 가담할 기회가 많으므로 범죄가 발생할 가능성이 큰 반면, 조직적인 범죄활동이 없는 지역에서는 비합법적인 수단을 취할 수 있는 기회가 제한되어 있으므로 범죄가 발생할 가능성이 적다.

ㄴ. 사람들이 법률을 위반해도 무방하다는 관념을 학습한 정도가 법률을 위반하면 안 된다는 관념을 학습한 정도보다 클 때에 범죄를 저지르게 된다.

ㄷ. 사람들은 누구든지 비행으로 이끄는 힘과 이를 차단하는 힘을 받게 되는데, 만일 이끄는 힘이 차단하는 힘보다 강하게 되면 그 사람은 범죄나 비행을 저지르게 되는 반면, 차단하는 힘이 강하게 되면 비록 이끄는 힘이 있더라도 범죄나 비행을 자제하게 된다.

ㄹ. 중산층의 가치나 규범을 중심으로 형성된 사회의 중심문화와 빈곤계층 출신 소년들에게 익숙한 생활 사이에는 긴장이나 갈등이 발생하며, 이러한 긴장관계를 해결하려는 시도에서 비행문화가 형성되어 이로 인해 범죄가 발생한다.

	ㄱ	ㄴ	ㄷ	ㄹ
①	차별적 동일시이론	선택이론	억제이론	하층계급문화이론
②	차별적 기회구조론	차별적 접촉이론	억제이론	비행하위문화이론
③	차별적 기회구조론	억제이론	사회통제이론	문화갈등이론
④	차별적 동일시이론	자아관념 이론	문화갈등이론	아노미이론

해설

② [○] ㄱ.은 클로워드와 오린의 차별적 기회구조론, ㄴ.은 서덜랜드의 차별적 접촉이론, ㄷ.은 레클리스의 봉쇄이론(억제이론), ㄹ.은 코헨의 비행하위문화이론에 해당한다.

정답 ②

71 범죄원인에 대한 설명이다. 각 설명에 해당하는 이론을 바르게 짝지은 것은? 10. 보호

ㄱ. 사람들은 법률을 위반해도 무방하다는 관념을 학습한 정도가 법률을 위반하면 안 된다는 관념을 학습한 정도보다 클 때에 범죄를 저지르게 된다.
ㄴ. 중산층의 가치나 규범을 중심으로 형성된 사회의 중심문화와 빈곤계층 출신 소년들에게 익숙한 생활 사이에는 긴장이나 갈등이 발생하며, 이러한 긴장관계를 해결하려는 시도에서 비행문화가 형성되어 범죄가 발생한다.
ㄷ. 조직적인 범죄활동이 많은 지역에서는 범죄기술을 배우거나 범죄조직에 가담할 기회가 많으므로 범죄가 발생할 가능성이 큰 반면, 조직적인 범죄활동이 없는 지역에서는 비합법적인 수단을 취할 수 있는 기회가 제한되어 있으므로 범죄가 발생할 가능성이 적다.
ㄹ. 사람들은 누구든지 비행으로 이끄는 힘과 이를 차단하는 힘을 받게 되는데, 만일 이끄는 힘이 차단하는 힘보다 강하게 되면 그 사람은 범죄나 비행을 저지르게 된다.

	ㄱ	ㄴ	ㄷ	ㄹ
①	차별적(분화적) 접촉이론	비행하위문화이론	차별적(분화적) 기회구조이론	억제(봉쇄)이론
②	억제(봉쇄)이론	차별적(분화적) 기회구조이론	문화갈등이론	차별적(분화적) 접촉이론
③	차별적(분화적) 접촉이론	차별적(분화적) 기회구조이론	비행하위문화이론	억제(봉쇄)이론
④	억제(봉쇄)이론	비행하위문화이론	차별적(분화적) 기회구조이론	문화갈등이론

해설

① [○] ㄱ.은 서덜랜드의 차별적 접촉이론, ㄴ.은 코헨의 비행하위문화이론, ㄷ.은 클로워드와 오린의 차별적 기회구조이론, ㄹ.은 레크리스의 억제이론에 해당한다.

정답 ①

72 다음 중 학자와 그 주장의 내용이 가장 옳지 않은 것은? 22. 해경간부

① 나이(Nye)는 가정을 사회통제의 가장 중요한 근본이라고 주장하였다.
② 레크리스(W. Reckless)의 봉쇄이론(Containment Theory)은 청소년비행의 요인으로 내적 배출요인과 외적 유인요인이 있다고 하였다.
③ 코헨(Cohen)의 비행하위문화이론은 중산계층이나 상류계층 출신이 저지르는 비행이나 범죄를 설명하지 못하는 한계가 있다.
④ 클로워드(Cloward)와 오린(Ohlin)의 범죄적 하위문화는 합법적인 기회구조와 비합법적인 기회구조 모두가 차단된 상황에서 폭력을 수용한 경우에 나타나는 하위문화이다.

해설

④ [×] 범죄적 하위문화는 비합법적 기회구조가 많은 지역에서 형성되는 하위문화이다, 합법적인 기회구조와 비합법적인 기회구조 모두가 차단된 상황에서 폭력을 수용한 경우에 나타나는 하위문화는 '갈등적 하위문화'이다.
① [○] 나이(Nye)는 가정이 사회통제의 가장 중요한 근본이라고 주장하면서, 청소년의 비행을 예방하는 사회통제의 유형을 분류하였고, 사회통제의 유형 중 가장 효율적인 방법은 비공식적 간접 통제의 방법이라고 보았다.
② [○] 레크리스(W. Reckless)의 봉쇄이론(Containment Theory)에서 범죄유발요인 중 유인은 정상적인 생활로부터 이탈하도록 유인하는 요인(예 나쁜 친구, 비행적 대체문화, 범죄조직, 불건전한 대중매체 등)으로서 외적 요인에 해당하고, 배출은 범죄를 저지르도록 하는 개인의 생물학적·심리적 요소(예 불안, 불만, 내적 긴장, 증오, 공격성, 즉흥성 등)로서 내적 요인에 해당한다.
③ [○] 코헨(Cohen)의 비행하위문화이론은 하류계층 청소년들 사이에서 반사회적 가치나 태도를 옹호하는 비행문화가 형성되는 과정을 집중적으로 다루는 이론으로, 중산층·상류층 소년들이 저지르는 비행이나 범죄는 설명하지 못한다는 비판을 받는다.

정답 ④

73 다음 범죄이론의 내용과 주장자를 올바르게 연결한 것은?

16. 사시

ㄱ. 어떤 사람이 범죄자가 되는 것은 법률 위반을 긍정적으로 생각하는 정도가 부정적으로 생각하는 정도보다 크기 때문이다.
ㄴ. 범죄로 이끄는 힘이 범죄를 차단하는 힘보다 강하면 범죄나 비행을 저지르게 된다.
ㄷ. 성공목표를 달성하기 위한 수단이 주로 사회경제적 계층에 따라 차등적으로 분배되어 목표와 수단의 괴리가 커지게 될 때 범죄가 발생한다.
ㄹ. 개인이 일상적 사회와 맺고 있는 유대가 범죄발생을 통제하는 기능을 하며, 개인과 사회 간의 애착(attachment), 전념(commitment), 참여(involvement), 믿음(belief)의 네 가지 관계를 중요시 한다.
ㅁ. 하류계층의 비행은 범죄적 · 갈등적 · 은둔적 세 가지 차원에서 발생한다.

A. 허쉬(Hirschi)의 사회통제이론
B. 레크리스(Reckless)의 봉쇄이론
C. 클로이드(Cloward)와 올린(Ohlin)의 차별적 기회이론
D. 서덜랜드(Sutherland)의 차별적 접촉이론
E. 머튼(Merton)의 아노미이론

① ㄱ-D, ㄴ-B
② ㄱ-B, ㄷ-E
③ ㄴ-A, ㅁ-C
④ ㄷ-D, ㄹ-A
⑤ ㄹ-D, ㅁ-C

해설

ㄱ-D. 서덜랜드의 차별적 접촉이론에서 범죄학습이 이루어지는 과정에 대한 9가지 명제 중 하나이다.
ㄴ-B. 레크리스의 봉쇄이론에 의하면, 모든 사람들에게는 범죄로 이끄는 범죄유발요인과 범죄를 억제하는 범죄억제요소가 부여되어 있지만, 범죄억제요소가 더 강할 경우 범죄로 나아가지 않는다고 한다.
ㄷ-E. 머튼의 아노미이론에서는 문화적 목표를 달성하기 위한 수단의 확보기회가 차별적이어서 사회적 긴장관계가 형성되고, 구성원의 문화적 목표를 정당한 수단으로 달성할 수 있는 가능성이 없고, 목표달성을 위한 정당한 수단이 별로 강조되지 않는 경우에 일탈행위(범죄)가 발생한다고 본다.
ㄹ-A. 허쉬의 사회통제이론에서는 개인의 생래적인 범죄성향을 통제하는 수단을 개인이 일상적으로 가족 · 학교 · 동료 등 사회와 맺고 있는 유대(연대)라고 보아, 개인이 사회와 유대관계를 맺는 방법을 제시한다(애착, 전념, 참여, 신념).
ㅁ-C. 클로워드와 오린은 머튼의 아노미이론과 서덜랜드의 차별적 접촉이론을 통합하여, 성공을 위한 목표로의 수단에는 합법적 · 비합법적 기회구조가 있음을 전제로 하여, 차별적 기회이론을 제시한다. '개인이 성공을 위한 목표를 달성하려고 할 때 합법적 수단과 비합법적 수단 중 어느 수단을 취하는가'는 사회구조와의 관계에서 '어느 수단을 취할 수 있는 지위에 있는가'에 달려있다고 하면서, 비행하위문화의 형태를 분류하였다(범죄적, 갈등적, 도피적).

정답 ①

74 문화적 비행이론(cultural deviance theory)에 대한 설명으로 옳지 않은 것은? 20. 보호

① 밀러(Miller)는 권위적 존재로부터 벗어나고 다른 사람으로부터 간섭을 받는 것을 혐오하는 자율성(autonomy)이 하위계층의 주된 관심 중 하나라고 한다.

② 코헨(Cohen)은 비행하위문화가 비합리성을 추구하기 때문에 공리성, 합리성을 중요시하는 중심문화와 구별된다고 한다.

③ 코헨(Cohen)의 비행하위문화이론은 중산계층이나 상류계층 출신이 저지르는 비행이나 범죄를 설명하지 못하는 한계가 있다.

④ 클로워드(Cloward)와 오린(Ohlin)의 범죄적 하위문화는 합법적인 기회구조와 비합법적인 기회구조 모두가 차단된 상황에서 폭력을 수용한 경우에 나타나는 하위문화이다.

해설

④ [×] 클로워드와 오린(R. Cloward & L. Ohlin)의 차별적 기회구조이론에서는 비행하위문화의 기본형태를 범죄적 하위문화 · 갈등적 하위문화 · 도피적 하위문화로 구별한다. 여기서 합법적인 기회구조와 비합법적인 기회구조 모두가 차단된 상황에서 폭력을 수용한 경우에 나타나는 하위문화는 '갈등적 하위문화'이다. 범죄적 하위문화는 비합법적 기회구조가 많은 지역에서 형성되는 하위문화로서, 범죄적 가치와 지식이 체계적으로 전승된다는 특징이 있다.

① [○] 밀러(W. Miller)의 하위계층문화이론에 의하면, 하층계급에 독특한 문화규범이 생기는 이유는 그들의 관심의 초점(중심가치)이 일반인(중류계층)과 다르기 때문이라고 하면서, 관심의 초점으로 말썽(사고치기), '자율성(독자성)', 숙명(운명주의), 흥분(자극), 교활(기만), 강인(억셈)을 제시한다.

② [○] 코헨(A. Cohen)의 비행하위문화이론에 의하면, 비행하위문화는 중류계층의 가치와 규범에 대한 반동적 성격을 지닌다고 하면서, 비행하위문화의 특성으로 다면성(변덕), 단기쾌락주의, 반항성(부정성), 집단자율성, '비공리성(비합리성)', 악의성을 제시한다.

③ [○] 코헨(A. Cohen)의 비행하위문화이론은 범죄적 하위문화이론(문화적 비행이론)의 범주에 속하므로, 하위계층의 사람들이 범죄적 하위문화의 영향으로 인하여 범죄로 나아간다는 입장을 전제로 한다. 따라서 중산층 · 상류층 출신 사람들이 저지르는 비행이나 범죄는 설명하지 못한다는 한계를 갖는다.

정답 ④

75 하층계급의 높은 범죄율을 설명하는 이론으로 가장 거리가 먼 것은? 12. 교정

① 머튼의 아노미이론
② 사회해체이론
③ 허쉬의 사회유대이론
④ 일탈하위문화이론

해설

③ [×] 허쉬(T. Hirschi)의 사회유대이론(사회통제이론)에서는 개인적 통제보다 사회적 통제를 강조하여 사회유대의 약화를 비행의 원인으로 본다. 가족 · 학교 · 동료 등과 같은 사회집단에 밀접하게 연대되어 있는 사람은 여간해서 비행행위를 하지 않는다고 하면서, 애착 · 전념 · 참여 · 신념을 사회유대의 요소로 본다.

① [○] 머튼의 아노미이론은 현대사회가 사회 구성원들에게 공통의 목표(예 부의 획득, 좋은 학교에 입학 등)를 강조하면서도 이를 달성하기 위한 합법적인 수단에 접근할 수 있는 가능성은 개인의 능력이나 사회적 계층에 따라 각기 다른 상태에 두고 있고, 수단에 접근할 기회가 제한된 사람들은 목표의 달성을 위하여 수단의 합법성 여부를 무시한 행동(범죄)으로 나아간다는 입장이다. 이는 범죄가 사회구조적 문제로 인해 발생함을 강조하여 하위계층의 범죄율이 높은 이유를 설명하는 이론이다.

② [○] 사회해체이론에 의하면 틈새지역(변이지역, 퇴화과도지역)에서는 사회해체가 발생하여 전통적 사회통제기관들이 규제력을 상실하면 반사회적 가치를 옹호하는 범죄하위문화가 형성되고 계속적으로 주민들 간에 계승됨으로써, 해당 지역에는 높은 범죄율이 유지된다고 한다.

④ [○] 일탈하위문화이론(범죄적 하위문화이론)에서는 사회의 여러 하위문화 중에서 규범의 준수를 경시하거나 반사회적 행동양식을 옹호하는 범죄적 하위문화가 존재하며, 이러한 환경에서 생활하는 사람들은 범죄적 하위문화의 영향으로 인하여 범죄행위에 빠져든다고 본다.

정답 ③

76 범죄학자와 그 견해에 관한 설명으로 가장 적절하지 않은 것은?

23. 2차 경행경채

① 코헨(Cohen)은 하류계층의 비행이 중류계층의 가치와 규범에 대한 저항이라고 설명하였다.
② 클로워드(Cloward)와 올린(Ohlin)은 머튼(Merton)의 아노미이론(Anomie Theory)과 사이크스(Sykes)와 맛차(Matza)의 중화이론(Neutralization Theory)을 확장하여 범죄원인을 설명하였다.
③ 밀러(Miller)는 하류계층에 중류계층의 문화와는 구별되는 독자적인 문화가 있다고 설명하였다.
④ 울프강(Wolfgang)과 페라쿠티(Ferracuti)는 폭력사용이 사회적으로 용인되는 폭력하위문화가 존재한다고 설명하였다.

해설

② [×] 클로워드(Cloward)와 올린(Ohlin)은 머튼(Merton)의 아노미이론과 '서덜랜드의 차별적 접촉이론'을 통합하여, 성공을 위한 목표로의 수단에는 합법적 · 비합법적 기회구조가 있음을 전제로 하여 차별적 기회이론을 제시한다.
① [○] 코헨(Cohen)에 의하면, 비행하위문화는 중류계층의 가치와 규범에 대한 반동(저항)적 성격을 지닌다.
③ [○] 밀러(Miller)는 하위계층에는 독자적인 문화규범이 존재하고, 이에 따른 행동이 중류계층문화의 법규범에 위반됨으로써 범죄가 발생한다고 주장한다.
④ [○] 울프강과 페라쿠티(M. Wolfgang & F. Feracuti)는 지배적인 문화와는 별도로 특정 지역을 중심으로 폭력사용을 용인하고 권장하는 폭력하위문화가 존재한다고 보았다(폭력적 하위문화이론).

정답 ②

77 범죄원인론에 관한 설명 중 옳은 것은?

13. 사시

① 쇼우(Shaw)와 맥케이(Mckay)는 미국 시카고 시의 범죄발생률을 조사하면서, 이 지역에 거주하는 주민의 인종, 국적과 그 지역의 특성이 범죄 발생과 매우 중요한 관련성이 있다고 보았다.
② 허쉬(Hirschi)는 쇼우와 맥케이의 이론이 지역사회의 해체가 어떻게 범죄 발생과 관련되는지를 명확하게 설명하지 못했다고 비판하면서, 사회해체의 원인을 주민이동과 주민이질성의 양 측면에서 파악하였다.
③ 터크(Turk)는 범죄자들이 표류상태에 빠져드는 과정에서 범죄행위를 정당화하고 이를 옹호하는 방법으로 책임의 부정, 가해의 부정, 피해자의 부정, 비난자에 대한 비난, 충성심에의 호소 등을 들었다.
④ 코헨(Cohen)은 중산층의 가치나 규범을 중심으로 형성된 사회의 중심문화와 빈곤계층 출신 소년들이 익숙한 생활 사이에서 긴장이나 갈등이 발생하며 이러한 긴장관계를 해소하려는 시도에서 비행하위문화가 형성된다고 보았다.
⑤ 클로워드(Cloward)와 올린(Ohlin)은 개인이 사회와 유대를 맺는 방법인 애착(attachment), 전념(commitment), 참여(involvement), 믿음(belief)의 정도에 따라 비행을 저지를지 여부가 결정된다고 보았다.

해설

④ [○] 코헨은 밀러의 이론(하위계층문화이론)이 하층문화가 생성되는 과정에 대해서는 관심을 두지 않았다고 비판하면서, 청소년들 사이에 반사회적 가치나 태도를 옹호하는 비행문화가 형성되는 과정을 집중적으로 다루었다. 중산층 문화에 적응하지 못한 하류계층의 소년들이 좌절감을 해소하고 삶에 의미를 부여하기 위해서 다른 하류계층 소년들과 함께 주류문화와 전혀 다른 문화(비행하위문화)를 구성하여 중류계층의 거부에 대한 해결책을 찾는다고 본다.
① [×] 쇼우와 맥케이는 변이지역 내에서 구성원의 인종 · 국적이 바뀌었음에도 불구하고 계속적으로 높은 범죄율을 보인다는 사실을 통해, 지역의 특성과 범죄발생과는 중요한 연관이 있음을 주장하였다. 즉, 범죄 · 비행의 발생은 지역과 관련이 있는 것이지 행위자의 개인적 특성 또는 사회전체의 경제수준 등의 산물이 아니라고 본다.
② [×] 버식(Bursik)의 주장이다. 버식은 쇼우와 맥케이의 이론이 사회해체와 범죄와의 관계를 명확히 설명하지 못하는 한계를 비판하면서, 사회해체의 원인으로 주민이동과 주민이질성에 의한 비공식적 감시기능의 약화 · 행동지배율의 결핍 · 직접통제의 부재 등을 주장한다.
③ [×] 맛차와 사이크스의 중화기술이론의 내용이다.
⑤ [×] 허쉬의 사회유대이론의 내용이다.

정답 ④

78 다음은 네 가지의 사회적 범죄원인론의 내용을 설명한 것이다. 이와 관련이 없는 것은?

- 사람들이 법률을 위반해도 무방하다는 관념을 학습한 정도가 법률을 위반하면 안 된다는 관념을 학습한 정도보다 클 때에 범죄를 저지르게 된다.
- 중산층의 가치나 규범을 중심으로 형성된 사회의 중심문화와 빈곤계층 출신 소년들이 익숙한 생활 사이에는 긴장이나 갈등이 발생하여, 이러한 긴장관계를 해결하려는 시도에서 비행문화가 형성되며 이로 인해 범죄가 발생한다.
- 조직적인 범죄활동이 많은 지역에서는 범죄기술을 배우거나 범죄조직에 가담할 기회가 많으므로 범죄가 발생할 가능성이 큰 반면, 조직적인 범죄활동이 없는 지역에서는 비합법적인 수단을 취할 수 있는 기회가 제한되어 있으므로 범죄가 발생할 가능성이 적다.
- 사람들은 누구든지 범죄나 비행으로 이끄는 힘과 이를 차단하는 힘을 받게 되는데, 만일 이끄는 힘이 차단하는 힘보다 강하게 되면 그 사람은 범죄나 비행을 저지르게 되는 반면, 차단하는 힘이 강하게 되면 비록 이끄는 힘이 있더라도 범죄나 비행을 자제하게 된다.

① 문화갈등이론(culture conflict theory)
② 차별적 기회구조이론(differential opportunity theory)
③ 봉쇄이론(containment theory)
④ 비행하위문화이론(theory of delinquent subculture)

해설
첫 번째 내용은 서덜랜드의 차별적 접촉이론에 대한 것이고, 두 번째 내용은 코헨의 비행하위문화이론(④)에 대한 것이다. 세 번째 내용은 클로워드와 올린의 차별적 기회구조이론(②)에 대한 것이며, 네 번째 내용은 렉크리스의 봉쇄이론(③)에 대한 내용이다.
① [×] 문화갈등이론은 단지 인간의 사회행동을 결정하는 데는 한 사회의 문화적 가치체계가 결정적 작용을 한다는 전제로부터 출발한다. 그리고 일탈행동은 개인이 사회의 지배적 가치와 다른 규범체계, 즉 하위문화 또는 이주자의 생소한 문화로부터 배운 가치체계를 지향할 때 발생하는 것으로 설명한다.

정답 ①

79 울프강(Wolfgang)과 페라쿠티(Ferracuti)의 폭력적 하위문화이론을 설명한 것으로 가장 옳지 않은 것은?

23, 해경간부

① 폭력적 하위문화에서 폭력은 불법적인 행동으로 간주되지 않는다.
② 폭력적 하위문화에서 폭력적 태도는 차별적 접촉을 통하여 형성된다.
③ 폭력적 하위문화라도 모든 상황에서 폭력을 사용하지는 않는다.
④ 폭력적 하위문화는 주류문화와 항상 갈등상태를 형성한다.

해설
④ [×] 폭력적 하위문화이론에 의하면, 폭력적 하위문화는 사회의 주류문화와 완전히 갈등적이거나 분리될 수 없다고 한다.

☑ 폭력적 하위문화이론의 명제

ⓐ 하위문화는 사회의 주류문화와 완전히 갈등적이거나 분리될 수 없다(④).
ⓑ 폭력적 하위문화라도 모든 상황에서 폭력을 사용하지는 않는다(③).
ⓒ 폭력적 하위문화의 개인은 다양한 문제의 해결을 위해 폭력에 잠재적 또는 적극적으로 의지하는 경향을 뚜렷하게 보인다.
ⓓ 폭력적 하위문화에서 폭력성향은 모든 연령대에서 나타나지만, 특히 청소년기 후반부터 중년기까지 연령대에서 가장 확실하게 나타난다.
ⓔ 폭력적 하위문화에서 반대규범은 비폭력적이다.

정답 ④

80 다음 개념을 모두 포괄하는 범죄이론은?

22. 보호

- 울프강(Wolfgang)의 폭력사용의 정당화
- 코헨(Cohen)의 지위좌절
- 밀러(Miller)의 주요 관심(focal concerns)

① 갈등이론
② 환경범죄이론
③ 하위문화이론
④ 정신분석이론

해설

③ [○] 울프강(Wolfgang)의 폭력하위문화이론, 코헨(Cohen)의 비행하위문화이론, 밀러(Miller)의 하위계층문화이론은 '범죄적 하위문화이론'으로 분류된다.

정답 ③

제8장 | 낙인이론과 비판범죄학

제1절 | 낙인이론

01 범죄원인론에 대한 설명으로 옳지 않은 것? 18. 교정

① 낙인이론은 범죄행위에 대한 처벌의 부정적 효과에 주목한다.

② 통제이론은 모든 인간이 범죄를 저지를 수 있는 동기를 가지고 있다고 가정한다.

③ 일반긴장이론은 계층에 따라 범죄율이 달라지는 이유를 설명하는 데 유용하다.

④ 사회해체론은 지역사회의 안정성, 주민의 전·출입, 지역사회의 통제력에 주목한다.

해설

③ [×] 애그뉴(R. Agnew)의 일반긴장이론은 머튼의 이론과 같이 하층계급의 범죄에 국한한 것이 아니라, 사회의 모든 계층의 범죄에 대한 일반론적인 설명을 제공하고자 한다.

① [○] 낙인이론이 관심을 두는 것은 범죄행위가 아니라 범죄행위에 대한 통제기관의 반작용이다. 범죄는 어느 곳에나 골고루 편재되어 있음에도 일부만 처벌되는 것은 결국 사법기관이 범죄자를 선별하여 범죄자로 낙인을 찍기 때문이라는 것이다(형사사법기관의 역할에 대해 회의적 입장).

② [○] 통제이론(Control Theory)은 기존의 범죄이론의 입장과 달리, 범죄연구의 초점을 "개인이 왜 범죄를 행하게 되는가?"의 측면이 아니라 "개인이 왜 범죄로 나아가지 않게 되는가?"의 측면에 맞추는 이론이다(관점의 전환). 범죄행위의 동기는 인간본성의 일부여서 사회 속의 개인은 모두 잠재적 범죄인이기 때문에 범죄이론은 그러한 개인이 "왜 범죄행위에 실패하게 되는가?"를 설명해야 한다고 주장한다.

④ [○] 사회해체이론은 범죄의 발생을 전통적 사회조직의 붕괴로 인한 규범의식의 변화, 사회통제력의 약화 및 반사회적 행위의 보편화에서 기인하는 것으로 본다.

정답 ③

02 범죄학 이론에 대한 설명으로 옳지 않은 것은? 22. 교정

① 레머트(Lemert)는 1차적 일탈과 2차적 일탈의 개념을 제시하였다.

② 허쉬(Hirschi)는 사회통제이론을 통해 법집행기관의 통제가 범죄를 야기하는 과정을 설명하였다.

③ 머튼(Merton)은 아노미 상황에서 긴장을 느끼는 개인이 취할 수 있는 5가지 적응유형을 제시하였다.

④ 갓프레드슨과 허쉬(Gottfredson & Hirschi)는 부모의 부적절한 자녀 양육이 자녀의 낮은 자기통제력의 원인이라고 보았다.

해설

② [×] 허쉬(Hirschi)는 개인적 통제보다 사회적 통제를 강조하여 '사회유대의 약화'를 비행의 원인으로 본다. 가족·학교·동료 등과 같은 사회집단에 밀접하게 연대되어 있는 사람은 여간해서 비행행위를 하지 않는다는 것이다.

① [○] 레머트(Lemert)는 일탈을 개인의 심리구조나 사회적 역할수행에 거의 영향을 주지 않는 일차적 일탈과 사회가 규범 위반으로 규정하는 이차적 일탈로 구별하고, 특히 이차적 일탈을 중시하였다.

③ [○] 머튼(R. Merton)은 대부분의 전통적 범죄가 하류계층에 의해 실행됨을 설명하고자 하며, 개인의 반응양식의 차이는 개인의 속성이 아니라 사회의 문화구조에 의한 것이라고 보았다. 특히 개인의 사회적 긴장에 대한 반응양식은 문화적 목표와 제도화된 수단에 따라 각각 수용과 거부의 조합을 기준으로 5가지의 형태로 나타난다고 하였다.

④ [○] 갓프레드슨과 허쉬(Gottfredson & Hirschi)는 범죄일반이론에서 범죄의 일반적 원인을 범죄발생의 기회와 낮은 자기통제력이라고 보며, 어렸을 때 부정적으로 형성된 자기통제력이라는 내적 성향 요소가 이후 청소년기나 성인기에서 문제행동의 원인이 된다고 하면서, 낮은 자기통제의 형성에 가장 많은 영향을 끼치는 것은 부모의 잘못된 자녀양육이라고 주장하였다.

정답 ②

03 다음 'ㄱ'에서 'ㄹ'까지의 단계 중 낙인이론에서 말하는 '제1차적 일탈'에 속하는 것은?

ㄱ. 甲은 유흥비를 마련하기 위해 이웃의 지갑을 훔쳤다.
ㄴ. 甲은 적발되어 유죄판결을 받고 교도소에 수용되었다.
ㄷ. 교도소에서 甲은 동료 수형자 乙로부터 교묘한 절도수법을 배웠다.
ㄹ. 甲은 함께 출소한 乙과 어울려 빈집털이를 하였다.

① ㄱ
② ㄴ
③ ㄷ
④ ㄹ

해설

① [○] 레머트는 일탈의 유형을 개인의 심리구조나 사회적 역할수행에 거의 영향을 주지 않는 일차적 일탈과 사회가 규범위반으로 규정하는 이차적 일탈로 구별한다. 일차적 일탈은 우연적·일시적 일탈로서 그 원인은 사회적·심리적·문화적 상황 등 다양하다. 이는 개인의 자아정체감이 훼손되지 않은 상태에서 발생하는 행위로서, 학생들이 재미로 물건을 훔치는 상점절도 등을 예로 들 수 있다.

정답 ①

04 낙인이론에 관한 설명 중 옳은 것은?

① 범죄의 사회구조적 원인을 규명하려는 거시적 이론이다.
② 규범의 내용에 관한 사회적 합의를 강조한다.
③ 범죄자에 대한 사회적 반응을 중시한다.
④ 주로 초범의 범죄원인을 규명하는데 탁월한 장점을 지닌다.

해설

③ [○] 낙인이론이란 일탈을 행위의 차원에서 분석하지 않고 사회와 일탈자의 상호작용의 차원에서 분석하여, 사회구성원들로부터 일탈자에게 주어진 일탈을 할 것이라는 역할기대에 대하여 일탈자가 어떻게 반응하고 그 역할에 동화해 나가는가를 단계적으로 밝히고자 하는 것이다.
① [×] 낙인이론은 행위자의 주관적 사고과정을 중심으로 범죄현상을 설명하는 미시적 이론에 해당한다.
② [×] 낙인이론은 법률에 의하여 금지되는 범죄에 대한 일반적인 합의를 전제하는 합의론적 관점이 아니라 상호작용론적 관점에서 범죄를 바라보는 것이다. 낙인이론에서 관심을 두는 것은 범죄행위가 아니라 범죄행위에 대한 통제기관의 반작용이다.
④ [×] 인간이 사회적인 반응이 없어도 스스로 범죄자가 될 수 있다는 점을 간과한 이론이라는 비판이 있다.

정답 ③

05 낙인이론에 관한 설명으로 옳은 것은?

① 일탈의 의미에 대한 사회적 합의가 매우 확고하다고 본다.
② 일탈자에 대한 사회적 반응보다는 일탈자의 개인적 특성에 연구의 초점을 맞춘다.
③ 일탈과 사회의 구조적 불평등간의 관계에 대한 거시적 고찰에 중점을 둔다.
④ 이른바 일차적 일탈의 원인을 해명하는 데에는 별로 관심이 없다.

해설

④ [○] 낙인이론에서는 일차적 일탈에 대해 우연적·일시적 일탈로서 그 원인은 다양하다고 본다.
① [×] 낙인이론에서는 범죄란 일정한 행위속성의 결과가 아니고, 통제기관에 의해 범죄로 규정된다고 본다.
② [×] 낙인이론이 관심을 두는 것은 범죄행위가 아니라 범죄행위에 대한 통제기관의 반작용이므로, 일탈자에 대한 사회적 반응(낙인)에 중점을 둔다.
③ [×] 낙인이론은 범죄의 사회구조적 원인을 간과하였다는 비판을 받으며, 이는 비판범죄학의 형성계기가 되었다.

정답 ④

06 낙인이론에 대한 설명으로 옳지 않은 것은? 18. 보호

① 낙인이론은 범죄행위에 대하여 행해지는 부정적인 사회적 반응이 범죄의 원인이라고 보며 이를 통해 1차적 일탈과 2차적 일탈의 근본원인을 설명한다.
② 탄넨바움(Tannenbaum)에 따르면, 청소년의 사소한 비행에 대한 사회의 부정적 반응이 그 청소년으로 하여금 자신을 부정적인 사람으로 인식하게 한다.
③ 레머트(Lemert)에 따르면, 1차적 일탈에 대한 사회적 반응이 2차적 일탈을 저지르게 한다.
④ 베커(Becker)에 따르면, 일탈자라는 낙인은 그 사람의 사회적 지위와 타인과의 상호작용에 부정적인 영향을 미친다.

해설

① [×] 낙인이론은 초범(1차적 일탈)의 경우에는 설명이 부족하다는 비판을 받는다.
② [○] 탄넨바움(Tannenbaum)에 따르면, 사회에서 범죄자로 규정되는 과정은 일탈 강화의 악순환으로 작용하여 오히려 범죄로 비난받는 특성을 자극하여 강화시켜 준다(악의 극화).
③ [○] 레머트(Lemert)는 1차적 일탈자를 2차적 일탈자로 악화시킴에 따른 공식반응이 미치는 낙인효과를 지적한다.
④ [○] 베커(Becker)에 따르면, 범죄자로 낙인을 찍는 것은 사회적 지위와 같은 효과를 낳게 하여 사회생활에 가장 직접적이고 중요한 '주지위(master status)'의 작용을 한다.

정답 ①

07 낙인이론에 관한 설명으로 옳은 것은?

① 범죄원인을 자본주의 체제의 구조적 모순에서 찾는다.
② 범죄행위에 대한 범죄통제기관의 반작용과 그 영향에 무관심하다는 비판이 있다.
③ 처벌이 범죄를 억제하기 보다는 오히려 증가시킨다고 본다.
④ 다이버전(diversion)에 대하여는 사회적 통제망 확대를 통하여 낙인효과를 증대시킨다는 이유로 반대한다.

해설

③ [○] 낙인이론에서는 처벌이 오히려 일차적 일탈자에게 오명을 씌우고, 사법제도의 불공정성을 자각하게 하고, 제도적으로 강제당하게 함으로써 이차적 일탈자로 발전시키는 데 더욱 심각한 효과를 초래한다고 한다.

① [×] 갈등이론의 입장이다.

② [×] 낙인이론이 관심을 두는 것은 범죄행위가 아니라 범죄행위에 대한 통제기관의 반작용이다. 범죄는 어느 곳에나 골고루 편재되어 있음에도 일부만 처벌되는 것은 결국 사법기관이 범죄자를 선별하여 범죄자로 낙인을 찍기 때문이라는 것이다.

④ [×] 낙인이론의 형사정책적 목적은 비범죄화 · 비형벌화 · 전환(다이버전) · 비시설처우이다. 전환(다이버전)에 대해서는 지문과 같은 비판이 제기된다.

정답 ③

08 낙인이론(labeling theory)에 관한 설명 중 옳지 않은 것은?

① 규범이나 가치에 대하여 단일한 사회적 합의가 존재한다는 관점에 입각하고 있다.

② 낙인이론은 범죄 내지 일탈행위를 사회 자체 또는 그 구성원 일반과 일탈자의 상호작용으로 파악하는 데 그 이론적 특징이 있다.

③ 낙인이론에 의하면 범죄현실은 범죄행위의 구조와 범죄자의 선별로써 결정되며, 그 결정은 사회적 강자가 내린다고 한다.

④ 비범죄화(decriminalization), 전환(diversion) 등은 낙인이론이 형사정책적으로 의도하는 목적이라고 할 수 있다.

해설

① [×] 낙인이론은 법률에 의하여 금지되는 범죄에 대한 일반적인 합의를 전제하는 합의론적 관점이 아니라 상호작용론적 관점에서 범죄를 바라보는 것이다.

정답 ①

09 〈보기 1〉의 이론과 〈보기 2〉의 내용을 연결한 것 중 옳은 것은?

<보기 1>

ㄱ. 억제이론(deterrence theory)
ㄴ. 낙인이론(labeling theory)
ㄷ. 일상생활이론(routine activity theory)
ㄹ. 합리적 선택이론(rational choice theory)

<보기 2>

A. 맞벌이부부의 증가로 빈집이 늘어나면서 절도범죄가 증가한다.
B. 친구들에게서 '나쁜 놈'이라는 놀림을 받다가 결국에는 범죄인이 되었다.
C. 수질오염방지시설을 정상적으로 가동하는 것보다 적발되더라도 벌금을 내는 것이 경제적으로 더 유리하다.
D. 자동차 운전자의 과속운전은 무인속도측정기가 설치된 지역에서 줄어든다.

① ㄱ－B
② ㄴ－A
③ ㄷ－D
④ ㄹ－C

해설

④ [○] ㄹ-C. 인간은 범죄로 인한 효용과 손실의 크기를 비교하여 범행 여부를 결정한다는 합리적 선택이론의 입장이다.

① [×] ㄱ-D. 억제이론에서 형벌의 확실성을 강조하는 표현이다.

② [×] ㄴ-B. 사회적 반작용(낙인)을 중시하는 낙인이론의 입장이다.

③ [×] ㄷ-A. 범죄는 잠재적 범죄자, 적절한 범행대상, 감시자의 부존재라는 세 가지 요소에 의해 결정된다는 일상생활이론의 입장이다.

정답 ④

10 낙인이론에 대한 설명 중 가장 적절하지 않은 것은?

22. 간부(72)

① 레머트(Lemert)는 조직적이고 일관성 있게 일어나는 일차적 일탈을 막기 위해서는 지역사회의 관심과 역할이 중요하다고 주장하였다.

② 탄넨바움(Tannenbaum)은 『범죄와 지역공동체』(Crime and the Community, 1938)라는 저서에서 소년들이 지역사회로부터 범죄자로 낙인되는 과정을 묘사하였다.

③ 패터노스터(Paternoster)와 이오반니(Iovanni)에 의하면 낙인이론의 뿌리는 갈등주의와 상징적 상호작용이론으로 볼 수 있다.

④ 낙인이론에 따르면 범죄자의 인구통계학적 특성에 따라 낙인 가능성 및 정도가 달라질 수 있다.

해설

① [×] 레머트(Lemert)는 일탈을 개인의 심리구조나 사회적 역할수행에 거의 영향을 주지 않는 일차적 일탈과 사회가 규범위반으로 규정하는 이차적 일탈로 구별하고, 특히 이차적 일탈을 중시하였다. 여기서 일차적 일탈은 '우연적 · 일시적 일탈'인데, 일차적 일탈의 구체적 원인이나 이에 대한 방지대책에 관하여는 관심이 없다.

② [○] 탄넨바움(Tannenbaum)은 사회에서 범죄자로 규정되는 과정이 일탈 강화의 악순환으로 작용하여 오히려 범죄로 비난받는 특성을 자극하여 강화시켜 준다고 주장하며, 이를 '악의 극화(dramatization of evil)'라고 하였다. 그는 악의 극화를 만들지 않는 것이 청소년비행을 줄이는 방안이라고 주장하였다.

③ [○] 낙인이론은 형사사법제도의 불공정성과 처벌의 부정적 효과를 지적하는데, 패터노스터(Paternoster)와 이오반니(Iovanni)에 의하면 그 근원은 갈등이론과 상징적 상호작용이론에 있다고 볼 수 있다.

④ [○] 낙인이론에서는 범죄자의 연령, 사회경제적 지위, 인종 등의 특성에 따라 형사사법기관의 결정(낙인 여부)이 차별적으로 작용한다고 본다.

정답 ①

11 낙인이론에 관한 설명으로 옳지 않은 것은?

① 전통적 · 심리학적 · 다원적 범죄원인론을 배격하고, 법집행기관을 주요 연구대상으로 삼았다.

② 일탈행위의 분석방법으로 자기보고나 참여관찰을 병용할 필요성을 강조하였다.

③ 범죄의 원인보다 범죄자에 대한 사회적 반응을 중시하고, 사회적 금지가 일탈행위를 유발하거나 강화시킨다고 주장하였다.

④ 공식적 처벌은 특정인에게 낙인을 가함으로써 범죄를 양산하는 것보다 오히려 범죄를 억제하는 효과가 더 크다고 주장하였다.

해설

④ [×] 낙인이론에서는 범죄자에 대한 사회제재에 낙인으로 인한 악화(이차적 일탈)의 측면이 있음을 지적하면서 비시설처우를 주장한다. 다만, 낙인이론에서도 중한 범죄에 대해서는 형벌의 위하 · 개선적 효과를 무시하지는 않는다고 한다.

정답 ④

12 범죄원인에 관한 이론과 그에 대한 비판으로 옳지 않은 것만으로 묶인 것은?

ㄱ. 차별접촉이론: 과실범과 격정범 등의 범죄는 설명하기 쉬우나 청소년비행은 설명하기 어렵다.
ㄴ. 문화갈등이론: 이민사회의 다양한 문화를 전제로 한 이론이기 때문에 범죄원인론으로 보편화하는 데는 한계가 있다.
ㄷ. 범죄정상이론: 범죄를 옹호한다는 비판이 있다.
ㄹ. 머튼(R. Merton)의 아노미이론: 과실범, 격정범 및 상류계층의 경미한 재산범죄 등을 설명할 수 없다.
ㅁ. 낙인이론: 일탈의 생성에 있어서 행위자의 속성을 너무 강조한다.

① ㄱ, ㄴ ② ㄱ, ㅁ
③ ㄴ, ㄷ ④ ㄹ, ㅁ

해설

ㄱ. [×] 차별적 접촉이론은 청소년비행의 설명에는 설득력이 있지만, 과실범이나 격정범 등의 설명에는 적합하지 않다는 비판을 받는다.
ㅁ. [×] 낙인이론은 일탈행위를 행위의 차원에서 보지 않고 사회와 일탈자의 상호작용의 차원에서 분석한다. 행위자가 어떤 행위를 하였는가는 전혀 중요하지 않게 되고, 행위자에 대한 사회통제기관의 작용만이 연구의 대상이 된다는 점에서 비판을 받는다.

정답 ②

13 각각의 항목에 대한 학설 대립을 잘못 설명한 것은? 10. 사시

① 아노미의 발생원인: 뒤르껭(Durkheim)은 아노미란 현재의 사회구조가 구성원 개인의 욕구나 욕망에 대한 통제력을 유지할 수 없을 때 발생한다고 본 반면, 머튼(Merton)은 문화적 목표와 이를 달성하기 위한 제도적 수단 사이에 간극이 있을 때 구조적 긴장이 생기고 여기에서 아노미가 발생한다고 보았다.
② 하위문화의 성격: 밀러(Miller)는 하위문화란 중상류층의 보편적인 문화에 대항하고 반항하기 위해서 형성되는 것이라고 생각한 반면, 코헨(Cohen)은 하위문화를 하위계층의 고유문화로 보았다.
③ 범죄피해 발생원인: 생활양식·노출이론(Lifestyle-Exposure Theory)이 사회계층별 '범죄자 접촉기회'와 '범죄위험에의 노출'이라는 구조적 요소를 중시한 반면, 일상활동이론(Routine Activity Theory)은 '범죄대상으로서의 매력'이나 '감시의 부재'와 같은 상황적 요소를 중시한다.
④ 범행학습과정: 서덜랜드(Sutherland)의 차별적 접촉이론은 범행의 학습은 주로 친밀한 사적 집단 안에서 이루어진다고 보았으나, 글레이저(Glaser)의 차별적 동일시이론은 범죄를 학습할 수 있는 대상이 텔레비전이나 영화의 주인공처럼 관념상의 인간으로까지 확장될 수 있다고 보았다.
⑤ 이차적 일탈로의 발전: 슈어(Schur)에 의하면 이차적 일탈로의 발전은 레머트(Lemert)의 주장처럼 정형화된 발전단계를 거치는 것이 아니라, 그 사람이 사회적 반응에 어떻게 반응하느냐에 따라 외부적 낙인이 자아정체성에 영향을 미칠 수도 있고 미치지 않을 수도 있다고 한다.

해설

② [×] 밀러에 의하면 하위문화는 사회의 주류문화에 대하여 다른 가치를 가지는 문화로 파악된다. 따라서 범죄 및 일탈은 병리적인 행위도 아니고 중산층 규범에 대항하는 반작용도 아니며, 단지 자기가 소속된 해당문화에 충실한 행위일 뿐이라는 것이다. 반면 코헨에 의하면 중산층 문화에 적응하지 못한 하류계층의 소년들이 그들의 좌절감을 해소하고 자신들의 삶에 의미를 부여하기 위해서 다른 하류계층 소년들과 함께 주류문화의 가치체계와 전혀 다른 문화(비행하위문화)를 구성하여 중류계층의 거부에 대한 해결책을 찾는다고 본다.

정답 ②

14 낙인이론에 대한 설명으로 옳은 것을 모두 고른 것은? 10. 보호

> ㄱ. 낙인이론은 형사입법자나 법집행종사자들의 가치관과 행동양식 등을 그 연구대상으로 한다.
> ㄴ. 낙인이론은 일탈이나 범죄라는 현상을 해명하는데 있어서 행위자에 대한 다른 사람의 사회적 반응을 중요한 변수로 취급한다.
> ㄷ. 낙인이론은 범죄현상을 파악함에 있어서 범죄자의 입장보다 범죄피해자의 입장에서 접근한다.
> ㄹ. 낙인이론은 형사정책상 비범죄화, 사법우회절차, 비형벌화, 비시설치우 등의 결론으로 표현된디.

① ㄱ, ㄴ, ㄷ
② ㄱ, ㄴ, ㄹ
③ ㄴ, ㄷ
④ ㄴ, ㄷ, ㄹ

해설

ㄷ. [×] 낙인이론은 범죄는 일정한 행위의 속성이 아니고 오히려 귀속 또는 낙인의 과정에서 생긴 산물이라고 본다. 낙인이론이 관심을 두는 것은 범죄행위가 아니라 범죄행위에 대한 통제기관의 반작용이다. 범죄는 어느 곳에나 골고루 편재되어 있음에도 그중 일부만 처벌되는 것은 결국 사법기관이 범죄자를 선별하여 범죄자로 낙인을 찍기 때문이라는 것이다.

정답 ②

15 낙인이론에 대한 설명으로 가장 옳지 않은 것은? 22. 해경간부

① 슈어(Schur)는 이차적 일탈로의 발전은 정형적인 것이 아니며 사회적 반응에 대한 개인의 적응 노력에 따라 달라질 수 있다고 주장하였다.
② 베커(Becker)는 일탈자라는 낙인은 그 사람의 지위를 대변하는 주된 지위가 되어 다른 사람들과의 상호작용에 부정적인 영향을 미치는 요인이 되는 것으로 설명하였다.
③ 형사사법기관의 역할에 대해 회의적이며, 공식적 낙인은 사회적 약자에게 차별적으로 부여될 가능성이 높다고 본다.
④ 레머트(Lemert)는 일탈행위에 대한 사회적 반응은 크게 사회구성원에 의한 것과 사법기관에 의한 것으로 구분할 수 있고, 현대사회에서는 사회구성원에 의한 것이 가장 권위 있고 광범위한 영향력을 행사하는 것으로 보았다.

해설

④ [×] 레머트(Lemert)는 일탈에 대한 사회적 반응을 사회구성원의 비공식반응과 사법기관의 공식반응으로 나누고, '사법기관의 공식반응이 가장 영향력이 크다'고 본다.
① [○] 슈어(Schur)는 낙인을 받았더라도 바로 이차적 일탈로 이어지는 것은 아니며, 어떤 범죄자는 낙인을 수용하지 않고 성공적 변호와 협상(낙인에 대한 개인적 적응)으로 그 낙인을 벗어날 수도 있다고 보았다(낙인 과정의 협상적 측면).
② [○] 베커(Becker)는 범죄자로 낙인을 찍히는 것이 사회적 지위와 같은 효과를 낳게 하여 사회생활에 가장 직접적이고 중요한 주지위(master status)의 작용을 한다고 주장한다. 즉, 사회의 주도적 집단(도덕적 기업가)으로 대변되는 기득권층이 만든 법을 지위가 낮은 사람이 위반하면 일탈자라 낙인 찍고(아웃사이더), 이는 그의 주지위(master status)가 되어 이후 교육과 직업 등에 방해받으며 결과적으로 일탈을 계속하게 만든다는 것이다.
③ [○] 낙인이론에서는 범죄는 어느 곳에나 골고루 편재되어 있음에도 일부만 처벌되는 것은 결국 사법기관이 범죄자를 선별하여 범죄자로 낙인을 찍기 때문이라고 본다(형사사법기관의 역할에 대해 회의적 입장). 또한 이러한 공식적 낙인은 사회적 약자에게 차별적으로 부여될 가능성이 높다고 본다.

정답 ④

16 낙인이론(labeling theory)에 관한 설명 중 옳지 않은 것은? 11. 사시

① 범죄는 일정한 행위속성의 결과가 아니라 통제기관에 의해 범죄로 규정된다고 한다.
② 탄넨바움(F. Tannenbaum)은 일탈행위를 1차적 일탈과 2차적 일탈로 구분한다.
③ 베커(H. Becker)는 낙인이 그 사람의 지위를 대변하는 주지위(master status)가 되므로 다른 사람들과의 원활한 상호작용에 부정적인 영향을 미치는 장애요인이 된다고 한다.
④ 슈어(E. Schur)는 사회적 낙인보다 스스로 일탈자라고 규정함으로써 2차적 일탈에 이르는 경우도 있다는 점을 강조한다.
⑤ 초범의 범죄원인을 제대로 설명할 수 없다.

해설

② [×] 레머트(E. Lemert)는 일탈을 개인의 심리구조나 사회적 역할수행에 거의 영향을 주지 않는 일차적 일탈과 사회가 규범위반으로 규정하는 이차적 일탈을 구별한다.

☑ 일차적 일탈과 이차적 일탈

일차적 일탈	우연적·일시적 일탈로서 그 원인은 사회적·심리적·문화적 상황 등 다양하다. 개인의 자아정체감이 훼손되지 않은 상태에서 발생하는 행위로서, 학생들이 재미로 물건을 훔치는 상점절도 등을 예로 들 수 있다.
이차적 일탈	일차적 일탈에 대해 사회제재가 가해지면서 공식적으로 일탈자라는 낙인을 받게 되고, 그것이 하나의 사회적 지위로 작용하여 종국적으로 행위자의 반응에 의해 그것에 상응하는 규범위반행위를 하게 되는 것을 의미한다. 이는 행위자의 정체성이나 사회적 역할의 수행에 중요한 영향을 미치게 된다.

정답 ②

17 낙인이론에 대한 설명으로 옳은 것만을 모두 고르면? 20. 교정

ㄱ. 일탈·범죄행위에 대한 공식적·비공식적 통제기관의 반응(reaction)과 이에 대해 일탈·범죄행위자 스스로가 정의(definition)하는 자기관념에 주목한다.
ㄴ. 비공식적 통제기관의 낙인, 공식적 통제기관의 처벌이 2차 일탈·범죄의 중요한 동기로 작용한다고 본다.
ㄷ. 범죄행동은 보상에 의해 강화되고 부정적 반응이나 처벌에 의해 중단된다고 설명한다.
ㄹ. 형사정책상 의도하는 바는 비범죄화, 탈시설화 등이다.

① ㄴ, ㄹ ② ㄱ, ㄴ, ㄷ
③ ㄱ, ㄴ, ㄹ ④ ㄴ, ㄷ, ㄹ

해설

ㄱ. [○] 낙인이론에서는 범죄란 일정한 행위속성의 결과가 아니고, 통제기관에 의해 범죄로 규정된다고 본다. 또한, 이차적 일탈은 일차적 일탈에 대한 제재를 공격·방어하기 위한 동기에서 발생하거나, 일탈자라는 사회적 낙인이 스스로를 일탈자로 자아규정하게 함으로써 발생하기도 한다고 본다.
ㄴ. [○] 낙인이론에서는 일탈에 대한 사회적 반응을 사회구성원의 반응(비공식적 통제기관의 낙인)과 사법기관의 공식반응(공식적 통제기관의 처벌)으로 나누기도 한다.
ㄷ. [×] 낙인이론에서는 범죄행동(일차적 일탈)에 대한 통제기관의 반응(처벌)으로 인하여 또 다른 범죄(이차적 일탈)로 나아가게 된다고 본다. 범죄행동은 보상에 의해 강화되고 부정적 반응이나 처벌에 의해 중단된다고 설명하는 이론은 버제스와 에이커스의 '차별적 강화이론'이다.
ㄹ. [○] 낙인이론의 형사정책적 목표는 비범죄화, 비형벌화, 전환(다이버전), 비시설처우(탈시설화) 등이다(4D정책).

정답 ③

18 각각의 범죄원인론에 대한 비판을 잘못 연결한 것은? 12. 사시

① 베카리아(Beccaria)의 고전학파이론 - 형벌중심의 범죄원인론으로서, 범죄를 유발하는 외부적 영향에 대한 고려가 부족하다.

② 머튼(Merton)의 아노미이론 - 범죄통계에서 범죄자가 하류계층에 가장 많은 이유를 설명하지 못한다.

③ 코헨(Cohen)의 비행하위문화이론 - 하위계층의 비행소년들이 자신의 행동을 후회하는 이유를 설명하지 못한다.

④ 레클리스(Reckless)의 자아관념이론 - 긍정적 자아관념이 어떻게 생성되는가를 설명하지 못한다.

⑤ 낙인이론 - 인간이 사회적인 반작용 없이도 범죄자가 될 수 있다는 점을 간과하였으며, 특히 초범의 범죄원인을 설명하지 못한다.

해설

② [×] 머튼(Merton)의 아노미이론은 최근 증가하는 '중산층이나 상류층의 범죄를 설명하는 데는 한계'를 나타냄으로써 범죄원인의 일반이론으로 보기는 힘들다는 비판을 받는다.

① [○] 고전학파이론은 범죄현상을 형벌 중심의 범죄원인론에 한정하여 사변적으로 고찰하였기에, 범죄를 본인이 자기 이익을 충족하기 위해 스스로 선택하는 것이라고 인식하여 범죄를 저지를 수밖에 없는 외부적 영향(소질 · 환경)에 대한 고려가 부족하다는 비판을 받는다.

③ [○] 코헨(Cohen)의 비행하위문화이론은 중산층의 가치나 규범을 중심으로 형성된 사회의 중심문화와 빈곤계층 소년들이 익숙한 생활 사이에 긴장이나 갈등이 발생하며, 이러한 긴장관계를 해소하려는 시도에서 비행하위문화가 형성되고, 비행소년들은 이러한 비행하위문화의 특성을 중시하는 생활을 하게 된다는 주장이다. 그러나 실제 체포된 비행소년들의 대부분은 자신의 행동을 후회하고 뉘우치므로, 이들의 행위를 비행하위문화의 영향을 받은 것으로 보기 힘들다는 비판이 있다.

④ [○] 레클리스(Reckless)는 범죄유발요인과 범죄억제요소를 내용으로 하는 봉쇄이론(견제이론)을 주장하면서 범죄억제요소 중 내부적 억제요소를 강조하여 내부적 억제요소가 적절하게 형성되는 것은 자아관념(자기관념)에 달려있다고 본다. 이러한 자아관념은 가정교육의 영향을 받아 12세 이전에 대체로 형성된다고 보나, 좋은 자아관념(긍정적 자아관념)이 구체적으로 어떻게 생성되는 것인가에 대한 설명이 부족하다는 비판을 받는다.

⑤ [○] 낙인이론이 관심을 두는 것은 범죄행위가 아니라 범죄행위에 대한 통제기관의 반작용이다. 범죄는 어느 곳에나 골고루 편재되어 있음에도 일부만 처벌되는 것은 결국 사법기관이 범죄자를 선별하여 범죄자로 낙인을 찍기 때문이라는 것이다. 그러나 낙인이론은 일탈자와 사회 간의 상호작용을 지나치게 과장하고 있고, 특히 초범(일차적 일탈)의 경우에는 설명이 부족하며, 일탈자의 주체적 특성을 무시한다는 등의 비판을 받는다.

정답 ②

19 낙인이론에 대한 설명으로 옳지 않은 것은? 12. 보호

① 낙인이론을 형성하는 기본개념으로 상징적 상호작용론, 악의 극화, 충족적 자기예언의 성취 등을 들 수 있다.

② 형사사법기관의 역할에 대해 회의적이며, 공식적 낙인은 사회적 약자에게 차별적으로 부여될 가능성이 높다고 본다.

③ 낙인이론은 주로 2차적인 일탈보다는 개인적 · 사회적 원인들로부터 야기되는 1차적인 일탈을 설명하는 것이 핵심이다.

④ 낙인이론에 입각한 범죄대응 정책으로는 전환제도(diversion), 비시설화, 비범죄화 그리고 적정절차(due process) 등을 들 수 있다.

해설

③ [×] 낙인이론에서는 일탈을 개인의 심리구조나 사회적 역할수행에 거의 영향을 주지 않는 1차적 일탈과 사회가 규범위반으로 규정하는 2차적 일탈로 구별하고, 특히 2차적 일탈을 중시한다.

① [○] 낙인이론은 일탈자로 낙인찍힌 자와 이러한 낙인을 찍는 자의 상호작용을 중시하고, 사회에서 범죄자로 규정되는 과정은 일탈강화의 악순환으로 작용하며, 2차적 일탈은 일탈자라는 사회적 낙인이 스스로를 일탈자로 자아규정하게 함으로써 발생하기도 한다고 본다.

② [○] 범죄는 어느 곳에나 골고루 편재되어 있음에도 일부만 처벌되는 것은 결국 사법기관이 범죄자를 선별하여 범죄자로 낙인을 찍기 때문이라고 본다.

④ [○] 낙인이론의 형사정책적 목적은 비범죄화 · 비형벌화 · 전환 · 비시설처우이다(4D원칙). 여기에 법의 적정절차를 덧붙여 5D원칙이라고도 한다.

정답 ③

20 낙인이론에 관한 설명 중 옳지 않은 것은?

14. 사시

① 다이버전(diversion)의 확대나 비범죄화 등 인도주의적 형사정책을 주장하는 근거가 된다.

② 범죄행위보다는 범죄행위에 대한 통제기관의 반작용에 관심을 가진다.

③ 레머트(Lemert)에 의하면 이차적 일탈은 일반적으로 오래 지속되며, 행위자의 정체성이나 사회적 역할들의 수행에 중요한 영향을 미친다.

④ 범죄의 원인을 범죄자의 개인적 특징에서 찾는다.

⑤ 일차적 일탈의 원인이나 범죄피해자에 대한 관심이 적다는 비판이 있다.

해설

④ [×] 낙인이론에서는 범죄란 일정한 행위속성의 결과가 아니고, 통제기관에 의해 범죄로 규정된다고 본다. 즉, 범죄는 일정한 원인에 의해 발생하는 것이 아니라 사법기관의 낙인에 의해 선별적으로 만들어진다고 본다(패러다임의 전환).

① [○] 낙인이론은 기존의 범죄원인론을 비판하고, 비판범죄학과 더불어 인도적 형사정책을 옹호하였다. 또한, 소년범죄자 · 경미범죄자 · 과실범죄자의 경우 재범방지(이차적 일탈의 방지)에 대한 대책의 수립에 영향을 주었다(4D정책, 비범죄화 · 비형벌화 · 전환 · 비시설처우).

② [○] 낙인이론이 관심을 두는 것은 범죄행위가 아니라 범죄행위에 대한 통제기관의 반작용이다. 범죄는 어느 곳에나 골고루 편재되어 있음에도 일부만 처벌되는 것은 결국 사법기관이 범죄자를 선별하여 범죄자로 낙인을 찍기 때문이라는 것이다(형사사법기관의 역할에 대해 회의적 입장).

③ [○] 이차적 일탈이란 일차적 일탈에 대해 제재가 가해지면서 일탈자라는 공식적 낙인을 받게 되고, 그것이 사회적 지위로 작용하여 상응하는 규범위반행위를 하게 되는 것이다. 이는 행위자의 정체성이나 사회적 역할의 수행에 중요한 영향을 미친다.

⑤ [○] 낙인이론에 대해서는 일탈자와 사회간의 상호작용을 지나치게 과장하고 있고, 특히 초범(일차적 일탈)의 경우에는 설명이 부족하다는 비판이 제기된다.

정답 ④

21 낙인이론이 주장하는 형사정책적 결론에 부합하는 것만을 모두 고른 것은?

14. 보호

ㄱ. 기존 형법의 범죄목록 중에서 사회변화로 인하여 더 이상 사회위해성이 없는 행위로 평가되는 것은 범죄목록에서 삭제해야 한다.
ㄴ. 가능한 한 범죄에 대한 공식적 반작용은 비공식적 반작용으로, 중한 공식적 반작용은 경한 공식적 반작용으로 대체되어야 한다.
ㄷ. 가능한 한 범죄자를 자유로운 공동체 내에 머물게 하여 자유로운 상태에서 그를 처우하여야 한다.
ㄹ. 범죄자의 재사회화가 성공적으로 이루어진 후에는 그의 사회적 지위를 되돌려주는 탈낙인화가 뒤따라야 한다.

① ㄱ, ㄷ　　② ㄴ, ㄹ

③ ㄱ, ㄴ, ㄷ　　④ ㄱ, ㄴ, ㄷ, ㄹ

해설

낙인이론의 형사정책적 목적은 비범죄화, 비형벌화, 전환, 비시설처우(탈제도화)이다(4D원칙). 여기에 법의 적정절차(due process)를 덧붙여 5D원칙이라고도 한다.

ㄱ. [○] 비범죄화(decriminalization)에 대한 주장이다.

ㄴ. [○] 전환(diversion)에 대한 주장이다.

ㄷ. [○] 비시설처우(탈시설화, deinstitutionalization)에 대한 주장이다.

ㄹ. [○] 다른 견해에 따르면 비범죄화, 전환, 탈시설수용화, '탈낙인화(destigmatization, 이미 행해진 사회통제적 낙인은 재사회화가 성과있게 이루어진 후에는 피낙인자에게 그의 사회적 지위를 되돌려 주어야 한다는 것)'가 낙인이론의 형사정책적 결론으로 주장되기도 한다.

정답 ④

22 전과자 A는 교도소에서 배운 미용기술로 미용실을 개업하여 어엿한 사회인으로 돌아오고, 범죄와의 고리를 끊었다. 다음 중 이 사례를 설명할 수 있는 것으로 가장 거리가 먼 것은? 14. 교정

① 허쉬(Hirschi)의 사회유대
② 샘슨(Sampson)과 라웁(Laub)의 사회자본
③ 베커(Becker)의 일탈자로서의 지위
④ 머튼(Merton)의 제도화된 수단

해설

③ [×] 베커(Becker)에 의하면, 범죄자로 낙인을 찍는 것은 사회적 지위와 같은 효과를 낳게 하여, 사회생활에 가장 직접적이고 중요한 '주지위(master status)'의 작용을 하며, 범죄자라는 사회적 낙인은 일반인들에게 어떤 보조지위도 무력화시킬 만큼 영향력을 가지고 있고, 온갖 편견 · 질시 · 냉대의 원인이 된다. 결국 당사자는 자포자기 상태에 이르게 되고 사회가 규정한 대로 행동하게 되는 결과를 가져온다는 것이다. 이는 단순한 규범위반자가 상습적 일탈행위자로 변화되는 과정을 설명하는 것으로서, 사안에서 전과자 A가 어엿한 사회인으로 돌아오고, 범죄와의 고리를 끊게 되는 것과는 거리가 멀다.

① [○] 허쉬(T. Hirschi)의 사회유대이론(사회통제이론)에서는 개인적 통제보다 사회적 통제를 강조하여 사회유대의 약화를 비행의 원인으로 본다. 가족 · 학교 · 동료 등과 같은 사회집단에 밀접하게 연대되어 있는 사람은 여간해서 비행행위를 하지 않는다고 하면서, 애착 · 전념 · 참여 · 신념을 사회유대의 요소로 본다. 문제에서 전과자 A가 사회유대의 강화를 통해 범죄와의 고리를 끊게 되었다면 허쉬의 사회유대이론으로 설명할 수 있을 것이다.

② [○] 샘슨과 라웁(Sampson and Laub)은 범죄자도 긍정적인 사회유대를 맺게 된다면 범죄나 일탈 행동으로부터 벗어날 수 있다는 관점을 제시한다. 사람들이 주요 변이 과정을 겪을 때 그들은 새로운 환경에 적응하게 되는데, 이러한 새로운 환경은 그들의 행동 궤적에 중요한 변화를 가져올 수 있다고 하면서, 구조적 배경 요인들(사회계급, 가족구조 등)은 유아기와 청소년기의 사회통제 과정에 영향을 미친다고 본다. 약한 사회통제에 노출되었던 아이들은 청소년기에 비행을 저지르는 성향이 있고, 이러한 비행에의 관여는 다시 어른이 된 후에도 범죄 행동을 저지르는 방향으로 나아가게 한다. 하지만 결혼이나 취업과 같은 성인 시기의 변이는 새로운 사회유대를 형성(사회자본의 형성)하고 비공식적 통제를 가하는 이러한 사회적 결속으로 인해 범죄 행동의 가능성은 줄어들 수 있다는 것이다. 문제에서 전과자 A가 긍정적인 사회유대(사회자본)를 형성함으로써 어엿한 사회인으로 복귀하였다고 볼 수 있을 것이다.

④ [○] 머튼(Merton)의 아노미이론에서는 문화적 목표를 달성할 수 있는 제도화된 수단(합법적인 수단)이 차별적으로 주어짐에 따라 사회적 긴장관계(아노미상황)가 형성되어 일탈행위로 이어지게 된다고 본다. 문제에서 전과자 A가 교도소에서 배운 미용기술로 미용실을 개업할 수 있게 되어 제도화된 수단을 통해 문화적 목표를 달성할 수 있게 된다면 더 이상 일탈행위로 나아가지 않을 것이라고 볼 수 있다.

정답 ③

23 낙인이론에 관한 설명 중 옳은 것은? 15. 사시

① 범죄는 귀속과 낙인의 산물이 아니라 일정한 행위의 속성이라고 본다.
② 범죄행위 자체보다 범죄행위에 대한 형사사법기관의 반작용에 관심을 둔다.
③ 랑에(Lange)는 일탈을 일차적 일탈과 이차적 일탈로 구분하고, 이차적 일탈에 이르는 과정에서 협상의 중요성을 강조한다.
④ 베커(Becker)는 직업, 수입, 교육정도와 무관하게 낙인은 주지위가 될 수 없다고 한다.
⑤ 국가가 범죄자의 적발과 교정에 더욱 노력할 것을 범죄대책으로 제시한다.

해설

② [○] 낙인이론이 관심을 두는 것은 범죄행위가 아니라 범죄행위에 대한 통제기관의 반작용이다. 범죄는 어느 곳에나 골고루 편재되어 있음에도 일부만 처벌되는 것은 결국 사법기관이 범죄자를 선별하여 범죄자로 낙인을 찍기 때문이라는 것이다(형사사법기관의 역할에 대해 회의적 입장).

① [×] 낙인이론(Labeling Theory)에서는 범죄란 일정한 행위속성의 결과가 아니고, 통제기관에 의해 범죄로 규정된다고 본다. 즉, 범죄는 일정한 원인에 의해 발생하는 것이 아니라 사법기관의 낙인에 의해 선별적으로 만들어진다고 본다(패러다임의 전환).

③ [×] '레머트'는 일탈을 개인의 심리구조나 사회적 역할수행에 거의 영향을 주지 않는 일차적 일탈과 사회가 규범위반으로 규정하는 이차적 일탈로 구별하고, 특히 '이차적 일탈을 중시'하였다. '슈어(Schur)'는 낙인을 받았더라도 바로 이차적 일탈로 이어지는 것은 아니며, 어떤 범죄자는 낙인을 수용하지 않고 성공적 변호와 협상(낙인에 대한 개인적 적응)으로 그 낙인을 벗어날 수도 있다고 보았다(낙인 과정의 협상적 측면).

④ [×] 베커(Becker)는 범죄자로 낙인을 찍는 것이 사회적 지위와 같은 효과를 낳게 하여, 사회생활에 가장 직접적이고 중요한 '주지위(master status)'의 작용을 한다고 주장한다.

⑤ [×] 낙인이론은 기존의 범죄원인론을 비판하고, 비판범죄학과 더불어 인도적 형사정책을 옹호하면서, 형사정책적 목적으로 비범죄화(decriminalization), 비형벌화(depenalization), 전환(diversion), 비시설처우(탈시설화, deinstitutionalization) 등을 제시하였다.

정답 ②

24 낙인이론(labeling theory)에 대한 설명으로 옳지 않은 것은? 15. 교정

① 레머트(Lemert)는 1차적 일탈에 대한 부정적 사회반응이 2차적 일탈을 만들어 낸다고 하였다.

② 베커(Becker)는 일탈자의 지위는 다른 대부분의 지위보다도 더 중요한 지위가 된다고 하였다.

③ 중요한 정책으로는 다이버전(diversion), 비범죄화(decriminalization), 탈시설화(deinstitutionalization) 등이 있다.

④ 사회 내 처우의 문제점을 지적하면서 시설 내 처우의 필요성을 강조하였다.

해설

④ [×] 낙인이론에서는 시설 내 처우에 따른 악풍감염의 방지 및 사회 내 처우의 필요성을 주장하였다.

① [○] 레머트(Lemert)는 일탈을 개인의 심리구조나 사회적 역할수행에 거의 영향을 주지 않는 일차적 일탈과 사회가 규범위반으로 규정하는 이차적 일탈로 구별하고, 특히 '이차적 일탈을 중시'하였다.

② [○] 베커(Becker)에 의하면 범죄자로 낙인을 찍는 것은 사회적 지위와 같은 효과를 낳게 하여, 사회생활에 가장 직접적이고 중요한 '주지위(master status)'의 작용을 한다.

③ [○] 낙인이론의 형사정책적 목적은 비범죄화, 비형벌화, 전환, 비시설처우(탈시설화)이다(4D 원칙). 여기에 법의 적정절차를 덧붙여 '5D 원칙'이라고도 한다.

정답 ④

25 낙인이론에 대한 설명으로 옳지 않은 것은? 19. 교정

① 탄넨바움(F. Tannenbaum)은 공공에 의해 부여된 범죄자라는 꼬리표에 비행소년 스스로가 자신을 동일시하고 그에 부합하는 역할을 수행하게 되는 과정을 '악의 극화(dramatization of evil)'라고 하였다.

② 슈어(E. Schur)는 사람에게 범죄적 낙인이 일단 적용되면, 그 낙인이 다른 사회적 지위나 신분을 압도하게 되므로 일탈자로서의 신분이 그 사람의 '주지위(master status)'로 인식된다고 하였다.

③ 레머트(E. Lemert)는 1차적 일탈에 대하여 부여된 사회적 낙인으로 인해 일탈적 자아개념이 형성되고, 이 자아개념이 직접 범죄를 유발하는 요인으로 작용하여 2차적 일탈이 발생된다고 하였다.

④ 베커(H. Becker)는 금지된 행동에 대한 사회적 반응이 2차적 일탈을 부추길 뿐 아니라 사회집단이 만든 규율을 특정인이 위반한 경우 '이방인(outsider)'으로 낙인찍음으로써 일탈을 창조한다고 하였다.

해설

② [×] '베커(H. Becker)'는 범죄자로 낙인을 찍히는 것이 사회적 지위와 같은 효과를 낳게 하여 사회생활에 가장 직접적이고 중요한 '주지위(master status)'의 작용을 한다고 주장한다. 슈어(E. Schur)는 자아낙인을 주장하였다.

① [○] 탄넨바움(F. Tannenbaum)은 사회에서 범죄자로 규정되는 과정이 일탈 강화의 악순환으로 작용하여 오히려 범죄로 비난받는 특성을 자극하여 강화시켜 준다고 주장하며, 이를 '악의 극화(dramatization of evil)'라고 하였다.

③ [O] 레머트(E. Lemert)는 1차적 일탈과 2차적 일탈을 구별하면서, 2차적 일탈은 1차적 일탈에 대한 제재를 공격·방어하기 위한 동기에서 발생하거나, 일탈자라는 사회적 낙인이 스스로를 일탈자로 자아규정하게 함으로써 발생한다고 주장한다.
④ [O] 베커(H. Becker)는 사회집단이 일탈을 규정하는 규칙을 정하고 특정인에게 적용하여 국외자(이방인, outsider)로 낙인찍음으로써 일탈을 조장한다고 주장한다.

정답 ②

26 낙인이론에 대한 설명으로 가장 적절한 것은?

23. 간부(73)

① 최초 일탈의 발생 원인과 가해자에 대한 관심이 적다는 비판이 있다.
② 레머트(Lemert)는 사회로부터 부정적인 반응을 받은 소년이 스스로 이를 동일시하고 부정적 역할을 수행하게 되는 악의 극화(Dramatization of Evil)에 빠지게 된다고 하였다.
③ 탄넨바움(Tannenbaum)은 일차적 일탈에 대한 부정적인 주변의 반응이 이차적 일탈을 유발한다고 하였다.
④ 베커(Becker)는 일탈자는 공식적인 일탈자라는 주 지위를 얻게 되어 교육과 직업 등에 방해를 받게 되며 이로 인해 일탈을 반복하게 된다고 하였다.

해설

④ [O] 베커(Becker)는 범죄자로 낙인을 찍히는 것이 사회적 지위와 같은 효과를 낳게 하여 사회생활에 가장 직접적이고 중요한 주지위(master status)의 작용을 하며, 범죄자라는 사회적 낙인은 일반인들에게 어떤 보조지위도 무력화시킬 만큼 영향력을 가지고 있고, 온갖 편견·질시·냉대의 원인이 된다. 결국 당사자는 자포자기 상태에 이르게 되고 사회가 규정한 대로 행동하게 되는 결과를 가져온다고 주장한다.
① [×] 낙인이론은 일차적 일탈의 발생원인에 대한 설명이 부족하며, '범죄의 피해자에 대한 관심이 적다'는 비판을 받는다.
② [×] '탄넨바움(Tannenbaum)'의 악의 극화(Dramatization of Evil)에 대한 설명이다.
③ [×] '레머트(Lemert)'의 일차적 일탈과 이차적 일탈에 대한 설명이다.

정답 ④

27 일차적 일탈에 대한 사회적 반응(낙인)의 결과로 나타날 수 있는 현상의 개념과 그것을 제시한 학자를 옳지 않게 짝지은 것은?

23. 해경간부

① 이차적 일탈(Secondary Deviance) - 레머트(Lemert)
② 주 지위(Master Status) - 베커(Becker)
③ 자기완성적 예언(Self-fulfilling Prophecy) - 슈어(Schur)
④ 악의 극화(Dramatization of Evil) - 탄넨바움(Tannenbaum)

해설

③ [×] 자기완성적 예언(Self-fulfilling Prophecy)이란 나쁜 일이 일어날 것이라고 예상하면 나쁜 일이 일어나고 좋은 일이 일어날 것이라고 믿으면 실제로 그런 일들이 일어난다고 하는 원칙이다. 머튼(Merton)은 자기 완성적 예언(자기 충족적 예언)을 '상황에 대한 잘못된 정의'로서, '새로운 행위를 유발하여 결국 그 잘못된 정의가 실현되도록 하는 것'이라고 하였다. 낙인이론가들은 머튼이 제시한 자기 완성적 예언의 개념을 차용하여 낙인의 과정을 설명한다. 한 개인에 대한 범죄자라는 잘못된 정의가 사회 일반의 그 개인에 대한 새로운 행위를 유발하고, 그 개인은 이로 인해 진짜 범죄자가 되고 마는 자기 완성적 예언이 일어나게 된다는 것이다.
① [O] 레머트(Lemert)는 일탈의 유형을 개인의 심리구조나 사회적 역할수행에 거의 영향을 주지 않는 일차적 일탈과 사회가 규범위반으로 규정하는 이차적 일탈로 구별하고, 특히 이차적 일탈을 중시하였다.
② [O] 베커(Becker)는 범죄자로 낙인을 찍히는 것이 사회적 지위와 같은 효과를 낳게 하여 사회생활에 가장 직접적이고 중요한 '주지위(master status)'의 작용을 한다고 본다.
④ [O] 탄넨바움(Tannenbaum)은 사회에서 범죄자로 규정되는 과정이 일탈 강화의 악순환으로 작용하여 오히려 범죄로 비난받는 특성을 자극하여 강화시켜 준다고 주장하며, 이를 '악의 극화(Dramatization of Evil)'라고 하였다.

정답 ③

28 사회학적 범죄이론과 범죄예방대책의 연결이 가장 적절하지 않은 것은?

23. 2차 경행경채

	학자	범죄이론	범죄예방대책
①	샘슨(Sampson)과 동료들	집합효율성이론 (Collective Efficacy Theory)	지역사회 구성원의 상호유대와 신뢰도 향상
②	메스너(Messner)와 로젠펠드(Rosenfeld)	제도적 아노미이론 (Institutional Anomie Theory)	경제적 안전망 제공
③	허쉬(Hirschi)	사회유대이론 (Social Bond Theory)	개인과 사회 간의 연결 강화
④	레머트(Lemert)	낙인이론 (Labeling Theory)	건전한 가정양육환경 조성

해설

④ [×] 레머트(Lemert) 등이 주장한 낙인이론(Labeling Theory)에서는 범죄대책으로 4D원칙(비범죄화, 비형벌화, 비시설처우, 전환제도)을 주장한다.

정답 ④

29 다음은 범죄이론가 - 주요 개념 - 정책함의를 연결한 것이다. 빈칸의 내용을 적절하게 짝지은 것은?

23. 간부(73)

범죄이론가	주요 개념	주요 정책함의
서덜랜드(Sutherland)	(가)	또래집단 예방 및 개입 프로그램
(나)	재통합적 수치심 (Reintegrative Shaming)	회복적 사법
레머트(Lemert), 베커(Becker)	낙인(Labeling)	(다)

(가)	㉠ 사회학습 (Social Learning)	㉡ 차별 접촉/교제 (Differential Association)	㉢ 사회유대 (Social Bond)
(나)	ⓐ 패터노스터(Paternoster)	ⓑ 브레이스웨이트(Braithwaite)	ⓒ 헤어(Hare)
(다)	㉮ 치료적 처우	㉯ 직업기술훈련	㉰ 전환처우

① ㉠ - ⓐ - ㉰
② ㉡ - ⓒ - ㉯
③ ㉢ - ⓐ - ㉮
④ ㉡ - ⓑ - ㉰

해설

(가) 서덜랜드(Sutherland)는 차별적 접촉(교제)이론을 주장하였다(㉡).
(나) 브레이스웨이트(Braithwaite)는 재통합적 수치심부여이론을 주장하였다(ⓑ).
(다) 낙인이론에서는 전환처우(Diversion)를 범죄대책으로 주장하였다(㉰).

정답 ④

30 다음 사례를 읽고 ㉠, ㉡에 적용 가능한 이론에 관한 설명으로 가장 적절하지 않은 것은? 23. 1차 경행경채

이론	사례
㉠	甲은 고등학교 시절 학교 친구들의 따돌림을 받고 게임에 빠져 지내던 중 TV에서 본 조직폭력배 두목의 일대기에 심취하여 그의 행동을 흉내내다가 범죄를 저질렀다.
㉡	乙은 소년교도소 출소 후 전과자라는 부정적 인식으로 인해 정상적인 사회생활이 어려워지자 다시 범죄조직에 가담하여 범죄자로서의 삶을 살았다.

① ㉠은 개인이 범죄자가 되어가는 과정을 설명하는 사회과정이론 중 하나이다.
② ㉡은 상징적 상호작용론을 바탕으로 한 사회반응이론 중 하나이다.
③ ㉠을 주장한 글레이저(Glaser)는 직·간접적 접촉을 통한 동일시에 의해 범죄행위가 학습될 수 있다고 보았다.
④ ㉡을 주장한 베커(Becker)는 일탈행위를 일차적 일탈과 이차적 일탈로 구분하였다.

해설

④ [×] ㉡ 낙인이론의 주장자 중 '레머트(Lemert)'는 일탈을 개인의 심리구조나 사회적 역할수행에 거의 영향을 주지 않는 일차적 일탈과 사회가 규범위반으로 규정하는 이차적 일탈로 구별하고, 특히 이차적 일탈을 중시하였다.
① [○] ㉠에 적용 가능한 이론은 글레이저(Glaser)의 차별적 동일시이론으로서, 이는 집단과 개인의 상호작용의 결과와 유형에 초점을 두는 사회과정이론에 속한다(학습이론, 통제이론, 낙인이론 등).
② [○] ㉡에 적용 가능한 이론은 낙인이론으로서, 이는 탈자로 낙인찍힌 자와 이러한 낙인을 찍는 자의 상호작용을 중시하고 일탈행위가 형성되는 사회적 메커니즘에 관심을 가지며(상징적 상호작용론), 일탈행위와 사회적 낙인화의 관계를 사회적 상호작용이라는 관점에서 파악한다(사회적 반작용이론, 사회적 반응이론).
③ [○] ㉠ 글레이저(Glaser)의 차별적 동일시이론에 의하면 사람은 누구나 자신을 누군가와 동일시하려는 경향이 있으며 자신의 범행행동을 수용할 수 있다고 생각되는 실재의 인간이나 관념상의 인간에게 자신을 동일시하는 경우 범죄를 저지른다고 하며, 동일시라는 개념을 사용하여 문화전달의 주체를 직접 접촉하는 사람뿐만 아니라 멀리 떨어져 있는 준거집단·준거인까지 확장함으로써 문화전달의 범위를 보다 탄력적이고 광범위하게 보았다(매스미디어의 중요성을 강조, 간접적 접촉의 문제 해결).

정답 ④

31 낙인이론(labeling theory)과 전환(diversion)제도에 대한 설명으로 옳지 않은 것은? 23. 교정 7급

① 전환은 범죄자를 공식적인 형사사법절차와 과정으로부터 비공식적인 절차와 과정으로 우회시키는 제도이다.
② 레머트(Lemert)는 비행소년이라는 꼬리표가 청소년의 지속적인 비행을 유발하는 요인이 된다고 하면서, 이를 '악의 극화(the dramatization of evil)'라고 불렀다.
③ 전환은 범죄적 낙인으로 인한 부정적 위험을 피함으로써 이차적 일탈을 방지한다는 장점이 있다.
④ 낙인이론에서는 경미한 범죄에 대하여 공식적 처벌과 같은 낙인보다는 다양한 대체처분으로서의 전환을 강조한다.

해설

② [×] '탄넨바움'(Tannenbaum)의 주장내용이다.
① [○] 전환(Diversion)제도란 일반적으로 공식적 형사절차로부터의 이탈과 동시에 사회 내 처우 프로그램에 위탁하는 것을 그 내용으로 한다.
③ [○] 전환제도는 범죄자를 전과자로 낙인찍을 가능성을 감소시킨다는 장점이 있다(이차적 일탈의 예방).
④ [○] 전환제도는 형사사법의 탈제도화라는 의미에서 낙인이론의 산물이라고 할 수 있다.

정답 ②

제2절 | 비판범죄학

32 사회학적 범죄원인론에 관한 설명 중 옳지 않은 것은?

① 비판범죄학은 낙인이론에 영향받은 바가 크다.
② 레크리스의 봉쇄이론에 의하면 가족은 범행을 차단하는 외적 요인에 해당한다.
③ 머튼의 적응양식에 의할 때, 기존의 문화적 목표와 제도화된 수단을 모두 거부하고 새로운 문화적 목표와 수단으로 대체하고자 하는 유형은 개혁형에 해당한다.
④ 사회해체론에 따르면 틈새지역에 사회해체의 정도가 특히 심하다고 한다.

해설

③ [×] 정치범 등에서 나타나는 유형으로서 기존의 문화적 목표와 제도화된 수단을 모두 거부하면서 동시에 새로운 목표와 수단으로 대치하려는 형태의 적응방식을 반항형(rebellion, 반역형)이라 한다. 반면에 개혁형(innovation, 혁신형)은 범죄자들의 전형적인 적응방식으로 문화적 목표는 수용하지만 제도화된 수단은 거부하는 형태이다.

정답 ③

33 비판범죄학에 관한 설명 중 옳지 않은 것은?

① 비판범죄학은 갈등론적 관점에서 기존의 범죄학을 비판하는 데에서 출발하였다.
② 볼드 등의 집단갈등이론에 따르면 범죄란 집단이익의 갈등이나 국가의 권력을 이용하고자 하는 집단 간 투쟁의 산물이라고 하였다.
③ 퀴니 등의 급진적 갈등이론에 따르면 자본주의 사회의 붕괴와 사회주의 건설을 통해서만 범죄문제를 해결할 수 있다고 하였다.
④ 테일러 등의 신범죄학은 합의론과 갈등론을 조화·통합시켜 비판범죄학을 극복하고자 하였다.

해설

④ [×] 신범죄학은 갈등론적·비판적·마르크스주의적 비행이론을 반영한 범죄이론이며 사회학의 갈등이론을 확대한 것으로서 합의론과는 거리가 멀다.

정답 ④

34 비판범죄학에 관한 설명으로 옳은 것은?

① 어떤 행위가 범죄로 규정되는 과정보다 범죄행위의 개별적 원인을 규명하는 데 주된 관심이 있다.
② 법의 내용은 권력을 차지한 집단의 이익을 도모하는 방향으로 정해진다고 본다.
③ 형사사법기관은 행위자의 빈부나 사회적 지위에 관계없이 중립적이고 공정하게 법을 집행한다고 본다.
④ 법의 기원을 사회적 합의에서 찾는다.

해설

② [○], ③④ [×] 비판범죄학은 법을 사회구성원의 합의의 산물로 보는 전통적 관점을 배척하고 법의 기원을 선별적인 과정으로 보아, 사회의 다양한 집단들 중에서 자신들의 정치적·경제적 힘을 주장할 수 있는 집단이 자신들의 이익과 기득권을 보호하기 위한 수단으로 만들어 낸 것이 법률이라는 갈등론적 관점을 전제하고 있다.
① [×] 비판범죄학은 마르크스주의이론을 기초로 하여, 범죄를 개인의 반사회성에 기인하는 것으로 보고 재사회화를 형벌목적으로 삼는 종래의 입장을 강하게 비판한다. 이 입장에서는 자본주의 사회의 모순에 관심을 가지고 일탈의 문제도 자본주의 사회의 모순에 대한 총체적 해명 가운데 이해하고자 한다.

정답 ②

35 다음 설명 중 옳지 않은 것을 모두 고른 것은? 10. 보호

> ㄱ. 크레취머(E. Kretschmer)의 체격형 중 성범죄가 많은 유형은 세장형이다.
> ㄴ. 허쉬(T. Hirschi)의 사회통제이론에 따르면 사람은 일탈의 잠재적 가능성을 가지고 있는데, 이것을 통제하는 시스템에 기능장애가 생기면 통제가 이완되고 일탈가능성이 발현되어 범죄가 발생한다고 한다.
> ㄷ. 비판범죄학은 낙인이론이 제기한 문제의식에서 출발하였으나, 낙인이론과는 달리 범죄통계에 관한 공식통계의 신빙성을 문제삼지 않고 암수에 대한 인식의 중요성을 경시하고 있다.
> ㄹ. 코헨(A. Cohen)의 하위문화이론과 밀러(W. Miller)의 하층계급문화이론은 다 같이 하층문화의 성격을 중산층의 지배문화에 대한 반항문화라고 본다.
> ㅁ. 중화이론은 중화기술의 내용으로 규범의 부정, 피해(가해)의 부정, 피해자의 부정, 피해자에 대한 비난, 고도의 충성심에 대한 부정을 제시한다.
> ㅂ. 자기관념이론은 합법적 기회구조의 차단을 범죄원인으로 보지 않고, 긍정적 자아관념에 의한 통제의 결여를 가장 중요한 범죄원인으로 본다.

① ㄱ, ㄷ, ㄹ, ㅁ ② ㄱ, ㄴ, ㄹ, ㅂ
③ ㄴ, ㄷ, ㄹ, ㅁ ④ ㄴ, ㄷ, ㅁ, ㅂ

해설

ㄱ. [×] 세장형(쇠약형)은 키가 크고 마른 체형으로, 민감과 둔감 사이를 동요하며, 자극에의 반응이 약하고, 비사교적이고 변덕스럽다는 특징이 있다. 또한, 사기범이나 절도범이 많고, 누범율이 높다고 한다.

ㄴ. [○] 허쉬는 "우리는 모두 동물이고 따라서 범죄성을 본질적으로 지니고 있기 때문에 비행의 원인이 무엇인지 설명하는 것은 필요없다."고 주장한다. 그는 "왜 범죄를 저지르는가?"가 아니라 "왜 범죄를 저지르지 않는가?"에 관심을 두었다. 그는 개인적 통제보다 사회적 통제를 강조하여 사회의 유대약화를 비행의 원인으로 보았다(사회통제이론, 사회유대이론).

ㄷ. [×] 비판범죄학은 낙인이론의 기본관점을 차용하면서도 그것이 갖는 가치중립성과 추상성을 새로운 형이상학이라고 비판한다. 낙인이론과의 본질적 차이점은 범죄자로 만드는 주체의 정당성을 문제삼는 것이다.

ㄹ. [×] 밀러에 의하면 하층계급의 문화는 그 사회의 주류문화와는 다른 가치를 가지는 문화이며, 하층계급의 범죄·일탈은 중산층의 규범에 대한 반항이 아니라 그들이 소속된 문화에 충실한 행위일 뿐이라고 한다.

ㅁ. [×] 중화이론에서 제시하는 중화기술의 유형에는 책임의 부정, 가해의 부정, 피해자의 부정, 비난자에 대한 비난, 고도의 충성심에 호소가 있다.

ㅂ. [○] 레크리스는 자기관념(자아관념)을 비행에 대한 절연체라고 주장하면서, 비행에 대한 중요한 절연체의 역할을 하는 요소는 가족관계에 있으며, 이를 바탕으로 형성된 무비행적 태도의 내면화, 즉 사회적으로 용인된 적정한 자기관념의 획득과 유지가 범죄로부터 멀어지게 되는 요인이라고 한다.

정답 ①

36 비판범죄학에 관한 설명 중 옳지 않은 것은?

12. 사시

① 사회는 일정한 가치에 동의하는 동질적 집단이 아니라, 서로 다른 가치와 이해관계가 충돌하는 이질적 집단이라고 본다.

② 형법은 국가와 지배계급이 기존의 사회·경제질서를 유지하고 영속화하기 위한 도구라고 보고, 형법의 정당성에 대하여 의문을 제기한다.

③ 범죄원인을 개인의 반사회성에서 찾는 종래의 범죄원인론을 비판한다.

④ 비범죄화와 다이버전을 범죄문제의 궁극적 해결책으로 제시한다.

⑤ 급진적 범죄학 또는 갈등론적 범죄학이라고도 한다.

범죄원인론

2편

해설

④ [×] 이는 낙인이론에 대한 설명이다. 낙인이론에서는 비범죄화·비형벌화·전환·비시설처우를 형사정책적 목적으로 제시한다(4D 원칙).

①②③⑤ [○] 비판범죄학(급진적 갈등이론)에서는 범죄에 대한 갈등론적 관점에서 법을 사회구성원의 합의의 산물로 보는 전통적 관점(합의론)을 배척하고 법의 기원을 선별적인 과정으로 본다. 또한, 범죄를 자본주의사회의 경제모순에서 야기되는 산물로 파악하고, 형벌은 경제적 지배계급(부르주아)이 피지배계급(프롤레타리아트)을 억압·착취하기 위해 사용하는 물리력이라 하며, 형법은 지배계급이 사회지배를 위해 사용하는 도구라고 인식한다.

정답 ④

37 범죄원인론에 대한 설명으로 옳지 않은 것은?

12. 보호

① 비행적 하위문화이론은 부정적인 자기관념에 입각해서 심리적인 차원에서 범죄원인을 분석하려 한다.

② 차별접촉이론은 범죄행위에 대해 우호적으로 정의하는 사람들과 비우호적으로 정의하는 사람들과의 접촉의 차이로 범죄행위를 설명한다.

③ 사회통제이론은 "사람들이 왜 범죄를 저지르는가?"보다는 "왜 많은 사람들이 범죄를 저지르지 않는가?"를 설명하려고 한다.

④ 비판범죄학은 낙인이론에 영향을 크게 받았음에도 불구하고 낙인이론의 가치중립성과 추상성을 비판한다.

해설

① [×] 비행적 하위문화이론이란 사회해체이론과 아노미이론을 결합하여, 해체되고 타락한 지역의 거주자들(하위계층)이 사회적 소외와 경제적 박탈에 대해 어떻게 반응하는지를 설명하는 이론이다. 사회의 여러 하위문화 중에서 규범의 준수를 경시하거나 반사회적 행동양식을 옹호하는 비행적 하위문화가 존재하며, 이러한 환경에서 생활하는 사람들은 비행적 하위문화의 영향으로 인하여 범죄행위에 빠져든다는 것이다.

② [○] 차별적 접촉이론에서는 범죄동기·충동의 구체적 방향은 법규범에 대한 긍정적·부정적 정의로부터 정해진다고 보아, 어떤 사람이 범죄자가 되는 것은 법률위반에 대한 긍정적 정의가 부정적 정의를 압도하기 때문이라고 한다(차별적 접촉).

③ [○] 허쉬의 사회통제이론에서는 "우리는 모두 동물이고 따라서 범죄성을 본질적으로 지니고 있기 때문에 비행의 원인이 무엇인지 설명하는 것은 필요 없다."고 보아, "왜 범죄를 저지르는가?"가 아니라 "왜 범죄를 저지르지 않는가?"에 관심을 둔다.

④ [○] 비판범죄학은 낙인이론의 기본관점을 차용하나, 낙인이론의 가치중립성과 추상성을 비판하면서 범죄자로 만드는 주체의 정당성을 문제로 삼는 점에서 낙인이론과 본질적 차이가 있다(범죄발생의 이면에 작용하는 구조적 요인을 거시적으로 분석).

정답 ①

38 갈등이론에 관한 아래 ㄱ부터 ㄹ까지의 설명 중 옳고 그름의 표시(○, ×)가 모두 바르게 된 것은?

22. 경행경채

ㄱ. 범죄는 자본주의 사회의 본질적인 불평등과 밀접한 관련이 있다고 본다.
ㄴ. 터크(Turk)는 자본가들의 지배에 대항하는 범죄형태를 저항범죄(crime of resistance)라고 정의하였다.
ㄷ. 볼드(Vold)는 범죄를 개인적 법률위반이 아니라 집단 간 투쟁의 결과로 보았다.
ㄹ. 퀴니(Quinney)는 법이 집행되는 과정에서 특정한 집단의 구성원이 범죄자로 규정되는 과정에 주목하였다.

	ㄱ	ㄴ	ㄷ	ㄹ
①	○	×	○	×
②	○	×	×	○
③	×	○	○	×
④	×	○	×	○

해설

ㄱ. [○] 급진적 갈등이론에 속하는 비판범죄학에서는 자본주의 사회의 모순에 관심을 가지고, 일탈(범죄)의 문제도 자본주의 사회의 모순에 대한 총체적 해명 가운데 이해한다.
ㄴ. [×] '퀴니(Quinney)'는 자본주의 사회의 범죄의 유형을 자본가계급의 범죄인 '지배와 억압의 범죄'와 노동자계급의 범죄인 '적응과 저항의 범죄'로 구분하면서, 노동자계급의 범죄 중 '적응의 범죄'는 생존의 필요에 의한 약탈범죄(예 절도, 강도, 마약거래 등), 기본모순의 심화 속에서 야기된 난폭성의 표현인 대인범죄(예 살인, 폭행, 강간 등) 등을 의미하고, '저항의 범죄'는 노동자 집단이 기본모순에 저항하고 극복하려는 과정에서 행하는 행위들을 국가가 범죄로 규정한 것이라고 주장한다.
ㄷ. [○] 볼드(Vold)는 범죄행위란 집단갈등의 과정에서 자신들의 이익과 목적을 제대로 방어하지 못한 집단의 행위로 본다.
ㄹ. [×] '터크(Turk)'는 법제도 자체보다는 법이 집행되는 과정에서 특정 집단의 구성원이 범죄자로 규정되는 과정을 중시하였다.

정답 ①

39 비판범죄학에 대한 설명으로 옳은 것은?

12. 보호

① 어떤 행위가 범죄로 규정되는 과정보다 범죄행위의 개별적 원인을 규명하는데 주된 관심이 있다.
② 비판범죄학에는 노동력 착취, 인종차별, 성차별 등과 같이 인권을 침해하는 사회제도가 범죄적이라고 평가하는 인도주의적 입장도 있다.
③ 자본주의 사회의 모순이 범죄원인이라는 관점에서 범죄에 대한 다양하고 구체적인 대책들을 제시하지만 급진적이라는 비판이 제기된다.
④ 형사사법기관은 행위자의 경제적 · 사회적 지위에 관계없이 중립적이고 공평하게 법을 집행한다는 것을 전제한다.

해설

② [○] 슈벤딩어 부부가 주장하는 휴머니즘 비판범죄학에 대한 설명이다. 슈벤딩어 부부(Mr. & Mrs. Schwendinger)는 기존의 법적 범죄개념을 비판하고 범죄개념 정의에서 가치판단을 배제하여, 역사적으로 확대되어 온 인권개념에 입각해서 인권을 침해하는 행위를 범죄로 보아야 한다고 주장한다.
① [×] 비판범죄학에서는 범죄의 개별적 원인이 아니라 범죄와 범죄자가 만들어지는 사회적 · 정치적 과정을 연구한다.
③ [×] 비판범죄학은 범죄통제정책의 제시가 빈약하다는 비판을 받는다.
④ [×] 형사사법기관이 특정집단이나 계층에 대해서만 상대적으로 법을 집행하는 경우가 있음을 지적한다(선별적 형사소추의 문제).

정답 ②

40 비판범죄학에 대한 설명으로 옳지 않은 것은?

16. 보호

① 비판범죄학의 기초가 되는 마르크스(Marx)는 범죄발생의 원인을 계급갈등과 경제적 불평등으로 설명하고, 생활에 필요한 물질 자산을 충분히 갖지 못한 피지배계급이 물적 자산 내지 지배적 지위에 기존 사회가 허락하지 않는 방법으로 접근하는 행위를 범죄로 인식했다.
② 봉거(Bonger)는 사법체계가 가진 자에게는 그들의 욕망을 달성할 수 있는 합법적인 수단을 허용하는 반면, 가난한 자에게는 이러한 기회를 허용하지 않기 때문에 범죄는 하위계급에 집중된다고 주장했다.
③ 퀴니(Quinney)는 마르크스의 경제계급론을 부정하면서 사회주의 사회에서의 범죄 및 범죄통제를 분석하였다.
④ 볼드(Vold)는 집단갈등이 입법정책 영역에서 가장 첨예하게 나타난다고 보았다.

해설

③ [×] 퀴니(R. Quinney)의 초기 연구는 다양한 집단들의 갈등현상을 다루었으나, 후기 연구에서는 보다 마르크스주의적 관점을 취하하여 범죄란 자본주의의 물질적 상황에 의해 어쩔 수 없이 유발되는 반응양태라고 보았다.
① [○] 마르크스(K. Marx)는 범죄발생의 원인을 계급갈등과 경제적 불평등으로 설명한다. 자본주의 사회에서는 자본가계급은 노동자 계급보다 지배적인 위치를 차지하고, 상호간의 대립된 경제적 이해관계로 인하여 이들간의 계급갈등은 필연적이라고 보았다.
② [○] 봉거(W. Bonger)는 '범죄성과 경제적 조건'에서 범죄의 원인이 경제적 이유에 있다고 주장한다.
④ [○] 볼드(G. Vold)의 집단갈등이론에서는 법의 제정, 위반, 집행의 모든 측면을 정치적 이익갈등의 차원에서 조명한다. 특히 집단 간의 이익갈등이 가장 첨예한 상태로 대립하는 영역으로 입법정책 부문을 지적하였다.

정답 ③

41 다음 〈보기〉 중 비판범죄학에 대한 설명으로 옳은 것을 모두 고른 것은?

22. 해경간부

<보기>

ㄱ. 마르크스(Marx)는 범죄발생의 원인을 계급갈등과 경제적 불평등으로 설명하고, 생활에 필요한 물적 자산을 충분히 갖지 못한 피지배계급이 물적 자산 내지 지배적 지위에 기존 사회가 허락하지 않는 방법으로 접근하는 행위를 범죄로 인식했다.
ㄴ. 봉거(Bonger)는 사법체계가 가진 자에게는 그들의 욕망을 달성할 수 있는 합법적인 수단을 허용하는 반면, 가난한 자에게는 이러한 기회를 허용하지 않기 때문에 범죄는 하위계급에 집중된다고 주장했다.
ㄷ. 퀴니(Quinney)는 마르크스의 경제계급론을 부정하면서 사회주의 사회에서의 범죄 및 범죄통제를 분석하였다.
ㄹ. 볼드(Vold)는 집단갈등이 입법정책 영역에서 가장 첨예하게 나타난다고 보았다.

① ㄱ, ㄴ, ㄷ　　② ㄱ, ㄴ, ㄹ
③ ㄱ, ㄷ, ㄹ　　④ ㄴ, ㄷ, ㄹ

해설

ㄱ. [○] 마르크스(Marx)는 범죄발생의 원인을 계급갈등과 경제적 불평등으로 설명한다. 자본주의 사회에서는 자본가 계급은 노동자 계급보다 지배적인 위치를 차지하고, 상호간의 대립된 경제적 이해관계로 인하여 이들간의 계급갈등은 필연적이라고 보았다.
ㄴ. [○] 봉거(Bonger)의 주장에 의하면 자본주의 사회는 경제영역에서 소수가 다수를 지배하는 체계로서, 이러한 억압적 체계는 인간이 본질적으로 지니는 사회적 본성을 질식시켜 모든 사람들을 탐욕스럽고 이기적으로 만들며, 오로지 자신의 이익을 추구하도록 조장한다. 사법체계는 가진 자에게는 그들의 욕망을 달성할 수 있는 합법적 수단을 허용하는 반면, 가난한 자에게는 이러한 기회를 허용하지 않기 때문에 범죄는 하위계급에 집중된다.
ㄷ. [×] 퀴니(Quinney)의 초기 연구는 다양한 집단들의 갈등 현상을 다루었으나, 후기 연구에서는 보다 마르크스주의적 관점을 취하였다. 그리하여 범죄란 자본주의의 물질적 상황에 의해 어쩔 수 없이 유발되는 반응양태라고 보았다.
ㄹ. [○] 볼드(Vold)는 집단간의 이익갈등이 가장 첨예한 상태로 대립하는 영역으로 입법정책 부문을 지적하였고, 범죄행위란 집단갈등의 과정에서 자신들의 이익과 목적을 제대로 방어하지 못한 집단의 행위로 인식하였다.

정답 ②

42 각각의 범죄원인론이 제시 또는 암시하는 범죄대책을 잘못 연결한 것은?

10. 사시

① 사회해체론 - 지역사회의 재조직화
② 서덜랜드(Sutherland)의 차별적 접촉이론 - 집단관계요법
③ 허쉬(Hirschi)의 사회통제이론 - 비행소년에 대한 형사처벌 강화
④ 낙인이론 - 비범죄화 또는 다이버전
⑤ 봉거(Bonger)의 급진적 갈등론 - 사회주의 사회의 건설

해설

③ [×] 허쉬의 사회통제이론에서는 애착, 전념, 참여, 신념 등의 '사회유대'가 강할수록 개인의 범죄잠재력은 보다 적절히 통제되어 비행이나 범죄가 억제된다고 한다.

정답 ③

43 다음 설명의 내용과 범죄이론을 올바르게 연결한 것은?

16. 사시

ㄱ. 소년범은 우리가 그를 나쁘다고 규정하고, 그를 선하다고 믿지 않기 때문에 오히려 나쁘게 된다.
ㄴ. 입법이나 사법활동은 사회구성원 대부분의 가치를 반영하는 것이 아니라 강력한 권력과 높은 지위를 차지한 집단의 이익을 도모하는 방향으로 운용된다.
ㄷ. 비행을 저지르려고 하다가 부모가 실망하고 슬퍼할 것을 떠올리고 그만두었다.
ㄹ. 싸움이나 사고치는 것은 스릴 있는 일이며, 사고를 치더라도 체포와 처벌을 교묘히 피한다면 멋있다.
ㅁ. 오로지 기업이익을 추구하는 사람들을 계속 접하다 보니 기업이윤을 위해서라면 규범위반을 하는 것을 대수롭지 않다고 생각하게 되었다.

A. 갈등론적 범죄론
B. 범죄적 하위문화론
C. 낙인이론
D. 학습이론
E. 통제이론

① ㄱ-C, ㄴ-A, ㄷ-D
② ㄱ-B, ㄴ-C, ㄹ-E
③ ㄴ-D, ㄷ-A, ㄹ-B
④ ㄴ-C, ㄹ-B, ㅁ-E
⑤ ㄷ-E, ㄹ-B, ㅁ-D

해설

ㄱ-C. 낙인이론은 일탈자로 낙인찍힌 자와 이러한 낙인을 찍는 자의 상호작용을 중시하고 일탈행위가 형성되는 사회적 메커니즘에 관심을 가진다(상징적 상호작용론).
ㄴ-A. 급진적 갈등이론에서는 마르크스의 계급갈등론을 바탕으로 범죄를 자본주의사회의 경제모순에서 야기되는 산물로 파악한다. 이에 의하면 형법은 지배계급이 사회지배를 위해 사용하는 도구이며, 형벌은 경제적 지배계급(부르주아)이 피지배계급(프롤레타리아트)을 억압·착취하기 위해 사용하는 물리력이다.
ㄷ-E. 허쉬의 사회통제이론(사회유대이론)에서 사회유대의 요소 중 하나인 '애착'에 관한 예에 해당한다.
ㄹ-B. 밀러(W. Miller)의 하위계층문화이론에서 하위계층의 관심의 초점(중심가치) 중 흥분(자극, Excitement)과 말썽(사고치기, Trouble)에 관한 내용이다.
ㅁ-D. 학습이론 중 서덜랜드(E. Sutherland)의 차별적 접촉이론에 의한 화이트칼라 범죄에 대한 설명에 해당한다.

정답 ⑤

44 갈등이론에 대한 설명으로 옳지 않은 것은? 22. 보호

① 셀린(Sellin)은 이민 집단의 경우처럼 특정 문화집단의 구성원이 다른 문화의 영역으로 이동할 때에 발생할 수 있는 갈등을 이차적 문화갈등으로 보았다.

② 볼드(Vold)는 이해관계의 갈등에 기초한 집단갈등론을 주장하였으며, 특히 집단 간의 이익갈등이 가장 첨예한 상태로 대립하는 영역으로 입법정책 부문을 지적하였다.

③ 터크(Turk)는 사회를 통제할 수 있는 권력 또는 권위의 개념을 범죄원인과 대책 분야에 적용시키고자 하였다.

④ 퀴니(Quinney)는 노동자계급의 범죄를 자본주의 체제에 대한 적응범죄와 대항범죄로 구분하였다.

해설

① [×] 셀린(Sellin)은 문화갈등이론을 주장하면서, 일정한 문화지역에 속하는 규범이 다른 지역에 이입됨으로써 행위규범 간의 충돌이 생기는 경우를 '일차적 문화갈등'이라고 하였다(문화적 관습의 갈등으로서의 문화갈등).

② [○] 볼드(Vold)는 집단갈등이론을 주장하면서, 집단 간에 갈등이 발생하는 이유는 여러 집단들이 추구하는 이익과 목적이 중첩되고 서로 잠식하며 경쟁적이 되기 때문이라고 보았다. 그는 법의 제정, 위반, 집행의 모든 측면을 정치적 이익갈등의 차원에서 조명하여, 특히 집단간의 이익갈등이 가장 첨예한 상태로 대립하는 영역으로 입법정책 부문을 지적하였다.

③ [○] 터크(Turk)는 권력갈등이론을 주장하면서, 집단 간에 발생하는 갈등의 원인은 사회를 통제할 수 있는 권위를 추구하는 데에 있다고 본다. 그리고 사회의 권위 구조를 집단의 문화규범·행동양식을 타인에게 강제할 수 있는 권위를 가진 지배집단과 그렇지 못한 피지배집단으로 구분하였다.

④ [○] 퀴니(Quinney)는 자본주의 사회의 범죄의 유형을 자본가 계급의 범죄(지배와 억압의 범죄)와 노동자 계급의 범죄(적응과 저항의 범죄)로 분류하고, 노동자 계급의 범죄는 다시 적응의 범죄와 저항의 범죄로 구분하였다.

정답 ①

45 비판범죄학에 관한 설명으로 가장 적절한 것은? 23. 1차 경행

① 비판범죄학자들은 범죄를 하류층의 권력과 지위를 보호하기 위해 고안된 정치적 개념으로 본다.

② 터크(Turk)는 법이 집행되는 과정에서 특정한 집단의 구성원이 범죄자로 규정되는 과정에 주목하였고, 이를 '비범죄화(decriminalization)'라고 규정하였다.

③ 볼드(Vold)의 집단갈등이론(Group Conflict Theory)은 범죄를 집단 간 투쟁의 결과로 보았으며, 강도·강간·사기와 같은 개인 차원의 전통적 범죄를 설명하는 데 유용한 것으로 평가된다.

④ 퀴니(Quinney)는 노동자 계급의 범죄를 자본주의 체계에 대한 적응범죄와 저항범죄로 구분하였다.

해설

④ [○] 퀴니(Quinney)는 자본주의 사회의 범죄 유형을 자본가 계급의 범죄(지배와 억압의 범죄)와 노동자 계급의 범죄(적응과 저항의 범죄)로 나누고, 노동자 계급의 번죄 중 적응의 범죄는 생존의 필요에 의한 약탈범죄(예 절도, 강도, 마약거래 등), 기본모순의 심화 속에서 야기된 난폭성의 표현인 대인범죄(예 살인, 폭행, 강간 등)로 구성되며, 저항의 범죄는 노동자 집단이 기본모순에 저항하고 극복하려는 과정에서 행하는 행위들을 국가가 범죄로 규정한 것이라고 주장하였다.

① [×] 비판범죄학(특히 급진적 갈등이론)에서는 '범죄를 자본주의 사회의 경제모순에서 야기되는 산물로 파악'하고, '형법은 지배계급이 사회지배를 위해 사용하는 도구'이며, '형벌은 경제적 지배계급(부르주아)이 피지배계급(프롤레타리아트)을 억압·착취하기 위해 사용하는 물리력'이라고 본다.

② [×] 터크(Turk)는 법제도 자체보다는 법이 집행되는 과정에서 특정 집단의 구성원이 범죄자로 규정되는 과정을 중시하였다. '비범죄화(decriminalization)'란 형법의 보충성과 공식적 사회통제 기능의 부담가중을 고려하여 일정한 범죄 유형을 형벌에 의한 통제로부터 제외시키는 경향을 말하며, 이는 '낙인이론'에서 주장되는 것이다.

③ [×] 볼드(Vold)는 집단갈등이론에서 범죄행위란 집단갈등의 과정에서 자신들의 이익과 목적을 제대로 방어하지 못한 집단의 행위로 인식한다. 이 이론은 '전통적 범죄이론이 도외시하였던 특정 범죄(예 인종갈등·노사분쟁·확신범죄 등)의 설명에 적합'하다는 평가를 받는다.

정답 ④

46 갈등이론에 대한 설명으로 가장 적절하지 않은 것은? 23. 간부(73)

① 봉거(Bonger)는 자본주의 사회에서의 생산수단 소유 여부, 즉 자본주의적 경제조건 때문에 범죄가 발생한다고 하였다.

② 볼드(Vold)는 사회의 주도권을 쟁취한 권력집단이 스스로의 이익을 지키기 위해 법규범과 범죄를 규정하고 국가경찰력을 통제한다고 하였다.

③ 셀린(Sellin)은 문화갈등에 따른 행위규범의 갈등은 심리적 갈등을 유발하고 이것이 범죄의 원인이 된다고 하였다.

④ 챔블리스(Chambliss)는 범죄를 지배적 범죄와 저항적 범죄로 구분하고, 자본가들의 지배에 대항하는 범죄형태를 저항적 범죄라고 하였다.

해설

④ [×] '퀴니(Quinney)'는 자본주의 사회의 범죄유형을 자본가 계급의 범죄인 지배와 억압의 범죄, 노동자계급의 범죄인 적응과 저항의 범죄로 구분하였다. 챔블리스(Chambliss)는 급진적 마르크스주의의 입장에서 자본주의가 발달할수록 부와 권력을 가진 지배계층이 늘어나고, 지배계층은 자신들의 부와 권력을 유지하기 위한 사회적 규범을 더 많이 제정하게 되며, 이를 위반한 것이 범죄라고 보았다.

정답 ④

제3절 | 낙인이론과 비판범죄학에 대한 종합평가

47 낙인이론과 비판범죄론의 비교에 관한 설명 중 옳지 않은 것은?

① 두 이론은 모두 형사사법기관의 편파성을 지적하고 공식통계를 신뢰하지 않는다는 점에서 유사하다.

② 낙인이론은 범죄의 원인보다는 범죄자에 대한 사회적 반응을 중시하며, 비판범죄론은 범죄의 정치경제성을 강조한다.

③ 두 이론은 모두 사회적 가치·규범 및 법률에 대한 사회적 합의를 인정하지 않는다는 점에서 유사하다.

④ 두 이론은 모두 범죄와 범죄통제의 문제를 개인적·사회적 차원에서 미시적으로 분석한다는 점에서 유사하다.

해설

④ [×] 비판범죄학은 낙인이론의 기본관점을 차용하면서도 그것이 갖는 가치중립성과 추상성을 새로운 형이상학이라고 비판한다. 낙인이론과의 본질적 차이점은 범죄자로 만드는 주체의 정당성을 문제삼는 점에 있으며, 낙인이론이 미시사회학적 이론이라면 비판범죄학은 국가의 정치적·경제적 구조 자체를 비판적으로 보는 거시적·구조적 이론이라고 할 수 있다. 다만, 이들 두 입장에서는 법의 정당성을 전제된 것으로 보지 않기 때문에, 법의 제정과 집행과정에 대해서도 중요한 고찰대상으로 삼고 문제시한다는 점에서 합의론을 부정하는 유사점을 갖고 있다.

정답 ④

48 낙인이론과 비판범죄학에 관한 설명 중 옳지 않은 것은? 16. 사시

① 양자 모두 범죄에 대한 상대적 개념을 전제하고 있다.

② 낙인이론이 범죄인 개인과 형사사법기관간의 상호작용에 초점을 맞춘다면 비판범죄학은 범죄인 집단과 국가권력의 문제를 다루고 있다.

③ 낙인이론은 국가의 범죄통제가 오히려 범죄를 증가시키는 경향이 있으므로 과감하게 이를 줄여야 한다고 주장한다.

④ 비판범죄학에 의하면 범죄인 가운데 하층계급의 사람들이 많은 것은 국가가 이들의 범죄만을 집중적으로 통제하기 때문이다.

⑤ 비판범죄학자들은 자본주의의 불평등으로 인해 야기되는 일상범죄에 초점을 맞추었으므로, 국가범죄나 기업범죄 등 자본가계급의 범죄는 범죄학과는 다른 차원에서 접근해야 한다고 보았다.

해설

⑤ [×] 비판범죄학은 범죄를 자본주의사회의 경제모순에서 야기되는 산물로 파악하여, 종래의 범죄이론과 달리 범죄원인을 사회구조에서 찾는 거시적 관점에서 파악하였다. 따라서 규범의 정당성에 의문을 제기하였다는 점에서 볼 때, 자본주의의 불평등으로 인해 야기되는 일상범죄에 초점을 맞추었다는 것은 타당하지 않다.

①② [○] 낙인이론(Labeling Theory)에서는 범죄란 일정한 행위속성의 결과가 아니고, 통제기관에 의해 범죄로 규정된다고 본다. 즉, 범죄는 일정한 원인에 의해 발생하는 것이 아니라 사법기관의 낙인에 의해 선별적으로 만들어진다고 본다(패러다임의 전환). 비판범죄학은 낙인이론의 기본관점을 차용하나, 낙인이론의 가치중립성과 추상성을 비판하면서 범죄자로 만드는 주체의 정당성을 문제로 삼는 점에서 낙인이론과 본질적 차이가 있다(범죄발생의 이면에 작용하는 구조적 요인을 거시적으로 분석).

③ [○] 낙인이론은 비범죄화(decriminalization), 비형벌화(depenalization), 전환(diversion), 비시설처우(탈시설화, deinstitutionalization) 등을 형사정책적 목표로 제시한다.

④ [○] 비판범죄학의 대표적 학자인 퀴니(R. Quinney)는 "법이란 기존의 사회·경제질서를 유지하고 영속시키기 위한 국가와 자본가계급의 도구이다. 주로 사회적으로 열악한 사람들이 범죄자가 되는 이유는 자본가계급이 법을 만드는 힘과 법을 집행할 수 있는 권력을 갖고 있기 때문이다."라고 하였다.

정답 ⑤

제9장 | 범죄이론의 발전

제1절 | 발달 범죄이론

01 샘슨과 라웁(Sampson & Laub)의 생애과정이론(life course theory)에서 취직, 결혼, 군 입대처럼 범죄를 중단하고 정상적인 삶으로 돌아가게 하는 상황을 지칭하는 개념은? 18. 경비

① 지속성(stability)
② 전환점(turning point)
③ 경제자본(economic capital)
④ 신념(belief)

해설

② [○] 샘슨과 라웁(Sampson and Laub)은 범죄경력에 '전환점'이 있다는 사실을 파악하여, 성인 위반자한테서 범죄를 중단하게끔 하는 삶의 사건을 찾아내었다. 즉, 결혼과 직업을 통해 사회자본을 형성하는 것이 범죄를 중단하게 하는 요소가 될 수 있다고 본다. 그들의 연령 - 등급이론(age-graded theory)에 따르면, 비행은 비공식적 사회통제 혹은 유대의 결과라는 점을 강조했는데, 어려서 문제행동을 보였던 아이가 지속적으로 혹은 더 심각한 비행을 저지르게 되는 이유가 자신의 어린 시절 경험이 사회와의 유대를 약화시켰기 때문이라고 했다. 그러나 어려서 문제행동을 보였던 아이가 사회와의 유대가 회복되거나 강화될 경우, 더 이상 비행을 저지르지 않고 비행을 중단하게 된다고 보았다.

정답 ②

02 샘슨(Sampson)과 라웁(Laub)의 생애과정이론(연령 - 단계이론)의 주장으로 가장 적절하지 않은 것은? 22. 간부(72)

① 타고난 기질과 어린 시절의 경험이 범죄행위의 지속과 중단에 가장 큰 영향을 미친다.
② 행위자를 둘러싼 상황적 · 구조적 변화가 범죄로부터 단절된 삶으로 이끈다.
③ 생애과정을 통해 사회유대와 범죄행위가 서로 영향을 미친다.
④ 결혼, 취업, 군입대는 범죄궤적을 올바른 방향으로 바꾸는 인생의 변곡점이다.

해설

① [×] 샘슨(Sampson)과 라웁(Laub)은 생애과정이론에서 범죄경력은 '개인의 생애발달에서 다양한 범죄적 영향(개인적 특성, 사회적 경험, 경제적 상황 등의 영향)의 결과'에 따라 발생한다고 주장한다.
②④ [○] 샘슨(Sampson)과 라웁(Laub)은 범죄경력에 전환점이 있다는 사실을 파악하여, 결혼, 취업 및 군입대를 통해 사회자본(social capital)을 형성하는 것이 범죄를 중단하게 하는 요소(전환점)가 될 수 있다고 본다.
③ [○] 샘슨(Sampson)과 라웁(Laub)은 청소년기에 비행을 저지른 아이들도 사회유대(또는 사회자본)의 약화 혹은 강화에 따라 비행청소년으로 발전하기도 하고, 비행을 중단하여 정상인으로 되돌아가기도 한다고 주장한다.

정답 ①

03 범죄자를 청소년기 한정형 범죄자와 생애지속형 범죄자로 구분한 학자는?

18. 경비

① 모피트(Moffitt)

② 쇼(Shaw)

③ 메스너(Messner)

④ 갓프레드슨(Gottfredson)

해설

① [○] 모피트(T. Moffitt)는 이원적 경로이론에서, 어려서부터 문제성향을 보인 아이들은 친사회적 유대관계를 형성하지 못하여 '생애지속형(life-course-persistent) 범죄자'가 될 가능성이 높고, 어려서 문제성향을 보이지 않은 아이들은 어느 정도 친사회적인 유대관계를 형성하였으나 청소년기에 성숙 격차 등의 이유로 부모의 감독 미비나 비행친구에 노출됨으로써 모방 등을 통해 비행을 저지르는 한시적인 비행청소년, 즉 '청소년기 한정형(adolescence-limited) 비행자'로 파악했다.

정답 ①

04 모피트(Moffitt)의 청소년기 한정형(adolescence-limited) 일탈의 원인으로 옳은 것만을 모두 고르면?

22. 보호

ㄱ. 성숙의 차이(maturity gap)
ㄴ. 신경심리적 결함(neuropsychological deficit)
ㄷ. 사회모방(social mimicry)
ㄹ. 낮은 인지 능력(low cognitive ability)

① ㄱ, ㄴ
② ㄱ, ㄷ
③ ㄴ, ㄹ
④ ㄷ, ㄹ

해설

ㄱ, ㄷ. [○] 청소년기 한정형 범죄자는 어느 정도 친사회적인 유대관계를 형성하였으나 청소년기에 '성숙의 차이' 또는 부모의 감독 미비 또는 비행친구에게 노출됨으로써 '사회적 모방' 등을 통해 일탈행동을 하다가 성인이 되면 일탈행동을 그만두는 유형이다.

ㄴ, ㄹ. [×] '생애지속형' 범죄자는 생래적인 신경심리적 결함과 언어 · 인지능력이 낮음으로 인하여 어려서부터 문제행동을 시작하여(조기진입자) 친사회적 유대관계를 형성하지 못하여 평생동안 범죄행동을 지속하는 유형이라고 한다.

정답 ②

05 모피트(Moffitt)의 발전이론과 관련성이 가장 적은 것은?

23. 해경간부

① 청소년기 한정형 범죄자
② 거리 효율성(Street Efficacy)
③ 성숙 격차(Maturity Gap)
④ 생애지속형 범죄자

해설

② [×] 거리 효율성이란 폭력적인 대립을 피하고 주변으로부터 안전할 수 있는 인지된 능력을 말한다. 거리 효율성이 높은 청소년은 스스로 폭력에 의지하거나 비행 또래와 어울릴 가능성이 적다고 한다.

①④ [○] 모피트(Moffitt)는 비행청소년을 크게 생애지속형과 청소년기 한정형이라는 두 부류로 나누어 설명하였다.

③ [○] 모피트(Moffitt)는 청소년기에 이르러 비행에 가담하는 이유 중 하나로 성숙 격차(육체적 성숙과 정신적 성숙 간의 차이)를 제시하였다.

정답 ②

06 다음의 내용을 주장한 학자는?

16. 경비

- 비행 또는 범죄는 청소년 시절의 사회유대 약화가 근원
- 청소년 초기에는 가족의 애착이 중요하고, 중기에는 가족의 영향력이 친구, 학교, 청소년문화로 대체
- 성인기에는 관습적 사회와 가족 내 자신의 위치에 따라 애착을 형성
- 비행 또는 범죄는 개인과 주변과의 교제, 유대, 그리고 사회화과정 등의 상호작용 결과

① 모피트(Moffitt)

② 숀베리(Thornberry)

③ 샘슨과 라웁(Sampson & Laub)

④ 고프만(Goffman)

해설

② [○] 숀베리(Thornberry)의 상호작용이론(interaction theory)에 따르면 범죄와 비행의 원인은 양방향이다. 약한 유대는 아이들에게 비행을 저지른 친구관계를 발전시키고, 결국 비행에 참여하도록 유도하며, 빈번한 비행 참여는 다른 친구들과의 유대를 약화시키고 결국 관습적 유대관계를 재정립하기가 어려워진다는 것이다. 구체적으로 청소년기를 초기(11~13세), 중기(15~16세), 후기(18~20세)로 구분하였는데, 초기에는 상대적으로 가정에서 부모와의 유대가 비행에 매우 중요한 요인으로 작용하지만, 중기를 거쳐 후기에 이를수록 부모의 영향력은 감소하고 대신 친구의 영향력은 증대된다고 주장했다.

정답 ②

07 다음은 발달범죄학 이론에 관한 설명이다. ㄱ, ㄴ 이론을 주장한 학자를 가장 적절하게 연결한 것은?

22. 경행경채

ㄱ. 범죄자를 청소년기 한정형(adolescence-limited) 범죄자와 생애지속형(life-course-persistent) 범죄자로 분류하였다. 청소년기 한정형은 사춘기에 집중적으로 일탈행동을 저지르다가 성인이 되면 일탈행동을 멈추는 유형이고, 생애지속형은 유아기부터 문제행동이 시작되어 평생동안 범죄행동을 지속하는 유형이다.

ㄴ. 범죄의 시작, 유지, 중단의 연령에 따른 변화는 생애과정에서의 비공식적 통제와 사회유대를 반영하고, 인생의 중요한 전환기에 발생하는 사건들과 그 결과에 영향을 받는다고 보았다.

	ㄱ	ㄴ
①	모핏(Moffitt)	패터슨(Patterson)
②	모핏(Moffitt)	샘슨과 라웁(Sampson & Laub)
③	패터슨(Patterson)	모핏(Moffitt)
④	패터슨(Patterson)	샘슨과 라웁(Sampson & Laub)

해설

ㄱ. '모핏(Moffitt)'은 '이원적 경로이론'에서 ⓐ 어려서부터 문제 성향과 문제행동을 보인 소위 초기진입자(early-starters)는 친사회적 유대관계를 형성하지 못하여 생애지속범죄자가 될 가능성이 높고, 폭력 등 심각한 비행을 저지를 가능성이 높다고 보았는데 이들은 비행청소년 중 소수를 차지한다고 보았다. ⓑ 대부분의 비행청소년이 포함되는 부류로서 어려서 문제성향을 보이지 않은 후기진입자(late-starters)는 어느 정도 친사회적인 유대관계를 형성하였으나 청소년기에 부모의 감독 미비나 비행친구에 노출됨으로써 모방 등을 통해 비행을 저지르는 한시적인 비행청소년, 즉 청소년지위비행자로 파악했다(청소년기 한정 비행자).

ㄴ. '샘슨과 라웁(Sampson & Laub)'은 '생애과정이론'에서 범죄경력은 개인의 생애발달에서 다양한 범죄적 영향(개인적 특성, 사회적 경험, 경제적 상황 등의 영향)의 결과에 따라 발생한다고 주장하면서, 결혼, 취업 및 군입대를 통해 사회자본(social capital)을 형성하는 것이 범죄를 중단하게 하는 요소(전환점)가 될 수 있다고 본다.

정답 ②

08 발전이론에 대한 설명으로 옳지 않은 것은?

12. 보호

① 손베리(Thornberry)는 청소년들의 발달과정에서 연령에 따라 비행의 원인이 어떻게 다르게 작용하는가에 주목하였다.

② 샘슨(Sampson)과 라웁(Laub)은 나이가 들면서 경험하는 사회적 유대와 비공식적 사회통제의 변화가 범법행위에 있어서의 차이를 야기한다고 주장하였다.

③ 모피트(Moffitt)는 어려서 가정에서의 부적절한 훈육과 신경심리계의 손상의 이유로 충동적이고 언어・학습능력이 부족한 아이들이 어려서부터 문제행동을 한다고 하면서 그러한 아이들은 성인에 이르기까지 지속적으로 비행이나 범죄를 자행하게 될 가능성이 높다고 주장하였다.

④ 갓프레드슨(Gottfredson)과 허쉬(Hirschi)는 어릴 때 형성된 자기통제력이라는 내적 성향 요소가 어려서의 다양한 문제행동을 설명할 수 있는 반면에, 청소년비행이나 성인들의 범죄는 설명하기 어렵다고 주장하였다.

해설

발전이론(발달이론, development theory)은 비행청소년의 어린 시절 경험도 중요하지만 어린 아이가 청소년으로 성장하면서 경험하는 다양한 변화 또한 범죄의 원인으로 설명하는 이론이다. 발달이론가들은 단순히 범죄지속의 측면 이외에 그 아이가 어떻게 하여 더욱 심각한 범죄자로 발전하게 되는지를, 어떤 아이들은 어떤 이유로 비행을 중단한 후 평범한 아이로 성장하는지를 설명하고자 했다. 즉, 발달이론에서는 범죄자가 가지는 범죄성향이 평생 동안 지속되면서 변하지 않은 것이 아니라 결혼, 취업 등과 같은 인생의 전환점에서 거의 대부분의 사람들은 범죄를 그만두게 된다고 본다.

④ [×] 갓프레드슨과 허쉬(M. Gottfredson & T. Hirschi)는 범죄의 '일반적' 원인을 '낮은 자기통제'라고 본다. 즉, 어렸을 때 부정적으로 형성된 자기통제력이라는 내적 성향 요소가 이후 청소년기나 성인기의 문제행동의 원인이 된다는 것이다. 이러한 낮은 자기통제의 형성에 가장 많은 영향을 끼치는 것은 잘못된 자녀양육이며, 그에 대한 대책은 아이들의 행동을 항상 관찰하고 비행을 저질렀을 때 즉시 확인하여 벌주는 외적 통제라고 한다.

① [○] 숀베리(Thornberry)의 상호작용이론(interaction theory)에 따르면 범죄와 비행의 원인은 양방향이다. 약한 유대는 아이들에게 비행을 저지른 친구관계를 발전시키고, 결국 비행에 참여하도록 유도하며, 빈번한 비행 참여는 다른 친구들과의 유대를 약화시키고 결국 관습적 유대관계를 재정립하기가 어려워진다는 것이다. 구체적으로 청소년기를 초기(11~13세), 중기(15~16세), 후기(18~20세)로 구분하였는데, 초기에는 상대적으로 가정에서 부모와의 유대가 비행에 매우 중요한 요인으로 작용하지만, 중기를 거쳐 후기에 이를수록 부모의 영향력은 감소하고 대신 친구의 영향력은 증대된다고 주장했다.

② [○] 샘슨과 라웁(Sampson and Laub)은 범죄경력에 전환점이 있다는 사실을 파악하여, 성인 위반자한테서 범죄를 중단하게끔 하는 삶의 사건을 찾아내었다. 즉, 결혼과 직업을 통해 사회자본을 형성하는 것이 범죄를 중단하게 하는 요소가 될 수 있다고 본다. 그들의 연령-등급이론(age-graded theory)에 따르면, 비행은 비공식적 사회통제 혹은 유대의 결과라는 점을 강조했는데, 어려서 문제행동을 보였던 아이가 지속적으로 혹은 더 심각한 비행을 저지르게 되는 이유가 자신의 어린 시절 경험이 사회와의 유대를 약화시켰기 때문이라고 했다. 그러나 어려서 문제행동을 보였던 아이가 사회와의 유대가 회복되거나 강화될 경우, 더 이상 비행을 저지르지 않고 비행을 중단하게 된다고 보았다.

③ [○] 모피트(Moffitt)는 어린 시절 가정환경과 문제 성향을 청소년비행의 원인으로 파악했지만 그것과 청소년시기의 비행과의 관계 사이에 매개변인으로 작용하는 사회요인을 강조했다. 그는 비행청소년집단을 크게 두 부류로 나누어 설명하였다. 어려서부터 문제 성향과 문제 행동을 보인 소위 '초기진입자들(early-starters)'은 생애지속범죄자가 될 가능성이 높고, 폭력 등 심각한 비행을 저지를 가능성이 높다고 보았는데 이들은 비행청소년들 중 소수를 차지한다고 보았다. 반면에 대부분의 비행청소년이 포함되는 부류로 어려서 문제 성향을 보이지 않은 '후기진입자들(late-starters)'은 청소년기에 부모의 감독 미비나 비행친구에 노출됨으로써 모방 등을 통해 비행을 저지르는 한시적인 비행청소년들로 파악했다.

정답 ④

09 다음에서 설명하는 범죄학 이론을 주창한 이론가는?

> 반사회적 범죄자를 두 가지 발달경로로 분류하여 설명한 이론으로 청소년 범죄를 청소년기 한정형(adolescence-limited)과 생애과정 지속형(life course-persistent)으로 구분하여 설명하였다. 청소년기 한정형은 늦게 비행을 시작해서 청소년기에 비행이 한정되는 유형을 의미하며, 생애과정 지속형은 오랜 기간에 걸쳐 비행행위가 지속된다는 것을 의미하고 있어 지속 또는 변화를 설명하는 대표적인 이론이라고 할 수 있다.

① 쏜베리(T. Thornberry) ② 라이스(A. Reiss)
③ 샘슨과 라웁(R. Sampson & J. Laub) ④ 모피트(T. Moffitt)

해설

④ [○] 모피트(T. Moffitt)는 비행청소년집단을 어려서부터 문제 성향과 행동을 보인 '초기진입자들'과 어린 시절에 문제 성향을 보이지 않은 '후기진입자들'로 나누어 설명하면서, 초기진입자들은 '생애지속 범죄자'가 될 가능성이 높다고 보았으나, 후기진입자들은 '한시적인 비행청소년'으로 보았다.
① [×] 쏜베리(T. Thornberry)는 가정 · 학교 · 친구관계가 청소년비행에 영향을 미침에 있어 연령별로 차이가 있음을 주장하였다. 그는 청소년기를 초기 · 중기 · 후기로 구분하여, 초기에는 상대적으로 가정에서 부모와의 애착 등 유대 여부가 비행의 가장 중요한 요인이지만(사회유대이론의 적용), 중기와 후기에는 부모의 영향력은 약화되고 비행친구와의 접촉이 중요한 요인이 된다(사회학습이론의 적용)고 하였다.
② [×] 라이스(A. Reiss)는 범죄와 개인의 자기통제력의 관계를 처음으로 지적하여, 소년비행의 원인을 개인통제력의 미비와 사회통제력의 부족에서 파악하였다.
③ [×] 샘슨과 라웁(R. Sampson & J. Laub)은 청소년기에 비행을 저지른 아이들도 사회유대(또는 사회자본)의 약화 혹은 강화에 따라 비행청소년으로 발전하기도 하고, 비행을 중단하여 정상인으로 되돌아가기도 한다고 주장한다.

정답 ④

10 발달범죄학이론에 대한 설명으로 옳지 않은 것은?

20. 교정

① 1930년대 글룩(Glueck) 부부의 종단연구는 발달범죄학이론의 토대가 되었다.
② 인생항로이론은 인간의 발달이 출생시나 출생 직후에 나타나는 주된 속성에 따라 결정된다고 주장한다.
③ 인생항로이론은 인간이 성숙해 가면서 그들의 행위에 영향을 주는 요인도 변화한다는 사실을 인정한다.
④ 인생항로이론은 첫 비행의 시기가 빠르면 향후 심각한 범죄를 저지를 것이라고 가정한다.

해설

② [×] 발달범죄학이론 중 인생항로이론(생애과정이론)에 의하면, 범죄성은 다양한 개인적 특성과 속성, '사회적 경험' 등에 의해 영향을 받는 동적 과정이라고 한다.
① [○] 글룩(Glueck) 부부는 1930년대에 비행경력자들을 대상으로 범죄성의 지속요인을 측정하는 종단연구를 하였다. 발달범죄학이론은 샘슨(R. Sampson)과 라웁(J. Laub)이 위와 같은 글룩(Glueck) 부부의 연구결과를 통계기법으로 재분석하면서 시작되었다고 한다.
③ [○] 인생항로이론(생애과정이론)에 의하면, 다양한 개인적 · 사회적 · 경제적 요인들이 범죄성에 영향을 미치고 이러한 요인들은 시간이 지나면서 변화하며 이에 영향을 받아 범죄성 또한 변화한다고 본다.
④ [○] 인생항로이론(생애과정이론)에 의하면, 범죄성이 어린 시기에 형성되어 어렸을 때 일탈행위를 경험한 사람은 후에 더 심각한 범죄성을 나타낸다고 한다.

정답 ②

11 범죄원인에 관한 학자들의 주장으로 옳지 않은 것은? 19. 교정

① 샘슨(R. J. Sampson)과 라웁(J. H. Laub): 어려서 문제행동을 보인 아동은 부모와의 유대가 약화되고, 학교에 적응하지 못하며, 성인이 되어서도 범죄를 저지르게 되므로, 후에 사회와의 유대가 회복되더라도 비행을 중단하지 않고 생애지속적인 범죄자로 남게 된다.

② 클라우드(R. A. Cloward)와 올린(L. E. Ohlin): 하류계층 청소년들이 합법적 수단에 의한 목표달성이 제한될 때 비합법적 수단에 호소하게 되는 경우에도, 비행의 특성은 불법행위에 대한 기회에 영향을 미치는 지역사회의 특성에 따라 달라진다.

③ 머튼(R. K. Merton): 문화적으로 규정된 목표는 사회의 모든 구성원이 공유하고 있으나 이들 목표를 성취하기 위한 수단은 주로 사회경제적인 계층에 따라 차등적으로 분배되며, 이와 같은 목표와 수단의 괴리가 범죄의 원인으로 작용한다.

④ 글레이저(D. Glaser): 범죄의 학습에 있어서는 직접적인 대면접촉보다 '자신의 범죄적 행동을 지지해 줄 것 같은 실존 또는 가상의 인물과 자신을 동일시하는가'가 더욱 중요하게 작용한다.

해설

① [×] 샘슨과 라웁은 청소년기에 비행을 저지른 아이들도 사회유대(또는 사회자본)의 약화 혹은 강화에 따라 비행청소년으로 발전하기도 하고, 비행을 중단하여 정상인으로 되돌아가기도 한다고 주장한다.
② [○] 클라우드와 올린의 '차별적 기회구조이론'에 대한 내용이다.
③ [○] 머튼의 '아노미이론'에 대한 내용이다.
④ [○] 글레이저의 '차별적 동일시이론'에 대한 내용이다.

정답 ①

12 발달범죄학에 관한 설명으로 가장 적절하지 않은 것은? 23. 2차 경행경채

① 손베리(Thornberry)는 사회통제이론(Social Control Theory)과 사회학습이론(Social Learning Theory)을 통합하여 범죄행위는 행위자와 환경이 상호작용하는 발전적 과정에 의하여 발생한다고 주장하였다.

② 샘슨(Sampson)과 라웁(Laub)은 아동기, 청소년기를 거쳐 성인기까지의 생애과정에 걸친 범죄의 지속성과 가변성을 설명하였다.

③ 샘슨과 라웁은 행위자를 둘러싼 상황적 · 구조적 변화로 인해 범죄가 중단된다고 주장하였다.

④ 모핏(Moffit)의 비행청소년 분류에서 청소년기 한정형(adolescent-limited) 집단이 저지르는 범죄와 반사회적 행위는 전 생애에 걸쳐 안정성이 두드러지며 가변성을 특징으로 하지 않는다.

해설

④ [×] 모핏(Moffit)은 청소년기 한정형(adolescence-limited) 비행자는 어려서 문제성향을 보이지 않고 어느 정도 친사회적인 유대관계를 형성하였으나 청소년기에 부모의 감독 미비나 비행친구에 노출됨으로써 모방 등을 통해 비행을 저지르는 한시적인 비행청소년이라고 하면서, 이러한 청소년기 한정형 비행자는 이후 탈(脫)비행에 성공한다고 보았다. 지문에서 범죄와 반사회적 행위가 전 생애에 걸쳐 안정성이 두드러지며 가변성을 특징으로 하지 않는다는 표현은 '생애지속형' 범죄자에 대한 표현이다.
① [○] 숀베리(Thornberry)의 상호작용이론(Interaction Theory)의 내용이다. 이 이론에 따르면 범죄와 비행의 원인은 양방향(상호작용)이다. 약한 사회유대는 청소년들에게 비행을 저지른 친구와의 관계를 발전시키고(사회유대이론), 결국 비행에 참여하도록 유도하며(학습이론), 빈번한 비행 참여는 다른 친구들과의 유대를 약화시키고 결국 관습적 유대관계를 재정립하기가 어려워진다는 것이다.
② [○] 샘슨(Sampson)과 라웁(Laub)의 생애과정이론(life course theory)의 내용이다.
③ [○] 샘슨(Sampson)과 라웁(Laub)은 결혼, 취업 및 군입대를 통해 사회자본(social capital)을 형성하는 것이 범죄를 중단하게 하는 요소(전환점)가 될 수 있다고 본다.

정답 ④

13 다음 甲의 성장과정에서 나타나는 범죄경향의 변화를 설명할 수 있는 이론으로 가장 적절하지 않은 것은?

23. 2차 경행경채

> 甲은 평범한 중산층 가정에서 태어나 부족함 없이 자랐으나 고등학교 진학 후 비행친구들과 어울리면서 절도에 가담하게 되었다. 이 사건으로 甲은 법원으로부터 소년보호처분을 받게 되었으며, 주변 친구들로부터 비행청소년이라는 비난을 받고 학교 생활에 적응하지 못하여 자퇴를 하게 되었다. 甲은 가출 후 비행친구들과 더 많은 범죄를 저지르고 급기야 불법도박에 빠지게 되었고 많은 재신을 탕진하게 되었다. 甲은 경제적 어려움으로 인해 방황을 하다가 군대에 입대하게 되었고, 규칙적이고 통제된 군대 생활 속에서 삶에 대해 고민하는 계기를 가지게 되었다. 甲은 군 전역 이후 기술을 배워 안정적인 직장을 다니면서 더 이상 범죄를 저지르지 않게 되었다.

① 차별접촉이론(Differential Association Theory)
② 문화갈등이론(Culture Conflict Theory)
③ 생애과정이론(Life Course Theory)
④ 낙인이론(Labeling Theory)

해설

② [×] 문화갈등이론은 '개별집단의 문화적 행동규범과 사회 전체의 지배적 가치체계 사이에 발생하는 문화적 갈등관계가 범죄원인이 된다'는 것인데, 사례에서 甲의 성장과정에서 나타나는 범죄경향의 변화를 설명할 수 있는 이론에 해당하지 않는다.
① [○] 甲이 '고등학교 진학 후 비행친구들과 어울리면서 절도에 가담'하였다는 것은 서덜랜드의 차별접촉이론으로 설명할 수 있다.
③ [○] 甲이 '군대에 입대'하여 '규칙적이고 통제된 군대 생활 속에서 삶에 대해 고민하는 계기'를 가진 것은 샘슨과 라웁의 생애과정이론으로 설명할 수 있다.
④ [○] 甲이 '소년보호처분을 받게 되었으며, 주변 친구들로부터 비행청소년이라는 비난'을 받게 되고 '가출 후 비행친구들과 더 많은 범죄를 저지르고 급기야 불법도박에 빠지게 되었고 많은 재산을 탕진'하였다는 것은 낙인이론으로 설명할 수 있다.

정답 ②

14 발달범죄학의 주요 이론에 대한 설명으로 적절한 것은 모두 몇 개인가?

23. 간부(73)

> ㉠ 쏜베리(Thornberry)의 상호작용이론은 사회유대의 약화를 비행이 시작되는 출발점으로 보았다.
> ㉡ 패터슨(Patterson)은 비행청소년을 생애 지속형(Life Persistent)과 청소년기 한정형 (Adolescent Limited)으로 구분하였다.
> ㉢ 모핏(Moffit)은 비행청소년이 되어가는 경로에 따라 조기 개시형(Early Starters)과 후기 개시형(Late Starters)으로 구분하였다.
> ㉣ 샘슨과 라웁(Sampson & Laub)의 생애과정이론은 사회유대이론과 사회학습이론을 결합한 합성이론이다.
> ㉤ 티틀(Tittle)의 통제균형이론은 타인으로부터 받는 통제와 자신이 행사하는 통제의 양이 균형을 이룰 때 순응이 발생하고 통제의 불균형이 비행과 범죄행위를 발생시킨다고 설명한다.

① 2개 ② 3개
③ 4개 ④ 5개

해설

㉠ [○] 쏜베리(Thornberry)의 상호작용이론에 따르면, 약한 사회유대는 청소년들에게 비행을 저지른 친구와의 관계를 발전시키고(사회유대(통제)이론), 결국 비행에 참여하도록 유도하며(학습이론), 빈번한 비행 참여는 다른 친구들과의 유대를 약화시키고 결국 관습적 유대관계를 재정립하기가 어려워진다고 한다.
㉡ [×] '모핏(Moffit)'의 주장내용이다.
㉢ [×] '패터슨(Patterson)'의 주장내용이다.

㉣ [×] 샘슨과 라웁(Sampson & Laub)의 생애과정이론은 사회유대이론(사회적 통제이론)과 사회학습이론(사회적 학습이론)에 바탕을 둔 이론이지만, '합성이론(통합이론)이 아니라 발전범죄학(발달범죄이론)'에 해당한다.

㉤ [○] 티틀(Tittle)은 개인에 대한 통제의 정도와 그 개인이 행사할 수 있는 통제력의 정도가 일탈행위의 발생가능성을 결정한다고 보아, 개인의 타인에 대한 통제력과 타인으로부터 통제당하는 정도를 비교하여, 양자가 균형이면 순응하지만 불균형이면 범죄를 저지른다고 주장한다. 이에 의하면 개인의 통제력보다 통제당하는 정도가 더 크면(통제결핍) 통제당하는 것을 피하기 위해 약탈적 · 반항적 일탈행동을 하게 되고, 반대로 통제당하는 정도보다 개인의 통제력이 더 크면(통제과잉) 타인에 대해 더 강한 통제를 하려는 경향을 보여 착취적 · 퇴폐적 일탈행동을 하게 된다.

정답 ①

15 발달이론에 관한 설명으로 옳지 않은 것은?

23. 교정 7급

① 글룩(Glueck)부부는 반사회적인 아이들은 성인이 되어 가해 경력을 지속할 가능성이 크다고 보았다.
② 모피트(T. Moffitt)의 생애지속형(life-course-persistent) 비행청소년은 생래적인 신경심리적 결함이 주된 비행의 원인이며, 유아기의 비행은 성인기까지도 지속된다.
③ 손베리(T. Thornberry)는 후기개시형(late starters) 비행청소년 일탈의 원인을 비행친구와의 접촉으로 보았다.
④ 샘슨(R. Sampson)과 라웁(J. Laub)은 생애주기에 있어 시기에 따라 서로 다른 비공식적 사회통제가 존재하며 인생의 전환점에 의해 언제든지 변할 수 있다고 보았다.

해설

③ [×] '패터슨(Patterson)'이 주장한 내용이다. 그는 반사회적 행동의 발전과정을 초기진입자(조기 개시형)와 후기진입자(만기 개시형)로 나누었다(범죄경력의 진입연령 분류). 초기진입자(early starters)는 아동기의 부적절한 양육(역기능적 가정)에 기인하며, 후에 학업의 실패와 친구집단의 거부를 경험하여(이중적 실패) 비행집단에 참가할 가능성이 높다고 보며, 만성적 비행자가 될 가능성이 높다고 한다. 반면에 후기진입자(late starters)는 청소년기 중기에 부모의 감시와 감독이 느슨하여 비행친구들과 접촉하게 되나, 이중적 실패를 경험하지 않으며 보다 쉽게 범죄경력에서 이탈할 수 있다고 한다. 손베리(Thornberry)는 약한 사회유대가 청소년들에게 비행을 저지른 친구와의 관계를 발전시키고(사회유대이론), 결국 비행에 참여하도록 유도하며(학습이론), 빈번한 비행 참여는 다른 친구들과의 유대를 약화시키고 결국 관습적 유대관계를 재정립하기가 어려워진다는 내용의 상호작용이론을 주장하였다.
① [○] 글룩(Glueck)부부는 1930년대에 비행청소년 500명과 정상청소년 500명을 대상으로 비행원인을 밝히는 연구를 진행하였다. 이를 통해 가정생활의 변화가 범죄에 상당한 영향을 주고, 특히 아동기에 부적응이 클수록 성인기에 적응의 장애를 겪으며, 아동기의 범죄경력이 성인기의 범죄경력으로 이어지는 경향이 강하다는 결과를 얻었다.
② [○] 모피트(Moffitt)는 어려서부터 문제성향과 문제행동을 보인 아이들은 친사회적 유대관계를 형성하지 못하여 생애지속범죄자가 될 가능성이 높고, 폭력 등 심각한 비행을 저지를 가능성이 높다고 보았는데 이들은 비행청소년 중 소수를 차지한다고 보았다.
④ [○] 샘슨(Sampson)과 라웁(Laub)의 생애과정이론의 내용이다.

정답 ③

제2절 | 통합적 범죄이론

16 다음은 어느 이론과 관련 있는 설명인가? 15. 경비

> 개인이 행사하는 통제의 양에 대한 그가 받는 통제의 양의 비율이 일탈의 발생가능성뿐만 아니라 일탈의 유형도 결정한다.

① 사회해체이론 ② 통제균형이론
③ 자기통제이론 ④ 권력통제이론

해설

② [○] 티틀(C. Tittle)의 통제균형이론에 의하면, 개인에 대한 통제의 정도와 그 개인이 행사할 수 있는 통제력의 정도가 일탈행위의 발생가능성을 결정한다고 본다.

정답 ②

17 엘리엇(Elliott)과 동료들의 통합이론(Integrated Theory)이 주장하는 내용으로 가장 적절한 것은? 22. 간부(72)

① 노동자 계급 가정에서 양육된 청소년은 부모의 강압적 양육방식으로 인해 부모와의 유대관계가 약해져 범죄를 저지를 가능성이 크다.
② 사회유대가 강한 청소년일수록 성공기회가 제약되면 긴장을 느끼고 불법적 수단으로 목표를 달성하려 할 가능성이 크다.
③ 가부장적 가정은 양성평등적 가정보다 청소년비행에 있어 성별 차이가 크다.
④ 범죄행위에 대한 비난을 받더라도 사회유대가 강한 청소년은 재범을 저지를 가능성이 작다.

해설

② [○] 엘리엇(Elliott) 등의 학자들은 아동기에 강한 사회유대를 형성하고 이를 유지할 경우 청소년기에 비행 가능성이 낮지만, 반대로 아동기에 약한 사회유대는 이후 청소년기에 비행집단에 참여할 가능성이 높아지고 지속적 범죄행위로 연결될 수 있다고 주장한다. 다만 강한 사회유대가 형성되었더라도 일부 청소년은 범죄로 나아가는 경우가 있는데, 이는 청소년기에 지나치게 긴장을 경험한 것이 사회유대를 약화시키게 되고 비행집단에 참여하게 되어 지속적 범죄행위가 유발된다고 본다.
① [×] 콜빈(Colvin)과 폴리(Poly)는 마르크스주의 범죄이론과 사회통제이론을 결합한 이론을 주장하였다. 자본가계급은 노동자의 지위에 따른 차별적 통제방식을 사용하고 이는 노동자의 가정에서 부모의 양육방식과 연관되어 있는데, 특히 미숙련 저임금 노동자의 경우에는 직장에서 강압적 통제방식에 익숙하므로 가정에서 자녀들에게 강압적이고 과도하며 일관성이 결여된 양육방식을 적용한다. 이로 인해 부모와 자녀 사이의 유대관계가 형성되지 못하여 자녀들이 비행이나 범죄로 이어지게 된다고 본다.
③ [×] 헤이건(J. Hagan)은 권력통제이론에서 범죄나 비행의 발생률이 사회적 지위와 가정 기능이라는 두 가지 요소에 의해 결정된다고 주장하고, 가정 기능은 다시 가부장적 기능과 평등주의적 기능으로 나눈다. 가부장적 가정에서는 아버지가 생계 유지를 위한 경제활동을 하고, 어머니는 가사와 육아의 활동을 하는데 딸에 대해서는 통제가 강하나 아들에 대해서는 통제가 느슨하기 때문에 아들의 비행가능성이 높다고 한다. 반면에 평등주의적 가정에서는 아버지와 어머니가 동등한 권력과 지위를 향유하므로 딸에 대한 통제가 약하며 그로 인하여 아들과 딸의 비행가능성에 차이가 없다고 본다.
④ [×] 허쉬의 사회유대이론의 입장이다.

정답 ②

18 범죄이론에 대한 설명으로 옳지 않은 것은?

16. 교정

① 코헨(A. Cohen)의 비행하위문화이론 - 하류계층의 비행은 중류계층의 가치와 규범에 대한 저항이다.

② 베까리아(C. Beccaria)의 고전주의 범죄학 - 범죄를 처벌하는 것보다 범죄를 예방하는 것이 더욱 바람직하다.

③ 코헨과 펠슨(L. Cohen & M. Felson)의 일상활동이론 - 일상 활동의 구조적 변화가 동기부여된 범죄자, 적절한 범행대상 및 보호의 부재라는 세 가지 요소에 대해 시간적·공간적으로 영향을 미친다.

④ 브레이스웨이트(J. Braithwaite)의 재통합적 수치심부여이론 - 사회구조적 결핍은 대안적 가치로써 높은 수준의 폭력을 수반하는 거리의 규범(code of the street)을 채택하게 하고, 결국 이것이 높은 수준의 폭력을 양산한다.

해설

④ [×] 브레이스웨이트(J. Braithwaite)는 낙인이론에서 일탈적 정체성을 갖는 조건의 구체화와 관련하여 범죄자에 대해 지역사회가 어떤 식으로 반응하는지에 따라 재범율이 달라진다고 하면서, 범죄자에게 지역사회가 완전히 관계를 끊고 해체적인 수치를 준다면 그는 자신을 더욱 범죄자로 생각하고 재범을 할 가능성이 높을 것이지만, 반대로 지역사회와 범죄자와의 관계를 범죄가 발생하기 전의 상태와 같이 유지하면서 재통합적으로 수치를 줄 때 범죄자는 사회로 복귀할 가능성이 높다고 보았다. 즉, 재통합적으로 수치를 부여하는 사회는 해체적으로 수치를 부여하는 사회에 비해 재범율이 낮다고 주장한다. 지문의 내용은 앤더슨(Anderson)의 거리규범이론에 관한 설명이다.

① [○] 코헨(A. Cohen)은 중산층 문화에 적응하지 못한 하류계층의 소년들이 좌절감을 해소하고 삶에 의미를 부여하기 위해서 다른 하류계층 소년들과 함께 주류문화와 전혀 다른 문화(비행하위문화)를 구성하여 중류계층의 거부에 대한 해결책을 찾는다고 하면서, 결국 비행하위문화는 중류계층의 가치와 규범에 대한 반동적 성격을 지닌다고 본다.

② [○] 베까리아(C. Beccaria)는 형벌의 목적이 일반예방을 통한 사회안전의 확보에 있다고 보면서, 범죄를 처벌하는 것보다 예방하는 것이 더욱 중요하며, 처벌은 범죄예방에 도움이 된다고 판단될 때에 정당화된다고 주장한다.

③ [○] 코헨과 펠슨(L. Cohen & M. Felson)은 범죄자가 아니라 범행의 조건을 특정화하여, 사회에서 발생하는 범죄는 ⓐ 범행 동기를 지닌 범죄자, ⓑ 적절한 범행대상, ⓒ 범행을 막을 수 있는 사람(감시자)의 부존재 등에 의해 결정된다고 주장한다(범죄기회이론).

정답 ④

19 브레이스웨이트(Braithwaite)의 재통합적수치이론(Reintegrative Shaming Theory)에 대한 설명으로 가장 적절하지 않은 것은?

22. 간부(72)

① 수치란 일종의 불승인 표시로서 당사자에게 양심의 가책을 느끼게 하는 것을 의미한다.

② 브레이스웨이트는 상호의존적이고 공동체 지향적인 사회일수록 재통합적수치의 효과가 더 크다고 주장하였다.

③ 재통합적수치이론은 형사처벌의 효과에 대하여 엇갈리는 연구결과들을 통합하려는 시도의 일환이라고 할 수 있다.

④ 브레이스웨이트는 낙인으로부터 벗어나도록 하기 위한 의식, 용서의 말과 몸짓만으로는 재통합적수치가 이루어지기 어렵다고 주장하였다.

해설

④ [×] 브레이스웨이트에 의하면 재통합적 수치는 범죄자에게 사회와 결속을 위한 고도의 확신을 주는 것으로, 낙인으로부터 벗어나도록 하기 위한 의식, 용서의 말과 몸짓도 포함되며, 이 경우에는 범죄율이 감소하게 된다.

① [○] 수치(shaming)는 낙인과 유사한 개념으로 사회적 불승인으로서 당사자에게 양심의 가책을 느끼게 하는 것으로, 반사회적 행위를 저지르면 주위의 비난과 훈계를 경험하게 되는 것을 말한다.

② [○] 브레이스웨이트(Braithwaite)는 상호의존적이고 공동체 지향적인 사회일수록 재통합적 수치의 효과가 더 크다고 보며, 재통합적으로 수치를 부여하는 사회는 해체적으로 수치를 부여하는 사회에 비해 재범율이 낮다고 주장한다.

③ [○] 형사처벌의 효과에 대하여, 낙인이론은 형사처벌(공식적 낙인)로 또 다른 범죄나 비행이 유발된다고 보지만(이차적 일탈), 전통적 이론들은 형사처벌이 향후 범죄를 억제한다고 주장한다(억제이론). 재통합적 수치이론은 위와 같이 형사처벌의 효과에 대하여 엇갈리는 연구의 결과들을 통합하려는 시도의 일환이라고 할 수 있다.

정답 ④

20 브레이스웨이트(Braithwaite)의 재통합적 수치심부여이론(reintegrative shaming theory)에 대한 설명으로 옳지 않은 것은? 22. 보호

① 재통합적 수치심 개념은 낙인이론, 하위문화이론, 기회이론, 통제이론, 차별접촉이론, 사회학습이론 등을 기초로 하고 있다.

② 해체적 수치심(disintegrative shaming)을 이용한다면 범죄자의 재범확률을 낮출 수 있으며, 궁극적으로는 사회의 범죄율을 감소시키는 효과를 기대할 수 있다.

③ 재통합적 수치심의 궁극적인 목표는 범죄자가 자신의 잘못을 진심으로 뉘우치고 사회로 복귀할 수 있도록 그들이 수치심을 느끼게 할 방법을 찾아내는 것이다.

④ 브레이스웨이트는 형사사법기관의 공식적 개입을 지양하며 가족, 사회지도자, 피해자, 피해자 가족 등 지역사회의 공동체 강화를 중시하는 '회복적 사법(restorative justice)'에 영향을 주었다.

해설

② [×] 브레이스웨이트는 수치(shaming)를 재통합적 수치와 해체적 수치로 구분하였는데, 해체적 수치는 범죄자에게 공동체의 구성원으로 받아들이지 않겠다는 낙인을 찍는 것으로, 이 경우에는 범죄율이 증가하게 된다(거부적 수치, 오명).

① [○] 브레이스웨이트(Braithwaite)의 재통합적 수치이론은 기존 이론들이 범죄원인의 설명에 한계를 보인다는 점을 지적하면서 사회학적, 심리학적, 경제적 요인 등을 통합하여 보다 복합적 관점에서 범죄의 원인을 규명하는 통합적 범죄이론에 해당한다.

③④ [○] 브레이스웨이트(Braithwaite)의 재통합적 수치이론은 회복적 사법의 이론적 근거가 되었는데, 처벌을 통해 범죄자가 반성을 하면서 지역사회의 구성원으로 재통합하려는 노력을 병행하여 장래의 범죄 가능성을 줄이도록 하겠다는 입장이다.

정답 ②

21 통합 및 발달범죄이론에 관한 설명으로 가장 적절하지 않은 것은? 23. 1차 경행경채

① 패터슨(Patterson)은 비행청소년이 되어가는 경로를 조기 개시형(early starters)과 만기 개시형(late starters)으로 구분하였다.

② 손베리(Thornberry)는 비행청소년을 청소년기 한정형(adolescence-limited)과 생애지속형(life-course-persistent)으로 분류하였다.

③ 엘리엇(Elliott)과 동료들은 사회유대가 강한 청소년일수록 성공기회가 제약되면 긴장을 느끼게 되고, 불법적 수단을 활용할 가능성이 크다고 주장하였다.

④ 샘슨(Sampson)과 라웁(Laub)은 연령에 따른 범죄행위의 지속성과 가변성이 인생의 중요한 전환기에 발생하는 사건들과 그 결과에 의해 영향을 받는다고 주장하였다.

해설

② [×] '모피트(Moffitt)'의 주장 내용이다. 그는 이원적 경로이론에서 ⓐ 어려서부터 문제성향과 문제행동을 보인 소위 초기진입자(early starters)는 친사회적 유대관계를 형성하지 못하여 생애지속형 범죄자가 될 가능성이 높고, 폭력 등 심각한 비행을 저지를 가능성이 높다고 보았는데 이들은 비행청소년 중 소수를 차지한다고 보았으나, ⓑ 대부분의 비행청소년이 포함되는 부류로서 어려서 문제성향을 보이지 않은 후기진입자(late starters)는 어느 정도 친사회적인 유대관계를 형성하였으나 청소년기에 부모의 감독 미비나 비행친구에 노출됨으로써 모방 등을 통해 비행을 저지르는 한시적인 비행청소년, 즉 청소년지위비행자로 파악했다(청소년기 한정형 비행자).

① [○] 패터슨(Patterson)과 그의 동료들은 비행시작연령에 따라 초기진입자(early starters, 조기 개시형)와 후기진입자(late starters)로 구분하여 연구하였다. 여기서 어려서 문제행동을 보이는 초기진입자란 아동기에서부터 빈약한 부모양육행동을 경험하였고, 그 결과로 심각한 사회적 기술의 결핍을 경험하는 청소년들을 의미한다. 이들은 성장과정에서 타인과의 상호작용을 공격적으로 하기 때문에, 관습적인 또래집단들로부터 거부당하기 쉽다. 즉 친구집단, 학교 등 주요한 준거집단으로부터 거부당한 초기 비행진입자들은 그들만의 친구관계를 형성하게 된다. 반면 후기 비행진입자는 청소년 중·후기에 접어들면서 비행행동을 시험해보는 청소년들을 의미한다. 청소년들은 사춘기에 흔히 동반되는 부모와 자녀 간의 관계에서 혼돈이나 부모의 이혼, 실직 등으로 인해 부모양육행동의 질이 하락하는 것을 경험한다. 부모양육행동의 기능약화는 결국 비행친구와의 교류를 증가시키고, 이는 비행행동의 시도로 이어진다. 초기 비행진입자들은 청소년기와 성인기를 거쳐 만성적인 비행·범죄행동을 경험할 가능성이 높은 반면, 후기 비행진입자들은 청소년기에 비행행동을 시험해 보지만 단기간에 중단하는 경향이 크다고 보았다.

③ [○] 엘리엇(Elliott)은 아동기에 강한 사회유대가 형성되었더라도 일부 청소년은 범죄로 나아가는 경우가 있는데, 이는 청소년기에 성공기회의 제약으로 지나치게 긴장을 경험한 것이 사회유대를 약화시키게 되고 비행집단에 참여하게 되어 지속적 범죄행위가 유발된다고 주장하였다(긴장-통제 통합이론).

④ [○] 샘슨(Sampson)과 라웁(Laub)은 범죄경력이 개인의 생애발달에서 다양한 범죄적 영향(개인적 특성, 사회적 경험, 경제적 상황 등의 영향)의 결과에 따라 발생한다고 주장한다. 이들은 범죄경력에 전환점이 있다는 사실을 파악하여, 성인 위반자한테서 범죄를 중단하게끔 하는 삶의 사건을 찾아내었다. 즉 결혼, 취업 및 군입대를 통해 사회자본(social capital)을 형성하는 것이 범죄를 중단하게 하는 요소(전환점)가 될 수 있다고 보았다(생애과정이론, 인생항로이론).

정답 ②

22 다음 <보기>의 내용은 어느 학자의 이론을 언급한 것인가?

23. 해경간부

<보기>

가. 한 사람이 다른 사람에게 행사하는 통제의 양과 다른 사람으로부터 받게되는 피통제 양의 비율(통제비)로써 범죄와 피해를 설명한다.
나. 두 개의 요소가 균형을 이루면 순응이 발생하나, 그것이 불균형을 이루면 범죄와 피해가 발생한다.

① 티틀(Tittle)
② 패링턴(Farrington)
③ 콜빈(Colvin)
④ 헌스타인(Herrnstein)

해설

① [○] 티틀(Tittle)은 통제균형이론에서 개인에 대한 통제의 정도와 그 개인이 행사할 수 있는 통제력의 정도가 일탈행위의 발생가능성을 결정한다고 주장한다. 개인의 타인에 대한 통제력과 타인으로부터 통제당하는 정도를 비교하여, 양자가 균형이면 순응하지만 불균형이면 범죄를 저지른다는 것이다.

정답 ①

해커스경찰
police.Hackers.com

제3편

범죄유형론

제1장 | 범죄유형론 서설

01 다음의 학자들이 사용한 유형분류의 기준이 아닌 것은? 23. 간부(73)

> 가. 가로팔로(Garofalo)의 범죄자유형
> 나. 페리(Ferri)의 범죄자유형
> 다. 린드스미스와 던햄(Lindesmith & Dunham)의 범죄유형
> 라. 클리나드(Clinard)의 범죄유형
> 마. 트레비노(Trevino)의 범죄유형

① 개인적 유형화 (Individualistic Typologies)
② 법률적 유형화 (Legalistic Typologies)
③ 사회적 유형화 (Social Typologies)
④ 다차원적 유형화 (Multi-Dimensional Typologies)

해설

② [×] 법률적 유형화(Legalistic Typologies)는 법적 정의 및 특성에 따라 범죄를 분류하는 방법이다. 대검찰청의 범죄분석이나 경찰청의 범죄통계에서 범죄유형을 분류하는 것을 예로 들 수 있다.
① [○] 개인적 유형화(Individualistic Typologies)는 범죄자나 피해자 개인의 특징을 기준으로 범죄를 유형화하는 방식이다. 이는 다시 가해자 중심 유형화(롬브로즈, 페리(나), 가로팔로(가) 등의 분류)와 피해자 중심 유형화(멘델존 등)로 구분할 수 있다.
③ [○] 사회적 유형화(Social Typologies)는 범죄자와 범죄행위를 범죄현상의 다양한 사회적 맥락에 따라 유형화하는 방식이다. 특히 린드스미스와 던햄(Lindesmith & Dunham)(다)은 범죄행위가 집단이라는 맥락 속에서 동기화되는 정도에 따라 범죄자를 구분하여, 순수하게 개인적 이유로 저지르는 범죄부터 개인이 속한 집단의 문화와 규범적 틀 안에서 저질러지는 범죄까지 범죄유형 연속체를 제시함으로써 범죄자를 유형화하였다.
④ [○] 다차원적 유형화(Multi-Dimensional Typologies)는 다양한 차원을 복합적으로 고려하여 범죄를 유형화하는 방식이다. 클리나드(Clinard)(라)는 범죄행동의 5가지 이론적 차원(ⓐ 특정 범죄행위의 법률적 측면, ⓑ 범죄자의 범죄경력, ⓒ 범죄 행동에 대한 집단지지, ⓓ 범죄 행동과 합법적 행동 간의 부합 정도, ⓔ 사회적 반응과 법적 절차)을 제시하였고, 트레비노(Trevino)(마)는 위 범죄행동의 5가지 이론적 차원을 고려하여 범죄유형을 7가지(개인적 폭력범죄, 기회적 재산 범죄, 공공질서 범죄, 직업 범죄, 기업범죄, 조직 범죄, 정치 범죄)로 정리하였다.

정답 ②

제2장 | 전통적 범죄유형

제1절 | 살인범죄

01 살인범죄의 특성에 대한 설명으로 옳지 않은 것은?

① 살인은 서로 잘 아는 사이에서 발생하는 경우가 많다.
② 살인사건 중 일부는 피해자가 먼저 가해자를 공격한 결과로 발생한다는 주장이 있다.
③ 살인의 동기는 의외로 매우 사사로운 것에 지나지 않는 경우가 많다.
④ 살인은 대부분 계산된 행동의 결과물이다.

해설

④ [×] 살인은 대부분 폭발적 감정의 압박에 의하여 행해지는 열정의 범죄이다.
① [○] 살인의 피해자가 범인의 친족, 지인, 애인, 동료, 이웃, 친구 등인 경우가 대부분이다(살인범죄의 70~80%).
② [○] 울프강(Wolfgang)의 피해자 유발 살인에 대한 내용이다.
③ [○] 사소한 말다툼이 살인으로 이어지는 경우가 종종 있는데, 특히 사회적 약자나 빈곤자들이 타인의 사소한 모욕을 자신의 명예나 자존심에 대한 공격으로 받아들여 살인을 저지르는 경우가 많다.

정답 ④

02 살인범죄의 원인에 대한 설명으로 옳지 않은 것은?

① 약한 사회적 통제를 경험한 사람은 살인을 저지르고, 강한 사회적 통제를 경험한 사람은 자살을 저지른다는 견해가 있다.
② 초자아(superego)가 지나치게 본능(id)을 억제하고 자아(ego)가 이를 적절히 조절하지 못하는 경우 욕구불만으로 공격성을 갖게 되고, 이러한 공격성이 발달하여 살인의 원인이 된다는 주장이 있다.
③ 인간은 본능적으로 공격적인 동물이며, 살인은 가장 강력한 형태의 공격성 표출이라는 견해가 있다.
④ 폭력하위문화에서 살인범죄가 많이 발생한다는 주장이 있다.

해설

① [×] 외적 제재이론에서는, 약한 외적 제재(사회적 통제)를 경험한 사람은 자기지향적 공격성(자살)을 선택하고, 강한 외적 제재를 경험한 사람은 타인지향적 공격성(살인)을 선택한다고 본다.
② [○] 심리분석학적 이론의 설명이다.
③ [○] 인종학적 이론의 설명이다.
④ [○] 폭력하위문화이론의 설명이다.

정답 ①

03 다음이 설명하는 것은? 17. 경비

- 한 사건에서 1명 또는 여러 명의 가해자에게 4명 이상이 살해당하는 것
- 같은 시간에 같은 장소에서 여러 명을 살해하는 것

① 연쇄살인(serial murder)
② 1급살인(first degree murder)
③ 대량살인(mass murder)
④ 2급살인(second degree murder)

해설

③ [○] 대량살인은 한 사건에서 4명 이상을 살해하는 경우를 말한다. 이는 복수형, 애정형, 이익형, 테러형으로 유형을 나눌 수 있다.
① [×] 연쇄살인이란 유사한 특징을 가진 다수의 피해자들을 유사한 수법으로 심리적 냉각기를 가지면서 살해하는 것을 말한다.
② [×] 1급 살인은 고의에 의한 살인 또는 계획적 살인을 말한다.
④ [×] 2급 살인은 과실에 의한 살인을 말한다.

정답 ③

04 다소 긴 기간 동안 심리적 냉각기를 거치며 다수의 장소에서 4인 이상 살해하는 것은? 15. 경비

① 표출적 살인
② 연쇄살인
③ 도구적 살인
④ 연속살인

해설

② [○] 연쇄살인이란 유사한 특징을 가진 다수의 피해자들을 유사한 수법으로 심리적 냉각기를 가지면서 살해하는 것을 말한다.
① [×] 표출적 살인은 개인의 감정 또는 가치 등의 표출로 살인 자체가 목적인 경우를 말한다.
③ [×] 도구적 살인은 강도 또는 강간 등 다른 목적을 성취하기 위한 방법으로 살인을 하는 경우를 말한다.
④ [×] 연속살인이란 몇 일 또는 몇 주에 걸쳐 살인을 저지르는 것을 말한다.

정답 ②

05 연쇄살인과 연속살인을 구분하는 기준은? 18. 경비

① 목표달성의 실패
② 심리적 냉각기
③ 긍정적 자극의 발생
④ 애착

해설

② [○] 연쇄살인이란 유사한 특징을 가진 다수의 피해자들을 유사한 수법으로 심리적 냉각기를 가지면서 살해하는 것을 말한다. 반면에 연속살인이란 몇 일 또는 몇 주에 걸쳐 살인을 저지르는 것을 말하는데, 냉각기를 갖지 않고 연속적으로 살인을 한다는 점에서 연쇄살인과 구별된다.

정답 ②

06 다음 ( ) 안에 들어갈 내용으로 가장 적절한 것은?

23. 1차 경행경채

> 살인범죄는 피해자의 수에 따라 일반살인과 다수(다중)살인으로 구분할 수 있다. 보통 일반살인은 피해자가 1명인 경우를 말하며, 다수살인은 피해자가 2~4명 이상인 경우를 의미한다. 다수살인을 시간과 장소에 따라 보다 세분화하면, (㉠)은 한 사건에서 다수의 피해자를 발생시키는 행위를 말하고, (㉡)은 심리적 냉각기를 거치지 않고 여러 장소를 옮겨 다니면서 살해하는 행위이며, (㉢)은 한 사건과 그 다음 사건 사이에 심리적 냉각기가 존재하는 살인행위를 의미한다.

	㉠	㉡	㉢
①	대량살인	연쇄살인	연속살인
②	연속살인	연쇄살인	대량살인
③	대량살인	연속살인	연쇄살인
④	연쇄살인	연속살인	대량살인

해설

㉠ 대량살인은 같은 시간에 같은 장소에서 여러 사람을 살해하는 것을 말한다(집단살인).
㉡ 연속살인은 심리적 냉각기 없이 여러 장소를 이동하면서 여러 사람을 살해하는 것을 말한다.
㉢ 연쇄살인은 사건 사이에 심리적 냉각기를 거쳐 여러 사람을 살해하는 것을 말한다.

정답 ③

07 연쇄살인의 특징으로 옳지 않은 것은?

16. 경비

① 반복성을 가진다.
② 충동적으로 범행을 한다.
③ 심리적 냉각기를 가진다.
④ 사건 사이에 시간적 공백이 있다.

해설

② [×] 연쇄살인의 특징으로는 범행의 반복, 주로 단독범의 소행, 살인범과 피해자는 모르는 사이, '의도적 살인', 동기의 불확실, 심리적 냉각기 등이 거론된다.

정답 ②

08 연쇄살인의 유형에 대한 〈보기 1〉과 〈보기 2〉의 내용을 옳게 연결한 것은?

<보기 1>

ㄱ. 정신적 장애를 앓고 있으며, 환청이나 환각 등으로 인하여 살인을 하는 경우
ㄴ. 성욕, 스릴, 재물 등의 추구를 위하여 살인을 하는 경우
ㄷ. 동성애자나 성매매 여성 등의 특정 대상자들을 세상에서 제거하여야 한다는 신념으로 살인을 하는 경우
ㄹ. 피해자에 대한 완전한 지배에서 만족감을 얻기 위하여 살인을 하는 경우

<보기 2>

A. 권력형 연쇄살인범 B. 사명감형 연쇄살인범
C. 쾌락형 연쇄살인범 D. 망상형 연쇄살인범

	ㄱ	ㄴ	ㄷ	ㄹ
①	B	D	C	A
②	D	C	B	A
③	B	A	C	D
④	D	A	B	C

해설

② [○] 연쇄살인범의 유형은 아래와 같이 분류할 수 있다.

☑ 연쇄살인범의 유형

망상형	정신적 장애를 앓고 있으며, 누군가를 살해해야 한다는 환청 또는 환각으로 살인을 하는 유형이다.
사명감형	특정 대상자들(예 동성애자, 성매매 여성, 특정 종교인 등)을 이 세상에서 제거해야 한다는 신념으로 살인을 하는 유형이다.
쾌락형	성욕, 스릴, 재물 등의 추구를 위하여 살인을 하는 유형이다.
권력형	피해자에 대한 완전한 지배에서 만족감을 얻기 위해 살인을 하는 유형이다.

정답 ②

09 홈즈와 드버거(Holmes & DeBurger)의 연쇄살인범 유형에 대한 설명으로 가장 적절하지 않은 것은?

23. 간부(73)

① 망상형 (Visionary Serial Killers) - 환각, 환청 또는 망상이 살인의 원인이 된다. 정신적 장애를 수반하며 망상형 연쇄살인범은 신의 지시 명령에 따른 것이라고 주장하기도 한다.

② 사명형 (Mission-Oriented Serial Killers) - 성매매 여성, 동성애자, 범죄자 같은 특정 유형의 사람들을 사회에서 제거해야 한다는 신념으로 살해하는 경우로 정신이상이 아니며 환청이나 환각을 경험하지 않는다.

③ 쾌락형 (Hedonistic Senial Killers) - 본인의 쾌락을 충족하기 위해 살해하는 유형으로 이들이 추구하는 쾌락에 따라 성욕형, 스릴형, 재물형으로 구분할 수 있다.

④ 권력형 (Power/Control Serial Killers) - 정치적 · 경제적 권력을 쟁취하기 위하여 자신에게 방해되는 사람들을 무자비하게 살해하는 폭군이나 독재자 같은 포식자 유형이다.

해설

④ [×] 권력형 연쇄살인범은 '피해자에 대한 완전한 지배에서 만족감을 얻기 위해 살인을 하는 유형'이다.

정답 ④

10 폭스(Fox)와 레빈(Levin)이 분류한 대량 살인범의 유형에 포함되지 않는 것은? 23 해경간부

① 복수형 살인범(Revenge Killers)
② 사명형 살인범(Mission Killers)
③ 이익형 살인범(Profit Killers)
④ 사랑형 살인범(Love Killers)

해설

② [×] 사명형은 홈즈와 드버거의 연쇄살인범의 유형에 속한다.

☑ 폭스(Fox)와 레빈(Levin)의 범죄동기에 따른 대량살인의 분류

복수형	개인이나 사회에 대한 증오와 그에 대한 응징 및 복수로 살인하는 유형
사랑형	가족 등을 사랑하는 마음에서 살인하는 유형
이익추구형	범죄 은폐를 위한 목격자 제거 및 범죄 실행 등으로 살인하는 유형
테러형	상대방 경고 목적의 갱집단살인, 종말 임박을 알릴 목적으로 종교숭배 집단살인 등의 유형

정답 ②

11 여성 연쇄살인범의 특성에 대한 설명으로 옳지 않은 것은?

① 보험금 등 경제적 이익을 위해 가족이나 친구 등을 살해하는 경우가 많다.
② 아동이나 노인 등 약자를 살해대상으로 삼는 경우가 많다.
③ 피해자에 대한 폭력의 행사보다는 독살하는 등의 방법을 사용하는 경우가 많다.
④ 남성 연쇄살인범과 달리 약물중독자의 경우는 흔치 않다.

해설

④ [×] 여성 연쇄살인범은 알코올이나 마약에 중독되어 있는 경우가 많다고 한다.

정답 ④

제2절 | 성범죄

12 그로스(N. Groth)의 강간 유형론 중 여성에 대한 폭력행사보다 소유욕 때문에 범행하는 유형은? 20. 경비

① 지배강간
② 분노강간
③ 가학성 변태성욕
④ 피학성 변태성욕

해설

① [○] 그로스와 홉슨(Groth & Hobson)은 강간의 유형을 분노형 강간, 권력형 강간(지배강간), 가학형 강간으로 구분하였다.

☑ 강간의 유형

분노형 강간	강간범의 증오와 분노에 의해 촉발되는 우발적이며 폭력적인 강간 유형이다.
권력형 강간	강간범이 대상을 통제·지배할 수 있음을 과시하고자 하는 강간 유형이다(지배강간).
가학형 강간	분노와 권력욕구가 성적으로 변형되어 가학적 행위 자체에서 성적 흥분을 얻는 정신병리적 형태의 강간 유형이다.

정답 ①

13 다음에서 설명하는 그로스(Groth)의 강간유형으로 가장 적절한 것은? 23. 2차 경행경채

> 피해자를 자신의 통제하에 놓고 싶어 하는 강간으로, 여성을 성적으로 지배하기 위한 목적으로 행하는 강간의 유형이다.

① 권력형(지배형) 강간 ② 분노형 강간
③ 스릴추구형 강간 ④ 기학성 변태성욕 강간

해설

① [○] 그로스(Groth)는 강간범의 유형을 ⓐ 분노형(강간범의 증오와 분노에 의해 촉발되는 우발적이며 폭력적인 강간 유형), ⓑ 권력형(강간범이 대상을 통제·지배할 수 있음을 과시하고자 하는 강간 유형), ⓒ 가학형 강간(분노와 권력욕구가 성적으로 변형되어 가학적 행위 자체에서 성적 흥분을 얻는 정신병리적 형태의 강간 유형)으로 구분하였다. 제시된 지문은 권력형 강간(지배 강간)에 해당한다.

정답 ①

14 강간범죄의 원인에 대한 설명으로 옳지 않은 것은?

① 성적으로 개방되고 그 기회가 많은 사회에서 성적 기회를 갖지 못하는 사람이 상대적 좌절감을 느끼게 되어 강간범죄가 많이 발생한다.
② 여성에게 성적으로 개방된 사회에서는 강간범죄가 많이 발생한다.
③ 어린 시절의 부정적 경험으로 성적 부적절성이라는 인성결함이 생겨서 성적 환상에 따라 강간을 하는 것이다.
④ 성별 비율이 여자보다 남자가 훨씬 많은 경우 성적 상대를 구함이 어려워 강간범죄가 성행한다.

해설

② [×] 여성에게 성적 활동의 제한이 강하고 남성에게는 성적으로 개방된 사회에서는 강간범죄가 많이 발생한다고 보는 견해가 있다(차별적 통제).
① [○] 성적으로 개방되고 그 기회가 많은 사회에서 성적 기회를 갖지 못하는 사람은 성적으로 패쇄되고 그 기회가 적은 사회의 경우보다 상대적 좌절감을 느끼게 되어 강간범죄가 많이 발생한다는 주장이 있다(상대적 좌절감).
③ [○] 어린 시절의 부정적 경험으로 성적 부적절성이라는 인성결함이 생겨서 여성과 적절하게 관계를 맺지 못하는 원인이 되어 성적 환상에 따라 강간을 하는 것이라고 보는 견해가 있다(성적 부적절성).
④ [○] 성별 비율이 여자보다 남자가 훨씬 많은 경우 성적 상대를 구함에 있어서 사회적 긴장이 발생하여 강간범죄가 성행한다고 보는 주장이 있다(남녀성비의 불균형).

정답 ②

15 그로스(Groth)의 폭력적 강간의 유형으로 가장 옳지 않은 것은? 23. 해경간부

① 가학성 변태성욕 강간
② 지배 강간
③ 스릴추구적 강간
④ 분노 강간

해설

③ [×] 그로스와 홉슨(Groth & Hobson)은 강간의 유형을 분노형, 권력형, 가학형으로 구분하였다.

☑ 강간의 유형

분노형 강간	강간범의 증오와 분노에 의해 촉발되는 우발적이며 폭력적인 강간 유형이다.
권력형 강간	강간범이 대상을 통제·지배할 수 있음을 과시하고자 하는 강간 유형이다(지배 강간).
가학형 강간	분노와 권력욕구가 성적으로 변형되어 가학적 행위 자체에서 성적 흥분을 얻는 정신병리적 형태의 강간 유형이다.

정답 ③

16 현행법상 성폭력범죄의 예방 및 대책이 아닌 것은?

16. 경비

① 전자장치부착
② 신상정보공개
③ 약물치료
④ 보호감호

해설

④ [×] 현재 보호감호제도는 시행되고 있지 않다(2005년 폐지).

① [○]「전자장치 부착 등에 관한 법률」 제5조 제1항 참조

> 제5조 **【전자장치 부착명령의 청구】** ① 검사는 다음 각 호의 어느 하나에 해당하고, 성폭력범죄를 다시 범할 위험성이 있다고 인정되는 사람에 대하여 전자장치를 부착하도록 하는 명령(이하 "부착명령"이라 한다)을 법원에 청구할 수 있다.
> 1. 성폭력범죄로 징역형의 실형을 선고받은 사람이 그 집행을 종료한 후 또는 집행이 면제된 후 10년 이내에 성폭력범죄를 저지른 때
> 2. 성폭력범죄로 이 법에 따른 전자장치를 부착받은 전력이 있는 사람이 다시 성폭력범죄를 저지른 때
> 3. 성폭력범죄를 2회 이상 범하여(유죄의 확정판결을 받은 경우를 포함한다) 그 습벽이 인정된 때
> 4. 19세 미만의 사람에 대하여 성폭력범죄를 저지른 때
> 5. 신체적 또는 정신적 장애가 있는 사람에 대하여 성폭력범죄를 저지른 때

② [○]「성폭력범죄의 처벌 등에 관한 특례법」 제25조 참조

> 제25조 **【피의자의 얼굴 등 공개】** ① 검사와 사법경찰관은 성폭력범죄의 피의자가 죄를 범하였다고 믿을 만한 충분한 증거가 있고, 국민의 알 권리 보장, 피의자의 재범 방지 및 범죄예방 등 오로지 공공의 이익을 위하여 필요할 때에는 얼굴, 성명 및 나이 등 피의자의 신상에 관한 정보를 공개할 수 있다. 다만, 피의자가 「청소년 보호법」 제2조 제1호의 청소년에 해당하는 경우에는 공개하지 아니한다.

③ [○]「성폭력범죄자의 성충동 약물치료에 관한 법률」 제4조 참조

> 제4조 **【치료명령의 청구】** ① 검사는 사람에 대하여 성폭력범죄를 저지른 성도착증 환자로서 성폭력범죄를 다시 범할 위험성이 있다고 인정되는 19세 이상의 사람에 대하여 약물치료명령(이하 "치료명령"이라고 한다)을 법원에 청구할 수 있다.

정답 ④

17 성폭력범죄의 대책 중 현재 시행하지 않는 것은? 12. 경비

① 신상정보공개제도 ② 보호수용제도
③ 약물치료제도 ④ 치료감호제도

해설

② [×] 성폭력, 살인 등 강력범죄를 저지른 사람 중 위험성이 높은 사람을 보호수용할 수 있도록 하는 제도의 도입 논의가 있었으나, 실정법상 도입 및 시행되지는 않고 있다.

① [○] 「성폭력범죄의 처벌 등에 관한 특례법」 제25조 참조

> 제25조 【피의자의 얼굴 등 공개】 ① 검사와 사법경찰관은 성폭력범죄의 피의자가 죄를 범하였다고 믿을 만한 충분한 증거가 있고, 국민의 알 권리 보장, 피의자의 재범 방지 및 범죄예방 등 오로지 공공의 이익을 위하여 필요할 때에는 얼굴, 성명 및 나이 등 피의자의 신상에 관한 정보를 공개할 수 있다. 다만, 피의자가 「청소년 보호법」 제2조 제1호의 청소년에 해당하는 경우에는 공개하지 아니한다.

③ [○] 「성폭력범죄자의 성충동 약물치료에 관한 법률」 제4조 참조

> 제4조 【치료명령의 청구】 ① 검사는 사람에 대하여 성폭력범죄를 저지른 성도착증 환자로서 성폭력범죄를 다시 범할 위험성이 있다고 인정되는 19세 이상의 사람에 대하여 약물치료명령(이하 "치료명령"이라고 한다)을 법원에 청구할 수 있다.

④ [○] 「치료감호 등에 관한 법률」 제2조 제1항 제3호 참조

> 제2조 【치료감호대상자】 ① 이 법에서 "치료감호대상자"란 다음 각 호의 어느 하나에 해당하는 자로서 치료감호시설에서 치료를 받을 필요가 있고 재범의 위험성이 있는 자를 말한다.
> 1. 「형법」 제10조 제1항에 따라 벌하지 아니하거나 같은 조 제2항에 따라 형을 감경할 수 있는 심신장애인으로서 금고 이상의 형에 해당하는 죄를 지은 자
> 2. 마약·향정신성의약품·대마, 그 밖에 남용되거나 해독(害毒)을 끼칠 우려가 있는 물질이나 알코올을 식음(食飮)·섭취·흡입·흡연 또는 주입받는 습벽이 있거나 그에 중독된 자로서 금고 이상의 형에 해당하는 죄를 지은 자
> 3. 소아성기호증(小兒性嗜好症), 성적가학증(性的加虐症) 등 성적 성벽(性癖)이 있는 정신성적 장애인으로서 금고 이상의 형에 해당하는 성폭력범죄를 지은 자

정답 ②

18 아동·청소년의 성보호에 관한 법률상 신상정보 공개·고지명령의 집행권자는? 15. 경비

① 경찰서장 ② 여성가족부장관
③ 관할 보호관찰소장 ④ 관할 지방검찰청 검사

해설

② [○] 「아동·청소년의 성보호에 관한 법률」 제51조 제1항, 제52조 제1항

> 제51조 【고지명령의 집행】 ① 고지명령의 집행은 여성가족부장관이 한다.
>
> 제52조 【공개명령의 집행】 ① 공개명령은 여성가족부장관이 정보통신망을 이용하여 집행한다.

정답 ②

19 「전자장치 부착 등에 관한 법률」상 성폭력범죄를 저지른 자에 대한 검사의 전자장치 부착명령의 청구대상으로 옳지 않은 것은?

① 성폭력범죄로 징역형의 실형을 선고받은 사람이 그 집행을 종료한 후 또는 집행이 면제된 후 10년 이내에 성폭력범죄를 저지른 때

② 성폭력범죄로 「치료감호 등에 관한 법률」에 따른 치료감호를 받은 전력이 있는 사람이 다시 성폭력범죄를 저지른 때

③ 성폭력범죄를 2회 이상 범하여(유죄의 확정판결을 받은 경우를 포함) 그 습벽이 인정된 때

④ 19세 미만의 사람에 대하여 성폭력범죄를 저지른 때

해설

② [×] 성폭력범죄로 '이 법(「전자장치 부착 등에 관한 법률」)에 따른 전자장치를 부착받은 전력'이 있는 사람이 다시 성폭력범죄를 저지른 때에 전자장치 부착명령을 법원에 청구할 수 있다(「전자장치 부착 등에 관한 법률」 제5조 제1항 제2호).

①③④ [○] 「전자장치 부착 등에 관한 법률」 제5조 제1항 제1호 · 제3호 · 제4호

> 제5조 【전자장치 부착명령의 청구】 ① 검사는 다음 각 호의 어느 하나에 해당하고, 성폭력범죄를 다시 범할 위험성이 있다고 인정되는 사람에 대하여 전자장치를 부착하도록 하는 명령(이하 "부착명령"이라 한다)을 법원에 청구할 수 있다.
> 1. 성폭력범죄로 징역형의 실형을 선고받은 사람이 그 집행을 종료한 후 또는 집행이 면제된 후 10년 이내에 성폭력범죄를 저지른 때
> 2. 성폭력범죄로 이 법에 따른 전자장치를 부착받은 전력이 있는 사람이 다시 성폭력범죄를 저지른 때
> 3. 성폭력범죄를 2회 이상 범하여(유죄의 확정판결을 받은 경우를 포함한다) 그 습벽이 인정된 때
> 4. 19세 미만의 사람에 대하여 성폭력범죄를 저지른 때
> 5. 신체적 또는 정신적 장애가 있는 사람에 대하여 성폭력범죄를 저지른 때

정답 ②

20 성매매에 대한 규제(입법주의) 내용으로 옳지 않은 것은?

① 성매매행위를 불법으로 보아 처벌하는 입장을 금지주의라고 한다.

② 금지주의는 다시 성구매행위만 금지하는 경우, 성판매행위만 금지하는 경우, 성구매 및 성판매를 모두 금지하는 경우로 나눌 수 있다.

③ 합법화주의는 법적으로 성매매 자체를 규제하거나 금지하지 않는 입장을 말한다.

④ 우리나라는 성구매 및 성판매를 모두 금지하는 입장에 해당한다.

해설

③ [×] 비범죄화주의에 대한 설명이다. 합법화주의는 일정한 형태의 성매매를 법적으로 인정하거나 성매매거래지역을 통제하는 입장을 말한다.

정답 ③

21 「성매매알선 등 행위의 처벌에 관한 법률」상 명시된 '성매매피해자'가 아닌 것은?

15. 경비

① 위계, 위력, 그 밖에 이에 준하는 방법으로 성매매를 강요당한 사람

② 성매매를 하도록 알선·유인된 청소년

③ 성매매 장소 주변에 거주하는 사람

④ 성매매 목적의 인신매매를 당한 사람

해설

①②④ [○], ③ [×] 「성매매알선 등 행위의 처벌에 관한 법률」 제2조 제1항 제4호 참조

> 제2조 【정의】 ① 이 법에서 사용하는 용어의 뜻은 다음과 같다.
> 4. "성매매피해자"란 다음 각 목의 어느 하나에 해당하는 사람을 말한다.
> 가. 위계, 위력, 그 밖에 이에 준하는 방법으로 성매매를 강요당한 사람
> 나. 업무관계, 고용관계, 그 밖의 관계로 인하여 보호 또는 감독하는 사람에 의하여 「마약류관리에 관한 법률」 제2조에 따른 마약·향정신성의약품 또는 대마(이하 "마약등"이라 한다)에 중독되어 성매매를 한 사람
> 다. 청소년, 사물을 변별하거나 의사를 결정할 능력이 없거나 미약한 사람 또는 대통령령으로 정하는 중대한 장애가 있는 사람으로서 성매매를 하도록 알선·유인된 사람
> 라. 성매매 목적의 인신매매를 당한 사람

정답 ③

22 「성폭력범죄의 처벌 등에 관한 특례법」의 내용으로 옳지 않은 것은?

① 음주 또는 약물로 인한 심신장애 상태에서 성폭력범죄를 범한 때에는 「형법」 제10조 제1항·제2항 및 제11조를 적용하지 아니할 수 있다.

② 미성년자에 대한 성폭력범죄의 공소시효는 해당 성폭력범죄로 피해를 당한 미성년자가 성년에 달한 날부터 진행한다.

③ 13세 미만의 사람 및 신체적인 또는 정신적인 장애가 있는 사람에 대하여 성폭력범죄를 범한 경우에는 공소시효를 적용하지 아니한다.

④ 법원은 피해자에게 변호사가 없는 경우 국선변호사를 선정하여 형사절차에서 피해자의 권익을 보호할 수 있다.

해설

④ [×] '검사'가 피해자 국선변호사를 선정할 수 있다(「성폭력범죄의 처벌 등에 관한 특례법」 제27조 제6항).

> 제27조 【성폭력범죄 피해자에 대한 변호사 선임의 특례】 ⑥ 검사는 피해자에게 변호사가 없는 경우 국선변호사를 선정하여 형사절차에서 피해자의 권익을 보호할 수 있다.

① [○] 「성폭력범죄의 처벌 등에 관한 특례법」 제20조

② [○] 「성폭력범죄의 처벌 등에 관한 특례법」 제21조 제1항

③ [○] 「성폭력범죄의 처벌 등에 관한 특례법」 제21조 제3항

정답 ④

제3절 | 강도범죄

23 재산범죄와 폭력범죄의 특성을 모두 가진 범죄유형은? 19. 경비

① 살인 ② 강도
③ 강간 ④ 폭행

해설
② [○] 강도는 재산범죄의 특성(재산권을 침해)과 폭력범죄의 특성(폭행 · 협박을 수단)을 동시에 갖는다.

정답 ②

24 강도의 특성에 대한 설명으로 옳지 않은?

① 강도는 폭력을 사용한다는 점에서 흉악범죄로 분류된다.
② 강도는 대부분 계산적 · 이성적 행위이다.
③ 강도를 저지르는 사람은 대부분 폭력범죄의 전과가 많다.
④ 흉기를 든 강도가 그렇지 않은 강도보다 실제로 폭력을 사용하는 경우가 많다.

해설
④ [×] 흉기로 무장한 강도보다 비무장한 강도가 실제로 폭력을 사용하는 경우가 많다. 대부분의 경우 흉기는 실제 사용하기 위한 것보다 피해자를 위협하는 용도로 사용된다.

정답 ④

25 강도의 유형을 동기에 따라 구분한 설명 중 옳지 않은 것은?

① 생활비 마련 등 경제적 동기에서 저지르는 강도를 강취적 강도라고 한다.
② 청소년들이 또래 사이에서 우월감을 얻기 위해 저지르는 강도를 만용적 강도라고 한다.
③ 알코올 등에 취한 상태에서 판단력을 잃고 저지르는 강도를 통제력 결핍에 의한 강도라고 한다.
④ 성취하기 어려운 목표의 달성을 위하여 저지르는 강도를 도전적 강도라고 한다.

해설
④ [×] 도전적 강도는 부모 또는 사회에 대한 반발심이 주된 동기가 되어 저지르는 강도를 말한다.

☑ 강도의 유형

강취적 강도	경제적 동기(예 생활비, 유흥비 마련 등)에 의한 강도로서 가장 많이 발생하는 유형
만용적 강도	행위 자체를 즐기려는 동기에서 행하는 강도(예 청소년들이 또래 집단에서 우월감 또는 지위를 얻기 위해 무모한 강도행위를 하는 경우)
통제력 결핍에 의한 강도	이성적 자제력을 잃거나 알코올 · 약물에 취해 판단력을 잃은 상태에서 행하는 강도
도전적 강도	부모 또는 사회에 대한 반발심이 강도행위의 주된 동기인 경우

정답 ④

제3장 | 특수한 범죄유형

제1절 | 조직범죄

01 조직범죄의 일반적 특성이 아닌 것은? 20. 경비

① 폭력이나 매수 등의 약탈적 전술 구사
② 내부 규율과 이를 위반할 경우의 응징
③ 조직 내 위치에 따른 임무와 역할의 분화
④ 경제적 이득보다는 정치적 이득 추구에 집중

해설

④ [×] 조직범죄는 정치적 목적이나 이해관계의 개입 없이 경제적 이익의 추구를 목적으로 하는 특성이 있다.

☑ 아바딘스키(H. Abadinsky)가 지적한 조직범죄의 특성

ⓐ 조직적 위계질서의 지속(계층적 성격, 수직적 권력구조가 존재)
ⓑ 임무와 역할의 전문화·분업화
ⓒ 무력사용이나 위협 등 폭력 행사 및 면책유지를 위한 공무원 매수(뇌물)
ⓓ 구성원이 따라야 할 규칙의 존재 및 위반시 상응하는 응징
ⓔ 용역에 대한 대중적 수요(특정 지역이나 사업을 독점)
ⓕ 비이념성(정치적 목적이나 이해관계가 개입되지 않고 경제적 이익 추구를 목적)
ⓖ 구성원의 제한(배타성)
ⓗ 활동·참여의 영속성

정답 ④

02 조직범죄(organized crime)의 일반적인 특성이 아닌 것은? 15. 경비

① 위계성
② 위협이나 무력 등 불법적 수단 사용
③ 불법적 이익 추구
④ 일시성

해설

④ [×] 조직범죄는 활동·참여의 '영속성'을 그 특징으로 한다(아바딘스키).

정답 ④

03 조직범죄의 주요 활동영역이 아닌 것은?

18. 경비

① 인신매매
② 마약류 밀거래
③ 자금세탁
④ 직권남용

해설

④ [×] 조직범죄는 무기류·마약류 밀거래, 도박, 성매매알선, 인신매매, 불법이민(밀입국)알선, 자금세탁, 신용카드범죄, 테러범죄 등을 주요 영역으로 하여 행해진다.

정답 ④

04 아바딘스키(Abadinsky)가 제시한 조직범죄의 특징으로 옳은 것을 모두 고른 것은?

16. 경비

ㄱ. 구성원의 역할이 분업화되어 있다.
ㄴ. 계층적인 조직구조를 가지고 있다.
ㄷ. 정치적 이념이 영리추구보다 우선이다.
ㄹ. 조직활동 및 구성원의 참여가 일시적이다.

① ㄱ, ㄴ
② ㄴ, ㄷ
③ ㄱ, ㄴ, ㄹ
④ ㄴ, ㄷ, ㄹ

해설

ㄱ, ㄴ. [○] 아바딘스키(H. Abadinsky)는 조직범죄의 특성에 대하여 다음과 같이 지적하였다.

☑ 조직범죄의 특성

ⓐ 조직적 위계질서의 지속(계층적 성격, 수직적 권력구조가 존재)
ⓑ 임무와 역할의 전문화·분업화
ⓒ 무력사용이나 위협 등 폭력 행사 및 면책유지를 위한 공무원 매수(뇌물)
ⓓ 구성원이 따라야 할 규칙의 존재 및 위반시 상응하는 응징
ⓔ 용역에 대한 대중적 수요(특정 지역이나 사업을 독점)
ⓕ 비이념성(정치적 목적이나 이해관계가 개입되지 않고 경제적 이익 추구를 목적)
ⓖ 구성원의 제한(배타성)
ⓗ 활동·참여의 영속성

ㄷ. [×] 조직범죄는 정치적 목적이나 이해관계의 개입 없이 경제적 이익의 추구를 목적으로 하는 특성이 있다.
ㄹ. [×] 조직범죄는 활동·참여의 '영속성'을 그 특징으로 한다.

정답 ①

05 아바딘스키(Abadinsky)가 제시한 조직범죄의 특성에 대한 설명으로 옳지 않은 것은? 23. 보호 7급

① 정치적 목적이나 이해관계가 개입되지 않는 점에서 비이념적이다.

② 내부 구성원이 따라야 할 규칙을 갖고 있고, 이를 위반한 경우에는 상응한 응징이 뒤따른다.

③ 조직의 활동이나 구성원의 참여가 일정 정도 영속적이다.

④ 조직의 지속적 확장을 위하여, 조직구성원이 제한되지 않고 배타적이지 않다.

해설

④ [×] 조직의 구성원은 제한되고 배타적이다.

①②③ [○] 아바딘스키(Abadinsky)는 조직범죄의 특성을 ⓐ 조직적 위계질서의 지속(계층적 성격, 수직적 권력구조가 존재), ⓑ 임무와 역할의 전문화 · 분업화, ⓒ 무력사용이나 위협 등 폭력 행사 및 면책유지를 위한 공무원 매수(뇌물), ⓓ 구성원이 따라야 할 규칙의 존재 및 위반시 상응하는 응징(②), ⓔ 용역에 대한 대중적 수요(특정 지역이나 사업을 독점), ⓕ 비이념성(정치적 목적이나 이해관계가 개입되지 않고 경제적 이익 추구를 목적)(①), ⓖ 구성원의 제한(배타성), ⓗ 활동 · 참여의 영속성(③) 등이라고 제시하였다

정답 ④

제2절 I 표적범죄

06 피해자의 인종, 종교, 성적 취향, 민족 또는 장애에 대한 편견과 반감을 가지고 상대방을 공격하는 범죄는? 12. 경비

① 증오범죄
② 양심범죄
③ 조직범죄
④ 문화범죄

해설

① [○] 증오범죄(hate crime)란 범죄자가 피해자의 인종, 출신국가, 민족, 종교, 장애, 성적 지향 등에 대한 편견으로 피해자를 신체적, 정서적 또는 재산적으로 공격하는 행위라고 할 수 있다.

정답 ①

07 각 유형별 범죄에 대한 설명으로 가장 적절하지 않은 것은? 22. 간부(72)

① 화이트칼라 범죄(white-collar crime)라는 용어는 서덜랜드(Sutherland)가 최초로 사용하였다.

② 미국 FBI의 정의에 따르면, 증오범죄란 피해자에 대한 개인적 원한 또는 복수심이 원인이 되어 발생하는 범죄를 말한다.

③ 일상생활에 도움이 필요한 아동과 노인을 적절히 돌보지 않는 행위도 가정폭력의 범주에 포함될 수 있다.

④ 어떠한 범죄가 화이트칼라 범죄인지 여부는 범죄자의 사회적 지위만으로 판단할 수 있는 것이 아니다.

해설

② [×] 미국 FBI는 증오범죄를 '범죄자가 인종, 종교, 장애, 성적 성향 또는 민족, 출신국가에 대한 전체적 또는 부분적 편견이나 제노포비아(이방인에 대한 두려움, 적대적 태도)에 의해 동기화되어 사람 또는 재산에 대해 불법적인 행위를 하는 것'이라고 정의한다. 따라서 '피해자에 대한 개인적 원한 또는 복수심'과 증오범죄는 관련이 없다.

① [○] 서덜랜드는 화이트칼라 범죄라는 용어를 최초로 사용하면서 이를 사회·경제적 '지위'가 높은 사람들이 그 '직업'상 저지르는 범죄'라고 정의하였다.
③ [○] 가정폭력은 신체적 폭력, 정신적 폭력, 성적 폭력, 방임 등으로 구분할 수 있다. 여기서 '방임'이란 경제적 자립능력이 부족하여 일상생활에 도움이 필요한 아동과 노인을 책임지지 않고 방치 또는 유기하는 것을 말한다.
④ [○] 서덜랜드가 정의한 화이트칼라 범죄의 개념에 따르면, 사회적 지위가 높은 사람이 저지른 범죄라도 그 '직업'과 관련이 없는 경우에는 화이트칼라 범죄라고 볼 수 없다.

정답 ②

08 증오범죄의 유형에 대한 〈보기 1〉과 〈보기 2〉의 내용을 옳게 연결한 것은?

<보기 1>

ㄱ. 소수집단에 대한 편견으로 그들을 괴롭히거나 그들의 재산을 파괴함으로써 소수자들에게 고통을 주며 가학적 스릴을 느끼는 유형
ㄴ. 자신들의 이익 또는 가치를 훼손하는 집단에 대한 보복으로 피해자를 공격하는 유형
ㄷ. 외부인들을 공동체에 위협이 되는 자들이라고 인식하여 그들로부터 공동체를 보호하기 위하여 방어적 차원에서 공격한다고 합리화하는 유형
ㄹ. 피해자에 대한 공격을 악의 제거를 위한 사명감에 따른 것이라거나 종교적 믿음의 구현이라고 인식하는 유형

<보기 2>

A. 스릴추구형　　B. 방어형
C. 사명형　　D. 보복형

	ㄱ	ㄴ	ㄷ	ㄹ
①	C	B	A	D
②	A	D	B	C
③	A	B	D	C
④	D	C	B	A

해설
② [○] 증오범죄의 유형은 아래와 같이 분류할 수 있다(레빈과 맥드빗).

☑ 증오범죄의 유형

스릴추구형	소수집단에 대한 편견으로 그들을 괴롭히거나 그들의 재산을 파괴함으로써 소수자들에게 고통을 주며 가학적 스릴을 느끼는 유형이다.
방어형	외부인들을 공동체에 위협이 되는 자들이라고 인식하여 그들로부터 공동체를 보호하기 위하여 방어적 차원에서 공격한다고 합리화하는 유형이다.
사명형	피해자에 대한 공격을 악의 제거를 위한 사명감에 따른 것이라거나 종교적 믿음의 구현이라고 인식하는 유형이다.
보복형	자신들의 이익 또는 가치를 훼손하는 집단에 대한 보복으로 피해자를 공격하는 유형이다.

정답 ②

09 미국의 전국범죄피해자센터(The National Center for Victims of Crime)에서 제시한 스토킹의 4가지 유형에 대한 설명으로 가장 적절하지 않은 것은? 23. 간부(73)

① 단순 집착형 (Simple Obsessional Stalking) - 전남편, 전처, 전애인 등 주로 피해자와 스토커가 서로 잘 알고 있는 관계에서 많이 발생하는 유형으로 위험성이 가장 높다.

② 애정 집착형 (Love Obsessional Stalking) - 피해자와 스토커 사이에 기존에 특별한 교류가 없어 서로 잘 모르는 관계에서 발생하는 유형으로 단순 집착형에 비해서 피해자에 대한 직접 적인 피해는 적은 편이다.

③ 증오 망상형 (Hate Obsessional Stalking) - 피해자와 스토커 사이에 원한 관계가 있는 경우로 피해자에게 심리적 고통을 주기 위해 스토킹하는 유형이다.

④ 허위 피해 망상형 (False Victimization Syndrome) - 실제로는 스토커가 없는데 피해자 자신이 스토킹 피해를 당하고 있다는 망상에 빠진 유형이다.

해설

③ [×] 미국의 전국범죄피해자센터에서 사용하는 스토킹의 유형은 ⓐ 단순집착형, ⓑ 애정집착형, ⓒ '연애망상형', ⓓ 허위피해망상형으로 구분된다.

단순 집착형	이 유형은 흔히 피해자와 가해자가 이전에 서로 알고 있는 관계에서 발생되며, 가장 흔한 유형이면서도, 가장 위험하고 치명적인 사건들도 이러한 유형에서 나타난다. 비록 단순집착형이 늘 친밀한 관계에서 발생하는 것은 아니지만 상당수의 사례가 전남편 혹은 전처, 옛애인과의 관계에서 일어난다.
애정 집착형	이 유형의 피해자-가해자 관계 속성은 주요 특징은 이전에 특별한 교류가 없다는 점이다. 이러한 유형의 주된 피해자들은 대중매체 등에 노출된 사회저명인사나 공인, 스타들이다. 대부분 단순집착형보다는 위험도가 낮은 편이다.
연애 망상형	이 유형은 자신이 피해자에 의해 사랑을 받고 있다는 환상을 가지고 있다는 점에서 애정집착형과 구별된다. 이 유형은 타인의 성적인 매력보다는 타인과 자신 사이에 낭만적 사랑과 영적 결합이 있다고 망상하는 데서 주로 발생한다. 이런 유형의 스토커들은 피해자와 관계맺기 위해서 매우 폭력적 성향을 띠지만, 실제 신체적 위해를 가하는 경우는 적은 편이다.
허위피해 망상형	이 유형은 실제 스토커가 존재하지 않음에도 불구하고, 피해자 스스로 자신이 스토킹 피해를 당하고 있다는 허위상황을 설정하여 발전시키는 것이다.

정답 ③

10 「스토킹범죄의 처벌 등에 관한 법률」상 '스토킹행위'에 해당하는 것으로만 묶인 것은? (단, 상대방의 의사에 반하여 정당한 이유 없이 행위를 하여 상대방에게 불안감 또는 공포심을 일으키는 것을 전제로 한다)

ㄱ. 접근하거나 따라다니거나 진로를 막아서는 행위
ㄴ. 주거, 직장, 학교, 그 밖에 일상적으로 생활하는 장소(이하 "주거등"이라 한다) 또는 그 부근에서 기다리거나 지켜보는 행위
ㄷ. 직접 또는 제3자를 통하여 물건등을 도달하게 하거나 주거등 또는 그 부근에 물건등을 두는 행위
ㄹ. 주거등 또는 그 부근에 놓여져 있는 물건등을 훼손하는 행위

① ㄱ, ㄴ
② ㄴ, ㄷ
③ ㄱ, ㄴ, ㄷ
④ ㄱ, ㄴ, ㄷ, ㄹ

해설

④ [○]「스토킹범죄의 처벌 등에 관한 법률」 제2조 제1호 참조

> 제2조【정의】 이 법에서 사용하는 용어의 뜻은 다음과 같다.
> 1. "스토킹행위"란 상대방의 의사에 반(反)하여 정당한 이유 없이 상대방 또는 그의 동거인, 가족에 대하여 다음 각 목의 어느 하나에 해당하는 행위를 하여 상대방에게 불안감 또는 공포심을 일으키는 것을 말한다.
>   가. 접근하거나 따라다니거나 진로를 막아서는 행위
>   나. 주거, 직장, 학교, 그 밖에 일상적으로 생활하는 장소(이하 "주거등"이라 한다) 또는 그 부근에서 기다리거나 지켜보는 행위
>   다. 우편·전화·팩스 또는「정보통신망 이용촉진 및 정보보호 등에 관한 법률」 제2조 제1항 제1호의 정보통신망을 이용하여 물건이나 글·말·부호·음향·그림·영상·화상(이하 "물건등"이라 한다)을 도달하게 하는 행위
>   라. 직접 또는 제3자를 통하여 물건등을 도달하게 하거나 주거등 또는 그 부근에 물건등을 두는 행위
>   마. 주거등 또는 그 부근에 놓여져 있는 물건등을 훼손하는 행위

정답 ④

11 「스토킹범죄의 처벌 등에 관한 법률」상 진행 중인 스토킹행위에 대하여 신고를 받은 사법경찰관리가 즉시 현장에 나가 하여야 하는 응급조치로서 옳지 않은 것은?

① 스토킹행위의 제지, 향후 스토킹행위의 중단 통보

② 스토킹행위자와 피해자등의 분리 및 범죄수사

③ 피해자등에 대한 긴급응급조치 및 잠정조치 요청의 절차 등 안내

④ 피해자나 그 주거등으로부터 100미터 이내의 접근 금지

해설

④ [×] 법원이 할 수 있는 '스토킹행위자에 대한 잠정조치'에 해당한다(「스토킹범죄의 처벌 등에 관한 법률」 제9조 제1항 제2호).

> 제9조【스토킹행위자에 대한 잠정조치】 ① 법원은 스토킹범죄의 원활한 조사·심리 또는 피해자 보호를 위하여 필요하다고 인정하는 경우에는 결정으로 스토킹행위자에게 다음 각 호의 어느 하나에 해당하는 조치(이하 "잠정조치"라 한다)를 할 수 있다.
> 1. 피해자에 대한 스토킹범죄 중단에 관한 서면 경고
> 2. 피해자나 그 주거등으로부터 100미터 이내의 접근 금지
> 3. 피해자에 대한「전기통신기본법」 제2조 제1호의 전기통신을 이용한 접근 금지
> 4. 국가경찰관서의 유치장 또는 구치소에의 유치

①②③ [○]「스토킹범죄의 처벌 등에 관한 법률」 제3조

> 제3조【스토킹행위 신고 등에 대한 응급조치】 사법경찰관리는 진행 중인 스토킹행위에 대하여 신고를 받은 경우 즉시 현장에 나가 다음 각 호의 조치를 하여야 한다.
> 1. 스토킹행위의 제지, 향후 스토킹행위의 중단 통보 및 스토킹행위를 지속적 또는 반복적으로 할 경우 처벌 경고
> 2. 스토킹행위자와 피해자등의 분리 및 범죄수사
> 3. 피해자등에 대한 긴급응급조치 및 잠정조치 요청의 절차 등 안내
> 4. 스토킹 피해 관련 상담소 또는 보호시설로의 피해자등 인도(피해자등이 동의한 경우만 해당한다)

정답 ④

12 「스토킹범죄의 처벌 등에 관한 법률」의 내용에 대한 설명으로 옳지 않은 것은? 23. 보호 7급

① 스토킹행위가 지속적 또는 반복적으로 이루어진 경우가 아니라면 스토킹범죄에 해당하지 않는다.

② 법원이 스토킹범죄를 저지른 사람에 대하여 형의 선고를 유예하는 경우에는 200시간의 범위에서 재범 예방에 필요한 수강명령을 병과할 수 있다.

③ 상대방의 의사에 반하여 정당한 이유 없이 상대방 또는 그의 동거인, 가족을 따라다님으로써 상대방에게 불안감을 일으켰다면 스토킹행위에 해당한다.

④ 법원이 스토킹범죄를 저지른 사람에 대하여 벌금형의 선고와 함께 120시간의 스토킹 치료프로그램의 이수를 명한 경우 그 이수명령은 형 확정일부터 6개월 이내에 집행한다.

해설

② [×] 선고유예의 경우에는 수강명령을 병과할 수 없다(「스토킹범죄의 처벌 등에 관한 법률」 제19조 제1항).

> 제19조 【형벌과 수강명령 등의 병과】 ① 법원은 스토킹범죄를 저지른 사람에 대하여 유죄판결(선고유예는 제외한다)을 선고하거나 약식명령을 고지하는 경우에는 200시간의 범위에서 다음 각 호의 구분에 따라 재범 예방에 필요한 수강명령(「보호관찰 등에 관한 법률」에 따른 수강명령을 말한다. 이하 같다) 또는 스토킹 치료프로그램의 이수명령(이하 "이수명령"이라 한다)을 병과할 수 있다.
> 1. 수강명령: 형의 집행을 유예할 경우에 그 집행유예기간 내에서 병과
> 2. 이수명령: 벌금형 또는 징역형의 실형을 선고하거나 약식명령을 고지할 경우에 병과

① [○] "스토킹범죄"란 지속적 또는 반복적으로 스토킹행위를 하는 것을 말한다(「스토킹범죄의 처벌 등에 관한 법률」 제2조 제2호).

③ [○] 「스토킹범죄의 처벌 등에 관한 법률」 제2조 제1호 가목

> 제2조 【정의】 이 법에서 사용하는 용어의 뜻은 다음과 같다.
> 1. "스토킹행위"란 상대방의 의사에 반(反)하여 정당한 이유 없이 다음 각 목의 어느 하나에 해당하는 행위를 하여 상대방에게 불안감 또는 공포심을 일으키는 것을 말한다.
>   가. 상대방 또는 그의 동거인, 가족(이하 "상대방등"이라 한다)에게 접근하거나 따라다니거나 진로를 막아서는 행위

④ [○] 「스토킹범죄의 처벌 등에 관한 법률」 제19조 제4항 제2호

> 제19조 【형벌과 수강명령 등의 병과】 ④ 제1항에 따른 수강명령 또는 이수명령은 다음 각 호의 구분에 따라 각각 집행한다.
> 1. 형의 집행을 유예할 경우: 그 집행유예기간 내
> 2. 벌금형을 선고하거나 약식명령을 고지할 경우: 형 확정일부터 6개월 이내
> 3. 징역형의 실형을 선고할 경우: 형기 내

정답 ②

제3절 | 약물범죄

13 다음 중 양귀비와 관련이 없는 약물은? 12. 경비

① 아편 ② 코카인
③ 헤로인 ④ 몰핀

해설
② [×] 코카인은 각성제이다.
①③④ [○] 진정제에 해당하는 아편, 몰핀, 헤로인은 양귀비에서 추출한다.

정답 ②

14 천연약물, 합성약물, 대용약물 중 천연약물이 아닌 것은? 13. 경비

① 아편 ② 대마초
③ 코카인 ④ 엑스터시

해설
④ [×] 엑스터시는 '합성약물'에 해당한다.
①②③ [○] 아편 계통(예 아편, 헤로인 등), 코카 계통(예 코카인, 크랙 등), 대마 계통(예 대마초, 해시시 등)이 천연약물에 해당한다.

정답 ④

15 규제 약물 중 각성제끼리 연결된 것은? 18. 경비

① 메스암페타민(필로폰) - 코카인 ② 아편 - 코카인
③ 메스암페타민(필로폰) - 아편 ④ 헤로인 - LSD

해설
① [○] 각성제는 사람을 항상 깨어 있게 하는 약물을 말하는데, 니코틴, 카페인, 코카인, 메스암페타민 등이 이에 해당한다.
②③ [×] 아편은 진정제에 해당한다.
④ [×] 헤로인은 진정제이고, LSD는 환각제에 해당한다.

정답 ①

16 파키스탄, 이란, 아프가니스탄 등의 국경지대로 양귀비를 재배해서 모르핀, 헤로인 등으로 가공하여 세계 각국에 공급하는 지대는?

19. 경비

① 황금의 삼각지대
② 황금의 초승달지대
③ 백색의 삼각지대
④ 버뮤다 삼각지대

해설

② [○] 황금의 초승달지대란 중앙아시아, 아프가니스탄의 님루즈 주, 파키스탄의 발루치스탄 주, 이란의 국경이 교착하는 지대를 말한다(Golden Crescent).

① [×] 황금의 삼각지대란 동남아시아의 타이, 미얀마, 라오스의 3국이 메콩 강에서 접하는 산악 지대를 말한다(Golden Triangle).

③ [×] 백색의 삼각지대란 중국, 한국, 일본의 3국을 중심으로 이루어진 메스암페타민 밀거래 유통체계를 말한다.

④ [×] 버뮤다 삼각지대란 버뮤다제도와 플로리다, 푸에르토리코를 잇는 선으로 이루어진 삼각형의 해역을 말한다.

정답 ②

17 약물범죄와 약물치료프로그램에 관한 설명 중 옳지 않은 것은?

① 약물의존 문제는 초기에는 주로 개인의 심리적 요인만을 중시하였으나 향후 신체적 · 사회적 요인까지 연계되었다.
② 약물범죄는 '피해자 없는 범죄'라고 한다.
③ 시나논(Synanon)과 같은 프로그램은 약물 없이 치료하는 것을 특징으로 한다.
④ 보건복지가족부장관 또는 시 · 도지사는 마약류사용자의 마약류중독 여부를 판별하거나 마약류중독자로 판명된 자를 치료보호하기 위하여 치료보호기관을 설치 · 운영하거나 지정할 수 있고, 마약류사용자에 대하여 치료보호기관에서 마약류중독 여부의 판별검사를 받도록 하게 하거나 마약류중독자로 판명된 자에 대하여 치료보호를 받도록 하게 할 수 있다.

해설

① [×] 약물중독의 원인과 관련하여 초기에는 개인의 신체적 요인이 원인이라고 보았으나, 점차 개인의 심리적 요인도 중요시하게 되었다.

② [○] 약물범죄는 대부분 피해자의 동의에 의한 범죄이거나 가해자와 피해자의 구별이 어려운 범죄로서 피해자 없는 범죄가 되기 쉽다.

③ [○] 시나논(Synanon House)은 미국 캘리포니아에서 발달한 전국 규모의 약물중독자 치료센터로서 엄격한 공동생활, 집단극기훈련, 정기적 상호조언을 등해 중독자를 치료하는 곳이다. 중독자의 인성변화를 유도하며, 약물의존의 심리적 원인을 다루는 프로그램으로서 약물을 사용하지 않는 것이 원칙이다.

④ [○] 「마약류 관리에 관한 법률」 제40조

정답 ①

18 마약류범죄에 관한 내용으로서 옳지 않은 것은?

① 「마약류 관리에 관한 법률」은 마약과 향정신성의약품은 물론 대마까지도 규제한다.

② 마약사용은 사회적 해악이 큰 범죄행위로서 형법적 처벌모델의 강화가 필요하다.

③ 마약류거래로 얻은 불법수익에 대한 은닉행위는 처벌된다.

④ 마약류 중독자에 대해서는 치료보호를 받도록 할 수 있다.

해설

② [×] 약물중독자와 그로 인하여 범죄를 한 자에 대하여는 형벌보다 치료가 우선되어야 한다.

① [○] '마약류'라 함은 마약 · 향정신성의약품 및 대마를 말한다(「마약류 관리에 관한 법률」 제2조 제1호).

③ [○] 마약류범죄의 발견 또는 불법수익 등의 출처에 관한 수사를 방해하거나 불법수익 등의 몰수를 회피할 목적으로 불법수익 등의 성질 · 소재 · 출처 또는 귀속관계를 은닉하거나 가장한 자는 7년 이하의 징역 또는 3천만원 이하의 벌금에 처하거나 이를 병과할 수 있다(「마약류 불법거래 방지에 관한 특례법」 제7조 제1항).

④ [○] 보건복지부장관 또는 시 · 도지사는 마약류사용자에 대하여 제1항에 따른 치료보호기관에서 마약류중독 여부의 판별검사를 받게 하거나 마약류중독자로 판명된 사람에 대하여 치료보호를 받게 할 수 있다. 이 경우 판별검사기간은 1개월 이내로 하고, 치료보호기간은 12개월 이내로 한다(「마약류 관리에 관한 법률」 제40조 제2항).

정답 ②

19 「마약류 관리에 관한 법률」의 내용으로 옳지 않은 것은?

① 보건복지부장관 또는 시 · 도지사는 마약류 사용자의 마약류 중독 여부를 판별하거나 마약류 중독자로 판명된 사람을 치료보호하기 위하여 치료보호기관을 설치 · 운영하거나 지정할 수 있다.

② 법원은 마약류사범에 대하여 형의 선고를 유예하는 경우에는 1년 동안 보호관찰을 받을 것을 명할 수 있다.

③ 법원은 마약류사범에 대하여 유죄판결(선고유예는 제외)을 선고하는 경우에는 100시간의 범위에서 재범예방에 필요한 교육의 수강명령 또는 재활교육 프로그램의 이수명령을 병과(倂科)하여야 함이 원칙이다.

④ 마약류 · 임시마약류 및 시설 · 장비 · 자금 또는 운반 수단과 그로 인한 수익금은 몰수한다. 다만, 이를 몰수할 수 없는 경우에는 그 가액(價額)을 추징한다.

해설

③ [×] '200시간'의 범위에서 병과하여야 한다(「마약류 관리에 관한 법률」 제40조의2 제2항).

> 제40조의2 【형벌과 수강명령 등의 병과】 ② 법원은 마약류사범에 대하여 유죄판결(선고유예는 제외한다)을 선고하거나 약식명령을 고지하는 경우에는 200시간의 범위에서 재범예방에 필요한 교육의 수강명령(이하 "수강명령"이라 한다) 또는 재활교육 프로그램의 이수명령(이하 "이수명령"이라 한다)을 병과(倂科)하여야 한다. 다만, 수강명령 또는 이수명령을 부과할 수 없는 특별한 사정이 있는 경우에는 그러하지 아니하다.

① [○] 「마약류 관리에 관한 법률」 제40조 제1항

② [○] 「마약류 관리에 관한 법률」 제40조의2 제1항

④ [○] 「마약류 관리에 관한 법률」 제67조

정답 ③

20 약물 범죄에 관한 설명으로 옳은 것은 모두 몇 개인가?

23. 2차 경행경채

> ㉠ 「마약류 관리에 관한 법률」에 따르면 마약류란 마약·향정신성의약품 및 대마를 말한다.
> ㉡ 클로워드(Cloward)와 올린(Ohlin)의 차별기회이론(Differential Opportunity Theory)과 머튼(Merton)의 아노미이론(Anomie Theory) 등으로 약물 범죄의 원인을 설명할 수 있다.
> ㉢ 세계보건기구(WHO)는 마약을 '사용하기 시작하면 사용하고 싶은 충동을 느끼고(의존성), 사용할 때마다 양을 증가시키지 않으면 효과가 없으며(내성), 사용을 중지하면 온몸에 견디기 힘든 이상을 일으키며(금단증상), 개인에게 한정되지 않고 사회에도 해를 끼치는 물질'로 정의하고 있다.
> ㉣ 마약류는 특정 직업 및 계층에 국한되어 남용되고 있다.

① 1개 ② 2개
③ 3개 ④ 4개

해설

㉠ [○] 「마약류 관리에 관한 법률」 제2조 제1호 참조
㉡ [○] 차별기회이론에서 하위문화의 유형 중 도피적 하위문화, 아노미이론에서 개인의 반응양식 중 은둔형(도피형, 퇴행형)에서 약물 범죄의 원인을 설명할 수 있다.
㉢ [○] 세계보건기구(WHO)는 마약을 '약물사용의 욕구가 강제에 이를 정도로 강하고(의존성), 사용약물의 양이 증가하는 경향이 있으며(내성), 사용 중지 시 온몸에 견디기 어려운 증상이 나타나며(금단증상), 개인에 한정되지 아니하고 사회에도 해를 끼치는 약물'이라고 정의하고 있다(대검찰청 '마약류 범죄백서').
㉣ [×] 오늘날 마약류는 예전처럼 특정 직업 및 계층에 국한되는 것이 아니라, 다양한 연령과 직업 및 계층에서 남용되고 있다고 한다.

정답 ③

21 약물범죄에 대한 설명으로 가장 적절하지 않은 것은?

23. 간부(73)

① 약물은 생산방식에 따라 천연약물, 합성약물, 대용약물로 구분되는데 합성약물에는 메스암페타민, LSD, 엑스터시 등이 있다.
② 약물범죄는 약물사용자 스스로가 가해자인 동시에 피해자가 되는 것이지 특정인이나 제3자가 범죄피해자가 되는 것이 아니라는 점에서 대표적인 피해자 없는 범죄(Victimless Crime)로 구분된다.
③ 대마는 세계에서 가장 널리 남용되고 있는 마약류로 세계 전역에서 생산되어 마리화나, 해시시, 대마유 등의 형태로 가공되어 유통되고 있다.
④ 마약의 주생산지 중 황금의 삼각지대와 황금의 초생달지역에서 세계 아편과 코카인의 대부분을 생산하고 있다.

해설

④ [×] 세계 아편 생산량의 대부분은 황금의 삼각지대(Golden Triangle. 미얀마, 태국, 라오스의 접경지역)와 황금의 초승달지대(Golden Crescent. 이란, 파키스탄, 아프가니스탄의 접경지역)에서 생산된다. 반면에 '코카인'은 대부분 코카나무 자생지인 코카인 트라이앵글(Cocain Traingle. 콜롬비아, 페루, 볼리비아 등 남미 안데스 산맥의 3개국의 접경지역)에서 생산되고 있다. 참고로 필로폰의 생산·중개·수입에 관련된 중국, 한국, 일본을 화이트 트라이앵글이라고 표현하기도 한다.

정답 ④

제4절 I 기타 범죄

22 사이버범죄의 특징이 아닌 것은? 20. 경비

① 범행의 국제성과 광역성
② 발각과 원인규명의 곤란
③ 범죄자의 범죄의식 희박
④ 전문가나 내부자의 범행은 극소수

해설
④ [×] 사이버범죄는 전문가 또는 내부자 등에 의한 범행이 많다.

정답 ④

23 사이버범죄의 특징으로 옳은 것은? 17. 경비

① 대면성 ② 비익명성
③ 시·공간적 제약성 ④ 범죄성의 인식 결여

해설
④ [○] 사이버범죄를 저지른 사람의 범죄의식이 희박하다.
① [×] 비대면성을 특징으로 한다.
② [×] 익명성을 특징으로 한다.
③ [×] 범행이 자동적·반복적·연속적으로 행해진다.

정답 ④

24 경찰청은 사이버범죄를 '정보통신망 침해범죄', '불법콘텐츠범죄', '정보통신망 이용범죄'로 구분하고 있다. 다음 중 '정보통신망 침해범죄'에 해당하지 않는 것은? 16. 경비

① 서비스거부공격 ② 인터넷 사기
③ 악성프로그램 유포 ④ 해킹

해설
② [×] 인터넷 사기(사이버 사기)는 '정보통신망 이용범죄'에 해당한다. 정보통신망 이용범죄에는 사이버 사기, 사이버 금융범죄, 개인·위치정보 침해, 사이버 저작권 침해, 스팸메일, 기타 정보통신망 이용형 범죄가 포함된다.
①③④ [○] 정보통신망 침해범죄에는 해킹, 서비스거부공격, 악성프로그램, 기타 정보통신망 침해형 범죄가 포함된다.

정답 ②

25 경찰청은 사이버범죄를 '정보통신망 침해범죄', '정보통신망 이용범죄', '불법컨텐츠범죄'로 구분하고 있다(2021년 기준). 다음 중 '정보통신망 침해범죄'와 가장 거리가 먼 것은?

22. 간부(72)

① 해킹

② 사이버 도박

③ 서비스 거부 공격(DDos 등)

④ 악성 프로그램 진달 및 유포

해설

② [×] 사이버 도박(온라인 도박)은 '불법컨텐츠범죄'에 해당한다.

①③④ [○] 사이버범죄란 일반적으로 사이버공간에서 행해지는 모든 범죄행위를 포괄적으로 지칭하며, 현행법상으로는 정보통신망에서 일어나는 범죄로 정의된다. 사이버범죄는 ⓐ 정보통신망 침해 범죄(정당한 접근 권한없이 또는 허용된 접근 권한을 넘어 컴퓨터 또는 정보통신망(컴퓨터 시스템)에 침입하거나 시스템, 데이터 프로그램을 훼손, 멸실, 변경한 경우 및 정보통신망에 장애(성능저하, 사용불능)를 발생하게 한 경우 예 해킹, 서비스거부공격, 악성프로그램, 기타 정보통신망 침해 범죄 등), ⓑ 정보통신망 이용 범죄[정보통신망을 범죄의 본질적 구성요건에 해당하는 행위를 행하는 주요 수단으로 이용하는 경우 예 사이버 사기, 사이버 금융범죄(피싱, 파밍, 스미싱, 메모리해킹, 몸캠피싱, 기타 전기통신금융사기 등), 개인·위치정보 침해, 사이버 저작권 침해, 사이버 스팸메일, 기타 정보통신망 이용형 범죄 등], ⓒ 불법컨텐츠범죄(정보통신망을 통하여, 법률에서 금지하는 재화, 서비스 또는 정보를 배포, 판매, 임대, 전시하는 경우 예 사이버 성폭력, 사이버 도박, 사이버 명예훼손·모욕, 사이버 스토킹, 기타 불법 컨텐츠 범죄 등) 등으로 구분된다.

정답 ②

26 사이버범죄의 특징으로 옳지 않은 것은?

10. 경비

① 피해자가 피해사실을 알지 못하거나 뒤늦게 알게 되는 경우가 많다.

② 간단한 조작으로 많은 사람들에게 광범위한 피해를 입힐 수 있다.

③ 범죄현장의 발견과 범인의 현장검거가 전통적 범죄에 비해 상대적으로 용이하다.

④ 범죄피해가 빠르게 확산될 수 있다.

해설

③ [×] 사이버범죄는 사람이나 물건을 대상으로 하는 것이 아니어서 발각이 어렵고, 증거인멸이 용이하는 등으로 범죄의 발견과 범인의 검거가 어려워서 암수범죄가 되기 쉽다.

정답 ③

27 사이버범죄에 관한 설명으로 가장 적절하지 않은 것은?

22. 경행경채

① 사이버범죄란 일반적으로 사이버공간을 범행의 수단, 대상, 발생장소로 하는 범죄행위를 의미한다.
② 전통적 범죄와 달리 사이버범죄는 비대면성, 익명성, 피해의 광범위성 등의 특성이 있다.
③ 경찰청 사이버범죄 분류(2021년 기준)에 따르면 몸캠피싱은 불법 컨텐츠 범죄 중 사이버 성폭력에 속한다.
④ 경찰청 사이버범죄 분류(2021년 기준)에 따르면 메모리해킹은 정보통신망 이용범죄 중 사이버 금융범죄에 속한다.

해설

③ [×] 몸캠피싱은 '정보통신망 이용 범죄' 중 '사이버 금융범죄'에 속한다.
① [○] 사이버범죄란 일반적으로 사이버공간에서 행해지는 모든 범죄행위를 포괄적으로 지칭하며, 현행법상으로는 정보통신망에서 일어나는 범죄로 정의된다. 사이버범죄는 ⓐ 정보통신망 침해 범죄(정당한 접근 권한없이 또는 허용된 접근 권한을 넘어 컴퓨터 또는 정보통신망(컴퓨터 시스템)에 침입하거나 시스템, 데이터 프로그램을 훼손, 멸실, 변경한 경우 및 정보통신망에 장애(성능저하, 사용불능)를 발생하게 한 경우 예 해킹, 서비스거부공격, 악성프로그램, 기타 정보통신망 침해 범죄 등), ⓑ 정보통신망 이용 범죄[정보통신망을 범죄의 본질적 구성요건에 해당하는 행위를 행하는 주요 수단으로 이용하는 경우 예 사이버 사기, 사이버 금융범죄(피싱, 파밍, 스미싱, 메모리해킹, 몸캠피싱, 기타 전기통신금융사기), 개인·위치정보 침해, 사이버 저작권 침해, 사이버 스팸메일, 기타 정보통신망 이용형 범죄 등], ⓒ 불법컨텐츠범죄(정보통신망을 통하여, 법률에서 금지하는 재화, 서비스 또는 정보를 배포, 판매, 임대, 전시하는 경우 예 사이버 성폭력, 사이버 도박, 사이버 명예훼손·모욕, 사이버 스토킹, 기타 불법 컨텐츠 범죄 등) 등으로 구분된다.
② [○] 사이버범죄의 특성으로는 발각과 원인규명이 곤란, 피해의 국제성과 광역성, 증거인멸의 가능성이 높음, 범죄자의 범죄의식이 희박, 진행의 자동성과 반복성, 연속성, 전문가 또는 내부자의 범행이 많음, 수사의 어려움(증거인멸의 용이), 암수범죄의 비율이 높음, 범죄자의 익명성과 비대면성 등을 들 수 있다.
④ [○] 정보통신망 이용범죄는 정보통신망을 범죄의 본질적 구성요건에 해당하는 행위를 행하는 주요 수단으로 이용하는 경우로서 메모리해킹은 피싱, 파밍, 스미싱, 몸캠피싱 등과 함께 사이버 금융범죄에 속한다.

정답 ③

28 사이버범죄의 유형을 나타내는 용어 중 성격이 가장 다른 하나는?

23. 해경간부

① e-후킹(Hooking)
② 스푸핑(Spoofing)
③ 스미싱(Smishing)
④ 비싱(Vishing)

해설

① [○] e-후킹(Hooking)은 PC 이용자가 키보드로 입력한 정보를 외부로 빼돌리는 해킹 기법으로 기존의 바이러스들이 컴퓨터 하드 본체에서 정보를 빼내가던 것과 달리 정보를 키보드와 본체 사이에서 가로채는 신종 범죄이다. 이를 통해 개인 ID나 패스워드, 신용카드 번호 등 각종 번호를 가로채 비밀번호를 도용하거나, 돈을 인출하는 등 각종 범죄에 악용하며, '정보통신망 침해 범죄'에 해당한다.
② [×] 스푸핑(Spoofing)은 공격자가 네트워크, 웹사이트 등의 데이터 위변조를 통해 정상 시스템인 것처럼 위장하여 일반 사용자를 속이는 해킹 기법으로 네트워크 시스템의 IP 주소, 도메인 네임 시스템(DNS) 등을 위·변조하여 공격 대상 시스템이 정상적인 사용자 또는 시스템인 것처럼 가장하여 접근하게 하거나 사용자가 의도하지 않게 특정 시스템으로 접근하도록 유도하는 등의 해킹 기법으로, '정보통신망 이용 범죄'에 해당한다.
③ [×] 스미싱(Smishing)은 문자메시지(SMS)와 피싱(Phising)의 합성어로, 악성 앱 주소가 포함된 휴대폰 문자(SMS)를 대량으로 전송 후 이용자가 악성 앱을 설치하도록 유도하여 금융정보 등을 탈취하는 수법으로, '정보통신망 이용 범죄'에 해당한다.
④ [×] 비싱(Vishing)은 인터넷 전화(VoIP)를 이용하여 은행계좌에 문제가 있다는 음성메시지를 보낸 뒤, 사용자가 비밀번호 등을 입력하면 미리 설치한 중계기로 이를 빼내 가는 수법으로, '정보통신망 이용 범죄'에 해당한다.

정답 ①

29 범죄유형에 관한 설명으로 가장 적절하지 않은 것은?

23. 1차 경행경채

① 화이트칼라범죄(white-collar crimes)란 사회적 지위가 높은 사람이 주로 직업 및 업무 수행의 과정에서 범하는 범죄를 의미한다.

② 증오범죄(hate crimes)란 인종, 종교, 장애, 성별 등에 대한 범죄자의 편견이 범행의 전체 또는 일부 동기가 되어 발생하는 범죄를 의미한다.

③ 피해자 없는 범죄(victimless crimes)란 전통적인 범죄와 마찬가지로 피해자와 가해자의 관계가 명확하여 피해자를 특정하기 어려운 범죄를 의미한다.

④ 사이버범죄(cyber crimes)란 사이버공간을 범행의 수단 · 대상 · 발생장소로 하는 범죄행위로 비대면성, 익명성, 피해의 광범위성 등의 특성이 있는 범죄를 의미한다.

해설

③ [×] 피해자 없는 범죄는 '피해자와 가해자의 대립구도가 명확하지 않아' 피해자를 특정하기 어렵다. 피해자 없는 범죄의 유형으로는 ⓐ 피해자와 가해자가 동일인인 범죄(예 매춘, 약물남용 등), ⓑ 피해자가 불특정 다수인인 범죄(예 기업범죄) 등이 있다.

① [○] 서덜랜드(Sutherland)는 화이트칼라범죄를 '사회 · 경제적 지위가 높은 사람들이 그 직업상 저지르는 범죄'라고 최초로 정의하였다. 근래에 들어 화이트칼라범죄의 개념은 더욱 확대되어, '하류계층보다 사회적 지위가 높고 비교적 존경받는 사람들이 자신의 직업수행 과정에서 행하는 직업적 범죄'라고 정의하는 것이 보통이다.

② [○] 증오범죄란 범죄자가 피해자의 인종, 출신국가, 민족, 종교, 장애, 성적 지향 등에 대한 편견으로 피해자를 신체적, 정서적 또는 재산적으로 공격하는 행위라고 할 수 있다(편견범죄, 제노포비아 범죄).

④ [○] 컴퓨터나 그 구성요소를 활용하여 사이버공간상의 건전한 질서유지를 방해하는 행위인 사이버범죄는 ⓐ 발각과 원인규명이 곤란, ⓑ 피해의 국제성과 광역성(광범위성), ⓒ 증거인멸의 가능성이 높음, ⓓ 범죄자의 범죄의식이 희박, ⓔ 진행의 자동성과 반복성, 연속성, ⓕ 전문가 또는 내부자의 범행이 많음, ⓖ 수사의 어려움(증거인멸의 용이), ⓗ 암수범죄의 비율이 높음, ⓘ 범죄자의 익명성과 비대면성 등을 그 특징으로 한다.

정답 ③

30 환경범죄 피해의 특성이 아닌 것은?

12. 경비

① 범죄피해의 광역성

② 범죄피해의 간접성

③ 범죄피해의 특정성

④ 범죄피해의 은폐성

해설

③ [×] 환경범죄는 광범위한 지역의 불특정 다수인에게 피해를 끼친다(광역성).

정답 ③

31 범죄유형과 특징의 연결로 옳은 것은? 17. 경비

① 조직범죄 - 조직원의 일시적 참여
② 환경범죄 - 범죄피해의 직접성
③ 조직범죄 - 위계적 · 계층적 특징
④ 환경범죄 - 범죄피해의 특정성

해설
③ [○] 조직범죄는 조직적 위계질서의 지속을 특징으로 한다(계층적 성격, 수직적 권력구조의 존재).
① [×] 조직범죄는 활동 · 참여의 '영속성'을 그 특징으로 한다.
② [×] 환경범죄는 환경을 통해 간접적으로 인간의 생명 · 신체에 대한 침해가 발생한다(간접성).
④ [×] 환경범죄는 광범위한 지역의 불특정 다수인에게 피해를 끼친다(광역성).

정답 ③

32 화이트칼라 범죄의 통제방법 중 법을 따르도록 시장의 인센티브를 만들려는 시도로 행위자보다 행위에 초점을 맞추는 전략으로 가장 옳은 것은? 23. 해경간부

① 분산전략 ② 환원전략
③ 억제전략 ④ 준수전략

해설
④ [○] 화이트칼라 범죄의 통제방법은 크게 준수전략과 억제전략으로 나눌 수 있다. 먼저 준수전략은 법을 준수하면 인센티브를 받을 수 있도록 하여 법질서에 순응하게 하는 방법이다. 반면에 억제전략은 법을 위반하면 처벌을 받도록 하여 법위반행위를 억제하는 방법이다.

정답 ④

해커스경찰
police.Hackers.com

제4편

범죄대책론

제1장 | 범죄예측

제1절 | 범죄예측 서론

01 범죄의 예방 · 수사 · 교정의 각 단계에서 범죄가능성을 측정할 수 있는 여러 요인들을 통하여 장래의 범죄행위 또는 비행의 위험도를 측정 · 판단하는 범죄예측은 범죄원인을 찾아내어 범죄를 예방할 수 있다는 점에서 대단히 중요하다. 이러한 범죄예측이 갖추어야 할 요소로 옳지 않은 것은? 10. 사시

① 신뢰성
② 타당성
③ 단순성
④ 임의성
⑤ 경제성

해설

④ [×] 범죄예측은 객관성(신뢰성) · 타당성 · 단순성 · 경제성을 가지고 있어야 한다.

☑ 범죄예측의 전제조건

객관성	누가 예측을 하더라도 동일한 결과가 나오도록 신뢰성이 담보되어야 한다.
타당성	예측의 목적에 따라서 예측이 합목적적인 방법으로 수행되어야 한다.
단순성	예측방법과 결과가 쉽게 이해되도록 단순하게 구성되어야 한다.
경제성	예측에 소요되는 비용과 시간이 절약되고 효율적이어야 한다.

정답 ④

02 범죄예측에 대한 내용으로 옳지 않은 것은?

① 범죄원인을 올바르게 파악하고 적절한 범죄대책을 수립하기 위해서는 범죄에 대한 정확한 예측이 선행되어야 한다.
② 미국의 범죄예측은 가석방의 대상 및 시기의 결정과 관련하여 발달하였다.
③ 독일의 범죄예측은 범죄원인연구의 일환으로 발달하였다.
④ 워너와 버제스(S. Warner & E. Burgess)가 고안한 MMPI검사법이 가장 표준화된 범죄자 인성조사방법으로서 범죄예측에 활용되고 있다.

해설

④ [×] MMPI검사법은 하서웨이와 맥킨리(S. Hathaway & J. Mckinly)가 고안한 인성검사법이다. 이는 정신이상 정도를 측정하기 위한 것으로서 성격진단과 상담치료를 하는 데에 현재 가장 많이 이용되는 방법이라고 하며 가장 표준화된 범죄자 인성조사방법으로 활용되고 있다고 한다.

정답 ④

제2절 | 범죄예측방법

03 통계적 범죄예측법에 대한 설명으로 옳지 않은 것은?

① 기존 자료들을 분석하여 범죄자의 특징들을 수량화한 예측표를 사용한다.
② 임상적 예측법에 비하여 객관성이 높다.
③ 개별 범죄자의 특성이나 개인적 편차를 충분히 반영할 수 없다는 한계가 있다.
④ 임상적 예측법에 비하여 예측비용이 많이 들어 비경제적이다.

해설

② [○], ④ [×] 통계적 예측방법은 범죄예측을 객관적 기준에 의존함으로써 실효성이 높고 비교적 공평하며 '예측비용도 절감'되는 장점이 있다.
① [○] 통계적 예측방법은 범죄자의 특징을 계량화하여 그 점수의 많고 적음에 따라 장래의 범죄행동을 예측하는 방법이다(점수법).
③ [○] 통계적 예측방법은 숫자의 많고 적음에 따라 발생개연성을 판단하는 통계적 예측결과밖에 제시하지 못한다는 한계가 있다. 그리고 개별 범죄자마다 고유한 범죄의 특성 내지 개인의 편차가 예측에 제대로 반영되지 않을 가능성이 있다는 비판을 받는다.

정답 ④

04 범죄예측에 관한 설명이 옳은 것만으로 묶인 것은?

ㄱ. 범죄예측의 정확성에 대한 의문은 예측방법의 발전에 따라 완전히 해소되었다.
ㄴ. 조기예측은 성인이 아닌 소년범죄예측에 주로 많이 사용된다.
ㄷ. 보호관찰을 위한 적정한 방법을 찾아내기 위해서 고안되었다.
ㄹ. 통계적 예측방법의 장점은 판정과정에 전문가가 개입하여 개별 범죄의 고유한 특성이나 개인편차를 알 수 있다는 것이다.
ㅁ. 우리나라에서 범죄예측은 청소년의 재범을 예측하기 위해서 시작되었다.

① ㄱ, ㅁ
② ㄴ, ㅁ
③ ㄷ, ㄹ
④ ㄴ, ㄹ

해설

ㄱ. [×] 기술적 측면에서 100%의 정확도를 가진 범죄예측은 현실적으로 가능하지 않다. 이에 따라 예측에는 잘못된 결과가 나타날 가능성이 존재한다.
ㄴ. [○] 특정인에 대해 범행 이전에 미리 그 위험성을 예측하는 것으로, 주로 소년범죄예측에 많이 사용되는 방법이다. 이는 주로 초범예측, 즉 범죄의 사전예방을 주된 목적으로 하며 사법예측이 아니라는 점에 특징이 있다.
ㄷ. [×] 범죄예측의 일반적인 경향을 보면, 미국의 경우에는 사회학자들에 의한 실천적 필요(특히 가석방시기의 결정과 관련)에 기하여 발달하여 왔으며, 독일의 경우에는 정신의학자들을 중심으로 범죄원인론의 일환으로 발달해 왔는데, 오늘날 범죄예측에 대한 연구는 전자가 주류이다.
ㄹ. [×] 범죄예측표의 목록은 개별연구자에 따라서 상이한 내용을 가질 수밖에 없다. 또한, 숫자의 많고 적음에 따라 발생개연성을 판단하는 통계적 예측결과밖에 제시하지 못한다는 한계를 가진다. 그리고 개별 범죄자마다 고유한 범죄의 특성 내지 개인의 편차가 예측에 제대로 반영되지 않을 가능성이 있다.
ㅁ. [○] 우리나라의 범죄예측의 역사는 청소년의 재범에 대한 관심이 높아지면서 소년분류심사원이나 소년원에 근무하는 실무자에 의해 1960년대 초반부터 시작되었다고 한다.

정답 ②

05 범죄예측에 관한 설명으로 옳지 않은 것은?

① 범죄예측이란 예방·수사·재판·교정의 각 단계에서 개개의 사례를 통해서 잠재적 범죄자의 범행가능성이나 범죄자의 재범가능성을 판단하는 것이다.

② 통계적 예측방법은 임상적 지식이나 경험이 없는 비전문가에 의해서도 행해질 수 있다.

③ 임상적 예측방법은 의학·심리학 등을 바탕으로 대상자를 조사하고 관찰하여 범죄를 예측하기 때문에 조사자의 주관이 개입될 여지가 없다.

④ 예방단계에서의 조기예측은 주로 성인범죄보다는 소년범죄의 예측에 사용되고 있다.

해설

③ [×] 임상적 예측방법은 정신과의사나 범죄학의 교육을 받은 심리학자가 행위자의 성격분석을 토대로 내리는 예측을 말한다. 주로 사용하는 방법은 조사와 관찰이고 임상실험의 도움을 받기도 한다. 이 방법은 판단자의 주관적 평가가 개입될 가능성이 있어 객관적 기준을 확보하기 곤란할 수 있을 뿐만 아니라 판단자의 경험 또는 전문성의 부족으로 자료를 잘못 해석할 수 있는 위험성이 있다.

정답 ③

06 범죄예측에 관한 설명으로 옳은 것은?

① 통계적 예측방법은 개별범죄자의 모든 개인적 편차를 반영하여 재범가능성을 판단한다.

② 임상적 예측방법은 전문가의 개인적 판단을 배제할 수 있는 장점이 있다.

③ 재판시 피고인에 대한 재범가능성 예측은 법관의 예단을 배제한다.

④ 수사단계에서의 범죄예측은 수사를 종결하면서 범죄자의 처리나 처분을 결정할 때 사용된다.

해설

④ [○] 예를 들어 조건부 기소유예처분의 결정시에 수사단계의 예측이 소년의 잠재적 비행성 여부를 판단함에 이용될 수 있다.

① [×] 통계적 예측방법은 개별 범죄자마다 고유한 범죄의 특성 내지 개인의 편차가 예측에 제대로 반영되지 않을 가능성이 있다는 비판을 받는다.

② [×] 임상적 예측방법은 판단자의 주관적 평가가 개입될 가능성이 있어 객관적 기준을 확보하기 곤란할 수 있을 뿐만 아니라 판단자의 경험 또는 전문성의 부족으로 자료를 잘못 해석할 수 있는 위험성이 있다.

③ [×] 재판시 피고인에 대한 재범가능성 예측은 법관에게 예단을 갖게 할 수도 있다.

정답 ④

07 범죄예측에 관한 설명 중 가장 옳지 않은 것은? 23. 해경간부

① 범죄예측은 사실상 범죄자의 재범위험성에 대한 예측이기 때문에, 브랜팅햄(Brantingham)과 파우스트(Faust)의 범죄예방모형에 따르면, 3차적 범죄예방에 해당한다.

② 전체적 평가법은 대상자의 소질과 인격 전체에 대한 구체적 상황을 종합분석하여 그 사람의 범죄성향을 임상적 경험에 의하여 예측하는 방법이다.

③ 통계적 예측법은 여러 자료를 통하여 범죄예측 요인을 수량화함으로써 점수의 비중에 따라 범죄 또는 비행을 예측하는 것이다.

④ 1928년에 버제스(E. W. Burgess)는 '경험표'라고 불렀던 예측표를 작성하여 객관적인 범죄예측의 기초를 마련하였다.

해설

① [×] 브랜팅햄과 파우스트(Brantingham & Faust)의 범죄예방모델에서 3차적 범죄예방은 범죄자를 대상으로 '재범을 예방'하는 것으로서, 실제 형사사법절차에서 특별예방을 위한 여러 조치(형벌, 보안처분 등)를 하는 것을 의미한다. 따라서 범죄예측(재범예측)을 3차적 범죄예방에 해당한다고 보기 어렵다.

② [○] 전체적 관찰법(직관적 예측방법)이란 실무 경험(직업적 경험, 임상적 경험)이 많은 판사 · 검사 · 교도관 등이 실무에서 애용하는 방법으로, 예측하는 사람의 직관적 예측능력을 토대로 대상자의 인격 전체를 분석 · 종합하는 예측방법이다.

③ [○] 통계적 예측법이란 범죄자의 특징을 계량화하여 그 점수의 많고 적음에 따라 장래의 범죄행동을 예측하는 방법으로(점수법), 기존 자료에 대한 분석을 통하여 예측요인 중에서 빈도가 높거나 범죄요인으로 간주되는 요인을 통계적으로 점수화하여 판정척도를 작성하고 그 기준에 따라 범죄 또는 비행 여부를 예측하는 것이다(범죄예측표).

④ [○] 버제스(Burgess)는 경험표(가석방예측표)를 작성하여 재범예측에 사용하였다.

정답 ①

08 범죄예측에 대한 설명으로 옳지 않은 것을 모두 고른 것은? 10. 보호

ㄱ. 워너(S. Warner)의 가석방예측은 수용자의 가석방 후 재범 여부를 연구한 것이다.
ㄴ. 글뤽(S. Glueck & E. Glueck)부부는 범죄예측과 관련하여 가중실점방식이라는 조기예측법을 소개하였다.
ㄷ. 우리나라에서는 소년비행과 관련하여 비행성예측법을 이용하고 있다.
ㄹ. 범죄예측표는 통계학적 방법으로 개개인을 취급하므로 개개인의 특유성이 중시된다.
ㅁ. 전체적 관찰법(임상적 예측법)은 각 개인의 특수성에 관한 관찰이 불가능한 반면, 전문적인 관찰자간의 개인차로 객관적 기준을 확보하기가 유리하다.

① ㄱ, ㅁ ② ㄴ, ㄷ
③ ㄴ, ㄹ ④ ㄹ, ㅁ

해설

ㄱ. [○] 범죄예측은 1923년 워너(S. Warner)가 가석방대상을 가려내기 위해 재범가능성을 점수화하는 범죄예측을 시행한 데에서 시작되었다.

ㄴ. [○] 1940년대 글뤽 부부(S. Glueck & E. Glueck)는 가중실점방식에 의한 조기예측법을 소개하였는데, 이는 영국에 소개되어 1955년에 맨하임과 윌킨스(Mannheim & Wilkins)가 재범예측표를 작성하기에 이르렀다.

ㄷ. [○] 우리나라의 경우에는 소년분류심사원에서 일반소년에 대한 외래분류심사를 통해 조기예측을 실시하고 있다.

ㄹ. [×] 통계적 예측방법(범죄예측표)은 범죄자의 특징을 계량화하여 그 점수의 많고 적음에 따라 장래의 범죄행동을 예측하는 방법으로, 일명 점수법이라고도 한다. 이는 개별 범죄자마다 고유한 범죄의 특성 내지 개인의 편차가 예측에 제대로 반영되지 않을 가능성이 있다는 단점이 있다.

ㅁ. [×] '전체적 관찰법'은 예측하는 사람의 직관적 예측능력을 토대로 대상자의 인격 전체를 분석 · 종합하는 예측방법으로 '직관적 예측방법'이라고도 하며 실무에서 애용하는 방법이다. '임상적 예측법'은 정신과의사나 범죄학의 교육을 받은 심리학자가 행위자의 성격분석을 토대로 내리는 예측을 말한다. 이 방법은 판단자의 주관적 평가가 개입될 가능성이 있어 객관적 기준을 확보하기 곤란할 수 있을 뿐만 아니라 판단자의 경험 또는 전문성의 부족으로 자료를 잘못 해석할 수 있는 위험성이 있다는 비판을 받는다.

정답 ④

09 범죄예측에 대한 설명으로 가장 옳지 않은 것은? 22. 해경간부

① 수사단계에서의 범죄예측은 수사를 종결하면서 범죄자에 대한 처분을 내리는 데에 중요한 역할을 할 수 있다.
② 통계적 예측방법은 여러 자료를 통하여 범죄예측 요인을 수량화함으로써 점수의 비중에 따라 범죄 또는 비행을 예측하는 것으로 점수법이라고도 한다.
③ 임상적 예측방법은 전문가의 개인적 판단을 배제할 수 있는 장점이 있다.
④ 글룩(Glueck) 부부는 범죄예측과 관련하여 가중실점방식이라는 조기예측법을 소개하였다.

해설

③ [×] 임상적 예측방법은 정신과 의사나 범죄 심리학자가 전문지식을 이용하여 행위자의 성격분석을 토대로 내리는 예측방법인데, '판단자의 주관적 평가가 개입될 가능성이 있어 객관적 기준을 확보하기 곤란'할 뿐만 아니라 판단자의 경험·전문성의 부족으로 자료를 잘못 해석할 위험성이 있다는 비판을 받는다.
① [○] 수사단계에서의 범죄예측은 경찰·검찰이 비행자·범죄자에 대한 수사를 종결하면서 내릴 처분 내용을 결정할 때 사용하는 예측방법이다. 예를 들어, 수사단계 예측은 조건부 기소유예와 같은 처분의 결정시 소년에 대한 잠재적 비행성을 판단하는 데 유용하다.
② [○] 통계적 예측방법은 범죄자의 특징을 계량화하여 그 점수의 많고 적음에 따라 장래의 범죄행동을 예측하는 방법이다(점수법).
④ [○] 1940년대 글룩 부부(S. Glueck & E. Glueck)는 아버지의 훈육, 어머니의 감독, 아버지의 애정, 어머니의 애정, 가족의 결집력 등 5가지 요인을 기준으로 하는 가중실점방식에 의한 조기예측법을 소개하였다.

정답 ③

10 범죄예측에 대한 설명으로 옳은 것은? 11. 교정

① 임상적 예측방법은 정신의학, 심리학 등을 바탕으로 행위자를 조사·관찰한 후 범죄를 예측하기 때문에 조사자의 주관이 개입이 될 여지가 없어 자료해석의 오류가능성이 없다.
② 수사단계의 예측은 선도조건부 기소유예와 같은 처분의 결정시 소년에 대한 잠재적 비행성을 판단하는 데 유용하다.
③ 현행법상의 제도로는 재판단계에서의 피고인에 대한 다양한 조사를 하는 데 한계가 있으므로 판결 전 조사제도 도입이 시급하다.
④ 통계적 예측은 개별 범죄인에게 존재하는 고유한 특성이나 개인의 편차를 예측과정에 반영할 수 있다.

해설

② [○] 수사단계 예측은 경찰·검찰이 비행자·범죄자에 대한 수사를 종결하면서 내릴 처분내용을 결정할 때 사용하는 예측이다.
① [×] 임상적 예측방법(경험적 개별예측)은 정신과의사나 범죄학의 교육을 받은 심리학자가 행위자의 성격분석을 토대로 내리는 예측을 말한다. 주로 사용하는 방법은 조사와 관찰이고 임상실험의 도움을 받기도 한다. 이 방법은 판단자의 주관적 평가가 개입될 가능성이 있어 객관적 기준을 확보하기 곤란할 수 있을 뿐만 아니라 판단자의 경험 또는 전문성의 부족으로 자료를 잘못 해석할 수 있는 위험성이 있다.
③ [×] 현재 「보호관찰 등에 관한 법률」에서 판결 전 조사제도를 규정하고 있다(「보호관찰 등에 관한 법률」 제19조 제1항).
④ [×] 통계적 예측방법이란 범죄자의 특징을 계량화하여 그 점수의 많고 적음에 따라 장래의 범죄행동을 예측하는 방법이다(점수법). 이는 비전문가도 이미 주어진 평가방법에 대입하여 예측을 할 수 있으므로 널리 이용되고 있다. 또한, 범죄예측을 객관적 기준에 의존함으로써 실효성이 높고 비교적 공평하며 예측비용도 절감되는 장점이 있다. 그러나 개별 범죄자마다 고유한 범죄의 특성 내지 개인의 편차가 예측에 제대로 반영되지 않을 가능성이 있다.

정답 ②

11 범죄예측방법에 대한 설명으로 옳지 않은 것은? 12. 보호

① 직관적 예측방법은 실무경험이 많은 판사, 검사, 교도관 등이 실무에서 애용하고 있는 방법으로 교육과 훈련을 통해 주관적 자의를 통제할 수 있기에 신뢰성이 높다.

② 통계적 예측방법은 범죄자의 특징을 계량화하여 객관적 기준에 의존하기 때문에 실효성과 공정성을 확보할 수 있지만 범죄요인의 상이한 선별기준에 대한 대책이 없다.

③ 임상적 예측방법은 정신과의사나 범죄학 교육을 받은 심리학자가 행위자의 성격분석을 토대로 내리는 예측으로 판단자의 주관적 평가를 통제할 수 없고 많은 시간과 비용이 소요된다.

④ 통합적 예측방법은 직관적 예측, 통계적 예측 및 임상적 예측방법을 절충함으로써 각각의 단점을 보완하고자 하는 예측방법으로 다양한 예측방법의 단점을 어느 정도는 극복할 수 있다.

해설

① [×] 직관적 예측방법은 전적으로 판단자의 주관적 입장 · 지식 · 경험 등에 의존하는 점에서, 주관적 자의의 한계와 합리적 판단기준의 결여를 극복하기 어렵다는 비판이 제기된다.

② [○] 통계적 예측방법은 범죄예측을 객관적 기준에 의존함으로써 실효성이 높고 비교적 공평하며 예측비용도 절감되는 장점이 있다. 그러나 개별 범죄자마다 고유한 범죄의 특성 내지 개인의 편차가 예측에 제대로 반영되지 않을 가능성이 있다는 비판을 받는다.

③ [○] 임상적 예측방법은 판단자의 주관적 평가가 개입될 가능성이 있어 객관적 기준을 확보하기 곤란할 수 있을 뿐만 아니라 판단자의 경험 또는 전문성의 부족으로 자료를 잘못 해석할 수 있는 위험성이 있으며, 시간과 비용이 많이 소요된다는 단점이 있다.

④ [○] 통합적 예측방법은 직관적 예측방법과 통계적 예측방법 및 임상적 예측방법을 일정한 방향으로 조합(절충)함으로써 각각의 예측방법의 단점을 보완하고자 하는 예측방법이다(구조예측의 방법). 다만, 각각의 예측방법의 결함은 어느 정도 보완할 수 있을지 모르지만, 완전히 제거하는 것은 불가능하다는 비판이 제기된다.

정답 ①

12 범죄예측에 관한 설명 중 옳은 것을 모두 고른 것은? 16. 사시

ㄱ. 범죄예측이란 예방, 수사, 재판, 교정의 각 단계에서 잠재적 범죄자의 범행가능성이나 범죄자의 재범가능성을 판단하는 것이다.
ㄴ. 통계적 예측법은 범죄자의 특징을 계량화하여 그 점수에 따라 범죄행동을 예측하므로 실효성이 높고, 비교적 공평하며, 예측비용이 절감되는 장점이 있다.
ㄷ. 임상적 예측법은 정신과 의사나 범죄심리학자가 조사와 관찰 등에 의해 행위자의 성격분석을 토대로 내리는 예측이므로 판단자의 자료해석의 오류나 주관적 평가가 개입할 위험이 있다.
ㄹ. 글뤽(Glueck) 부부는 범죄예측과 관련하여 특정항목의 점수를 가중하거나 감점하는 '가중실점방식'이라는 조기예측법을 소개하였다.

① ㄱ, ㄴ ② ㄱ, ㄹ
③ ㄴ, ㄷ ④ ㄱ, ㄷ, ㄹ
⑤ ㄱ, ㄴ, ㄷ, ㄹ

해설

ㄱ. [○] 범죄예측이란 범죄의 가능성이 있는 사람을 조사하거나 사회의 환경변화를 연구하여 장래의 범죄행위에 대한 발생가능성 · 빈도 · 정도 등을 미리 내다보는 것으로, 예방 · 수사 · 재판 · 교정의 형사사법절차 각 단계에서 매우 유용하게 활용된다.

ㄴ. [○] 통계적 예측법은 숫자의 많고 적음에 따라 발생개연성을 판단하는 통계적 예측결과밖에 제시하지 못한다는 한계가 있다. 그리고 개별 범죄자마다 고유한 범죄의 특성 내지 개인의 편차가 예측에 제대로 반영되지 않을 가능성이 있다는 비판을 받는다.

ㄷ. [○] 임상적 예측법은 시간과 비용이 많이 드는 방법이기 때문에 쉽게 사용할 수 없다는 단점도 있다.

ㄹ. [○] 1940년대 글룩부부(S. Glueck & E. Glueck)는 아버지의 훈육, 어머니의 감독, 아버지의 애정, 어머니의 애정, 가족의 결집력 등 다섯 가지 요인을 기준으로 하는 가중실점방식에 의한 조기예측법을 소개하였다.

정답 ⑤

13 다음의 내용은 범죄예측방법 중 어느 것에 해당되는가?

22. 간부(72)

> 정신과 의사나 범죄학을 교육받은 심리학자가 행위자의 성격분석을 위한 조사와 관찰 등을 토대로 내리는 예측을 말한다. 대상자에게 내재되어 있는 특성을 집중적으로 관찰할 수 있는 장점이 있는 반면, 판단자의 자료해석 오류가 능성이나 주관적 평가가 개입될 위험으로 인해 객관성이 결여될 수 있고, 비용이 많이 든다는 단점이 있다.

① 전체적 괸찰법(직관적 관찰법)　② 경험적 개별예측(임상적 예측법)
③ 점수법(통계적 예측법)　④ 구조예측(통합적 예측법)

해설

② [○] 경험적 개별예측(임상적 예측법)이란 정신과 의사나 범죄 심리학자가 전문지식을 이용하여 행위자의 성격분석을 토대로 내리는 예측방법이다. 이에 대해서는 판단자의 주관적 평가가 개입될 가능성이 있어 객관적 기준을 확보하기 곤란할 뿐만 아니라 판단자의 경험·전문성의 부족으로 자료를 잘못 해석할 위험성이 있고, 시간과 비용이 많이 드는 방법이기 때문에 쉽게 사용할 수 없다는 단점이 지적된다.

① [×] 전체적 관찰법(직관적 관찰법)이란 예측하는 사람의 직관적 예측능력을 토대로 대상자의 인격 전체를 분석·종합하는 예측방법으로, 실무에서 애용하는 방법이다.

③ [×] 점수법(통계적 예측법)이란 범죄자의 특징을 계량화하여 그 점수의 많고 적음에 따라 장래의 범죄행동을 예측하는 방법이다.

④ [×] 구조예측(통합적 예측법)이란 직관적 예측방법과 통계적 예측방법 및 임상적 예측방법을 일정한 방향으로 조합(절충)함으로써 각각의 예측방법의 단점을 보완하고자 하는 예측방법이다.

정답 ②

14 범죄예측에 대한 설명으로 옳지 않은 것을 모두 고른 것은?

16. 보호

> ㄱ. 글룩(Glueck) 부부는 아버지의 훈육, 어머니의 감독, 아버지의 애정, 어머니의 애정, 가족의 결집력 등 다섯 가지 요인으로 구분하여 범죄예측표를 작성하였다.
> ㄴ. 통계적 예측법은 많은 사례를 중심으로 개발된 것이기 때문에 개별 범죄자의 고유한 특성이나 편차를 충분히 반영할 수 있다는 장점이 있다.
> ㄷ. 직관적 예측법은 실무에서 자주 사용되는 방법이지만, 이는 판단자의 주관적 입장에 의존한다는 점에서 비판을 받는다.
> ㄹ. 예방단계의 예측은 주로 소년범죄 예측에 사용되는데 잠재적인 비행소년을 식별함으로써 비행을 미연에 방지하고자 하는 방법이다.
> ㅁ. 재판단계에서 행해지는 예측은 주로 가석방결정에 필요한 예측이다.

① ㄱ, ㄷ　② ㄱ, ㄹ
③ ㄴ, ㄷ　④ ㄴ, ㅁ

해설

ㄱ. [○] 글룩부부(S. Glueck & E. Glueck)는 가중실점방식에 의한 조기예측법을 소개하였다.

ㄴ. [×] 통계적 예측법은 비전문가도 주어진 평가기준에 대입하여 예측을 할 수 있어 널리 이용되며, 범죄예측을 객관적 기준에 의함으로써 실효성이 높고 비교적 공평하며 비용도 절감되는 장점이 있다. 반면에 숫자의 많고 적음에 따라 발생개연성을 판단하는 통계적 예측결과밖에 제시하지 못한다는 한계가 있다. 그리고 개별 범죄자마다 고유한 범죄의 특성 내지 개인의 편차가 예측에 제대로 반영되지 않을 가능성이 있다는 비판을 받는다.

ㄷ. [○] 직관적 예측법은 전적으로 판단자의 주관적 입장·지식·경험 등에 의존하는 점에서, 주관적 자의의 한계와 합리적 판단기준의 결여를 극복하기 어렵다는 비판이 있다.

ㄹ. [○] 특정인에 대해 범행 이전에 미리 그 위험성을 예측하는 것으로, 주로 소년범죄예측에 많이 사용되는 예측방법이다(조기 예측).

ㅁ. [×] 석방단계예측은 주로 가석방결정에 필요한 예측을 말한다. 형사정책에서 범죄예측이 시작한 것은 바로 석방단계 예측부터라고 할 수 있다. 반면에 재판단계예측은 법원에서 유·무죄의 판단 및 형벌의 종류를 결정하는 과정에서 범죄자의 개별처우를 위하여 장래의 위험성을 예측하는 것으로서, 특히 양형책임을 결정하는 중요한 수단으로 작용한다.

정답 ④

15 범죄예측에 대한 설명으로 옳지 않은 것은?

18. 보호

① 수사단계에서의 범죄예측은 수사를 종결하면서 범죄자에 대한 처분을 내리는 데에 중요한 역할을 할 수 있다.

② 범죄예측은 재판단계 및 교정단계에서도 행해지지만 교정시설의 과밀화 현상을 해소하는 데는 기여할 수 없다.

③ 범죄예측의 방법 중 '임상적 예측법(경험적 예측법)'은 대상자의 범죄성향을 임상전문가가 종합분석하여 대상자의 범죄가능성을 판단하는 것이므로 대상자의 특성을 집중관찰할 수 있는 장점이 있다.

④ 범죄예측의 방법 중 '통계적 예측법'은 여러 자료를 통하여 범죄예측요인을 수량화함으로써 점수의 비중에 따라 범죄 또는 비행을 예측하는 것으로 점수법이라고도 한다.

해설

② [×] 재판단계 범죄예측과 석방단계 범죄예측을 통해 과밀수용 해소방안 중 인구감소전략인 정문정책(보호관찰 등)과 후문정책(가석방 등)으로 연계될 수 있다.

① [○] 수사단계 범죄예측은 경찰·검찰이 비행자·범죄자에 대한 수사를 종결하면서 내릴 처분 내용을 결정할 때 사용하는 예측방법이다. 수사단계 예측은 조건부 기소유예와 같은 처분의 결정시 소년에 대한 잠재적 비행성을 판단하는 데 유용하다.

③ [○] 임상적 예측법은 정신과 의사나 범죄학의 교육을 받은 심리학자가 전문지식을 이용하여 행위자의 성격분석을 토대로 내리는 예측방법이다(경험적 개별예측).

④ [○] 통계적 예측법은 범죄자의 특징을 계량화하여 그 점수의 많고 적음에 따라 장래의 범죄 행동을 예측하는 방법이다(점수법).

정답 ②

16 범죄예측에 관한 설명으로 옳은 것은 모두 몇 개인가?

23. 2차 경행경채

> ㉠ 범죄예측이란 예방, 수사, 재판, 교정의 각 단계에서 잠재적 범죄자의 범행가능성이나 범죄자의 재범가능성을 판단하는 것이다.
> ㉡ 버제스(Burgess)는 가중실점방식이라는 조기예측법을 소개하였다.
> ㉢ 교정단계의 예측은 가석방 여부와 가석방 시기를 결정하기 위해 필요하다.
> ㉣ 우리나라에서 범죄예측은 청소년의 재범을 예측하기 위해서 시작되었다.

① 0개
② 1개
③ 2개
④ 3개

해설

㉡ [×] '글룩 부부(S. Glueck & E. Glueck)'는 아버지의 훈육, 어머니의 감독, 아버지의 애정, 어머니의 애정, 가족의 결집력 등 5가지 요인을 기준으로 하는 가중실점방식에 의한 조기예측법을 소개하였다. 버제스(Burgess)는 경험표(가석방예측표)를 작성하여 재범예측에 사용하였다.

정답 ④

17 범죄예측에 관한 내용으로 가장 적절하지 않은 것은?

23. 간부(73)

① 범죄예측은 크게 범죄사건예측, 범죄자예측, 범죄자신원(동일성)예측, 피해자예측 등 4가지 영역으로 구분된다.

② 현재 우리나라 경찰청에서는 CCTV를 활용한 AI 인식시스템으로 프리카스(Pre-CAS)를 활용하고 있다.

③ 범죄를 예측하고 경찰활동에 체계적으로 적용한 미국 내 최초의 사례는 뉴욕경찰국(NYPD)의 공간지각시스템(DAS)이다.

④ 미국 법무부산하 국립사법연구소(NIJ)는 예측적 경찰활동이란 "다양한 분석기법을 활용하여 경찰개입이 필요한 목표물을 통계적으로 예측함으로써 범죄를 예방하거나 해결하는 제반활동"이라고 정의하였다.

해설

③ [×] 범죄를 예측하고 경찰활동에 체계적으로 적용한 미국 내 최초의 사례는 미국 캘리포니아주 엘에이 경찰국(LAPD)과 산타크루즈 경찰서(SCPD)에서 시행한 프레드폴(PredPol)이라고 한다. 공간지각시스템(DAS, Domain Awareness System)은 뉴욕시를 모니터링하기 위해 뉴욕 경찰국(NYPD)과 마이크로소프트사가 협력하여 구축한 세계에서 가장 큰 디지털 감시 시스템이다.

② [○] 범죄위험도 예측분석 시스템[프리카스(Pre-CAS, Predictive Crime Risk Analysis System)]은 치안과 공공데이터를 통합한 빅데이터를 최신 알고리즘에 적용한 AI로 분석하여 지역별 범죄위험도와 범죄발생 건수를 예측하고 효과적인 순찰경로를 안내하는 시스템이다.

정답 ③

제3절 | 범죄예측의 문제점과 발전가능성

18 범죄예측에 대한 설명으로 옳지 않은 것은?

① 미래의 행위를 예측하여 잠재적 범죄자에게 차별적 조치를 하는 것은 죄형법정주의에 위배된다는 비판이 있다.

② '잘못된 긍정(false positive)'이란 향후 범죄가 없을 것이라고 예측하였지만 실제로 범죄가 발생한 경우로서, 범죄로 인해 사회와 구성원에게 피해가 발생하는 것을 말한다.

③ 범죄예측의 항목으로 성별이나 소득수준을 대상으로 하는 것은 신분으로 인한 차별에 해당한다는 비판이 있다.

④ 우리나라의 소년분류심사원에서 행하는 일반소년에 대한 외래분류심사는 범죄예측 중 조기예측에 해당한다.

해설

② [×] '잘못된 긍정(false positive)'이란 향후 범죄가 있을 것이라고 예측하였지만 실제로 범죄가 발생하지 않은 경우로서, 제재가 가해진 개인에게 피해가 발생하는 것을 말한다. 반면에 '잘못된 부정(false negative)'이란 향후 범죄가 없을 것이라고 예측하였지만 실제로 범죄가 발생한 경우로서, 범죄로 인해 사회와 구성원에게 피해가 발생하는 것을 말한다.

정답 ②

19 범죄예측에 대한 설명으로 옳은 것은?

20. 교정

① 전체적 평가법은 통계적 예측법에서 범하기 쉬운 객관성 문제를 개선하기 위해 개발된 방법이다.

② 통계적 예측법은 범죄자의 소질과 인격에 대한 상황을 분석하여 범죄자의 범죄성향을 임상적 경험에 의하여 예측하는 방법이다.

③ 버제스(E. W. Burgess)는 경험표(experience table)라 불렸던 예측표를 작성·활용하여 객관적인 범죄예측의 기초를 마련하였다.

④ 가석방시의 예측은 교도소에서 가석방을 결정할 때 수용생활 중의 성적만을 고려하여 결정한다.

해설

③ [○] 버제스(E. W. Burgess)는 경험표(가석방예측표)를 작성하여 재범예측에 사용하였다.

① [×] '통계적 예측법'(점수법)은 범죄예측을 객관적 기준에 의함으로써, 전체적 평가법(직관적 예측법)의 문제점(주관적 자의의 한계와 합리적 판단기준의 결여를 극복하기 어렵다는 객관성의 문제)을 개선할 수 있다고 한다.

② [×] '직관적 예측법(전체적 관찰법)'에 대한 설명이다. 이는 실무 경험(직업적 경험, 임상적 경험)이 많은 판사·검사·교도관 등이 실무에서 애용하는 방법으로, 예측하는 사람의 직관적 예측능력을 토대로 대상자의 인격 전체를 분석·종합하는 예측방법이다.

④ [×] 석방단계예측은 주로 가석방 결정에 필요한 예측을 말하는데, '수용될 때까지의 생활력'·행형성적·복귀할 환경 등을 고려하고 통계를 통해 성적과 인자의 관계를 확인하여 전체적 평가법이나 점수법을 통해 예측하는 방법을 사용한다. 따라서 가석방시의 예측은 수용생활 중의 성적만을 고려하여 결정하는 것은 아니다.

정답 ③

제2장 | 범죄예방

제1절 | 범죄예방모델

01 범죄두려움(Fear of Crime)에 대한 설명으로 가장 적절하지 않은 것은? 23. 간부(73)

① 범죄두려움에 대한 개념은 다양하나 일반적으로 특정 범죄의 피해자가 될 가능성의 추정이나 범죄 등에 대한 막연한 두려움의 추정으로 정의된다.

② 범죄두려움의 이웃통합모델(Neighborhood Integration Model)은 지역사회의 무질서 수준이 범죄두려움에 영향을 준다는 설명방식이다.

③ 일반적으로 여성이나 노인은 젊은 남성에 비해 범죄피해율이 매우 낮지만 상대적으로 범죄두려움은 더 높게 나타나는 현상을 범죄피해-두려움의 패러독스라 한다.

④ 범죄두려움 개념은 CCTV, 조명 개선의 범죄예방효과 확인을 위한 지역주민의 주관적 평가에 활용할 수 있다.

해설

② [×] 이웃통합모델은 이웃과 잘 모르고 지내며 오래 살지 않아서 지역의 일에 관여하는 일이 별로 없는 상태가 범죄두려움을 낳을 수 있음을 설명하고 있다. 지역사회의 무질서가 범죄두려움의 주요 요인으로 작용함을 주장하는 이론으로는 깨어진 창 이론을 예로 들 수 있다.

정답 ②

02 브랜팅햄과 파우스트(Brantingham & Faust)의 범죄예방 구조모델에 관한 설명으로 옳지 않은 것은? 20. 경비

① 1차적 예방은 일반대중을 대상으로 한다.

② 1차적 예방의 예로는 환경설계, 이웃감시 등이 있다.

③ 2차적 예방은 특별예방과 관련이 있다.

④ 3차적 예방은 범죄자를 주요 대상으로 한다.

해설

③ [×] 2차적 범죄예방은 우범자나 우범지역을 대상으로 범죄기회를 차단하는 것을 말한다(상황적 범죄예방). 특별예방은 3차적 범죄예방과 관련이 있다.

①② [○] 1차적 범죄예방은 일반시민을 대상으로 하여 범죄를 유발·촉진하는 물리적·사회적 환경을 개선하는 것을 말하는데, 환경설계, 이웃감시, 민간경비, 범죄예방교육 등을 예로 들 수 있다.

④ [○] 3차적 범죄예방은 범죄자를 대상으로 하여 재범을 예방하는 것으로, 특별예방을 위한 여러 형사사법절차상 조치들이 이에 속한다.

정답 ③

03 브랜팅햄(Brantingham)과 파우스트(Faust)의 범죄예방모델에 대한 설명 중 가장 적절하지 않은 것은?

22. 간부(72)

① 잠재적 범죄자를 조기에 판별하고 이들이 불법행위를 저지르기 전에 개입하려는 시도는 2차적 범죄예방에 해당한다고 볼 수 있다.

② 범죄 실태에 대한 대중교육을 실시하는 것은 1차적 범죄예방에 가장 가깝다.

③ 2차적 범죄예방은 대부분 형사사법기관에 의해 이루어진다.

④ 브랜팅햄과 파우스트의 범죄예방모델은 질병예방의 보건의료모형을 차용하였다.

해설

③ [×] '3차적 범죄예방'은 범죄자를 대상으로 그들의 재범을 예방하는 것(예 형벌, 보안처분 등)을 말하는데, 이는 대부분 형사사법기관이 담당한다.

① [○] 2차적 범죄예방은 우범자나 우범지역을 대상으로 범죄기회를 차단하는 것(예 감시카메라 · 비상벨 설치, 방어공간의 확보 등)을 말한다(상황적 범죄예방).

② [○] 1차적 범죄예방은 일반시민을 대상으로 범죄를 유발 · 촉진하는 물리적 · 사회적 환경을 개선하는 것(예 환경설계, 이웃감시, 민간경비, 범죄예방교육 등)을 말한다.

④ [○] 브랜팅햄(Brantingham)과 파우스트(Faust)는 범죄예방에 질병의 예방과 치료의 개념을 도입하여 범죄예방을 1차적 범죄예방, 2차적 범죄예방, 3차적 범죄예방으로 나누었다.

정답 ③

04 브랜팅햄(Brantingham)과 파우스트(Faust)가 제시한 범죄예방모델을 1차, 2차, 3차 예방활동의 순서대로 나열한 것은?

23. 1차 경행경채

① 시민순찰 - 범죄예측 - 구금

② 이웃감시 - 특별예방 - 우범지역순찰

③ 우범지역순찰 - 비상벨 설치 - 재소자 교육

④ 비상벨 설치 - 이웃감시 - 구금

해설

① [○] 브랜팅햄(Brantingham)과 파우스트(Faust)는 범죄예방에 질병의 예방과 치료의 개념을 도입하여 범죄예방을 1차적 범죄예방, 2차적 범죄예방, 3차적 범죄예방으로 나누었다. ⓐ 1차적 범죄예방은 일반시민을 대상으로 하여 범죄를 유발 · 촉진하는 물리적 · 사회적 환경을 개선하는 것을 말하고(예 환경설계, 이웃감시, 민간경비, 범죄예방교육 등), ⓑ 2차적 범죄예방은 우범자나 우범지역을 대상으로 하여 잠재적 범죄자의 범죄기회를 차단하는 것(상황적 범죄예방)을 말하며(예 감시카메라 · 비상벨 설치, 방어공간의 확보 등), ⓒ 3차적 범죄예방은 범죄자를 대상으로 하여 재범을 예방하는 것을 말한다(예 형벌, 보안처분 등). 시민순찰은 1차적 범죄예방이고, 범죄예측은 2차적 범죄예방이며, 구금은 3차적 범죄예방이다.

② [×] 이웃감시는 1차적 범죄예방이나, '특별예방은 3차적 범죄예방'이고, '우범지역순찰은 2차적 범죄예방'에 해당한다.

③ [×] '우범지역순찰은 2차적 범죄예방'이고, '비상벨 설치는 2차적 범죄예방'이며, 재소자 교육은 3차적 범죄예방이다.

④ [×] '비상벨 설치는 2차적 범죄예방'이고, '이웃감시는 1차적 범죄예방'이며, 구금은 3차적 범죄예방이다.

정답 ①

05 1세대 환경설계를 통한 범죄예방(CPTED) 전략을 활용한 범죄예방 방안으로 가장 거리가 먼 것은? 23. 간부(73)

① CCTV 설치 ② 벽화 그리기
③ 출입구 단일화 ④ 시민방범순찰

해설

④ [×] 시민방범순찰은 2세대 CPTED 전략에 해당한다. 2세대 CPTED 전략은 지자체 주도의 가이드라인 제시와 규제 중심의 제도적 환경의 개선을 추구하고 지역사회의 참여와 유대를 강화하는 것을 말한다.
①②③ [○] 1세대 CPTED 전략은 도시 건축적인 물리적 환경의 개선을 추구하는 것을 말한다.

정답 ④

06 브랜팅햄(Brantingham)과 파우스트(Faust)의 범죄예방모형에 따를 때 다음 중 성격이 다른 하나는?

23. 해경간부

① 이웃감시 ② 상황적 범죄예방
③ 민간경비 ④ 환경설계 범죄예방

해설

② [○] 잠재적 범죄자의 범죄기회를 차단하는 '2차적 범죄예방'에 해당한다.
①③④ [×] 이웃감시, 민간경비, 환경설계 범죄예방은 범죄를 유발·촉진하는 물리적·사회적 환경을 개선하는 '1차적 범죄예방'에 해당한다.

정답 ②

07 제프리(Jeffery)가 제시한 범죄대책에 관한 설명으로 옳지 않은 것은?

① 범죄억제모델은 형벌을 수단으로 범죄를 예방하려는 모델로서 처벌의 신속성, 확실성, 엄격성을 요구한다.
② 사회복귀모델은 범죄인의 복지에 대한 관심을 본격적으로 유발한 모델로서 현대 행형에서 강조되고 있다.
③ 범죄통제모델은 롬브로조(Lombroso)의 생물학적 결정론과 같은 이론에 근거하는 모델로서 임상적 치료를 통해 개선하는 방법을 이용한다.
④ 환경공학적 범죄통제모델은 궁극적인 범죄방지는 사회환경의 개선을 통해 이루어질 수 있다고 주장한다.

해설

제프리(C. R. Jeffery)는 범죄통제의 모형을 형벌을 통한 범죄억제모델, 범죄자의 치료와 갱생을 통한 사회복귀모델, 사회환경개선을 통한 범죄예방모델로 구분한다.

☑ 범죄통제의 모형

범죄억제 모델	비결정론을 전제하는 고전학파의 범죄이론과 맥락을 같이 하는 것으로 범죄예방의 방법으로 형벌을 수단으로 하는 진압적 방법을 사용한다. 범죄억제모델은 처벌을 통한 범죄예방의 효과를 높이기 위해서 처벌의 신속성, 확실성, 엄격성을 요구한다.
사회복귀 모델	생물학적 결정론, 생물학적 진화론, 실증주의와 같은 맥락에서 형집행 단계에서 특별예방의 관점이 많이 강조되는 유형이다. 임상적 치료를 통한 개선 또는 지역활동·교육·직업훈련 등을 이용하여 사회복귀를 도와주는 방법을 사용한다. 범죄인의 복지에 대한 관심도 이에 의해 본격적으로 시작되었다.
범죄예방 모델	범죄원인을 개인과 환경의 상호작용에서 찾는 사회적 범죄론에 기초하는 것으로서 범죄정책에 국한하지 않고 사회전반의 분위기를 조정함으로써 범죄를 줄이려는 사전적 범죄예방을 지향한다. 제프리는 이 모델을 가장 강조하였는데, 환경설계를 통한 범죄예방(CPTED)를 이에 포함시킬 수 있다.

③ [×] 범죄통제모델(범죄억제모델)은 비결정론을 전제하는 고전학파의 범죄이론에 근거하는 모델로서 범죄예방의 방법으로 형벌을 수단으로 하는 진압적 방법을 사용할 것을 주장한다.

정답 ③

08 범죄예방에 관한 설명으로 가장 옳지 않은 것은?

22. 해경간부

① '상황적 범죄예방 모델'은 범죄기회를 감소시키는 것만으로는 범죄를 예방하는 데 한계가 있다는 생각에서 출발한다.
② '범죄자 치료와 갱생을 통한 사회복귀모델'은 주로 형집행단계에서 특별예방의 관점을 강조하고 있다.
③ '형벌을 통한 범죄억제모델'은 범죄예방의 효과를 높이기 위해서 처벌의 신속성, 확실성, 엄격성을 요구한다.
④ '환경설계를 통한 범죄예방'은 주택 및 도시설계를 범죄예방에 적합하도록 구성하려는 생각이다.

해설

① [×] 범죄행위에 대한 위험과 어려움을 높여(대상물 강화) '범죄기회를 줄임으로써 범죄예방을 도모'하는 것을 상황적 범죄예방모델이라고 한다.
② [○] 범죄자 치료와 갱생을 통한 사회복귀모델은 교육, 복지정책, 지역사회활동 등을 통하여 범죄인의 재사회화를 지원하는 방안으로, 결정론을 전제하는 실증주의의 이론과 같은 맥락에서 형 집행단계에서 특별예방의 관점이 많이 강조되는 유형이다.
③ [○] 형벌을 통한 범죄억제모델은 법과 형벌 등의 제재를 통하여 범죄를 방지하고 범죄인을 교정하는 방안으로, 비결정론을 전제하는 고전학파의 이론과 같은 맥락에서 범죄예방의 방법으로 형벌을 수단으로 하는 진압적 방법을 사용하며, 처벌을 통한 범죄예방의 효과를 높이기 위해서 처벌의 신속성·확실성·엄격성을 요구한다.
④ [○] 환경설계를 통한 범죄예방(CPTED)이란 지역이나 시설의 물리적 환경설계를 범죄자가 범행을 하기 어렵도록 하는 범죄예방기법을 말한다(범죄기회의 감소).

정답 ①

09 환경설계를 통한 범죄예방(CPTED)에 대한 설명으로 옳지 않은 것은?

12. 보호

① 상황적 범죄예방 전략과 유사한 이론적 관점을 취한다.
② 대상물 강화(target hardening) 기법을 포함한다.
③ 감시(surveillance), 접근통제(access control), 영역성(territoriality) 등을 기본요소로 한다.
④ CPTED 모델은 사회복귀 모델과 맥락을 같이 하며 특별예방적 관점이 강조된다.

해설

④ [×] 환경설계를 통한 범죄예방(CPTED) 모델은 사회환경개선을 통한 범죄예방모델의 한 유형으로, 사회전반의 변화를 통해 범죄에 대처하는 '사전적 범죄예방'을 지향한다.
①②③ [○] 뉴만(Newman)은 환경설계를 통한 범죄예방(CPTED)으로 대표되는 제프리(Jeffery)의 범죄예방모델을 도입하여, 주택의 건축과정에서 공동체의 익명성을 줄이고 범죄자의 침입과 도주를 차단하며 순찰·감시가 용이하도록 구성하여 범죄예방을 도모하여야 한다는 방어공간(defensible space)의 개념을 사용하였다. 뉴만이 주장하는 방어공간의 기본요소에는 영역설정·감시·이미지·주변지역보전 등이 있다. 이와 같이 범죄행위에 대한 위험과 어려움을 높여(대상물 강화) 범죄기회를 줄임으로써 범죄예방을 도모하는 것을 상황적 범죄예방모델이라고 한다.

정답 ④

10 환경설계 범죄예방(CPTED)의 배경이 되는 범죄학 이론으로 보기 가장 어려운 것은? 23. 해경간부

① 뉴먼(Newman)의 방어공간이론
② 윌슨(Wilson)의 합리적 선택이론
③ 콜빈(Colvin)의 잠재특성이론
④ 클라크(Clarke)의 상황적 범죄예방론

해설

③ [×] 잠재적 특성이론은 인간의 성장과정은 주요 특성, 즉 태어나면서 또는 아주 어릴 때 습득하는 주요 속성에 의해서 통제된다고 주장한다. 이러한 주요 특성은 지속적이며 변화하지 않기 때문에, 개인의 범죄행동의 증가 또는 감소는 범죄기회와 다른 사람들의 반응과 같은 외부적인 힘의 영향에 의해서 결정된다. 잠재적 특성이론에서는 개인의 주요 특성은 퍼스낼리티, 지능, 유전적 요인 등이며, 사람들은 변화하지 않고 단지 범죄의 기회만 변화한다고 생각하며, 성장할수록 범죄의 기회가 줄어든다고 본다. 또한 초기의 사회통제 또는 적절한 양육을 통해서 범죄적 성향을 감소시킬 수 있다고 본다.

정답 ③

11 범죄예방모델에 대한 설명으로 옳지 않은 것은? 18. 보호

① 범죄억제모델은 고전주의의 형벌위하적 효과를 중요시하며, 이를 위하여 처벌의 신속성 · 확실성 · 엄격성을 요구한다.
② 사회복귀모델은 범죄자의 재사회화와 갱생에 중점을 둔다.
③ 제프리(Jeffery)는 사회환경개선을 통한 범죄예방모델로 환경설계를 통한 범죄예방(Crime Prevention Through Environmental Design: CPTED)을 제시하였다.
④ 상황적 범죄예방모델은 한 지역의 범죄가 예방되면 다른 지역에도 긍정적 영향이 전해진다는 소위 범죄의 전이효과(displacement effect)를 주장한다.

해설

④ [×] 범죄행위에 대한 위험과 어려움을 높여(대상물 강화) 범죄기회를 줄임으로써 범죄예방을 도모하는 것을 상황적 범죄예방모델이라고 한다. 범죄기회가 주어지면 누구든지 범죄를 저지를 수 있는 것으로 보는 일상활동이론은 이 모델의 근거가 된다. 범죄의 전이효과란 특정지역 안에서 범죄예방을 위한 전략이 실행된 후 다른 지역으로 범죄가 이동하는 것을 말한다.
① [○] '범죄억제모델'은 비결정론을 전제하는 고전학파의 이론과 같은 맥락에서 범죄예방의 방법으로 형벌을 수단으로 하는 진압적 방법을 사용한다. 범죄억제모델은 처벌을 통한 범죄예방의 효과를 높이기 위해서 처벌의 신속성 · 확실성 · 엄격성을 요구한다.
② [○] '사회복귀모델'은 결정론을 전제하는 실증주의의 이론과 같은 맥락에서 형 집행단계에서 특별예방의 관점이 많이 강조되는 유형이다. 임상적 치료를 통한 개선 또는 지역활동 · 교육 · 직업훈련에 의한 사회복귀 등의 방법을 사용한다.
③ [○] '범죄예방모델'은 범죄원인을 개인과 환경의 상호작용에서 찾는 입장에 기초하여 범죄정책에 국한하지 않고 사회 전반의 변화를 통해 범죄에 대처하는 사전적 범죄예방을 지향한다(빈곤 · 차별 · 경제적 불평등 · 사회 구조의 해체 등 사회적 범죄원인을 개선 · 제거). 제프리는 범죄예방모델을 가장 강조하였는데, 환경설계를 통한 범죄예방(CPTED)도 여기에 포함시킬 수 있다.

정답 ④

12 클락(Clarke)이 제시한 상황적 범죄예방 기법 중 보상의 감소에 해당하는 것은? 22. 간부(72)

① 목표물 견고화
② 접근통제
③ 자연적 감시
④ 소유자 표시

해설
클락(Clarke)과 코니쉬(Cornish)는 상황적 범죄예방을 위한 기법으로 ⓐ 노력의 증가[예 범죄대상물 강화(목표물 견고화), 접근 통제, 출입시 검색, 범죄자를 우회, 도구 통제 등], ⓑ 위험의 증가(예 보호 강화, 자연적 감시 지원, 익명성 감소, 장소관리자 활용, 공식적 감시 강화 등), ⓒ 보상의 감소(예 목표물 은닉, 목표물 제거, 소유물 표시, 시장의 관리, 이익 차단 등), ⓓ 자극(충동)의 감소(예 스트레스 감소, 논쟁 감소, 감정적 충동 억제, 동료의 압력 중화, 모방의 차단 등), ⓔ 변명의 제거(예 규칙 제정, 경고문 표시, 양심에 경고, 준법 지원, 마약과 술의 통제 등)를 제시하였다.
④ [○] '보상의 감소'에 해당한다.
①② [×] '노력의 증가'에 해당한다.
③ [×] '위험의 증가'에 해당한다.

정답 ④

13 코니쉬(Cornish)와 클락(Clarke)의 상황적 범죄예방 기법 25개 중 '노력의 증가(increasing efforts)'에 해당하지 않는 것은? 23. 1차 경행경채

① 대상물 강화(hardening targets) - 운전대 잠금장치, 강도방지 차단막
② 시설접근 통제(control access to facilities) - 전자카드 출입, 소지품 검색
③ 출구검색(screen exits) - 전자식 상품 태그, 퇴장 시 티켓 확인
④ 자연적 감시 지원(assist natural surveillance) - 가로등 개선, 방어적 공간설계

해설
④ [×] 자연적 감시 지원은 상황적 범죄예방 기법 중 '위험의 증가'에 해당한다.
①②③ [○] 코니쉬(Cornish)와 클락(Clarke)은 상황적 범죄예방 기법으로 ⓐ 노력의 증가, ⓑ 위험의 증가, ⓒ 보상의 감소, ⓓ 자극(충동)의 감소, ⓔ 변명의 제거를 제시하였다. 이 중 노력의 증가(increasing efforts)에는 범죄대상물 강화(①), 접근 통제(②), 출입시 검색(③), 범죄자를 우회, 도구 통제 등의 기법이 포함된다.

정답 ④

14 상황적 범죄예방의 5가지 전략과 구체적인 전술을 잘못 짝지은 것은? 23. 해경간부

① 노력의 증가 - 범행대상의 견고화, 시설의 접근통제
② 보상의 감소 - 자산 식별하기, 목표물 제거
③ 위험의 증가 - 자연적 감시력 제고, 마약 및 알콜 통제
④ 변명의 제거 - 안내문 게시, 규칙 정하기

해설
③ [×] 클락과 코니쉬는 상황적 범죄예방의 5가지 목표(방법)로 ⓐ 노력의 증가, ⓑ 위험의 증가, ⓒ 보상의 감소, ⓓ 자극(충동)의 감소, ⓔ 변명의 제거를 제시하고, 이에 따른 25가지 구체적 기법(기술)을 제시하였는데, 마약 및 알콜 통제는 '변명의 제거'에 해당한다.

정답 ③

15 깨어진 유리창 이론(broken windows theory)에 대한 설명으로 옳지 않은 것은? 12. 보호

① 종래의 형사정책이 범죄자 개인에 집중하는 개인주의적 관점을 취한다는 점을 비판하고, 공동체적 관점으로의 전환을 주장한다.

② 법률에 의한 범죄화와 범죄에 대한 대응을 중시한다.

③ 경찰의 역할로서 지역사회의 물리적·사회적 무질서를 집중적으로 다룰 것을 강조한다.

④ 개인의 자유와 권리, 법의 지배라는 기본적 가치가 상실될 수 있다는 비판의 소지가 있다.

해설

깨진 유리창 이론(broken window theory)이란 윌슨과 켈링(J. Wilson & G. Kelling)에 의해 주장된 것으로써, 건물 주인이 건물의 깨진 유리창을 수리하지 않고 방치해 둔다면 건물관리가 소홀하다는 것을 반증함으로써 절도나 건물파괴 등 강력범죄를 일으키는 원인을 제공한다는 것이다. 즉, 우리의 일상생활에서 사소한 위반이나 침해행위가 발생했을 때 이것들을 제때에 제대로 처리하지 않으면 결국에는 더 큰 위법행위로 발전한다는 것을 의미한다. 이는 종래의 형사정책이 범죄자 개인에 집중하는 개인주의적 관점을 취한다는 점을 비판하고 공동체적 관점으로의 전환을 주장하며, 범죄예방활동의 중요성을 강조하는 이론이라고 할 수 있다.

② [×] 깨진 유리창 이론은 지역사회에서 범죄예방활동을 강조하는 것이므로, 법률에 의한 범죄화와 범죄에 대한 대응이라는 공식적 형사사법절차의 강조와는 거리가 있다.

정답 ②

16 깨진 유리창 이론(Broken Window Theory)에 대한 설명으로 가장 적절하지 않은 것은? 23. 간부(73)

① 이웃사회의 무질서는 비공식적 사회통제 참여활동을 감소시켜 이로 인해 지역사회가 점점 더 무질서해지는 악순환에 빠져 지역사회의 붕괴로 이어지게 된다.

② 기존 범죄대책이 범죄자 개인에 집중하는 개인주의적 관점을 취하는 것에 반하여 공동체적 관점으로의 전환을 주장하고 범죄예방활동의 중요성을 강조하였다.

③ 깨진 유리창 이론은 윌슨과 켈링(Wilson & Kelling)이 발표하였다.

④ 1990년대 미국 시카고시에서 깨진 유리창 이론을 적용하여 사소한 범죄라도 강력히 처벌하는 무관용주의(Zero Tolerrance)를 도입하였다.

해설

④ [×] 1990년대 미국 '뉴욕시'에서 깨진 유리창 이론을 적용하여 무관용주의를 도입하였다.

정답 ④

17 깨어진 유리창 이론(Broken Windows Theory)에 대한 설명으로 가장 옳지 않은 것은?

22. 해경간부

① 법률에 의한 범죄화와 범죄에 대한 대응을 중시한다.

② 종래의 형사정책이 범죄자 개인에 집중하는 개인주의적 관점을 취한다는 점을 비판하고, 공동체적 관점으로의 전환을 주장한다.

③ 경찰의 역할로서 지역사회의 물리적 · 사회적 무질서를 집중적으로 다룰 것을 강조한다.

④ 개인의 자유와 권리, 법의 지배라는 기본적 가치가 상실될 수 있다는 비판의 소지가 있다.

해설

① [×] 깨어진 유리창 이론은 지역사회의 물리적 퇴락과 무질서를 억제 · 개선하는 것을 중요시한다.

② [○] 깨어진 유리창 이론은 종래의 범죄대책이 범죄자 개인에 집중하는 개인주의적 관점을 취한다는 점을 비판하고 공동체적 관점으로의 전환을 주장하며, 범죄예방활동의 중요성을 강조하는 이론이다.

③ [○] 지역사회의 무질서와 비시민성을 제거하기 위해 경찰은 사소한 무질서행위에 대하여 강경하게 대응하여야 한다고 주장한다(무관용주의).

④ [○] 범죄원인을 너무 단순하게 물리적 상황에서만 파악하였고, 소수인종에 대한 무관용정책의 적용은 비례성의 원칙과 충돌할 수 있고, 인권침해의 문제를 야기하였다는 비판을 받는다.

정답 ①

18 범죄예방에 관한 설명으로 가장 적절하지 않은 것은?

23. 2차 경행경채

① 상황적 범죄예방모델은 브랜팅햄(Brantingham)과 파우스트(Faust)의 범죄예방모델 중에서 2차적 범죄예방에 속한다.

② 깨진 유리창 이론(Broken Windows Theory)을 근거로 도출된 범죄예방모델에서는 무관용 원칙을 중요시한다.

③ 랩(Lab)은 범죄예방의 개념을 '실제의 범죄발생 및 범죄두려움(fear of crime)을 제거하는 활동'이라 정의하고, 범죄예방은 범죄의 실질적인 발생을 줄이려는 정책과 일반시민이 범죄에 대하여 가지는 막연한 두려움과 공포를 줄여나가는 정책을 포함하여야 한다고 주장한다.

④ 제프리(Jeffery)가 제시한 범죄대책 중 범죄억제모델은 주로 형집행단계에서 특별예방의 관점을 강조하고 있다.

해설

④ [×] 제프리(Jeffery)가 제시한 범죄대책 중 범죄억제모델은 법과 형벌 등의 제재를 통하여 범죄를 방지하고 범죄인을 교정하는 방안으로, 비결정론을 전제하는 고전학파의 이론과 같은 맥락에서 범죄예방의 방법으로 형벌을 수단으로 하는 진압적 방법을 사용한다. 지문에서 제시된 형집행단계에서 특별예방의 관점을 강조하는 것은 '사회복귀모델'의 내용이다. 사회복귀모델은 교육, 복지정책, 지역사회활동 등을 통하여 범죄인의 재사회화를 지원하는 방안으로, 결정론을 전제하는 실증주의의 이론과 같은 맥락에서 형집행단계에서 특별예방의 관점이 많이 강조되는 유형이다.

① [○] 브랜팅햄(Brantingham)과 파우스트(Faust)의 범죄예방모델 중에서 2차적 범죄예방은 잠재적 범죄자의 범죄기회를 차단하는 상황적 범죄예방을 말한다.

② [○] 1990년대 미국 뉴욕시에서 깨진 유리창 이론을 적용하여 사소한 범죄(무질서 행위)라도 강력히 처벌하는 이른바 무관용주의를 도입 · 시행하였다.

③ [○] 랩(S. P. Lab)은 범죄예방의 개념을 실제의 범죄발생 및 시민이 범죄에 대해서 가지는 두려움을 제거하는 활동이라고 하면서, 범죄예방은 범죄의 실질적인 발생을 줄이려는 정책과 일반시민이 범죄에 대하여 가지는 막연한 두려움과 공포를 줄여나가는 정책을 포함하여야 한다고 보았다.

정답 ④

19 범죄대책과 예방에 관한 내용으로 가장 적절하지 않은 것은? 23. 간부(73)

① 제프리(Jeffery)는 범죄예방이란 범죄발생 이전의 활동이며, 범죄행동에 대한 직접적 통제이며, 개인의 행동에 초점을 맞추는 것이 아니라 개인이 속한 환경과 그 환경 내의 인간관계에 초점을 맞춰야 하며, 인간의 행동을 연구하는 다양한 학문을 배경으로 하는 것이라고 하였다.

② 브랜팅햄과 파우스트(Brantingham & Faust)는 범죄예방을 1차적 범죄예방, 2차적 범죄예방, 3차적 범죄예방으로 나누었다.

③ 제프리(Jeffery)는 범죄예방모델로 범죄억제모델(Detement Model), 사회복귀모델(Rehabilitation Model), 환경공학적 범죄통제모델(Crime Control Through Environmental Engineering)을 제시하였으며, 세 가지 모델은 상충관계에 있다.

④ 랩(Lab)은 범죄예방의 개념을 실제의 범죄발생 및 시민의 범죄에 대해서 가지는 두려움을 제거하는 활동이라고 하였다.

해설

③ [×] 제프리(Jeffery)는 범죄억제모델(Detement Model), 사회복귀모델(Rehabilitation Model), 환경공학적 범죄통제모델(Crime Control Through Environmental Engineering)을 범죄예방모델로 제시하였으며, 이러한 세 가지 모델은 '상호보완관계'에 있다고 보았다.

정답 ③

20 범죄예방에 대한 설명으로 옳지 않은 것은? 23. 보호 7급

① 생활양식이론에 의하면, 범죄예방을 위하여 체포가능성의 확대와 처벌의 확실성 확보를 강조한다.

② 브랜팅햄(Brantingham)과 파우스트(Faust)는 질병예방에 관한 보건의료모형을 응용하여 단계화한 범죄예방모델을 제시하였다.

③ 일상활동이론에 의하면, 동기 부여된 범죄자와 매력적인 목표물, 보호능력의 부재나 약화라는 범죄의 발생조건의 충족을 제지함으로써 범죄를 예방할 수 있다.

④ 이웃감시는 일반시민을 대상으로 한 1차적 범죄예방모델의 예에 해당한다.

해설

① [×] 생활양식노출이론을 주장한 하인드랑(Hindelang)과 고트프레드슨(Gottfredson)은 개인의 직업적 활동, 여가활동 등 일상적 활동의 생활양식이 그 사람의 범죄피해 위험성을 높이는 중요한 요인이 된다고 하였다. 즉, 범죄와 접촉할 가능성이 높은 생활양식을 취하고 있는 사람은 범죄의 피해자가 되기 쉽다는 것이다. 이는 인구학적 · 사회학적 계층 · 지역에 따른 범죄율의 차이는 피해자의 개인적 생활양식의 차이를 반영한다는 것으로, 피해자가 제공하는 범죄기회구조를 중시하는 입장으로, '범죄예방을 위해서는 범죄기회를 사전에 차단하는 것이 중요'하다고 보는 입장이다.

② [○] 브랜팅햄(Brantingham)과 파우스트(Faust)는 범죄예방에 질병의 예방과 치료의 개념을 도입하여 범죄예방을 1차적 범죄예방, 2차적 범죄예방, 3차적 범죄예방으로 나누었다.

③ [○] 코헨(Cohen)과 펠슨(Felson)이 주장한 일상활동이론에 따르면, 일상활동의 구조적 변화가 ⓐ 동기를 지닌 범죄자, ⓑ 합당한 표적, ⓒ 보호능력의 부재라는 세 가지 요소에 시간적 · 공간적인 영향을 미쳐서 범죄가 발생한다.

④ [○] 브랜팅햄(Brantingham)과 파우스트(Faust)가 제시한 범죄예방모델 중 1차적 범죄예방은 일반시민을 대상으로 하여 범죄를 유발 · 촉진하는 물리적 · 사회적 환경을 개선하는 것으로서, 환경설계, 이웃감시, 민간경비, 범죄예방교육 등을 그 예로 들 수 있다.

정답 ①

21 다음과 같이 레페토(T. Reppetto)가 분류한 범죄전이(crime displacement)의 유형은?

20. 경비

A는 상습절도를 저지르다가 절도행각을 그만두고 사기범죄로 전환하였다.

① 지역적 전이
② 목표의 전이
③ 기능적 전이
④ 시간적 전이

해설

범죄의 전이효과란 범죄예방활동을 통한 범죄기회의 차단은 범죄행위를 대체 · 이동시키는 전이효과를 발생하게 한다는 주장이다. 레페토(T. Reppetto)는 범죄전이의 유형을 지역적 전이, 시기적 전이, 범행방법 전이, 범행대상 전이, 범행유형 전이로 분류하였다.

③ [○] 기존의 범죄를 포기하고 다른 유형의 범죄를 저지르는 것을 범행유형 전이(기능적 전이)라고 한다.
① [×] 지역적 전이는 범죄가 인근의 다른 지역으로 이동하는 것을 말한다(영역적 전이).
② [×] 목표의 전이는 동일 지역에서 다른 범행대상을 선택하는 것을 말한다(범행대상 전이).
④ [×] 시간적 전이는 범행의 시간이 다른 시간대로 옮겨가는 것을 말한다(시기적 전이).

정답 ③

22 범죄전이에 관한 설명으로 가장 적절하지 않은 것은?

23. 2차 경행경채

① 레페토(Reppetto)는 범죄는 탄력적이며, 범죄자들은 합리적 선택을 한다고 가정하였다.
② 레페토가 제안한 전이의 유형 중 전술적 전이는 범죄자가 동종의 범죄를 저지르기 위해 새로운 수단을 사용하는 것을 말한다.
③ 레페토가 제안한 전이의 유형 중 목표의 전이는 범죄자가 같은 지역에서 다른 피해자를 선택하는 것을 말한다.
④ CCTV의 증설로 인하여 차량절도범이 인접 지역으로 이동해 범행을 저지르는 것은 레페토가 제안한 전이의 유형 중 영역적 전이에 해당한다.

해설

① [×] 범죄전이에서는 '범죄의 양과 종류는 비탄력적'이어서 일정기간 일정량의 범죄는 반드시 발생하며, 잠재적 범죄자는 물리적 · 사회적 환경의 다양한 요인들에 기초하여 합리적 의사결정을 하고 범행을 결정한다는 가설을 전제한다.
② [○] 전술적 전이는 범행의 수법을 바꾸는 것이다(범행방법 전이).
③ [○] 목표의 전이는 같은 지역에서 다른 범행대상을 선택하는 것이다(범행대상 전이).
④ [○] 영역적 전이는 범죄를 인근의 다른 지역으로 이동하여 저지르는 것이다(지역적 전이).

정답 ①

23 다음 중 레페토(Reppetto)가 분류한 전이(Displacement)의 유형과 유형별 사례가 가장 부합하지 않는 것은?

23. 해경간부

① 영역적(Territorial) 전이 - 상점의 경비가 강화되자 주택을 범행대상으로 선택하는 것
② 전술적(Tactical) 전이 - 열린 문을 통해 침입하다가 문에 자물쇠가 설치되자 창문을 깨고 침입하는 것
③ 기능적(Functional) 전이 - 경비 강화로 절도가 어려워지자 대신 강도를 저지르는 것
④ 시간적(Temporal) 전이 - 야간에 절도를 하다가 야간 시민순찰이 실시되자 오전에 절도를 하는 것

해설

① [×] 레페토(Reppetto)는 범죄전이의 유형을 영역적 전이(지역적 전이), 시기적 전이, 전술적 전이(범행방법 전이), 목표의 전이(범행대상 전이), 기능적 전이(범행유형 전이)로 나누었다. 영역적 전이란 범죄를 인근의 다른 지역으로 이동하여 저지르는 것을 말한다(지역적 전이). 지문의 내용은 동일 지역에서 다른 범행대상을 선택하는 목표의 전이(범행대상 전이)에 해당한다.

정답 ①

24 레페토(Reppetto)가 주장한 범죄전이(Crime Displacement)에 대한 내용으로 가장 적절하지 않은 것은?

23. 간부(73)

① 범죄의 전이(Crime Displacement)는 개인 또는 사회의 예방활동에 의한 범죄의 변화를 의미한다.
② 기능적 전이(Functional Displacement)란 기존 범죄자의 활동 중지가 또 다른 범죄자에 의해 대체되는 것을 의미한다.
③ 목표의 전이(Target Displacement)란 같은 지역에서 다른 피해자 또는 범행대상을 선택하는 것을 의미한다.
④ 전술적 전이(Tactical Displacement)란 범죄에 사용하는 범행수법을 바꾸는 것을 의미한다.

해설

② [×] 기능적 전이란 '기존의 범죄를 포기하고 다른 유형의 범죄를 저지르는 것'을 말한다(범죄유형 전이).

정답 ②

제2절 I 구체적 범죄예방방안

25 재범예방대책에 관한 〈보기 1〉과 〈보기 2〉의 내용을 옳게 연결한 것으로 짝지어진 것은?

<보기 1>

ㄱ. 기계적 개선법
ㄴ. 임상적 개선법
ㄷ. 집단관계 개선법
ㄹ. 전문기술적용 개선법

<보기 2>

A. 수형자의 대인관계를 개선함으로써 재범가능성을 감소시키는 방법이다.
B. 범죄인에게 존재하는 생물학적 · 정신의학적 · 심리학적 이상 · 결함을 발견하여 치료하는 것을 말한다.
C. 수형기간 동안 강제적 방법으로 직업교육과 준법생활을 하도록 함으로써 도덕심을 함양하고 사회에 대한 적응능력을 높이는 것이다.
D. 대상 범죄자의 능력을 발견하고 발전시켜서 사회적 자원을 활용하여 범죄자 스스로 당면한 문제를 해결하고 사회에 대한 적응능력을 높일 수 있도록 도와주는 것이다.

	ㄱ	ㄴ	ㄷ	ㄹ
①	C	B	A	D
②	B	C	D	A
③	C	B	D	A
④	A	D	C	B

해설

① [○] ㄷ-A. 집단관계 개선법, ㄴ-B. 임상적 개선법, ㄱ-C. 기계적 개선법, ㄹ-D. 전문기술적용 개선법이 연결되면 된다.

정답 ①

26 지역사회경찰활동(community policing)에 대한 설명으로 옳지 않은 것은? 12. 보호

① 발생한 범죄와 범죄자에 대한 대응활동에 중점을 둔 경찰활동을 말한다.
② 범죄와 비행의 원인이 되는 지역사회의 문제를 주민과의 연대를 통하여 해결하는 것을 지향한다.
③ 지역사회경찰활동이 성공을 거두기 위해서는 경찰조직의 중앙집권적 지휘명령체계를 변화시키는 것이 필요하다.
④ 지역사회 및 주민들의 비공식적 네트워크가 갖는 사회통제능력을 강조하는 전략이다.

해설

경찰이 범죄예방활동을 효율적으로 수행해 나가기 위해서는 지역주민의 적극적인 참여가 전제되어야 한다. 이처럼 경찰이 지역사회와 공동으로 범죄예방활동을 해 나가는 것을 지역사회경찰활동(Community Policing)이라고 한다.

① [×] 이미 발생한 범죄와 범죄자에 대한 경찰의 대응활동은 사후진압적 범죄예방에 속하는 것으로서, 지역사회경찰활동을 통해 추구하는 사전적 범죄예방과는 차이가 있다.

정답 ①

27 민간경비의 필요성에 대한 설명으로 옳지 않은 것은?

12. 보호

① 갈수록 복잡·다원화되는 사회에서 경찰 등 공권력의 공백을 메워줄 수 있다.

② 국민의 요구에 부합하는 양질의 치안서비스를 제공하고 사회형평성을 증대하는 효과가 있다.

③ 수익자부담 원칙에 따라 국가의 치안관련예산을 절감할 수 있다.

④ 경찰력을 보다 필요한 곳에 집중 배치할 수 있게 된다.

해설

② [×] 민간경비에 대해서는 ⓐ 이를 담당하는 사람의 자질 및 전문성의 부족, 관련법령의 미비 등으로 인해 기대만큼의 치안서비스를 받지 못할 우려가 있고, ⓑ 빈부의 격차에 따라 민간경비의 활용을 통한 범죄방지의 여부가 달라질 우려가 있다는 지적이 있다.

① [○] 치안행정서비스의 제공은 경찰기관의 주요 업무영역이지만, 사회의 각 부문들이 급속하게 변화하고 복잡해지는 오늘날에 있어서 범죄예방과 대처분야는 더 이상 정부만의 고유기능으로 받아들여지지는 않는다고 할 것이어서 민간경비의 필요성이 강조된다.

③ [○] 수익자부담이론이란 경찰은 거시적인 질서유지의 기능을 하고, 개인의 안전보호에 대한 비용은 개인이 부담하여야 한다는 입장이다.

④ [○] 민간경비의 활성화를 통해 공공적인 성격이 강하면서 핵심적인 업무에 국가의 행정력을 집중함으로써 작고 효율적인 정부를 실현하라는 시대적 요구를 실현할 수 있다는 주장이다.

정답 ②

28 CCTV 설치를 통한 범죄예방에 대한 설명으로 옳지 않은 것은?

12. 보호

① CCTV의 범죄예방 효과는 잠재적 범죄자에 대한 심리적 억제력이 작용하여 범죄의 기회를 줄이는 것이다.

② CCTV의 범죄예방 전략은 범죄발생 건수의 감소와 함께 시민들이 느끼는 범죄의 두려움을 줄이는 것을 목적으로 한다.

③ CCTV 설치로 인한 범죄통제이익의 확산효과가 문제점으로 지적된다.

④ CCTV 설치로 인한 범죄발생의 전이효과에 대한 우려가 제기된다.

해설

③ [×] 범죄통제이익의 확산효과란 범죄예방활동 결과, 범죄대상이 되는 장소, 개인, 범죄, 시간대 등을 넘어서 긍정적인 영향이 퍼지는 현상을 말한다. 즉, 범죄전이효과와는 반대로, 상황적 범죄예방의 효과는 지역적으로 확산되므로, 한 지역의 범죄예방활동이 다른 지역 범죄예방에도 긍정적 요인으로 작용한다는 것이다. 이는 CCTV 설치를 통한 범죄예방의 장점에 해당한다.

④ [○] 범죄발생의 전이효과란 범죄를 예방하는 장치나 수단들은 실제로 범죄를 예방하는 효과가 없으며, 범죄기회를 줄인다고 해서 실제 범죄가 줄어드는 것이 아니고 다른 곳으로 이동한다는 주장이다. 이는 범죄통제이익의 확산효과와 서로 상반되는 입장으로서 CCTV 설치를 통한 범죄예방의 효과를 비판하는 것이다.

정답 ③

29 다음은 각 경찰활동과 해당 경찰활동의 근거가 되는 대표적인 범죄학 이론을 짝지은 것이다. 이 중 옳은 내용을 모두 고른 것은? 22. 간부(72)

> ㄱ. 순찰을 통해 경찰력을 주민들에게 자주 노출 시키는 것 - 억제이론(Deterrence Theory)
> ㄴ. 전환처우(다이버전)를 통해 형사처벌의 부작용을 줄이는 것 - 자기통제이론(Self-Control Theory)
> ㄷ. 지역주민들을 범죄예방활동에 참여하도록 유도하는 것 - 사회해체이론(Social Disorganization Theory)
> ㄹ. 방범용 CCTV를 설치함으로써 범죄 위험 지역의 감시를 강화하는 것 - 허쉬의 사회통제이론(Social Control Theory)
> ㅁ. 지역 내 무질서 행위를 철저히 단속하는 것 - 깨어진 유리창 이론(Broken Windows Theory)

① ㄱ, ㄷ, ㄹ ② ㄱ, ㄷ, ㅁ
③ ㄱ, ㄹ, ㅁ ④ ㄴ, ㄷ, ㅁ

해설

ㄱ. [○] 억제이론(제지이론, Deterrence Theory)은 인간의 공리주의적 합리성에 대한 고전학파의 주장을 전제로 하여 형벌이 확실하게 집행될수록(확실성), 형벌의 정도가 엄격할수록(엄중성), 형벌집행이 범죄 이후에 신속할수록(신속성) 사람들이 형벌에 대한 두려움을 느끼고 범죄를 자제한다고 보는 입장이다. 고전주의적 형사정책에는 경찰의 적극적인 경찰행정과 법집행이 포함된다고 보아, 경찰의 도보순찰 또는 차량순찰의 정례화, 법집행 의지의 강력한 천명 등이 범죄를 억제하는 수단으로 효과적이라고 보았다.

ㄴ. [×] 전환처우(다이버전)는 일반적으로 공식적 형사절차로부터의 이탈과 동시에 사회 내 처우 프로그램에 위탁하는 것을 그 내용으로 한다. 이는 기존의 형사사법체계가 낙인효과로 인하여 범죄문제를 오히려 악화시킨다는 전제에서 출발하여 형사제재의 최소화를 도모하므로, 형사사법의 탈제도화라는 의미에서 '낙인이론'의 산물이라고 할 수 있다.

ㄷ. [○] 사회해체이론은 범죄대책으로서 개별 범죄자에 대한 처우보다 도시의 지역사회를 재조직화하여 사회통제력을 증가시킬 것을 주장한다.

ㄹ. [×] '상황적 범죄예방 모델'은 범죄행위에 대한 위험과 어려움을 높여(대상물 강화) 범죄기회를 줄임으로써 범죄예방을 도모하고자 한다. 이는 환경설계를 통한 범죄예방(CPTED)으로 구체화되었다.

ㅁ. [○] 윌슨(Wilson)과 켈링(Kelling)은 깨어진 유리창 이론(Broken Windows Theory)에서 일상생활에서 사소한 위반이나 침해행위가 발생했을 때 이것들을 제때에 제대로 처리하지 않으면 결국에는 더 큰 위법행위로 발전한다고 주장하면서, 사소한 범죄에 대한 무관용 정책과 지역사회에서 집합효율성의 강화가 범죄예방에 중요한 기여를 하게 된다고 본다.

정답 ②

30 범죄예방에 관한 설명 중 옳지 않은 것은? 16. 사시

① '형벌을 통한 범죄억제모델'은 범죄예방의 효과를 높이기 위해서 처벌의 신속성, 확실성, 엄격성을 요구한다.
② '범죄자 치료와 갱생을 통한 사회복귀모델'은 주로 형집행단계에서 특별예방의 관점을 강조하고 있다.
③ '환경설계를 통한 범죄예방'은 주택 및 도시설계를 범죄예방에 적합하도록 구성하려는 생각이다.
④ '상황적 범죄예방모델'은 범죄기회를 감소시키는 것만으로는 범죄를 예방하는 데 한계가 있다는 생각에서 출발한다.
⑤ 범죄예방을 주된 임무로 하는 기관은 경찰이지만 민간기관이나 시민들도 범죄예방활동에 관여할 수 있다.

해설

④ [×] 범죄행위에 대한 위험과 어려움을 높여(대상물 강화) 범죄기회를 줄임으로써 범죄예방을 도모하는 것을 '상황적 범죄예방모델'이라고 한다. 범죄기회가 주어지면 누구든지 범죄를 저지를 수 있는 것으로 보는 일상활동이론은 이 모델의 근거가 된다.

정답 ④

31 환경범죄학(Environmental Criminology)에 대한 설명으로 옳지 않은 것은? 16. 교정

① 범죄사건을 가해자, 피해자, 특정 시공간상에 설정된 법체계 등의 범죄환경을 통해 설명하였다.

② 브랜팅햄(Brantingham) 부부의 범죄패턴이론(Crime Pattern Theory)에 따르면 범죄자는 일반인과 같은 정상적인 시공간적 행동패턴을 갖지 않는다.

③ 환경설계를 통한 범죄예방(CPTED)을 주장한 제프리(Jeffrey)는 "세상에는 환경적 조건에 따른 범죄행동만 있을 뿐 범죄자는 존재하지 않는다."라고 주장하였다.

④ 환경범죄학의 다양한 범죄분석 기법은 정보주도 경찰활동(Intelligence-Led Policing: ILP)에 활용되고 있다.

해설

② [×] 브랜팅햄(Brantingham) 부부의 범죄패턴이론(Crime Pattern Theory)에 의하면 모든 사람은 일정한 생활권이 있고, 나름의 생활 각본이 있다고 한다. 즉, 일반인과 범죄자는 일상활동에서 같은 정상적인 시공간적 행동패턴을 갖는다는 것이다. 범죄발생에는 일정한 장소적 패턴이 있으며 이는 범죄자의 행동패턴과 유사하다는 논리로, 범죄자의 여가활동 장소나 이동경로 · 이동수단 등을 분석하여 범행지역을 예측함으로써 연쇄살인이나 연쇄강간 등의 연쇄범죄해결에 도움을 줄 수 있는 범죄예방이론이다.

①③ [○] 환경범죄학은 건물과 지역 등의 환경이 가진 범죄유발 요인을 분석하여 범죄기회를 감소시키고자 방범환경의 설계관리를 제안하는 범죄학을 말한다. 환경범죄학이라는 용어는 캐나다의 범죄학자 브랜팅햄 부부(Paul J. Brantingham & Patricia L. Brantingham)의 '환경범죄학(Environmental Criminology, 1981)'에서 유래된 것으로 환경설계에 의한 범죄예방, 상황적 범죄예방을 포괄하는 학파를 지칭하는 용어이다.

④ [○] 정보주도 경찰활동(ILP)이란 범죄문제를 해결하기 위해 관련정보를 수집하고 가공함으로써 보다 직접적으로 범죄를 관리하기 위한 업무체계를 반영하는 시스템으로서 범죄위협을 최소화하는 경찰활동을 지향하는 것을 말하는데, 환경범죄학의 다양한 연구결과를 활용하여 범죄예방을 추구하고자 한다.

정답 ②

32 환경설계를 통한 범죄예방(CPTED)에 관한 설명으로 가장 적절하지 않은 것은? 22. 간부(72)

① CPTED는 주거 및 도시지역의 물리적 환경설계 또는 재설계를 통해 범죄기회를 감소시키고자 하는 기법이다.

② CPTED의 기본원리 중 자연적 감시는 사적 공간에 대한 경계를 제거하여 주민들의 책임의식과 소유의식을 감소시킴으로써 사적공간에 대한 관리권을 약화시키는 원리이다.

③ 뉴먼(Newman)은 방어공간의 4가지 구성요소로 영역성, 자연적 감시, 이미지, 환경을 제시하였다.

④ CPTED의 기본원리 중 자연적 접근통제는 일정한 지역에 접근하는 사람들을 정해진 공간으로 유도하거나 외부인의 출입을 통제하도록 설계함으로써 접근에 대한 심리적 부담을 증대시켜 범죄를 예방하려는 원리이다.

해설

② [×] 자연적 감시란 감시의 기회를 늘림으로써 거주자들의 범죄에 대한 두려움을 줄이고 공공 공간에서 활동을 증가시켜 안전한 생활을 보장하게 되는 방안을 말한다. 따라서 사적 공각에 대한 경계를 '강화'하여 주민들의 책임의식과 소유의식을 '증대'시킴으로써 사적공간에 대한 관리권을 '강화'시키는 것을 의미한다.

① [○] 환경설계를 통한 범죄예방(CPTED)이란 지역이나 시설의 물리적 설계를 범죄자가 범행을 하기 어렵도록 하는 범죄예방기법을 말한다(범죄기회의 감소).

③ [○] 뉴먼(Newman)은 주택의 건축 과정에서 공동체의 익명성을 줄이고 범죄자의 침입과 도주를 차단하며 순찰 · 감시가 용이하도록 구성하여 범죄예방을 도모하여야 한다는 방어공간(defensible space)의 개념을 사용하였다. 이러한 방어공간의 기본요소에는 ⓐ 영역설정, ⓑ 자연적 감시, ⓒ 이미지, ⓓ 주변지역보전 등이 있다. 이와 같이 범죄행위에 대한 위험과 어려움을 높여(대상물 강화) 범죄기회를 줄임으로써 범죄예방을 도모하는 것을 상황적 범죄예방모델이라고 한다.

④ [○] 자연적 접근통제란 공공 공간과 개인 공간을 명확히 구별하여 범죄의 기회를 제한하는 방안(㉑ 명확하고 식별 가능한 출입구 단일화, 모든 출입자의 안내소 통과 등)을 말한다.

정답 ②

33 환경설계를 통한 범죄예방(CPTED)에 관한 설명으로 가장 적절하지 않은 것은? 22. 경행경채

① CPTED는 물리적 환경설계를 통한 범죄예방전략을 의미한다.

② 목표물 견고화(target hardening)란 잠재적 범행대상이 쉽게 피해를 보지 않도록 하는 일련의 조치를 말한다.

③ CPTED의 기본원리 중 자연적 접근통제(natural access control)란 사적 공간, 준사적 공간, 공적 공간상의 경계를 분명히 하여 공간이용자들이 사적 공간에 들어갈 때 심리적 부담을 주는 원리를 의미한다.

④ 2세대 CPTED는 범죄예방에 필요한 매개요인들에 대한 직접개입을 주목적으로 하지만, 3세대 CPTED는 장소, 사람, 기술 및 네트워크를 핵심요소로 하여 안전한 공동체 형성을 지향한다.

해설

③ [×] 자연적 접근통제(natural access control)란 공공 공간과 개인 공간을 명확히 구별하여 잠재적 범죄인이 범행대상에 쉽게 접근하지 못하도록 하는 전략으로, 사람들의 출입을 관리 · 통제함으로써 범죄를 예방한다. 지문의 내용은 영역성 확보(territoriality)에 대한 설명이다.

① [○] 환경설계를 통한 범죄예방(CPTED)이란 어느 지역에서 건물의 건축과 그 용도의 설정을 하는 경우에 방어공간(defensible space)의 개념을 도입하여 범죄를 예방하고자 하는 것을 말한다.

② [○] 목표물 견고화(target hardening)란 범행대상이 쉽게 범죄피해를 당하지 않도록 조치하여 범죄를 예방하는 것이다(예 자물쇠, 담장, 금고, 경보장치 등).

④ [○] ⓐ 제1세대 CPTED는 도시 건축적인 물리적 환경의 개선 추구하는 것, ⓑ 제2세대 CPTED는 지자체 주도의 가이드라인 제시와 규제 중심의 제도적 환경의 개선을 추구하는 것, ⓒ 제3세대 CPTED는 도시의 생활 기준을 제고하고 도시의 이미지를 사용자 친화적이고, 안전 · 안심한 것으로 개선하기 위한 친환경적이고, 지속가능하며, 기술적으로 진보된 접근방법이라고 전제하여, CPTED에 친환경(에코) 디지털 하이테크 솔루션(예 방범기능을 하는 다용도 친환경 공공시설물이나 안전감을 높여주는 공공장소의 인터랙티브 공공미술 등)을 적용하는 것을 내용으로 한다.

정답 ③

34 환경설계를 통한 범죄예방(CPTED)에 대한 설명으로 옳지 않은 것은? 22. 보호

① 자연적 감시(natural surveillance): 건축물이나 시설을 설계함에 있어서 가시권을 최대한 확보하고, 범죄행동에 대한 감시기능을 확대함으로써 범죄발각 위험을 증가시켜 범죄기회를 감소시키거나 범죄를 포기하도록 하는 원리

② 접근통제(access control): 일정한 지역에 접근하는 사람들을 정해진 공간으로 유도하거나 외부인의 출입을 통제하도록 설계함으로써 접근에 대한 심리적 부담을 증대시켜 범죄를 예방하는 원리

③ 영역성 강화(territorial reinforcement): 레크레이션 시설의 설치, 산책길의 벤치 설치 등 당해 지역에 일반인의 이용을 장려하여 그들에 의한 감시기능을 강화하는 전략

④ 유지 · 관리(maintenance · management): 시설물이나 장소를 처음 설계된 대로 지속해서 이용할 수 있도록 관리함으로써 범죄예방 환경설계의 장기적 · 지속적 효과를 유지

해설

③ [×] 영역성 강화란 주거지역의 공간을 개인 공간(방어 공간)과 공공 공간, 준공공 공간 등으로 분리 · 재배치하여 외부의 접근을 통제하는 방안이다. 지문의 내용은 자연적 감시에 해당하는 설명이다.

정답 ③

35 다음 사례에 적용된 환경설계를 통한 범죄예방(CPTED)의 원리로 가장 적절한 것은? 23. 1차 경행경채

> ○○경찰서에는 관할구역 내 방치된 공·폐가와 인적이 드문 골목길에 대한 민원이 자주 접수되고 있다. 이에 경찰서는 관할 구청과 협조하여 방치된 공·폐가는 카페로 조성하고 골목길에는 벤치와 운동기구를 설치하였다. 새로 조성된 카페와 시설물을 주민들이 적극적으로 이용하면서 자연스럽게 감시 기능이 향상되는 결과가 나타났다.

① 접근통제(acccss control)
② 영역성(territoriality)
③ 활동성 지원(activity support)
④ 유지·관리(maintenance & management)

해설
③ [○] 활동성 지원(활용성 증대, activity support)이란 시민들이 공공장소를 그 목적에 맞게 적극적으로 활용하도록 유도하여 비행이나 여타 범죄를 억제하는 것을 말한다.
① [×] 접근통제(access control)는 공공 공간과 개인 공간을 명확히 구별하여 범죄의 기회를 제한하는 방안(명확하고 식별 가능한 출입구 단일화, 모든 출입자의 안내소 통과 등)으로, 일정 지역에 접근하는 사람들의 출입을 관리·통제하는 것을 말한다.
② [×] 영역성(territoriality)이란 주거지역의 공간을 개인 공간(사적 공간)과 공공 공간, 준공공 공간 등으로 분리·재배치하여 외부의 접근을 통제하는 방안이다.
④ [×] 유지·관리(maintenance & management)는 장소나 건물을 설계목적대로 사용할 수 있도록 보수하고 관리하는 것을 말한다.

정답 ③

36 에크와 스펠만(Eck & Spelman)이 제시한 SARA 모델에 대한 설명으로 가장 적절하지 않은 것은? 23. 간부(73)

① 탐색(Scanning) 단계는 지역사회 문제, 쟁점, 관심사 등을 인식하고 범주화하는 단계이다.
② 분석(Analysis) 단계는 경찰 내부 조직을 통해 문제의 범위와 성격에 따라 문제에 대한 원인을 파악하기 위해 데이터를 수집하고 분석하는 단계이다.
③ 대응(Response) 단계는 경찰과 지역사회의 다양한 주체가 협력하여 분석된 문제의 원인을 제거하고 해결하는 단계이다.
④ 평가(Assessment) 단계는 대응 후의 효과성을 검토하는 단계로서 문제해결의 전 과정에 대한 문제점을 분석하고 환류를 통해 대응방안 개선을 도모한다.

해설
② [×] 분석(Analysis) 단계는 '경찰과 지역사회와의 협력'을 통해 인지된 문제의 성격에 따라 문제의 원인이 되는 여러 가지 데이터를 수집하고 이를 분석하는 단계이다.
①③④ [○] 에크와 스펠만(Eck & Spelman)은 문제지향적 경찰활동과 관련하여 경찰의 문제해결과정을 제시하였는데, 이를 SARA 모델이라고 한다.

☑ SARA 모델

조사(탐색) (Scanning)	경찰이 지역사회의 문제나 쟁점사항 등을 인식하는 활동으로 단순한 사고나 범지구분을 넘어서 문제들의 범주를 넓히는 단계이다.
분석 (Analysis)	인지된 문제의 성격에 따라 문제의 원인이 되는 여러 가지 데이터를 수집하고 이를 분석하는 단계로서, 경찰과 지역사회와의 협력이 필요하다.
대응 (Response)	경찰과 지역사회가 상호협력을 통해 분석된 문제의 원인을 제거하는 등 문제해결을 위한 대응방안을 실행에 옮기는 과정이다.
평가 (Assessment)	문제해결을 위한 대응 이후의 대응에 대한 효과성을 평가하는 단계로서, 문제해결의 전 과정에 환류를 통해 정보를 제공하거나 대응방안의 개선을 도모하는 과정이다.

정답 ②

37 브랜팅햄 부부(P. Brantingham & P. Brantingham)의 범죄패턴이론에 대한 설명으로 옳지 않은 것은?

① 개인은 의사결정을 통해 일련의 행동을 하게 되는데, 활동들이 반복되는 경우 의사결정과정은 규칙화된다.
② 범죄자들은 평범한 일상생활 속에서 범행기회와 조우하게 된다.
③ 범죄자는 일반인과 같은 정상적인 시공간적 행동패턴을 갖지 못한다.
④ 잠재적 피해자는 잠재적 범죄자의 활동공간과 교차하는 활동공간이나 위치를 갖는다.

해설

③ [×] 범죄패턴이론에 따르면 범죄자는 일반인과 같은 정상적인 시공간적 행동패턴을 갖는다고 한다.
①②④ [○] 브랜팅햄 부부의 범죄패턴이론(Crime Pattern Theory)에 의하면 모든 사람은 일정한 생활권이 있고, 나름의 생활 각본이 있다고 한다. 즉, 일반인과 범죄자는 일상활동에서 같은 정상적인 시공간적 행동패턴을 갖는다는 것이다. 범죄발생에는 일정한 장소적 패턴이 있으며 이는 범죄자의 행동패턴과 유사하다는 논리로, 범죄자의 여가활동 장소나 이동경로 · 이동수단 등을 분석하여 범행지역을 예측함으로써 연쇄살인이나 연쇄강간 등의 연쇄범죄해결에 도움을 줄 수 있는 범죄예방이론이다.

정답 ③

38 다음은 범죄자 甲과 乙의 범행장소 선정에 관한 가상 시나리오이다. 경찰의 순찰강화가 B지역과 C지역에 미친 효과에 해당하는 것으로 가장 적절하게 연결한 것은?

22. 경행경채

범죄자 甲은 A지역에서 범죄를 할 예정이었으나, A지역의 순찰이 강화된 것을 확인하고 C지역으로 이동해서 범죄를 저질렀다. 범죄자 乙은 B지역에서 범행을 계획하였으나, A지역의 순찰이 강화된 것을 인지하고 A지역과 인접한 B지역 대신 멀리 떨어진 C지역으로 이동해서 범죄를 저질렀다.

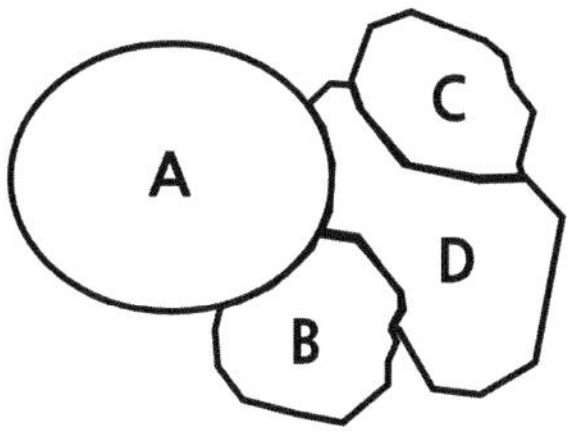

	B지역	C지역
①	이익의 확산(diffusion of benefits)	범죄전이(crime displacement)
②	범죄전이(crime displacement)	억제효과(deterrent effect)
③	범죄전이(crime displacement)	이익의 확산(diffusion of benefits)
④	이익의 확산(diffusion of benefits)	억제효과(deterrent effect)

해설

- B지역 – 이익의 확산: '이익의 확산'이란 지역의 상황적 범죄예방 활동 효과는 다른 지역으로 확산되어 다른 지역에서도 범죄기회가 줄어들어 결국 범죄예방에 긍정적인 효과를 가져온다는 주장이다.
- C지역 – 범죄전이: '범죄전이'란 범죄예방활동을 통한 범죄기회의 차단은 범죄행위를 대체 · 이동시키는 전이효과만 발생하게 한다는 주장이다. 레페토(T. A. Reppetto)는 범죄의 전이 유형을 지역적 전이, 시기적 전이, 범행방법 전이, 범행대상 전이, 범행유형 전이로 나누었는데, 사안의 경우는 지역적 전이에 해당한다.

정답 ①

39 뉴먼(Newman)과 레피토(Reppetto)의 범죄예방모델에 대한 설명으로 옳지 않은 것은? 22. 보호

① 뉴먼은 주택건축과정에서 공동체의 익명성을 줄이고 순찰·감시가 용이하도록 구성하여 범죄예방을 도모해야 한다는 방어공간의 개념을 사용하였다.

② 범죄행위에 대한 위험과 어려움을 높여 범죄기회를 줄임으로써 범죄예방을 도모하려는 방법을 '상황적 범죄예방모델'이라고 한다.

③ 레피토는 범죄의 전이양상을 시간적 전이, 전술적 전이, 목표물 전이, 지역적 전이, 기능적 전이의 5가지로 분류하였다.

④ 상황적 범죄예방활동에 대해서는 '이익의 확산효과'로 인해 사회 전체적인 측면에서는 범죄를 줄일 수 없게 된다는 비판이 있다.

해설

④ [×] 이익의 확산효과란 지역의 상황적 범죄예방 활동의 효과는 다른 지역으로 확산되어 '다른 지역에서도 범죄기회가 줄어들어 결국 사회 전체의 범죄예방에 긍정적인 효과를 가져온다'는 주장이다.

① [○] 뉴먼(O. Newman)은 제프리(C. R. Jeffery)의 범죄예방모델을 도입하여, 주택의 건축 과정에서 공동체의 익명성을 줄이고 범죄자의 침입과 도주를 차단하며 순찰·감시가 용이하도록 구성하여 범죄예방을 도모하여야 한다는 방어공간(Defensible Space)의 개념을 사용하였다.

② [○] 뉴먼의 방어공간 개념을 전제로 범죄행위에 대한 위험과 어려움을 높여(대상물 강화) 범죄기회를 줄임으로써 범죄예방을 도모하는 것을 상황적 범죄예방모델이라고 한다.

③ [○] 범죄의 전이효과란 범죄예방활동을 통한 범죄기회의 차단은 범죄행위를 대체·이동시키는 전이효과만 발생하게 한다는 주장으로, 레피토(T. A. Reppetto)는 범죄의 전이의 유형을 시간적·전술적·목표물·지역적·기능적 전이와 같이 나누었다.

정답 ④

제3절 | 범죄예방대책의 발전방향

제3장 | 형사사법절차

제1절 | 공소단계의 형사정책

01 기소유예제도에 대한 설명으로 옳은 것만을 모두 고른 것은? 14. 보호

ㄱ. 초범자와 같이 개선의 여지가 큰 범죄자를 모두 기소하여 전과자를 양산시키고, 무의미한 공소제기와 무용한 재판 등으로 인하여 소송경제에 반하는 문제점이 있다.
ㄴ. 「소년법」상 검사는 피의자에 대하여 범죄예방자원봉사위원의 선도를 받게 하고 공소를 제기하지 아니할 수 있으며, 이 경우 소년과 소년의 친권자·후견인 등 법정대리인의 동의를 받아야 한다.
ㄷ. 공소권행사에 있어 법 앞의 평등을 실현하고 공소권행사에 정치적 영향을 배제할 수 있다.
ㄹ. 피의자에게 전과의 낙인 없이 기소 전 단계에서 사회복귀를 가능하게 하고, 법원 및 교정기관의 부담을 덜 수 있다.

① ㄱ, ㄷ
② ㄴ, ㄷ
③ ㄴ, ㄹ
④ ㄱ, ㄹ

해설
ㄱ. [×] 기소법정주의에 의할 때에는 지문과 같은 문제점이 있다고 한다. 기소유예제도는 기소법정주의에 따른 형식적 공평과 경직성을 지양하고, 구체적 정의의 실현과 실질적 공평의 추구에 필요한 탄력성을 부여한다고 평가된다.
ㄴ. [○] 「소년법」 제49조의3
ㄷ. [×] 공소권행사가 교화·개선가능성보다 검사의 자의적 판단에 좌우될 위험이 있다는 비판이 제기된다.
ㄹ. [○] 단기자유형의 폐해를 막는 방법으로 기소 전 단계에서 사회복귀를 유도할 수 있다(다이버전의 일종).

정답 ③

02 기소유예제도에 대한 설명으로 옳지 않은 것은? 17. 교정

① 피의자의 법적 안전성을 침해할 수 있다.
② 법원 및 교정시설의 부담을 줄여줄 수 있다.
③ 단기자유형의 폐해를 막는 방법이 될 수 있다.
④ 피의자에 대한 형벌적 기능을 수행하지 않는다.

해설
④ [×] 기소유예뿐만 아니라 선고유예·집행유예 등 각종 유예제도들은 형사사법절차의 진행을 일정기간 유보해 주는 기능을 넘어서 현실적으로는 하나의 형벌처럼 작용하고 있다. 이는 단기자유형의 폐해를 없애고 행위자에게 일종의 경고를 하는 것으로써 형벌을 대신한다는 장점이 있다. 그러나 각종 유예제도가 형벌의 일종으로 작용하는 것이 정당화되는가는 비판적으로 검토할 필요가 있다.

☑ 기소유예의 장단점

장점	• 기소법정주의에 따른 형식적 공평과 경직성을 지양하고, 구체적 정의의 실현과 실질적 공평의 추구에 필요한 탄력성을 부여한다. • 기소 여부의 결정에 형사정책적 고려를 할 수 있으며, 단기자유형의 폐해를 막는 방법으로 기소 전 단계에서 사회복귀를 유도할 수 있다(다이버전의 일종). • 형사사법에 대한 사회 일반의 신뢰를 높일 수 있고, 공소제기 자체의 일반예방효과와 특별예방효과를 증대시킬 수 있다. • 낙인 없이 기소 전에 사회복귀를 가능하게 하고, 법원 및 교정시설의 부담을 경감할 수 있다.
단점	• 범죄인의 유·무죄 판단은 법원의 사법처분을 통하는 것이 합리적임에도 불구하고, 기소단계에서 검사의 행정처분에 의해 사법적 판단이 좌우되는 것은 본질적으로 문제가 있다. • 무죄결정을 내리는 것이 아니라 시효가 완성될 때까지 기소를 유예하는 것이므로 법적 안정성을 침해할 수 있다. • 교화·개선가능성보다 검사의 자의적 판단에 좌우될 위험이 있고, 불기소처분을 할 사건에 대해 안이하게 기소유예처분을 하는 폐단마저 생길 수 있다.

정답 ④

03 다음 〈보기〉 중 기소유예제도에 대한 설명으로 옳은 것만을 모두 고른 것은? 22. 해경간부

<보기>

ㄱ. 초범자와 같이 개선의 여지가 큰 범죄자를 모두 기소하여 전과자를 양산시키고, 무의미한 공소제기와 무용한 재판 등으로 인하여 소송경제에 반하는 문제점이 있다.
ㄴ. 「소년법」상 검사는 피의자에 대하여 범죄예방 자원봉사위원회의 선도를 받게 하고 공소를 제기하지 아니할 수 있으며, 이 경우 소년과 소년의 친권자·후견인 등 법정대리인의 동의를 받아야 한다.
ㄷ. 공소권 행사에 있어 법 앞의 평등을 실현하고 공소권 행사에 정치적 영향을 배제할 수 있다.
ㄹ. 피의자에게 전과의 낙인 없이 기소 전 단계에서 사회복귀를 가능하게 하고, 법원 및 교정기관의 부담을 덜 수 있다.

① ㄱ, ㄷ　② ㄴ, ㄷ
③ ㄴ, ㄹ　④ ㄱ, ㄹ

해설

ㄱ. [×] 지문의 내용은 '기소법정주의'에 대한 비판이다. 기소유예제도는 '기소편의주의'를 전제로 한다(「형사소송법」 제247조 참조). 기소유예제도는 기소법정주의에 따른 형식적 공평과 경직성을 지양하고, 구체적 정의의 실현과 실질적 공평의 추구에 필요한 탄력성을 부여한다는 장점이 있다.
ㄴ. [○] 「소년법」 제49조의3

> 제49조의3 **【조건부 기소유예】** 검사는 피의자에 대하여 다음 각 호에 해당하는 선도 등을 받게 하고, 피의사건에 대한 공소를 제기하지 아니할 수 있다. 이 경우 소년과 소년의 친권자·후견인 등 법정대리인의 동의를 받아야 한다.
> 1. 범죄예방자원봉사위원의 선도
> 2. 소년의 선도·교육과 관련된 단체·시설에서의 상담·교육·활동 등

ㄷ. [×] 기소유예제도에 대해서는 범죄인의 유·무죄 판단은 법원의 사법처분을 통하는 것이 합리적임에도 불구하고, 기소단계에서 검사의 행정처분에 의해 사법적 판단이 좌우되는 것은 본질적으로 문제가 있다. 또한 무죄결정을 내리는 것이 아니라 시효가 완성될 때까지 기소를 유예하는 것이므로 법적 안정성을 침해할 수 있으며, 교화·개선가능성보다 검사의 자의적 판단에 좌우될 위험이 있다. 나아가 불기소 처분을 할 사건에 대해 안이하게 기소유예처분을 하는 폐단마저 생길 수 있다는 비판이 있다.
ㄹ. [○] 기소유예제도는 낙인 없이 기소 전에 사회복귀를 가능하게 하고, 법원 및 교정시설의 부담을 경감할 수 있다는 장점이 있다.

정답 ③

04 미결구금에 대한 설명으로 옳지 않은 것은? (다툼이 있는 경우 판례에 의함)

22. 보호

① 미결구금의 폐해를 줄이기 위한 정책으로는 구속영장실질심사제, 신속한 재판의 원칙, 범죄피해자보상제도, 미결구금 전용수용시설의 확대 등이 있다.

② 미결구금된 사람을 위하여 변호인이 되려는 자의 접견교통권은 변호인의 조력을 받을 권리의 실질적 확보를 위해서 헌법상 기본권으로서 보장되어야 한다.

③ 판결선고 전 미결구금일수는 그 전부가 법률상 당연히 본형에 산입되므로 판결에서 별도로 미결구금일수 산입에 관한 사항을 판단할 필요가 없다.

④ 재심재판에서 무죄가 확정된 피고인이 미결구금을 당하였을 때에는 국가에 대하여 그 구금에 대한 보상을 청구할 수 있다.

해설

① [×] '범죄피해자보상제도'는 범죄피해를 받은 사람에게 피해의 전부 또는 일부를 국가가 금전으로 보상하여 구제하는 제도이므로, 미결구금의 폐해를 줄이기 위한 정책과는 관련이 없다.

② [○] 헌재 2019.2.28, 2015헌마1204

> '변호인이 되려는 자'의 피의자 접견교통권이 헌법상 기본권인지 여부(적극) - 변호인 선임을 위하여 피의자 · 피고인(이하 '피의자 등'이라 한다)이 가지는 '변호인이 되려는 자'와의 접견교통권은 헌법상 기본권으로 보호되어야 하고, '변호인이 되려는 자'의 접견교통권은 피의자 등이 변호인을 선임하여 그로부터 조력을 받을 권리를 공고히 하기 위한 것으로서, 그것이 보장되지 않으면 피의자 등이 변호인 선임을 통하여 변호인으로부터 충분한 조력을 받는다는 것이 유명무실하게 될 수밖에 없다. 이와 같이 '변호인이 되려는 자'의 접견교통권은 피의자 등을 조력하기 위한 핵심적인 부분으로서, 피의자 등이 가지는 헌법상의 기본권인 '변호인이 되려는 자'와의 접견교통권과 표리의 관계에 있다. 따라서 피의자 등이 가지는 '변호인이 되려는 자'의 조력을 받을 권리가 실질적으로 확보되기 위해서는 '변호인이 되려는 자'의 접견교통권 역시 헌법상 기본권으로서 보장되어야 한다(헌재 2019.2.28, 2015헌마1204).

③ [○] 대판 2009.12.10, 2009도11448

> 「형법」 제57조 제1항의 일부에 대한 헌법재판소의 위헌결정에 따라 판결에서 별도로 '판결선고 전 미결구금일수 산입에 관한 사항'을 판단할 필요가 없어졌는지 여부(적극) - 「형법」 제57조 제1항 중 '또는 일부' 부분은 헌재 2009.6.25, 2007헌바25 사건의 위헌결정으로 효력이 상실되었다. 그리하여 판결선고 전 미결구금일수는 그 전부가 법률상 당연히 본형에 산입하게 되었으므로, 판결에서 별도로 미결구금일수 산입에 관한 사항을 판단할 필요가 없다고 할 것이다(대판 2009.12.10, 2009도11448).

④ [○] 「형사보상 및 명예회복에 관한 법률」 제2조 제1항

> 제2조【보상 요건】 ① 「형사소송법」에 따른 일반 절차 또는 재심(再審)이나 비상상고(非常上告) 절차에서 무죄재판을 받아 확정된 사건의 피고인이 미결구금(未決拘禁)을 당하였을 때에는 이 법에 따라 국가에 대하여 그 구금에 대한 보상을 청구할 수 있다.

정답 ①

05 「형의 집행 및 수용자의 처우에 관한 법률」상 미결수용자의 처우에 대한 설명으로 옳은 것은?

22. 교정

① 소장은 미결수용자로서 사건에 서로 관련이 있는 사람은 분리수용하고 서로간의 접촉을 금지할 수 있다.

② 미결수용자가 변호인에게 보내는 서신은 절대로 검열할 수 없다.

③ 소장은 미결수용자가 법률로 정하는 조사에 참석할 때 도주우려가 크거나 특히 부적당한 사유가 있다고 인정하면 교정시설에서 지급하는 의류를 입게 할 수 있다.

④ 미결수용자와 변호인과의 접견에는 교도관이 참여하거나 관찰하지 못하며 그 내용을 청취 또는 녹취하지 못한다.

해설

③ [○] 「형의 집행 및 수용자의 처우에 관한 법률」 제82조

제82조 【사복착용】 미결수용자는 수사·재판·국정감사 또는 법률로 정하는 조사에 참석할 때에는 사복을 착용할 수 있다. 다만, 소장은 도주우려가 크거나 특히 부적당한 사유가 있다고 인정하면 교정시설에서 지급하는 의류를 입게 할 수 있다.

① [×] 분리수용하고 서로간의 접촉을 금지'하여야 한다'(「형의 집행 및 수용자의 처우에 관한 법률」 제81조).

제81조 【분리수용】 소장은 미결수용자로서 사건에 서로 관련이 있는 사람은 분리수용하고 서로간의 접촉을 금지하여야 한다.

② [×] 교정시설에서 '상대방이 변호인임을 확인할 수 없는 경우'에는 검열할 수 있다(「형의 집행 및 수용자의 처우에 관한 법률」 제84조 제3항 참조).

제84조 【변호인과의 접견 및 편지수수】 ③ 제43조 제4항 단서(→ 예외적 검열 가능)에도 불구하고 미결수용자와 변호인 간의 편지는 교정시설에서 상대방이 변호인임을 확인할 수 없는 경우를 제외하고는 검열할 수 없다.

④ [×] 교도관이 참여하지 못하며 그 내용을 청취 또는 녹취하지 못하지만, 보이는 거리에서 미결수용자를 '관찰'할 수는 있다(「형의 집행 및 수용자의 처우에 관한 법률」 제84조 제1항 참조).

제84조 【변호인과의 접견 및 편지수수】 ① 제41조 제4항(→ 접견내용 청취·기록·녹음·녹화)에도 불구하고 미결수용자와 변호인과의 접견에는 교도관이 참여하지 못하며 그 내용을 청취 또는 녹취하지 못한다. 다만, 보이는 거리에서 미결수용자를 관찰할 수 있다.

정답 ③

제2절 | 재판단계의 형사정책

06 양형이론에 대한 설명으로 옳지 않은 것은? 12. 보호

① 형벌책임의 근거를 비난가능성에서 구하는 것은 객관적이고 중립적이어야 할 국가형벌권의 행사가 감정에 치우칠 위험이 있다.

② 양형이론 중 범주이론 또는 재량여지이론(Spielraumtheorie)은 예방의 관점을 고려한 것으로 법관에게 일정한 형벌목적으로 고려할 수 있는 일정한 재량범위를 인정하는 장점을 가지고 있다.

③ 유일점 형벌이론(Punktstrafentheorie)에 의하면 책임은 언제나 하나의 고정된 크기를 가지므로 정당한 형벌은 언제나 하나일 수밖에 없다.

④ 양형에서는 법적 구성요건의 표지에 해당하는 사정이 다시 고려되어도 무방하다는 이중평가의 원칙이 적용된다.

해설

④ [×] 이미 구성요건의 불법과 책임을 근거지우거나 가중·감경사유가 된 상황은 다시 양형의 자료로 고려해서는 아니 된다(이중평가의 금지 원칙).

① [○] 양형의 기초는 행위자의 책임이므로, 책임을 행위자에 대한 비난가능성으로 보면 지문과 같은 비판이 제기될 수 있다.

② [○] 책임범위이론(범주이론)은 독일연방최고법원이 확립한 이론으로서, 법관은 책임에 상응하는 형벌범주 안에서 형벌의 각종 예방목적을 고려하여 최종적으로 구체적인 하나의 형량을 결정하게 된다.

③ [○] 유일점 형벌이론에서는 형벌을 확정하는 데는 책임 이외의 다른 어떤 관점도 기준이 되어서는 안 된다고 한다.

정답 ④

07 판결전 조사제도에 대한 설명으로 옳지 않은 것은?

12. 교정

① 「보호관찰 등에 관한 법률」에 의하면 판결전 조사의 대상자를 소년으로 한정하고 있다.

② 사실심리설차와 양형절차를 분리하는 소송절차이분(訴訟節次二分)을 전제로 하며, 미국에서 보호관찰(Probation) 제도와 밀접한 관련을 가지고 발전되어 온 제도이다.

③ 판결전 조사보고서의 내용에 대하여 피고인에게 반대신문권을 인정할 것인지의 여부가 문제되는데, 미국은 법원이 피고인과 변호인에게 보고서에 대하여 논박할 기회를 충분히 제공하도록 하고 있다.

④ 형사정책적으로 양형의 합리화 뿐만 아니라 사법적 처우의 개별화에도 그 제도적 의의가 있다.

해설

① [×] 종래에는 소년 형사범을 대상으로만 판결전 조사제도를 규정하고 있었으나, 현행법은 성인에 대한 판결전 조사를 도입하여 그 대상자를 "피고인"으로 규정하였다(「보호관찰 등에 관한 법률」 제19조 제1항).

> 제19조 【판결 전 조사】 ① 법원은 피고인(→ 소년·성인 불문)에 대하여 「형법」 제59조의2(→ 선고유예 시 보호관찰) 및 제62조의2(→ 집행유예 시 보호관찰, 사회봉사·수강명령)에 따른 보호관찰, 사회봉사 또는 수강을 명하기 위하여 필요하다고 인정하면 그 법원의 소재지 또는 피고인의 주거지를 관할하는 보호관찰소의 장에게 범행 동기, 직업, 생활환경, 교우관계, 가족상황, 피해회복 여부 등 피고인에 관한 사항의 조사를 요구할 수 있다.

② [○] 판결 전 조사제도는 미국의 프로베이션(Probation)제도와 관련하여 널리 채택되고 있다. 또한 이는 소송절차 이분제도를 전제하는 것이라고 할 수 있다.

③ [○] 미국에서는 판결 전 조사의 결과에 대하여 피고인과 변호인에게 논박할 기회를 충분히 제공(반대신문권의 인정)하도록 하고 있다고 한다.

④ [○] 판결전 조사제도는 양형의 합리화뿐만 아니라 조사자료를 교정기관에 제공함으로써 개별적인 교정의 합리화(처우의 개별화)에도 유용하게 이용될 수 있다고 평가된다.

정답 ①

08 우리나라의 현행 양형기준제도에 대한 설명으로 가장 옳지 않은 것은?

23. 해경간부

① 양형기준은 법적 구속력을 갖지 아니한다.

② 법정형 - 처단형 - 선고형의 3단계 과정을 거쳐서 이루어진다.

③ 특별양형인자들이 일반양형인자들보다 더 중요하게 고려된다.

④ 형량범위 결정 시 해당 특별양형인자의 개수보다 그 내용과 질을 더 중요하게 고려한다.

해설

④ [×] 양형인자 평가원칙에 의하면, 특별감경인자가 많거나 중할 경우에는 감경영역이, 특별가중인자가 많거나 중할 경우에는 가중영역이 권고된다. 특별감경인자와 특별가중인자가 모두 없는 경우 또는 양자가 동수이고 그 성격도 같은 경우에는 기본영역이 권고된다. 즉, 형량범위 결정 시 특별양형인자의 개수를 중요하게 고려한다.

① [×] 「법원조직법」 제81조의7 제1항 단서

> 제81조의7 【양형 기준의 효력 등】 ① 법관은 형의 종류를 선택하고 형량을 정할 때 양형 기준을 존중하여야 한다. 다만, 양형 기준은 법적 구속력을 갖지 아니한다.

② [○] 법관이 법정형(각 범죄에 대응하여 법률에 규정되어 있는 형벌) 중에서 선고할 형의 종류(예 징역 또는 벌금형)를 선택하고, 법률에 규정된 바에 따라 형의 가중·감경을 함으로써 주로 일정한 범위의 형태로 처단형이 정하여지는데, 처단형의 범위 내에서 특정한 선고형을 정하고 형의 집행유예 여부를 결정함에 있어 참조되는 기준이 바로 양형기준이다.

③ [○] 양형인자는 특별양형인자와 일반양형인자로 구분된다. 특별양형인자는 당해 범죄유형의 형량에 큰 영향력을 갖는 인자로서 권고 영역(감경영역 - 기본영역 - 가중영역)을 결정하는 데 사용되는 인자를 말한다. 일반양형인자는 그 영향력이 특별양형인자에 미치지 못하는 인자로서 권고 영역을 결정하는 데에는 사용되지 못하고, 결정된 권고 형량범위 내에서 선고형을 정하는 데 고려되는 인자를 말한다. 즉, 특별양형인자는 일반양형인자에 비하여 양형에 대한 영향력이 큰 인자로서 일반양형인자보다 중하게 고려된다.

정답 ④

09 대법원 양형위원회가 작성한 양형기준표에 대한 설명으로 옳지 않은 것은? 22. 보호

① 주요 범죄 대부분에 대하여 공통적·통일적으로 적용되는 종합적 양형기준이 아닌 범죄 유형별로 적용되는 개별적 양형기준을 설정하였다.

② 양형인자는 책임을 증가시키는 가중인자인 특별양형인자와 책임을 감소시키는 감경인자인 일반양형인자로 구분된다.

③ 양형인자 평가결과에 따라 감경영역, 기본영역, 가중영역의 3가지 권고영역 중 하나를 선택하여 권고형량의 범위를 정한다.

④ 양형에 있어서 권고형량범위와 함께 실형선고를 할 것인가, 집행유예를 선고할 것인가를 판단하기 위한 기준을 두고 있다.

해설

② [×] 양형기준은 양형인자를 먼저 감경인자와 가중인자로 구분한 다음 양형에 미치는 영향력을 고려하여 특별양형인자와 일반양형인자로 나누고 있다. 먼저 양형인자는 가중인자와 감경인자로 구분된다. '가중인자'는 책임을 증가시키는 역할을 하는 인자를 말하고, '감경인자'는 그와 반대로 책임을 감소시키는 역할을 하는 인자를 말한다. 또한 양형인자는 특별양형인자와 일반양형인자로 구분된다. '특별양형인자'는 당해 범죄유형의 형량에 큰 영향력을 갖는 인자로서 권고 영역을 결정하는 데 사용되는 인자를 말하고, '일반양형인자'는 그 영향력이 특별양형인자에 미치지 못하는 인자로서 권고 영역을 결정하는 데에는 사용되지 못하며, 결정된 권고 형량범위 내에서 선고형을 정하는 데 고려되는 인자를 말한다. 즉 가중인자와 감경인자는 각각 특별양형인자와 일반양형인자를 갖고 있다.

① [○] 양형위원회는 모든 범죄에 통일적으로 적용되는 하나의 양형기준을 설정하는 방식이 아니라, 개별 범죄의 특성을 반영하여 범죄군별로 독립적인 양형기준을 설정하는 방식을 채택하였다. 즉, 양형기준은 범죄별 행위 속성과 보호법익 등을 기준으로 범죄군을 분류한 다음, 그 범죄군별로 개별적 양형기준을 설정하는 방식을 취하고 있다.

③ [○] 양형기준은 각 범죄유형의 형량범위를 다시 감경영역, 기본영역, 가중영역이라는 3단계 권고 영역으로 나눈 다음 각 사안별로 존재하는 구체적인 양형인자를 비교·평가하는 방법으로 3단계 권고 영역 중 적정한 영역을 선택하도록 하고 있다.

④ [○] 양형기준은 형종 및 형량 기준과 함께 집행유예 기준도 제시하고 있는데, 주요 참작사유를 비교하여 일정한 경우에 실형이나 집행유예를 권고할 수 있도록 하였다.

정답 ②

10 「형법」상 형의 선고유예에 대한 설명으로 옳지 않은 것은? (다툼이 있는 경우 판례에 의함) 23. 보호 7급

① 주형의 선고유예를 하는 경우 몰수의 요건이 있더라도 몰수형만의 선고를 할 수는 없다.

② 피고인이 범죄사실을 자백하지 않고 부인할 경우에는 언제나 선고유예를 할 수 없다고 해석할 것은 아니다.

③ 형의 선고를 유예하는 경우에 재범방지를 위하여 지도 및 원호가 필요한 때에는 보호관찰을 받을 것을 명할 수 있는데, 이에 따른 보호관찰의 기간은 1년으로 한다.

④ 형의 선고유예 판결이 확정된 후 2년을 경과한 때에는 면소된 것으로 간주하고, 그 뒤에는 실효의 대상이 되는 선고유예의 판결이 존재하지 않으므로 선고유예 실효의 결정을 할 수 없다.

해설

① [×] 「형법」 제59조에 의하더라도 몰수는 선고유예의 대상으로 규정되어 있지 아니하고, 다만 몰수 또는 이에 갈음하는 추징은 부가형적 성질을 띠고 있어 그 주형에 대하여 선고를 유예하는 경우에는 그 부가할 몰수·추징에 대하여도 선고를 유예할 수 있으나, 그 주형에 대하여 선고를 유예하지 아니하면서 이에 부가할 몰수·추징에 대하여서만 선고를 유예할 수는 없다(대판 1988.6.21, 88도551).

② [○] 선고유예의 요건 중 '개전의 정상이 현저한 때'라고 함은 반성의 정도를 포함하여 널리 「형법」 제51조가 규정하는 양형의 조건을 종합적으로 참작하여 볼 때, 형을 선고하지 않더라도 피고인이 다시 범행을 저지르지 않으리라는 사정이 현저하게 기대되는 경우를 가리킨다고 해석할 것이고, 이와 달리 여기서의 '개전의 정상이 현저한 때'가 반드시 피고인이 죄를 깊이 뉘우치는 경우만을 뜻하는 것으로 제한하여 해석하거나, 피고인이 범죄사실을 자백하지 않고 부인할 경우에는 언제나 선고유예를 할 수 없다고 해석할 것은 아니다(대판 2003.2.20, 2001도6138).

③ [○] 「형법」 제59조의2 제1항 · 제2항

> 제59조의2 【보호관찰】 ① 형의 선고를 유예하는 경우에 재범방지를 위하여 지도 및 원호가 필요한 때에는 보호관찰을 받을 것을 명할 수 있다(→ 임의적 보호관찰).
> ② 제1항의 규정에 의한 보호관찰의 기간은 1년으로 한다.

④ [○] 「형법」 제60조, 제61조 제1항, 「형사소송법」 제335조, 제336조 제1항의 각 규정에 의하면, 형의 선고유예를 받은 자가 유예기간 중 자격정지 이상의 형에 처한 판결이 확정되더라도 검사의 청구에 의한 선고유예 실효의 결정에 의하여 비로소 선고유예가 실효되는 것이고, 또한 형의 선고유예의 판결이 확정된 후 2년을 경과한 때에는 「형법」 제60조가 정하는 바에 따라 면소된 것으로 간주되고, 그와 같이 유예기간이 경과함으로써 면소된 것으로 간주된 후에는 실효시킬 선고유예의 판결이 존재하지 아니하므로 선고유예 실효의 결정(선고유예된 형을 선고하는 결정)을 할 수 없으며, 이는 원결정에 대한 집행정지의 효력이 있는 즉시항고 또는 재항고로 인하여 아직 그 선고유예 실효 결정의 효력이 발생하기 전 상태에서 상소심에서 절차 진행 중에 그 유예기간이 그대로 경과한 경우에도 마찬가지이다(대결 2007.6.28, 2007모348).

정답 ①

11 형의 유예에 대한 설명으로 옳은 것은? 20. 보호

① 형의 선고유예를 받은 날로부터 2년을 경과한 때에는 기소유예된 것으로 간주한다.
② 형의 선고를 유예하거나 형의 집행을 유예하는 경우 보호관찰의 기간은 1년으로 한다.
③ 형의 집행유예 시 부과되는 수강명령은 집행유예기간이 완료된 이후에 이를 집행한다.
④ 형을 병과할 경우에는 그 형의 일부에 대하여 집행을 유예할 수 있다.

해설

④ [○] 「형법」 제62조 제2항
① [×] 형의 선고유예를 받은 날로부터 2년을 경과한 때에는 '면소'된 것으로 간주한다(「형법」 제60조).
② [×] '형의 선고를 유예'하는 경우에 보호관찰의 기간은 '1년'으로 하나, '형의 집행을 유예'하는 경우에는 보호관찰의 기간은 '집행을 유예한 기간'으로 한다. 다만, 법원은 유예기간의 범위 내에서 보호관찰기간을 정할 수 있다(「형법」 제59조의2 제2항, 제62조의2 제2항).
③ [×] 형의 집행유예 시 부과되는 사회봉사명령 또는 수강명령은 '집행유예기간 내'에 이를 집행한다(「형법」 제62조의2 제3항).

정답 ④

12 다음 설명 중 옳지 않은 것은? 14. 보호

① 형의 선고유예를 받은 날로부터 2년을 경과한 때에는 면소된 것으로 간주한다.
② 형의 집행유예를 받은 후 실효 또는 취소됨이 없이 유예기간을 경과한 때에는 형의 집행이 면제된다.
③ 가석방의 처분을 받은 후 그 처분이 실효 또는 취소되지 아니하고 가석방기간을 경과한 때에는 형의 집행을 종료한 것으로 본다.
④ 일반사면을 받은 경우 특별한 규정이 있을 때를 제외하고는 형 선고의 효력이 상실되며, 형을 선고받지 아니한 자에 대해서는 공소권이 상실된다.

해설

② [×] 형의 선고는 효력을 잃는다(「형법」 제65조 참조).

> 제65조 【집행유예의 효과】 집행유예의 선고를 받은 후 그 선고의 실효 또는 취소됨이 없이 유예기간을 경과한 때에는 형의 선고는 효력을 잃는다.

① [○] 「형법」 제60조

③ [○] 「형법」 제76조 제1항

④ [○] 「사면법」 제5조 제1항 제1호 참조

> 제5조 【사면 등의 효과】 ① 사면, 감형 및 복권의 효과는 다음 각 호와 같다.
> 1. 일반사면: 형 선고의 효력이 상실되며, 형을 선고받지 아니한 자에 대하여는 공소권이 상실된다. 다만, 특별한 규정이 있을 때에는 예외로 한다.

정답 ②

13 형의 선고유예, 집행유예에 대한 설명으로 가장 옳지 않은 것은?

22. 해경간부

① 판례에 따르면 집행유예기간의 시기(始期)에 관하여 명문의 규정을 두고 있지 않으므로 법원은 그 시기를 집행유예를 선고한 판결 확정일 이후의 시점으로 임의로 선택할 수 있다.

② 집행유예의 선고를 받은 자가 유예기간 중 고의로 범한 죄로 금고 이상의 실형을 선고받아 그 판결이 확정된 때에는 집행유예의 선고는 효력을 잃는다.

③ 형의 선고유예를 받은 날로부터 2년을 경과한 때에는 면소된 것으로 간주한다.

④ 형의 선고를 유예하는 경우에 재범방지를 위하여 지도 및 원호가 필요한 때에는 1년의 보호관찰을 받을 것을 명할 수 있다.

해설

① [×] 대판 2002.2.26, 2000도4637

> 집행유예기간의 시기를 그 집행유예를 선고한 판결 확정일 이후의 시점으로 임의로 선택할 수 있는지 여부(소극) - 우리 형법이 집행유예기간의 시기에 관하여 명문의 규정을 두고 있지는 않지만 「형사소송법」 제459조가 "재판은 이 법률에 특별한 규정이 없으면 확정한 후에 집행한다."고 규정한 취지나 집행유예 제도의 본질 등에 비추어 보면 집행유예를 함에 있어 그 집행유예기간의 시기는 집행유예를 선고한 판결 확정일로 하여야 하고 법원이 판결 확정일 이후의 시점을 임의로 선택할 수는 없다(대판 2002.2.26, 2000도4637).

② [○] 「형법」 제63조

> 제63조 【집행유예의 실효】 집행유예의 선고를 받은 자가 유예기간 중 고의로 범한 죄로 금고 이상의 실형을 선고받아 그 판결이 확정된 때에는 집행유예의 선고는 효력을 잃는다.

③ [○] 「형법」 제60조

> 제60조 【선고유예의 효과】 형의 선고유예를 받은 날로부터 2년을 경과한 때에는 면소된 것으로 간주한다.

④ [○] 「형법」 제59조의2 제1항 · 제2항

> 제59조의2 【보호관찰】 ① 형의 선고를 유예하는 경우에 재범방지를 위하여 지도 및 원호가 필요한 때에는 보호관찰을 받을 것을 명할 수 있다(→ 임의적 보호관찰).
> ② 제1항의 규정에 의한 보호관찰의 기간은 1년으로 한다.

정답 ①

제3절 | 다이버전

14 전환처우(다이버전)에 대한 설명으로 가장 적절하지 않은 것은? 22. 간부(72)

① 전환처우는 형사사법제도에 융통성을 부여해 범죄인에 대하여 보다 적절히 대응하고, 범죄사건을 효과적으로 처리할 수 있도록 한다.

② 경찰단계에서의 전환처우는 훈방, 통고처분 등이 있다.

③ 전환처우는 형사사법절차에서 적법절차의 원리를 강화하기 위한 것이다.

④ 전환처우는 성인형사사법에서보다는 소년형사사법에서 더욱 유용한 제도로 평가된다.

해설

③ [×] 전환처우로 인한 선별적인 법집행으로 인하여 형사사법의 불평등을 가져올 수 있고, 이는 적법절차의 원리에 위배될 우려가 있다.

① [○] 전환처우(다이버전)는 형사사법제도에 융통성을 부여하여 범죄인에 대하여 보다 적절히 대응하고 범죄를 효과적으로 처리할 수 있도록 한다는 목표를 지향한다.

② [○] 경찰단계의 전환처우(다이버전)는 훈방, 경고, 통고처분, 보호기관 위탁 등이 있다. 그 외에 검찰 단계의 전환처우로는 기소유예, 불기소처분, 조건부 기소유예, 약식명령청구 등, 법원 단계의 전환처우로는 선고유예, 집행유예 등, 교정 단계의 전환처우로는 가석방, 개방처우, 보호관찰, 주말구금 등을 각각 들 수 있다.

④ [○] 전환처우는 소년범죄자에 대한 낙인효과를 감소시킬 수 있다는 장점이 있다.

정답 ③

15 다이버전(diversion)에 대한 설명으로 옳지 않은 것은? 18. 보호

① 구속적부심사제도는 법원에 의한 다이버전에 해당된다.

② 다이버전에 대해서는 형사사법의 대상조차 되지 않을 문제가 다이버전의 대상이 된다는 점에서 오히려 사회적 통제가 강화된다는 비판이 있다.

③ 다이버전의 장점은 경미범죄를 형사사법절차에 의하지 아니하고 처리함으로써 낙인효과를 줄이는 것이다.

④ 검사가 소년피의자에 대하여 선도를 받게 하면서 공소를 제기하지 아니하는 조건부 기소유예는 다이버전의 예이다.

해설

① [×] 체포 · 구속적부심사제도란 수사기관에 의하여 체포 또는 구속된 피의자에 대하여 법원이 체포 또는 구속의 적법여부와 그 필요성을 심사하여 체포 또는 구속이 부적법 · 부당한 경우에 피의자를 석방시키는 제도를 말한다. 체포 · 구속적부심사에 의해 공식적 형사절차로부터 이탈이 되는 것은 아니며 불구속 상태에서 형사절차가 진행되게 되므로 다이버전에는 해당하지 않는다고 본다.

② [○] 다이버전의 등장으로 인해 형사사법의 대상조차 되지 않을 문제가 다이버전의 대상이 된다는 점에서 이는 사회적 통제가 오히려 강화된다는 비판이 제기된다(형사사법망의 확대).

③ [○] 다이버전은 범죄자를 전과자로 낙인찍을 가능성을 감소시키는 장점이 있다고 평가된다.

④ [○] 기소유예, 불기소 처분, 조건부 기소유예, 약식명령청구 등은 검찰 단계의 다이버전에 해당한다.

정답 ①

16 다이버전에 대한 설명으로 옳지 않은 것은?

22. 교정

① 형벌 이외의 사회통제망의 축소를 가져온다.

② 공식적인 절차에 비해서 형사사법비용을 절감할 수 있다.

③ 업무경감으로 인하여 형사사법제도의 능률성과 신축성을 가져온다.

④ 범죄로 인한 낙인의 부정적 영향을 최소화하여 2차적 일탈의 예방에 긍정적이다.

해설

① [×] 다이버전의 등장으로 인해 형사사법의 대상조차 되지 않을 문제가 다이버전의 대상이 된다는 점에서 이는 '사회적 통제가 오히려 강화'된다고 볼 수 있다는 비판을 받는다(형사사법망의 확대).

☑ 다이버전의 장단점

장점	• 정식의 형사절차보다 경제적인 방법으로 범죄문제를 처리할 수 있다(대안적 분쟁해결 가능). • 범죄자를 전과자로 낙인찍을 가능성을 감소시킨다(이차적 일탈의 예방). • 형사사법기관의 업무량을 줄여 중요한 범죄에 집중할 수 있게 한다(형사사법의 능률성과 신축성 제고). • 범죄자에 대하여 보다 인도적인 처우방법이다. • 과밀수용을 방지하고, 시설 내 처우의 폐해를 감소시킬 수 있다.
단점	• 다이버전의 등장으로 인해 형사사법의 대상조차 되지 않을 문제가 다이버전의 대상이 된다는 점에서 이는 사회적 통제가 오히려 강화된다고 볼 수 있다(형사사법망의 확대). • 형벌의 고통을 감소시켜 오히려 재범의 위험성을 증가시킬 수 있다. • 다이버전은 범죄원인의 제거와는 무관하다. • 선별적인 법 집행으로 인해 형사사법의 불평등을 가져올 수 있다. • 재판 전 형사사법의 개입이라는 점에서 또 하나의 형사사법절차를 창출할 뿐이다.

정답 ①

17 전환제도(diversion)의 장점이 아닌 것은?

21. 교정

① 형사사법대상자 확대 및 형벌 이외의 비공식적 사회통제망 확대

② 구금의 비생산성에 대한 대안적 분쟁해결방식 제공

③ 법원의 업무경감으로 형사사법제도의 능률성 및 신축성 부여

④ 범죄적 낙인과 수용자간의 접촉으로 인한 부정적 위험 회피

해설

① [×] 형사사법대상자 확대 및 형벌 이외의 비공식적 사회통제망 확대는 전환제도의 '단점'에 해당한다. 다이버전의 등장으로 인해 형사사법의 대상조차 되지 않을 문제가 다이버전의 대상이 된다는 점에서 이는 사회적 통제가 오히려 강화된다고 볼 수 있다는 비판이 제기된다(형사사법망의 확대).

정답 ①

18 다음 ㉠과 ㉡에 관한 설명으로 가장 적절하지 않은 것은? 22. 경행경채

> ㉠ 피해자에 대한 피해의 원상회복, 범죄에 대한 보상, 지역사회 내에서의 가해자와 피해자의 재통합을 추구하며, 궁극적으로는 범죄로 발생한 손상을 복구하고 나아가 범죄를 예방함으로써 미래의 손상을 감소시키고자 하는 전략을 의미한다.
> ㉡ 사법기관의 공식적 개입을 최소화함으로써 부정적 영향을 감소시키는 전략을 의미하며, 검찰 단계에서의 소년범에 대한 선도조건부 기소유예제도 등이 대표적이다.

① ㉠은 브레이스웨이트(Braithwaite)의 재통합적수치이론(Reintegrative Shaming Theory)을 근거로 하고 있다.
② ㉡은 리스(Reiss)와 나이(Nye)의 사회통제이론(social control theories)을 근거로 하고 있다.
③ ㉠의 대표적 프로그램으로는 피해자-가해자 중재(victim-offender mediation)모델, 양형서클(sentencing circles) 등이 있다.
④ ㉡의 대표적 프로그램으로는 경찰 단계에서의 훈방, 통고처분 등이 있다.

해설

② [×] ㉡은 '다이버전(전환제도)'에 대한 설명이다. 다이버전의 이론적 근거는 '낙인이론'이다.
① [○] ㉠은 '회복적 사법'에 대한 설명이다. 회복적 사법의 이론적 설명 중 하나로 브레이스웨이트의 재통합적수치이론을 들 수 있는데, 이는 처벌을 통해 범죄자로 하여금 양심의 가책이나 반성을 느끼도록 하면서 지역사회의 구성원으로 재통합하는 노력을 병행하여 미래의 범죄 가능성을 줄이려는 시도를 말한다.
③ [○] 회복적 사법의 주요 모델로는 피해자-가해자 중재 모델, 양형써클 모델, 가족집단 회합 모델 등이 있다.
④ [○] 다이버전은 그 주체에 따라 ⓐ 경찰 단계의 다이버전(예 훈방, 경고, 통고처분, 보호기관 위탁 등), ⓑ 검찰 단계의 다이버전(예 기소유예, 불기소처분, 조건부 기소유예, 약식명령청구 등), ⓒ 법원 단계의 다이버전(예 선고유예, 집행유예, 약식명령 등), ⓓ 교정 단계의 다이버전(예 가석방, 개방처우, 보호관찰, 주말구금 등)으로 분류할 수 있다.

정답 ②

19 전환제도(diversion)에 대한 평가로서 옳지 않은 것은? 21. 보호

① 형사사법대상자가 확대되고 형벌 이외의 비공식적 사회통제망이 확대된다는 비판이 제기된다.
② 구금의 비생산성에 대한 대안적 분쟁해결방식을 제공할 수 있다고 평가된다.
③ 형사사법의 평등을 추구할 수 있으나, 형사사법제도의 능률성이 하락할 위험이 있다.
④ 범죄적 낙인, 과밀수용 및 수용자간의 접촉으로 인한 부정적 위험 등을 회피할 수 있다.

해설

③ [×] 전환제도는 형사사법기관의 업무량을 줄여 '중요한 범죄에 집중'할 수 있게 하는 장점이 있으나, 선별적인 법 집행으로 인해 '형사사법의 불평등'을 가져올 수 있다는 비판이 제기된다.
① [○] 형사사법대상자 확대 및 형벌 이외의 비공식적 사회통제망 확대는 전환제도의 '단점'에 해당한다. 다이버전의 등장으로 인해 형사사법의 대상조차 되지 않을 문제가 다이버전의 대상이 된다는 점에서 이는 사회적 통제가 오히려 강화된다고 볼 수 있다는 비판이 제기된다(형사사법망의 확대).
② [○] 전환제도는 정식의 형사절차보다 경제적인 방법으로 범죄문제를 처리할 수 있다고 평가된다(대안적 분쟁해결 가능).
④ [○] 전환제도는 범죄자를 전과자로 낙인찍을 가능성을 감소시키고, 과밀수용을 방지하고, 시설 내 처우의 폐해를 감소시킬 수 있다고 평가된다.

정답 ③

20 다이버전(Diversion)에 관한 설명으로 옳지 않은 것은?

① 공식적인 형사사법절차에 따른 낙인효과의 폐단을 줄이기 위한 해결방식이다.

② 소년분류심사원에의 위탁처분도 여기에 해당한다.

③ 담당자에게 광범위한 재량이 주어져 형사사법의 불평등이 심화될 우려가 있다.

④ 사실상 유죄추정에 근거한 처분을 내리게 되므로 헌법상의 권리를 침해한다는 비판이 있다.

해설

다이버전(Diversion)이란 일반적으로 공식적 형사절차로부터의 이탈과 동시에 사회 내 처우 프로그램에 위탁하는 것을 그 내용으로 한다. 이는 형사사법기관이 통상의 형사절차를 중단하고 이를 대체하는 새로운 절차로의 이행을 의미하며, 이를 통하여 형사제재의 최소화를 도모할 수있다는 장점이 있다.

② [×] 소년분류심사원은 「소년법」 제18조 제1항 제3호의 임시조치에 의하여 위탁된 소년을 수용하여 소년의 자질을 분류심사하고, 소년법원에 그 결과를 송부하여 재판자료로 사용토록 하기 위해 설치된 기관이다. 보호소년을 소년분류심사원에 위탁하는 것은 소년법원의 임시조치로서 감호조치의 성격을 가지고 있기 때문에 다이버전으로 보기 어렵다.

정답 ②

21 비범죄화 또는 다이버전(Diversion)에 대한 설명 중 옳지 않은 것은?

11. 사시

① 비범죄화론은 약물범죄와 같은 공공질서 관련 범죄에 대해서 많이 주장되고 있다.

② 다이버전은 형사제재의 최소화를 도모하는 것으로, 보석도 그 한 형태이다.

③ 다이버전은 재판절차 전 형사개입이라는 점에서 또 다른 형사사법절차의 창출이라는 비판도 있다.

④ 경미범죄에 대한 경찰의 훈방조치 내지 지도장 발부, 범칙금 납부제도 등은 넓은 의미의 비범죄화의 일환이다.

⑤ 다이버전은 범죄자를 전과자로 낙인찍을 가능성을 줄인다.

해설

② [×] 다이버전(Diversion)이란 일반적으로 '공식적 형사절차로부터의 이탈'과 동시에 '사회 내 처우 프로그램에 위탁'하는 것을 그 내용으로 한다. 이는 형사사법기관이 통상의 형사절차를 중단하고 이를 대체하는 새로운 절차로의 이행을 의미하며, 이를 통하여 형사제재의 최소화를 도모할 수 있다. 보석이란 일정한 보증금의 납부를 조건으로 하여 구속의 집행을 정지함으로써 구속된 피고인을 석방하는 제도로서, 다이버전의 취지와 다르다.

정답 ②

22 다이버전(Diversion)에 관한 설명 중 옳지 않은 것은?

12. 사시

① 다이버전이란 형사사법기관이 통상의 형사절차를 중단하고 이를 대체하는 절차에 의해 범죄인을 처리하는 제도를 말한다.

② 시설 내 처우를 사회 내 처우로 대체하는 것도 다이버전에 포함된다.

③ 구속적부심사제도는 다이버전의 일례이다.

④ 다이버전은 낙인효과를 줄일 수 있다.

⑤ 사회적 통제를 강화시킬 뿐, 범죄원인 제거에는 큰 효과가 없다는 비판이 있다.

해설

③ [×] 체포·구속적부심사제도란 수사기관에 의하여 체포 또는 구속된 피의자에 대하여 법원이 체포 또는 구속의 적법여부와 그 필요성을 심사하여 체포 또는 구속이 부적법·부당한 경우에 피의자를 석방시키는 제도를 말한다. 체포·구속적부심사에 의해 공식적 형사절차로부터 이탈이 되는 것은 아니며 불구속 상태에서 형사절차가 진행되게 되므로 다이버전에는 해당하지 않는다고 본다.

①② [○] 다이버전(Diversion)이란 일반적으로 공식적 형사절차로부터의 이탈과 동시에 사회 내 처우 프로그램에 위탁하는 것을 그 내용으로 한다. 이는 형사사법기관이 통상의 형사절차를 중단하고 이를 대체하는 새로운 절차로의 이행을 의미하며, 이를 통하여 형사제재의 최소화를 도모할 수 있다.

☑ 다이버전의 장단점

장점	• 정식의 형사절차보다 경제적인 방법으로 범죄문제를 처리할 수 있다. • 범죄자를 전과자로 낙인찍을 가능성을 줄인다. • 형사사법기관의 업무량을 줄여 중요한 범죄에 집중할 수 있게 한다. • 범죄자에 대하여 보다 인도적인 처우방법이다.
단점	• 다이버전의 등장으로 인해 형사사법의 대상조차 되지 않을 문제가 다이버전의 대상이 된다는 점에서 이는 사회적 통제가 오히려 강화된다고 볼 수 있다. • 형벌의 고통을 감소시켜 오히려 재범의 위험성을 증가시킬 수 있다. • 다이버전은 범죄원인의 제거와는 무관하다. • 선별적인 법집행으로 인해 형사사법의 불평등을 가져올 수 있다. • 재판 전 형사사법의 개입은 또 다른 형사사법절차를 창출할 뿐이다.

정답 ③

23 다이버전(diversion)에 관한 연결로서 옳지 않은 것은? 14. 사시

① 경찰단계의 다이버전 - 약식명령청구

② 검찰단계의 다이버전 - 선도조건부 기소유예

③ 재판단계의 다이버전 - 집행유예

④ 재판단계의 다이버전 - 보호관찰부 선고유예

⑤ 행형단계의 다이버전 - 가석방

해설

① [×] 약식명령청구는 '검찰'단계의 다이버전에 속한다.

☑ 다이버전

경찰단계의 다이버전	훈방, 경고, 통고처분, 보호기관 위탁 등
검찰단계의 다이버전	기소유예, 불기소처분, 조건부 기소유예, 약식명령청구 등
법원단계의 다이버전	선고유예, 집행유예, 약식명령 등
교정단계의 다이버전	가석방, 개방처우, 보호관찰, 주말구금 등

정답 ①

24 다음 다이버전(diversion)에 대한 설명 중 옳은 것[○]과 옳지 않은 것[×]을 순서대로 바르게 나열한 것은?

14. 보호

ㄱ. 일반적으로 공식적 형사절차로부터의 이탈과 동시에 사회 내 처우프로그램에 위탁하는 것을 내용으로 한다.
ㄴ. 형사사법기관이 통상의 형사절차를 중단하고 이를 대체하는 새로운 절차로 이행하는 것으로, 성인형사사법보다 소년형사사법에서 그 필요성이 더욱 강조된다.
ㄷ. 기존의 사회통제체계가 낙인효과로 인해 범죄문제를 해결하기보다는 오히려 악화시킨다는 가정에서 출발하고 있다.
ㄹ. 종래에 형사처벌의 대상이 되었던 문제가 다이버전의 대상이 됨으로써 형사사법의 통제망이 축소되고 나아가 형사사법의 평등을 가져온다.

	ㄱ	ㄴ	ㄷ	ㄹ
①	○	○	○	×
②	○	×	×	○
③	×	○	×	○
④	○	×	○	×

해설

ㄱ, ㄴ, ㄷ. [○] 다이버전에 대한 옳은 설명이다.
ㄹ. [×] 다이버전의 등장으로 인해 형사사법의 대상조차 되지 않을 문제가 다이버전의 대상이 된다는 점에서 이는 '사회적 통제가 오히려 강화'된다고 볼 수 있고, 선별적인 법집행으로 인해 '형사사법의 불평등'을 가져올 수 있다는 비판을 받는다.

정답 ①

25 다이버전(diversion)에 대한 설명으로 옳지 않은 것은?

18. 보호

① 구속적부심사제도는 법원에 의한 다이버전에 해당된다.
② 다이버전에 대해서는 형사사법의 대상조차 되지 않을 문제가 다이버전의 대상이 된다는 점에서 오히려 사회적 통제가 강화된다는 비판이 있다.
③ 다이버전의 장점은 경미범죄를 형사사법절차에 의하지 아니하고 처리함으로써 낙인효과를 줄이는 것이다.
④ 검사가 소년피의자에 대하여 선도를 받게 하면서 공소를 제기하지 아니하는 조건부 기소유예는 다이버전의 예이다.

해설

① [×] 체포 · 구속적부심사제도란 수사기관에 의하여 체포 또는 구속된 피의자에 대하여 법원이 체포 또는 구속의 적법 여부와 그 필요성을 심사하여 체포 또는 구속이 부적법 · 부당한 경우에 피의자를 석방시키는 제도를 말한다. 체포 · 구속적부심사에 의해 공식적 형사절차로부터 이탈이 되는 것은 아니며 불구속 상태에서 형사절차가 진행되게 되므로 다이버전에는 해당하지 않는다고 본다.
② [○] 다이버전의 등장으로 인해 형사사법의 대상조차 되지 않을 문제가 다이버전의 대상이 된다는 점에서 이는 사회적 통제가 오히려 강화된다는 비판이 제기된다(형사사법망의 확대).
③ [○] 다이버전은 범죄자를 전과자로 낙인찍을 가능성을 감소시키는 장점이 있다고 평가된다.
④ [○] 기소유예, 불기소처분, 조건부 기소유예, 약식명령청구 등은 검찰 단계의 다이버전에 해당한다.

정답 ①

26 다이버전(Diversion, 전환처우)에 관한 설명으로 가장 적절한 것은?

23. 2차 경행

① 보석과 구속적부심사제도는 다이버전의 한 종류이다.

② 법원 단계에서의 다이버전은 선고유예, 집행유예 등이 있다.

③ 검찰 단계에서의 다이버전은 불기소처분, 가석방 등이 있다.

④ 경찰 단계에서의 다이버전은 훈방, 경고, 약식명령청구 등이 있다.

해설

② [○] 법원 단계에서의 다이버전은 선고유예, 집행유예, 약식명령 등이 있다.

① [×] 다이버전은 일반적으로 공식적 형사절차로부터의 이탈과 동시에 사회 내 처우 프로그램에 위탁하는 것을 그 내용으로 한다. 보석이나 구속적부심사제도는 구속 상태에서 불구속 상태로 전환하여 수사·재판을 받게 할 수 있는 제도로서 형사사법기관이 통상의 형사절차를 중단하여 공식적 형사절차로부터 이탈시키는 것이 아니므로 다이버전에 해당하지 않는다.

③ [×] '가석방'은 '교정 단계'에서의 다이버전에 해당한다.

④ [×] '약식명령청구'는 '검찰 단계'에서의 다이버전에 해당한다.

정답 ②

제4장 | 형벌론

제1절 | 형벌이론

01 형벌의 목적에 대한 설명으로 옳지 않은 것은? 21. 교정

① 응보형주의는 개인의 범죄에 대하여 보복적인 의미로 형벌을 과하는 것이다.
② 교육형주의는 범죄인의 자유박탈과 사회로부터의 격리를 교육을 위한 수단으로 본다.
③ 응보형주의에 의하면 범죄는 사람의 의지에 의하여 발생하는 것이 아니라 사회 환경 및 사람의 성격에 의하여 발생하는 것이다.
④ 현대의 교정목적은 응보형주의를 지양하고, 교육형주의의 입장에서 수형자를 교정·교화하여 사회에 복귀시키는 데에 중점을 둔다.

해설
③ [×] 응보형주의는 자유의사를 인정하는 고전주의 학파의 주장을 전제로 한다. 범죄를 사회 환경 및 사람의 성격에 의하여 발생하는 것(범죄의 원인으로 소질 또는 환경을 주장)이라고 보는 입장은 실증주의 학파이다.
① [○] 응보형주의는 형벌의 목적을 응보로 이해하여, 행형의 본질적 목적은 자유의 박탈이라고 본다.
② [○] 교육형주의는 형벌을 통한 범죄인의 자유박탈과 사회로부터의 격리를 교육을 위한 수단이라고 본다.
④ [○] 현대 교정행정은 범죄자의 교화개선 및 사회복귀를 중시한다. 이에 따라 현행 형집행법도 제1조에서 '수형자의 교정교화와 건전한 사회복귀를 도모'함을 목적으로 한다고 규정하고 있다.

정답 ③

02 <보기 1>에 제시된 각각의 형벌목적을 실현하기 위한 방안을 <보기 2>에서 골라 옳게 짝지은 것은?

<보기 1>

ㄱ. 범죄인을 무력화시켜서 장래의 범행가능성을 없애는 것이 형벌의 목적이다.
ㄴ. 범죄인의 비정상성을 교정하는 것이 형벌의 목적이다.
ㄷ. 범죄로 인해 손상된 범죄인과 피해자간의 신뢰를 회복시키는 것이 형벌의 목적이다.

<보기 2>

A. 부정기형
B. 사형
C. 명예형
D. 원상회복형
E. 비형벌화

① ㄱ-C, ㄴ-D
② ㄱ-B, ㄴ-E
③ ㄴ-A, ㄷ-D
④ ㄴ-C, ㄷ-E

해설
ㄱ-B. 무능력화, ㄴ-A. 특별예방이론, ㄷ-D. 회복적 사법이 바르게 연결된 것이다.

정답 ③

03 형벌의 목적 중 소극적 일반예방에 대한 설명으로 가장 적절한 것은?

22. 간부(72)

① 형벌을 통해 범인을 교육·개선함으로써 범죄자의 재범을 예방한다.

② 형벌을 통해 일반인의 규범의식을 강화하여 사회의 규범인정을 도모한다.

③ 준엄한 형집행을 통해 일반인을 위하함으로써 범죄예방의 목적을 달성한다.

④ 형벌의 고통을 체험하게 함으로써 범죄자가 스스로 재범을 억제하도록 한다.

해설

③ [○] 소극적 일반예방이란 형벌이 갖는 위하(겁주기)에 의해 일반인이 범행하지 못하도록 하는 것을 말한다.
① [×] '특별예방'에 대한 설명이다.
② [×] '적극적 일반예방'에 대한 설명이다.
④ [×] '특별억제'에 대한 설명이다. 특별억제란 형벌을 통해 범죄자의 처벌에 대한 민감성을 자극하여 범죄자의 재범을 줄이는 것을 말한다. 즉, 유죄가 확정된 범죄자에게 범죄로 인한 이익을 상쇄할 정도의 처벌을 부과하여 앞으로 더 이상 범죄를 저지르지 않도록 예방하는 방법이다.

정답 ③

04 형벌의 본질과 목적에 대한 설명으로 옳지 않은 것은?

18. 보호

① 응보형주의에 따르면 범죄는 정의에 반하는 악행이므로 범죄자에 대해서는 그 범죄에 상응하는 해악을 가함으로써 정의가 실현된다.

② 목적형주의에 따르면 형벌은 과거의 범행에 대한 응보가 아니라 장래의 범죄예방을 목적으로 한다.

③ 일반예방주의는 범죄자에게 형벌을 과함으로써 수형자에 대한 범죄예방의 효과를 기대하는 사고방식이다.

④ 특별예방주의는 형벌의 목적을 범죄자의 사회복귀에 두고 형벌을 통하여 범죄자를 교육·개선함으로써 그 범죄자의 재범을 예방하려는 사고방식이다.

해설

③ [×] 일반예방주의에서는 형벌의 정당성이 불특정 다수의 '일반인의 범죄예방'에 있다고 본다. 즉, 처벌하는 과정을 형벌이 달성하고자 하는 일정한 목적인 잠재적 범죄자의 범죄행위 저지로부터 설명하는 입장이다(형벌의 상대설, 예방형벌 사상).
① [○] 응보형주의(절대적 형벌이론)에서는 형벌의 목적을 범죄에 대한 정당한 응보로 이해한다(형벌의 자기목적성).
② [○] 목적형주의(상대적 형벌이론)에서는 형벌은 그 자체가 목적이 아니라, 범죄예방을 추구하는 수단이라고 본다(형벌의 도구적 성격).
④ [○] 특별예방이론은 형벌을 범죄자에 대한 영향력 행사로 보는 입장이다. 즉, 형벌을 통해 범죄자를 교화(재사회화)시키거나, 교화가 불가능한 범죄자는 사회로부터 격리(보안)함으로써 다시 범죄를 저지르지 못하게 한다는 것이다.

정답 ③

05 사회방위론에 대한 설명 중 옳지 않은 것은?

① 범죄의 위험으로부터 사회를 보호하기 위한 실증적 범죄대응이론이라고 할 수 있다.
② 앙셀(Ancel)은 효과적인 사회방위를 위하여 형법과 형벌의 폐지를 주장하였다.
③ 그라마티카(Gramatica)는 생물학적 · 심리학적 범죄원인론의 영향을 받아 예방적 · 교육적 치료처분의 도입을 주장하였다.
④ 사회방위론의 핵심인 사회적 위험성이라는 개념 자체가 모호하다는 비판이 있다.

해설

② [×] 온건적 사회방위론자인 앙셀(M. Ancel)은 형법과 형벌을 존치시킬 것을 주장하면서도 응보목적으로 지향된 형벌제도와 형사절차에 대해서는 반대하는 입장을 가졌다. 형법과 형벌의 폐지를 주장한 학자는 급진적 사회방위론자인 그라마티카(F. Gramatica)이다.

정답 ②

제2절 I 현행법상 형벌제도 개관

제3절 I 사형제도

06 현행법상 사형집행의 절차에 관하여 옳지 않은 것은?

① 공휴일과 토요일에는 사형을 집행하지 아니한다.
② 사형은 교정시설 이외의 지정된 장소에서 집행하여야 한다.
③ 사형이 확정된 후라도 그 집행을 정지할 수 있다.
④ 사형은 법무부장관의 명령에 의하여 집행한다.

해설

② [×] 사형은 교정시설 안에서 교수하여 집행한다(「형법」 제66조). 사형은 교정시설의 사형장에서 집행한다(「형의 집행 및 수용자의 처우에 관한 법률」 제91조 제1항).
① [○] 「형의 집행 및 수용자의 처우에 관한 법률」 제91조 제2항
③ [○] 「형사소송법」 제469조
④ [○] 「형사소송법」 제463조

정답 ②

07 사형제도에 관한 설명으로 옳지 않은 것은?

① 사형은 응보나 예방 등 어떤 형벌이념에도 부합하지 않는다.
② 사형존치론은 사형이 일반인의 법감정에 부합한다고 본다.
③ 사형폐지론은 사형제도의 문제점으로 오판가능성이 있다고 지적한다.
④ 사형존치론은 사형이 위하에 의한 범죄억제 효과가 있다고 본다.

해설

① [×] 응보형주의의 입장에서는 사형은 정의에 대한 응보적 요구로서 정당성을 갖는다고 본다.

정답 ①

08 사형제도에 대한 설명으로 옳지 않은 것은?

① 국제사면위원회의 기준에 따르면 우리나라는 사실상 사형폐지국에 속한다.
② 소년법에는 사형 대신 질대적 부정기형에 대한 규정을 두고 있다.
③ 대법원 판례에 따르면 국가의 형사정책으로 질서유지와 공공복리를 위하여 사형을 형벌로 정했더라도 헌법에 위배된 것이라고 볼 수 없다.
④ 「시민적 · 정치적 권리에 관한 국제규약」 제6조 제5항은 18세 미만의 자에 대해서 사형을 선고할 수 없도록 명시하고 있다.

해설

② [×] 죄를 범할 때에 18세 미만인 소년에 대하여 사형 · 무기형을 처할 것일 때에는 15년의 유기징역으로 하고 있으며(「소년법」 제59조), 법정형이 장기 2년 이상의 유기형에 해당하는 죄를 범한 때에는 그 형의 범위 안에서 형의 장 · 단기를 선고한다. 다만, 장기는 10년, 단기는 5년을 초과하지 못한다(「소년법」 제60조).
① [○] 우리나라는 지난 1997.12.30. 이후 사형을 집행하지 않아 2007.12.30. 사실상 사형 폐지국가가 됐다. 사형 폐지국가는 국제사면위원회가 사형제를 유지하면서도 10년간 단 한 건의 사형도 집행하지 않은 나라에 부여하는 일종의 국제 공인을 의미한다.
③ [○] 헌법 제12조 제1항에 의하면 형사처벌에 관한 규정이 법률에 위임되어 있을 뿐 그 처벌의 종류를 제한하지 않고 있으며, 현재 우리나라의 실정과 국민의 도덕적 감정 등을 고려하여 국가의 형사정책으로 질서유지와 공공복리를 위하여 형법 등에 사형이라는 처벌의 종류를 규정하였다 하여 이것이 헌법에 위반된다고 할 수 없다(대판 1991.2.26, 90도2906).
④ [○] 「시민적 · 정치적 권리에 관한 국제규약(B규약)」 제6조 제5항에서는 "사형선고는 18세 미만의 자가 범한 범죄에 대하여 과하여져서는 아니 되며, 또한 임산부에 대하여 집행되어서는 아니 된다."라고 규정하고 있다.

정답 ②

09 사형폐지론을 주장한 학자만을 모두 고르면?

23. 교정 9급

ㄱ. 베카리아(C. Beccaria)	ㄴ. 루소(J. Rousseau)
ㄷ. 리프만(M. Liepmann)	ㄹ. 캘버트(E. Calvert)

① ㄱ, ㄴ
② ㄱ, ㄷ
③ ㄱ, ㄷ, ㄹ
④ ㄴ, ㄷ, ㄹ

해설

ㄱ, ㄷ, ㄹ. [○] 사형폐지론을 주장한 학자로는 베카리아(C. Beccaria), 페스탈로찌(Pestalozzi), 하워드(J. Howard), 캘버트(E. Calvert), 리프만(M. Liepmann), 앙셀(M. Ancel), 서덜랜드(Sutherland) 등이 있다.
ㄴ. [×] 사형존치론을 주장한 학자로는 루소(J. Rousseau), 칸트(I. Kant), 헤겔(G. W. F. Hegel), 롬브로조(C. Lombrosso) 등이 있다.

정답 ③

제4절 | 자유형제도

10 현행 법령상 형벌에 대한 설명으로 옳지 않은 것은? 18. 교정

① 죄를 범할 당시 18세 미만인 소년에 대해서는 사형을 선고할 수 없다.
② 유기징역은 1개월 이상 30년 이하로 하며, 형을 가중하는 경우에는 50년까지 가능하다.
③ 형을 병과할 경우에는 그 형의 일부에 대하여 집행을 유예할 수 있다.
④ 형의 선고유예를 받은 날부터 1년을 경과한 때에는 면소된 것으로 간주한다.

해설

④ [×] '2년'을 경과한 때에는 면소된 것으로 간주한다(「형법」 제60조).

> 제60조 【선고유예의 효과】 형의 선고유예를 받은 날로부터 2년을 경과한 때에는 면소된 것으로 간주한다.

① [○] 15년의 유기징역으로 하므로, 사형을 선고할 수 없다(「소년법」 제59조).

> 제59조 【사형 및 무기형의 완화】 죄를 범할 당시 18세 미만인 소년에 대하여 사형 또는 무기형으로 처할 경우에는 15년의 유기징역으로 한다.

② [○] 「형법」 제42조

> 제42조 【징역 또는 금고의 기간) 징역 또는 금고는 무기 또는 유기로 하고 유기는 1개월 이상 30년 이하로 한다. 단, 유기징역 또는 유기금고에 대하여 형을 가중하는 때에는 50년까지로 한다.

③ [○] 「형법」 제62조 제2항

> 제62조 【집행유예의 요건】 ② 형을 병과할 경우에는 그 형의 일부에 대하여 집행을 유예할 수 있다.

정답 ④

11 형벌에 대한 설명으로 옳지 않은 것은? 12. 교정

① 유기징역형은 1개월 이상 15년까지이며, 가중시 25년까지 가능하다.
② 우리나라의 자유형에는 징역, 금고 및 구류가 있다.
③ 단기자유형은 범죄인을 개선시키기보다는 악풍에 감염시킬 우려가 있다는 비판이 있다.
④ 단기자유형의 대체방법으로는 벌금형, 집행유예, 선고유예 등의 활용과 거주제한, 가택구금 등이 있다.

해설

① [×] 유기징역은 1개월 이상 30년 이하로 하고, 가중하는 때에는 50년까지로 한다(「형법」 제42조 참조).

> 제42조 【징역 또는 금고의 기간) 징역 또는 금고는 무기 또는 유기로 하고 유기는 1개월 이상 30년 이하로 한다. 단, 유기징역 또는 유기금고에 대하여 형을 가중하는 때에는 50년까지로 한다.

② [○] 우리나라의 형벌제도는 생명형, 자유형, 재산형, 자격형으로 나눌 수 있고 자유형에는 징역형, 금고형, 구류형이 있다.
③ [○] 단기자유형에 대해 포레스타는 '수형자의 개선을 위해서는 너무나 짧은 기간이지만 그를 부패시키는 데는 충분한 기간'이라고 비판한다.
④ [○] 이외에도 기소유예의 확대 운용, 주말구금 등의 구금제도의 완화 등이 단기자유형의 개선방안으로 제시된다.

정답 ①

12 자유형의 개선방향에 관한 주장으로서 논리적으로 맞지 않는 것은?

① 6월 미만의 단기자유형은 특별예방적 효과를 기대하기 어려우므로 폐지되어야 한다.

② 정역부과 여부를 기준으로 자유형을 세분하는 것은 과거의 노동천시 사상에서 비롯된 것이므로, 이제는 이를 극복하여 자유형을 단일화시켜야 한다.

③ 부정기형제도는 아무리 상대적 부정기형을 택한다 하더라도 정기형제도에 비하여 형벌개별화원칙에 반하므로 폐지되어야 한다.

④ 무기자유형은 사회복귀와 개선의 효과를 상실시킬 우려가 있으므로 무기형에 대한 필요적 가석방제도를 둘 필요가 있다.

해설

③ [×] 부정기형은 행위자의 책임의 정도를 넘어선 자유의 구속을 가능하게 한다는 점에서 책임주의에 반한다고 해야 할 것이나 상대적 부정기형에 대해서는 그것이 책임에 상응한 형벌상한과 일반예방에 상응한 형벌하한 사이에서 부과되는 경우에 크게 거부할 이유는 없다. 책임원칙의 보장적 기능과 일반예방의 형벌목적을 유지하는 범위 내에서의 자율적인 개선·교화라는 특별예방의 형벌목적을 실현할 수 있기 때문이다. 특히 자율적 개선노력이 요구되는 소년범의 경우에는 상대적 부정기형제도가 장려될 필요가 있다.

정답 ③

13 단기자유형에 대한 기술 중 옳지 않은 것은?

① 수형자가 재사회화되기에는 기간이 너무 짧다는 지적이 있다.

② 피고인이 불과 몇 개월의 자유형을 선고받고 복역했어도 누범가중이나 집행유예결격의 사유가 될 수 있는 문제가 발생한다.

③ 단기자유형의 단점은 구류형의 경우에도 대체로 동일하게 나타난다고 볼 수 있다.

④ 단기자유형의 개선방안으로는 부정기형과 기소법정주의의 채택 등이 제시되고 있다.

해설

④ [×] 단기자유형의 개선방안으로 부정기형을 선고하는 것은 범죄자의 처벌에 대한 책임주의의 한계를 넘을 위험성이 있으므로 부적당하다. 또한 단기자유형의 개선방안으로 기소유예제도의 확대 운용의 필요성이 제시된다. 기소유예제도는 단기자유형의 폐해를 기소단계에서 제거하려는 것으로서, 범죄인의 조속한 재사회화라는 관점에서 매우 의미있는 것이다.

정답 ④

14 단기자유형의 대체방안으로 적절하지 않은 것은?

17. 교정

① 주말구금제도 ② 귀휴제도

③ 사회봉사명령제도 ④ 벌금형제도

해설

② [×] 귀휴제도는 행형성적이 양호하고 도주의 위험성이 없는 수형자에게 기간과 행선지를 제한하여 외출·외박을 허용하는 제도로서, 장기수용의 부작용을 방지하고 사회적 연계의 유지 및 재사회화의 보충을 위해 실시하는 것이므로, 단기자유형의 대체방안과는 관계가 없다.

①④ [○] 단기자유형의 대체방안(개선방안)으로는 벌금형의 활용, 선고·집행유예의 활용, 기소유예의 확대 운용, 구금제도의 완화(주말구금, 무구금강제노역 등) 등이 제시된다.

③ [○] 사회봉사명령제도는 단기(또는 중기)자유형의 대체, 과밀수용의 해소, 형벌의 다양화, 구금에 대한 회의, 사회에 대한 배상 등을 이유로 도입되었다.

정답 ②

15 자유형 중 부정기형제도에 대한 설명으로 가장 적절하지 않은 것은?

22. 간부(72)

① 수형자의 개선의욕을 촉진할 수 있다.

② 책임을 초과하는 형벌을 가능하게 하는 문제가 있다.

③ 상대적 부정기형은 죄형법정주의에 반한다.

④ 「소년법」은 부정기형을 선고할 수 있도록 규정하고 있다.

해설

③ [×] 죄형법정주의는 범죄와 형벌을 확정하여 법정화하는 원칙이므로 형기를 일정하게 하지 않고 선고하는 부정기형을 금지함이 원칙이다(부정기형 금지의 원칙). 그러나 형벌이 범죄자를 교육 · 개선시켜서 다시 사회에 복귀하게 함을 목적으로 한다는 점을 고려한다면 특수한 범죄인, 예컨대 상습범 · 소년범에 대하여는 부정기형의 채용이 요구된다고 할 수 있다. 따라서 부정기형 금지의 원칙도 오늘날에 있어서 그 본래의 취지대로 유지될 수 없다고 할 것이나(부정기형 금지의 원칙의 수정), 형기를 전혀 확정하지 아니한 절대적 부정기형은 인권보장 및 죄형법정주의의 견지에서 허용되지 아니한다(상대적 부정기형의 인정).

① [○] 부정기형제도는 개선 목적의 달성에 적합하다고 볼 수 있다.

② [○] 부정기형제도는 행위 당시의 책임을 넘어서는 처벌을 가능하게 할 수 있다는 비판을 받는다.

④ [○] 「소년법」에서 소년범에 대해서만 상대적 부정기형을 인정하고 있다(「소년법」 제60조 제1항).

정답 ③

16 부정기형제도에 대한 설명으로 옳지 않은 것은?

22. 보호

① 부정기형은 범죄인의 개선에 필요한 기간을 판결선고시에 정확히 알 수 없기 때문에 형을 집행하는 단계에서 이를 고려한 탄력적 형집행을 위한 제도로 평가된다.

② 부정기형은 범죄자에 대한 위하효과가 인정되고, 수형자자치제도의 효과를 높일 수 있으며, 위험한 범죄자를 장기 구금하게 하여 사회방위에도 효과적이다.

③ 부정기형은 형벌개별화원칙에 반하고, 수형자의 특성에 따라서 수형기간이 달라지게 되는 문제점이 있으며, 교도관의 자의가 개입할 여지가 있고, 석방결정과정에서 적정절차의 보장이 결여될 위험이 있다.

④ 「소년법」 제60조 제1항은 "소년이 법정형으로 장기 2년 이상의 유기형에 해당되는 죄를 범한 경우에는 그 형의 범위 내에서 장기와 단기를 정하여 형을 선고하되, 장기는 10년, 단기는 5년을 초과하지 못한다."고 규정하여 상대적 부정기형제도를 채택하였다.

해설

③ [×] 부정기형은 개선 목적의 달성에 적합하므로 '형벌개별화원칙에 부합'한다고 평가된다.

① [○] 부정기형은 자유형을 선고할 때 형기를 확정하지 않는 것으로서, 형기는 형의 집행단계에서 결정된다. 부정기형의 필요성은 19세기 전반에 형벌의 목적을 범인의 개선 · 교육으로 보기 시작하면서 주장되었다.

② [○] 부정기형은 위험성이 있는 범죄인에게 형기의 부정기가 위하력을 발휘할 수 있고, 위험한 범죄자나 상습범을 장기간 사회로부터 격리할 수 있으며(사회방위), 수형자자치제도는 그 전제로서 부정기형제도의 활용이 필요하다(사회방위).

④ [○] 「소년법」 제60조 제1항

정답 ③

17 가석방의 요건에 관한 다음 설명에서 밑줄 친 부분에 들어갈 내용을 순서대로 바르게 적은 것은?

> 성인범은 무기에서는 20년, 유기에서는 형기의 ____을 경과한 후이어야 하며, 소년범의 무기형은 ____년, 15년의 유기형은 ____년, 부정기형은 단기의 ____을/를 경과하여야 한다.

① 3분의 1, 5, 3, 3분의 1
② 3분의 1, 3, 5, 3분의 2
③ 3분의 1, 3, 5, 3분의 2
④ 3분의 2, 5, 2, 3분의 1

해설

① [○] 「형법」 제72조 제1항 및 「소년법」 제65조 참조

> 「형법」 제72조 【가석방의 요건】 ① 징역이나 금고의 집행 중에 있는 사람이 행상이 양호하여 뉘우침이 뚜렷한 때에는 무기형은 20년, 유기형은 형기의 3분의 1이 지난 후 행정처분으로 가석방을 할 수 있다.
>
> 「소년법」 제65조 【가석방】 징역 또는 금고를 선고받은 소년에 대하여는 다음 각 호의 기간이 지나면 가석방을 허가할 수 있다.
> 1. 무기형의 경우에는 5년
> 2. 15년 유기형의 경우에는 3년
> 3. 부정기형의 경우에는 단기의 3분의 1

정답 ①

18 선고유예와 가석방제도에 대한 설명으로 옳은 것은? 13. 교정

① 선고유예와 가석방 모두 법원의 재량으로 결정할 수 있다.
② 선고유예와 가석방 모두 자격정지 이상의 형을 받은 전과가 없어야 한다.
③ 선고유예나 가석방시 사회봉사를 명할 수 있다.
④ 선고유예의 경우는 유예기간이 경과하면, 전과가 남지 않는 것이 가석방의 경우와 다르다.

해설

④ [○] 선고유예의 기간(2년)이 경과하면 면소된 것으로 간주되므로(「형법」 제60조) 전과가 남지 않으나(유죄판결이 존재하지 않는다는 의미로 해석), 가석방의 기간이 경과하면 형의 집행을 종료한 것으로 간주되므로(「형법」 제76조 제1항) 전과로 남게 된다.

① [×] 선고유예는 법원의 재량이지만(「형법」 제59조 제1항 참조), 가석방은 행정기관의 재량이다(「형법」 제72조 제1항 참조).

② [×] 선고유예는 자격정지 이상의 형을 받은 전과가 없을 것을 요건으로 하지만(「형법」 제59조 제1항 참조), 가석방은 이와 같은 요건을 요하지 않는다(「형법」 제72조 제1항 참조).

③ [×] 선고유예나 가석방은 보호관찰에 관한 규정만 있으며 사회봉사명령을 부과할 수는 없다(「형법」 제59조의2 제1항, 제73조의2 제2항 참조).

> 제59조 【선고유예의 요건】 ① 1년 이하의 징역이나 금고, 자격정지 또는 벌금의 형을 선고할 경우에 제51조의 사항을 고려하여 뉘우치는 정상이 뚜렷할 때에는 그 형의 선고를 유예할 수 있다. 단, 자격정지 이상의 형을 받은 전과가 있는 사람에 대해서는 예외로 한다.
>
> 제59조의2 【보호관찰】 ① 형의 선고를 유예하는 경우에 재범방지를 위하여 지도 및 원호가 필요한 때에는 보호관찰을 받을 것을 명할 수 있다.
>
> 제60조 【선고유예의 효과】 형의 선고유예를 받은 날로부터 2년을 경과한 때에는 면소된 것으로 간주한다.
>
> 제72조 【가석방의 요건】 ① 징역이나 금고의 집행 중에 있는 사람이 행상이 양호하여 뉘우침이 뚜렷한 때에는 무기형은 20년, 유기형은 형기의 3분의 1이 지난 후 행정처분으로 가석방을 할 수 있다.
>
> 제73조의2 【가석방의 기간 및 보호관찰】 ② 가석방된 자는 가석방기간 중 보호관찰을 받는다. 다만, 가석방을 허가한 행정관청이 필요가 없다고 인정한 때에는 그러하지 아니하다.
>
> 제76조 【가석방의 효과】 ① 가석방의 처분을 받은 후 그 처분이 실효 또는 취소되지 아니하고 가석방기간을 경과한 때에는 형의 집행을 종료한 것으로 본다.

정답 ④

19 선고유예 및 가석방에 대한 설명으로 옳지 않은 것은? (다툼이 있는 경우 판례에 의함) 21. 보호

① 선고유예 판결에서도 그 판결 이유에서는 선고형을 정해 놓아야 하고, 그 형이 벌금형일 경우에는 벌금액뿐만 아니라 환형유치처분까지 해 두어야 한다.

② 형의 집행유예의 선고가 실효 또는 취소됨이 없이 정해진 유예기간을 경과하여 형의 선고가 효력을 잃게 되었더라도, 이는 선고유예 결격사유인 자격정지 이상의 형을 받은 전과가 있는 경우에 해당한다.

③ 형기에 산입된 판결선고전 구금일수는 가석방에 있어 집행을 경과한 기간에 산입한다.

④ 사형을 무기징역으로 특별감형한 경우, 사형집행 대기기간을 처음부터 무기징역을 받은 경우와 동일하게 가석방요건 중의 하나인 형의 집행기간에 산입할 수 있다.

해설

④ [×] 대결 1991.3.4, 90모59

> 사형이 무기징역으로 특별감형된 경우 구금된 사형집행대기기간을 처음부터 무기징역을 받은 경우와 동일하게 가석방요건 중의 하나인 형의 집행기간에 산입할 것인지 여부(소극) - 사형집행을 위한 구금은 미결구금도 아니고 형의 집행기간도 아니며 특별감형은 형을 변경하는 효과만 있을 뿐이고 이로 인하여 형의 선고에 의한 기성의 효과는 변경되지 아니하므로 사형이 무기징역으로 특별감형된 경우 사형의 판결확정일에 소급하여 무기징역형이 확정된 것으로 보아 무기징역형의 형기 기산일을 사형의 판결 확정일로 인정할 수도 없고 사형집행대기 기간이 미결구금이나 형의 집행기간으로 변경된다고 볼 여지도 없으며, 또한 특별감형은 수형 중의 행장의 하나인 사형집행 대기기간까지를 참작하여 되었다고 볼 것이므로 사형집행 대기기간을 처음부터 무기징역을 받은 경우와 동일하게 가석방요건 중의 하나인 형의 집행기간에 다시 산입할 수는 없다(대결 1991.3.4, 90모59).

① [○] 대판 2015.1.29, 2014도15120

> 「형법」 제59조에 의하여 형의 선고를 유예하는 판결을 할 경우에도 선고가 유예된 형에 대한 판단을 하여야 하므로, 선고유예 판결에서도 그 판결 이유에서는 선고형을 정해 놓아야 하고 그 형이 벌금형일 경우에는 벌금액뿐만 아니라 환형유치처분까지 해 두어야 한다(대판 2015.1.29, 2014도15120).

② [○] 대판 2003.12.26, 2003도3768

> 「형법」 제59조 제1항 단행에서 정한 '자격정지 이상의 형을 받은 전과'라 함은 자격정지 이상의 형을 선고받은 범죄경력 자체를 의미하는 것이고, 그 형의 효력이 상실된 여부는 묻지 않는 것으로 해석함이 상당하다고 할 것이고, 따라서 형의 집행유예를 선고받은 자는 「형법」 제65조에 의하여 그 선고가 실효 또는 취소됨이 없이 정해진 유예 기간을 무사히 경과하여 형의 선고가 효력을 잃게 되었다고 하더라도 형의 선고의 법률적 효과가 없어진다는 것일 뿐, 형의 선고가 있었다는 기왕의 사실 자체까지 없어지는 것은 아니므로, 「형법」 제59조 제1항 단행에서 정한 선고유예 결격사유인 '자격정지 이상의 형을 받은 전과가 있는 자'에 해당한다고 보아야 한다(대판 2003.12.26, 2003도3768).

③ [○] 「형법」 제73조 제1항

정답 ④

20 「형법」상 가석방제도에 대한 설명으로 옳은 것은?

20. 보호

① 형기에 산입된 판결선고전 구금의 일수는 가석방에 있어서 집행을 경과한 기간에 산입하지 아니한다.
② 가석방의 기간은 무기형에 있어서는 20년으로 하고, 유기형에 있어서는 남은 형기로 하되, 그 기간은 10년을 초과할 수 없다.
③ 징역 또는 금고의 집행 중에 있는 자가 그 행상이 양호하여 뉘우침이 뚜렷한 때에는 무기에 있어서는 10년, 유기에 있어서는 형기의 2분의 1을 경과한 후 행정처분으로 가석방을 할 수 있다.
④ 가석방의 처분을 받은 자가 감시에 관한 규칙을 위배하거나, 보호관찰의 준수사항을 위반하고 그 정도가 무거운 때에는 가석방처분을 취소할 수 있다.

해설

④ [○] 「형법」 제75조
① [×] 집행을 경과한 기간에 '산입한다'(「형법」 제73조 제1항).

> 제73조 【판결선고전 구금과 가석방】 ① 형기에 산입된 판결선고 전 구금일수는 가석방을 하는 경우 집행한 기간에 산입한다.

② [×] 무기형에 있어서는 '10년'으로 한다(「형법」 제73조의2 제1항).

> 제73조의2 【가석방의 기간 및 보호관찰】 ① 가석방의 기간은 무기형에 있어서는 10년으로 하고, 유기형에 있어서는 남은 형기로 하되, 그 기간은 10년을 초과할 수 없다.

③ [×] 무기에 있어서는 '20년', 유기에 있어서는 형기의 '3분의 1'을 경과한 후 행정처분으로 가석방을 할 수 있다(「형법」 제72조 제1항).

> 제72조 【가석방의 요건】 ① 징역이나 금고의 집행 중에 있는 사람이 행상이 양호하여 뉘우침이 뚜렷한 때에는 무기형은 20년, 유기형은 형기의 3분의 1이 지난 후 행정처분으로 가석방을 할 수 있다.

정답 ④

21 가석방 제도에 대한 설명으로 가장 옳은 것은?

22. 해경간부

① 가석방된 자가 보호관찰의 준수사항을 위반한 때에는 가석방처분을 취소하여야 한다.
② 가석방은 특별예방보다는 일반예방을 중시하는 제도이다.
③ 가석방처분이 취소된 경우에도 가석방중의 일수는 형기에 산입할 수 있다.
④ 가석방된 자는 가석방기간 중 보호관찰을 받는다. 다만, 가석방을 허가한 행정관청이 필요가 없다고 인정한 때에는 그러하지 아니하다.

해설

④ [○] 「형법」 제73조의2 제2항
① [×] 가석방 처분을 취소'할 수 있다'(→ 임의적 취소)(「형법」 제75조).

> 제75조 【가석방의 취소】 가석방의 처분을 받은 자가 감시에 관한 규칙을 위배하거나, 보호관찰의 준수사항을 위반하고 그 정도가 무거운 때에는 가석방 처분을 취소할 수 있다(→ 임의적 취소).

② [×] 가석방은 수형자의 사회복귀를 위한 자발적 · 적극적 노력을 촉진시키는 '특별예방사상을 실현'하는 제도이다.
③ [×] 가석방이 취소된 경우에는 가석방 중의 일수는 형기에 산입하지 아니한다(「형법」 제76조 제2항).

> 제76조 【가석방의 효과】 ② 전2조의 경우(→ 가석방의 실효 · 취소)에는 가석방 중의 일수는 형기에 산입하지 아니한다.

정답 ④

22 「가석방자관리규정」상 가석방자의 관리에 대한 설명으로 옳은 것만을 모두 고르면? 22. 교정

ㄱ. 교정시설의 장은 가석방이 허가된 사람에게 가석방의 취소 및 실효사유와 가석방자로서 지켜야 할 사항 등을 알리고, 주거지에 도착할 기한 및 관할경찰서에 출석할 기한 등을 적은 가석방증을 발급하여야 한다.
ㄴ. 가석방자는 가석방증에 적힌 기한 내에 관할경찰서에 출석하여 출석확인과 동시에 종사할 직업 등 생활계획을 세워 이를 관할경찰서의 장에게 서면으로 신고하여야 한다.
ㄷ. 관할경찰서의 장은 변동사항이 없는 경우를 제외하고, 6개월마다 가석방자의 품행 등에 관하여 조사서를 작성하고 관할 지방검찰청의 장 및 가석방자를 수용하였다가 석방한 교정시설의 장에게 통보하여야 한다.
ㄹ. 가석방자가 1개월 이상 국내 및 국외 여행 후 귀국하여 주거지에 도착한 때에는 관할경찰서의 장에게 신고하여야 한다.

① ㄱ, ㄴ　　② ㄱ, ㄷ
③ ㄴ, ㄹ　　④ ㄷ, ㄹ

해설

ㄱ. [○] 「가석방자관리규정」 제4조 제2항

> 제4조 【가석방 사실의 통보】 ② 교정시설의 장은 가석방이 허가된 사람에게 가석방의 취소 및 실효사유와 가석방자로서 지켜야 할 사항 등을 알리고, 주거지에 도착할 기한 및 관할경찰서에 출석할 기한 등을 적은 가석방증을 발급하여야 한다.

ㄴ. [×] 가석방자는 가석방증에 적힌 기한 내에 관할경찰서에 출석하여 가석방증에 출석확인을 받아야 하나(「가석방자관리규정」 제5조 참조), '주거지에 도착하였을 때 지체 없이' 종사할 직업 등 생활계획을 세우고 이를 관할경찰서의 장에게 서면으로 신고하여야 한다(「가석방자관리규정」 제6조 제1항 참조).

> 제5조 【가석방자의 출석의무】 가석방자는 제4조 제2항에 따른 가석방증에 적힌 기한 내에 관할경찰서에 출석하여 가석방증에 출석확인을 받아야 한다. 다만, 천재지변, 질병, 그 밖의 부득이한 사유로 기한 내에 출석할 수 없거나 출석하지 아니하였을 때에는 지체 없이 그 사유를 가장 가까운 경찰서의 장에게 신고하고 별지 제1호서식의 확인서를 받아 관할경찰서의 장에게 제출하여야 한다.
>
> 제6조 【가석방자의 신고의무】 ① 가석방자는 그의 주거지에 도착하였을 때에는 지체 없이 종사할 직업 등 생활계획을 세우고 이를 관할경찰서의 장에게 서면으로 신고하여야 한다.

ㄷ. [○] 「가석방자관리규정」 제8조

> 제8조 【가석방자에 대한 조사】 관할경찰서의 장은 6개월마다 가석방자의 품행, 직업의 종류, 생활 정도, 가족과의 관계, 가족의 보호 여부 및 그 밖의 참고사항에 관하여 조사서를 작성하고 관계기관의 장에게 통보하여야 한다. 다만, 변동 사항이 없는 경우에는 그러하지 아니하다.

ㄹ. [×] 가석방자가 1개월 이상 국내여행이나 국외여행을 하려는 경우에는 관할경찰서의 장에게 신고하여야 하나(「가석방자관리규정」 제10조 제1항, 제13조 제1항 참조), 국외 여행을 한 가석방자는 귀국하여 주거지에 도착하였을 때에는 지체 없이 그 사실을 관할경찰서의 장에게 신고하여야 하는 것(제16조 참조)과 달리, 국내여행 후 주거지에 도착하였을 때 신고의무는 규정되어 있지 않다.

> 제10조 【국내 주거지 이전 및 여행】 ① 가석방자는 국내 주거지 이전(移轉) 또는 1개월 이상 국내 여행(이하 "국내주거지 이전등"이라 한다)을 하려는 경우 관할경찰서의 장에게 신고하여야 한다.
>
> 제13조 【국외 이주 및 여행】 ① 가석방자는 국외 이주 또는 1개월 이상 국외 여행(이하 "국외 이주등"이라 한다)을 하려는 경우 관할경찰서의 장에게 신고하여야 한다.
>
> 제16조 【국외 여행자의 귀국신고】 국외 여행을 한 가석방자는 귀국하여 주거지에 도착하였을 때에는 지체 없이 그 사실을 관할경찰서의 장에게 신고하여야 한다. 국외 이주한 가석방자가 입국하였을 때에도 또한 같다.

정답 ②

23 甲, 乙, 丙, 丁중 가석방의 대상이 될 수 있는 수형자는? 12. 교정

> • 성년인 甲은 15년의 유기징역을 선고받고 6년을 경과하였고, 병과하여 받은 벌금의 3분의 2를 납입하였다.
> • 성년인 乙은 무기징역을 선고받고, 16년을 경과하였다.
> • 현재 18세 소년인 丙은 15년 유기징역을 선고받고, 3년을 경과하였다.
> • 현재 18세 소년인 丁은 장기 9년, 단기 3년의 부정기형을 선고받고, 2년을 경과하였다.

① 甲, 乙　　② 乙, 丙
③ 甲, 丁　　④ 丙, 丁

해설

④ [○] 甲과 乙은 성년이므로 「형법」의 적용을 받는다(제72조). 甲은 유기징역(15년)의 선고를 받고 형기의 3분의 1을 경과(6년)하였으나, 병과된 벌금을 완납하지 아니하였으므로 가석방의 대상이 될 수 없다. 乙은 무기징역을 선고받고 20년을 경과하지 아니하여 가석방의 대상이 될 수 없다. 丙과 丁은 19세 미만의 소년이므로 「소년법」의 적용을 받는다(제65조). 丙은 15년의 유기징역을 선고받고 3년을 경과하여 가석방의 대상이 될 수 있다. 丁은 상대적 부정기형을 선고받고 단기(3년)의 3분의 1을 이미 경과(2년)하였으므로 가석방의 대상이 될 수 있다.

> 「형법」
> 제72조 【가석방의 요건】 ① 징역 또는 금고의 집행 중에 있는 사람이 행상이 양호하여 뉘우침이 뚜렷한 때에는 무기형은 20년, 유기형은 형기의 3분의 1을 지난 후 행정처분으로 가석방을 할 수 있다.
> ② 제1항의 경우에 벌금이나 과료가 병과되어 있는 때에는 그 금액을 완납하여야 한다.
> 제73조 【판결선고 전 구금과 가석방】 ① 형기에 산입된 판결선고 전 구금일수는 가석방을 하는 경우 집행한 기간에 산입한다.
> ② 제72조 제2항의 경우에 벌금이나 과료에 관한 노역장 유치기간에 산입된 판결선고 전 구금일수는 그에 해당하는 금액이 납입된 것으로 본다.
>
> 「소년법」
> 제65조 【가석방】 징역 또는 금고를 선고받은 소년에 대하여는 다음 각 호의 기간이 지나면 가석방을 허가할 수 있다.
> 1. 무기형의 경우에는 5년
> 2. 15년 유기형의 경우에는 3년
> 3. 부정기형의 경우에는 단기의 3분의 1

정답 ④

24 「형법」상 보호관찰제도에 대한 설명으로 옳지 않은 것은? 16. 보호

① 형의 선고를 유예하는 경우에 재범방지를 위하여 지도 및 원호가 필요한 때에는 보호관찰을 받을 것을 명할 수 있으며, 이 경우 보호관찰의 기간은 1년 이내의 범위에서 법원이 정한다.

② 보호관찰을 명한 선고유예를 받은 자가 보호관찰기간 중에 준수사항을 위반하고 그 정도가 무거운 때에는 법원은 유예한 형을 선고할 수 있다.

③ 형의 집행을 유예하는 경우에 보호관찰을 받을 것을 명할 수 있으며, 이 경우 보호관찰의 기간은 원칙적으로 집행을 유예한 기간으로 하되, 다만 법원은 유예기간의 범위 내에서 보호관찰기간을 따로 정할 수 있다.

④ 가석방된 자는 가석방을 허가한 행정관청이 필요 없다고 인정한 때가 아닌 한 가석방기간 중 보호관찰을 받는다.

해설

① [×] 보호관찰의 기간은 '1년'으로 한다(「형법」 제59조의2 제1항 · 제2항).

> 제59조의2 【보호관찰】 ① 형의 선고를 유예하는 경우에 재범방지를 위하여 지도 및 원호가 필요한 때에는 보호관찰을 받을 것을 명할 수 있다(→ 임의적 보호관찰).
> ② 제1항의 규정에 의한 보호관찰의 기간은 1년으로 한다.

② [○] 임의적 실효(「형법」 제61조 제2항 참조)

> 제61조 【선고유예의 실효】 ① 형의 선고유예를 받은 자가 유예기간 중 자격정지 이상의 형에 처한 판결이 확정되거나 자격정지 이상의 형에 처한 전과가 발견된 때에는 유예한 형을 선고한다(→ 필요적 실효).
> ② 제59조의2의 규정에 의하여 보호관찰을 명한 선고유예를 받은 자가 보호관찰기간 중에 준수사항을 위반하고 그 정도가 무거운 때에는 유예한 형을 선고할 수 있다(→ 임의적 실효).

③ [○] 「형법」 제62조의2 제1항 · 제2항 참조

> 제62조의2 【보호관찰, 사회봉사 · 수강명령】 ① 형의 집행을 유예하는 경우에는 보호관찰을 받을 것을 명하거나 사회봉사 또는 수강을 명할 수 있다.
> ② 제1항의 규정에 의한 보호관찰의 기간은 집행을 유예한 기간으로 한다. 다만, 법원은 유예기간의 범위 내에서 보호관찰기간을 정할 수 있다.

④ [○] 「형법」 제73조의2 제2항 참조

> 제73조의2 【가석방의 기간 및 보호관찰】 ② 가석방된 자는 가석방기간 중 보호관찰을 받는다. 다만, 가석방을 허가한 행정관청이 필요가 없다고 인정한 때에는 그러하지 아니하다(→ 필요적 보호관찰, 예외 有).

정답 ①

제5절 | 재산형제도

25 벌금형에 관한 설명 중 옳지 않은 것은?

① 벌금형의 형벌효과적 공평성을 증대시키기 위해서는 일수벌금제보다는 총액벌금제가 유리한 제도이다.
② 단기자유형의 폐단을 보완할 수 있다는 점은 벌금형의 장점이다.
③ 벌금에 대한 범죄인의 공동연대책임은 인정되지 않는다.
④ 현행법상 5만원 미만의 벌금도 선고될 수 있다.

해설

① [×] 일수벌금제도란 범행의 경중에 따라 일수를 먼저 정하고 일수정액은 피고인의 경제사정을 고려하여 별도로 정하는 개선된 벌금형제도이다. 일수벌금제도는 행위자의 경제상태 내지 지불능력을 고려하여 벌금형을 개별화함으로써 그 효과를 극대화하기 위한 목적을 가지고 있다.

정답 ①

26 「형법」상 벌금에 대한 설명으로 옳지 않은 것은? (다툼이 있는 경우 판례에 의함)

23. 보호 7급

① 벌금을 감경하는 경우에는 5만 원 미만으로 할 수 있다.
② 벌금을 선고하는 재판이 확정된 후 그 집행을 받지 아니하고 5년이 지나면 형의 시효가 완성된다.
③ 60억 원의 벌금을 선고하면서 이를 납입하지 아니하는 경우의 노역장 유치기간을 700일로 정할 수 있다.
④ 「형법」 제55조 제1항 제6호의 벌금을 감경할 때의 '다액의 2분의 1'이라는 문구는 '금액의 2분의 1'을 뜻하므로 그 상한과 함께 하한도 감경되는 것으로 해석하여야 한다.

해설

③ [×] 선고하는 벌금이 50억 원 이상인 경우에는 '1천일 이상'의 노역장 유치기간을 정하여야 한다(「형법」 제70조 제2항).

> 제70조 【노역장유치】 ② 선고하는 벌금이 1억 원 이상 5억 원 미만인 경우에는 300일 이상, 5억 원 이상 50억 원 미만인 경우에는 500일 이상, 50억 원 이상인 경우에는 1천일 이상의 노역장 유치기간을 정하여야 한다.

① [○] 「형법」 제45조 단서

> 제45조 【벌금】 벌금은 5만 원 이상으로 한다. 다만, 감경하는 경우에는 5만 원 미만으로 할 수 있다.

② [○] 「형법」 제78조 제6호

> 제78조 【형의 시효의 기간】 시효는 형을 선고하는 재판이 확정된 후 그 집행을 받지 아니하고 다음 각 호의 구분에 따른 기간이 지나면 완성된다.
> 1. 삭제(← 사형: 30년)
> 2. 무기의 징역 또는 금고: 20년
> 3. 10년 이상의 징역 또는 금고: 15년
> 4. 3년 이상의 징역이나 금고 또는 10년 이상의 자격정지: 10년
> 5. 3년 미만의 징역이나 금고 또는 5년 이상의 자격정지: 7년(← 5년)
> 6. 5년 미만의 자격정지, 벌금, 몰수 또는 추징: 5년(← 3년)
> 7. 구류 또는 과료: 1년

④ [○] 「형법」 제55조 제1항 제6호의 벌금을 감경할 때의 '다액'의 2분의 1이라는 문구는 '금액'의 2분의 1이라고 해석하여 그 상한과 함께 하한도 2분의 1로 내려가는 것으로 해석하여야 한다(대판 1978.4.25, 78도246 전합).

정답 ③

27 일수벌금제에 관한 설명 중 옳은 것은?

① 벌금액을 일정기간 동안 매일 나누어 납부하는 제도를 뜻한다.

② 1995년의 형법개정시 우리나라에 도입되었다.

③ 범행의 경중에 따라 일정액(日定額)을 정하고, 피고인의 재산정도에 따라 일수(日數)를 정한 다음 일수에 일정액을 곱하여 벌금액을 산정한다.

④ 행위자의 경제력 차이에 따른 벌금형의 위하력 차이를 최소화하려는 제도이다.

해설

④ [○] 일수벌금제도란 범행의 경중에 따라 일수를 먼저 정하고 일수정액은 피고인의 경제사정을 고려하여 별도로 정하는 개선된 벌금형제도이다. 일수벌금제도는 행위자의 경제상태 내지 지불능력을 고려하여 벌금형을 개별화함으로써 그 효과를 극대화하기 위한 목적을 가지고 있다.

정답 ④

28 「형법」상 벌금과 과료에 대한 설명으로 옳지 않은 것은?

19. 교정

① 벌금은 5만원 이상으로 하되 감경하는 경우에는 5만원 미만으로 할 수 있으며, 과료는 2천원 이상 5만원 미만으로 한다.

② 벌금과 과료는 판결확정일로부터 30일 내에 납입하여야 한다. 단, 벌금 또는 과료를 선고할 때에는 동시에 그 금액을 완납할 때까지 노역장에 유치할 것을 명할 수 있다.

③ 선고하는 벌금이 1억원 이상 5억원 미만인 경우에는 300일 이상, 5억원 이상 50억원 미만인 경우에는 500일 이상, 50억원 이상인 경우에는 1,000일 이상의 유치기간을 정하여야 한다.

④ 벌금을 납입하지 아니한 자는 1일 이상 3년 이하, 과료를 납입하지 아니한 자는 1일 이상 30일 미만의 기간 노역장에 유치하여 작업에 복무하게 한다.

해설

② [×] '벌금'을 선고할 때에는 동시에 그 금액을 완납할 때까지 노역장에 유치할 것을 명할 수 있다(「형법」 제69조 제1항 단서). 따라서 '과료'를 선고할 때에는 동시에 완납시까지 노역장유치를 명할 수 없다.

> 제69조 【벌금과 과료】 ① 벌금과 과료는 판결확정일로부터 30일 내에 납입하여야 한다. 단, 벌금을 선고할 때에는 동시에 그 금액을 완납할 때까지 노역장에 유치할 것을 명할 수 있다.

① [○] 「형법」 제45조, 제47조

> 제45조 【벌금】 벌금은 5만원 이상으로 한다. 다만, 감경하는 경우에는 5만원 미만으로 할 수 있다.
> 제47조 【과료】 과료는 2천원 이상 5만원 미만으로 한다.

③ [○] 「형법」 제70조 제2항

> 제70조 【노역장유치】 ② 선고하는 벌금이 1억원 이상 5억원 미만인 경우에는 300일 이상, 5억원 이상 50억원 미만인 경우에는 500일 이상, 50억원 이상인 경우에는 1천일 이상의 노역장 유치기간을 정하여야 한다.

④ [○] 「형법」 제69조 제2항

> 제69조 【벌금과 과료】 ② 벌금을 납입하지 아니한 자는 1일 이상 3년 이하, 과료를 납입하지 아니한 자는 1일 이상 30일 미만의 기간 노역장에 유치하여 작업에 복무하게 한다.

정답 ②

29 벌금형의 특성에 대한 설명으로 옳지 않은 것은?

14. 교정

① 제3자의 대납이 허용되지 않는다.

② 국가에 대한 채권과 상계가 허용된다.

③ 공동연대책임이 허용되지 않는다.

④ 벌금은 범죄인의 사망으로 소멸된다.

해설

② [×] 벌금은 범죄자가 국가에 대해 채권을 가지고 있는 경우에도 상계될 수 없다(상계 금지).

① [○] 재산형은 범죄인 자신에게 속하는 것으로서, 벌금 등을 제3자가 대납하는 것이 허용되지 않는다(일신전속성).

③ [○] 다수인이 함께 벌금형을 선고받은 경우에도 각 개인이 국가에 대해 벌금을 납부하여야 하며 공동연대책임을 지는 것은 아니다(개별책임원칙).

④ [○] 벌금납부의무는 상속되지 않음이 원칙이다(비상속성).

정답 ②

30 벌금형에 대한 설명으로 옳은 것은?

13. 교정

① 벌금은 판결확정일로부터 90일 내에 납입하여야 하며, 벌금을 선고할 때에는 동시에 그 금액을 완납할 때까지 노역장에 유치할 것을 명할 수 있다.

② 벌금형의 형의 시효는 3년이며, 강제처분을 개시함으로 인하여 시효의 중단이 이루어진다.

③ 환형유치기간은 1일 10만원을 기준으로 환산한 벌금액에 상응하는 일수이며, 유치기간의 상한은 없다.

④ 500만원 미만의 벌금형이 확정된 벌금 미납자는 노역장유치를 대신하여 사회봉사 신청을 할 수 있다.

해설

④ [○] 「벌금 미납자의 사회봉사 집행에 관한 특례법」 제4조 제1항, 동법 시행령 제2조 참조

> 제4조【사회봉사의 신청】① 대통령령으로 정한 금액(→ 500만 원) 범위 내의 벌금형이 확정된 벌금 미납자는 검사의 납부명령일부터 30일 이내에 주거지를 관할하는 지방검찰청(지방검찰청지청을 포함)의 검사에게 사회봉사를 신청할 수 있다. 다만, 검사로부터 벌금의 일부납부 또는 납부연기를 허가받은 자는 그 허가기한 내에 사회봉사를 신청할 수 있다.
>
> 시행령 제2조【사회봉사의 신청과 벌금액】「벌금 미납자의 사회봉사 집행에 관한 특례법」 제4조 제1항 본문에 따른 벌금형의 금액은 500만원으로 한다.

① [×] 판결확정일로부터 '30일' 내에 납입하여야 한다(「형법」 제69조 제1항 참조).

> 제69조【벌금과 과료】① 벌금과 과료는 판결확정일로부터 30일 내에 납입하여야 한다. 단, 벌금을 선고할 때에는 동시에 그 금액을 완납할 때까지 노역장에 유치할 것을 명할 수 있다.

② [×] 벌금형의 시효는 '5년'이다(「형법」 제78조, 제80조 참조).

> 제78조【형의 시효의 기간】시효는 형을 선고하는 재판이 확정된 후 그 집행을 받지 아니하고 다음 각 호의 구분에 따른 기간이 지나면 완성된다.
> 1. 사형: 30년
> 2. 무기의 징역 또는 금고: 20년
> 3. 10년 이상의 징역 또는 금고: 15년
> 4. 3년 이상의 징역이나 금고 또는 10년 이상의 자격정지: 10년
> 5. 3년 미만의 징역이나 금고 또는 5년 이상의 자격정지: 7년(←5년)
> 6. 5년 미만의 자격정지, 벌금, 몰수 또는 추징: 5년(←3년)
> 7. 구류 또는 과료: 1년
>
> 제80조【시효의 중단】시효는 사형, 징역, 금고와 구류에 있어서는 수형자를 체포함으로, 벌금, 과료, 몰수와 추징에 있어서는 강제처분을 개시함으로 인하여 중단된다.

③ [×] 현재 환형유치의 기준은 벌금 1억원 미만 선고 사건의 경우 1일 '10만원'으로 하고, 1억원을 초과할 경우에는 벌금액의 1000분의 1이다. 단, 벌금 1억원 미만 선고사건에서도 「형법」 제51조에 규정된 양형 조건을 참작해 사안에 따라 1일 50만원 범위 내에서 적정하고 합리적인 노역장 유치기간을 산정할 수 있도록 한다. 벌금미납시 환형유치(노역장유치)기간은 '1일 이상 3년 이하'이다(「형법」 제69조 제2항).

> 제69조 【벌금과 과료】 ② 벌금을 납입하지 아니한 자는 1일 이상 3년 이하, 과료를 납입하지 아니한 자는 1일 이상 30일 미만의 기간 노역장에 유치하여 작업에 복무하게 한다.

정답 ④

31 벌금형에 대한 설명으로 옳은 것은?

14. 보호

① 벌금은 판결확정일로부터 30일 이내에 납입하여야 하고, 벌금을 납입하지 아니한 자는 1년 이상 3년 이하의 기간 동안 노역장에 유치하여 작업에 복무하게 한다.

② 벌금은 상속이 되지 않으나 몰수 또는 조세, 전매 기타 공과에 관한 법령에 의하여 벌금의 재판을 받은 자가 재판확정 후 사망한 경우에는 그 상속재산에 관하여 집행할 수 있다.

③ 벌금형의 확정판결을 선고받은 자는 법원의 허가를 받아 벌금을 분할납부하거나 납부를 연기받을 수 있다.

④ 500만원 이하의 벌금형이 확정된 벌금 미납자는 검사의 허가를 받아 사회봉사를 할 수 있고, 이 경우 사회봉사시간에 상응하는 벌금액을 낸 것으로 본다.

해설

② [○] 벌금납부의무는 상속되지 않음이 원칙이나(비상속성), 예외가 있다(「형사소송법」 제478조, 제479조 참조).

> 제478조 【상속재산에 대한 집행】 몰수 또는 조세, 전매 기타 공과에 관한 법령에 의하여 재판한 벌금 또는 추징은 그 재판을 받은 자가 재판확정 후 사망한 경우에는 그 상속재산에 대하여 집행할 수 있다.
>
> 제479조 【합병 후 법인에 대한 집행】 법인에 대하여 벌금, 과료, 몰수, 추징, 소송비용 또는 비용배상을 명한 경우에 법인이 그 재판확정 후 합병에 의하여 소멸한 때에는 합병 후 존속한 법인 또는 합병에 의하여 설립된 법인에 대하여 집행할 수 있다.

① [×] '1일 이상' 3년 이하의 기간 노역장에 유치하여 작업에 복무하게 한다(「형법」 제69조 제1항·제2항 참조).

> 제69조 【벌금과 과료】 ① 벌금과 과료는 판결확정일로부터 30일 내에 납입하여야 한다. 단, 벌금을 선고할 때에는 동시에 그 금액을 완납할 때까지 노역장에 유치할 것을 명할 수 있다.
> ② 벌금을 납입하지 아니한 자는 1일 이상 3년 이하, 과료를 납입하지 아니한 자는 1일 이상 30일 미만의 기간 노역장에 유치하여 작업에 복무하게 한다.

③ [×] '검사의 허가'를 받아야 한다(「재산형 등에 관한 검찰 집행사무규칙」 제12조 제1항 참조).

> 제12조 【분할납부 등】 ① 납부의무자가 벌과금등의 분할납부 또는 납부연기를 받으려면 별지 제14호 서식에 따른 분할납부(납부연기) 신청서를 제출하여야 한다. 이 경우 재산형등 집행 사무 담당직원은 분할납부 또는 납부연기를 신청한 자가 다음 각 호(생략)의 어느 하나에 해당하는지를 조사한 후 관련 자료를 첨부하여 소속 과장을 거쳐 검사의 허가를 받아야 한다.

④ [×] 벌금 미납자가 검사에게 사회봉사를 신청하면(「벌금 미납자의 사회봉사 집행에 관한 특례법」 제4조 제1항), 검사는 법원에 사회봉사의 허가를 청구하여(「벌금 미납자의 사회봉사 집행에 관한 특례법」 제5조 제1항), '법원'이 그 허가 여부를 결정하고(「벌금 미납자의 사회봉사 집행에 관한 특례법」 제6조 제1항), 사회봉사를 이행한 경우에는 상응하는 벌금액을 낸 것으로 간주한다(「벌금 미납자의 사회봉사 집행에 관한 특례법」 제13조).

제4조 【사회봉사의 신청】 ① 대통령령으로 정한 금액(→ 500만원) 범위 내의 벌금형이 확정된 벌금 미납자는 검사의 납부명령일부터 30일 이내에 주거지를 관할하는 지방검찰청(지방검찰청지청을 포함한다. 이하 같다)의 검사에게 사회봉사를 신청할 수 있다. 다만, 검사로부터 벌금의 일부납부 또는 납부연기를 허가받은 자는 그 허가기한 내에 사회봉사를 신청할 수 있다.

제5조 【사회봉사의 청구】 ① 제4조 제1항의 신청을 받은 검사는 사회봉사 신청인(이하 "신청인"이라 한다)이 제6조 제2항 각 호의 요건에 해당하지 아니하는 때에는 법원에 사회봉사의 허가를 청구하여야 한다.

제6조 【사회봉사 허가】 ① 법원은 검사로부터 사회봉사 허가 청구를 받은 날부터 14일 이내에 벌금 미납자의 경제적 능력, 사회봉사 이행에 필요한 신체적 능력, 주거의 안정성 등을 고려하여 사회봉사 허가 여부를 결정한다. 다만, 제3항에 따른 출석 요구, 자료제출 요구에 걸리는 기간은 위 기간에 포함하지 아니한다.

제13조 【사회봉사 이행의 효과】 이 법에 따른 사회봉사를 전부 또는 일부 이행한 경우에는 집행한 사회봉사시간에 상응하는 벌금액을 낸 것으로 본다.

정답 ②

32 벌금미납자의 사회봉사에 대한 설명으로 옳은 것은? 12. 교정

① 법원으로부터 200만원의 벌금형을 선고받고 벌금을 완납할 때까지 노역장에 유치할 것을 명받은 사람은 지방검찰청의 검사에게 사회봉사를 신청할 수 있다.

② 검사는 납부능력확인을 위한 출석요구기간을 포함하여 피고인의 사회봉사신청일로부터 7일 이내에 사회봉사의 청구여부를 결정해야 한다.

③ 사회봉사신청을 기각하는 검사의 처분에 대해 불복하는 자는 사회봉사신청을 기각한 검사가 소속한 지방검찰청에 상응하는 법원에 이의신청을 할 수 있다.

④ 법원은 사회봉사를 허가하는 경우 벌금미납액에 의하여 계산된 노역장유치기간에 상응하는 사회봉사기간을 산정하되, 산정된 사회봉사기간 중 1시간 미만은 1시간으로 집행한다.

해설

③ [○] 사회봉사의 신청을 기각하는 검사의 처분에 대한 이의신청에 관하여는 「형사소송법」 제489조를 준용한다(「벌금 미납자의 사회봉사 집행에 관한 특례법」 제5조 제6항). 재판의 집행을 받은 자 또는 그 법정대리인이나 배우자는 집행에 관한 검사의 처분이 부당함을 이유로 재판을 선고한 법원에 이의신청을 할 수 있다(「형사소송법」 제489조).

① [×] 「형법」 제69조 제1항 단서에 따라 법원으로부터 벌금 선고와 동시에 벌금을 완납할 때까지 노역장에 유치할 것을 명받은 사람은 사회봉사를 신청할 수 없다(「벌금 미납자의 사회봉사 집행에 관한 특례법」 제4조 제2항 제2호 참조).

② [×] 검사는 신청일부터 7일 이내에 사회봉사의 청구 여부를 결정하여야 하지만, 신청인에 대한 출석 요구, 자료제출 요구에 걸리는 기간은 위 기간에 포함하지 아니한다(「벌금 미납자의 사회봉사 집행에 관한 특례법」 제5조 제4항 참조).

④ [×] 법원은 사회봉사를 허가하는 경우 벌금 미납액에 의하여 계산된 노역장 유치 기간에 상응하는 사회봉사시간을 산정하여야 한다. 다만, 산정된 사회봉사시간 중 1시간 미만은 집행하지 아니한다(「벌금 미납자의 사회봉사 집행에 관한 특례법」 제6조 제4항 참조).

정답 ③

33 벌금미납자의 사회봉사 집행에 대한 설명으로 옳지 않은 것으로만 묶인 것은? 13. 교정

> ㄱ. 법원으로부터 벌금선고와 동시에 벌금을 완납할 때까지 노역장에 유치할 것을 명받은 사람은 사회봉사를 신청할 수 없다.
> ㄴ. 벌금미납자의 사회봉사신청에 대하여 검사는 벌금미납자의 경제적 능력, 사회봉사 이행에 필요한 신체적 능력, 주거의 안정성 등을 고려하여 사회봉사 허가 여부를 결정한다.
> ㄷ. 신청인이 일정한 수입원이나 재산이 있어 벌금을 낼 수 있다고 판단되는 경우에는 사회봉사를 허가하지 아니한다.
> ㄹ. 사회봉사는 보호관찰관이 집행하며, 사회봉사 대상자의 성격, 사회경력, 범죄의 원인 및 개인적 특성을 고려하여 사회봉사의 집행분야를 정한다.
> ㅁ. 사회봉사는 원칙적으로 1일 9시간을 넘겨 집행할 수 없지만, 보호관찰관이 사회봉사의 내용상 연속집행의 필요성이 있다고 판단하는 경우에는 최대 14시간까지 집행할 수 있다.

① ㄱ, ㄷ　　② ㄴ, ㄹ
③ ㄴ, ㅁ　　④ ㄷ, ㅁ

해설

ㄱ. [○]「벌금 미납자의 사회봉사 집행에 관한 특례법」제4조 제2항 제2호 참조

> 제4조【사회봉사의 신청】② 제1항에도 불구하고 다음 각 호의 어느 하나에 해당하는 사람은 사회봉사를 신청할 수 없다.
> 1. 징역 또는 금고와 동시에 벌금을 선고받은 사람
> 2.「형법」제69조 제1항 단서에 따라 법원으로부터 벌금 선고와 동시에 벌금을 완납할 때까지 노역장에 유치할 것을 명받은 사람
> 3. 다른 사건으로 형 또는 구속영장이 집행되거나 노역장에 유치되어 구금 중인 사람
> 4. 사회봉사를 신청하는 해당 벌금에 대하여 법원으로부터 사회봉사를 허가받지 못하거나 취소당한 사람. 다만, 사회봉사 불허가 사유가 소멸한 경우에는 그러하지 아니하다.

ㄴ. [×] 벌금 미납자의 사회봉사 신청을 받은 검사는 제외사유(제4조 제2항)에 해당하지 아니하는 때에는 법원에 사회봉사의 허가를 청구하여야 하며, '법원'이 사회봉사 허가 여부를 결정한다(「벌금 미납자의 사회봉사 집행에 관한 특례법」제5조 제1항, 제6조 제1항 참조).

> 제5조【사회봉사의 청구】① 제4조 제1항의 신청(→ 벌금 미납자의 사회봉사 신청)을 받은 검사는 사회봉사 신청인(이하 "신청인"이라 한다)이 제6조 제2항 각 호의 요건에 해당하지 아니하는 때에는 법원에 사회봉사의 허가를 청구하여야 한다.
>
> 제6조【사회봉사 허가】① '법원'은 검사로부터 사회봉사 허가 청구를 받은 날부터 14일 이내에 벌금 미납자의 경제적 능력, 사회봉사 이행에 필요한 신체적 능력, 주거의 안정성 등을 고려하여 사회봉사 허가 여부를 결정한다. 다만, 제3항에 따른 출석 요구, 자료제출 요구에 걸리는 기간은 위 기간에 포함하지 아니한다.

ㄷ. [○]「벌금 미납자의 사회봉사 집행에 관한 특례법」제6조 제2항 참조

> 제6조【사회봉사 허가】② 다음 각 호의 어느 하나에 해당하는 경우에는 사회봉사를 허가하지 아니한다.
> 1. 제4조 제1항에 따른 벌금의 범위를 초과하거나 신청 기간이 지난 사람이 신청을 한 경우
> 2. 제4조 제2항에 따라 사회봉사를 신청할 수 없는 사람이 신청을 한 경우
> 3. 정당한 사유 없이 제3항에 따른 법원의 출석 요구나 자료제출 요구를 거부한 경우
> 4. 신청인이 일정한 수입원이나 재산이 있어 벌금을 낼 수 있다고 판단되는 경우
> 5. 질병이나 그 밖의 사유로 사회봉사를 이행하기에 부적당하다고 판단되는 경우

ㄹ. [○]「벌금 미납자의 사회봉사 집행에 관한 특례법」제9조 제1항, 제10조 제1항 참조

> 제9조【사회봉사의 집행담당자】① 사회봉사는 보호관찰관이 집행한다. 다만, 보호관찰관은 그 집행의 전부 또는 일부를 국공립기관이나 그 밖의 단체 또는 시설의 협력을 받아 집행할 수 있다.
>
> 제10조【사회봉사의 집행】① 보호관찰관은 사회봉사 대상자의 성격, 사회경력, 범죄의 원인 및 개인적 특성 등을 고려하여 사회봉사의 집행분야를 정하여야 한다.

ㅁ. [×] 최대 '13시간'까지 집행할 수 있다(「벌금 미납자의 사회봉사 집행에 관한 특례법」 제10조 제2항, 동법 시행령 제8조 제2항 참조).

> 제10조 【사회봉사의 집행】 ② 사회봉사는 1일 9시간을 넘겨 집행할 수 없다. 다만, 사회봉사의 내용상 연속집행의 필요성이 있어 보호관찰관이 승낙하고 사회봉사 대상자가 분명히 동의한 경우에만 연장하여 집행할 수 있다.
>
> 시행령 제8조 【집행시간】 ② 법 제10조 제2항 단서에 따라 1일 9시간을 넘겨 사회봉사를 집행하는 경우에도 1일 총 13시간을 초과할 수 없다.

정답 ③

34 「벌금 미납자의 사회봉사 집행에 관한 특례법」 및 동법 시행령상 벌금미납자의 사회봉사집행에 대한 설명으로 옳은 것은?

15. 교정

① 징역 또는 금고와 동시에 벌금을 선고받은 사람은 사회봉사를 신청할 수 있다.

② 법원은 사회봉사를 허가하는 경우 벌금 미납액에 의하여 계산된 노역장 유치기간에 상응하는 사회봉사시간을 산정하여야 하나, 산정된 사회봉사시간 중 1시간 미만은 집행하지 아니한다.

③ 1,000만원의 벌금형이 확정된 벌금미납자는 검사의 납부명령일부터 30일 이내에 검사에게 사회봉사를 신청할 수 있다.

④ 사회봉사 대상자는 사회봉사의 이행을 마치기 전에는 벌금의 전부 또는 일부를 낼 수 없다.

해설

② [○] 「벌금 미납자의 사회봉사 집행에 관한 특례법」 제6조 제4항

① [×] 사회봉사를 신청할 수 없다(「벌금 미납자의 사회봉사 집행에 관한 특례법」 제4조 제2항 제1호 참조).

> 제4조 【사회봉사의 신청】 ② 제1항에도 불구하고 다음 각 호의 어느 하나에 해당하는 사람은 사회봉사를 신청할 수 없다.
> 1. 징역 또는 금고와 동시에 벌금을 선고받은 사람
> 2. 「형법」 제69조 제1항 단서에 따라 법원으로부터 벌금 선고와 동시에 벌금을 완납할 때까지 노역장에 유치할 것을 명받은 사람
> 3. 다른 사건으로 형 또는 구속영장이 집행되거나 노역장에 유치되어 구금 중인 사람
> 4. 사회봉사를 신청하는 해당 벌금에 대하여 법원으로부터 사회봉사를 허가받지 못하거나 취소당한 사람. 다만, 사회봉사 불허가 사유가 소멸한 경우에는 그러하지 아니하다.

③ [×] '500만원 이하'의 벌금형이 확정된 벌금미납자만 사회봉사를 신청할 수 있다(「벌금 미납자의 사회봉사 집행에 관한 특례법」 제4조 제1항 참조).

> 제4조 【사회봉사의 신청】 ① 대통령령으로 정한 금액(→ 500만 원) 범위 내의 벌금형이 확정된 벌금 미납자는 검사의 납부명령일부터 30일 이내에 주거지를 관할하는 지방검찰청(지방검찰청지청을 포함한다. 이하 같다)의 검사에게 사회봉사를 신청할 수 있다. 다만, 검사로부터 벌금의 일부납부 또는 납부연기를 허가받은 자는 그 허가기한 내에 사회봉사를 신청할 수 있다.

④ [×] 사회봉사 대상자는 사회봉사의 이행을 마치기 전에 벌금의 전부 또는 일부를 낼 수 있다(「벌금 미납자의 사회봉사 집행에 관한 특례법」 제12조 제1항).

정답 ②

35 벌금형과 관련하여 현행법에 도입된 제도가 아닌 것은?

18. 보호

① 벌금형에 대한 선고유예
② 벌금의 연납 · 분납
③ 일수벌금제
④ 벌금미납자에 대한 사회봉사허가

해설

③ [×] 일수벌금제도란 범행의 경중에 따라 일수를 먼저 정하고, 일수정액은 피고인의 경제사정을 고려하여 별도로 정하는 개선된 벌금형제도이다. 현행법은 벌금형을 선고하는 경우에 전체 벌금형을 확정 · 선고하는 총액벌금제도를 시행하고 있다(「형법」 제45조).

① [○] 1년 이하의 징역이나 금고, 자격정지 또는 '벌금'의 형을 선고할 경우에 선고유예를 할 수 있다(「형법」 제59조 제1항).

> 제59조 【선고유예의 요건】 ① 1년 이하의 징역이나 금고, 자격정지 또는 벌금의 형을 선고할 경우에 제51조의 사항을 고려하여 뉘우치는 정상이 뚜렷할 때에는 그 형의 선고를 유예할 수 있다. 단, 자격정지 이상의 형을 받은 전과가 있는 사람에 대해서는 예외로 한다.

② [○] 「재산형 등에 관한 검찰 집행사무규칙」에 따라 벌과금의 일부납부 또는 납부연기가 인정되고 있다(동법 제12조).

④ [○] 경제적 무능력을 이유로 벌금을 납입하지 못한 사람에 대하여 노역장 유치에 앞서 미납벌금을 사회봉사로 대체하여 집행할 수 있도록 「형법」 제69조 제2항에 대한 특례를 마련함으로써 노역장 유치에 따른 범죄 학습, 가족관계 단절, 구금시설 과밀화 등의 문제점을 해소하거나 최소화하는 동시에 벌금 미납자에 대한 편익을 도모하자는 취지에서 「벌금 미납자의 사회봉사 집행에 관한 특례법」이 제정되었다.

정답 ③

36 「형법」상 형벌제도에 대한 설명으로 옳지 않은 것은?

18. 보호

① 유기징역의 기간은 1개월 이상 30년 이하이지만 형을 가중하는 경우에는 50년까지 가능하다.
② 무기징역은 종신형이지만 20년이 경과하면 가석방이 가능하다.
③ 형의 선고를 유예하는 경우에 보호관찰을 받을 것을 명하거나 사회봉사 또는 수강을 명할 수 있다.
④ 벌금을 납입하지 않은 자는 1일 이상 3년 이하의 기간 노역장에 유치하여 작업에 복무하게 한다.

해설

③ [×] 선고유예의 경우에는 보호관찰을 명할 수 있으나, 사회봉사명령이나 수강명령은 할 수 없다는 점에서 집행유예와 다르다(「형법」 제59조의2 제1항).

> 제59조의2 【보호관찰】 ① 형의 선고를 유예하는 경우에 재범 방지를 위하여 지도 및 원호가 필요한 때에는 보호관찰을 받을 것을 명할 수 있다(→ 임의적 보호관찰).

① [○] 「형법」 제42조 참조

> 제42조 【징역 또는 금고의 기간】 징역 또는 금고는 무기 또는 유기로 하고 유기는 1개월 이상 30년 이하로 한다. 단, 유기징역 또는 유기금고에 대하여 형을 가중하는 때에는 50년까지로 한다.

② [○] 「형법」 제72조 제1항 참조

> 제72조 【가석방의 요건】 ① 징역이나 금고의 집행 중에 있는 사람이 행상이 양호하여 뉘우침이 뚜렷한 때에는 무기형은 20년, 유기형은 형기의 3분의 1이 지난 후 행정처분으로 가석방을 할 수 있다.

④ [○] 「형법」 제69조 제2항

> 제69조 【벌금과 과료】 ② 벌금을 납입하지 아니한 자는 1일 이상 3년 이하, 과료를 납입하지 아니한 자는 1일 이상 30일 미만의 기간 노역장에 유치하여 작업에 복무하게 한다.

정답 ③

37 벌금형 제도에 대한 설명으로 옳지 않은 것은? (다툼이 있는 경우 판례에 의함)

21. 보호

① 벌금형의 집행을 위한 검사의 명령은 집행력 있는 채무명의와 동일한 효력이 있다.
② 500만 원 이하 벌금형을 선고할 경우 피고인의 사정을 고려하여 100만 원만 집행하고 400만 원은 집행을 유예할 수 있다.
③ 벌금을 납입하지 아니한 자는 1일 이상 3년 이하의 기간 노역장에 유치하여 작업에 복무하게 한다.
④ 벌금형에 따르는 노역장 유치는 실질적으로 자유형과 동일하므로, 그 집행에 대하여는 자유형의 집행에 관한 규정이 준용된다.

해설

② [×] 3년 이하의 징역이나 금고 또는 '500만 원 이하의 벌금의 형을 선고'할 경우 양형의 조건(「형법」 제51조)을 참작하여 정상에 참작할 만한 사유가 있는 때에는 1년 이상 5년 이하의 기간 형의 집행을 유예할 수 있고(「형법」 제62조 제1항), 형을 '병과'할 경우(둘 이상의 형을 함께 선고할 경우) 그 형의 '일부'에 대하여 집행을 유예할 수 있으므로(「형법」 제62조 제2항), '하나의 형' 중 '일부에 대해서 집행유예를 선고할 수는 없다.

제62조 【집행유예의 요건】 ① 3년 이하의 징역이나 금고 또는 500만 원 이하의 벌금의 형을 선고할 경우에 제51조의 사항을 참작하여 그 정상에 참작할 만한 사유가 있는 때에는 1년 이상 5년 이하의 기간 형의 집행을 유예할 수 있다. 다만, 금고 이상의 형을 선고한 판결이 확정된 때부터 그 집행을 종료하거나 면제된 후 3년까지의 기간에 범한 죄에 대하여 형을 선고하는 경우에는 그러하지 아니하다. ② 형을 병과할 경우에는 그 형의 일부에 대하여 집행을 유예할 수 있다.

① [○] 「형사소송법」 제477조 제1항 · 제2항

제477조 【재산형 등의 집행】 ① 벌금, 과료, 몰수, 추징, 과태료, 소송비용, 비용배상 또는 가납의 재판은 검사의 명령에 의하여 집행한다. ② 전항의 명령은 집행력 있는 채무명의와 동일한 효력이 있다.

③ [○] 「형법」 제69조 제2항
④ [○] 벌금형에 따르는 노역장유치는 실질적으로 자유형과 동일한 것으로서 그 집행에 대하여는 자유형의 집행에 관한 규정이 준용된다(「형사소송법」 제492조). 구금되지 아니한 당사자에 대하여 형의 집행기관인 검사는 그 형의 집행을 위하여 당사자를 소환할 수 있고, 당사자가 소환에 응하지 아니한 때에는 형집행장을 발부하여 구인할 수 있다(「형사소송법」 제473조). 「형사소송법」 제475조는 이 경우 형집행장의 집행에 관하여 「형사소송법」 제1편 제9장에서 정하는 피고인의 구속에 관한 규정을 준용한다고 규정하고 있고, 여기서 '피고인의 구속에 관한 규정'은 '피고인의 구속영장의 집행에 관한 규정'을 의미한다고 할 것이므로, 형집행장의 집행에 관하여는 구속의 사유에 관한 「형사소송법」 제70조나 구속이유의 고지에 관한 「형사소송법」 제72조가 준용되지 아니한다(대판 2013.9.12, 2012도2349).

정답 ②

38 「형법」상 벌금형에 대한 설명으로 옳지 않은 것은?

16. 보호

① 벌금을 선고할 때에는 동시에 그 금액을 완납할 때까지 노역장에 유치할 것을 명하여야 한다.
② 벌금을 납입하지 아니한 자는 1일 이상 3년 이하의 기간 노역장에 유치하여 작업에 복무하게 한다.
③ 벌금은 5만원 이상으로 한다. 다만, 감경하는 경우에는 5만원 미만으로 할 수 있다.
④ 선고하는 벌금이 1억원 이상 5억원 미만인 경우에는 300일 이상, 5억원 이상 50억원 미만인 경우에는 500일 이상, 50억원 이상인 경우에는 1,000일 이상의 노역장 유치기간을 정하여야 한다.

해설

① [×] 노역장에 유치할 것을 '명할 수 있다'(「형법」 제69조 제1항 단서 참조).

> 제69조 【벌금과 과료】 ① 벌금과 과료는 판결확정일로부터 30일 내에 납입하여야 한다. 단, 벌금을 선고할 때에는 동시에 그 금액을 완납할 때까지 노역장에 유치할 것을 명할 수 있다.

② [○] 「형법」 제69조 제2항
③ [○] 「형법」 제45조
④ [○] 「형법」 제70조 제1항·제2항 참조

> 제70조 【노역장유치】 ① 벌금이나 과료를 선고할 때에는 이를 납입하지 아니하는 경우의 노역장 유치기간을 정하여 동시에 선고하여야 한다.
> ② 선고하는 벌금이 1억원 이상 5억원 미만인 경우에는 300일 이상, 5억원 이상 50억원 미만인 경우에는 500일 이상, 50억원 이상인 경우에는 1천일 이상의 노역장 유치기간을 정하여야 한다.

정답 ①

39 「벌금 미납자의 사회봉사 집행에 관한 특례법」에 대한 설명으로 옳지 않은 것은? 19. 교정

① 대통령령으로 정한 금액 범위 내의 벌금형이 확정된 벌금 미납자는 검사의 납부명령일부터 30일 이내에 주거지를 관할하는 지방검찰청(지방검찰청지청을 포함한다)의 검사에게 사회봉사를 신청할 수 있다. 다만, 검사로부터 벌금의 일부납부 또는 납부연기를 허가받은 자는 그 허가기한 내에 사회봉사를 신청할 수 있다.
② 사회봉사 대상자는 법원으로부터 사회봉사 허가의 고지를 받은 날부터 7일 이내에 사회봉사 대상자의 주거지를 관할하는 보호관찰소의 장에게 주거, 직업, 그 밖에 대통령령으로 정하는 사항을 신고하여야 한다.
③ 사회봉사는 1일 9시간을 넘겨 집행할 수 없다. 다만, 사회봉사의 내용상 연속집행의 필요성이 있어 보호관찰관이 승낙하고 사회봉사 대상자가 분명히 동의한 경우에만 연장하여 집행할 수 있다.
④ 사회봉사의 집행은 사회봉사가 허가된 날부터 6개월 이내에 마쳐야 한다. 다만, 보호관찰관은 특별한 사정이 있으면 검사의 허가를 받아 6개월의 범위에서 한 번 그 기간을 연장하여 집행할 수 있다.

해설

② [×] 사회봉사 허가의 고지를 받은 날부터 '10일' 이내에 보호관찰소의 장에게 신고하여야 한다(「벌금 미납자의 사회봉사 집행에 관한 특례법」 제8조 제1항).

> 제8조 【사회봉사의 신고】 ① 사회봉사 대상자는 법원으로부터 사회봉사 허가의 고지를 받은 날부터 10일 이내에 사회봉사 대상자의 주거지를 관할하는 보호관찰소의 장에게 주거, 직업, 그 밖에 대통령령으로 정하는 사항을 신고하여야 한다.

① [○] 「벌금 미납자의 사회봉사 집행에 관한 특례법」 제4조 제1항
③ [○] 「벌금 미납자의 사회봉사 집행에 관한 특례법」 제10조 제2항
④ [○] 「벌금 미납자의 사회봉사 집행에 관한 특례법」 제11조

정답 ②

제6절 | 자격형제도

40 형법상의 자격상실과 자격정지에 관한 설명 중 옳지 않은 것은?

① 유기징역에 자격정지를 병과한 때에는 징역형이 확정된 날부터 정지기간을 기산한다.

② 자격정지의 형을 선고함에는 「형법」 각 본조에 규정이 있어야 한다.

③ 무기금고의 판결을 받은 자는 공법상의 선거권과 피선거권을 상실한다.

④ 자격정지가 선택형인 때는 판결이 확정된 날부터 정지기간을 기산한다.

해설

① [×] 징역 또는 금고의 '집행이 종료하거나 면제된 날'로부터 정지기간을 기산한다(「형법」 제44조 제2항).

정답 ①

41 명예형에 관한 설명 중 옳지 않은 것은?

① 유기징역의 판결을 받은 자도 별도의 명예형이 병과되지 않는 한 법률에 정한 일정한 자격이 당연히 정지되는 것은 아니다.

② 범죄인을 불명예자 혹은 자격결함자로 규정함으로써 형벌의 재사회화 목적에 배치된다는 비판이 있다.

③ 모든 형벌은 그 자체로서 범죄자에게 불명예인데 따로 명예형을 부과하는 것은 이중형벌이 될 위험성이 크다는 비판이 있다.

④ 명예형의 낙인효과는 개인의 주관적 명예감정에 따라 다르게 나타날 수 있다.

해설

① [×] 유기징역 또는 유기금고의 판결을 받은 자는 그 형의 집행이 종료하거나 면제될 때까지 「형법」 제43조 제1호 내지 제3호에 기재된 자격이 정지된다(「형법」 제43조 제2항).

정답 ①

42 「형법」상 형벌제도에 대한 설명으로 옳지 않은 것은? 22. 보호

① 유기징역 또는 유기금고는 1개월 이상 25년 이하로 하되, 형을 가중하는 때에는 50년까지로 한다.

② 유기징역 또는 유기금고에 자격정지를 병과한 때에는 징역 또는 금고의 집행을 종료하거나 면제된 날로부터 정지기간을 기산한다.

③ 벌금을 납입하지 아니한 자는 1일 이상 3년 이하, 과료를 납입하지 아니한 자는 1일 이상 30일 미만의 기간 노역장에 유치하여 작업에 복무하게 한다.

④ 벌금에 대한 노역장 유치기간을 정하는 경우, 선고하는 벌금이 1억원 이상 5억원 미만인 경우에는 300일 이상, 5억원 이상 50억원 미만인 경우에는 500일 이상, 50억원 이상인 경우에는 1천일 이상의 유치기간을 정하여야 한다.

해설

① [×] 유기징역 또는 유기금고는 1개월 이상 '30년' 이하로 하는 것이 원칙이다(「형법」 제42조).

> 제42조 【징역 또는 금고의 기간】 징역 또는 금고는 무기 또는 유기로 하고 유기는 1개월 이상 30년 이하로 한다. 단, 유기징역 또는 유기금고에 대하여 형을 가중하는 때에는 50년까지로 한다.

② [○] 「형법」 제44조 제2항
③ [○] 「형법」 제69조 제2항
④ [○] 「형법」 제70조 제2항

정답 ①

43 「형법」상 형벌에 대한 설명으로 옳지 않은 것은? 15. 교정

① 과료를 납입하지 아니한 자도 노역장 유치가 가능하다.

② 유기징역 또는 유기금고에 자격정지를 병과한 때에는 징역 또는 금고의 집행을 종료하거나 면제된 날로부터 정지기간을 기산한다.

③ 벌금형의 선고유예는 인정되지만 벌금형의 집행유예는 인정되지 않는다.

④ 행위자에게 유죄의 재판을 아니할 때에도 몰수의 요건이 있는 때에는 몰수만을 선고할 수 있다.

해설

③ [×] 벌금형에 관해 선고유예가 인정되고(「형법」 제59조), 2018.1.7.부터는 '500만원 이하의 벌금형'을 선고하는 경우에는 집행유예를 선고할 수 있다(2016.1.6. 개정).

① [○] 벌금을 납입하지 아니한 자는 1일 이상 3년 이하, 과료를 납입하지 아니한 자는 1일 이상 30일 미만의 기간 노역장에 유치하여 작업에 복무하게 한다(「형법」 제69조 제2항).

② [○] 「형법」 제44조 제2항

④ [○] 몰수는 타형에 부가하여 과하는 것이 원칙이나, 행위자에게 유죄의 재판을 아니할 때에도 몰수의 요건이 있는 때에는 몰수만을 선고할 수 있다(「형법」 제49조).

정답 ③

제7절 | 기타 형벌 관련규정

44 현행법상 형의 시효에 관한 내용으로 옳지 않은 것은?

① 형의 선고를 받은 자는 시효의 완성으로 인하여 그 집행이 면제된다.
② 3년 이상의 징역이나 금고는 시효기간이 10년이고, 3년 미만의 징역이나 금고는 시효기간이 5년이다.
③ 시효는 형이 확정된 후 그 형의 집행을 받지 아니한 자가 형의 집행을 면할 목적으로 국외에 있는 기간 동안은 진행되지 아니한다.
④ 시효는 사형, 징역, 금고와 구류에 있어서는 수형자를 체포함으로, 벌금, 과료, 몰수와 추징에 있어서는 강제처분을 개시함으로 인하여 중단된다.

해설

② [×] 3년 미만의 징역이나 금고 시효기간이 종래 5년이었으나, 현재는 '7년'이다(「형법」 제78조 제4호 · 제5호).

> 제78조 【형의 시효의 기간】 시효는 형을 선고하는 재판이 확정된 후 그 집행을 받지 아니하고 다음 각 호의 구분에 따른 기간이 지나면 완성된다.
> 1. 삭제(← 사형: 30년)
> 2. 무기의 징역 또는 금고: 20년
> 3. 10년 이상의 징역 또는 금고: 15년
> 4. 3년 이상의 징역이나 금고 또는 10년 이상의 자격정지: 10년
> 5. 3년 미만의 징역이나 금고 또는 5년 이상의 자격정지: 7년(← 5년)
> 6. 5년 미만의 자격정지, 벌금, 몰수 또는 추징: 5년(← 3년)
> 7. 구류 또는 과료: 1년

① [○] 「형법」 제77조
③ [○] 「형법」 제79조 제2항
④ [○] 「형법」 제80조

정답 ②

45 「사면법」상 사면에 대한 설명으로 옳지 않은 것은? 23. 보호 7급

① 특별사면은 형을 선고받은 자를 대상으로 한다.
② 일반사면이 있으면 특별한 규정이 없는 한 형을 선고받지 아니한 자에 대하여는 공소권이 상실된다.
③ 형의 집행유예를 선고받은 자에 대하여는 형 선고의 효력을 상실하게 하는 특별사면을 할 수 없다.
④ 일반사면은 죄의 종류를 정하여 대통령령으로 한다.

해설

③ [×] 「사면법」 제7조

> 제7조 【집행유예를 선고받은 자에 대한 사면 등】 형의 집행유예를 선고받은 자에 대하여는 형 선고의 효력을 상실하게 하는 특별사면 또는 형을 변경하는 감형을 하거나 그 유예기간을 단축할 수 있다.

① [○] 「사면법」 제3조 제2호
② [○] 「사면법」 제5조 제1항 제1호
④ [○] 「사면법」 제8조

> 제8조 【일반사면 등의 실시】 일반사면, 죄 또는 형의 종류를 정하여 하는 감형 및 일반에 대한 복권은 대통령령으로 한다. 이 경우 일반사면은 죄의 종류를 정하여 한다.

정답 ③

46 형의 집행 등에 대한 설명으로 옳지 않은 것은? (다툼이 있는 경우 판례에 의함) 21. 교정

① 형사사건으로 외국법원에 기소되어 무죄판결을 받은 경우, 그 무죄판결을 받기까지 미결구금일수도 외국에서 형의 전부 또는 일부가 집행된 경우로 보아 국내법원에서 선고된 유죄판결의 형에 전부 또는 일부를 산입하여야 한다.

② 처단형은 선고형의 최종적인 기준이 되므로 그 범위는 법률에 따라서 엄격하게 정하여야 하고 별도의 명시적 규정이 없는 이상 「형법」 제56조에서 열거하는 가중·감경사유에 해당하지 않는 다른 성질의 감경사유를 인정할 수 없다.

③ 판결 주문에서 경합범의 일부에 대하여 유죄가 선고되더라도 다른 부분에 대하여 무죄가 선고되었다면 형사보상을 청구할 수 있으나, 그 경우라도 미결구금일수의 전부 또는 일부가 유죄에 대한 본형에 산입되는 것으로 확정되었다면, 그 본형이 실형이든 집행유예가 부가된 형이든 불문하고 그 산입된 미결구금일수는 형사보상의 대상이 되지 않는다.

④ 형집행정지 심의위원회 위원은 학계, 법조계, 의료계, 시민단체 인사 등 학식과 경험이 있는 사람 중에서 각 지방검찰청 검사장이 임명 또는 위촉한다.

해설

① [×] 대판 2017.8.24, 2017도5977 전합 참조

> '외국에서 집행된 형의 산입' 규정인 형법 제7조의 취지 / 형법 제7조에서 정한 '외국에서 형의 전부 또는 일부가 집행된 사람'의 의미 및 형사사건으로 외국 법원에 기소되었다가 무죄판결을 받기까지 상당 기간 미결구금된 사람이 이에 해당하는지 여부(소극)와 그 미결구금 기간이 형법 제7조에 의한 산입의 대상이 되는지 여부(소극) / 외국에서 미결구금되었다가 무죄판결을 받은 사람의 미결구금일수를 형법 제7조의 유추적용에 의하여 그가 국내에서 같은 행위로 인하여 선고받는 형에 산입할 수 있는지 여부(소극) - [다수의견] (가) 형법 제7조는 "죄를 지어 외국에서 형의 전부 또는 일부가 집행된 사람에 대해서는 그 집행된 형의 전부 또는 일부를 선고하는 형에 산입한다."라고 규정하고 있다. 이 규정의 취지는, 형사판결은 국가주권의 일부분인 형벌권 행사에 기초한 것이어서 피고인이 외국에서 형사처벌을 과하는 확정판결을 받았더라도 그 외국 판결은 우리나라 법원을 기속할 수 없고 우리나라에서는 기판력도 없어 일사부재리의 원칙이 적용되지 않으므로, 피고인이 동일한 행위에 관하여 우리나라 형벌법규에 따라 다시 처벌받는 경우에 생길 수 있는 실질적인 불이익을 완화하려는 것이다. 그런데 여기서 '외국에서 형의 전부 또는 일부가 집행된 사람'이란 문언과 취지에 비추어 '외국 법원의 유죄판결에 의하여 자유형이나 벌금형 등 형의 전부 또는 일부가 실제로 집행된 사람'을 말한다고 해석하여야 한다. 따라서 형사사건으로 외국 법원에 기소되었다가 무죄판결을 받은 사람은, 설령 그가 무죄판결을 받기까지 상당 기간 미결구금되었더라도 이를 유죄판결에 의하여 형이 실제로 집행된 것으로 볼 수는 없으므로, '외국에서 형의 전부 또는 일부가 집행된 사람'에 해당한다고 볼 수 없고, 그 미결구금 기간은 형법 제7조에 의한 산입의 대상이 될 수 없다.
> (나) 미결구금은 공소의 목적을 달성하기 위하여 어쩔 수 없이 피고인 또는 피의자를 구금하는 강제처분이어서 형의 집행은 아니지만 신체의 자유를 박탈하는 점이 자유형과 유사하기 때문에, 형법 제57조 제1항은 인권 보호의 관점에서 미결구금일수의 전부를 본형에 산입한다고 규정하고 있다. 그러나 외국에서 무죄판결을 받고 석방되기까지의 미결구금은, 국내에서의 형벌권 행사가 외국에서의 형사절차와는 별개의 것인 만큼 우리나라 형벌법규에 따른 공소의 목적을 달성하기 위하여 필수불가결하게 이루어진 강제처분으로 볼 수 없고, 유죄판결을 전제로 한 것이 아니어서 해당 국가의 형사보상제도에 따라 구금 기간에 상응하는 금전적 보상을 받음으로써 구제받을 성질의 것에 불과하다. 또한 형사절차에서 미결구금이 이루어지는 목적, 미결구금의 집행 방법 및 피구금자에 대한 처우, 미결구금에 대한 법률적 취급 등이 국가별로 다양하여 외국에서의 미결구금으로 인해 피고인이 받는 신체적 자유 박탈에 따른 불이익의 양상과 정도를 국내에서의 미결구금이나 형의 집행과 효과 면에서 서로 같거나 유사하다고 단정할 수도 없다. 따라서 위와 같이 외국에서 이루어진 미결구금을 형법 제57조 제1항에서 규정한 '본형에 당연히 산입되는 미결구금'과 같다고 볼 수 없다. 결국 미결구금이 자유 박탈이라는 효과 면에서 형의 집행과 일부 유사하다는 점만을 근거로, 외국에서 형이 집행된 것이 아니라 단지 미결구금되었다가 무죄판결을 받은 사람의 미결구금일수를 형법 제7조의 유추적용에 의하여 그가 국내에서 같은 행위로 인하여 선고받는 형에 산입하여야 한다는 것은 허용되기 어렵다.
> (다) 한편 양형의 조건에 관하여 규정한 형법 제51조의 사항은 널리 형의 양정에 관한 법원의 재량사항에 속하고, 이는 열거적인 것이 아니라 예시적인 것이다. 피고인이 외국에서 기소되어 미결구금되었다가 무죄판결을 받은 이후 다시 그 행위로 국내에서 처벌받는 경우, 공판 과정에서 외국에서의 미결구금 사실이 밝혀진다면, 양형에 관한 여러 사정들과 함께 그 미결구금의 원인이 된 사실과 공소사실의 동일성의 정도, 미결구금 기간, 해당 국가에서 이루어진 미결구금의 특수성 등을 고려하여 필요한 경우 형법 제53조의 작량감경 등을 적용하고, 나아가 이를 양형의 조건에 관한 사항으로 참작하여 최종의 선고형을 정함으로써 적정한 양형을 통해 피고인의 미결구금에 따른 불이익을 충분히 해소할 수 있다. 형법 제7조를 유추적용하여 외국에서의 미결구금을 확정된 형의 집행 단계에서 전부 또는 일부 산입한다면 이는 위 미결구금을 고려하지 아니하고 형을 정함을 전제로 하므로, 오히려 위와 같이 미결구금을 양형 단계에서 반영하여 그에 상응한 적절한 형으로 선고하는 것에 비하여 피고인에게 더 유리하다고 단정할 수 없다.

② [○] 대판 2019.4.18, 2017도14609 전합 참조

> 법정형에 하한이 설정된 형법 제37조 후단 경합범에 대하여 형법 제39조 제1항 후문에 따라 형을 감경할 때에는 형법 제55조 제1항이 적용되지 아니하여 유기징역의 경우 그 형기의 2분의 1 미만으로도 감경할 수 있는지 여부(소극) - [다수의견] 형법 제37조 후단 경합범(이하 '후단 경합범'이라 한다)에 대하여 형법 제39조 제1항에 의하여 형을 감경할 때에도 법률상 감경에 관한 형법 제55조 제1항이 적용되어 유기징역을 감경할 때에는 그 형기의 2분의 1 미만으로는 감경할 수 없다. 그 이유는 다음과 같다.
> ① 처단형은 선고형의 최종적인 기준이 되므로 그 범위는 법률에 따라서 엄격하게 정하여야 하고, 별도의 명시적인 규정이 없는 이상 형법 제56조에서 열거하고 있는 가중·감경할 사유에 해당하지 않는 다른 성질의 감경 사유를 인정할 수는 없다. 형의 감경에는 법률상 감경과 재판상 감경인 작량감경이 있다. 작량감경 외에 법률의 여러 조항에서 정하고 있는 감경은 모두 법률상 감경이라는 하나의 틀 안에 놓여 있다. 따라서 형법 제39조 제1항 후문에서 정한 감경도 당연히 법률상 감경에 해당한다. 형법 제39조 제1항 후문의 "그 형을 감경 또는 면제할 수 있다."라는 규정 형식도 다른 법률상의 감경 사유들과 다르지 않다. 이와 달리 형법 제39조 제1항이 새로운 감경을 설정하였다고 하려면 그에 대하여 일반적인 법률상의 감경과 다른, 감경의 폭이나 방식이 제시되어야 하고 감경의 순서 또한 따로 정했어야 할 것인데 이에 대하여는 아무런 정함이 없다. 감경의 폭이나 방식, 순서에 관해 달리 정하고 있지 않은 이상 후단 경합범에 대하여도 법률상 감경 방식에 관한 총칙규정인 형법 제55조, 제56조가 적용된다고 보는 것이 지극히 자연스럽다.
> ② 후단 경합범에 따른 감경을 새로운 유형의 감경이 아니라 일반 법률상 감경의 하나로 보고, 후단 경합범에 대한 감경에 있어 형법 제55조 제1항에 따라야 한다고 보는 것은 문언적·체계적 해석에 합치될 뿐 아니라 입법자의 의사와 입법연혁 등을 고려한 목적론적 해석에도 부합한다.

③ [○] 대결 2017.11.28, 2017모1990

> 판결 주문에서 경합범의 일부에 대하여 유죄가 선고되고 다른 부분에 대하여 무죄가 선고된 경우, 형사보상을 청구할 수 있는지 여부(적극) 및 이때 미결구금 일수의 전부 또는 일부가 유죄에 대한 본형에 산입되는 것으로 확정된 경우, 그 산입된 미결구금 일수가 형사보상의 대상이 되는지 여부(소극) / 판결 이유에서만 무죄로 판단된 경우, 미결구금 가운데 무죄로 판단된 부분의 수사와 심리에 필요하였다고 인정된 부분에 관하여 보상을 청구할 수 있는지 여부(적극) 및 이때 미결구금 일수의 전부 또는 일부가 선고된 형에 산입되는 것으로 확정된 경우, 그 산입된 미결구금 일수가 형사보상의 대상이 되는지 여부(소극) - 형사보상 및 명예회복에 관한 법률 제2조 제1항은 무죄재판을 받아 확정된 사건의 피고인이 미결구금을 당하였을 때에는 국가에 대하여 그 구금에 대한 보상을 청구할 수 있다고 규정하고 있다. 이에 따라 판결 주문에서 경합범의 일부에 대하여 유죄가 선고되더라도 다른 부분에 대하여 무죄가 선고되었다면 형사보상을 청구할 수 있다. 그러나 그 경우라도 미결구금 일수의 전부 또는 일부가 유죄에 대한 본형에 산입되는 것으로 확정되었다면, 그 본형이 실형이든 집행유예가 부가된 형이든 불문하고 그 산입된 미결구금 일수는 형사보상의 대상이 되지 않는다. 그 미결구금은 유죄에 대한 본형에 산입되는 것으로 확정된 이상 형의 집행과 동일시되므로, 형사보상할 미결구금 자체가 아닌 셈이기 때문이다. 한편 판결 주문에서 무죄가 선고되지 아니하고 판결 이유에서만 무죄로 판단된 경우에도 미결구금 가운데 무죄로 판단된 부분의 수사와 심리에 필요하였다고 인정된 부분에 관하여는 판결 주문에서 무죄가 선고된 경우와 마찬가지로 보상을 청구할 수 있다. 그러나 앞서 본 법리 역시 그대로 적용되어 미결구금 일수의 전부 또는 일부가 선고된 형에 산입되는 것으로 확정되었다면, 그 산입된 미결구금 일수는 형사보상의 대상이 되지 않는다.

④ [○] 「형사소송법」 제471조의2 제1항 · 제2항 참조

> 제471조의2【형집행정지 심의위원회】① 제471조 제1항 제1호의 형집행정지 및 그 연장에 관한 사항을 심의하기 위하여 각 지방검찰청에 형집행정지 심의위원회(이하 이 조에서 "심의위원회"라 한다)를 둔다.
> ② 심의위원회는 위원장 1명을 포함한 10명 이내의 위원으로 구성하고, 위원은 학계, 법조계, 의료계, 시민단체 인사 등 학식과 경험이 있는 사람 중에서 각 지방검찰청 검사장이 임명 또는 위촉한다.

정답 ①

제5장 | 보안처분론

제1절 | 보안처분론 서론

01 보안처분에 대한 설명 중 옳지 않은 것은?

① 보안처분은 형법상의 효과이므로 그 근본목적은 범죄의 일반예방에 있다.
② 형벌을 보완하거나 대체하는 것으로 본다.
③ 사회방위목적을 위한 국가의 처분이다.
④ 치료, 개선, 교육 등의 목적을 위한 처분이다.

해설
① [×] 보안처분은 행위자의 사회적 위험성을 전제로 하여 특별예방의 목적에서 행해진다.

정답 ①

02 보안처분에 대한 설명으로 옳지 않은 것은?

① 범죄위험성을 사전에 방지하기 위한 강제적 예방처분을 말한다.
② 형벌을 대체하거나 보충하는 사회방위적 제재이다.
③ 일반예방보다는 범죄자의 개선과 사회방위 등 특별예방을 중시한다.
④ 보안처분도 형사제재이므로 응보나 고통부과의 목적을 추구한다.

해설
④ [×] 보안처분도 형사제재의 일종이라는 점에서 응보 또는 고통부과의 특성이 없는 것은 아니라 할 것이나, 장래에 대한 예방적 조치로서 행한다는 점에서 특별예방을 목적으로 한다고 본다.

정답 ④

제2절 | 보안처분의 법적 성격

03 보안처분에 대한 설명으로 옳지 않은 것은?

10. 교정

① 보안처분의 우선적 목적은 과거의 범죄에 대한 처벌이 아니라 장래의 재범위험을 예방하기 위한 범죄인의 교화·개선에 있다.

② 보안처분의 법적 성격을 이원주의로 인식하는 입장에 대해서는 행위자의 개별책임원칙에 반한다는 비판이 제기되고 있다.

③ 보안처분이 정당성을 갖기 위해서는 비례성원칙이 적용되어야 한다.

④ 보안관찰처분의 기간은 2년으로 하는 것이 원칙이다.

해설

② [×] 이원주의에서는 형벌과 보안처분의 병과를 인정한다. 이때 보안처분이 그 실제에 있어 법익침해적 성격이 있음을 이유로 '이중처벌의 위험성'이 있다는 비판을 받는다. 반면에 일원주의에 대해서는 행위자의 반사회적 위험성만을 척도로 하여 일정한 제재를 부과하는 것은 개별책임원칙에 반할 위험이 있다는 비판이 제기된다.

① [○] 보안처분이란 이미 범죄를 범하였거나 범할 우려가 있는 사람에 대해 그 범죄위험성에 대응한 사전예방조치로서 과해지는 강제적 범죄예방처분을 말한다.

③ [○] 보안처분에 의한 개인의 자유에 대한 침해는 보안처분의 목적이라 할 수 있는 사회방위와 비례관계에 있어야 한다는 것이 비례성의 원칙이다.

④ [○] 「보안관찰법」 제5조

정답 ②

04 형벌과 보안처분에 대한 설명으로 가장 옳지 않은 것은?

22. 해경간부

① 형벌은 행위자가 저지른 과거의 불법에 대한 책임을 전제로 부과되는 제재이다.

② 일원주의에 따르면 형벌과 보안처분이 모두 사회방위와 범죄인의 교육 및 개선을 목적으로 하므로 본질적 차이가 없다고 본다.

③ 보안처분은 행위자의 재범의 위험성에 근거한 것으로 책임능력이 있어야 부과되는 제재이다.

④ 이원주의에 따르면 형벌은 책임을, 보안처분은 재범의 위험성을 전제로 부과되는 것으로 양자는 그 기능이 다르다고 본다.

해설

③ [×] 보안처분은 행위자의 재범의 위험성에 근거한 것이므로, 형벌의 전제인 책임능력을 필요로 하지 않는다.

정답 ③

05 형벌과 보안처분에 대한 설명으로 옳지 않은 것은? (다툼이 있는 경우 판례에 의함)

20. 보호

① 형벌은 행위자가 저지른 과거의 불법에 대한 책임을 전제로 부과되는 제재이다.

② 보안처분은 행위자의 재범의 위험성에 근거한 것으로 책임능력이 있어야 부과되는 제재이다.

③ 이원주의에 따르면 형벌은 책임을, 보안처분은 재범의 위험성을 전제로 부과되는 것으로 양자는 그 기능이 다르다고 본다.

④ 일원주의에 따르면 형벌과 보안처분이 모두 사회방위와 범죄인의 교육 및 개선을 목적으로 하므로 본질적 차이가 없다고 본다.

해설

② [×] 책임능력은 '형벌'을 부과할 때 요구되는 것이고, 보안처분은 재범의 위험성만 있으면 부과할 수 있다.

① [○] 형벌과 보안처분을 개념적으로 구분하면, 형벌은 행위자의 과거 범죄행위에 대한 책임을 기초로 부과되는 제재이고, 보안처분은 행위자의 장래 재범의 위험성을 기초로 부과되는 제재이다(헌재 2012.12.27, 2011헌바89 참조).

> 형사제재에 관한 종래의 일반론에 따르면, 형벌은 본질적으로 행위자가 저지른 과거의 불법에 대한 책임을 전제로 부과되는 제재를 뜻함에 반하여, 보안처분은 행위자의 장래 위험성에 근거하여 범죄자의 개선을 통해 범죄를 예방하고 장래의 위험을 방지하여 사회를 보호하기 위해서 형벌에 대신하여 또는 형벌을 보충하여 부과되는 자유의 박탈과 제한 등의 처분을 뜻하는 것으로서 양자는 그 근거와 목적을 달리하는 형사제재이다. 연혁적으로도 보안처분은 형벌이 적용될 수 없거나 형벌의 효과를 기대할 수 없는 행위자를 개선·치료하고, 이러한 행위자의 위험성으로부터 사회를 보호하기 위한 형사정책적인 필요성에 따라 만든 제재이므로 형벌과 본질적인 차이가 있다. 즉, 형벌과 보안처분은 다 같이 형사제재에 해당하지만, 형벌은 책임의 한계 안에서 과거 불법에 대한 응보를 주된 목적으로 하는 제재이고, 보안처분은 장래 재범 위험성을 전제로 범죄를 예방하기 위한 제재이다(이유 중 판단에서 발췌)(헌재 2012.12.27, 2011헌바89).

③ [○] 이원주의에서는 형벌의 기초는 책임이지만, 보안처분의 기초는 사회적 위험성이라고 본다. 또한 형벌은 범죄에 대한 해악부과로서 규범적 비난이고 그 본질은 응보에 있는 것에 반하여, 보안처분은 사회방위와 범죄자의 교정·교육을 목적으로 하는 점에서 차이가 있다고 한다.

④ [○] 일원주의는 형벌의 본질을 사회방위와 범죄인의 교화·개선에 있다고 보아(목적형·교육형 이론), 형벌과 보안처분 모두 사회방위와 범죄인의 교육·개선을 목적으로 하고 반사회적 위험성을 기초로 하는 사회방위처분이므로 양자의 본질적 차이는 없다고 본다.

정답 ②

제3절 | 보안처분의 기본원리와 적용요건

06 형벌과 보안처분의 관계에 대한 설명으로 옳지 않은 것은? 12. 교정

① 치료감호와 형이 병과된 경우에는 치료감호를 먼저 집행한다.

② 현행 헌법에서 보안처분 법정주의를 선언하고 있다.

③ 보안처분은 일반예방보다는 범죄자의 개선과 사회방위 등 특별예방을 중시한다.

④ 보안처분은 행위자의 책임에 의해 제한되는 한도 내에서만 정당성을 갖는다.

해설

④ [×] 보안처분이 정당성을 갖기 위해서는 보호목적을 위한 보안처분의 필요성과 함께 그 필요성을 법치국가적으로 제한할 수 있는 비례성의 원칙이 있어야 한다. 비례성의 원칙이란 보안처분에 의한 개인의 자유에 대한 침해는 보안처분의 목적이라 할 수 있는 사회방위와 균형을 이루어야 한다는 요청이다. 반면에 형벌은 책임원칙에 의해 그 정당성이 인정된다.

① [○] 치료감호와 형이 병과된 경우에는 치료감호를 먼저 집행한다. 이 경우 치료감호의 집행기간은 형 집행기간에 포함한다(「치료감호 등에 관한 법률」 제18조).

② [○] 모든 국민은 신체의 자유를 가진다. 누구든지 법률에 의하지 아니하고는 체포·구속·압수·수색 또는 심문을 받지 아니하며, 법률과 적법한 절차에 의하지 아니하고는 처벌·보안처분 또는 강제노역을 받지 아니한다(헌법 제12조 제1항).

③ [○] 보안처분은 범죄를 다시 범할 위험성(재범의 위험성)을 전제로 하므로 범죄예방 중 특별예방에 중점을 두게 된다.

정답 ④

제4절 | 보안처분의 종류

07 보안처분에 관한 설명으로 옳지 않은 것은?

① 사회치료처분, 치료감호처분, 보호감호처분, 노동개선처분, 교정처분 등은 자유박탈적 보안처분에 해당된다.

② 사회봉사 · 수강명령, 단종 · 거세, 거주제한 등은 자유제한적 보안처분의 대표적 예이다.

③ 「가정폭력범죄의 처벌 등에 관한 특례법」상 사회봉사명령은 형벌이 아니라 보안처분의 성격을 가지는 것이므로 반드시 행위 이전에 규정되어 있어야 하는 것은 아니며, 재판시의 규정에 의하여 사회봉사명령을 부과할 수 있다.

④ 자유제한적 보안처분 중 직업금지는 독일 · 스위스 · 덴마크 등에서 시행하고 있으나, 우리나라에서는 시행되지 않고 있다.

해설

③ [×] 판례는 「형법」상의 보호관찰의 경우에는 소급효금지원칙의 적용을 부정하면서, 「가정폭력범죄의 처벌 등에 관한 특례법」상의 사회봉사명령에 대해서는 소급효금지원칙의 적용을 긍정하고 있다.

> 개정 형법 시행 이전에 죄를 범한 자에 대하여 개정 형법에 따라 보호관찰을 명할 수 있는지 여부(적극) – 개정 형법 제62조의2 제1항에 의하면 형의 집행을 유예를 하는 경우에는 보호관찰을 받을 것을 명할 수 있고, 같은 조 제2항에 의하면 제1항의 규정에 의한 보호관찰의 기간은 집행을 유예한 기간으로 하고, 다만 법원은 유예기간의 범위 내에서 보호관찰의 기간을 정할 수 있다고 규정되어 있는바, 위 조항에서 말하는 보호관찰은 형벌이 아니라 보안처분의 성격을 갖는 것으로서, 과거의 불법에 대한 책임에 기초하고 있는 제재가 아니라 장래의 위험성으로부터 행위자를 보호하고 사회를 방위하기 위한 합목적적인 조치이므로, 그에 관하여 반드시 행위 이전에 규정되어 있어야 하는 것은 아니며, 재판시의 규정에 의하여 보호관찰을 받을 것을 명할 수 있다고 보아야 할 것이고, 이와 같은 해석이 형벌불소급의 원칙 내지 죄형법정주의에 위배되는 것이라고 볼 수 없다(대판 1997.6.13, 97도703).

> 가정폭력범죄의 처벌 등에 관한 특례법상 사회봉사명령의 법적 성질 및 형벌불소급원칙의 적용 여부(적극) – 가정폭력범죄의 처벌 등에 관한 특례법이 정한 보호처분 중의 하나인 사회봉사명령은 가정폭력범죄를 범한 자에 대하여 환경의 조정과 성행의 교정을 목적으로 하는 것으로서 형벌 그 자체가 아니라 보안처분의 성격을 가지는 것이 사실이다. 그러나 한편으로 이는 가정폭력범죄행위에 대하여 형사처벌 대신 부과되는 것으로서, 가정폭력범죄를 범한 자에게 의무적 노동을 부과하고 여가시간을 박탈하여 실질적으로는 신체적 자유를 제한하게 되므로, 이에 대하여는 원칙적으로 형벌불소급의 원칙에 따라 행위시법을 적용함이 상당하다(가정폭력범죄의 처벌 등에 관한 특례법상 사회봉사명령을 부과하면서, 행위시법상 사회봉사명령 부과시간의 상한인 100시간을 초과하여 상한을 200시간으로 올린 신법을 적용한 것은 위법하다고 한 사례)(대결 2008.7.24, 2008어4).

정답 ③

제5절 | 현행법상의 보안처분제도

제1항 「보호관찰 등에 관한 법률」

08 보호관찰을 규정하고 있지 않은 법률은?

11. 교정

① 「형법」

② 「치료감호 등에 관한 법률」

③ 「청소년 보호법」

④ 「성폭력범죄의 처벌 등에 관한 특례법」

해설

현행법상 보호관찰을 규정하고 있는 법률에는 「형법」, 「치료감호 등에 관한 법률」, 「성폭력범죄의 처벌 등에 관한 특례법」, 「소년법」, 「가정폭력범죄의 처벌 등에 관한 특례법」, 「성매매알선 등 행위의 처벌에 관한 법률」, 「아동 · 청소년의 성보호에 관한 법률」 등이 있다.

③ [×] 「청소년 보호법」에는 보호관찰에 대한 규정이 없다.

① [○] 「형법」 제59조의2(→ 선고유예시 임의적 보호관찰), 제62조의2(→ 집행유예시 임의적 보호관찰), 제73조의2(→ 가석방시 필요적 보호관찰)에서 보호관찰을 규정하고 있다.
② [○] 「치료감호 등에 관한 법률」 제32조(→ 치료감호의 가종료 또는 치료위탁시 보호관찰)에서 보호관찰을 규정하고 있다.
④ [○] 「성폭력범죄의 처벌 등에 관한 특례법」 제16조에서 보호관찰을 규정하고 있다.

정답 ③

09 보호관찰 대상자와 그 보호관찰기간이 바르게 연결되지 않은 것은?

15. 교정

① 「형법」상 보호관찰을 조건으로 형의 집행유예를 받은 자 - 집행을 유예한 기간이나, 다만 법원이 유예기간의 범위 내에서 보호관찰기간을 따로 정하는 경우에는 그 기간
② 「전자장치 부착 등에 관한 법률」상 강도범죄를 저지른 자로 강도범죄를 다시 범할 위험성이 있으며 금고 이상의 선고형에 해당하고 보호관찰 명령의 청구가 이유 있다고 인정되는 자 - 2년 이상 5년 이하
③ 「형법」상 형의 선고를 유예하는 경우에 재범방지를 위하여 지도 및 원호가 필요한 자 - 1년
④ 「소년법」상 단기보호관찰 처분을 받은 자 - 2년

해설

④ [×] 「소년법」상 단기 보호관찰기간은 '1년'이다(「보호관찰 등에 관한 법률」 제30조 제5호, 「소년법」 제32조 제1항 제4호, 제33조 제2항).

> 「보호관찰 등에 관한 법률」
> 제30조 【보호관찰의 기간】 보호관찰 대상자는 다음 각 호의 구분에 따른 기간에 보호관찰을 받는다.
> 1. 보호관찰을 조건으로 형의 선고유예를 받은 사람: 1년
> 2. 보호관찰을 조건으로 형의 집행유예를 선고받은 사람: 그 유예기간. 다만, 법원이 보호관찰 기간을 따로 정한 경우에는 그 기간
> 3. 가석방자: 「형법」 제73조의2 또는 「소년법」 제66조에 규정된 기간
> 4. 임시퇴원자: 퇴원일부터 6개월 이상 2년 이하의 범위에서 심사위원회가 정한 기간
> 5. 「소년법」 제32조 제1항 제4호 및 제5호의 보호처분을 받은 사람: 그 법률에서 정한 기간
> 6. 다른 법률에 따라 이 법에서 정한 보호관찰을 받는 사람: 그 법률에서 정한 기간
>
> 「소년법」
> 제32조 【보호처분의 결정】 ① 소년부 판사는 심리 결과 보호처분을 할 필요가 있다고 인정하면 결정으로써 다음 각 호의 어느 하나에 해당하는 처분을 하여야 한다.
> 4. 보호관찰관의 단기 보호관찰
>
> 제33조 【보호처분의 기간】 ② 제32조 제1항 제4호의 단기 보호관찰기간은 1년으로 한다.

① [○] 「보호관찰 등에 관한 법률」 제30조 제2호
② [○] 「보호관찰 등에 관한 법률」 제30조 제6호, 「전자장치 부착 등에 관한 법률」 제21조의2 제4호, 제21조의3 제1항 참조

> 「전자장치 부착 등에 관한 법률」
> 제21조의2 【보호관찰명령의 청구】 검사는 다음 각 호의 어느 하나에 해당하는 사람에 대하여 형의 집행이 종료된 때부터 「보호관찰 등에 관한 법률」에 따른 보호관찰을 받도록 하는 명령(이하 "보호관찰명령"이라 한다)을 법원에 청구할 수 있다.
> 1. 성폭력범죄를 저지른 사람으로서 성폭력범죄를 다시 범할 위험성이 있다고 인정되는 사람
> 2. 미성년자 대상 유괴범죄를 저지른 사람으로서 미성년자 대상 유괴범죄를 다시 범할 위험성이 있다고 인정되는 사람
> 3. 살인범죄를 저지른 사람으로서 살인범죄를 다시 범할 위험성이 있다고 인정되는 사람
> 4. 강도범죄를 저지른 사람으로서 강도범죄를 다시 범할 위험성이 있다고 인정되는 사람
> 5. 스토킹범죄를 저지른 사람으로서 스토킹범죄를 다시 범할 위험성이 있다고 인정되는 사람
>
> 제21조의3 【보호관찰명령의 판결】 법원은 제21조의2 각 호의 어느 하나에 해당하는 사람이 금고 이상의 선고형에 해당하고 보호관찰명령의 청구가 이유 있다고 인정하는 때에는 2년 이상 5년 이하의 범위에서 기간을 정하여 보호관찰명령을 선고하여야 한다.

③ [○] 「보호관찰 등에 관한 법률」 제30조 제1호

정답 ④

10 보호관찰 대상자의 보호관찰 기간으로 옳지 않은 것은? 21. 7급

① 「치료감호 등에 관한 법률」상 치료감호 가종료자: 3년
② 「소년법」상 단기 보호관찰처분을 받은 자: 1년
③ 「형법」상 보호관찰을 조건으로 형의 선고유예를 받은 자: 1년
④ 「가정폭력범죄의 처벌 등에 관한 특례법」상 보호관찰처분을 받은 자: 1년

해설

④ [×] '6개월'을 초과할 수 없다(「가정폭력범죄의 처벌 등에 관한 특례법」 제41조).

> 제41조 【보호처분의 기간】 제40조 제1항 제1호부터 제3호까지 및 제5호(→ 보호관찰)부터 제8호까지의 보호처분의 기간은 6개월을 초과할 수 없으며, 같은 항 제4호의 사회봉사·수강명령의 시간은 200시간을 각각 초과할 수 없다.

① [○] 치료감호가 가종료되었을 때에는 보호관찰이 시작되고(「치료감호 등에 관한 법률」 제32조 제1항 제1호), 이 경우 보호관찰의 기간은 3년으로 한다(「치료감호 등에 관한 법률」 제32조 제2항).
② [○] 「소년법」 제33조 제2항
③ [○] 「형법」 제59조의2 제2항

정답 ④

11 보호관찰소의 조사제도에 대한 설명으로 옳지 않은 것은? 20. 보호

① 「보호관찰 등에 관한 법률」 제19조에 따른 판결 전 조사는 법원이 「형법」 제59조의2 및 제62조의2에 따른 보호관찰, 사회봉사 또는 수강을 명하기 위하여 필요하다고 인정되는 경우에 조사를 요구할 수 있는 것을 말한다.
② 「보호관찰 등에 관한 법률」 제19조의2에 따른 결정 전 조사는 법원이 「소년법」 제12조에 따라 소년 보호사건뿐만 아니라 소년 형사사건에 대한 조사 또는 심리를 위하여 필요하다고 인정되는 경우에 조사를 의뢰하는 것을 말한다.
③ 「소년법」 제49조의2에 따른 검사의 결정 전 조사는 검사가 소년 피의사건에 대하여 소년부 송치, 공소제기, 기소유예 등의 처분을 결정하기 위하여 필요하다고 인정되는 경우에 조사를 요구할 수 있는 것을 말한다.
④ 「전자장치 부착 등에 관한 법률」 제6조에 따른 청구 전 조사는 검사가 전자장치 부착명령을 청구하기 위하여 필요하다고 인정하는 경우에 조사를 요청할 수 있는 것을 말한다.

해설

② [×] '소년 보호사건'에 대한 조사 또는 심리를 위하여 필요하다고 인정되는 경우에 조사를 의뢰하는 것을 말한다(「보호관찰 등에 관한 법률」 제19조의2 제1항).

> 제19조의2 【결정 전 조사】 ① 법원은 「소년법」 제12조에 따라 소년 보호사건에 대한 조사 또는 심리를 위하여 필요하다고 인정하면 그 법원의 소재지 또는 소년의 주거지를 관할하는 보호관찰소의 장에게 소년의 품행, 경력, 가정상황, 그 밖의 환경 등 필요한 사항에 관한 조사를 의뢰할 수 있다.

① [○] 「보호관찰 등에 관한 법률」 제19조 제1항 참조

> 제19조 【판결 전 조사】 ① 법원은 피고인에 대하여 「형법」 제59조의2 및 제62조의2에 따른 보호관찰, 사회봉사 또는 수강을 명하기 위하여 필요하다고 인정하면 그 법원의 소재지(所在地) 또는 피고인의 주거지를 관할하는 보호관찰소의 장에게 범행 동기, 직업, 생활환경, 교우관계, 가족상황, 피해회복 여부 등 피고인에 관한 사항의 조사를 요구할 수 있다.

③ [○] 「소년법」 제49조의2 제1항 참조

> 제49조의2【검사의 결정 전 조사】 ① 검사는 소년 피의사건에 대하여 소년부 송치, 공소제기, 기소유예 등의 처분을 결정하기 위하여 필요하다고 인정하면 피의자의 주거지 또는 검찰청 소재지를 관할하는 보호관찰소의 장, 소년분류심사원장 또는 소년원장(이하 "보호관찰소장등"이라 한다)에게 피의자의 품행, 경력, 생활환경이나 그 밖에 필요한 사항에 관한 조사를 요구할 수 있다.

④ [○] 「전자장치 부착 등에 관한 법률」 제6조 제1항 참조

> 제6조【조사】 ① 검사는 부착명령을 청구하기 위하여 필요하다고 인정하는 때에는 피의자의 주거지 또는 소속 검찰청(지청을 포함한다. 이하 같다) 소재지를 관할하는 보호관찰소(지소를 포함한다. 이하 같다)의 장에게 범죄의 동기, 피해자와의 관계, 심리상태, 재범의 위험성 등 피의자에 관하여 필요한 사항의 조사를 요청할 수 있다.

정답 ②

12 「보호관찰 등에 관한 법률」상 별도의 부과절차 없이도 보호관찰 대상자가 지켜야 할 준수사항(일반준수사항)에 해당하지 않는 것은?

18. 보호

① 범죄로 이어지기 쉬운 나쁜 습관을 버리고 선행을 하며 범죄를 저지를 염려가 있는 사람들과 교제하거나 어울리지 말 것

② 보호관찰관의 지도·감독에 따르고 보호관찰관이 방문하게 되면 응대할 것

③ 1개월 이상 국내외 여행을 할 때에는 미리 보호관찰관에게 신고할 것

④ 범죄행위로 발생한 손해를 회복하기 위해 노력할 것

해설

④ [×] 「보호관찰 등에 관한 법률」 제32조 제3항 제4호

> 제32조【보호관찰 대상자의 준수사항】 ③ 법원 및 심사위원회는 판결의 선고 또는 결정의 고지를 할 때에는 제2항의 준수사항 외에 범죄의 내용과 종류 및 본인의 특성 등을 고려하여 필요하면 보호관찰 기간의 범위에서 기간을 정하여 다음 각 호의 사항을 특별히 지켜야 할 사항으로 따로 과할 수 있다(→ 특별준수사항).
> 1. 야간 등 재범의 기회나 충동을 줄 수 있는 특정 시간대의 외출 제한
> 2. 재범의 기회나 충동을 줄 수 있는 특정 지역·장소의 출입 금지
> 3. 피해자 등 재범의 대상이 될 우려가 있는 특정인에 대한 접근 금지
> 4. 범죄행위로 인한 손해를 회복하기 위하여 노력할 것
> 5. 일정한 주거가 없는 자에 대한 거주장소 제한
> 6. 사행행위에 빠지지 아니할 것
> 7. 일정량 이상의 음주를 하지 말 것
> 8. 마약 등 중독성 있는 물질을 사용하지 아니할 것
> 9. 「마약류 관리에 관한 법률」상의 마약류 투약, 흡연, 섭취 여부에 관한 검사에 따를 것
> 10. 그 밖에 보호관찰 대상자의 재범 방지를 위하여 필요하다고 인정되어 대통령령(→ 시행령 제19조)으로 정하는 사항

① [○] 「보호관찰 등에 관한 법률」 제32조 제2항 제2호

> 제32조【보호관찰 대상자의 준수사항】 ② 보호관찰 대상자는 다음 각 호의 사항을 지켜야 한다(→ 일반준수사항).
> 1. 주거지에 상주하고 생업에 종사할 것
> 2. 범죄로 이어지기 쉬운 나쁜 습관을 버리고 선행을 하며 범죄를 저지를 염려가 있는 사람들과 교제하거나 어울리지 말 것
> 3. 보호관찰관의 지도·감독에 따르고 방문하면 응대할 것
> 4. 주거를 이전하거나 1개월 이상 국내외 여행을 할 때에는 미리 보호관찰관에게 신고할 것

② [○] 「보호관찰 등에 관한 법률」 제32조 제2항 제3호

③ [○] 「보호관찰 등에 관한 법률」 제32조 제2항 제4호

정답 ④

13 「보호관찰 등에 관한 법률」상 범죄의 내용과 종류 및 본인의 특성 등을 고려하여 특별준수사항으로 따로 부과할 수 있는 것은?

15. 교정

① 주거지에 상주하고 생업에 종사할 것
② 재범의 기회나 충동을 줄 수 있는 특정 지역 · 장소의 출입을 하지 말 것
③ 주거를 이전하거나 1개월 이상 국내외 여행을 할 때에는 미리 보호관찰관에게 신고할 것
④ 범죄로 이어지기 쉬운 나쁜 습관을 버리고 선행을 하며 범죄를 저지를 염려가 있는 사람들과 교제하거나 어울리지 말 것

해설

② [○] 특별준수사항에 해당한다(「보호관찰 등에 관한 법률」 제32조 제3항 참조).
①③④ [×] '일반준수사항'에 해당한다(「보호관찰 등에 관한 법률」 제32조 제2항 참조).

> 제32조【보호관찰 대상자의 준수사항】② 보호관찰 대상자는 다음 각 호의 사항을 지켜야 한다(→ 일반준수사항).
> 1. 주거지에 상주하고 생업에 종사할 것
> 2. 범죄로 이어지기 쉬운 나쁜 습관을 버리고 선행을 하며 범죄를 저지를 염려가 있는 사람들과 교제하거나 어울리지 말 것
> 3. 보호관찰관의 지도 · 감독에 따르고 방문하면 응대할 것
> 4. 주거를 이전하거나 1개월 이상 국내외 여행을 할 때에는 미리 보호관찰관에게 신고할 것

정답 ②

14 「보호관찰 등에 관한 법률」상 보호관찰 대상자의 일반적인 준수사항에 해당하는 것만을 모두 고른 것은?

17. 교정

> ㄱ. 주거지에 상주(常住)하고 생업에 종사할 것
> ㄴ. 범죄행위로 인한 손해를 회복하기 위하여 노력할 것
> ㄷ. 범죄로 이어지기 쉬운 나쁜 습관을 버리고 선행(善行)을 하며 범죄를 저지를 염려가 있는 사람들과 교제하거나 어울리지 말 것
> ㄹ. 보호관찰관의 지도 · 감독에 따르고 방문하면 응대할 것
> ㅁ. 주거를 이전(移轉)하거나 1개월 이상 국내외 여행을 할 때에는 미리 보호관찰관에게 신고할 것
> ㅂ. 일정량 이상의 음주를 하지 말 것

① ㄱ, ㄴ, ㄷ, ㄹ
② ㄱ, ㄷ, ㄹ, ㅁ
③ ㄴ, ㄷ, ㄹ, ㅁ, ㅂ
④ ㄱ, ㄴ, ㄷ, ㄹ, ㅁ, ㅂ

해설

보호관찰 대상자에 대한 일반준수사항은 다음과 같다(「보호관찰 등에 관한 법률」 제33조 제2항).

> 제32조【보호관찰 대상자의 준수사항】② 보호관찰 대상자는 다음 각 호의 사항을 지켜야 한다(→ 일반준수사항).
> 1. 주거지에 상주하고 생업에 종사할 것
> 2. 범죄로 이어지기 쉬운 나쁜 습관을 버리고 선행을 하며 범죄를 저지를 염려가 있는 사람들과 교제하거나 어울리지 말 것
> 3. 보호관찰관의 지도 · 감독에 따르고 방문하면 응대할 것
> 4. 주거를 이전하거나 1개월 이상 국내외 여행을 할 때에는 미리 보호관찰관에게 신고할 것

ㄴ, ㅂ. [×] 보호관찰 대상자에게 '특별준수사항'으로 과할 수 있는 것에 해당한다(「보호관찰 등에 관한 법률」 제32조 제3항 제4호 · 제7호 참조).

정답 ②

15 「보호관찰 등에 관한 법률」상 보호관찰 대상자의 준수사항에 해당하지 않는 것은? 23. 교정 9급

① 주거지에 상주하고 생업에 종사할 것

② 보호관찰관의 지도·감독에 따르고 방문하면 응대할 것

③ 주거를 이전하거나 10일 이상 국내외 여행을 할 때에는 미리 보호관찰관에게 신고할 것

④ 범죄로 이어지기 쉬운 나쁜 습관을 버리고 선행을 하며 범죄를 저지를 염려가 있는 사람들과 교제하거나 어울리지 말 것

해설

③ [×] 주거를 이전하거나 '1개월' 이상 국내외 여행을 할 때에는 미리 보호관찰관에게 신고할 것을 일반준수사항으로 한다(「보호관찰 등에 관한 법률」 제32조 제2항 제4호).

> 제32조【보호관찰 대상자의 준수사항】② 보호관찰 대상자는 다음 각 호의 사항을 지켜야 한다(→ 일반준수사항).
> 1. 주거지에 상주하고 생업에 종사할 것
> 2. 범죄로 이어지기 쉬운 나쁜 습관을 버리고 선행을 하며 범죄를 저지를 염려가 있는 사람들과 교제하거나 어울리지 말 것
> 3. 보호관찰관의 지도·감독에 따르고 방문하면 응대할 것
> 4. 주거를 이전하거나 1개월 이상 국내외 여행을 할 때에는 미리 보호관찰관에게 신고할 것

①②④ [○] 일반준수사항에 해당한다(「보호관찰 등에 관한 법률」 제32조 제2항 참조).

정답 ③

16 보호관찰 등에 관한 법령상 대상자의 특별준수사항을 포함한 준수사항으로 옳지 않은 것은? 23. 교정 7급

① 사행행위에 빠지지 아니할 것

② 피해자 등 재범의 대상이 될 우려가 있는 특정인에 대한 접근금지

③ 주거를 이전할 때에는 미리 보호관찰관의 허가를 받을 것

④ 일정량 이상의 음주를 하지 말 것

해설

③ [×] 미리 '보호관찰관에게 신고할 것'이 일반준수사항 중 하나이다(「보호관찰 등에 관한 법률」 제32조 제2항 제4호).

> 제32조【보호관찰 대상자의 준수사항】② 보호관찰 대상자는 다음 각 호의 사항을 지켜야 한다(→ 일반준수사항).
> 1. 주거지에 상주하고 생업에 종사할 것
> 2. 범죄로 이어지기 쉬운 나쁜 습관을 버리고 선행을 하며 범죄를 저지를 염려가 있는 사람들과 교제하거나 어울리지 말 것
> 3. 보호관찰관의 지도·감독에 따르고 방문하면 응대할 것
> 4. 주거를 이전하거나 1개월 이상 국내외 여행을 할 때에는 미리 보호관찰관에게 신고할 것

① [○] 「보호관찰 등에 관한 법률」 제32조 제3항 제6호

> 제32조【보호관찰 대상자의 준수사항】③ 법원 및 심사위원회는 판결의 선고 또는 결정의 고지를 할 때에는 제2항의 준수사항 외에 범죄의 내용과 종류 및 본인의 특성 등을 고려하여 필요하면 보호관찰기간의 범위에서 기간을 정하여 다음 각 호의 사항을 특별히 지켜야 할 사항으로 따로 과할 수 있다(→ 특별준수사항).
> 1. 야간 등 재범의 기회나 충동을 줄 수 있는 특정 시간대의 외출 제한
> 2. 재범의 기회나 충동을 줄 수 있는 특정 지역·장소의 출입 금지
> 3. 피해자 등 재범의 대상이 될 우려가 있는 특정인에 대한 접근 금지
> 4. 범죄행위로 인한 손해를 회복하기 위하여 노력할 것
> 5. 일정한 주거가 없는 자에 대한 거주장소 제한
> 6. 사행행위에 빠지지 아니할 것
> 7. 일정량 이상의 음주를 하지 말 것

8. 마약 등 중독성 있는 물질을 사용하지 아니할 것
9. 「마약류 관리에 관한 법률」상의 마약류 투약, 흡연, 섭취 여부에 관한 검사에 따를 것
10. 그 밖에 보호관찰 대상자의 재범방지를 위하여 필요하다고 인정되어 대통령령(→ 시행령 제19조)으로 정하는 사항

② [○] 「보호관찰 등에 관한 법률」률 제32조 제3항 제3호
④ [○] 「보호관찰 등에 관한 법률」 제32조 제3항 제7호

정답 ③

17 보호관찰제도에 관한 법령과 판례에 대한 설명으로 옳은 것은? 13. 교정

① 현역 군인 등 군법 적용 대상자에 대해서도 보호관찰, 사회봉사명령, 수강명령을 명할 수 있다.
② 성폭력범죄를 범한 피고인에게 형의 집행을 유예하면서 보호관찰을 받을 것을 명하지 않은 채 위치추적 전자장치 부착을 명하는 것은 적법하다.
③ 「가정폭력범죄의 처벌 등에 관한 특례법」상 사회봉사명령을 부과하면서, 행위시 법상 사회봉사명령 부과시간의 상한인 100시간을 초과하여 상한을 200시간으로 올린 신법을 적용한 것은 적법하다.
④ 보호관찰명령 없이 사회봉사 · 수강명령만 선고하는 경우, 보호관찰 대상자에 대한 특별준수사항을 사회봉사 · 수강명령 대상자에게 그대로 적용하는 것은 적합하지 않다.

해설

④ [○] 대결 2009.3.30, 2008모1116

보호관찰명령 없이 사회봉사 · 수강명령만 선고하는 경우, 보호관찰 대상자에 대한 특별준수사항을 사회봉사 · 수강명령 대상자에게 그대로 적용할 수 있는지 여부(소극) - 보호관찰, 사회봉사 · 수강 또는 갱생보호는 당해 대상자의 교화 · 개선 및 범죄예방을 위하여 필요하고도 상당한 한도 내에서 이루어져야 하며, 당해 대상자의 연령 · 경력 · 심신상태 · 가정환경 · 교우관계 기타 모든 사정을 충분히 고려하여 가장 적합한 방법으로 실시되어야 하므로, 법원은 특별준수사항을 부과하는 경우 대상자의 생활력, 심신의 상태, 범죄 또는 비행의 동기, 거주지의 환경 등 대상자의 특성을 고려하여 대상자가 준수할 수 있다고 인정되고 자유를 부당하게 제한하지 아니하는 범위 내에서 개별화하여 부과하여야 한다는 점, 보호관찰의 기간은 집행을 유예한 기간으로 하고 다만, 법원은 유예기간의 범위 내에서 보호관찰기간을 정할 수 있는 반면, 사회봉사명령 · 수강명령은 집행유예기간 내에 이를 집행하되 일정한 시간의 범위 내에서 그 기간을 정하여야 하는 점, 보호관찰명령이 보호관찰기간 동안 바른 생활을 영위할 것을 요구하는 추상적 조건의 부과이거나 악행을 하지 말 것을 요구하는 소극적인 부작위조건의 부과인 반면, 사회봉사명령 · 수강명령은 특정시간 동안의 적극적인 작위의무를 부과하는 데 그 특징이 있다는 점 등에 비추어 보면, 사회봉사 · 수강명령 대상자에 대한 특별준수사항은 보호관찰 대상자에 대한 것과 같을 수 없고, 따라서 보호관찰 대상자에 대한 특별준수사항을 사회봉사 · 수강명령 대상자에게 그대로 적용하는 것은 적합하지 않다(대결 2009.3.30, 2008모1116).

① [×] 군법 적용 대상자에게는 보호관찰, 사회봉사, 수강명령에 관한 규정이 적용되지 않는다(「보호관찰 등에 관한 법률」 제56조, 제64조 제1항 참조).

제56조 【군법 적용 대상자에 대한 특례】 「군사법원법」 제2조 제1항 각 호의 어느 하나에 해당하는 사람에게는 이 법을 적용하지 아니한다.

제64조 【준용 규정】 ① 사회봉사 · 수강명령 대상자에 대하여는 제34조부터 제36조까지, 제54조, 제55조, 제55조의4, 제56조 및 제57조를 준용한다.

현역 군인 등 군법 적용 대상자에 대한 특례를 규정한 '보호관찰 등에 관한 법률' 제56조, 제64조 제1항의 해석상 군법 적용 대상자에게 보호관찰, 사회봉사, 수강명령을 명할 수 있는지 여부(소극) - 보호관찰 등에 관한 법률(이하 '보호관찰법'이라 한다) 제56조는 군사법원법 제2조 제1항 각 호의 어느 하나에 해당하는 사람에게는 보호관찰법을 적용하지 아니한다고 규정하고, 제64조 제1항에서 사회봉사·수강명령 대상자에 대하여는 제56조의 규정을 준용하도록 함으로써 현역 군인 등 이른바 군법 적용 대상자에 대한 특례 조항을 두고 있는데, 군법 적용 대상자에 대한 지휘관들의 지휘권 보장 등 군대라는 부분사회의 특수성을 고려할 필요가 있는 점, 군법 적용 대상자에 대하여는 보호관찰 등의 집행이 현실적으로 곤란하고 이러한 정책적 고려가 입법 과정에서 반영된 것으로 보이는 점 등 보호관찰 등에 관한 현행 법체제 및 규정 내용을 종합적으로 검토하면, 위 특례 조항은 군법 적용 대상자에 대하여는 보호관찰법이 정하고 있는 보호관찰, 사회봉사, 수강명령의 실시 내지 집행에 관한 규정을 적용할 수 없음은 물론 보호관찰, 사회봉사, 수강명령 자체를 명할 수 없다는 의미로 해석된다(대판 2012.2.23, 2011도8124·2011전도141).

② [×] 대판 2011.2.24, 2010오1·2010전오1

'특정 범죄자에 대한 위치추적 전자장치 부착 등에 관한 법률'상 특정범죄를 범한 자에게 형의 집행을 유예하는 경우, 보호관찰을 명하는 때에만 위치추적 전자장치 부착을 명할 수 있는지 여부(적극) - 특정 범죄자에 대한 위치추적 전자장치 부착 등에 관한 법률 제28조 제1항에서 "법원은 특정범죄를 범한 자에 대하여 형의 집행을 유예하면서 보호관찰을 받을 것을 명할 때에는 보호관찰기간의 범위 내에서 기간을 정하여 준수사항의 이행 여부 확인 등을 위하여 전자장치를 부착할 것을 명할 수 있다."고 규정하고, 같은 법 제9조 제4항 제4호에서 "법원은 특정범죄사건에 대하여 선고유예 또는 집행유예를 선고하는 때(제28조 제1항에 따라 전자장치 부착을 명하는 때를 제외한다)에는 판결로 부착명령 청구를 기각하여야 한다."고 규정하고 있으며, 같은 법 제12조 제1항에서 "부착명령은 검사의 지휘를 받아 보호관찰관이 집행한다."고 규정하고 있으므로, 법원은 특정범죄를 범한 자에 대하여 형의 집행을 유예하면서 보호관찰을 받을 것을 명하는 때에만 위치추적 전자장치 부착을 명할 수 있다(대판 2011.2.24, 2010오1·2010전오1).

③ [×] 대결 2008.7.24, 2008어4

[1] 가정폭력범죄의 처벌 등에 관한 특례법상 사회봉사명령의 법적 성질 및 형벌불소급원칙의 적용 여부(적극) - 가정폭력범죄의 처벌 등에 관한 특례법이 정한 보호처분 중의 하나인 사회봉사명령은 가정폭력범죄를 범한 자에 대하여 환경의 조정과 성행의 교정을 목적으로 하는 것으로서 형벌 그 자체가 아니라 보안처분의 성격을 가지는 것이 사실이다. 그러나 한편으로 이는 가정폭력범죄행위에 대하여 형사처벌 대신 부과되는 것으로서, 가정폭력범죄를 범한 자에게 의무적 노동을 부과하고 여가시간을 박탈하여 실질적으로는 신체적 자유를 제한하게 되므로, 이에 대하여는 원칙적으로 형벌불소급의 원칙에 따라 행위시법을 적용함이 상당하다.
[2] 가정폭력범죄의 처벌 등에 관한 특례법상 사회봉사명령을 부과하면서 행위시법이 아닌 신법을 적용한 것이 위법하다고 한 사례 - 가정폭력범죄의 처벌 등에 관한 특례법상 사회봉사명령을 부과하면서, 행위시법상 사회봉사명령 부과시간의 상한인 100시간을 초과하여 상한을 200시간으로 올린 신법을 적용한 것은 위법하다고 한 사례(대결 2008.7.24, 2008어4)

정답 ④

18 사회봉사명령에 대한 설명으로 옳지 않은 것은? (다툼이 있는 경우 판례에 의함) 21. 보호

① 법원이 형의 집행을 유예하는 경우 명할 수 있는 사회봉사는 500시간 내에서 시간 단위로 부과될 수 있는 일 또는 근로활동을 의미하는 것으로 해석된다.

② 보호관찰관은 사회봉사명령의 집행을 국공립기관이나 그 밖의 단체에 위탁한 때에는 이를 법원 또는 법원의 장에게 통보하여야 한다.

③ 사회봉사의 도움을 필요로 하는 일반 국민들에게 직접 지원 분야를 신청받아 관할 보호관찰소에서 적절성을 심사한 후, 사회봉사명령대상자를 투입하여 무상으로 사회봉사명령을 집행할 수 있다.

④ 500만원 이하의 벌금형이 확정된 벌금 미납자는 검사의 납부명령일부터 30일 이내에 주거지를 관할하는 보호관찰관에게 사회봉사를 신청할 수 있다.

해설

④ [×] 주거지를 관할하는 '지방검찰청의 검사'에게 사회봉사를 신청할 수 있다(「벌금 미납자의 사회봉사 집행에 관한 특례법」 제4조 제1항).

> 제4조 【사회봉사의 신청】 ① 대통령령으로 정한 금액(→ 500만원) 범위 내의 벌금형이 확정된 벌금 미납자는 검사의 납부명령일부터 30일 이내에 주거지를 관할하는 지방검찰청(지방검찰청지청을 포함)의 검사에게 사회봉사를 신청할 수 있다. 다만, 검사로부터 벌금의 일부납부 또는 납부연기를 허가받은 자는 그 허가기한 내에 사회봉사를 신청할 수 있다.

① [○] 법원이 형의 집행을 유예하는 경우 명할 수 있는 사회봉사는 다른 법률에 특별한 규정이 없는 한 500시간 내에서 시간 단위로 부과될 수 있는 일 또는 근로활동을 의미하는 것으로 해석된다(대판 2020.11.5, 2017도18291).

② [○] 「보호관찰 등에 관한 법률」 제61조 제2항

③ [○] 사회봉사 국민공모제에 대한 설명이다. 이는 도움이 필요한 일반 국민들에게 직접 지원분야를 신청받아 관할 보호관찰소에서 적절성을 심사한 후 사회봉사명령대상자를 투입하여 무상으로 지원하는 제도로서 2013년 5월부터 시행되었다. 지원분야로는 지역사회지원(예 벽화그리기, 벽보 및 낙서제거, 가로수 정비, 지역 환경정화활동 등), 소외계층지원[예 노인, 장애인, 각종 피해자, 다문화가정 등 지원활동(예 목욕, 이미용, 빨래, 연탄 · 김장배달 등)], 주거환경개선지원(예 집수리, 도배 · 장판 · 방충망 교체, 도색, 청소 등), 농어촌 지원(예 영세 · 고령농가 등 농어촌 지역 일손돕기. 농가환경개선 등), 긴급재난복구지원(예 태풍 · 폭우 · 폭설 · 가뭄 등으로 인한 재난복구 지원), 복지시설지원(예 복지시설 환경정화, 목욕보조, 이미용, 말벗, 김장담그기 등), 기타공익지원(예 공익적 목적의 행사, 축제, 경기대회 보조, 공익단체 지원활동 등) 등이 있다.

정답 ④

19 현행법상 사회봉사명령에 대한 설명으로 가장 옳지 않은 것은? 22. 해경간부

① 형의 집행을 유예할 경우 부과할 수 있다.

② 소년범에 대하여는 사회봉사명령을 부과할 수 없다.

③ 사회봉사명령은 보호관찰관이 집행한다.

④ 보호관찰관은 사회봉사명령의 집행을 국공립기관이나 그 밖의 단체에 위탁한 때에는 이를 법원 또는 법원의 장에게 통보하여야 한다.

해설

② [×] 소년보호사건에서 사회봉사명령을 보호처분의 하나로 규정하고 있다(「소년법」 제32조 제1항 제3호).

① [○] 「형법」 제62조의2 제1항

> 제62조의2 【보호관찰, 사회봉사 · 수강명령】 ① 형의 집행을 유예하는 경우에는 보호관찰을 받을 것을 명하거나 사회봉사 또는 수강을 명할 수 있다.

③ [○] 「보호관찰 등에 관한 법률」 제61조 제1항

> 제61조 【사회봉사 · 수강명령 집행 담당자】 ① 사회봉사명령 또는 수강명령은 보호관찰관이 집행한다. 다만, 보호관찰관은 국공립기관이나 그 밖의 단체에 그 집행의 전부 또는 일부를 위탁할 수 있다.

④ [○] 「보호관찰 등에 관한 법률」 제61조 제2항

> 제61조 【사회봉사 · 수강명령 집행 담당자】 ② 보호관찰관은 사회봉사명령 또는 수강명령의 집행을 국공립기관이나 그 밖의 단체에 위탁한 때에는 이를 법원 또는 법원의 장에게 통보하여야 한다.

정답 ②

20 「보호관찰 등에 관한 법률」상 사회봉사명령에 대한 설명으로 옳지 않은 것은? 16. 교정

① 보호관찰관은 국공립기관이나 그 밖의 단체에 사회봉사명령 집행의 전부 또는 일부를 위탁할 수 있다.

② 법원은 「형법」상 사회봉사를 명할 경우에 대상자가 사회봉사를 할 분야와 장소 등을 지정하여야 한다.

③ 사회봉사명령 대상자는 주거를 이전하거나 1개월 이상 국내외 여행을 할 때에는 미리 보호관찰관에게 신고하여야 한다.

④ 「형법」상 형의 집행유예시 사회봉사를 명할 때에는 다른 법률에 특별한 규정이 없으면 500시간의 범위에서 그 기간을 정하여야 한다.

해설

② [×] 법원은 사회봉사의 '기간'을 정하여야 하지만(필요적, 「보호관찰 등에 관한 법률」 제59조 제1항), '분야와 장소 등'은 지정할 수 있다(임의적, 「보호관찰 등에 관한 법률」 제59조 제2항).

> 제59조 【사회봉사명령 · 수강명령의 범위】 ① 법원은 「형법」 제62조의2에 따른 사회봉사를 명할 때에는 500시간, 수강을 명할 때에는 200시간의 범위에서 그 기간을 정하여야 한다. 다만, 다른 법률에 특별한 규정이 있는 경우에는 그 법률에서 정하는 바에 따른다.
> ② 법원은 제1항의 경우에 사회봉사 · 수강명령 대상자가 사회봉사를 하거나 수강할 분야와 장소 등을 지정할 수 있다.

① [○] 사회봉사명령 또는 수강명령은 보호관찰관이 집행한다. 다만, 보호관찰관은 국공립기관이나 그 밖의 단체에 그 집행의 전부 또는 일부를 위탁할 수 있다(「보호관찰 등에 관한 법률」 제61조 제1항).

③ [○] 「보호관찰 등에 관한 법률」 제62조 제2항 참조

> 제62조 【사회봉사 · 수강명령 대상자의 준수사항】 ② 사회봉사 · 수강명령 대상자는 다음 각 호의 사항을 준수하여야 한다.
> 1. 보호관찰관의 집행에 관한 지시에 따를 것
> 2. 주거를 이전하거나 1개월 이상 국내외 여행을 할 때에는 미리 보호관찰관에게 신고할 것

④ [○] 「보호관찰 등에 관한 법률」 제59조 제1항 참조

정답 ②

21 사회봉사명령제도에 대한 설명으로 옳지 않은 것은? (다툼이 있는 경우 판례에 의함) 11. 교정

① 다양한 형벌목적을 결합시킬 수 없어 자유형에 상응한 형벌효과를 거둘 수 없다.

② 자유형의 집행을 대체하기 위한 것이므로 피고인에게 일정한 금원을 출연하거나 이와 동일시할 수 있는 행위를 명하는 것은 허용될 수 없다.

③ 강제노역으로서 이론상 대상자의 동의를 요한다고 하여야 할 것이나 현행법은 대상자의 동의를 요건으로 하지 않고 있다.

④ 일반인의 직업활동을 저해할 우려가 있고, 대상자에게 또 다른 낙인으로 작용할 수 있다.

해설

① [×] 사회봉사명령제도는 대표적인 중간처벌제도로서 다양한 형벌목적과 결합될 수 있고, 자유형에 상응하는 형벌효과를 거둘 수 있다는 장점이 있다.

② [○] 대판 2008.4.11, 2007도8373

> 형법과 보호관찰 등에 관한 법률의 관계 규정을 종합하면, 사회봉사는 형의 집행을 유예하면서 부가적으로 명하는 것이고 집행유예되는 형은 자유형에 한정되고 있는 점 등에 비추어, 법원이 형의 집행을 유예하는 경우 명할 수 있는 사회봉사는 자유형의 집행을 대체하기 위한 것으로서 500시간 내에서 시간 단위로 부과될 수 있는 일 또는 근로활동을 의미하는 것으로 해석되므로, 법원이 형법 제62조의2의 규정에 의한 사회봉사명령으로 피고인에게 일정한 금원을 출연하거나 이와 동일시할 수 있는 행위를 명하는 것은 허용될 수 없다(대판 2008.4.11, 2007도8373).

③ [○] 단기 · 중기의 자유형을 대체하기 위해 사회봉사명령이 최초로 도입된 영국에서는 대상자의 동의를 요하였으나, 우리나라에서는 대상자의 동의를 요하지 않는다.

④ [○] 이 외에도 사회봉사명령의 위반시에 처리기준이 명확히 확립되어 있지 않고, 사회봉사명령의 시간산정 · 대상자선정의 기준이 불명확하며, 실제 운영에 있어 공정성이 확보되기 어렵다는 단점이 있다.

정답 ①

22 다음 중 수강명령의 부과 대상이 될 수 없는 자는?

13. 교정

① 「경범죄 처벌법」상 과다노출이나 지속적 괴롭힘 행위를 한 자

② 「성매매 알선 등 행위의 처벌에 관한 법률」상 성매매를 한 자

③ 「가정폭력범죄의 처벌 등에 관한 특례법」상 가정폭력사범

④ 「성폭력범죄의 처벌 등에 관한 특례법」상 집행유예선고를 받은 성폭력범죄자

해설

① [×] 수강명령의 부과가 아니라 10만원 이하의 벌금, 구류 또는 과료의 형으로 처벌된다(「경범죄 처벌법」 제3조 제1항 참조).

> 제3조 【경범죄의 종류】 ① 다음 각 호의 어느 하나에 해당하는 사람은 10만원 이하의 벌금, 구류 또는 과료(科料)의 형으로 처벌한다.
> 33. (과다노출) 여러 사람의 눈에 뜨이는 곳에서 공공연하게 알몸을 지나치게 내놓거나 가려야 할 곳을 내놓아 다른 사람에게 부끄러운 느낌이나 불쾌감을 준 사람
> 41. (지속적 괴롭힘) 상대방의 명시적 의사에 반하여 지속적으로 접근을 시도하여 면회 또는 교제를 요구하거나 지켜보기, 따라다니기, 잠복하여 기다리기 등의 행위를 반복하여 하는 사람

② [○] 「성매매 알선 등 행위의 처벌에 관한 법률」 제14조 제1항 참조

> 제14조 【보호처분의 결정 등】 ① 판사는 심리 결과 보호처분이 필요하다고 인정할 때에는 결정으로 다음 각 호의 어느 하나에 해당하는 처분을 할 수 있다.
> 1. 성매매가 이루어질 우려가 있다고 인정되는 장소나 지역에의 출입금지
> 2. 「보호관찰 등에 관한 법률」에 따른 보호관찰
> 3. 「보호관찰 등에 관한 법률」에 따른 사회봉사 · 수강명령
> 4. 「성매매방지 및 피해자보호 등에 관한 법률」 제10조에 따른 성매매피해상담소에의 상담위탁
> 5. 「성폭력방지 및 피해자보호 등에 관한 법률」 제27조 제1항에 따른 전담의료기관에의 치료위탁

③ [○] 「가정폭력범죄의 처벌 등에 관한 특례법」 제40조 제1항 참조

> 제40조 【보호처분의 결정 등】 ① 판사는 심리의 결과 보호처분이 필요하다고 인정하는 경우에는 결정으로 다음 각 호의 어느 하나에 해당하는 처분을 할 수 있다.
> 1. 가정폭력행위자가 피해자 또는 가정구성원에게 접근하는 행위의 제한
> 2. 가정폭력행위자가 피해자 또는 가정구성원에게 「전기통신기본법」 제2조 제1호의 전기통신을 이용하여 접근하는 행위의 제한
> 3. 가정폭력행위자가 친권자인 경우 피해자에 대한 친권 행사의 제한
> 4. 「보호관찰 등에 관한 법률」에 따른 사회봉사 · 수강명령
> 5. 「보호관찰 등에 관한 법률」에 따른 보호관찰
> 6. 법무부장관 소속으로 설치한 감호위탁시설 또는 법무부장관이 정하는 보호시설에의 감호위탁 <시행일: 2023.6.14.>
> 7. 의료기관에의 치료위탁
> 8. 상담소등에의 상담위탁

④ [○] 「성폭력범죄의 처벌 등에 관한 특례법」 제16조 제4항 참조

> 제16조 【형벌과 수강명령 등의 병과】 ④ 법원이 성폭력범죄를 범한 사람에 대하여 형의 집행을 유예하는 경우에는 제2항에 따른 수강명령 외에 그 집행유예기간 내에서 보호관찰 또는 사회봉사 중 하나 이상의 처분을 병과할 수 있다.

정답 ①

23 우리나라 갱생보호제도에 대한 설명으로 옳지 않은 것은? 11. 교정

① 갱생보호 대상자는 형사처분 또는 보호처분을 받은 사람이다.

② 갱생보호사업을 하려는 자는 법무부장관의 허가를 받아야 한다.

③ 우리나라는 석방자에 대한 필요적 갱생보호를 인정하고 있다.

④ 갱생보호사업을 효율적으로 추진하기 위하여 한국법무보호복지공단이 설립되어 있다.

해설

③ [×] 갱생보호 대상자와 관계 기관은 보호관찰소의 장, 제67조 제1항에 따라 갱생보호사업 허가를 받은 자 또는 제71조에 따른 한국법무보호복지공단에 갱생보호 신청을 할 수 있다(「보호관찰 등에 관한 법률」 제66조 제1항, '임의적 갱생보호'의 원칙).

① [○] 갱생보호를 받을 사람(이하 "갱생보호 대상자"라 한다)은 형사처분 또는 보호처분을 받은 사람으로서 자립갱생을 위한 숙식 제공, 주거 지원, 창업 지원, 직업훈련 및 취업 지원 등 보호의 필요성이 인정되는 사람으로 한다(「보호관찰 등에 관한 법률」 제3조 제3항).

② [○] 갱생보호사업을 하려는 자는 법무부령으로 정하는 바에 따라 법무부장관의 허가를 받아야 한다. 허가받은 사항을 변경하려는 경우에도 또한 같다(「보호관찰 등에 관한 법률」 제67조 제1항).

④ [○] 갱생보호사업을 효율적으로 추진하기 위하여 한국법무보호복지공단을 설립한다(「보호관찰 등에 관한 법률」 제71조).

정답 ③

24 「보호관찰 등에 관한 법률」상 갱생보호제도에 대한 설명으로 옳은 것은? 15. 교정

① 형사처분 또는 보호처분을 받은 자, 형 집행정지 중인 자 등이 갱생보호의 대상자이다.

② 갱생보호 대상자는 보호관찰소의 장에게만 갱생보호 신청을 할 수 있다.

③ 갱생보호사업을 하려는 자는 대통령령으로 정하는 바에 따라 지방교정청장의 허가를 받아야 한다.

④ 갱생보호의 방법에는 주거 지원, 출소예정자 사전상담, 갱생보호 대상자의 가족에 대한 지원이 포함된다.

해설

④ [○] 「보호관찰 등에 관한 법률」 제65조 제1항 참조

① [×] 갱생보호를 받을 사람(이하 "갱생보호 대상자"라 한다)은 '형사처분 또는 보호처분을 받은 사람'으로서 자립갱생을 위한 숙식 제공, 주거 지원, 창업 지원, 직업훈련 및 취업 지원 등 보호의 필요성이 인정되는 사람으로 한다(「보호관찰 등에 관한 법률」 제3조 제3항). 여기서 '형사처분 또는 보호처분을 받은 사람'이란 원칙적으로 형사처분 또는 보호처분이 종료된 경우를 의미하므로, '형 집행정지 중인 자'는 갱생보호의 대상자에 해당하지 않는다.

② [×] 갱생보호 대상자와 관계 기관은 '보호관찰소의 장', 제67조 제1항에 따라 '갱생보호사업 허가를 받은 자' 또는 제71조에 따른 '한국법무보호복지공단'에 갱생보호 신청을 할 수 있다(「보호관찰 등에 관한 법률」 제66조 제1항).

③ [×] 갱생보호사업을 하려는 자는 '법무부령'으로 정하는 바에 따라 '법무부장관의 허가'를 받아야 한다. 허가받은 사항을 변경하려는 경우에도 또한 같다(「보호관찰 등에 관한 법률」 제67조 제1항).

정답 ④

제2항 「치료감호 등에 관한 법률」

25 「치료감호 등에 관한 법률」에 대한 설명으로 옳은 것은? 13. 교정

① 「치료감호 등에 관한 법률」은 죄의 종류와 상관없이 금고 이상의 형에 해당하는 죄를 지은 심신장애자, 마약 등 중독자, 정신성적(精神性的) 장애자 등 가운데 치료의 필요성과 재범의 위험성이 인정되는 경우를 치료감호의 대상으로 하고 있다.

② 검사는 범죄가 성립되지 않는 경우 공소를 제기할 수 없고, 따라서 치료감호만을 독립적으로 청구할 수도 없다.

③ 치료감호와 형이 병과된 경우에는 치료감호를 먼저 집행하고, 치료감호심의위원회가 치료감호 집행기간의 형 집행기간 산입 여부를 결정한다.

④ 법원은 공소제기된 사건의 심리결과 치료감호를 할 필요가 있다고 인정할 때에는 검사에게 치료감호의 청구를 요구할 수 있다.

해설

④ [○] 「치료감호 등에 관한 법률」 제4조 제7항 참조

> 제4조 【검사의 치료감호 청구】 ⑦ 법원은 공소제기된 사건의 심리결과 치료감호를 할 필요가 있다고 인정할 때에는 검사에게 치료감호 청구를 요구할 수 있다.

① [×] 심신장애자와 중독자는 금고 이상의 형에 해당하면 죄의 종류를 묻지 않으나, 정신성적 장애자의 경우에는 금고 이상의 형에 해당하는 '성폭력범죄'일 것을 요건으로 한다(「치료감호 등에 관한 법률」 제2조 제1항 참조).

> 제2조 【치료감호대상자】 ① 이 법에서 "치료감호대상자"란 다음 각 호의 어느 하나에 해당하는 자로서 치료감호시설에서 치료를 받을 필요가 있고 재범의 위험성이 있는 자를 말한다.
> 1. 「형법」 제10조 제1항에 따라 벌하지 아니하거나 같은 조 제2항에 따라 형이 감경되는 심신장애자로서 금고 이상의 형에 해당하는 죄를 지은 자
> 2. 마약·향정신성의약품·대마, 그 밖에 남용되거나 해독을 끼칠 우려가 있는 물질이나 알코올을 식음·섭취·흡입·흡연 또는 주입받는 습벽이 있거나 그에 중독된 자로서 금고 이상의 형에 해당하는 죄를 지은 자
> 3. 소아성기호증, 성적가학증 등 성적 성벽이 있는 정신성적 장애자로서 금고 이상의 형에 해당하는 성폭력범죄를 지은 자

② [×] '심신상실'에 해당하여 범죄가 성립되지 않아 처벌할 수 없는 경우에는 공소를 제기하지 않고 치료감호만을 청구할 수 있도록 예외를 인정하고 있다(「치료감호 등에 관한 법률」 제7조 제1호 참조).

> 제7조 【치료감호의 독립 청구】 검사는 다음 각 호의 어느 하나에 해당하는 경우에는 공소를 제기하지 아니하고 치료감호만을 청구할 수 있다.
> 1. 피의자가 「형법」 제10조 제1항(→ 심신상실)에 해당하여 벌할 수 없는 경우

③ [×] 치료감호 집행기간은 당연히 형 집행기간에 산입된다(「치료감호 등에 관한 법률」 제18조 참조).

> 제18조 【집행 순서 및 방법】 치료감호와 형이 병과된 경우에는 치료감호를 먼저 집행한다. 이 경우 치료감호의 집행기간은 형 집행기간에 포함한다(→ 기능적 대체).

정답 ④

26 「치료감호 등에 관한 법률」상 치료감호에 대한 설명으로 가장 옳지 않은 것은? 22. 해경간부

① 구속영장에 의하여 구속된 피의자에 대하여 검사가 공소를 제기하지 아니하는 결정을 하고 치료감호청구만을 하는 때에는 구속영장은 치료감호영장으로 보며 그 효력을 잃지 아니한다.

② 검사는 심신장애인으로 금고 이상의 형에 해당하는 죄를 지은 자에 대하여 정신건강의학과 등의 전문의의 진단이나 감정을 받은 후 치료감호를 청구하여야 한다.

③ 피의자가 심신장애로 의사결정능력이 없기 때문에 벌할 수 없는 경우 검사는 공소제기 없이 치료감호만을 청구할 수 있다.

④ 피치료감호자등의 텔레비전 시청, 라디오 청취, 신문 · 도서의 열람은 일과시간이나 취침시간 등을 제외하고는 자유롭게 보장된다.

해설

② [×] '정신성적 장애인으로 금고 이상의 형에 해당하는 성폭력범죄'를 지은 자에 대하여 정신건강의학과 등의 '전문의의 진단이나 감정을 받은 후' 치료감호를 청구하여야 한다. '그 외의 치료감호대상자(심신장애인, 중독자)'에 대한 치료감호를 청구할 때에는 '전문의의 진단이나 감정을 참고'하여야 한다(「치료감호 등에 관한 법률」 제4조 제2항 참조).

> 제4조【검사의 치료감호 청구】② 치료감호대상자에 대한 치료감호를 청구할 때에는 정신건강의학과 등의 전문의의 진단이나 감정을 참고하여야 한다. 다만, 제2조 제1항 제3호(→ 정신성적 장애인)에 따른 치료감호대상자에 대하여는 정신건강의학과 등의 전문의의 진단이나 감정을 받은 후 치료감호를 청구하여야 한다.

① [○] 「치료감호 등에 관한 법률」 제8조

> 제8조【치료감호 청구와 구속영장의 효력】구속영장에 의하여 구속된 피의자에 대하여 검사가 공소를 제기하지 아니하는 결정을 하고 치료감호 청구만을 하는 때에는 구속영장은 치료감호영장으로 보며 그 효력을 잃지 아니한다.

③ [○] 「치료감호 등에 관한 법률」 제7조 제1호

> 제7조【치료감호의 독립 청구】검사는 다음 각 호의 어느 하나에 해당하는 경우에는 공소를 제기하지 아니하고 치료감호만을 청구할 수 있다.
> 1. 피의자가 「형법」 제10조 제1항에 해당하여 벌할 수 없는 경우
> 2. 고소 · 고발이 있어야 논할 수 있는 죄에서 그 고소 · 고발이 없거나 취소된 경우 또는 피해자의 명시적인 의사에 반(反)하여 논할 수 없는 죄에서 피해자가 처벌을 원하지 아니한다는 의사표시를 하거나 처벌을 원한다는 의사표시를 철회한 경우
> 3. 피의자에 대하여 「형사소송법」 제247조에 따라 공소를 제기하지 아니하는 결정을 한 경우

④ [○] 「치료감호 등에 관한 법률」 제27조

> 제27조【텔레비전 시청 등】피치료감호자등의 텔레비전 시청, 라디오 청취, 신문 · 도서의 열람은 일과시간이나 취침시간 등을 제외하고는 자유롭게 보장된다.

정답 ②

27 「치료감호 등에 관한 법률」상 치료감호의 내용에 대한 설명으로 옳은 것은?

21. 교정

① 치료감호대상자는 의사무능력이나 심신미약으로 인하여 형이 감경되는 심신장애인으로서 징역형 이상의 형에 해당하는 죄를 지은 자이다.

② 피치료감호자를 치료감호시설에 수용하는 기간은 치료감호 대상자에 해당하는 심신장애인과 정신성적 장애인의 경우 15년을 초과할 수 없다.

③ 피치료감호자의 치료감호가 가종료되었을 때 시작되는 보호관찰의 기간은 2년으로 한다.

④ 보호관찰 기간이 끝나더라도 재범의 위험성이 없다고 판단될 때까지 치료감호가 종료되지 않는다.

해설

② [○] 「치료감호 등에 관한 법률」 제16조 제2항 제1호

> 제16조 【치료감호의 내용】 ② 피치료감호자를 치료감호시설에 수용하는 기간은 다음 각 호의 구분에 따른 기간을 초과할 수 없다.
> 1. 제2조 제1항 제1호 및 제3호에 해당하는 자(→ 심신장애인, 정신성적 장애인): 15년

① [×] '심신상실로 인하여 벌하지 아니하거나 심신미약으로 인하여 형을 감경할 수 있는' 심신장애인으로서 '금고 이상의 형'에 해당하는 죄를 지은 자가 치료감호 대상자이다(「치료감호 등에 관한 법률」 제2조 제1항 제1호).

> 제2조 【치료감호대상자】 ① 이 법에서 "치료감호대상자"란 다음 각 호의 어느 하나에 해당하는 자로서 치료감호시설에서 치료를 받을 필요가 있고 재범의 위험성이 있는 자를 말한다.
> 1. 「형법」 제10조 제1항(→ 심신상실)에 따라 벌하지 아니하거나 같은 조 제2항(→ 심신미약)에 따라 형을 감경할 수 있는 심신장애인으로서 금고 이상의 형에 해당하는 죄를 지은 자

③ [×] 치료감호가 가종료되었을 때 시작되는 보호관찰의 기간은 '3년'으로 한다(「치료감호 등에 관한 법률」 제32조 제1항 제1호 · 제2항).

> 제32조 【보호관찰】 ① 피치료감호자가 다음 각 호의 어느 하나에 해당하게 되면 「보호관찰 등에 관한 법률」에 따른 보호관찰(이하 "보호관찰"이라 한다)이 시작된다.
> 1. 피치료감호자에 대한 치료감호가 가종료되었을 때
> ② 보호관찰의 기간은 3년으로 한다.

④ [×] 가종료 또는 치료위탁의 경우에 보호관찰 기간이 끝나면 치료감호가 끝난다(「치료감호 등에 관한 법률」 제35조 제1항).

> 제35조 【치료감호의 종료】 ① 제32조 제1항 제1호(→ 가종료) 또는 제2호(→ 치료위탁)에 해당하는 경우에는 보호관찰기간이 끝나면 피보호관찰자에 대한 치료감호가 끝난다.

정답 ②

28 「치료감호 등에 관한 법률」상 치료감호에 대한 설명으로 옳지 않은 것은? 14. 보호

① 심신장애, 마약류·알코올이나 그 밖의 약물중독, 정신성적 장애가 있는 상태 등에서 범죄행위를 한 자로서 재범위험성이 있고 특수한 교육·개선 및 치료가 필요하다고 인정되는 자에 대해 보호와 치료를 하는 것을 말한다.

② 피의자가 심신상실자(「형법」 제10조 제1항)에 해당하여 벌할 수 없는 경우 검사는 공소를 제기하지 아니하고 치료감호만을 청구할 수 있다.

③ 치료감호와 형이 병과된 경우에는 형을 먼저 집행하고, 이 경우 형의 집행기간은 치료감호 집행기간에 포함한다.

④ 소아성기호증, 성적가학증 등 성적 성벽(性癖)이 있는 정신성적 장애자로서 금고 이상의 형에 해당하는 성폭력범죄를 지은 자에 대한 치료감호는 15년을 초과할 수 없다.

해설

③ [×] '치료감호를 먼저 집행'하고, 그 집행기간은 형 집행기간에 포함한다(「치료감호 등에 관한 법률」 제18조 참조).

> 제18조 【집행 순서 및 방법】 치료감호와 형이 병과된 경우에는 치료감호를 먼저 집행한다. 이 경우 치료감호의 집행기간은 형 집행기간에 포함한다(→ 기능적 대체).

① [○] 「치료감호 등에 관한 법률」 제1조

> 제1조 【목적】 이 법은 심신장애 상태, 마약류·알코올이나 그 밖의 약물중독 상태, 정신성적 장애가 있는 상태 등에서 범죄행위를 한 자로서 재범의 위험성이 있고 특수한 교육·개선 및 치료가 필요하다고 인정되는 자에 대하여 적절한 보호와 치료를 함으로써 재범을 방지하고 사회복귀를 촉진하는 것을 목적으로 한다.

② [○] 「치료감호 등에 관한 법률」 제7조 제1호

> 제7조 【치료감호의 독립 청구】 검사는 다음 각 호의 어느 하나에 해당하는 경우에는 공소를 제기하지 아니하고 치료감호만을 청구할 수 있다.
> 1. 피의자가 「형법」 제10조 제1항(→ 심신상실)에 해당하여 벌할 수 없는 경우
> 2. 고소·고발이 있어야 논할 수 있는 죄(→ 친고죄)에서 그 고소·고발이 없거나 취소된 경우 또는 피해자의 명시적인 의사에 반하여 논할 수 없는 죄(→ 반의사불벌죄)에서 피해자가 처벌을 원하지 아니한다는 의사표시를 하거나 처벌을 원한다는 의사표시를 철회한 경우
> 3. 피의자에 대하여 「형사소송법」 제247조에 따라 공소를 제기하지 아니하는 결정(→ 기소유예결정)을 한 경우

④ [○] 「치료감호 등에 관한 법률」 제16조 제2항 제1호

> 제16조 【치료감호의 내용】 ② 피치료감호자를 치료감호시설에 수용하는 기간은 다음 각 호의 구분에 따른 기간을 초과할 수 없다.
> 1. 제2조 제1항 제1호 및 제3호에 해당하는 자(→ 심신장애자, 정신성적 장애자): 15년
> 2. 제2조 제1항 제2호에 해당하는 자(→ 중독된 자): 2년

정답 ③

29 「치료감호 등에 관한 법률」상 보호관찰에 대한 설명으로 옳지 않은 것은? 18. 교정

① 보호관찰의 기간은 3년으로 한다.

② 피치료감호자에 대한 치료감호가 가종료되었을 때 보호관찰이 시작된다.

③ 피치료감호자가 치료감호시설 외에서 치료받도록 법정대리인 등에게 위탁되었을 때 보호관찰이 시작된다.

④ 치료감호심의위원회의 치료감호 종료결정이 있어도 보호관찰기간이 남아 있다면 보호관찰은 계속된다.

해설

④ [×] 보호관찰이 '종료'된다(「치료감호 등에 관한 법률」 제32조 제3항 제2호).

① [○] 「치료감호 등에 관한 법률」 제32조 제2항

② [○] 「치료감호 등에 관한 법률」 제32조 제1항 제1호

③ [○] 「치료감호 등에 관한 법률」 제32조 제1항 제2호

> 제32조【보호관찰】① 피치료감호자가 다음 각 호의 어느 하나에 해당하게 되면 「보호관찰 등에 관한 법률」에 따른 보호관찰(이하 "보호관찰"이라 한다)이 시작된다.
> 1. 피치료감호자에 대한 치료감호가 가종료되었을 때
> 2. 피치료감호자가 치료감호시설 외에서 치료받도록 법정대리인등에게 위탁되었을 때
> 3. 제16조 제2항 각 호에 따른 기간 또는 같은 조 제3항에 따라 연장된 기간(이하 "치료감호기간"이라 한다)이 만료되는 피치료감호자에 대하여 제37조에 따른 치료감호심의위원회가 심사하여 보호관찰이 필요하다고 결정한 경우에는 치료감호기간이 만료되었을 때
>
> ② 보호관찰의 기간은 3년으로 한다.
> ③ 보호관찰을 받기 시작한 자(이하 "피보호관찰자"라 한다)가 다음 각 호의 어느 하나에 해당하게 되면 보호관찰이 종료된다.
> 1. 보호관찰기간이 끝났을 때
> 2. 보호관찰기간이 끝나기 전이라도 제37조에 따른 치료감호심의위원회의 치료감호의 종료결정이 있을 때
> 3. 보호관찰기간이 끝나기 전이라도 피보호관찰자가 다시 치료감호 집행을 받게 되어 재수용되었을 때
>
> ④ 피보호관찰자가 보호관찰기간 중 새로운 범죄로 금고 이상의 형의 집행을 받게 된 때에는 보호관찰은 종료되지 아니하며, 해당 형의 집행기간 동안 피보호관찰자에 대한 보호관찰기간은 계속 진행된다.
> ⑤ 피보호관찰자에 대하여 제4항에 따른 금고 이상의 형의 집행이 종료·면제되는 때 또는 피보호관찰자가 가석방되는 때에 보호관찰기간이 아직 남아 있으면 그 잔여기간 동안 보호관찰을 집행한다.

정답 ④

30 「치료감호 등에 관한 법률」상 피치료감호자의 보호관찰에 대한 설명으로 옳지 않은 것은? 22. 교정

① 피치료감호자에 대한 치료감호가 가종료되면 보호관찰이 시작된다.

② 피치료감호자가 치료감호시설 외에서 치료받도록 법정대리인 등에게 위탁되었을 때 보호관찰이 시작된다.

③ 보호관찰의 기간은 3년으로 한다.

④ 피보호관찰자가 새로운 범죄로 금고 이상의 형의 집행을 받게 되었을지라도 보호관찰은 종료되지 아니하고 해당 형의 집행기간 동안 보호관찰기간은 정지된다.

해설

④ [×] 해당 형의 집행기간 동안 보호관찰기간은 '계속 진행'된다(「치료감호 등에 관한 법률」 제32조 제4항).

> 제32조【보호관찰】④ 피보호관찰자가 보호관찰기간 중 새로운 범죄로 금고 이상의 형의 집행을 받게 된 때에는 보호관찰은 종료되지 아니하며, 해당 형의 집행기간 동안 피보호관찰자에 대한 보호관찰기간은 계속 진행된다.

① [○] 「치료감호 등에 관한 법률」 제32조 제1항 제1호

> 제32조【보호관찰】① 피치료감호자가 다음 각 호의 어느 하나에 해당하게 되면 「보호관찰 등에 관한 법률」에 따른 보호관찰(이하 "보호관찰"이라 한다)이 시작된다.
> 1. 피치료감호자에 대한 치료감호가 가종료되었을 때
> 2. 피치료감호자가 치료감호시설 외에서 치료받도록 법정대리인등에게 위탁되었을 때
> 3. 제16조 제2항 각 호에 따른 기간 또는 같은 조 제3항에 따라 연장된 기간(이하 "치료감호기간"이라 한다)이 만료되는 피치료감호자에 대하여 제37조에 따른 치료감호심의위원회가 심사하여 보호관찰이 필요하다고 결정한 경우에는 치료감호기간이 만료되었을 때

② [○] 「치료감호 등에 관한 법률」 제32조 제1항 제2호

③ [○] 「치료감호 등에 관한 법률」 제32조 제2항

정답 ④

31 「치료감호 등에 관한 법률」상 치료감호와 치료명령에 대한 설명으로 옳은 것은? 20. 보호

① 치료감호와 형이 병과된 경우 형 집행 완료 후 치료감호를 집행한다.

② 피의자가 심신장애로 의사결정능력이 없기 때문에 벌할 수 없는 경우 검사는 공소제기 없이 치료감호만을 청구할 수 있다.

③ 소아성기호증 등 성적 성벽이 있는 장애인으로서 금고 이상의 형에 해당하는 성폭력범죄를 지은 자에 대한 치료감호의 기간은 2년을 초과할 수 없다.

④ 법원은 치료명령대상자에 대하여 형의 선고를 유예하는 경우 치료기간을 정하여 치료를 받을 것을 명할 수 있으며, 이때 보호관찰을 병과할 수 있다.

해설

② [○] 심신장애로 인하여 사물변별능력이 없거나 의사결정능력이 없는 경우를 '심신상실'이라고 하여 이러한 상태인 자의 행위는 범죄가 성립하지 않으므로 벌하지 아니하는데(「형법」 제10조 제1항), 이 경우 검사는 공소를 제기하지 아니하고 치료감호만을 청구할 수 있다(「치료감호 등에 관한 법률」 제7조 제1호).

> 「치료감호 등에 관한 법률」
> 제7조 【치료감호의 독립 청구】 검사는 다음 각 호의 어느 하나에 해당하는 경우에는 공소를 제기하지 아니하고 치료감호만을 청구할 수 있다.
> 1. 피의자가 「형법」 제10조 제1항(→ 심신상실)에 해당하여 벌할 수 없는 경우
> 2. 고소·고발이 있어야 논할 수 있는 죄(→ 친고죄)에서 그 고소·고발이 없거나 취소된 경우 또는 피해자의 명시적인 의사에 반(反)하여 논할 수 없는 죄(→ 반의사불벌죄)에서 피해자가 처벌을 원하지 아니한다는 의사표시를 하거나 처벌을 원한다는 의사표시를 철회한 경우
> 3. 피의자에 대하여 「형사소송법」 제247조에 따라 공소를 제기하지 아니하는 결정을 한 경우

① [×] '치료감호를 먼저 집행'한다(「치료감호 등에 관한 법률」 제18조).

> 제18조 【집행 순서 및 방법】 치료감호와 형(刑)이 병과(倂科)된 경우에는 치료감호를 먼저 집행한다. 이 경우 치료감호의 집행기간은 형 집행기간에 포함한다.

③ [×] '15년'을 초과할 수 없다(「치료감호 등에 관한 법률」 제16조 제2항 제1호).

> 제16조 【치료감호의 내용】 ② 피치료감호자를 치료감호시설에 수용하는 기간은 다음 각 호의 구분에 따른 기간을 초과할 수 없다.
> 1. 제2조 제1항 제1호(→ 심신장애인) 및 제3호(→ 정신성적 장애인)에 해당하는 자: 15년
> 2. 제2조 제1항 제2호(→ 중독자)에 해당하는 자: 2년

④ [×] 보호관찰을 병과'하여야 한다'(「치료감호 등에 관한 법률」 제44조의2 제1항·제2항).

> 제44조의2 【선고유예 시 치료명령 등】 ① 법원은 치료명령대상자에 대하여 형의 선고 또는 집행을 유예하는 경우에는 치료기간을 정하여 치료를 받을 것을 명할 수 있다.
> ② 제1항의 치료를 명하는 경우 보호관찰을 병과하여야 한다.

정답 ②

제3항 「전자장치 부착 등에 관한 법률」

32 「전자장치 부착 등에 관한 법률」상 검사가 위치추적 전자장치 부착명령을 법원에 반드시 청구하여야 하는 경우로 옳은 것은? 20. 교정

① 미성년자 대상 유괴범죄로 징역형의 실형 이상의 형을 선고받아 그 집행이 종료 또는 면제된 후 다시 미성년자 대상 유괴범죄를 저지른 경우

② 강도범죄를 2회 이상 범하여 그 습벽이 인정된 경우

③ 성폭력범죄로 징역형의 실형을 선고받은 사람이 그 집행을 종료한 후 또는 집행이 면제된 후 10년 이내에 성폭력범죄를 저지른 경우

④ 신체적 또는 정신적 장애가 있는 사람에 대하여 성폭력범죄를 저지른 경우

해설

① [○] 「전자장치 부착 등에 관한 법률」 제5조 제2항 단서

> 제5조【전자장치 부착명령의 청구】 ② 검사는 미성년자 대상 유괴범죄를 저지른 사람으로서 미성년자 대상 유괴범죄를 다시 범할 위험성이 있다고 인정되는 사람에 대하여 부착명령을 법원에 청구할 수 있다. 다만, 유괴범죄로 징역형의 실형 이상의 형을 선고받아 그 집행이 종료 또는 면제된 후 다시 유괴범죄를 저지른 경우에는 부착명령을 청구하여야 한다.

② [×] 부착명령을 법원에 청구'할 수 있다'(「전자장치 부착 등에 관한 법률」 제5조 제4항 제3호).

> 제5조【전자장치 부착명령의 청구】 ④ 검사는 다음 각 호의 어느 하나에 해당하고 강도범죄를 다시 범할 위험성이 있다고 인정되는 사람에 대하여 부착명령을 법원에 청구할 수 있다.
> 1. 강도범죄로 징역형의 실형을 선고받은 사람이 그 집행을 종료한 후 또는 집행이 면제된 후 10년 이내에 다시 강도범죄를 저지른 때
> 2. 강도범죄로 이 법에 따른 전자장치를 부착하였던 전력이 있는 사람이 다시 강도범죄를 저지른 때
> 3. 강도범죄를 2회 이상 범하여(유죄의 확정판결을 받은 경우를 포함한다) 그 습벽이 인정된 때

③ [×] 부착명령을 법원에 청구'할 수 있다'(「전자장치 부착 등에 관한 법률」 제5조 제1항 제1호).

> 제5조【전자장치 부착명령의 청구】 ① 검사는 다음 각 호의 어느 하나에 해당하고, 성폭력범죄를 다시 범할 위험성이 있다고 인정되는 사람에 대하여 전자장치를 부착하도록 하는 명령(이하 "부착명령"이라 한다)을 법원에 청구할 수 있다.
> 1. 성폭력범죄로 징역형의 실형을 선고받은 사람이 그 집행을 종료한 후 또는 집행이 면제된 후 10년 이내에 성폭력범죄를 저지른 때
> 2. 성폭력범죄로 이 법에 따른 전자장치를 부착받은 전력이 있는 사람이 다시 성폭력범죄를 저지른 때
> 3. 성폭력범죄를 2회 이상 범하여(유죄의 확정판결을 받은 경우를 포함한다) 그 습벽이 인정된 때
> 4. 19세 미만의 사람에 대하여 성폭력범죄를 저지른 때
> 5. 신체적 또는 정신적 장애가 있는 사람에 대하여 성폭력범죄를 저지른 때

④ [×] 부착명령을 법원에 청구'할 수 있다'(「전자장치 부착 등에 관한 법률」 제5조 제1항 제5호).

정답 ①

33 「전자장치 부착 등에 관한 법률」상 검사가 성폭력범죄를 다시 범할 위험성이 있다고 인정되는 사람에 대하여 전자장치 부착명령을 청구할 수 있는 사유로 명시되지 않은 것은? 22. 교정

① 성폭력범죄로 징역형의 실형을 선고받은 사람이 그 집행을 종료한 후 또는 집행이 면제된 후 10년 이내에 성폭력범죄를 저지른 때

② 성폭력범죄를 2회 이상 범하여(유죄의 확정판결을 받은 경우를 포함한다) 그 습벽이 인정된 때

③ 신체적 또는 정신적 장애가 있는 사람이 성폭력범죄를 저지른 때

④ 19세 미만의 사람에 대하여 성폭력범죄를 저지른 때

해설

③ [×] '신체적 또는 정신적 장애가 있는 사람에 대하여' 성폭력범죄를 저지른 때에 전자장치 부착명령을 청구할 수 있다(「전자장치 부착 등에 관한 법률」 제5조 제1항 제5호).

① [○] 「전자장치 부착 등에 관한 법률」 제5조 제1항 제1호

② [○] 「전자장치 부착 등에 관한 법률」 제5조 제1항 제3호

④ [○] 「전자장치 부착 등에 관한 법률」 제5조 제1항 제4호

> 제5조 【전자장치 부착명령의 청구】 ① 검사는 다음 각 호의 어느 하나에 해당하고, 성폭력범죄를 다시 범할 위험성이 있다고 인정되는 사람에 대하여 전자장치를 부착하도록 하는 명령(이하 "부착명령"이라 한다)을 법원에 청구할 수 있다.
> 1. 성폭력범죄로 징역형의 실형을 선고받은 사람이 그 집행을 종료한 후 또는 집행이 면제된 후 10년 이내에 성폭력범죄를 저지른 때
> 2. 성폭력범죄로 이 법에 따른 전자장치를 부착받은 전력이 있는 사람이 다시 성폭력범죄를 저지른 때
> 3. 성폭력범죄를 2회 이상 범하여(유죄의 확정판결을 받은 경우를 포함한다) 그 습벽이 인정된 때
> 4. 19세 미만의 사람에 대하여 성폭력범죄를 저지른 때
> 5. 신체적 또는 정신적 장애가 있는 사람에 대하여 성폭력범죄를 저지른 때

정답 ③

34 「전자장치 부착 등에 관한 법률」상 옳지 않은 것은? 16. 보호

① 특정범죄에는 「형법」상 살인죄의 기수범은 포함되나 살인죄의 미수범과 예비, 음모죄는 포함되지 않는다.

② 만 19세 미만의 자에 대하여 부착명령을 선고한 때에는 19세에 이르기까지 이 법에 따른 전자장치를 부착할 수 없다.

③ 피부착자는 특정범죄사건에 대한 형의 집행이 종료되거나 면제·가석방되는 날부터 10일 이내에 주거지를 관할하는 보호관찰소에 출석하여 서면으로 신고하여야 한다.

④ 수사기관은 체포 또는 구속한 사람이 피부착자임을 알게 된 경우에는 피부착자의 주거지를 관할하는 보호관찰소의 장에게 그 사실을 통보하여야 한다.

해설

① [×] 「형법」상 살인죄의 미수범과 예비, 음모죄도 포함된다(「전자장치 부착 등에 관한 법률」 제2조 제3호의2 가목 참조).

> 제2조 【정의】 이 법에서 사용하는 용어의 정의는 다음과 같다.
> 1. "특정범죄"란 성폭력범죄, 미성년자 대상 유괴범죄, 살인범죄, 강도범죄 및 스토킹범죄를 말한다.
> 3의2. "살인범죄"란 다음 각 목의 범죄를 말한다.
> 가. 「형법」 제2편 제1장 내란의 죄 중 제88조(내란목적의 살인)·제89조(미수범)의 죄(제88조의 미수범만을 말한다), '제2편 제24장 살인의 죄 중 제250조(살인, 존속살해)·제251조(영아살해)·제252조(촉탁, 승낙에 의한 살인등)·제253조(위계등에 의한 촉탁살인등)·제254조(미수범)·제255조(예비, 음모)', 제2편 제32장 강간과 추행의 죄 중 제301조의2(강간등 살인·치사) 전단, 제2편 제37장 권리행사를 방해하는 죄 중 제324조의4(인질살해·치사) 전단·제324조의5(미수범)의 죄(제324조의4 전단의 미수범만을 말한다), 제2편 제38장 절도와 강도의 죄 중 제338조(강도

살인 · 치사) 전단 · 제340조(해상강도)제3항(사람을 살해한 죄만을 말한다) 및 제342조(미수범)의 죄(제338조 전단 및 제340조 제3항 중 사람을 살해한 죄의 미수범만을 말한다)

② [○] 「전자장치 부착 등에 관한 법률」 제4조
③ [○] 「전자장치 부착 등에 관한 법률」 제14조 제2항

> 제14조 【피부착자의 의무】 ② 피부착자는 특정범죄사건에 대한 형의 집행이 종료되거나 면제 · 가석방되는 날부터 10일 이내에 주거지를 관할하는 보호관찰소에 출석하여 대통령령으로 정하는 신상정보 등을 서면으로 신고하여야 한다.

④ [○] 「전자장치 부착 등에 관한 법률」 제16조의2 제4항

정답 ①

35 「전자장치 부착 등에 관한 법률」상 전자장치 부착 등에 대한 설명으로 옳은 것은? 16. 교정

① 전자장치 피부착자는 주거를 이전하거나 3일 이상의 국내여행 또는 출국할 때에는 미리 보호관찰관의 허가를 받아야 한다.

② 19세 미만의 사람에 대하여 성폭력범죄를 저지른 경우에는 전자장치 부착기간의 상한과 하한은 법률에서 정한 부착기간의 2배로 한다.

③ 검사는 성폭력범죄로 징역형의 실형을 선고받은 사람이 그 집행을 종료한 후 또는 집행이 면제된 후 15년 이내에 성폭력범죄를 저지르고, 성폭력범죄를 다시 범할 위험성이 있다고 인정되는 때에는 전자장치를 부착하도록 하는 명령을 법원에 청구할 수 있다.

④ 여러 개의 특정범죄에 대하여 동시에 전자장치 부착명령을 선고할 때에는 법정형이 가장 중한 죄의 부착기간 상한의 2분의 1까지 가중하되, 각 죄의 부착기간의 상한을 합산한 기간을 초과할 수 없다. 다만, 하나의 행위가 여러 특정범죄에 해당하는 경우에는 가장 중한 죄의 부착기간을 부착기간으로 한다.

해설

④ [○] 「전자장치 부착 등에 관한 법률」 제9조 제2항
① [×] '7일' 이상의 국내여행을 할 때에는 미리 허가를 받아야 한다(「전자장치 부착 등에 관한 법률」 제14조 제3항).

> 제14조 【피부착자의 의무】 ③ 피부착자는 주거를 이전하거나 7일 이상의 국내여행을 하거나 출국할 때에는 미리 보호관찰관의 허가를 받아야 한다.

② [×] '하한'만 2배로 한다(「전자장치 부착 등에 관한 법률」 제9조 제1항 단서).

> 제9조 【부착명령의 판결 등】 ① 법원은 부착명령 청구가 이유 있다고 인정하는 때에는 다음 각 호(생략)에 따른 기간의 범위 내에서 부착기간을 정하여 판결로 부착명령을 선고하여야 한다. 다만, 19세 미만의 사람에 대하여 특정범죄를 저지른 경우에는 부착기간 하한을 다음 각 호에 따른 부착기간 하한의 2배로 한다.
> 1. 법정형의 상한이 사형 또는 무기징역인 특정범죄: 10년 이상 30년 이하
> 2. 법정형 중 징역형의 하한이 3년 이상의 유기징역인 특정범죄(제1호에 해당하는 특정범죄는 제외한다): 3년 이상 20년 이하
> 3. 법정형 중 징역형의 하한이 3년 미만의 유기징역인 특정범죄(제1호 또는 제2호에 해당하는 특정범죄는 제외한다): 1년 이상 10년 이하

③ [×] '10년' 이내에 성폭력범죄를 저지른 때에 해당하면 부착명령을 청구할 수 있다(「전자장치 부착 등에 관한 법률」 제5조 제1항 제1호 참조)

> 제5조 【전자장치 부착명령의 청구】 ① 검사는 다음 각 호의 어느 하나에 해당하고, 성폭력범죄를 다시 범할 위험성이 있다고 인정되는 사람에 대하여 전자장치를 부착하도록 하는 명령(이하 "부착명령"이라 한다)을 법원에 청구할 수 있다.
> 1. 성폭력범죄로 징역형의 실형을 선고받은 사람이 그 집행을 종료한 후 또는 집행이 면제된 후 10년 이내에 성폭력범죄를 저지른 때

정답 ④

36 「전자장치 부착 등에 관한 법률」상 전자장치 부착에 대한 설명으로 옳은 것은?

23. 교정 7급

① 19세 미만의 사람에 대하여 성폭력범죄를 저지른 경우에는 부착기간 상한을 법이 정한 부착기간 상한의 2배로 한다.

② 19세 미만의 사람에 대하여 성폭력범죄를 저지른 사람에게 부착명령을 선고하는 경우, 법원은 어린이 보호구역 등 특정지역·장소에의 출입금지 및 접근금지를 준수사항으로 부과하여야 한다.

③ 피부착자는 주거를 이전하거나 7일 이상 국내여행을 하거나 출국할 때에는 미리 보호관찰관에게 신고하여야 한다.

④ 살인범죄로 징역형이 실형 이상의 형을 선고받아 그 집행이 면제된 후 다시 살인범죄를 저지른 사람에 대해서 검사는 부착명령을 청구하여야 한다.

해설

④ [○] 「전자장치 부착 등에 관한 법률」 제5조 제3항 단서

> 제5조 【전자장치 부착명령의 청구】 ③ 검사는 살인범죄를 저지른 사람으로서 살인범죄를 다시 범할 위험성이 있다고 인정되는 사람에 대하여 부착명령을 법원에 청구할 수 있다. 다만, 살인범죄로 징역형의 실형 이상의 형을 선고받아 그 집행이 종료 또는 면제된 후 다시 살인범죄를 저지른 경우에는 부착명령을 청구하여야 한다.

① [×] 부착기간 '하한'을 법이 정한 부착기간 '하한'의 2배로 한다(「전자장치 부착 등에 관한 법률」 제9조 제1항 단서).

> 제9조 【부착명령의 판결 등】 ① 법원은 부착명령 청구가 이유 있다고 인정하는 때에는 다음 각 호에 따른 기간의 범위 내에서 부착기간을 정하여 판결로 부착명령을 선고하여야 한다. 다만, 19세 미만의 사람에 대하여 특정 범죄를 저지른 경우에는 부착기간 하한을 다음 각 호에 따른 부착기간 하한의 2배로 한다.
> 1. 법정형의 상한이 사형 또는 무기징역인 특정 범죄: 10년 이상 30년 이하
> 2. 법정형 중 징역형의 하한이 3년 이상의 유기징역인 특정 범죄(제1호에 해당하는 특정 범죄는 제외한다): 3년 이상 20년 이하
> 3. 법정형 중 징역형의 하한이 3년 미만의 유기징역인 특정 범죄(제1호 또는 제2호에 해당하는 특정 범죄는 제외한다): 1년 이상 10년 이하

② [×] '야간, 아동·청소년의 통학시간 등 특정 시간대의 외출 제한'을 준수사항으로 부과하여야 함이 원칙이다(「전자장치 부착 등에 관한 법률」 제9조의2 제3항 제1호).

> 제9조의2 【준수사항】 ③ 제1항에도 불구하고 법원은 성폭력범죄를 저지른 사람(19세 미만의 사람을 대상으로 성폭력범죄를 저지른 사람으로 한정한다) 또는 스토킹범죄를 저지른 사람에 대해서 제9조 제1항에 따라 부착명령을 선고하는 경우에는 다음 각 호의 구분에 따라 제1항의 준수사항을 부과하여야 한다. <개정 2023.7.11.>
> 1. 19세 미만의 사람을 대상으로 성폭력범죄를 저지른 사람: 제1항 제1호(→ 야간, 아동·청소년의 통학시간 등 특정 시간대의 외출 제한) 및 제3호(→ 피해자 등 특정인에의 접근 금지)의 준수사항을 포함할 것. 다만, 제1항 제1호의 준수사항을 부과하여서는 아니 될 특별한 사정이 있다고 판단하는 경우에는 해당 준수사항을 포함하지 아니할 수 있다.
> 2. 스토킹범죄를 저지른 사람: 제1항 제3호의 준수사항을 포함할 것

③ [×] 미리 '보호관찰관의 허가'를 받아야 한다(「전자장치 부착 등에 관한 법률」 제14조 제3항).

> 제14조 【피부착자의 의무】 ③ 피부착자는 주거를 이전하거나 7일 이상의 국내여행을 하거나 출국할 때에는 미리 보호관찰관의 허가를 받아야 한다.

정답 ④

37 「전자장치 부착 등에 관한 법률」에 대한 설명으로 옳지 않은 것은? 15. 교정

① 법원은 특정범죄를 범한 자에 대하여 형의 집행을 유예하면서 보호관찰을 받을 것을 명할 때에는 전자장치를 부착할 것을 명할 수는 없다.

② 전자장치 부착집행 중 보호관찰 준수사항 위반으로 유치허가장의 집행을 받아 유치된 때에는 부착집행이 정지된다.

③ 만 19세 미만의 자에 대하여 부착명령을 선고한 때에는 19세에 이르기까지 이 법에 따른 전자장치를 부착할 수 없다.

④ 법원은 부착명령 청구를 기각하는 경우로서 검사가 보호관찰명령을 청구할 수 있는 경우에 해당하여 보호관찰명령을 선고할 필요가 있다고 인정하는 때에는 직권으로 2년 이상 5년 이하의 범위에서 기간을 정하여 보호관찰명령을 선고할 수 있다.

해설

① [×] 전자장치를 부착할 것을 명할 수 있다(「전자장치 부착 등에 관한 법률」 제28조 제1항 참조).

> 제28조 【형의 집행유예와 부착명령】 ① 법원은 특정범죄를 범한 자에 대하여 형의 집행을 유예하면서 보호관찰을 받을 것을 명할 때에는 보호관찰 기간의 범위 내에서 기간을 정하여 준수사항의 이행여부 확인 등을 위하여 전자장치를 부착할 것을 명할 수 있다.

② [○] 「전자장치 부착 등에 관한 법률」 제24조 제3항

> 제24조 【전자장치의 부착】 ③ 전자장치 부착집행 중 보호관찰 준수사항 위반으로 유치허가장의 집행을 받아 유치된 때에는 부착집행이 정지된다. 이 경우 심사위원회가 보호관찰소의 장의 가석방 취소신청을 기각한 날 또는 법무부장관이 심사위원회의 허가신청을 불허한 날부터 그 잔여기간을 집행한다.

③ [○] 「전자장치 부착 등에 관한 법률」 제4조

④ [○] 「전자장치 부착 등에 관한 법률」 제21조의3 제2항

> 제21조의3 【보호관찰명령의 판결】 ① 법원은 제21조의2 각 호의 어느 하나에 해당하는 사람이 금고 이상의 선고형에 해당하고 보호관찰명령의 청구가 이유 있다고 인정하는 때에는 2년 이상 5년 이하의 범위에서 기간을 정하여 보호관찰명령을 선고하여야 한다.
> ② 법원은 제1항에도 불구하고 제9조 제4항 제1호에 따라 부착명령 청구를 기각하는 경우로서 제21조의2 각 호의 어느 하나에 해당하여 보호관찰명령을 선고할 필요가 있다고 인정하는 때에는 직권으로 제1항에 따른 기간을 정하여 보호관찰명령을 선고할 수 있다.

정답 ①

38 「전자장치 부착 등에 관한 법률」에 대한 설명으로 옳지 않은 것은? 14. 교정 수정

① 특정범죄는 성폭력범죄, 미성년자 대상 유괴범죄, 살인범죄, 강도범죄 및 스토킹범죄를 말한다.

② 만 19세 미만의 자에 대하여 전자장치의 부착명령을 선고할 수 없다.

③ 전자장치 부착명령의 선고는 특정범죄사건의 양형에 유리하게 참작되어서는 아니 된다.

④ 부착명령 판결을 선고받지 아니한 특정범죄자로서 형의 집행 중 가석방되어 보호관찰을 받게 되는 자는 준수사항 이행 여부 확인 등을 위하여 가석방기간 동안 전자장치를 부착하여야 한다.

해설

② [×] 만 19세 미만의 자에 대하여 부착명령을 선고할 수 있다(「전자장치 부착 등에 관한 법률」 제4조 참조).

> 제4조【적용 범위】 만 19세 미만의 자에 대하여 부착명령을 선고한 때에는 19세에 이르기까지 이 법에 따른 전자장치를 부착할 수 없다.

① [○] 「전자장치 부착 등에 관한 법률」 제2조 제1호

③ [○] 「전자장치 부착 등에 관한 법률」 제9조 제7항

> 제9조【부착명령의 판결 등】 ⑦ 부착명령의 선고는 특정범죄사건의 양형에 유리하게 참작되어서는 아니 된다.

④ [○] 「전자장치 부착 등에 관한 법률」 제22조 제1항

> 제22조【가석방과 전자장치 부착】 ① 제9조에 따른 부착명령 판결을 선고받지 아니한 특정 범죄자로서 형의 집행 중 가석방되어 보호관찰을 받게 되는 자는 준수사항 이행 여부 확인 등을 위하여 가석방기간 동안 전자장치를 부착하여야 한다. 다만, 심사위원회가 전자장치 부착이 필요하지 아니하다고 결정한 경우에는 그러하지 아니하다.

정답 ②

39 「전자장치 부착 등에 관한 법률」상 위치추적 전자장치에 대한 설명으로 옳지 않은 것은?

14. 보호 수정

① 검사는 법원에 성폭력범죄, 미성년자 대상 유괴범죄, 살인범죄, 강도범죄 및 스토킹범죄(이하 '특정범죄'라고 한다)를 범하고 다시 범할 위험성이 있다고 인정되는 사람에 대하여 위치추적 전자장치를 부착하는 명령(이하 '부착명령'이라고 한다)을 청구할 수 있다.

② 부착명령의 청구는 특정범죄사건의 공소제기와 동시에 하여야 하고, 법원은 공소가 제기된 특정범죄사건을 심리한 결과 부착명령을 선고할 필요가 있다고 인정하는 때에는 직권으로 부착명령을 할 수 있다.

③ 법원은 특정범죄를 범한 자에 대하여 형의 집행을 유예하면서 보호관찰을 받을 것을 명할 때에는 보호관찰 기간의 범위 내에서 기간을 정하여 준수사항의 이행여부 확인 등을 위하여 전자장치를 부착할 것을 명할 수 있다.

④ 보호관찰심사위원회가 필요하지 아니하다고 결정한 경우를 제외하고, 부착명령 판결을 선고받지 아니한 특정범죄자로서 형의 집행 중 가석방되어 보호관찰을 받게 되는 자는 준수사항 이행여부 확인 등을 위하여 가석방기간 동안 전자장치를 부착하여야 한다.

해설

② [×] 부착명령의 청구는 공소가 제기된 특정범죄사건의 '항소심 변론종결시까지' 할 수 있고(「전자장치 부착 등에 관한 법률」 제5조 제6항), 법원이 부착명령을 선고할 필요가 있다고 인정하는 때에는 '검사에게 부착명령의 청구를 요구'할 수 있다(「전자장치 부착 등에 관한 법률」 제5조 제7항).

> 제5조【전자장치 부착명령의 청구】 ⑥ 제1항부터 제5항까지의 규정에 따른 부착명령의 청구는 공소가 제기된 특정범죄사건의 항소심 변론종결시까지 하여야 한다.
> ⑦ 법원은 공소가 제기된 특정범죄사건을 심리한 결과 부착명령을 선고할 필요가 있다고 인정하는 때에는 검사에게 부착명령의 청구를 요구할 수 있다.

① [○] 「전자장치 부착 등에 관한 법률」 제5조 제1항 · 제2항 · 제3항 · 제4항 · 제5항 참조

③ [○] 「전자장치 부착 등에 관한 법률」 제28조 제1항

④ [○] 「전자장치 부착 등에 관한 법률」 제22조 제1항 참조

> 제22조【가석방과 전자장치 부착】 ① 제9조에 따른 부착명령 판결을 선고받지 아니한 특정 범죄자로서 형의 집행 중 가석방되어 보호관찰을 받게 되는 자는 준수사항 이행 여부 확인 등을 위하여 가석방기간 동안 전자장치를 부착하여야 한다. 다만, 심사위원회가 전자장치 부착이 필요하지 아니하다고 결정한 경우에는 그러하지 아니하다.

정답 ②

40 「전자장치 부착 등에 관한 법률」상 검사가 성폭력범죄를 다시 범할 위험성이 있다고 인정되는 사람에 대해 전자장치를 부착하도록 하는 명령을 법원에 청구할 수 있는 경우에 해당하지 않는 것은? 17. 교정

① 정신적 장애가 있는 사람이 성폭력범죄를 저지른 때
② 성폭력범죄를 2회 이상 범하여 그 습벽이 인정된 때
③ 19세 미만의 사람에 대하여 성폭력범죄를 저지른 때
④ 성폭력범죄로 전자장치를 부착받은 전력이 있는 사람이 다시 성폭력범죄를 저지른 때

해설

① [×] 정신적 장애가 있는 사람'에 대하여' 성폭력범죄를 저지른 때에 해당하는 경우(성폭력범죄의 피해자가 정신적 장애가 있는 사람인 경우)에 부착명령을 청구할 수 있다(「전자장치 부착 등에 관한 법률」 제5조 제1항 제5호).
②③④ [○] 「전자장치 부착 등에 관한 법률」 제5조 제1항

> 제5조 【전자장치 부착명령의 청구】 ① 검사는 다음 각 호의 어느 하나에 해당하고, 성폭력범죄를 다시 범할 위험성이 있다고 인정되는 사람에 대하여 전자장치를 부착하도록 하는 명령(이하 "부착명령"이라 한다)을 법원에 청구할 수 있다.
> 1. 성폭력범죄로 징역형의 실형을 선고받은 사람이 그 집행을 종료한 후 또는 집행이 면제된 후 10년 이내에 성폭력범죄를 저지른 때
> 2. 성폭력범죄로 이 법에 따른 전자장치를 부착받은 전력이 있는 사람이 다시 성폭력범죄를 저지른 때
> 3. 성폭력범죄를 2회 이상 범하여(유죄의 확정판결을 받은 경우를 포함한다) 그 습벽이 인정된 때
> 4. 19세 미만의 사람에 대하여 성폭력범죄를 저지른 때
> 5. 신체적 또는 정신적 장애가 있는 사람에 대하여 성폭력범죄를 저지른 때

정답 ①

41 「전자장치 부착 등에 관한 법률」상 전자장치 부착명령에 대한 설명으로 가장 옳지 않은 것은? 22. 해경간부

① 전자장치 부착명령은 검사의 지휘를 받아 보호관찰관이 집행한다.
② 전자장치 부착명령의 임시해제 신청은 부착명령의 집행이 개시된 날부터 3개월이 경과한 후에 하여야 한다.
③ 전자장치가 부착된 자는 주거를 이전하거나 7일 이상의 국내여행을 하거나 출국할 때에는 미리 보호관찰관의 허가를 받아야 한다.
④ 성폭력범죄, 미성년자 대상 유괴범죄, 살인범죄, 강도범죄 및 방화범죄가 전자장치 부착 대상범죄이다.

해설

④ [×] 방화범죄는 전자장치 부착 대상범죄(특정범죄)에 해당하지 않는다(「전자장치 부착 등에 관한 법률」 제2조 제1호).

> 제2조 【정의】 이 법에서 사용하는 용어의 정의는 다음과 같다.
> 1. "특정범죄"란 성폭력범죄, 미성년자 대상 유괴범죄, 살인범죄, 강도범죄 및 스토킹범죄를 말한다.

① [○] 「전자장치 부착 등에 관한 법률」 제12조 제1항

> 제12조 【집행지휘】 ① 부착명령은 검사의 지휘를 받아 보호관찰관이 집행한다.

② [○] 「전자장치 부착 등에 관한 법률」 제17조 제1항 · 제2항

> 제17조 【부착명령의 임시해제 신청 등】 ① 보호관찰소의 장 또는 피부착자 및 그 법정대리인은 해당 보호관찰소를 관할하는 심사위원회에 부착명령의 임시해제를 신청할 수 있다.
> ② 제1항의 신청은 부착명령의 집행이 개시된 날부터 3개월이 경과한 후에 하여야 한다. 신청이 기각된 경우에는 기각된 날부터 3개월이 경과한 후에 다시 신청할 수 있다.

③ [○] 「전자장치 부착 등에 관한 법률」 제14조 제3항

> 제14조 【피부착자의 의무】 ③ 피부착자는 주거를 이전하거나 7일 이상의 국내여행을 하거나 출국할 때에는 미리 보호관찰관의 허가를 받아야 한다.

정답 ④

42 「전자장치 부착 등에 관한 법률」상 전자장치 부착명령에 대한 설명으로 옳은 것은?

20. 보호 수정

① 19세 미만의 자에 대하여 전자장치 부착명령을 선고한 때에는 19세에 이르기 전이라도 전자장치를 부착할 수 있다.
② 전자장치가 부착된 자는 주거를 이전하거나 7일 이상의 국내여행을 하거나 출국할 때에는 미리 보호관찰관의 허가를 받아야 한다.
③ 성폭력범죄, 미성년자 대상 유괴범죄, 살인범죄, 강도·절도범죄 및 방화범죄가 전자장치 부착 대상인 특정범죄이다.
④ 전자장치 부착명령의 집행 중 다른 죄를 범하여 벌금 이상의 형이 확정된 때에는 전자장치 부착명령의 집행이 정지된다.

해설

② [○] 「전자장치 부착 등에 관한 법률」 제14조 제3항
① [×] 만 19세 미만의 자에 대하여 부착명령을 선고한 때에는 '19세에 이르기까지 이 법에 따른 전자장치를 부착할 수 없다'(「전자장치 부착 등에 관한 법률」 제4조).
③ [×] 전자장치 부착 대상인 특정범죄는 '성폭력범죄, 미성년자 대상 유괴범죄, 살인범죄, 강도범죄 및 스토킹범죄'를 말한다(「전자장치 부착 등에 관한 법률」 제2조 제1호). 절도범죄 및 방화범죄는 전자장치 부착 대상범죄에 해당하지 않는다.
④ [×] '금고' 이상의 형의 '집행'을 받게 된 때에는 부착명령의 집행이 정지된다(「전자장치 부착 등에 관한 법률」 제13조 제6항 제2호).

> 제13조 【부착명령의 집행】 ⑥ 다음 각 호의 어느 하나에 해당하는 때에는 부착명령의 집행이 정지된다.
> 1. 부착명령의 집행 중 다른 죄를 범하여 구속영장의 집행을 받아 구금된 때
> 2. 부착명령의 집행 중 다른 죄를 범하여 금고 이상의 형의 집행을 받게 된 때
> 3. 가석방 또는 가종료된 자에 대하여 전자장치 부착기간 동안 가석방 또는 가종료가 취소되거나 실효된 때

정답 ②

43 「전자장치 부착 등에 관한 법률」상 형기종료 후 보호관찰명령의 대상자가 아닌 것은?

22. 보호 변형

① 성폭력범죄를 저지른 사람으로서 성폭력범죄를 다시 범할 위험성이 있다고 인정되는 사람
② 미성년자 대상 유괴범죄를 저지른 사람으로서 미성년자 대상 유괴범죄를 다시 범할 위험성이 있다고 인정되는 사람
③ 살인범죄를 저지른 사람으로서 살인범죄를 다시 범할 위험성이 있다고 인정되는 사람
④ 아동학대범죄를 저지른 사람으로서 아동학대범죄를 다시 범할 위험성이 있다고 인정되는 사람

해설

④ [×] 아동학대범죄는 형 집행 종료 후 보호관찰명령의 대상자로 규정되어 있지 않다(「전자장치 부착 등에 관한 법률」 제21조의2 제5호 참조).
① [○] 「전자장치 부착 등에 관한 법률」 제21조의2 제1호
② [○] 「전자장치 부착 등에 관한 법률」 제21조의2 제2호
③ [○] 「전자장치 부착 등에 관한 법률」 제21조의2 제3호

제21조의2【보호관찰명령의 청구】검사는 다음 각 호의 어느 하나에 해당하는 사람에 대하여 형의 집행이 종료된 때부터 「보호관찰 등에 관한 법률」에 따른 보호관찰을 받도록 하는 명령(이하 "보호관찰명령"이라 한다)을 법원에 청구할 수 있다.
1. 성폭력범죄를 저지른 사람으로서 성폭력범죄를 다시 범할 위험성이 있다고 인정되는 사람
2. 미성년자 대상 유괴범죄를 저지른 사람으로서 미성년자 대상 유괴범죄를 다시 범할 위험성이 있다고 인정되는 사람
3. 살인범죄를 저지른 사람으로서 살인범죄를 다시 범할 위험성이 있다고 인정되는 사람
4. 강도범죄를 저지른 사람으로서 강도범죄를 다시 범할 위험성이 있다고 인정되는 사람
5. 스토킹범죄를 저지른 사람으로서 스토킹범죄를 다시 범할 위험성이 있다고 인정되는 사람

정답 ④

44 전자감독제도에 대한 설명으로 옳지 않은 것은? 23. 교정 9급

① 프라이버시 침해 우려가 없다.
② 교정시설 수용인구의 과밀을 줄일 수 있다.
③ 사법통제망이 지나치게 확대될 우려가 있다.
④ 대상자의 위치는 확인할 수 있으나 구체적인 행동은 통제할 수 없다.

해설

① [×] 전자감시(감독)제도에 대해서는 인간의 존엄성이 침해되며, '사생활 침해의 측면(프라이버시 침해 우려)이 있다'는 비판이 제기된다.

☑ 전자감시(감독)제도의 장단점

장점	ⓐ 보호관찰관의 감시업무를 경감시켜 원조활동에 전념할 수 있게 한다. ⓑ 교정시설의 경비절감 및 과밀수용의 해소에 기여한다. ⓒ 사회생활을 유지할 수 있어 생계유지와 피해자 배상에 유리하다. ⓓ 교정시설에 구금하지 않으면서 자유형의 집행효과를 거둘 수 있다. ⓔ 낙인효과와 단기자유형의 폐해를 방지할 수 있다.
단점	ⓐ 대상자의 소재만 파악할 뿐, 어떤 행동을 하는지는 파악할 수 없다. ⓑ 사회의 안전이 위협받을 수 있으며, 국민의 법감정에 부합하지 않는다. ⓒ 인간의 존엄성이 침해되며, 사생활 침해의 측면이 있다. ⓓ 재범 방지의 효과가 불분명하다. ⓔ 사법통제망이 확대될 우려가 있다.

정답 ①

제4항 「성폭력범죄자의 성충동 약물치료에 관한 법률」

45 「성폭력범죄자의 성충동 약물치료에 관한 법률」상 성충동 약물치료에 대한 설명으로 옳지 않은 것은? 22. 보호

① 법원은 성충동 약물치료명령 청구가 이유 있다고 인정하는 때에는 15년의 범위에서 치료기간을 정하여 판결로 치료명령을 선고하여야 한다.

② 성충동 약물치료명령의 대상은 사람에 대하여 성폭력범죄를 저지른 성도착증 환자로서, 성폭력범죄를 다시 범할 위험성이 있다고 인정되는 19세 이상의 사람이다.

③ 성충동 약물치료명령 청구는 검사가 하며, 성충동 약물치료명령 청구대상자에 대하여 정신건강의학과 전문의의 진단이나 감정을 받은 후 치료명령을 청구하여야 한다.

④ 징역형과 함께 성충동 약물치료명령을 받은 사람이 치료감호의 집행 중인 경우, 치료명령 대상자 및 그 법정대리인은 치료명령이 집행될 필요가 없을 정도로 개선되어 성폭력범죄를 다시 범할 위험성이 없음을 이유로, 주거지 또는 현재지를 관할하는 지방법원에 치료명령의 집행 면제를 신청할 수 있다.

해설

④ [×] 「성폭력범죄자의 성충동 약물치료에 관한 법률」 제8조의2 제1항 단서

> 제8조의2【치료명령의 집행 면제 신청 등】① 징역형과 함께 치료명령을 받은 사람 및 그 법정대리인은 주거지 또는 현재지를 관할하는 지방법원(지원을 포함한다. 이하 같다)에 치료명령이 집행될 필요가 없을 정도로 개선되어 성폭력범죄를 다시 범할 위험성이 없음을 이유로 치료명령의 집행 면제를 신청할 수 있다. 다만, 징역형과 함께 치료명령을 받은 사람이 치료감호의 집행 중인 경우에는 치료명령의 집행 면제를 신청할 수 없다.

① [○] 「성폭력범죄자의 성충동 약물치료에 관한 법률」 제8조 제1항
② [○] 「성폭력범죄자의 성충동 약물치료에 관한 법률」 제4조 제1항
③ [○] 「성폭력범죄자의 성충동 약물치료에 관한 법률」 제4조 제2항

정답 ④

46 「성폭력범죄자의 성충동 약물치료에 관한 법률」상 약물치료에 대한 설명으로 옳지 않은 것은? 14. 교정

① 법원은 정신건강의학과 전문의의 진단 또는 감정의견만으로 치료명령 피청구자의 성도착증 여부를 판단하기 어려울 때에는 다른 정신건강의학과 전문의에게 다시 진단 또는 감정을 명할 수 있다.

② 치료명령을 선고받은 사람은 치료기간 동안 「보호관찰 등에 관한 법률」에 따른 보호관찰을 받는다.

③ 치료명령을 받은 사람은 치료기간 중 상쇄약물의 투약 등의 방법으로 치료의 효과를 해하여서는 아니 된다.

④ 국가는 치료명령의 결정을 받은 모든 사람의 치료기간 동안 치료비용을 부담하여야 한다.

해설

④ [×] 치료명령의 결정을 받은 사람은 치료기간 동안 치료비용을 '자신이 부담'하여야 함이 원칙이다(「성폭력범죄자의 성충동 약물치료에 관한 법률」 제24조 제1항 참조).

> 제24조【비용부담】① 제22조 제2항 제6호의 치료명령의 결정을 받은 사람은 치료기간 동안 치료비용을 부담하여야 한다. 다만, 치료비용을 부담할 경제력이 없는 사람의 경우에는 국가가 비용을 부담할 수 있다.

① [○] 「성폭력범죄자의 성충동 약물치료에 관한 법률」 제9조

> 제9조【전문가의 감정 등】법원은 제4조 제2항에 따른 정신건강의학과 전문의의 진단 또는 감정의견만으로 치료명령 피청구자의 성도착증 여부를 판단하기 어려울 때에는 다른 정신건강의학과 전문의에게 다시 진단 또는 감정을 명할 수 있다.

② [○] 「성폭력범죄자의 성충동 약물치료에 관한 법률」 제8조 제2항

> 제8조 【치료명령의 판결 등】 ② 치료명령을 선고받은 사람(이하 "치료명령을 받은 사람"이라 한다)은 치료기간 동안 「보호관찰 등에 관한 법률」에 따른 보호관찰을 받는다.

③ [○] 「성폭력범죄자의 성충동 약물치료에 관한 법률」 제15조 제1항

> 제15조 【치료명령을 받은 사람의 의무】 ① 치료명령을 받은 사람은 치료기간 중 상쇄약물의 투약 등의 방법으로 치료의 효과를 해하여서는 아니 된다.

정답 ④

47 「성폭력범죄자의 성충동 약물치료에 관한 법률」상 '성폭력 수형자 중 검사가 치료명령을 청구할 수 있는 대상자'에 대한 치료명령에 관한 설명으로 옳지 않은 것은?

18. 교정

① 법원의 치료명령 결정에 따른 치료기간은 10년을 초과할 수 없다.
② 치료비용은 법원의 치료명령 결정을 받은 사람이 부담하는 것이 원칙이다.
③ 가석방심사위원회는 성폭력 수형자의 가석방 적격심사를 할 때 치료명령이 결정된 사실을 고려하여야 한다.
④ 법원의 치료명령 결정이 확정된 후 집행을 받지 아니하고 10년이 경과하면 시효가 완성되어 집행이 면제된다.

해설

① [×] '15년'을 초과할 수 없다(「성폭력범죄자의 성충동 약물치료에 관한 법률」 제22조 제3항).

> 제22조 【성폭력 수형자에 대한 치료명령 청구】 ③ 제2항 제6호의 결정(→ 치료명령결정)에 따른 치료기간은 15년을 초과할 수 없다.

② [○] 「성폭력범죄자의 성충동 약물치료에 관한 법률」 제24조 제1항

> 제24조 【비용부담】 ① 제22조 제2항 제6호의 치료명령의 결정을 받은 사람은 치료기간 동안 치료비용을 부담하여야 한다. 다만, 치료비용을 부담할 경제력이 없는 사람의 경우에는 국가가 비용을 부담할 수 있다.

③ [○] 「성폭력범죄자의 성충동 약물치료에 관한 법률」 제23조 제2항
④ [○] 「성폭력범죄자의 성충동 약물치료에 관한 법률」 제22조 제14항

정답 ①

48 「성폭력범죄자의 성충동 약물치료에 관한 법률」상 성폭력 수형자의 치료명령 청구 및 가석방에 대한 설명으로 옳지 않은 것은?

22. 교정

① 교도소·구치소의 장은 가석방 요건을 갖춘 성폭력 수형자에 대하여 약물치료의 내용, 방법, 절차, 효과, 부작용, 비용부담 등에 관하여 충분히 설명하고 동의 여부를 확인하여야 한다.
② 가석방 요건을 갖춘 성폭력 수형자가 약물치료에 동의한 경우 수용시설의 장은 지체 없이 수용시설의 소재지를 관할하는 지방검찰청의 검사에게 인적사항과 교정성적 등 필요한 사항을 통보하여야 한다.
③ 수용시설의 장은 법원의 치료명령 결정이 확정된 성폭력 수형자에 대하여 가석방심사위원회에 가석방 적격심사를 신청하여야 한다.
④ 검사는 성폭력 수형자의 주거지 또는 소속 검찰청 소재지를 관할하는 교도소·구치소의 장에게 범죄의 동기 등 성폭력 수형자에 관하여 필요한 사항의 조사를 요청할 수 있다.

해설

④ [×] 소속 검찰청 소재지 또는 성폭력 수형자의 주소를 관할하는 '보호관찰소의 장'에게 조사를 요청할 수 있다(「성폭력범죄자의 성충동 약물치료에 관한 법률」 제22조 제2항 제3호).

> 제22조 【성폭력 수형자에 대한 치료명령 청구】 ② 제1항의 수형자에 대한 치료명령의 절차는 다음 각 호에 따른다.
> 1. 교도소·구치소(이하 "수용시설"이라 한다)의 장은 「형법」 제72조 제1항의 가석방 요건을 갖춘 성폭력 수형자에 대하여 약물치료의 내용, 방법, 절차, 효과, 부작용, 비용부담 등에 관하여 충분히 설명하고 동의 여부를 확인하여야 한다.
> 2. 제1호의 성폭력 수형자가 약물치료에 동의한 경우 수용시설의 장은 지체 없이 수용시설의 소재지를 관할하는 지방검찰청의 검사에게 인적사항과 교정성적 등 필요한 사항을 통보하여야 한다.
> 3. 검사는 소속 검찰청 소재지 또는 성폭력 수형자의 주소를 관할하는 보호관찰소의 장에게 성폭력 수형자에 대하여 제5조 제1항에 따른 조사(→ 범죄의 동기, 피해자와의 관계, 심리상태, 재범의 위험성 등 치료명령 피청구자에 관하여 필요한 사항의 조사)를 요청할 수 있다.

① [○] 「성폭력범죄자의 성충동 약물치료에 관한 법률」 제22조 제2항 제1호

② [○] 「성폭력범죄자의 성충동 약물치료에 관한 법률」 제22조 제2항 제2호

③ [○] 「성폭력범죄자의 성충동 약물치료에 관한 법률」 제23조 제1항

> 제23조 【가석방】 ① 수용시설의 장은 제22조 제2항 제6호의 결정(→ 치료명령결정)이 확정된 성폭력 수형자에 대하여 법무부령으로 정하는 바에 따라 「형의 집행 및 수용자의 처우에 관한 법률」 제119조의 가석방심사위원회에 가석방 적격심사를 신청하여야 한다.

정답 ④

제5항 기타 보안처분 관련법령

49 보안처분에 대한 설명으로 옳지 않은 것은? (다툼이 있는 경우 판례에 의함) 22. 보호

① 성범죄 전력만으로 재범의 위험성이 있다고 간주하고 일률적으로 장애인복지시설에 10년간 취업제한을 하는 것은 헌법에 위반된다.

② 구 「특정 성폭력범죄자에 대한 위치추적 전자장치 부착에 관한 법률」상 전자감시제도는 일종의 보안처분으로서, 범죄행위를 한 자에 대한 응보를 주된 목적으로 그 책임을 추궁하는 사후적 처분인 형벌과 구별되어 그 본질을 달리하는 것이다.

③ 취업제한명령은 범죄인에 대한 사회 내 처우의 한 유형으로 형벌 그 자체가 아니라 보안처분의 성격을 가지는 것이다.

④ 「성폭력범죄자의 성충동 약물치료에 관한 법률」상 약물치료명령은 헌법이 보장하고 있는 신체의 자유와 자기결정권에 대한 침익적인 처분에 해당하지 않는다.

해설

④ [×] 대판 2014.2.27, 2013도12301

> '성폭력범죄자의 성충동 약물치료에 관한 법률'에 의한 약물치료명령(이하 '치료명령'이라고만 한다)은 사람에 대하여 성폭력범죄를 저지른 성도착증 환자로서 성폭력범죄를 다시 범할 위험성이 있다고 인정되는 19세 이상의 사람에 대하여 약물투여 및 심리치료 등의 방법으로 도착적인 성기능을 일정기간 동안 약화 또는 정상화하는 치료를 실시하는 보안처분이다. 이러한 치료명령은 성폭력범죄의 재범을 방지하고 사회복귀의 촉진 및 국민의 보호 등을 목적으로 한다는 점에서 특정 범죄자에 대한 보호관찰 및 전자장치 부착 등에 관한 법률과 치료감호법이 각 규정한 전자장치 부착명령 및 치료감호처분과 취지를 같이 하지만, 원칙적으로 형 집행 종료 이후 신체에 영구적인 변화를 초래할 수도 있는 약물의 투여를 피청구자의 동의 없이 강제적으로 상당 기간 실시하게 된다는 점에서 헌법이 보장하고 있는 신체의 자유와 자기결정권에 대한 가장 직접적이고 침익적인 처분에 해당한다고 볼 수 있다. 따라서 앞서 본 바와 같은 치료명령의 내용 및 특성과 최소침해성의 원칙 등을 요건으로 하는 보안처분의 성격 등에 비추어 장기간의 형 집행 및 그에 부수하여 전자장치 부착 등의 처분이 예정된 사람에 대해서는 위 형 집행 및 처분에도 불구하고 재범의 방지와 사회복귀의 촉진 및 국민의 보호를 위한 추가적인 조치를 취할 필요성이 인정되는 불가피한 경우에 한하여 이를 부과함이 타당하다(대판 2014.2.27, 2013도12301).

① [○] 헌재 2016.7.28, 2015헌마915

> 이 사건 법률조항(→ 성인대상 성범죄자의 장애인복지시설 취업제한 조항)이 성범죄 전력만으로 재범의 위험성이 있다고 간주하고 일률적으로 장애인복지시설에 10년간 취업제한을 하는 것은 지나친 기본권 제한에 해당한다. (중략) 이 사건 법률조항은 범죄의 경중이나 재범의 위험성 여부를 떠나 형 집행이 종료된 때로부터 10년이라는 기간 동안 장애인복지시설에 대한 취업제한을 함으로써 그것이 달성하려는 공익의 무게에도 불구하고 위와 같은 성범죄 전과자의 기본권을 과도하게 제한하고 있다. (중략) 이상과 같이 이 사건 법률조항은 과잉금지원칙 중 침해의 최소성, 법익의 균형성에 위반되어 청구인의 직업선택의 자유를 침해한다(헌재 2016.7.28, 2015헌마915).

② [○] 대판 2011.7.28, 2011도5813

> 특정 범죄자에 대한 위치추적 전자장치 부착 등에 관한 법률에 의한 성폭력범죄자에 대한 전자감시제도는, 성폭력범죄자의 재범 방지와 성행교정을 통한 재사회화를 위하여 그의 행적을 추적하여 위치를 확인할 수 있는 전자장치를 신체에 부착하게 하는 부가적인 조치를 취함으로써 성폭력범죄로부터 국민을 보호함을 목적으로 하는 일종의 보안처분이다. 이러한 전자감시제도의 목적과 성격, 운영에 관한 법률의 규정 내용 및 취지 등을 종합해 보면, 전자감시제도는 범죄행위를 한 자에 대한 응보를 주된 목적으로 책임을 추궁하는 사후적 처분인 형벌과 구별되어 본질을 달리한다(대판 2011.7.28, 2011도5813).

③ [○] 대판 2019.10.17, 2019도11540

> 피고인만이 항소한 사건에 대하여는 제1심판결의 형보다 중한 형을 선고하지 못한다. 불이익변경금지원칙을 적용할 때에는 주문을 개별적·형식적으로 고찰할 것이 아니라 전체적·실질적으로 고찰하여 판단하여야 한다. 취업제한명령(→ 아동·청소년 관련기관 등에 5년간의 취업제한명령)은 범죄인에 대한 사회내 처우의 한 유형으로서 형벌 그 자체가 아니라 보안처분의 성격을 가지는 것이지만, 실질적으로 직업선택의 자유를 제한하는 것이다. 따라서 원심이 제1심판결에서 정한 형과 동일한 형을 선고하면서 제1심에서 정한 취업제한기간보다 더 긴 취업제한명령을 부가하는 것은 전체적·실질적으로 피고인에게 불리하게 변경한 것이므로, 피고인만이 항소한 경우에는 허용되지 않는다(대판 2019.10.17, 2019도11540).

정답 ④

50 「보안관찰법」에 대한 설명으로 옳지 않은 것은? 14. 교정

① 보안관찰처분의 기간은 2년이다.
② 검사가 보안관찰처분을 청구한다.
③ 보안관찰처분심의위원회의 위촉위원의 임기는 2년이다.
④ 보안관찰을 면탈할 목적으로 은신한 때에는 5년 이하의 징역에 처한다.

해설

④ [×] 3년 이하의 징역에 처한다(「보안관찰법」 제27조 제1항).

> 제27조 【벌칙】 ① 보안관찰처분대상자 또는 피보안관찰자가 보안관찰처분 또는 보안관찰을 면탈할 목적으로 은신 또는 도주한 때에는 3년 이하의 징역에 처한다.

① [○] 「보안관찰법」 제5조 제1항 참조

> 제5조 【보안관찰처분의 기간】 ① 보안관찰처분의 기간은 2년으로 한다.

② [○] 「보안관찰법」 제7조 참조

> 제7조 【보안관찰처분의 청구】 보안관찰처분청구는 검사가 행한다.

③ [○] 「보안관찰법」 제12조 제5항 참조

> 제12조 【보안관찰처분심의위원회】 ① 보안관찰처분에 관한 사안을 심의·의결하기 위하여 법무부에 보안관찰처분심의위원회(이하 "위원회"라 한다)를 둔다.
> ⑤ 위촉된 위원의 임기는 2년으로 한다. 다만, 공무원인 위원은 그 직을 면한 때에는 위원의 자격을 상실한다.

정답 ④

51 보안처분에 대한 설명으로 옳지 않은 것은? (다툼이 있는 경우 판례에 의함)

14. 보호

① 일반적으로 보안처분은 반사회적 위험성을 가진 자에 대하여 사회방위와 교화를 목적으로 하는 예방적 처분이라는 점에서 범죄자에 대하여 응보를 주된 목적으로 하는 사후적 처분인 형벌과 그 본질을 달리한다.

② 「아동 · 청소년의 성보호에 관한 법률」상 신상정보 공개 · 고지명령은 아동 · 청소년대상 성폭력범죄 등을 효과적으로 예방하고 그 범죄로부터 아동 · 청소년을 보호함을 목적으로 하는 일종의 보안처분이다.

③ 「전자장치 부착 등에 관한 법률」상 성폭력범죄자에 대한 전자감시는 성폭력범죄자의 재범방지와 성행교정을 통한 재사회화를 위하여 위치추적 전자장치를 신체에 부착함으로써 성폭력범죄로부터 국민을 보호함을 목적으로 하는 일종의 보안처분이다.

④ 「가정폭력범죄의 처벌 등에 관한 특례법」이 정한 사회봉사명령은 가정폭력범죄를 범한 자에 대하여 환경의 조정과 성행의 교정을 목적으로 하는 보안처분으로서, 원칙적으로 형벌불소급의 원칙이 적용되지 않는다.

해설

④ [×] 보안처분에 대해서는 원칙적으로 형벌불소급의 원칙이 적용되지 아니하나, 「가정폭력범죄의 처벌 등에 관한 특례법」상의 사회봉사명령은 그 성격이 보안처분임에도 예외적으로 형벌불소급의 원칙이 적용된다(판례).

> 가정폭력범죄의 처벌 등에 관한 특례법이 정한 보호처분 중의 하나인 사회봉사명령은 가정폭력범죄를 범한 자에 대하여 환경의 조정과 성행의 교정을 목적으로 하는 것으로서 형벌 그 자체가 아니라 보안처분의 성격을 가지는 것이 사실이다. 그러나 한편으로 이는 가정폭력범죄행위에 대하여 형사처벌 대신 부과되는 것으로서, 가정폭력범죄를 범한 자에게 의무적 노동을 부과하고 여가시간을 박탈하여 실질적으로는 신체적 자유를 제한하게 되므로, 이에 대하여는 원칙적으로 형벌불소급의 원칙에 따라 행위시법을 적용함이 상당하다(가정폭력범죄의 처벌 등에 관한 특례법상 사회봉사명령을 부과하면서, 행위시법상 사회봉사명령 부과시간의 상한인 100시간을 초과하여 상한을 200시간으로 올린 신법을 적용한 것은 위법하다고 한 사례)(대결 2008.7.24, 2008어4).

① [○] 형벌과 보안처분의 관계에 관한 이원주의의 내용이다.

② [○] 대판 2012.5.24, 2012도2763

> 아동 · 청소년의 성보호에 관한 법률(이하 '아동 · 청소년성보호법')이 정한 공개명령 절차는 아동 · 청소년대상 성범죄자의 신상정보를 일정기간 동안 정보통신망을 이용하여 공개하도록 하는 조치를 취함으로써 필요한 절차를 거친 사람은 누구든지 인터넷을 통해 공개명령 대상자의 공개정보를 열람할 수 있도록 하는 제도이다. 또한, 위 법률이 정한 고지명령 절차는 아동 · 청소년대상 성폭력범죄자의 신상정보 등을 공개명령기간 동안 고지명령 대상자가 거주하는 지역의 일정한 주민 등에게 고지하도록 하는 조치를 취함으로써 일정한 지역 주민 등이 인터넷을 통해 열람하지 않고도 고지명령 대상자의 고지정보를 알 수 있게 하는 제도이다. 위와 같은 공개명령 및 고지명령제도는 아동 · 청소년대상 성폭력범죄 등을 효과적으로 예방하고 그 범죄로부터 아동 · 청소년을 보호함을 목적으로 하는 일종의 보안처분으로서, 그 목적과 성격, 운영에 관한 법률의 규정 내용 및 취지 등을 종합해 보면, 공개명령 및 고지명령제도는 범죄행위를 한 자에 대한 응보 등을 목적으로 그 책임을 추궁하는 사후적 처분인 형벌과 구별되어 그 본질을 달리한다(대판 2012.5.24, 2012도2763).

③ [○] 대판 2009.9.10, 2009도6061

> 특정 성폭력범죄자에 대한 위치추적 전자장치 부착에 관한 법률에 의한 전자감시제도는, 성폭력범죄자의 재범방지와 성행교정을 통한 재사회화를 위하여 그의 행적을 추적하여 위치를 확인할 수 있는 전자장치를 신체에 부착하게 하는 부가적인 조치를 취함으로써 성폭력범죄로부터 국민을 보호함을 목적으로 하는 일종의 보안처분이다. 이러한 전자감시제도의 목적과 성격, 그 운영에 관한 위 법률의 규정 내용 및 취지 등을 종합해 보면, 전자감시제도는 범죄행위를 한 자에 대한 응보를 주된 목적으로 그 책임을 추궁하는 사후적 처분인 형벌과 구별되어 그 본질을 달리하는 것으로서 형벌에 관한 일사부재리의 원칙이 그대로 적용되지 않으므로, 위 법률이 형 집행의 종료 후에 부착명령을 집행하도록 규정하고 있다 하더라도 그것이 일사부재리의 원칙에 반한다고 볼 수 없다(대판 2009.9.10, 2009도6061).

정답 ④

52 사회봉사 명령 또는 허가의 대상이 될 수 없는 자를 모두 고른 것은? 16. 보호

> ㄱ. 「가정폭력범죄의 처벌 등에 관한 특례법」의 가정폭력행위자 중 보호처분이 필요하다고 인정되는 자
> ㄴ. 「성매매 알선 등 행위의 처벌에 관한 법률」의 성매매를 한 자 중 보호처분이 필요하다고 인정되는 자
> ㄷ. 「소년법」에 따라 보호처분을 할 필요가 있다고 인정되는 만 12세의 소년
> ㄹ. 「벌금 미납자의 사회봉사 집행에 관한 특례법」상 징역과 동시에 벌금을 선고받아 확정되었음에도 불구하고 벌금을 미납한 자
> ㅁ. 「아동·청소년의 성보호에 관한 법률」상 집행유예를 선고받은 성범죄자

① ㄱ, ㄴ ② ㄷ, ㄹ
③ ㄱ, ㄹ, ㅁ ④ ㄴ, ㄷ, ㅁ

해설

ㄱ. [○] 「가정폭력범죄의 처벌 등에 관한 특례법」 제40조 제1항 제4호 참조

> 제40조 【보호처분의 결정 등】 ① 판사는 심리의 결과 보호처분이 필요하다고 인정하는 경우에는 결정으로 다음 각 호의 어느 하나에 해당하는 처분을 할 수 있다.
> 1. 가정폭력행위자가 피해자 또는 가정구성원에게 접근하는 행위의 제한
> 2. 가정폭력행위자가 피해자 또는 가정구성원에게 「전기통신기본법」 제2조 제1호의 전기통신을 이용하여 접근하는 행위의 제한
> 3. 가정폭력행위자가 친권자인 경우 피해자에 대한 친권 행사의 제한
> 4. 「보호관찰 등에 관한 법률」에 따른 사회봉사·수강명령
> 5. 「보호관찰 등에 관한 법률」에 따른 보호관찰
> 6. 법무부장관 소속으로 설치한 감호위탁시설 또는 법무부장관이 정하는 보호시설에의 감호위탁 <시행일: 2023.6.14.>
> 7. 의료기관에의 치료위탁
> 8. 상담소등에의 상담위탁

ㄴ. [○] 「성매매 알선 등 행위의 처벌에 관한 법률」 제14조 제1항 제3호 참조

> 제14조 【보호처분의 결정 등】 ① 판사는 심리 결과 보호처분이 필요하다고 인정할 때에는 결정으로 다음 각 호의 어느 하나에 해당하는 처분을 할 수 있다.
> 1. 성매매가 이루어질 우려가 있다고 인정되는 장소나 지역에의 출입금지
> 2. 「보호관찰 등에 관한 법률」에 따른 보호관찰
> 3. 「보호관찰 등에 관한 법률」에 따른 사회봉사·수강명령
> 4. 「성매매방지 및 피해자보호 등에 관한 법률」 제10조에 따른 성매매피해상담소에의 상담위탁
> 5. 「성폭력방지 및 피해자보호 등에 관한 법률」 제27조 제1항에 따른 전담의료기관에의 치료위탁

ㄷ. [×] 「소년법」상 사회봉사명령은 '14세 이상'의 소년에게만 할 수 있다(「소년법」 제32조 제3항 참조).
ㄹ. [×] 벌금 미납자라도 징역 또는 금고와 동시에 벌금을 선고받은 사람은 사회봉사를 신청할 수 없다(「벌금 미납자의 사회봉사 집행에 관한 특례법」 제4조 제2항 제1호 참조).

> 제4조 【사회봉사의 신청】 ② 제1항에도 불구하고 다음 각 호의 어느 하나에 해당하는 사람은 사회봉사를 신청할 수 없다.
> 1. 징역 또는 금고와 동시에 벌금을 선고받은 사람
> 2. 「형법」 제69조 제1항 단서에 따라 법원으로부터 벌금 선고와 동시에 벌금을 완납할 때까지 노역장에 유치할 것을 명받은 사람
> 3. 다른 사건으로 형 또는 구속영장이 집행되거나 노역장에 유치되어 구금 중인 사람
> 4. 사회봉사를 신청하는 해당 벌금에 대하여 법원으로부터 사회봉사를 허가받지 못하거나 취소당한 사람. 다만, 사회봉사 불허가 사유가 소멸한 경우에는 그러하지 아니하다.

ㅁ. [○] 법원이 아동·청소년대상 성범죄를 범한 사람에 대하여 형의 집행을 유예하는 경우에는 제2항에 따른 수강명령 외에 그 집행유예기간 내에서 보호관찰 또는 사회봉사 중 하나 이상의 처분을 병과할 수 있다(「아동·청소년의 성보호에 관한 법률」 제21조 제4항).

정답 ②

53 〈보기〉에서 보호관찰과 수강명령을 병과할 수 있는 대상자를 모두 고른 것은? 16. 교정

<보기>

ㄱ. 「형법」상 선고유예를 받은 자
ㄴ. 「형법」상 가석방된 자
ㄷ. 「소년법」상 보호관찰관의 장기·단기보호관찰 처분을 받은 소년 중 12세 이상인 자
ㄹ. 「성폭력범죄의 처벌 등에 관한 특례법」상 성폭력범죄를 범한 사람으로서 형의 집행을 유예 받은 자

① ㄴ, ㄹ
② ㄷ, ㄹ
③ ㄱ, ㄴ, ㄷ
④ ㄱ, ㄷ, ㄹ

해설

ㄱ. [×] 선고유예의 경우에는 보호관찰을 명할 수 있으나(「형법」 제59조의2 참조), 사회봉사명령이나 수강명령은 할 수 없다는 점에서 집행유예와 다르다.

ㄴ. [×] 가석방된 자에게는 보호관찰이 부과되나(「형법」 제73조의2 제2항), 수강명령을 병과할 수 있다는 규정은 없다.

> 제73조의2 【가석방의 기간 및 보호관찰】 ② 가석방된 자는 가석방기간 중 보호관찰을 받는다. 다만, 가석방을 허가한 행정관청이 필요가 없다고 인정한 때에는 그러하지 아니하다.

ㄷ. [○] 소년법상 수강명령 사회봉사명령은 단기 보호관찰이나 장기 보호관찰과 병합할 수 있다(「소년법」 제32조 제2항 참조).

ㄹ. [○] 법원이 성폭력범죄를 범한 사람에 대하여 형의 집행을 유예하는 경우에는 제2항에 따른 수강명령 외에 그 집행유예기간 내에서 보호관찰 또는 사회봉사 중 하나 이상의 처분을 병과할 수 있다(「성폭력범죄의 처벌 등에 관한 특례법」 제16조 제4항).

정답 ②

제6장 | 소년범죄대책

제1절 | 소년범죄의 일반이론

01 소년비행의 원인에 대한 설명으로 옳지 않은 것은? 14. 보호

① 맛차(Matza)와 사이크스(Sykes)에 따르면 일반소년과 달리 비행소년은 처음부터 전통적인 가치와 문화를 부정하는 성향을 가지고 있으며, 차별적 접촉과정에서 전통규범을 중화시키는 기술이나 방법을 습득한다.
② 레크리스(Reckless)에 따르면 누구든지 비행으로 이끄는 힘과 이를 차단하는 힘을 받게 되는데, 만일 비행으로 이끄는 힘이 차단하는 힘보다 강하면 범죄나 비행을 저지르게 된다.
③ 허쉬(Hirschi)에 따르면 누구든지 비행가능성이 잠재되어 있고, 이를 통제하는 요인으로 개인이 사회와 맺고 있는 일상적인 유대가 중요하다.
④ 나이(Nye)에 따르면 소년비행을 예방할 수 있는 방법 중 가장 효율적인 것은 비공식적 간접통제방법이다.

해설
① [×] 맛차(Matza)와 사이크스(Sykes)에 따르면, 비행소년들도 '전통적 가치 · 문화를 인정'하지만, 그들이 범죄자와의 차별적 접촉에서 배우는 것은 규범을 중화(비행을 정당화)시키는 기술 · 방법이고, 중화기술을 습득한 자들은 사회 속에서 표류하여 범죄 · 일탈행위의 영역으로 들어가게 된다고 한다.
② [○] 레크리스(Reckless)에 따르면, 모든 사람들에게는 범죄로 이끄는 범죄유발요인과 범죄를 억제하는 범죄억제요소가 부여되어 있지만, 범죄억제요소가 더 강할 경우 범죄로 나아가지 않는다고 한다.
③ [○] 허쉬(Hirschi)는 개인의 생래적인 범죄성향을 통제하는 수단을 개인이 일상적으로 가족 · 학교 · 동료 등 사회와 맺고 있는 유대(연대)라고 보아, 개인이 사회와 유대관계를 맺는 방법으로 애착 · 전념 · 참여 · 신념을 제시하였다.
④ [○] 나이(Nye)는 청소년의 비행을 예방하는 사회통제의 유형을 분류하였고, 사회통제의 유형 중 가장 효율적인 방법은 비공식적 간접통제방법이라고 하였다.

정답 ①

02 소년범죄의 원인과 대책에 대한 설명으로 옳지 않은 것은? 17. 교정

① 모피트(T. E. Moffit)는 사회적 자본(social capital) 개념을 도입하여 청소년기에 비행을 저지른 아이들도 사회유대 혹은 사회자본의 형성을 통해 취업과 결혼으로 가정을 이루는 인생의 전환점을 만들면 성인이 되어 정상인으로 돌아가게 된다고 주장하였다.
② 패터슨(G. R. Patterson) 등에 따르면 초기 비행을 경험한 소년들이 후반에 비행을 시작한 소년에 비하여 어릴 때부터 반사회적 환경과 밀접한 관계를 맺음으로써 또래집단 속에서 정상적 사회화를 경험할 기회가 상대적으로 적기 때문에 만성적 범죄자가 될 확률이 높다고 하였다.
③ 워렌(M. Q. Warren)에 따르면 비행소년 분류상 신경증적 비행소년에 대한 처우로는 가족집단요법과 개별심리요법이 적절하다고 한다.
④ 바톨라스(C. Bartollas)의 적응(개선)모델에 따르면 비행소년 스스로 책임 있는 선택과 합법적 결정을 할 수 있다고 하며, 이 모형에 따른 처우로서는 현실요법, 환경요법, 집단지도상호작용, 교류분석 등의 방법이 이용되고 있다.

해설

① [×] 샘슨(Sampson)과 라웁(Laub)이 주장한 내용이다. 이에 의하면 어려서 문제 성향을 보였던 아이들도 성인기의 사회 유대의 약화 혹은 강화에 따라 비행청소년으로 발전하기도 하고 비행을 중단하여 정상인으로 되돌아가기도 한다고 본다. 모피트(Moffit)는 어린 시절 가정에서의 부적절한 훈육과 신경심리계 손상의 이유로 충동적이고 언어 · 학습능력이 부족한 아이들이 어려서부터 문제행동을 하고, 이러한 아이들이 성인에 이르기까지 지속적으로 비행이나 범죄를 저지르게 될 가능성이 높다고 주장하였다.

② [○] 패터슨과 그의 동료들은 비행시작연령에 따라 초기 진입자(early Starter)와 후기 진입자(late Starter)로 구분하여 연구하였다. 여기서 어려서 문제행동을 보이는 초기 진입자란 아동기에서부터 빈약한 부모양육행동을 경험하였고, 그 결과로 심각한 사회적 기술의 결핍을 경험하는 청소년들을 의미한다. 이들은 성장과정에서 타인과의 상호작용을 공격적으로 하기 때문에, 관습적인 또래집단들로부터 거부당하기 쉽다. 즉 친구집단, 학교 등 주요한 준거집단으로부터 거부당한 초기 비행진입자들은 그들만의 친구관계를 형성하게 된다. 반면 후기 비행진입자는 청소년 중 · 후기에 접어들면서 비행행동을 시험해보는 청소년들을 의미한다. 청소년들은 사춘기에 흔히 동반되는 부모와 자녀 간의 관계에서 혼돈이나 부모의 이혼, 실직 등으로 인해 부모양육행동의 질이 하락하는 것을 경험한다. 부모양육행동의 기능약화는 결국 비행친구와의 교류를 증가시키고, 이는 비행행동의 시도로 이어진다. 초기 비행진입자들은 청소년기와 성인기를 거쳐 만성적인 비행 · 범죄행동을 경험할 가능성이 높은 반면, 후기 비행진입자들은 청소년기에 비행행동을 시험해 보지만 단기간에 중단하는 경향이 크다고 보았다.

③ [○] 워렌은 비행소년의 유형을 비사회적 유형, 동조자 유형, 반사회적 약취자 유형, 신경증적 범죄자 유형, 부문화 동일시 유형, 상황적 유형으로 분류하였다. 신경증적 비행소년은 전형적인 신경과민과 정신이상의 성향을 특징으로 하는데, 이 유형에 대하여 워렌은 범죄자가 인간관계에 있어 미숙한 단계에 머물러 있기 때문에 범죄에 이르게 된다고 보아, 범죄자의 대인관계수준을 개선시키는 데에 중점을 둘 것을 주장한다(가족집단요법, 집단 · 개별심리요법 등을 활용).

④ [○] 바톨라스와 밀러가 제시하는 소년교정의 모형 중 적응모형에서는 의료모형의 전제인 국친사상과 실증주의에 재통합사상을 결합하여, 범죄자는 스스로 책임 있는 선택과 합법적 결정을 할 수 있다고 보며, 현실요법 · 환경요법 · 집단지도 상호작용 · 교류분석 · 긍정적 동료문화 등의 처우기법을 활용해야 한다고 주장한다.

정답 ①

03 바톨라스(Bartollas)와 밀러(Miller)의 소년교정모델에 대한 설명으로 옳지 않은 것은? 14. 교정

① 의료모형(medical model) - 비행소년은 자신이 통제할 수 없는 요인에 의해서 범죄자로 결정되었으며, 이들은 사회적으로 약탈된 사회적 병질자이기 때문에 처벌의 대상이 아니라 치료의 대상이다.

② 적응모형(adjustment model) - 범죄자 스스로 책임 있는 선택과 합법적 결정을 할 수 없다. 그 결과, 현실요법, 환경요법 등의 방법이 처우에 널리 이용된다.

③ 범죄통제모형(crime control model) - 청소년도 자신의 행동에 대해서 책임을 져야 하므로, 청소년 범죄자에 대한 처벌을 강화하는 것만이 청소년범죄를 줄일 수 있다.

④ 최소제한모형(least-restrictive model) - 비행소년에 대해서 소년사법이 개입하게 되면, 이들 청소년들이 지속적으로 법을 위반할 가능성이 증대될 것이다.

해설

☑ 바톨라스와 밀러(Bartollas & Miller)가 제시하는 소년교정의 모형

의료모형	ⓐ 국친사상과 실증주의를 결합하여, 비행소년은 자신이 통제할 수 없는 요인(소질 · 환경)에 의해 범죄로 나아가게 된다고 본다. ⓑ 비행소년은 처벌이 아니라 치료의 대상이며, 국가는 비행소년을 대리부모로서 보호할 의무가 있다고 본다.
적응모형	ⓐ 의료모형의 전제인 국친사상과 실증주의에 재통합사상을 결합하여, 범죄자는 스스로 책임 있는 선택과 합법적 결정을 할 수 있다고 본다. ⓑ 현실요법 · 환경요법 · 집단지도 상호작용 · 교류분석 · 긍정적 동료문화 등의 처우기법을 활용해야 한다고 본다.
범죄통제모형	ⓐ 기존의 비행소년 처우모형의 실패를 비판하면서, 엄격한 훈육과 처벌만이 소년범죄를 억제하는 대안이라고 본다. ⓑ 범죄자에 대한 처우가 아니라 범죄에 상응한 처벌을 중시하고, 비행소년에 대한 지역사회교정에 대해서는 부정적으로 본다.
최소제한모형	ⓐ 낙인이론에 근거하여 낙인의 부정적 영향, 소년교정의 비인도성 등을 이유로 형사사법기관의 개입을 최소화하자는 입장이다. ⓑ 비행소년에 대한 절차적 권리의 보장 및 시설 내 처우의 제한을 주장한다.

② [×] 적응모형에서는 국친사상과 실증주의에 재통합사상을 결합하여, '범죄자는 스스로 책임 있는 선택과 합법적 결정을 할 수 있다'고 보아, 현실요법 · 환경요법 · 집단지도 상호작용 · 교류분석 · 긍정적 동료문화 등의 처우기법을 활용해야 한다고 본다.
① [○] 의료모형에서는 비행소년은 자신이 통제할 수 없는 요인(소질 · 환경)에 의해 범죄로 나아가게 되므로, 비행소년은 처벌이 아니라 치료의 대상이며, 국가는 비행소년을 대리부모로서 보호할 의무가 있다고 본다.
③ [○] 범죄통제모형에서는 기존의 비행소년 처우모형의 실패를 비판하면서, 엄격한 훈육과 처벌만이 소년범죄를 억제하는 대안이라고 보고, 범죄자에 대한 처우가 아니라 범죄에 상응한 처벌을 중시한다.
④ [○] 최소제한모형은 낙인의 부정적 영향, 소년교정의 비인도성 등을 이유로 형사사법기관의 개입을 최소화하자는 입장이다.

정답 ②

04 바톨라스(C. Bartollas)의 소년교정모형에 대한 설명이다. 〈보기 1〉에 제시된 설명과 〈보기 2〉에서 제시된 교정모형을 옳게 짝지은 것은? 19. 교정

<보기 1>

ㄱ. 비행소년은 통제할 수 없는 요인에 의해서 범죄자로 결정되어졌으며, 이들은 사회적 병질자이기 때문에 처벌의 대상이 아니라 치료의 대상이다.
ㄴ. 범죄소년은 치료의 대상이지만 합리적이고 책임 있는 결정을 할 수 있다고 하면서, 현실요법 · 집단지도상호작용 · 교류분석 등의 처우를 통한 범죄소년의 사회재통합을 강조한다.
ㄷ. 비행소년에 대해서 소년사법이 개입하게 되면 낙인의 부정적 영향 등으로 인해 지속적으로 법을 어길 가능성이 증대되므로, 청소년을 범죄소년으로 만들지 않는 길은 시설에 수용하지 않는 것이다.
ㄹ. 지금까지 소년범죄자에 대하여 시도해 온 다양한 처우모형들이 거의 실패했기 때문에 유일한 대안은 강력한 조치로서 소년범죄자에 대한 훈육과 처벌뿐이다.

<보기 2>

A. 의료모형　　B. 적응(조정)모형
C. 범죄통제모형　　D. 최소제한(제약)모형

	ㄱ	ㄴ	ㄷ	ㄹ
①	A	B	C	D
②	A	B	D	C
③	A	C	D	B
④	B	A	D	C

해설

ㄱ-A. 의료모형은 국친사상과 실증주의를 결합하여, 비행소년은 자신이 통제할 수 없는 요인(소질 · 환경)에 의해 범죄로 나아가게 된다고 보고, 비행소년은 처벌이 아니라 치료의 대상이며 국가는 비행소년을 대리부모로서 보호할 의무가 있다고 본다.
ㄴ-B. 적응모형은 국친사상과 실증주의에 재통합사상을 결합하여, 범죄자는 스스로 책임 있는 선택과 합법적 결정을 할 수 있다고 보고, 현실요법 · 환경요법 · 집단지도상호작용 · 교류분석 등의 처우기법을 활용할 것을 주장한다.
ㄷ-D. 최소제한모형은 낙인이론에 근거하여, 낙인의 부정적 영향, 소년교정의 비인도성 등을 이유로 형사사법기관의 개입을 최소화하자는 입장으로서, 비행소년에 대한 절차적 권리의 보장 및 시설 내 처우의 제한을 주장한다.
ㄹ-C. 범죄통제모형은 기존의 비행소년 처우모형의 실패를 비판하면서, 엄격한 훈육과 처벌만이 소년범죄를 억제하는 대안이라고 보아, 범죄자에 대한 처우가 아닌 범죄에 상응한 처벌을 중시하고, 비행소년에 대한 지역사회교정에 대해 부정적 입장이다.

정답 ②

05 청소년범죄 관련 다이버전(diversion, 전환) 프로그램에 대한 설명으로 옳지 않은 것은? 20. 교정

① 다이버전은 형사사법기관이 통상적인 형사절차를 대체하는 절차를 활용하여 범죄인을 처리하는 제도를 말한다.

② 공식적인 형사처벌로 인한 낙인효과를 최소화하려는 목적을 갖고 있다.

③ 다이버전은 주체별로 '경찰에 의한 다이버전', '검찰에 의한 다이버전', '법원에 의한 다이버전' 등으로 분류하는 경우도 있다.

④ 경찰의 '선도조건부 기소유예 제도'가 대표적인 '기소전 다이버전' 프로그램이라고 할 수 있다.

해설

④ [×] 선도조건부 기소유예는 '검찰'에 의한 다이버전에 해당한다.

① [○] 다이버전이란 일반적으로 공식적 형사절차로부터의 이탈과 동시에 사회 내 처우 프로그램에 위탁하는 것을 그 내용으로 한다.

② [○] 다이버전은 기존의 형사사법체계가 낙인효과로 인하여 범죄문제를 오히려 악화시킨다는 가정에서 논의를 시작하여, 범죄자를 전과자로 낙인찍을 가능성을 감소시킬 수 있다고 평가된다.

③ [○] 다이버전은 그 주체에 따라 경찰 단계의 다이버전, 검찰 단계의 다이버전, 법원 단계의 다이버전, 교정 단계의 다이버전으로 분류할 수 있다.

정답 ④

06 소년사법에 있어서 4D(비범죄화, 비시설수용, 적법절차, 전환)에 대한 설명으로 옳지 않은 것은? 22. 교정

① 비범죄화(decriminalization)는 경미한 일탈에 대해서는 비범죄화하여 공식적으로 개입하지 않음으로써 낙인을 최소화하자는 것이다.

② 비시설수용(deinstitutionalization)은 구금으로 인한 폐해를 막고자 성인교도소가 아닌 소년 전담시설에 별도로 수용하는 것을 의미한다.

③ 적법절차(due process)는 소년사법절차에서 절차적 권리를 철저하고 공정하게 보장하여야 한다는 것을 의미한다.

④ 전환(diversion)은 비행소년을 공식적인 소년사법절차 대신에 비사법적인 절차에 의해 처우하자는 것이다.

해설

② [×] 비시설수용(deinstitutionalization)은 대상자를 시설에 수용하는 것에서 탈피하여 지역사회에 거주하게 하면서 필요한 서비스를 제공하는 것을 말한다. 성인교도소가 아닌 소년 전담시설(소년교도소, 소년원 등)에 별도로 수용하는 것은 비시설수용이 아니라 시설수용에 해당한다.

① [○] 비범죄화(decriminalization)란 형법의 보충성과 공식적 사회통제 기능의 부담가중을 고려하여 일정한 범죄 유형을 형벌에 의한 통제로부터 제외시키는 경향을 말하는데, 경미범죄의 처벌로 인한 낙인효과의 심각성에 대한 반성으로 비범죄화가 대두된다.

③ [○] 적법절차(due process)는 소년사건에서 국가의 복지적·후견적 기능의 강조에 따른 광범위한 재량권 행사의 결과로 소년의 인권 및 방어권이 경시되는 것을 막고자 하는 것이다.

④ [○] 전환(diversion)은 일반적으로 공식적 형사절차로부터의 이탈과 동시에 사회 내 처우 프로그램에 위탁하는 것을 말한다.

정답 ②

제2절 | 소년법의 이념과 원칙 등

07 소년범죄의 처리원칙에 대한 설명으로 가장 적절한 것은? 22. 간부(72)

① 소년보호조치를 할 때 소년 개개인을 독립된 단위로 하여 독자적인 사건으로 취급해야 한다.
② 비행소년의 처우는 법률전문가인 법관에 의한 분석과 검토만을 고려해서 결정해야 한다.
③ 소년보호절차에서는 객관적 판단이 중요하므로 개인적 환경 특성에 대한 판단을 최소화하고 비행사실 자체에 중점을 두어야 한다.
④ 소년범죄자에 대해서는 시설 내 처우를 우선적으로 고려하여야 한다.

해설

① [○] 소년보호의 원칙 중 개별주의는, 소년사건에서 소년 개개인을 독립된 사건으로 취급하고 그 개별 특성을 중시하며, 소년사건의 조사에서는 대상소년의 개성·환경 등에 대한 정확한 규명이 필요하다는 입장이다.
② [×] 소년보호의 원칙 중 과학주의는, 소년의 범죄환경 및 소년에게 어떤 형벌을 얼마나 부과하는 것이 적합한가에 대한 연구가 필요하므로, 소년의 교육·보호에 적합한 대책을 '정신의학·교육학 등의 전문가의 의견'을 들어 결정해야 한다는 입장이다.
③ [×] 소년보호의 원칙 중 인격주의는, 「소년법」은 교육 기능과 사법 기능을 동시에 수행해야 하므로 '객관적 비행사실만 중요시해서는 아니 되고, 소년의 인격에 내재하는 개인적 범죄특성도 함께 고려'하여야 한다는 입장이다.
④ [×] 소년사법에 있어서도 4D(비범죄화, 비시설수용, 적법절차, 전환)원칙을 적용하자는 입장에서는, 대상자인 소년을 '시설에 수용하는 것에서 탈피하여 지역사회에 거주'하게 하면서 건전한 육성을 위하여 필요한 서비스를 제공하자고 주장한다(비시설수용).

정답 ①

08 소년보호의 원칙에 대한 설명으로 옳지 않은 것은? 10. 교정

① 인격주의는 소년을 보호하기 위하여 소년의 행위에서 나타난 개성과 환경을 중시하는 것을 말한다.
② 예방주의는 범행한 소년의 처벌이 아니라 이미 범행한 소년이 더 이상 범죄를 범하지 않도록 하는 데에 있다.
③ 개별주의는 소년사건에서 소년보호조치를 취할 때 형사사건과 병합하여 1건의 사건으로 취급하는 것을 말한다.
④ 과학주의는 소년의 범죄환경에 대한 연구와 소년범죄자에게 어떤 종류의 형벌을 어느 정도 부과할 것인가에 대한 전문가의 활용을 말한다.

해설

③ [×] 개별주의란 소년사건에서 소년보호조치를 취할 때 소년 개개인을 하나의 독립된 사건으로 취급하는 것을 말한다.
① [○] 소년법은 교육기능과 사법기능을 동시에 수행해야 하므로 객관적 비행사실만 중요시해서는 안 되고, 소년의 인격에 내재하는 개인적 범죄특성도 함께 고려하여야 한다(인격주의).
② [○] 소년법의 목적은 범행한 소년의 처벌이 아니라 이미 범행한 소년이 다시 범죄를 범하지 않도록 함에 있고, 장래에 죄를 범할 우려가 있는 우범소년도 그 대상으로 하여 범죄예방에 비중을 두어야 한다(예방주의).
④ [○] 예방주의와 개별주의를 추구하기 위해서는 소년의 범죄환경 및 소년에게 어떤 형벌을 얼마나 부과하는 것이 적합한가에 대한 연구가 필요하다. 따라서 소년의 교육·보호에 적합한 대책에 대해 정신의학·교육학 등의 전문가의 의견을 들어 결정해야 한다(과학주의).

정답 ③

09 소년보호의 원칙에 대한 설명으로 옳은 것만을 모두 고르면?

18. 보호

> ㄱ. 효율적 소년보호를 위해 국가는 물론이고 소년의 보호자를 비롯한 민간단체 등이 서로 협력해야 한다는 협력주의에 바탕을 둔 조치들이 필요하다.
> ㄴ. 보호소년을 개선하여 사회생활에 적응시키고 건전하게 육성하기 위해서는 소년사법절차를 가급적이면 비공개로 해야 한다는 밀행주의가 중요하다.
> ㄷ. 소년의 보호를 위하여 사후적 처벌보다는 장래에 다시 죄를 범하는 것을 예방하는 활동을 중시하는 예방주의에 비중을 두어야 한다.

① ㄱ, ㄴ
② ㄱ, ㄷ
③ ㄴ, ㄷ
④ ㄱ, ㄴ, ㄷ

해설

소년보호의 원칙에는 인격주의, 예방주의, 보호주의, 개별주의, 과학주의, 교육주의, 협력주의, 밀행주의, 심문주의(직권주의)가 있다.

ㄱ. [○] 소년보호를 위해서는 보호자 및 관계기관은 물론이고 사회 전반에 걸쳐 상호부조 · 협력이 이루어져야 한다는 것이 '협력주의'이다.

ㄴ. [○] '밀행주의'는 보호소년을 개선하여 사회생활에 적응시키고 건전하게 육성하기 위해서 문제소년을 가급적 노출시키지 않아야 한다는 것으로, 「소년법」 제68조 제1항과 제24조 제2항에서 밀행주의를 규정하고 있다.

ㄷ. [○] '예방주의'란 「소년법」의 목적은 범행한 소년의 처벌이 아니라 이미 범행한 소년이 다시 범죄를 범하지 않도록 함에 있고, 장래에 죄를 범할 우려가 있는 우범소년도 그 대상으로 하여 범죄예방에 비중을 두어야 한다는 것으로, 「소년법」 제4조 제1항의 우범소년에 관한 규정은 예방주의를 표현하고 있다.

정답 ④

10 현행 법령에 저촉되는 행위를 할 우려가 있는 우범소년도 소년법의 규율대상으로 하는 것과 직접적으로 관계되는 원칙으로 가장 옳은 것은?

23. 해경간부

① 밀행주의
② 예방주의
③ 과학주의
④ 개별주의

해설

② [○] 예방주의는 「소년법」의 목적은 범행한 소년의 처벌이 아니라 이미 범행한 소년이 다시 범죄를 범하지 않도록 함에 있고, 장래에 죄를 범할 우려가 있는 우범소년도 그 대상으로 하여 범죄예방에 비중을 두어야 한다는 것이다.

① [×] 밀행주의는 보호소년을 개선하여 사회생활에 적응시키고 건전하게 육성하기 위해서 문제소년을 가급적 노출시키지 않아야 한다는 것이다.

③ [×] 과학주의는 소년의 교육·보호에 적합한 대책을 정신의학 · 교육학 등의 전문가의 의견을 들어 결정해야 한다는 것이다.

④ [×] 개별주의는 소년사건에서 소년 개개인을 독립된 사건으로 취급하고 그 개별 특성을 중시하며, 소년사건의 조사에서는 대상소년의 개성 · 환경 등에 대한 정확한 규명이 필요하다는 것이다.

정답 ②

11 우리나라의 소년보호 이념에 대한 설명으로 가장 적절하지 않은 것은? 23. 간부(73)

① 인격주의는 소년사법절차에서 소년 개인을 단위로 한 독자적 사건으로 취급해야 한다는 것이다.
② 교육주의는 소년범죄자에 대한 처벌이 주된 수단이 되어서는 안 된다는 것이다.
③ 예방주의는 범법행위를 저지른 소년이 더 이상 규범을 위반하지 않도록 하고, 죄를 범할 우려가 있는 우범소년이 범죄에 빠지지 않도록 하는 데 소년법의 목적이 있다는 것이다.
④ 비밀주의는 소년범죄자가 사회에 적응하는 과정에서 다른 사람에게 범죄경력이 노출되지 않도록 하여 소년의 인권 보장과 재범방지를 추구하는 것을 말한다.

해설

① [×] 소년보호의 이념 중 '개별주의'에 대한 설명이다. 인격주의는 「소년법」이 교육 기능과 사법 기능을 동시에 수행해야 하므로, 객관적 비행사실만 중요시해서는 안 되고, 소년의 인격에 내재하는 개인적 범죄특성도 함께 고려하여야 한다는 입장이다.

정답 ①

제3절 | 소년사건 처리절차 – 소년보호사건

12 각종 법률에서 규정하고 있는 연령에 대한 설명으로 옳지 않은 것은? 14. 보호

① 「아동복지법」상 '아동'이란 18세 미만인 사람을 말한다.
② 「아동 · 청소년의 성보호에 관한 법률」상 '아동 · 청소년'이란 19세 미만의 자를 말한다. 다만, 19세에 도달하는 연도의 1월 1일을 맞이한 자는 제외한다.
③ 「청소년 보호법」상 '청소년'이란 만 19세 미만인 사람을 말한다. 다만, 만 19세가 되는 해의 1월 1일을 맞이한 사람은 제외한다.
④ 「청소년 기본법」상 '청소년'이란 9세 이상 19세 미만인 사람을 말한다.

해설

☑ 현행법상 아동 · 소년 · 청소년의 연령기준

구분	기준
「청소년 기본법」상의 청소년	9세 이상 24세 이하인 사람
「청소년 보호법」상의 청소년	만 19세 미만인 사람 (만 19세가 되는 해의 1월 1일을 맞이한 사람은 제외)
「가정폭력방지 및 피해자보호 등에 관한 법률」상의 아동	18세 미만인 자
「아동 · 청소년의 성보호에 관한 법률」상의 아동 · 청소년	19세 미만의 자 (19세에 도달하는 연도의 1월 1일을 맞이한 자는 제외)
「소년법」상의 소년	19세 미만인 자
「아동복지법」상의 아동	18세 미만인 사람

④ [×] 「청소년 기본법」상 '청소년'이란 '9세 이상 24세 이하'인 사람을 말한다.

정답 ④

13 법률상 소년 등의 연령 기준으로 옳지 않은 것은? 23. 보호 7급

① 「형법」상 형사미성년자는 14세가 되지 아니한 자이다.

② 「소년법」상 소년은 19세 미만인 자를 말한다.

③ 「청소년 기본법」상 청소년은 8세 이상 24세 이하인 사람을 말한다. 다만, 다른 법률에서 청소년에 대한 적용을 다르게 할 필요가 있는 경우에는 따로 정할 수 있다.

④ 「아동 · 청소년의 성보호에 관한 법률」상 아동 · 청소년은 19세 미만의 자를 말한다. 다만, 19세에 도달하는 연도의 1월 1일을 맞이한 자는 제외한다.

해설

③ [×] '9세' 이상 24세 이하인 사람을 말한다(「청소년 기본법」 제3조 제1호).

① [○] 「형법」 제9조

② [○] 「소년법」 제2조

④ [○] 「아동 · 청소년의 성보호에 관한 법률」 제2조 제1호

정답 ③

14 다음 사례에서 甲에 대한 「소년법」상 처리절차로 옳지 않은 것은? 22. 보호

> 13세 甲은 정당한 이유 없이 가출한 후 집단적으로 몰려다니며 술을 마시고 소란을 피움으로써 주위 사람들에게 불안감을 조성하였고, 그의 성격이나 환경에 비추어 앞으로 형벌 법령에 저촉되는 행위를 할 우려가 있다.

① 경찰서장은 직접 관할 소년부에 송치하여야 하며, 송치서에 甲의 주거 · 성명 · 생년월일 및 행위의 개요와 가정 상황을 적고, 그 밖의 참고자료를 첨부하여야 한다.

② 보호자 또는 학교 · 사회복리시설 · 보호관찰소의 장은 甲을 관할 소년부에 통고할 수 있다.

③ 소년부 판사는 사건의 조사 또는 심리에 필요하다고 인정하면 기일을 지정하여 甲이나 그 보호자를 소환할 수 있으며, 정당한 이유 없이 소환에 응하지 아니하면 소년부 판사는 동행영장을 발부할 수 있다.

④ 소년부 판사는 심리 결과 보호처분의 필요성이 인정되더라도 甲에게 수강명령과 사회봉사명령은 부과할 수 없다.

해설

④ [×] 甲은 13세이므로 '수강명령은 부과할 수 있으나, 사회봉사명령은 부과할 수 없다'(「소년법」 제32조 제3항 · 제4항 참조).

> 제32조 【보호처분의 결정】 ③ 제1항 제3호의 처분(→ 사회봉사명령)은 14세 이상의 소년에게만 할 수 있다.
> ④ 제1항 제2호 및 제10호의 처분(→ 수강명령, 장기 소년원 송치)은 12세 이상의 소년에게만 할 수 있다.

① [○] 甲은 '우범소년'에 해당한다(「소년법」 제4조 제1항 제3호). 우범소년이 있을 때에는 경찰서장은 직접 관할 소년부에 송치하여야 한다(「소년법」 제4조 제2항, 제5조).

② [○] 「소년법」 제4조 제3항

③ [○] 「소년법」 제13조

정답 ④

15 소년사건의 절차에 관한 설명 중 옳은 것은?

① 소년사건은 소년의 보호와 지도라는 이념으로 인해 조사단계에서 소년의 진술거부권을 원칙적으로 인정하지 않는다.

② 소년부는 조사 또는 심리한 결과 자격정지 이상의 형에 해당하는 범죄사실이 발견된 경우 그 동기와 죄질에 의해 형사처분의 필요성이 인정되면 결정으로 검사에게 송치하여야 한다.

③ 본인 또는 보호자는 변호사를 보조인으로 선임하는 경우에 판사의 허가를 얻어야 한다.

④ 법원은 소년에 대한 피고사건을 심리한 결과 보호처분에 해당할 사유가 있다고 인정하면 결정으로써 사건을 관할 소년부에 송치하여야 한다.

해설

④ [○] 「소년법」 제50조

① [×] 소년사건의 경우에도 진술거부권이 인정된다(「소년법」 제10조).

> 제10조 【진술거부권의 고지】 소년부 또는 조사관이 범죄 사실에 관하여 소년을 조사할 때에는 미리 소년에게 불리한 진술을 거부할 수 있음을 알려야 한다(→ 적법절차의 원칙).

② [×] 소년부는 조사 또는 심리한 결과 '금고' 이상의 형에 해당하는 범죄 사실이 발견된 경우 그 동기와 죄질이 형사처분을 할 필요가 있다고 인정하면 결정으로써 사건을 관할 지방법원에 대응한 검찰청 검사에게 송치하여야 한다(「소년법」 제7조 제1항).

> 제7조 【형사처분 등을 위한 관할 검찰청으로의 송치】 ① 소년부는 조사 또는 심리한 결과 금고 이상의 형에 해당하는 범죄 사실이 발견된 경우 그 동기와 죄질이 형사처분을 할 필요가 있다고 인정하면 결정으로써 사건을 관할 지방법원에 대응한 검찰청 검사에게 송치하여야 한다.

③ [×] 허가를 받지 아니하여도 된다(「소년법」 제17조 참조).

> 제17조 【보조인 선임】 ① 사건 본인이나 보호자는 소년부 판사의 허가를 받아 보조인을 선임할 수 있다.
> ② 보호자나 변호사를 보조인으로 선임하는 경우에는 제1항의 허가를 받지 아니하여도 된다.

정답 ④

16 「소년법」상 보조인 제도에 대한 설명으로 옳지 않은 것은?

22. 보호

① 소년이 소년분류심사원에 위탁된 경우 보조인이 없을 때에는 법원은 변호사 등 적정한 자를 보조인으로 선정하여야 한다.

② 소년이 소년분류심사원에 위탁되지 아니하였을 때에도 소년에게 신체적 · 정신적 장애가 의심되는 경우에는 법원은 직권으로 보조인을 선정하여야 한다.

③ 소년이 보호자나 변호사를 보조인으로 선임하는 경우에 소년부 판사의 허가없이 보조인을 선임할 수 있다.

④ 보조인의 선임은 심급마다 하여야 한다.

해설

② [×] 보조인을 선정'할 수 있다'(「소년법」 제17조의2 제2항).

> 제17조의2 【국선보조인】 ② 소년이 소년분류심사원에 위탁되지 아니하였을 때에도 다음의 경우 법원은 직권에 의하거나 소년 또는 보호자의 신청에 따라 보조인을 선정할 수 있다.
> 1. 소년에게 신체적 · 정신적 장애가 의심되는 경우
> 2. 빈곤이나 그 밖의 사유로 보조인을 선임할 수 없는 경우
> 3. 그 밖에 소년부 판사가 보조인이 필요하다고 인정하는 경우

① [○] 「소년법」 제17조의2 제1항

③ [○] 「소년법」 제17조 제2항

④ [○] 「소년법」 제17조 제5항

정답 ②

17 「소년법」에서 소년부 판사가 조사 또는 심리상의 필요에 따라 결정으로 취한 임시조치 중 「형법」 제57조 제1항의 판결선고 전 구금일수에 산입할 수 있는 것은? 12. 교정

① 보호자 또는 시설에 위탁

② 소년분류심사원에 위탁

③ 병원이나 그 밖의 요양소에 위탁

④ 소년원에 단기위탁

해설

② [○] 「소년법」상 임시조치 중 '소년분류심사원에 위탁'조치가 있었을 때에는 그 위탁기간은 「형법」 제57조 제1항의 판결선고 전 구금일수로 본다(「소년법」 제18조, 제61조 참조).

> 제18조 【임시조치】 ① 소년부 판사는 사건을 조사 또는 심리하는 데에 필요하다고 인정하면 소년의 감호에 관하여 결정으로써 다음 각 호의 어느 하나에 해당하는 조치를 할 수 있다.
> 1. 보호자, 소년을 보호할 수 있는 적당한 자 또는 시설에 위탁
> 2. 병원이나 그 밖의 요양소에 위탁
> 3. 소년분류심사원에 위탁
>
> 제61조 【미결구금일수의 산입】 제18조 제1항 제3호(→ 소년분류심사원에 위탁)의 조치가 있었을 때에는 그 위탁기간은 「형법」 제57조 제1항의 판결선고 전 구금일수로 본다.

정답 ②

18 소년보호사건 처리절차에 대한 설명으로 옳은 것은? 10. 교정

① 소년이 소년분류심사원에 위탁된 경우, 보조인이 없을 때에는 법원은 소년 본인이나 보호자의 신청에 따라 변호사 등 적정한 자를 보조인으로 선임할 수 있다.

② 소년부 판사는 사건을 조사 또는 심리하는 데에 필요하다고 인정하면 소년의 감호에 관하여 결정으로써 보호자나 소년을 보호할 수 있는 적당한 자 또는 병원이나 소년분류심사원에 위탁하는 조치를 할 수 있다.

③ 소년부가 심리한 결과 12세 소년이 금고 이상의 형에 해당하는 범죄를 범하여 형사처분을 할 필요가 있다고 인정하면 결정으로써 사건을 관할 검찰청 검사에게 송치하여야 한다.

④ 소년부 판사는 심리 과정에서 소년에게 피해자와의 화해를 권고할 수 있으며, 소년이 피해자와 화해하였을 경우에는 불처분 결정으로 심리를 종결하여야 한다.

해설

② [○] 「소년법」 제18조 제1항 참조

> 제18조 【임시조치】 ① 소년부 판사는 사건을 조사 또는 심리하는 데에 필요하다고 인정하면 소년의 감호에 관하여 결정으로써 다음 각 호의 어느 하나에 해당하는 조치를 할 수 있다.
> 1. 보호자, 소년을 보호할 수 있는 적당한 자 또는 시설에 위탁
> 2. 병원이나 그 밖의 요양소에 위탁
> 3. 소년분류심사원에 위탁

① [×] 소년이 소년분류심사원에 위탁된 경우 보조인이 없을 때에는 법원은 변호사 등 적정한 자를 보조인으로 선정하여야 한다(「소년법」 제17조의2 제1항).

③ [×] 소년부는 조사 또는 심리한 결과 금고 이상의 형에 해당하는 범죄 사실이 발견된 경우 그 동기와 죄질이 형사처분을 할 필요가 있다고 인정하면 결정으로써 사건을 관할 지방법원에 대응한 검찰청 검사에게 송치하여야 한다(「소년법」 제7조 제1항). 소년부(소년법원)에 보호사건의 대상으로 송치된 '14세 이상의 범죄소년'을 조사심리하여 금고 이상의 형에 해당하고 형사처분의 필요가 있으면 형사사건으로 처리하기 위하여 검사에게 송치하여야 한다는 의미이다.

④ [×] 소년부 판사는 소년의 품행을 교정하고 피해자를 보호하기 위하여 필요하다고 인정하면 소년에게 피해 변상 등 피해자와의 화해를 권고할 수 있다(「소년법」 제25조의3 제1항). 소년부 판사는 소년이 제1항의 권고에 따라 피해자와 화해하였을 경우에는 보호처분을 결정할 때 이를 고려할 수 있다(「소년법」 제25조의3 제3항).

정답 ②

19 현행법상 소년 보호사건에 관한 설명 중 옳은 것을 모두 고른 것은? 13. 사시

ㄱ. 정당한 이유 없이 가출한 11세의 소년이 그의 성격에 비추어 앞으로 형벌 법령에 저촉되는 행위를 할 우려가 있는 경우 경찰서장은 직접 관할 소년부에 송치하여야 한다.
ㄴ. 사건 본인인 소년이 보호자를 보조인으로 선임하는 경우에는 소년부 판사의 허가를 받아야 한다.
ㄷ. 소년이 소년분류심사원에 위탁된 경우 보조인이 없을 때에는 법원은 변호사 등 적정한 자를 보조인으로 선정하여야 한다.
ㄹ. 소년부 판사는 사건을 조사 또는 심리하는 데에 필요하다고 인정하면 소년의 감호에 관하여 결정으로써 소년분류심사원에 위탁할 수 있으며, 이 결정은 취소하거나 변경할 수 없다.
ㅁ. 소년부 판사는 사안이 가볍다는 이유로 심리를 개시하지 아니한다는 결정을 할 때에는 소년에게 훈계하거나 소년의 보호자에게 소년을 엄격히 관리하거나 교육하도록 고지할 수 있다.

① ㄱ, ㄴ
② ㄴ, ㄹ, ㅁ
③ ㄱ, ㄷ, ㅁ
④ ㄴ, ㄷ, ㄹ
⑤ ㄷ, ㅁ

해설

ㄱ. [○] '정당한 이유 없이 가출한 11세의 소년이 그의 성격에 비추어 앞으로 형벌 법령에 저촉되는 행위를 할 우려가 있는 경우'는 우범소년에 해당하고(「소년법」 제4조 제1항 제3호), 이 경우 경찰서장은 검사에게 송치하지 않고 직접 관할 소년부에 송치하여야 한다(「소년법」 제4조 제2항).

제4조 【보호의 대상과 송치 및 통고】 ② 제1항 제2호 및 제3호에 해당하는 소년(→ 촉법소년 · 우범소년)이 있을 때에는 경찰서장은 직접 관할 소년부에 송치하여야 한다.

ㄴ. [×] 소년보호사건에서 보조인을 선임할 경우에는 소년부 판사의 허가를 받아야 하나(「소년법」 제17조 제1항), 보호자나 변호사를 보조인으로 선임하는 경우에는 허가를 받지 아니하여도 된다(「소년법」 제17조 제2항).

제17조 【보조인 선임】 ① 사건 본인이나 보호자는 소년부 판사의 허가를 받아 보조인을 선임할 수 있다.
② 보호자나 변호사를 보조인으로 선임하는 경우에는 제1항의 허가를 받지 아니하여도 된다.

ㄷ. [○] 「소년법」 제17조의2 제1항
ㄹ. [×] 소년부 판사는 사건을 조사 또는 심리하는 데에 필요하다고 인정하면 소년의 감호에 관하여 결정으로써 임시조치(보호자 등 위탁, 병원 등 위탁, 소년분류심사원에 위탁)를 할 수 있으며(「소년법」 제18조 제1항), 이 조치는 언제든지 결정으로써 취소하거나 변경할 수 있다(「소년법」 제18조 제6항).

제18조 【임시조치】 ① 소년부 판사는 사건을 조사 또는 심리하는 데에 필요하다고 인정하면 소년의 감호에 관하여 결정으로써 다음 각 호의 어느 하나에 해당하는 조치를 할 수 있다.
1. 보호자, 소년을 보호할 수 있는 적당한 자 또는 시설에 위탁
2. 병원이나 그 밖의 요양소에 위탁
3. 소년분류심사원에 위탁
⑥ 제1항의 조치는 언제든지 결정으로써 취소하거나 변경할 수 있다.

ㅁ. [○] 「소년법」 제19조 제2항

정답 ③

20 「소년법」상 소년부 판사가 취할 수 있는 임시조치로 옳지 않은 것은? 18. 교정

① 보호자에게 1개월간 감호 위탁
② 요양소에 3개월간 감호 위탁
③ 소년분류심사원에 3개월간 감호 위탁
④ 소년을 보호할 수 있는 적당한 자에게 1개월간 감호 위탁

해설

③ [×] 소년부 판사의 임시조치 중 소년분류심사원에 위탁(「소년법」 제18조 제1항 제3호)하는 조치는 '1개월'을 초과하지 못한다(「소년법」 제18조 제3항).

①②④ [○] 보호자, 소년을 보호할 수 있는 적당한 자 또는 시설에 위탁(제1호), 병원이나 그 밖의 요양소에 위탁(제2호)의 위탁기간은 3개월을 초과하지 못한다(「소년법」 제18조 제3항).

> 제18조 【임시조치】 ① 소년부 판사는 사건을 조사 또는 심리하는 데에 필요하다고 인정하면 소년의 감호에 관하여 결정으로써 다음 각 호의 어느 하나에 해당하는 조치를 할 수 있다.
> 1. 보호자, 소년을 보호할 수 있는 적당한 자 또는 시설에 위탁
> 2. 병원이나 그 밖의 요양소에 위탁
> 3. 소년분류심사원에 위탁
>
> ③ 제1항 제1호 및 제2호의 위탁기간은 3개월을, 제1항 제3호의 위탁기간은 1개월을 초과하지 못한다. 다만, 특별히 계속 조치할 필요가 있을 때에는 한 번에 한하여 결정으로써 연장할 수 있다.

정답 ③

21 현행법상 소년보호사건 처리에 관한 설명 중 옳은 것[○]과 옳지 않은 것[×]을 올바르게 묶은 것은? 11. 사시

> ㄱ. 소년보호사건에 있어서 보호자는 소년부 판사의 허락이 없어도 보조인을 선임할 수 있다.
> ㄴ. 소년부판사는 보호관찰관의 단기보호관찰 처분시 14세 이상의 소년에 대하여 사회봉사를 동시에 명할 수 있다.
> ㄷ. 소년의 보호처분은 그 소년의 장래의 신상에 어떠한 영향도 미치지 아니한다.
> ㄹ. 보호처분의 계속 중에 징역형을 선고받은 소년에 대하여는 먼저 징역형을 집행한다.
> ㅁ. 보호처분의 계속 중에 새로운 보호처분의 선고를 받은 소년에 대하여는 어느 하나의 보호처분을 취소하여야 한다.

	ㄱ	ㄴ	ㄷ	ㄹ	ㅁ
①	×	○	○	×	○
②	×	×	○	○	○
③	○	○	×	○	×
④	×	○	○	○	○
⑤	○	×	×	○	×

해설

ㄱ. [×] 사건 본인이나 보호자는 '소년부 판사의 허가를 받아' 보조인을 선임할 수 있다(「소년법」 제17조 제1항).
ㄴ. [○] 「소년법」 제32조 제2항 제1호
ㄷ. [○] 「소년법」 제32조 제6항
ㄹ. [○] 「소년법」 제64조
ㅁ. [○] 「소년법」 제40조

정답 ④

22 「소년법」상 보호처분에 대한 설명으로 옳은 것은? 12. 교정

① 보호자 및 보호·복지시설 등에의 위탁은 최장 12개월까지 가능하다.
② 사회봉사명령과 수강명령은 14세 이상의 소년에게만 부과할 수 있다.
③ 단기로 소년원에 송치된 소년의 보호기간은 1년을 초과하지 못한다.
④ 단기 보호관찰은 1회에 한하여 연장할 수 있으나, 장기 보호관찰은 연장할 수 없다.

해설

① [○] 보호자 등 위탁, 시설 등 위탁, 병원 등 위탁의 기간은 6개월로 하되, 소년부 판사의 결정으로써 6개월의 범위에서 한 번에 한하여 그 기간을 연장할 수 있으므로 최장 12개월까지 가능하다(「소년법」 제33조 제1항 참조).

> 제33조【보호처분의 기간】① 제32조 제1항 제1호·제6호·제7호(→ 보호자 등 위탁·시설 등 위탁·병원 등 위탁)의 위탁기간은 6개월로 하되, 소년부 판사는 결정으로써 6개월의 범위에서 한 번에 한하여 그 기간을 연장할 수 있다. 다만, 소년부 판사는 필요한 경우에는 언제든지 결정으로써 그 위탁을 종료시킬 수 있다.

② [×] 수강명령은 '12세 이상'의 소년에게 부과할 수 있다(「소년법」 제32조 제4항 참조).

> 제32조【보호처분의 결정】③ 제1항 제3호의 처분(→ 사회봉사명령)은 14세 이상의 소년에게만 할 수 있다.
> ④ 제1항 제2호 및 제10호의 처분(→ 수강명령·장기 소년원 송치)은 12세 이상의 소년에게만 할 수 있다.

③ [×] 단기 소년원 송치는 '6개월'을 초과할 수 없다(「소년법」 제33조 제5항 참조).

> 제33조【보호처분의 기간】⑤ 제32조 제1항 제9호에 따라 단기로 소년원에 송치된 소년의 보호기간은 6개월을 초과하지 못한다.

④ [×] 단기 보호관찰은 연장할 수 없고, 장기 보호관찰은 연장할 수 있다(「소년법」 제33조 제2항·제3항 참조).

> 제33조【보호처분의 기간】② 제32조 제1항 제4호의 단기 보호관찰기간은 1년으로 한다.
> ③ 제32조 제1항 제5호의 장기 보호관찰기간은 2년으로 한다. 다만, 소년부 판사는 보호관찰관의 신청에 따라 결정으로써 1년의 범위에서 한 번에 한하여 그 기간을 연장할 수 있다.

정답 ①

23 「소년법」 제32조에 따른 소년보호처분에 대한 설명으로 옳지 않은 것은? 22. 보호

① 제1호 처분은 보호자 또는 보호자를 대신하여 소년을 보호할 수 있는 자에게 감호 위탁하는 것이다.
② 제6호 처분은 「아동복지법」에 따른 아동복지시설이나 그 밖의 소년보호시설에 감호 위탁하는 것이다.
③ 제4호 처분을 할 때 6개월의 기간을 정하여 야간 등 특정 시간대의 외출을 제한하는 명령을 보호관찰대상자의 준수 사항으로 부과할 수 있다.
④ 제5호 처분을 할 때 6개월의 기간을 정하여 「보호소년 등의 처우에 관한 법률」에 따른 대안교육 또는 소년의 상담·선도·교화와 관련된 단체나 시설에서의 상담·교육을 받을 것을 동시에 명할 수 있다.

해설

④ [×] '3개월 이내'의 기간을 정하여 대안교육 등을 받을 것을 동시에 명할 수 있다(「소년법」 제32조의2 제1항).

> 제32조의2【보호관찰처분에 따른 부가처분 등】① 제32조 제1항 제4호 또는 제5호의 처분(→ 단기 보호관찰, 장기 보호관찰)을 할 때에 3개월 이내의 기간을 정하여 「보호소년 등의 처우에 관한 법률」에 따른 대안교육 또는 소년의 상담·선도·교화와 관련된 단체나 시설에서의 상담·교육을 받을 것을 동시에 명할 수 있다.

① [○] 「소년법」 제32조 제1항 제1호
② [○] 「소년법」 제32조 제1항 제6호

③ [○] 「소년법」 제32조의2 제2항

제32조의2 【보호관찰처분에 따른 부가처분 등】 ② 제32조 제1항 제4호 또는 제5호의 처분(→ 단기 보호관찰, 장기 보호관찰)을 할 때에 1년 이내의 기간을 정하여 야간 등 특정 시간대의 외출을 제한하는 명령을 보호관찰대상자의 준수 사항으로 부과할 수 있다.

정답 ④

24 「소년법」상 보호처분과 그 변경 등에 대한 설명으로 옳지 않은 것은?

23. 보호 7급

① 수강명령 및 장기 소년원 송치의 처분은 12세 이상의 소년에게만 할 수 있다.

② 소년부 판사는 보호관찰관의 장기 보호관찰의 처분을 할 때에 1년 이내의 기간을 정하여 야간 등 특정 시간대의 외출을 제한하는 명령을 보호관찰대상자의 준수 사항으로 부과할 수 있다.

③ 소년부 판사는 보호관찰관의 단기 보호관찰의 처분을 할 때에 3개월 이내의 기간을 정하여 「보호소년 등의 처우에 관한 법률」에 따른 대안교육을 받을 것을 동시에 명할 수 있다.

④ 보호처분을 집행하는 자의 신청이 없더라도 소년부 판사는 직권으로 1개월 이내의 소년원 송치의 처분을 변경할 수 있다.

해설

④ [×] 1개월 이내의 소년원 송치(제8호)의 처분은 소년부 판사가 직권으로 변경할 수 있는 대상이 아니다(「소년법」 제37조 제1항).

제37조 【처분의 변경】 ① 소년부 판사는 위탁받은 자나 보호처분을 집행하는 자의 신청에 따라 결정으로써 제32조의 보호처분과 제32조의2의 부가처분을 변경할 수 있다. 다만, 제32조 제1항 제1호 · 제6호 · 제7호의 보호처분(→ 보호자 등 감호 위탁, 보호시설 등 감호 위탁, 병원 등 위탁)과 제32조의2 제1항의 부가처분(→ 3개월 이내의 대안교육 등 부과)은 직권으로 변경할 수 있다.

① [○] 「소년법」 제32조 제4항

② [○] 「소년법」 제32조의2 제2항

③ [○] 「소년법」 제32조의2 제1항

정답 ④

25 다음 <보기>에서 현행 「소년법」에 규정된 보호처분 중 그 기간을 연장할 수 있는 것을 모두 고른 것은?

22. 해경간부

<보기>

ㄱ. 보호관찰관의 장기 보호관찰
ㄴ. 「아동복지법」에 따른 아동복지시설이나 그 밖의 소년보호시설에 감호 위탁
ㄷ. 보호자 또는 보호자를 대신하여 소년을 보호할 수 있는 자에게 감호 위탁
ㄹ. 「보호소년 등의 처우에 관한 법률」에 따른 의료재활소년원에 위탁

① ㄱ, ㄴ
② ㄱ, ㄷ
③ ㄱ, ㄴ, ㄷ
④ ㄱ, ㄴ, ㄷ, ㄹ

해설

ㄱ. [○] 「소년법」 제33조 제3항

> 제33조【보호처분의 기간】 ③ 제32조 제1항 제5호의 장기 보호관찰 기간은 2년으로 한다. 다만, 소년부 판사는 보호관찰관의 신청에 따라 결정으로써 1년의 범위에서 한 번에 한하여 그 기간을 연장할 수 있다.

ㄴ, ㄷ, ㄹ. [○] 「소년법」 제33조 제1항

> 제33조【보호처분의 기간】 ① 제32조 제1항 제1호·제6호·제7호(→ 보호자 등 위탁·시설 등 위탁·병원 등 위탁)의 위탁기간은 6개월로 하되, 소년부 판사는 결정으로써 6개월의 범위에서 한 번에 한하여 그 기간을 연장할 수 있다. 다만, 소년부 판사는 필요한 경우에는 언제든지 결정으로써 그 위탁을 종료시킬 수 있다.

☑ 「소년법」상 보호처분

호	종류	기간	기타
1	보호자 등 감호 위탁	6개월(6개월 - 1회 - 연장)	
2	수강명령	100시간 초과 ×	12세 이상
3	사회봉사명령	200시간 초과 ×	14세 이상
4	단기 보호관찰	1년(연장 ×)	3개월 이내의 대안교육 등 부과, 1년 이내의 특정시간대 외출제한을 준수사항으로 부과
5	장기 보호관찰	2년(1년 - 1회 - 연장)	
6	보호시설 등 감호 위탁	6개월(6개월 - 1회 - 연장)	
7	병원 등 위탁	6개월(6개월 - 1회 - 연장)	
8	1개월 이내 소년원 송치	1개월 이내	
9	단기 소년원 송치	6개월 초과 ×(연장 ×)	
10	장기 소년원 송치	2년 초과 ×(연장 ×)	12세 이상
1·2·3·4호, 1·2·3·5호, 4·6호, 5·6호, 5·8호 - 전부 또는 일부를 병합 가능			

정답 ④

26 소년보호사건에 대한 설명으로 옳지 않은 것만을 모두 고른 것은? 13. 교정

> ㄱ. 형벌 법령에 저촉되는 행위를 한 12세 소년이 있을 때에 경찰서장은 직접 관할 소년부에 소년을 송치하여야 한다.
> ㄴ. 법으로 정한 사유가 있고 소년의 성격이나 환경에 비추어 향후 형벌 법령에 저촉되는 행위를 할 우려가 있더라도 10세 우범소년은 소년부에 송치할 수 없다.
> ㄷ. 「소년법」상 14세의 촉법소년은 소년부 보호사건의 대상이 되고, 정당한 이유 없이 가출하는 9세 소년은 소년부 보호사건의 대상에서 제외된다.
> ㄹ. 죄를 범한 소년을 발견한 보호자 또는 학교·사회복리시설·보호관찰소(보호관찰지소 포함)의 장은 이를 관할 소년부에 통고할 수 있다.

① ㄱ, ㄴ　　② ㄱ, ㄷ
③ ㄴ, ㄷ　　④ ㄷ, ㄹ

해설

ㄱ. [○] 「소년법」 제4조 제2항 참조

> 제4조【보호의 대상과 송치 및 통고】 ② 제1항 제2호 및 제3호에 해당하는 소년(→ 촉법소년·우범소년)이 있을 때에는 경찰서장은 직접 관할 소년부에 송치하여야 한다.

ㄴ. [×] 10세 이상 19세 미만의 우범소년도 소년부의 보호사건으로 심리하므로 소년부에 송치할 수 있다(「소년법」 제4조 제1항 제3호 참조).

> 제4조 【보호의 대상과 송치 및 통고】 ① 다음 각 호의 어느 하나에 해당하는 소년은 소년부의 보호사건으로 심리한다.
> 1. 죄를 범한 소년(→ 범죄소년)
> 2. 형벌 법령에 저촉되는 행위를 한 10세 이상 14세 미만인 소년(→ 촉법소년)
> 3. 다음 각 목에 해당하는 사유가 있고 그의 성격이나 환경에 비추어 앞으로 형벌 법령에 저촉되는 행위를 할 우려가 있는 10세 이상인 소년(→ 우범소년)
> 가. 집단적으로 몰려다니며 주위 사람들에게 불안감을 조성하는 성벽이 있는 것
> 나. 정당한 이유 없이 가출하는 것
> 다. 술을 마시고 소란을 피우거나 유해환경에 접하는 성벽이 있는 것

ㄷ. [×] 촉법소년은 형벌 법령에 저촉되는 행위를 한 10세 이상 '14세 미만'인 소년을 말한다(「소년법」 제4조 제1항 제2호 참조).

ㄹ. [○] 「소년법」 제4조 제3항 참조

> 제4조 【보호의 대상과 송치 및 통고】 ③ 제1항 각 호의 어느 하나에 해당하는 소년(→ 범죄소년 · 촉법소년 · 우범소년)을 발견한 보호자 또는 학교 · 사회복리시설 · 보호관찰소(보호관찰지소를 포함)의 장은 이를 관할 소년부에 통고할 수 있다.

정답 ③

27 「소년법」상 보호처분 및 그 부가처분에 대한 설명으로 옳은 것은? 20. 보호

① 수강명령과 사회봉사명령은 14세 이상의 소년에게만 할 수 있다.

② 최대 200시간을 초과하지 않는 범위 내에서 수강명령처분을 결정할 수 있다.

③ 「아동복지법」에 따른 아동복지시설이나 그 밖의 소년보호시설에 감호 위탁 기간은 6개월로 하되, 그 기간을 연장할 수 없다.

④ 소년부 판사는 가정상황 등을 고려하여 필요하다고 판단되면 보호자에게 보호관찰소 등에서 실시하는 소년의 보호를 위한 특별교육을 받을 것을 명할 수 있다.

해설

④ [○] 「소년법」 제32조의2 제3항

① [×] 수강명령(제2호 처분)은 '12세' 이상의 소년에게만 할 수 있고, 사회봉사명령(제3호 처분)은 14세 이상의 소년에게만 할 수 있다(「소년법」 제32조 제3항 · 제4항).

② [×] 수강명령은 '100시간'을 초과할 수 없고, 사회봉사명령은 200시간을 초과할 수 없다(「소년법」 제33조 제4항).

③ [×] 「아동복지법」에 따른 아동복지시설이나 그 밖의 소년보호시설에 감호 위탁(제6호 처분)의 기간은 6개월로 하되, 소년부 판사는 결정으로써 '6개월의 범위에서 한 번에 한하여 그 기간을 연장'할 수 있다(「소년법」 제33조 제1항).

정답 ④

28 「소년법」상 보호처분으로 부과할 수 없는 것은? 13. 사시

① 16세 소년에 대한 사회봉사명령

② 11세 소년에 대한 수강명령

③ 14세 소년에 대한 장기 소년원 송치

④ 12세 소년에 대한 보호관찰관의 단기 보호관찰

⑤ 16세 소년에 대한 1개월 이내의 소년원 송치

해설

② [×] 수강명령(제2호 처분)은 '12세 이상'의 소년에게만 할 수 있다(「소년법」 제32조 제4항).
① [○] 사회봉사명령(제3호 처분)은 14세 이상의 소년에게만 할 수 있다(「소년법」 제32조 제3항).
③ [○] 장기 소년원 송치(제10호 처분)은 12세 이상의 소년에게만 할 수 있다(「소년법」 제32조 제4항).
④⑤ [○] 보호관찰관의 단기 보호관찰(제4호 처분) 및 1개월 이내의 소년원 송치는 10세 이상 19세 미만의 소년에게 할 수 있다(「소년법」상 보호사건의 대상이 10세 이상 19세 미만의 소년임).

☑「소년법」상 보호처분

호	종류	기간	기타
1	보호자 등 감호 위탁	6개월(6개월 - 1회 - 연장)	
2	수강명령	100시간 초과 ×	12세 이상
3	사회봉사명령	200시간 초과 ×	14세 이상
4	단기 보호관찰	1년(연장 ×)	3개월 이내의 대안교육 등 부과, 1년 이내의 특정시간대 외출제한을 준수사항으로 부과
5	장기 보호관찰	2년(1년 - 1회 - 연장)	
6	보호시설 등 감호 위탁	6개월(6개월 - 1회 - 연장)	
7	병원 등 위탁	6개월(6개월 - 1회 - 연장)	
8	1개월 이내 소년원 송치	1개월 이내	
9	단기 소년원 송치	6개월 초과 ×(연장 ×)	
10	장기 소년원 송치	2년 초과 ×(연장 ×)	12세 이상
1·2·3·4호, 1·2·3·5호, 4·6호, 5·6호, 5·8호 - 전부 또는 일부를 병합 가능			

정답 ②

29 「소년법」상 보호처분에 대한 내용으로 옳은 것만을 모두 고르면? 20. 교정

ㄱ. 보호관찰관의 단기 보호관찰기간은 1년으로 한다.
ㄴ. 보호관찰관의 장기 보호관찰기간은 2년으로 한다. 다만, 소년부 판사는 보호관찰관의 신청에 따라 결정으로써 1년의 범위에서 한 번에 한하여 그 기간을 연장할 수 있다.
ㄷ. 보호자 또는 보호자를 대신하여 소년을 보호할 수 있는 자에게 감호 위탁하는 기간은 3개월로 하되, 소년부 판사는 결정으로써 3개월의 범위에서 한 번에 한하여 그 기간을 연장할 수 있다. 다만, 소년부 판사는 필요한 경우에는 언제든지 결정으로써 그 위탁을 종료시킬 수 있다.
ㄹ. 단기로 소년원에 송치된 소년의 보호기간은 3개월을 초과할 수 없다.
ㅁ. 장기로 소년원에 송치된 소년의 보호기간은 2년을 초과할 수 없다.

① ㄱ, ㄴ, ㄷ　　② ㄱ, ㄴ, ㄹ
③ ㄱ, ㄴ, ㅁ　　④ ㄷ, ㄹ, ㅁ

해설

ㄱ. [○] 「소년법」 제33조 제2항
ㄴ. [○] 「소년법」 제33조 제3항
ㄷ. [×] 기간은 '6개월'로 하되, 소년부 판사는 결정으로써 '6개월'의 범위에서 한 번에 한하여 그 기간을 연장할 수 있다(「소년법」 제33조 제1항).

> 제33조 【보호처분의 기간】 ① 제32조 제1항 제1호·제6호·제7호의 위탁기간은 6개월로 하되, 소년부 판사는 결정으로써 6개월의 범위에서 한 번에 한하여 그 기간을 연장할 수 있다. 다만, 소년부 판사는 필요한 경우에는 언제든지 결정으로써 그 위탁을 종료시킬 수 있다.

ㄹ. [×] '6개월'을 초과할 수 없다(「소년법」 제33조 제5항).

> 제33조 【보호처분의 기간】 ⑤ 제32조 제1항 제9호에 따라 단기로 소년원에 송치된 소년의 보호기간은 6개월을 초과하지 못한다.

ㅁ. [○] 「소년법」 제33조 제6항

정답 ③

30 「소년법」상 보호처분에 대한 설명으로 옳지 않은 것은? 14. 보호

① 사회봉사명령은 14세 이상의 소년에게만 할 수 있다.
② 수강명령과 장기 소년원 송치처분은 12세 이상의 소년에게만 할 수 있다.
③ 보호관찰관의 장기 보호관찰과 단기 소년원 송치처분 상호간에는 병합할 수 있다.
④ 보호관찰관의 단기 보호관찰 또는 장기 보호관찰처분을 부과하는 때에는 3개월 이내의 기간을 정하여 대안교육 또는 소년의 상담·선도·교화와 관련된 단체나 시설에서의 상담·교육을 받을 것을 동시에 명할 수 있다.

해설

③ [×] 장기 보호관찰(제5호 처분)과 단기 소년원 송치(제9호 처분)을 병합할 수 있다는 규정은 없다(「소년법」 제32조 제2항 참조).

> 제32조 【보호처분의 결정】 ② 다음 각 호 안의 처분 상호간에는 그 전부 또는 일부를 병합할 수 있다.
> 1. 제1항 제1호·제2호·제3호·제4호 처분
> 2. 제1항 제1호·제2호·제3호·제5호 처분
> 3. 제1항 제4호·제6호 처분
> 4. 제1항 제5호·제6호 처분
> 5. 제1항 제5호·제8호 처분

① [○] 「소년법」 제32조 제3항

> 제32조 【보호처분의 결정】 ③ 제1항 제3호의 처분(→ 사회봉사명령)은 14세 이상의 소년에게만 할 수 있다.

② [○] 「소년법」 제32조 제4항

> 제32조 【보호처분의 결정】 ④ 제1항 제2호 및 제10호의 처분(→ 수강명령·장기 소년원 송치)은 12세 이상의 소년에게만 할 수 있다.

④ [○] 「소년법」 제32조의2 제1항

> 제32조의2 【보호관찰처분에 따른 부가처분 등】 ① 제32조 제1항 제4호 또는 제5호의 처분(→ 단기 보호관찰·장기 보호관찰)을 할 때에 3개월 이내의 기간을 정하여 「보호소년 등의 처우에 관한 법률」에 따른 대안교육 또는 소년의 상담·선도·교화와 관련된 단체나 시설에서의 상담·교육을 받을 것을 동시에 명할 수 있다.

정답 ③

31 「소년법」상 보호관찰관의 장기보호관찰 처분을 받은 자의 보호처분기간 연장에 대한 설명으로 옳은 것은?

15. 교정

① 소년부 판사는 소년에 대한 보호관찰기간을 연장할 수 없다.
② 소년부 판사는 소년의 신청에 따라 결정으로써 2년의 범위에서 한 번에 한하여 그 기간을 연장할 수 있다.
③ 소년부 판사는 보호관찰관의 신청에 따라 결정으로써 1년의 범위에서 한 번에 한하여 그 기간을 연장할 수 있다.
④ 소년부 판사는 보호관찰관의 신청에 따라 결정으로써 2년의 범위에서 한 번에 한하여 그 기간을 연장할 수 있다.

해설

③ [○] 「소년법」 제33조 제3항 참조

> 제33조【보호처분의 기간】③ 제32조 제1항 제5호의 장기 보호관찰기간은 2년으로 한다. 다만, 소년부 판사는 보호관찰관의 신청에 따라 결정으로써 1년의 범위에서 한 번에 한하여 그 기간을 연장할 수 있다.

① [×] 연장할 수 있다.
② [×] 보호관찰관의 신청에 따라 1년의 범위에서 연장할 수 있다.
④ [×] 1년의 범위에서 연장할 수 있다.

정답 ③

32 「소년법」상 보호처분들 간의 병합이 가능하지 않은 경우는?

16. 보호

① 소년보호시설에 감호위탁과 보호관찰관의 단기보호관찰
② 소년보호시설에 감호위탁과 보호관찰관의 장기보호관찰
③ 1개월 이내의 소년원 송치와 보호관찰관의 단기보호관찰
④ 보호자에게 감호위탁과 수강명령과 사회봉사명령과 보호관찰관의 장기보호관찰

해설

제6호 처분 · 제4호 처분(①), 제6호 처분 · 제5호 처분(②), 제1호 처분 · 제2호 처분 · 제3호 처분 · 제5호 처분(④) 상호간에는 그 전부 또는 일부를 병합할 수 있다(「소년법」 제32조 제2항 참조).
③ [×] 제8호 처분 · 제4호 처분은 병합할 수 없다.

> 제32조【보호처분의 결정】① 소년부 판사는 심리 결과 보호처분을 할 필요가 있다고 인정하면 결정으로써 다음 각 호의 어느 하나에 해당하는 처분을 하여야 한다.
> 1. 보호자 또는 보호자를 대신하여 소년을 보호할 수 있는 자에게 감호 위탁
> 2. 수강명령
> 3. 사회봉사명령
> 4. 보호관찰관의 단기 보호관찰
> 5. 보호관찰관의 장기 보호관찰
> 6. 「아동복지법」에 따른 아동복지시설이나 그 밖의 소년보호시설에 감호 위탁
> 7. 병원, 요양소 또는 「보호소년 등의 처우에 관한 법률」에 따른 의료재활소년원에 위탁
> 8. 1개월 이내의 소년원 송치
> 9. 단기 소년원 송치
> 10. 장기 소년원 송치
>
> ② 다음 각 호 안의 처분 상호간에는 그 전부 또는 일부를 병합할 수 있다.
> 1. 제1항 제1호 · 제2호 · 제3호 · 제4호 처분
> 2. 제1항 제1호 · 제2호 · 제3호 · 제5호 처분
> 3. 제1항 제4호 · 제6호 처분
> 4. 제1항 제5호 · 제6호 처분
> 5. 제1항 제5호 · 제8호 처분

정답 ③

33 「소년법」상 보호처분 중 기간의 연장이 허용되지 않는 것은?

17. 교정

① 보호자에게 감호 위탁
② 소년보호시설에 감호 위탁
③ 보호관찰관의 단기 보호관찰
④ 보호관찰관의 장기 보호관찰

해설

③ [×] 단기 보호관찰은 기간을 연장할 수 없다(「소년법」 제33조 제2항 참조).

> 제33조 【보호처분의 기간】 ② 제32조 제1항 제4호의 단기 보호관찰기간은 1년으로 한다.

①② [○] 「소년법」 제33조 제1항

> 제33조 【보호처분의 기간】 ① 제32조 제1항 제1호 · 제6호 · 제7호(→ 보호자 등 위탁 · 시설 등 위탁 · 병원 등 위탁)의 위탁기간은 6개월로 하되, 소년부 판사는 결정으로써 6개월의 범위에서 한 번에 한하여 그 기간을 연장할 수 있다. 다만, 소년부 판사는 필요한 경우에는 언제든지 결정으로써 그 위탁을 종료시킬 수 있다.

④ [○] 「소년법」 제33조 제3항

> 제33조 【보호처분의 기간】 ③ 제32조 제1항 제5호의 장기 보호관찰기간은 2년으로 한다. 다만, 소년부 판사는 보호관찰관의 신청에 따라 결정으로써 1년의 범위에서 한 번에 한하여 그 기간을 연장할 수 있다.

정답 ③

34 중학생 甲(15세)은 동네 편의점에서 물건을 훔치다가 적발되어 관할 법원 소년부에서 심리를 받고 있다. 「소년법」상 甲에 대한 심리 결과 소년부 판사가 결정으로써 할 수 있는 보호처분의 내용에 해당하지 않는 것은?

17. 교정

① 50시간의 수강명령
② 250시간의 사회봉사명령
③ 1년의 단기보호관찰
④ 1개월의 소년원 송치

해설

② [×] 「소년법」상 보호처분 중 사회봉사명령(제3호)은 '200시간'을 초과할 수 없다(「소년법」 제33조 제4항 참조).
① [○] 「소년법」상 보호처분 중 수강명령(제2호)은 '100시간'을 초과할 수 없다(「소년법」 제33조 제4항 참조).
③ [○] 「소년법」상 보호처분 중 단기 보호관찰(제4호)의 기간은 '1년'이다(「소년법」 제33조 제2항 참조).
④ [○] 「소년법」 제32조 제1항 제8호

> 제32조 【보호처분의 결정】 ① 소년부 판사는 심리 결과 보호처분을 할 필요가 있다고 인정하면 결정으로써 다음 각 호의 어느 하나에 해당하는 처분을 하여야 한다.
> 1. 보호자 또는 보호자를 대신하여 소년을 보호할 수 있는 자에게 감호 위탁
> 2. 수강명령
> 3. 사회봉사명령
> 4. 보호관찰관의 단기 보호관찰
> 5. 보호관찰관의 장기 보호관찰
> 6. 「아동복지법」에 따른 아동복지시설이나 그 밖의 소년보호시설에 감호 위탁
> 7. 병원, 요양소 또는 「보호소년 등의 처우에 관한 법률」에 따른 의료재활소년원에 위탁
> 8. 1개월 이내의 소년원 송치
> 9. 단기 소년원 송치
> 10. 장기 소년원 송치
>
> 제33조 【보호처분의 기간】 ② 제32조 제1항 제4호의 단기 보호관찰기간은 1년으로 한다.
> ④ 제32조 제1항 제2호의 수강명령은 100시간을, 제32조 제1항 제3호의 사회봉사명령은 200시간을 초과할 수 없으며, 보호관찰관이 그 명령을 집행할 때에는 사건 본인의 정상적인 생활을 방해하지 아니하도록 하여야 한다.

정답 ②

35 「소년법」상 보호처분에 대한 설명으로 옳지 않은 것은?

18. 교정

① 사회봉사명령은 200시간을, 수강명령은 100시간을 초과할 수 없으며, 보호관찰관이 그 명령을 집행할 때에는 사건 본인의 정상적인 생활을 방해하지 아니하도록 하여야 한다.

② 보호처분이 계속 중일 때에 사건 본인이 처분 당시 19세 이상인 것으로 밝혀진 경우에는 소년부 판사는 결정으로써 그 보호 처분을 취소하여야 한다.

③ 장기 보호관찰처분을 할 때에는 해당 보호관찰기간 동안 야간 등 특정 시간대의 외출을 제한하는 명령을 보호관찰 대상자의 준수 사항으로 부과할 수 있다.

④ 사회봉사명령은 14세 이상의 소년에게만 할 수 있으며, 수강 명령은 12세 이상의 소년에게만 할 수 있다.

해설

③ [×] '1년 이내의 기간을 정하여' 준수사항으로 부과할 수 있다(「소년법」 제32조의2 제2항).

제32조의2【보호관찰처분에 따른 부가처분 등】② 제32조 제1항 제4호 또는 제5호의 처분(→ 단기 보호관찰 · 장기 보호관찰)을 할 때에 1년 이내의 기간을 정하여 야간 등 특정 시간대의 외출을 제한하는 명령을 보호관찰대상자의 준수사항으로 부과할 수 있다.

① [○] 「소년법」 제33조 제4항
② [○] 「소년법」 제38조 제1항
④ [○] 「소년법」 제32조 제3항 · 제4항

정답 ③

36 「소년법」상 보호처분에 대한 설명으로 옳지 않은 것은?

18. 보호

① 수강명령은 10세 이상 12세 미만의 소년에 대하여 부과할 수 없다.

② 수강명령은 100시간을, 사회봉사명령은 200시간을 초과할 수 없다.

③ 단기 보호관찰기간은 6개월로 하고, 장기 보호관찰기간은 2년으로 한다.

④ 단기로 소년원에 송치된 소년의 보호기간은 6개월을, 장기로 소년원에 송치된 소년의 보호기간은 2년을 초과하지 못한다.

해설

③ [×] 단기 보호관찰기간은 '1년'으로 한다(「소년법」 제33조 제2항 · 제3항).

제33조【보호처분의 기간】② 제32조 제1항 제4호의 단기 보호관찰기간은 1년으로 한다. ③ 제32조 제1항 제5호의 장기 보호관찰기간은 2년으로 한다. 다만, 소년부 판사는 보호관찰관의 신청에 따라 결정으로써 1년의 범위에서 한 번에 한하여 그 기간을 연장할 수 있다.

① [○] 수강명령은 '12세 이상'의 소년에게만 할 수 있다(「소년법」 제32조 제4항).

제32조【보호처분의 결정】④ 제1항 제2호 및 제10호의 처분(→ 수강명령 · 장기 소년원 송치)은 12세 이상의 소년에게만 할 수 있다.

② [○] 「소년법」 제33조 제4항 참조

제33조【보호처분의 기간】④ 제32조 제1항 제2호의 수강명령은 100시간을, 제32조 제1항 제3호의 사회봉사명령은 200시간을 초과할 수 없으며, 보호관찰관이 그 명령을 집행할 때에는 사건 본인의 정상적인 생활을 방해하지 아니하도록 하여야 한다.

④ [○] 「소년법」 제33조 제5항·제6항

> 제33조 【보호처분의 기간】 ⑤ 제32조 제1항 제9호에 따라 단기로 소년원에 송치된 소년의 보호기간은 6개월을 초과하지 못한다.
> ⑥ 제32조 제1항 제10호에 따라 장기로 소년원에 송치된 소년의 보호기간은 2년을 초과하지 못한다.

정답 ③

제4절 | 소년사건 처리절차 - 소년형사사건

37 「소년법」상 소년에 대한 형사사건의 처리절차로서 옳지 않은 것은? 16. 보호

① 검사는 소년에 대한 피의사건을 수사한 결과 보호처분에 해당하는 사유가 있다고 인정한 경우에는 사건을 관할 소년부에 송치해야 한다.

② 검사는 피의소년에 대하여 피의소년과 법정대리인의 동의하에 범죄예방자원봉사위원의 선도를 받게 하고 피의사건에 대한 공소를 제기하지 않을 수 있다.

③ 죄를 범할 당시 18세 미만인 소년에 대해 사형 또는 무기형으로 처할 경우에는 15년의 유기징역으로 한다.

④ 보호처분이 계속 중일 때에 징역, 금고 또는 구류를 선고받은 소년에 대해서는 보호처분이 종료된 후에 그 형을 집행해야 한다.

해설

④ [×] 먼저 그 형을 집행한다(「소년법」 제64조).

> 제64조 【보호처분과 형의 집행】 보호처분이 계속 중일 때에 징역, 금고 또는 구류를 선고받은 소년에 대하여는 먼저 그 형을 집행한다.

① [○] 「소년법」 제49조 제1항

> 제49조 【검사의 송치】 ① 검사는 소년에 대한 피의사건을 수사한 결과 보호처분에 해당하는 사유가 있다고 인정한 경우에는 사건을 관할 소년부에 송치하여야 한다.

② [○] 「소년법」 제49조의3

> 제49조의3 【조건부 기소유예】 검사는 피의자에 대하여 다음 각 호에 해당하는 선도 등을 받게 하고, 피의사건에 대한 공소를 제기하지 아니할 수 있다. 이 경우 소년과 소년의 친권자·후견인 등 법정대리인의 동의를 받아야 한다.
> 1. 범죄예방자원봉사위원의 선도
> 2. 소년의 선도·교육과 관련된 단체·시설에서의 상담·교육·활동 등

③ [○] 「소년법」 제59조

> 제59조 【사형 및 무기형의 완화】 죄를 범할 당시 18세 미만인 소년에 대하여 사형 또는 무기형으로 처할 경우에는 15년의 유기징역으로 한다.

정답 ④

38 「소년법」상 소년에 관한 형사사건에 대한 설명으로 옳지 않은 것은?

15. 교정

① 단기 3년, 장기 6년의 징역형을 선고받은 소년에게는 1년이 지나면 가석방을 허가할 수 있다.

② 소년에 대한 형사사건의 심리는 다른 피의사건과 관련된 경우에는 그 절차를 병합하여야 한다.

③ 보호처분이 계속 중일 때에 징역, 금고 또는 구류를 선고받은 소년에 대하여는 먼저 그 형을 집행한다.

④ 징역 또는 금고를 선고받은 소년에 대하여는 특별히 설치된 교도소 또는 일반 교도소 안에 특별히 분리된 장소에서 그 형을 집행하나, 소년이 형의 집행 중에 23세가 되면 일반 교도소에서 집행할 수 있다.

해설

② [×] 다른 피의사건과 관련된 경우에도 심리에 지장이 없으면 그 절차를 '분리'하여야 한다(「소년법」 제57조).

> 제57조【심리의 분리】 소년에 대한 형사사건의 심리는 다른 피의사건과 관련된 경우에도 심리에 지장이 없으면 그 절차를 분리하여야 한다.

① [○] 부정기형을 선고받은 소년에게는 단기의 3분의 1이 지나면 가석방을 허가할 수 있다(「소년법」 제65조 제3호).

> 제65조【가석방】 징역 또는 금고를 선고받은 소년에 대하여는 다음 각 호의 기간이 지나면 가석방을 허가할 수 있다.
> 1. 무기형의 경우에는 5년
> 2. 15년 유기형의 경우에는 3년
> 3. 부정기형의 경우에는 단기의 3분의 1

③ [○] 「소년법」 제64조

④ [○] 「소년법」 제63조

> 제63조【징역 · 금고의 집행】 징역 또는 금고를 선고받은 소년에 대하여는 특별히 설치된 교도소(→ 소년교도소) 또는 일반 교도소 안에 특별히 분리된 장소에서 그 형을 집행한다. 다만, 소년이 형의 집행 중에 23세가 되면 일반 교도소에서 집행할 수 있다.

정답 ②

39 「소년법」에 대한 설명으로 옳은 것은?

15. 교정

① 소년이 소년분류심사원에 위탁되었는지 여부를 불문하고 보조인이 없을 때에는 법원은 국선보조인을 선정하여야 한다.

② 검사가 소년피의자에 대하여 선도조건부 기소유예를 하는 경우, 소년의 법정대리인의 동의를 받으면 족하고 당사자인 소년의 동의는 요하지 아니한다.

③ 소년부 판사는 피해자 또는 그 법정대리인이 의견진술을 신청할 때에는 피해자나 그 법정대리인의 진술로 심리절차가 현저하게 지연될 우려가 있는 경우에도 심리 기일에 의견을 진술할 기회를 주어야 한다.

④ 법원이 소년에 대한 피고사건을 심리한 결과 보호처분에 해당할 사유를 인정하여 사건을 관할 소년부에 송치하였으나, 소년부가 사건을 심리한 결과 사건의 본인이 19세 이상인 것으로 밝혀지면 결정으로써 송치한 법원에 사건을 다시 이송해야 한다.

해설

④ [○] 「소년법」 제50조, 제51조 참조

> 제50조 【법원의 송치】 법원은 소년에 대한 피고사건을 심리한 결과 보호처분에 해당할 사유가 있다고 인정하면 결정으로써 사건을 관할 소년부에 송치하여야 한다.
>
> 제51조 【이송】 소년부는 제50조에 따라 송치받은 사건을 조사 또는 심리한 결과 사건의 본인이 19세 이상인 것으로 밝혀지면 결정으로써 송치한 법원에 사건을 다시 이송하여야 한다.

① [×] 소년이 '소년분류심사원에 위탁된 경우' 보조인이 없을 때에는 법원은 보조인을 선정하여야 한다(「소년법」 제17조의2 제1항).

> 제17조의2 【국선보조인】 ① 소년이 소년분류심사원에 위탁된 경우 보조인이 없을 때에는 법원은 변호사 등 적정한 자를 보조인으로 선정하여야 한다.

② [×] '소년'과 소년의 친권자·후견인 등 '법정대리인'의 동의를 받아야 한다(「소년법」 제49조의3 참조).

> 제49조의3 【조건부 기소유예】 검사는 피의자에 대하여 다음 각 호에 해당하는 선도 등을 받게 하고, 피의사건에 대한 공소를 제기하지 아니할 수 있다. 이 경우 소년과 소년의 친권자·후견인 등 법정대리인의 동의를 받아야 한다.
> 1. 범죄예방자원봉사위원의 선도
> 2. 소년의 선도·교육과 관련된 단체·시설에서의 상담·교육·활동 등

③ [×] 심리절차가 현저하게 지연될 우려가 있는 경우에는 심리 기일에 의견을 진술할 기회를 주지 아니한다(「소년법」 제25조의2 제2호 참조).

> 제25조의2 【피해자 등의 진술권】 소년부 판사는 피해자 또는 그 법정대리인·변호인·배우자·직계친족·형제자매(이하 이 조에서 "대리인등"이라 한다)가 의견진술을 신청할 때에는 피해자나 그 대리인등에게 심리 기일에 의견을 진술할 기회를 주어야 한다. 다만, 다음 각 호의 어느 하나에 해당하는 경우에는 그러하지 아니하다.
> 1. 신청인이 이미 심리절차에서 충분히 진술하여 다시 진술할 필요가 없다고 인정되는 경우
> 2. 신청인의 진술로 심리절차가 현저하게 지연될 우려가 있는 경우

정답 ④

40 「소년법」상의 부정기형에 대한 설명으로 옳지 않은 것은? 14. 보호

① 소년이 법정형으로 장기 2년 이상의 유기형에 해당하는 죄를 범한 경우 그 형의 범위에서 선고하되 장기는 10년, 단기는 5년을 초과하지 못한다.

② 형의 집행유예나 선고유예를 선고할 때에는 부정기형을 선고할 수 없다.

③ 검사는 형의 단기가 지난 소년범의 행형 성적이 양호하고 교정의 목적을 달성하였다고 인정되는 경우 법원의 허가를 얻어 형집행을 종료시킬 수 있다.

④ 부정기형을 선고받은 소년에 대해서는 단기의 3분의 1을 경과하면 가석방을 허가할 수 있다.

해설

③ [×] '소년에 대한 부정기형을 집행하는 기관의 장'이 '관할 검찰청 검사의 지휘'에 따라 그 형의 집행을 종료시킬 수 있다(「소년법」 제60조 제4항 참조).

> 제60조 【부정기형】 ④ 소년에 대한 부정기형을 집행하는 기관의 장은 형의 단기가 지난 소년범의 행형 성적이 양호하고 교정의 목적을 달성하였다고 인정되는 경우에는 관할 검찰청 검사의 지휘에 따라 그 형의 집행을 종료시킬 수 있다.

① [○] 「소년법」 제60조 제1항

> 제60조 【부정기형】 ① 소년이 법정형으로 장기 2년 이상의 유기형에 해당하는 죄를 범한 경우에는 그 형의 범위에서 장기와 단기를 정하여 선고한다. 다만, 장기는 10년, 단기는 5년을 초과하지 못한다(→ 상대적 부정기형).

② [○] 「소년법」 제60조 제3항

> 제60조 【부정기형】 ③ 형의 집행유예나 선고유예를 선고할 때에는 제1항을 적용하지 아니한다.

④ [○] 「소년법」 제65조 제3호 참조

> 제65조 【가석방】 징역 또는 금고를 선고받은 소년에 대하여는 다음 각 호의 기간이 지나면 가석방을 허가할 수 있다.
> 1. 무기형의 경우에는 5년
> 2. 15년 유기형의 경우에는 3년
> 3. 부정기형의 경우에는 단기의 3분의 1

정답 ③

41 소년형사사건에 대한 설명으로 옳지 않은 것은? 12. 교정

① 소년부는 검사로부터 송치된 보호처분 사건을 조사 또는 심리한 결과 그 동기와 죄질이 금고 이상의 형사처분을 할 필요가 있다고 인정할 때에는 결정으로써 해당 검찰청 검사에게 송치할 수 있다.

② ①에 따라 검사에게 송치된 사건을 검사는 다시 소년부에 송치할 수 있다.

③ 검사는 소년 피의사건에 대하여 소년부 송치, 공소제기, 기소유예 등의 처분을 결정하기 위하여 필요하다고 인정하면 피의자의 주거지 또는 검찰청 소재지를 관할하는 보호관찰소의 장 등에게 피의자의 품행, 경력, 생활환경이나 그 밖에 필요한 사항에 관한 조사를 요구할 수 있다.

④ 법원은 소년에 대한 피고사건을 심리한 결과 보호처분에 해당할 사유가 있다고 인정하면 결정으로써 사건을 관할 소년부에 송치하여야 한다.

해설

② [×] 다시 소년부에 송치할 수 없다(「소년법」 제49조 제3항).

> 제49조 【검사의 송치】 ③ 제2항에 따라 송치한 사건은 다시 소년부에 송치할 수 없다.

① [○] 「소년법」 제49조 제1항 · 제2항

> 제49조 【검사의 송치】 ① 검사는 소년에 대한 피의사건을 수사한 결과 보호처분에 해당하는 사유가 있다고 인정한 경우에는 사건을 관할 소년부에 송치하여야 한다.
> ② 소년부는 제1항에 따라 송치된 사건을 조사 또는 심리한 결과 그 동기와 죄질이 금고 이상의 형사처분을 할 필요가 있다고 인정할 때에는 결정으로써 해당 검찰청 검사에게 송치할 수 있다.

③ [○] 「소년법」 제49조의2 제1항

> 제49조의2 【검사의 결정 전 조사】 ① 검사는 소년 피의사건에 대하여 소년부 송치, 공소제기, 기소유예 등의 처분을 결정하기 위하여 필요하다고 인정하면 피의자의 주거지 또는 검찰청 소재지를 관할하는 보호관찰소의 장, 소년분류심사원장 또는 소년원장(이하 "보호관찰소장등"이라 한다)에게 피의자의 품행, 경력, 생활환경이나 그 밖에 필요한 사항에 관한 조사를 요구할 수 있다.

④ [○] 「소년법」 제50조

> 제50조 【법원의 송치】 법원은 소년에 대한 피고사건을 심리한 결과 보호처분에 해당할 사유가 있다고 인정하면 결정으로써 사건을 관할 소년부에 송치하여야 한다.

정답 ②

42 소년사범의 처우에 대한 설명으로 옳지 않은 것은?

12. 보호

① 선도조건부 기소유예제도는 유죄를 전제로 한다.
② 「형사소송법」이 직접적인 근거법이라 할 수 있다.
③ 보호처분은 해당소년의 장래 신상에 대해 어떤 불이익도 주어서는 안 된다.
④ 소년분류심사원의 감호위탁기간은 구금일수에 산입된다.

해설

② [×] 「소년법」은 총칙 · 보호사건 · 형사사건 · 벌칙으로 구성되어 있다. 보호사건의 장에는 소년의 보호처분에 관한 조사 · 심리절차에 관한 내용이 규정되어 있으며, 형사사건의 장에는 일반형법 등의 규정을 완화하는 형사사건의 수사 · 심리 · 처분상의 특칙이 규정되어 있다. 소년 형사사건에 관하여 「소년법」에 규정이 없으면 일반 형사사건의 예에 따른다고 규정되어 있으므로(「소년법」 제48조 참조), 「형사소송법」은 소년사범의 처우에 대한 직접적인 근거법이 아니라 '간접적인 근거법'이라 할 수 있다.

① [○] 원래 기소유예란 공소를 제기할 수 있는 충분한 범죄혐의가 있고 기타 소송조건을 구비하고 있음에도 검사가 재량으로 공소권을 행사하지 않는 경우로서 유죄를 전제로 하는 것이라고 할 수 있다.

③ [○] 「소년법」 제32조 제6항

> 제32조 【보호처분의 결정】 ⑥ 소년의 보호처분은 그 소년의 장래 신상에 어떠한 영향도 미치지 아니한다.

④ [○] 「소년법」 제61조

정답 ②

43 소년범의 형사처분에 대한 설명 중 옳은 것만을 모두 고르면?

20. 보호

> ㄱ. 존속살해죄를 범한 당시 16세인 소년 甲에 대하여 무기형에 처하여야 할 때에는 15년의 유기징역으로 한다.
> ㄴ. 17세인 소년 乙에게 벌금형이 선고된 경우 노역장유치 선고로 환형처분할 수 없다.
> ㄷ. 소년교도소에서 형 집행 중이던 소년 丙이 23세가 되면 일반 교도소에서 형을 집행할 수 있다.
> ㄹ. 15년의 유기징역을 선고받은 소년 丁의 경우 성인범죄자의 경우와 같이 5년이 지나야 가석방을 허가할 수 있다.

① ㄱ, ㄴ
② ㄱ, ㄷ
③ ㄴ, ㄷ
④ ㄴ, ㄹ

해설

ㄱ. [×] 甲은 죄를 범할 당시 '18세 미만'이므로 무기형에 처할 경우에는 15년의 유기징역으로 함이 원칙이지만(「소년법」 제59조), 甲이 저지른 존속살해죄는 '특정강력범죄'에 해당하므로(「특정강력범죄의 처벌에 관한 특례법」 제2조 제1호) '20년의 유기징역'으로 한다(「특정강력범죄의 처벌에 관한 특례법」 제4조 제1항).

> 제59조 【사형 및 무기형의 완화】 죄를 범할 당시 18세 미만인 소년에 대하여 사형 또는 무기형(無期刑)으로 처할 경우에는 15년의 유기징역으로 한다.
>
> 제4조 【소년에 대한 형】 ① 특정강력범죄를 범한 당시 18세 미만인 소년을 사형 또는 무기형에 처하여야 할 때에는 「소년법」 제59조에도 불구하고 그 형을 20년의 유기징역으로 한다.

ㄴ. [○] 乙은 '18세 미만'이므로 노역장유치 선고를 하지 못한다(「소년법」 제62조).

> 제62조 【환형처분의 금지】 18세 미만인 소년에게는 「형법」 제70조에 따른 유치선고를 하지 못한다. 다만, 판결선고 전 구속되었거나 제18조 제1항 제3호의 조치가 있었을 때에는 그 구속 또는 위탁의 기간에 해당하는 기간은 노역장(勞役場)에 유치된 것으로 보아 「형법」 제57조를 적용할 수 있다.

ㄷ. [○] 「소년법」 제63조

> 제63조 【징역 · 금고의 집행】 징역 또는 금고를 선고받은 소년에 대하여는 특별히 설치된 교도소 또는 일반 교도소 안에 특별히 분리된 장소에서 그 형을 집행한다. 다만, 소년이 형의 집행 중에 23세가 되면 일반 교도소에서 집행할 수 있다.

ㄹ. [×] '3년'이 지나면 가석방을 허가할 수 있다(「소년법」 제65조 제2호).

> 제65조 【가석방】 징역 또는 금고를 선고받은 소년에 대하여는 다음 각 호의 기간이 지나면 가석방(假釋放)을 허가할 수 있다.
> 1. 무기형의 경우에는 5년
> 2. 15년 유기형의 경우에는 3년
> 3. 부정기형의 경우에는 단기의 3분의 1

정답 ③

44 「소년법」에 대한 설명 중 옳은 것만을 모두 고르면? 20. 보호

> ㄱ. 소년보호사건에 있어서 보호자는 소년부 판사의 허가 없이 변호사를 보조인으로 선임할 수 있다.
> ㄴ. 보호자는 형벌 법령에 저촉되는 행위를 한 10세 이상 14세 미만인 소년을 발견한 경우 이를 관할 소년부에 통고할 수 있다.
> ㄷ. 소년이 법정형으로 장기 2년 이상의 유기형에 해당하는 죄를 범한 경우에는 그 형의 범위에서 장기와 단기를 정하여 선고한다. 다만, 장기는 5년, 단기는 3년을 초과하지 못한다.
> ㄹ. 소년부 판사는 사안이 가볍다는 이유로 심리를 개시하지 아니한다는 결정을 할 때에는 소년에게 훈계하거나 보호자에게 소년을 엄격히 관리하거나 교육하도록 고지할 수 있다.

① ㄱ, ㄴ ② ㄱ, ㄷ
③ ㄱ, ㄴ, ㄹ ④ ㄴ, ㄷ, ㄹ

해설

ㄱ. [○] 「소년법」 제17조 제1항 · 제2항

> 제17조 【보조인 선임】 ① 사건 본인이나 보호자는 소년부 판사의 허가를 받아 보조인을 선임할 수 있다.
> ② 보호자나 변호사를 보조인으로 선임하는 경우에는 제1항의 허가를 받지 아니하여도 된다.

ㄴ. [○] 형벌 법령에 저촉되는 행위를 한 10세 이상 14세 미만인 소년은 '촉법소년'이고, 이를 발견한 보호자 등은 관할 소년부에 통고할 수 있다(「소년법」 제4조 제3항).

> 제4조 【보호의 대상과 송치 및 통고】 ③ 제1항 각 호의 어느 하나에 해당하는 소년(→ 범죄소년 · 촉법소년 · 우범소년)을 발견한 보호자 또는 학교 · 사회복리시설 · 보호관찰소(보호관찰지소를 포함한다. 이하 같다)의 장은 이를 관할 소년부에 통고할 수 있다.

ㄷ. [×] 장기는 '10년', 단기는 '5년'을 초과하지 못한다(「소년법」 제60조 제1항).

> 제60조 【부정기형】 ① 소년이 법정형으로 장기 2년 이상의 유기형(有期刑)에 해당하는 죄를 범한 경우에는 그 형의 범위에서 장기와 단기를 정하여 선고한다. 다만, 장기는 10년, 단기는 5년을 초과하지 못한다.

ㄹ. [○] 「소년법」 제19조 제2항

정답 ③

45 소년 형사사건에 있어서 소년법상 특칙에 대한 설명으로 옳지 않은 것은?

10. 보호

① 죄를 범할 당시 18세 미만인 소년에 대하여 사형 또는 무기형으로 처할 경우에는 25년의 유기징역으로 한다.
② 징역 또는 금고를 선고받은 소년에 대하여는 특별히 설치된 교도소 또는 일반 교도소 안에 특별히 분리된 장소에서 그 형을 집행하되, 소년이 형의 집행 중에 23세가 되면 일반 교도소에서 집행할 수 있다.
③ 장기 6년 단기 3년의 부정기형을 선고받은 소년에 대하여는 1년이 경과한 때부터 가석방할 수 있다.
④ 보호처분이 계속 중일 때에 징역, 금고 또는 구류를 선고받은 소년에 대하여는 먼저 그 형을 집행한다.

해설

① [×] '15년'의 유기징역으로 한다(「소년법」 제59조).

> 第59조 【사형 및 무기형의 완화】 죄를 범할 당시 18세 미만인 소년에 대하여 사형 또는 무기형으로 처할 경우에는 15년의 유기징역으로 한다.

② [○] 「소년법」 제63조
③ [○] 부정기형을 선고받은 소년의 경우에는 단기의 3분의 1의 기간이 지나면 가석방을 허가할 수 있다(「소년법」 제65조).

> 第65조 【가석방】 징역 또는 금고를 선고받은 소년에 대하여는 다음 각 호의 기간이 지나면 가석방을 허가할 수 있다.
> 1. 무기형의 경우에는 5년
> 2. 15년 유기형의 경우에는 3년
> 3. 부정기형의 경우에는 단기의 3분의 1

④ [○] 「소년법」 제64조

정답 ①

46 소년형사사건의 처리에 대한 설명으로 옳지 않은 것은?

11. 교정

① 사건의 조사·심리를 위해 소년분류심사원에 위탁된 기간은 「형법」 제57조 제1항의 판결선고 전 구금일수로 본다.
② 무기형을 선고받은 소년에 대하여는 5년이 경과하면 가석방을 허가할 수 있다.
③ 보호처분이 계속되는 중 징역·금고·구류의 선고를 받은 소년에 대해서는, 계속되는 보호처분을 먼저 집행한다.
④ 18세 미만인 소년에게는 원칙적으로 환형처분이 금지된다.

해설

③ [×] 먼저 그 형을 집행한다(「소년법」 제64조 참조).

> 第64조 【보호처분과 형의 집행】 보호처분이 계속 중일 때에 징역, 금고 또는 구류를 선고받은 소년에 대하여는 먼저 그 형을 집행한다.

① [○] 「소년법」 제61조
② [○] 「소년법」 제65조

> 第65조 【가석방】 징역 또는 금고를 선고받은 소년에 대하여는 다음 각 호의 기간이 지나면 가석방을 허가할 수 있다.
> 1. 무기형의 경우에는 5년
> 2. 15년 유기형의 경우에는 3년
> 3. 부정기형의 경우에는 단기의 3분의 1

④ [○] 「소년법」 제62조

> 第62조 【환형처분의 금지】 18세 미만인 소년에게는 「형법」 제70조(→ 노역장유치)에 따른 유치선고를 하지 못한다. 다만, 판결선고 전 구속되었거나 제18조 제1항 제3호의 조치(→ 소년분류심사원에 위탁)가 있었을 때에는 그 구속 또는 위탁의 기간에 해당하는 기간은 노역장에 유치된 것으로 보아 「형법」 제57조를 적용할 수 있다.

정답 ③

47 미성년자의 교정보호시설에의 수용에 대한 설명으로 옳지 않은 것은? 12. 교정

① 무기징역형을 받은 소년수형자는 5년이 경과하면 가석방될 수 있다.

② 보호처분을 받아 소년원에 수용 중인 소년에 대하여 징역형의 유죄판결이 확정되면 보호처분을 집행한 후 소년교도소로 이송한다.

③ 소년교도소에 수용 중인 미성년 수형자가 특히 필요하다고 인정되면 만 23세가 되기 전까지는 계속하여 수용할 수 있다.

④ 장기 6년, 단기 3년의 부정기형을 선고받은 소년수형자의 경우 최소 1년이 지나야 가석방대상자가 될 수 있다.

해설

② [×] 먼저 그 형을 집행한다(「소년법」 제64조 참조).

> 제64조 【보호처분과 형의 집행】 보호처분이 계속 중일 때에 징역, 금고 또는 구류를 선고받은 소년에 대하여는 먼저 그 형을 집행한다.

①④ [○] 「소년법」 제65조

> 제65조 【가석방】 징역 또는 금고를 선고받은 소년에 대하여는 다음 각 호의 기간이 지나면 가석방을 허가할 수 있다.
> 1. 무기형의 경우에는 5년
> 2. 15년 유기형의 경우에는 3년
> 3. 부정기형의 경우에는 단기의 3분의 1

③ [○] 「형의 집행 및 수용자의 처우에 관한 법률」 제12조 제3항 참조

> 제12조 【구분수용의 예외】 ③ 수형자가 소년교도소에 수용 중에 19세가 된 경우에도 교육·교화프로그램, 작업, 직업훈련 등을 실시하기 위하여 특히 필요하다고 인정되면 23세가 되기 전까지는 계속하여 수용할 수 있다.

정답 ②

48 소년범죄 및 소년사법제도에 대한 설명으로 옳지 않은 것으로만 묶인 것은? 12. 보호

> ㄱ. 소년범죄에 대해서는 처우의 개별화 이념에 따라 소년의 개별적인 특성을 고려하여야 한다.
> ㄴ. 소년형사사건에서는 일반예방보다는 교육적인 교화·육성 및 특별예방이 강조된다.
> ㄷ. 벌금 또는 과료를 선고받은 소년형사범이 이를 납부하지 않으면 노역장에 유치된다.
> ㄹ. 검사는 소년에 대한 피의사건을 수사한 결과 보호처분에 해당하는 사유가 있다고 인정한 경우에는 사건을 관할 소년부에 송치하여야 한다.
> ㅁ. 소년분류심사원 위탁처분도 소년에 대한 전환제도(diversion)의 일종으로 볼 수 있다.

① ㄱ, ㅁ ② ㄴ, ㄷ

③ ㄷ, ㄹ ④ ㄷ, ㅁ

해설

ㄱ. [○] 소년보호의 원칙 중 개별주의에 대한 설명이다.

ㄴ. [○] 「소년법」의 목적은 범행한 소년의 처벌이 아니라 이미 범행한 소년이 다시 범죄를 범하지 않도록 함에 있고, 소년에 대한 형사처분도 소년에 대한 건전한 육성이라는 관점에서 행하여져야 한다.

ㄷ. [×] 18세 미만인 소년에게는 노역장유치선고를 하지 못한다(「소년법」 제62조 참조).

> 제62조 【환형처분의 금지】 18세 미만인 소년에게는 「형법」 제70조(→ 노역장유치)에 따른 유치선고를 하지 못한다. 다만, 판결선고 전 구속되었거나 제18조 제1항 제3호의 조치(→ 소년분류심사원에 위탁)가 있었을 때에는 그 구속 또는 위탁의 기간에 해당하는 기간은 노역장에 유치된 것으로 보아 「형법」 제57조를 적용할 수 있다.

ㄹ. [○] 「소년법」 제49조 제1항

ㅁ. [×] 전환(Diversion)이란 일반적으로 공식적 형사절차로부터의 이탈과 동시에 사회 내 처우 프로그램에 위탁하는 것을 그 내용으로 한다. 이는 형사사법기관이 통상의 형사절차를 중단하고 이를 대체하는 새로운 절차로의 이행을 의미하며, 이를 통하여 형사제재의 최소화를 도모할 수 있다. 소년분류심사원 위탁처분은 소년부 판사가 사건을 조사 또는 심리하는데에 필요하다고 인정하여 행하는 임시조치(「소년법」 제18조 제1항 제3호)이며 일종의 '시설 내 처우'로서 수용을 전제로 하는 것이어서 전환제도의 일종으로 볼 수는 없다.

정답 ④

49 「소년법」상 소년 형사절차에 대한 설명으로 옳지 않은 것은? 18. 교정

① 소년에 대한 구속영장은 부득이한 경우가 아니면 발부할 수 없다.

② 형의 집행유예를 선고하면서 부정기형을 선고할 수 있다.

③ 소년에 대한 형사사건은 다른 피의사건과 관련된 경우에도 분리하여 심리하는 것이 원칙이다.

④ 18세 미만인 소년에게는 노역장유치를 선고할 수 없다.

해설

② [×] 형의 집행유예나 선고유예를 선고할 때에는 상대적 부정기형을 선고하지 못한다(「소년법」 제60조 제1항 · 제3항).

> 제60조 【부정기형】 ① 소년이 법정형으로 장기 2년 이상의 유기형에 해당하는 죄를 범한 경우에는 그 형의 범위에서 장기와 단기를 정하여 선고한다. 다만, 장기는 10년, 단기는 5년을 초과하지 못한다(→ 상대적 부정기형).
> ③ 형의 집행유예나 선고유예를 선고할 때에는 제1항을 적용하지 아니한다.

① [○] 「소년법」 제55조 제1항

③ [○] 「소년법」 제57조

④ [○] 「소년법」 제62조

정답 ②

50 「소년법」상 소년형사사건에 대한 설명으로 옳지 않은 것은? 18. 보호

① 징역 또는 금고를 선고받은 소년에 대하여는 특별히 설치된 교도소 또는 일반 교도소 안에 특별히 분리된 장소에서 그 형을 집행한다. 다만, 소년이 형의 집행 중에 19세가 되면 일반 교도소에서 집행할 수 있다.

② 죄를 범할 당시 18세 미만인 소년에 대하여 사형 또는 무기형으로 처할 경우에는 15년의 유기징역으로 한다.

③ 소년이 법정형으로 장기 2년 이상의 유기형에 해당하는 죄를 범한 경우에는 그 형의 범위에서 장기와 단기를 정하여 선고한다. 다만, 장기는 10년, 단기는 5년을 초과하지 못한다.

④ 검사는 피의자에 대하여 범죄예방자원봉사위원의 선도를 받게 하고 피의사건에 대한 공소를 제기하지 아니할 수 있다. 이 경우 소년과 소년의 친권자 · 후견인 등 법정대리인의 동의를 받아야 한다.

해설

① [×] 형의 집행 중에 '23세'가 되면 일반 교도소에서 집행할 수 있다(「소년법」 제63조).

> 제63조 【징역·금고의 집행】 징역 또는 금고를 선고받은 소년에 대하여는 특별히 설치된 교도소(→ 소년교도소) 또는 일반 교도소 안에 특별히 분리된 장소에서 그 형을 집행한다. 다만, 소년이 형의 집행 중에 23세가 되면 일반 교도소에서 집행할 수 있다.

② [○] 「소년법」 제59조
③ [○] 「소년법」 제60조 제1항
④ [○] 「소년법」 제49조의3 제1호

정답 ①

51 「소년법」상 소년형사사건에 대한 설명으로 가장 옳지 않은 것은? 22. 해경간부

① 징역 또는 금고를 선고받은 소년에 대하여는 특별히 설치된 교도소 또는 일반 교도소 안에 특별히 분리된 장소에서 그 형을 집행한다. 다만, 소년이 형의 집행 중에 19세가 되면 일반 교도소에서 집행할 수 있다.
② 징역 또는 금고를 선고받은 소년에 대하여는 무기형에서 5년, 15년 유기형에는 3년, 부정기형에는 단기의 3분의 1이 경과하면 가석방을 허가할 수 있다.
③ 보호처분이 계속 중일 때 징역, 금고 또는 구류를 선고받은 소년에 대하여는 먼저 그 형을 집행한다.
④ 죄를 범할 당시 18세 미만인 소년에 대하여 사형 또는 무기형으로 처할 경우에는 15년의 유기징역으로 한다.

해설

① [×] 소년이 형의 집행 중에 '23세'가 되면 일반 교도소에서 집행할 수 있다(「소년법」 제63조 참조).

> 제63조 【징역·금고의 집행】 징역 또는 금고를 선고받은 소년에 대하여는 특별히 설치된 교도소(→ 소년교도소) 또는 일반 교도소 안에 특별히 분리된 장소에서 그 형을 집행한다. 다만, 소년이 형의 집행 중에 23세가 되면 일반 교도소에서 집행할 수 있다.

② [○] 「소년법」 제65조
③ [○] 「소년법」 제64조
④ [○] 「소년법」 제59조

정답 ①

52 「소년법」상 형사사건 처리 절차에 대한 설명으로 옳지 않은 것은? 22. 교정

① 소년에 대한 구속영장은 부득이한 경우가 아니면 발부하지 못한다.
② 부정기형을 선고받은 소년에 대하여는 단기의 3분의 1이 지나면 가석방을 허가할 수 있다.
③ 소년이 법정형으로 장기 2년 이상의 유기형에 해당하는 죄를 범한 경우에는 그 형의 범위에서 장기와 단기를 정하여 선고한다.
④ 검사가 소년부에 송치한 사건을 소년부는 다시 해당 검찰청 검사에게 송치할 수 없다.

해설

④ [×] 소년부는 검사로부터 송치된 사건을 조사 또는 심리한 결과 그 동기와 죄질이 금고 이상의 형사처분을 할 필요가 있다고 인정할 때에는 결정으로써 해당 검찰청 검사에게 송치할 수 있다(「소년법」 제49조 제1항 · 제2항).

제49조 【검사의 송치】 ① 검사는 소년에 대한 피의사건을 수사한 결과 보호처분에 해당하는 사유가 있다고 인정한 경우에는 사건을 관할 소년부에 송치하여야 한다(→ 검사선의주의). ② 소년부는 제1항에 따라 송치된 사건을 조사 또는 심리한 결과 그 동기와 죄질이 금고 이상의 형사처분을 할 필요가 있다고 인정할 때에는 결정으로써 해당 검찰청 검사에게 송치할 수 있다.

① [○] 「소년법」 제55조 제1항
② [○] 「소년법」 제65조 제3호

제65조 【가석방】 징역 또는 금고를 선고받은 소년에 대하여는 다음 각 호의 기간이 지나면 가석방을 허가할 수 있다. 1. 무기형의 경우에는 5년 2. 15년 유기형의 경우에는 3년 3. 부정기형의 경우에는 단기의 3분의 1

③ [○] 「소년법」 제60조 제1항

제60조 【부정기형】 ① 소년이 법정형으로 장기 2년 이상의 유기형에 해당하는 죄를 범한 경우에는 그 형의 범위에서 장기와 단기를 정하여 선고한다. 다만, 장기는 10년, 단기는 5년을 초과하지 못한다(→ 상대적 부정기형).

정답 ④

53 「소년법」상 형사사건의 심판에 대한 설명으로 옳지 않은 것은? 22. 교정

① 징역 또는 금고를 선고받은 소년에 대하여는 특별히 설치된 교도소 또는 일반 교도소 안에 특별히 분리된 장소에서 그 형을 집행한다. 다만, 소년이 형의 집행 중에 23세가 되면 일반 교도소에서 집행할 수 있다.
② 죄를 범할 당시 18세 미만인 소년에 대하여 사형 또는 무기형으로 처할 경우에는 15년의 유기징역으로 한다.
③ 징역 또는 금고를 선고받은 소년에 대하여는 무기형의 경우에는 5년, 15년 유기형의 경우에는 3년, 부정기형의 경우에는 단기의 3분의 1의 기간이 각각 지나면 가석방을 허가할 수 있다.
④ 소년에 대한 형사사건의 심리는 다른 피의사건과 관련된 경우 심리에 지장이 없으면 그 절차를 병합하여야 한다.

해설

④ [×] 절차를 '분리'하여야 한다(「소년법」 제57조).

제57조 【심리의 분리】 소년에 대한 형사사건의 심리는 다른 피의사건과 관련된 경우에도 심리에 지장이 없으면 그 절차를 분리하여야 한다.

① [○] 「소년법」 제63조
② [○] 「소년법」 제59조
③ [○] 「소년법」 제65조

정답 ④

54 소년 형사사건에 대한 설명으로 옳은 것은? (다툼이 있는 경우 판례에 의함) 22. 보호

① 「소년법」 제60조 제1항에 정한 '소년'은 「소년법」 제2조에 정한 19세 미만인 자를 의미하는 것으로, 이에 해당하는지는 행위시를 기준으로 판단하여야 한다.

② 소년에 대한 부정기형을 집행하는 기관의 장은 형의 단기가 지난 소년범의 행형(行刑) 성적이 양호하고 교정의 목적을 달성하였다고 인정되는 경우에는 관할 법원의 결정에 따라 그 형의 집행을 종료시킬 수 있다.

③ 15년 유기징역형을 선고받은 소년이 6년이 지나 가석방된 경우, 가석방된 후 그 처분이 취소되지 아니하고 9년이 경과한 때에 형의 집행을 종료한 것으로 한다.

④ 보호처분 당시 19세 이상인 것으로 밝혀진 경우를 제외하고는 「소년법」 제32조의 보호처분을 받은 소년에 대하여는 그 심리가 결정된 사건은 다시 공소를 제기하거나 소년부에 송치할 수 없다.

해설

④ [○] 「소년법」 제53조

> 제53조【보호처분의 효력】 제32조의 보호처분을 받은 소년에 대하여는 그 심리가 결정된 사건은 다시 공소를 제기하거나 소년부에 송치할 수 없다(→ 일사부재리의 원칙 또는 이중처벌금지의 원칙). 다만, 제38조 제1항 제1호의 경우(→ 소년이 처분 당시 19세 이상이어서 보호처분이 취소되고 검사에게 송치된 경우)에는 공소를 제기할 수 있다.

① [×] 「소년법」은 인격이 형성되는 과정에 있기에 그 개선가능성이 풍부하고 심신의 발육에 따르는 특수한 정신적 동요상태에 놓여 있는 소년의 특수성을 고려하여 소년의 건전한 성장을 돕기 위해 형사처분에 관한 특별조치로서 제60조 제1항에서 소년에 대하여 부정기형을 선고하도록 정하고 있다. 다만, 「소년법」 제60조 제1항에 정한 '소년'은 「소년법」 제2조에 정한 19세 미만인 자를 의미하는 것으로 이에 해당하는지는 사실심판결 선고시를 기준으로 판단하여야 하므로, 제1심에서 부정기형을 선고받은 피고인이 항소심 선고 이전에 19세에 도달하는 경우 정기형이 선고되어야 한다[대판 2020.10.22., 2020도4140 전합)].

② [×] '관할 검찰청 검사의 지휘'에 따라 그 형의 집행을 종료시킬 수 있다(「소년법」 제60조 제4항).

> 제60조【부정기형】 ④ 소년에 대한 부정기형을 집행하는 기관의 장은 형의 단기가 지난 소년범의 행형 성적이 양호하고 교정의 목적을 달성하였다고 인정되는 경우에는 관할 검찰청 검사의 지휘에 따라 그 형의 집행을 종료시킬 수 있다.

③ [×] 15년 유기징역형을 선고받은 소년이 6년이 지나 가석방된 경우, 가석방된 후 그 처분이 취소되지 아니하고 '6년', 즉 '가석방 전에 집행을 받은 기간과 같은 기간'이 경과한 때에 형의 집행을 종료한 것으로 한다(「소년법」 제66조 참조). 형법상 가석방의 경우에 유기징역은 남은 형기가 가석방기간이고 이를 경과한 때에는 형의 집행을 종료한 것으로 보는 것과 차이가 있다(「형법」 제73조의2 제1항 및 제76조 제1항 참조).

> 「소년법」
>
> 제66조【가석방 기간의 종료】 징역 또는 금고를 선고받은 소년이 가석방된 후 그 처분이 취소되지 아니하고 가석방 전에 집행을 받은 기간과 같은 기간이 지난 경우에는 형의 집행을 종료한 것으로 한다. 다만, 제59조의 형기(→ 15년의 유기징역) 또는 제60조 제1항에 따른 장기의 기간(→ 부정기형의 장기)이 먼저 지난 경우에는 그 때에 형의 집행을 종료한 것으로 한다.
>
> 「형법」
>
> 제73조의2【가석방의 기간 및 보호관찰】 ① 가석방의 기간은 무기형에 있어서는 10년으로 하고, 유기형에 있어서는 남은 형기로 하되, 그 기간은 10년을 초과할 수 없다.
>
> 제76조【가석방의 효과】 ① 가석방의 처분을 받은 후 그 처분이 실효 또는 취소되지 아니하고 가석방기간을 경과한 때에는 형의 집행을 종료한 것으로 본다.

정답 ④

55 「소년법」상 형사사건의 심판 등에 대한 설명으로 옳지 않은 것은?

23. 보호 7급

① 소년에 대한 부정기형을 집행하는 기관의 장은 형의 단기의 3분의 1이 지난 소년범의 행형 성적이 양호하고 교정의 목적을 달성하였다고 인정되는 경우에는 관할 검찰청 검사의 지휘에 따라 그 형의 집행을 종료시킬 수 있다.

② 무기징역을 선고받은 소년에 대하여는 5년의 기간이 지나면 가석방을 허가할 수 있다.

③ 징역 또는 금고를 선고받은 소년에 대하여는 특별히 설치된 교도소 또는 일반 교도소 안에 특별히 분리된 장소에서 그 형을 집행한다. 다만, 소년이 형의 집행 중에 23세가 되면 일반 교도소에서 집행할 수 있다.

④ 죄를 범할 당시 18세 미만인 소년에 대하여 사형 또는 무기형으로 처할 경우에는 15년의 유기징역으로 한다.

해설

① [×] 형의 '단기'가 지나야 한다(「소년법」 제60조 제4항).

> 제60조【부정기형】④ 소년에 대한 부정기형을 집행하는 기관의 장은 형의 단기가 지난 소년범의 행형 성적이 양호하고 교정의 목적을 달성하였다고 인정되는 경우에는 관할 검찰청 검사의 지휘에 따라 그 형의 집행을 종료시킬 수 있다.

② [○] 「소년법」 제65조

③ [○] 「소년법」 제63조

④ [○] 「소년법」 제59조

정답 ①

56 소년 형사사법에 관한 설명 중 옳은 것은?

13. 사시 수정

① 「소년법」에 의하면 죄를 범할 당시 18세 미만인 소년에 대하여 사형 또는 무기형으로 처할 경우에는 20년의 유기징역으로 한다.

② 「아동 · 청소년의 성보호에 관한 법률」에 의하면 아동 · 청소년 대상 성범죄 피해자의 진술내용과 조사과정에 대한 영상물녹화는 가해자가 친권자 중 일방인 경우를 제외하고는 피해자 또는 법정대리인이 이를 원하지 아니하는 의사를 표시한 때에는 촬영을 하여서는 아니 된다.

③ 「아동 · 청소년의 성보호에 관한 법률」에 의하면 신상정보 공개명령의 공개기간은 판결이 확정된 때부터 기산함이 원칙이나, 공개명령을 받은 자가 신상정보 공개의 원인이 된 성범죄로 교정시설 또는 치료감호시설에 수용된 때에는 그 형 또는 치료감호의 전부 또는 일부의 집행을 종료하거나 집행이 면제된 때부터 기산한다.

④ 「소년법」에 의하면 범죄의 피해자가 소년인 경우 범죄사실을 밝히기 위해 보조인을 선임할 수 있으며, 보조인이 없을 때에는 법원이 보조인을 선정하여야 한다.

해설

② [○] 「아동 · 청소년의 성보호에 관한 법률」 제26조 제1항 · 제2항

> 제26조【영상물의 촬영 · 보존 등】① 아동 · 청소년대상 성범죄 피해자의 진술내용과 조사과정은 비디오녹화기 등 영상물 녹화장치로 촬영 · 보존하여야 한다.
> ② 제1항에 따른 영상물녹화는 피해자 또는 법정대리인이 이를 원하지 아니하는 의사를 표시한 때에는 촬영을 하여서는 아니 된다. 다만, 가해자가 친권자 중 일방인 경우는 그러하지 아니하다.

① [×] '15년'의 유기징역으로 한다(「소년법」 제59조).

> 제59조【사형 및 무기형의 완화】죄를 범할 당시 18세 미만인 소년에 대하여 사형 또는 무기형으로 처할 경우에는 15년의 유기징역으로 한다.

③ [×] 공개명령을 받은 자가 신상정보 공개의 원인이 된 성범죄로 교정시설 또는 치료감호시설에 수용된 기간은 공개기간에 넣어 계산하지 아니한다(「아동·청소년의 성보호에 관한 법률」 제49조 제2항·제3항).

> 제49조 【등록정보의 공개】 ② 제1항에 따른 등록정보의 공개기간(「형의 실효 등에 관한 법률」 제7조에 따른 기간을 초과하지 못한다)은 판결이 확정된 때부터 기산한다.
> ③ 다음 각 호의 기간은 제1항에 따른 공개기간에 넣어 계산하지 아니한다.
> 1. 공개명령을 받은 자(이하 "공개대상자"라 한다)가 신상정보 공개의 원인이 된 성범죄로 교정시설 또는 치료감호시설에 수용된 기간. 이 경우 신상정보 공개의 원인이 된 성범죄와 다른 범죄가 「형법」 제37조(판결이 확정되지 아니한 수개의 죄를 경합범으로 하는 경우로 한정한다)에 따라 경합되어 같은 법 제38조에 따라 형이 선고된 경우에는 그 선고형 전부를 신상정보 공개의 원인이 된 성범죄로 인한 선고형으로 본다.

④ [×] 「소년법」에는 범죄의 피해자가 소년인 경우의 보조인 선임에 대한 규정은 없다.

정답 ②

57 다음 설명 중 옳지 않은 것은? (다툼이 있는 경우에는 판례에 의함) 13. 사시

① 징역형 수형자에게 정역의무를 부과하는 것은 헌법상 신체의 자유를 침해하지 않는다.
② 사형은 일반국민에 대한 심리적 위하를 통하여 범죄의 발생을 예방하며 극악한 범죄에 대한 정당한 응보를 실현하는 형벌로 위헌이라 할 수 없다.
③ 청소년 성매수자에 대한 신상공개는 성매수자의 일반적 인격권과 사생활의 비밀의 자유가 제한되는 정도가 청소년 성보호라는 공익적 요청에 비해 크다고 할 수 없어 과잉금지원칙에 위배되지 않는다.
④ 형의 집행을 유예하면서 사회봉사를 명할 수 있도록 한 것은 사회와 통합하여 재범 방지 및 사회복귀를 용이하게 하는 것이 아니므로 과잉금지원칙에 위배된다.
⑤ 성매매에 제공되는 사실을 알면서 건물을 제공하여 얻은 임대수익 전부를 몰수·추징하는 것을 규정한 법률조항은 중대한 공익을 달성하기 위한 것으로 헌법규정이나 헌법상의 제 원리에 반하여 입법재량권이 자의적으로 행사되었다고 볼 수 없다.

해설

④ [×] 헌재 2012.3.29, 2010헌바100

> 형의 집행을 유예하면서 사회봉사를 명할 수 있도록 한 이 사건 법률조항이 범죄인의 일반적 행동의 자유를 과도하게 제한하여 과잉금지원칙에 위배되는지 여부(소극) - 이 사건 법률조항은, 범죄인에게 근로를 강제하여 형사제재적 기능을 함과 동시에 사회에 유용한 봉사활동을 통하여 사회와 통합하여 재범방지 및 사회복귀를 용이하게 하려는 것으로서, 이에 근거하여 부과되는 사회봉사명령이 자유형 집행의 대체수단으로서 자유형의 집행으로 인한 범죄인의 자유의 제한을 완화하여 주기 위한 수단인 점, 기간이 500시간 이내로 제한되어 있는 점 등을 종합하여 보면 과잉금지원칙에 위배되지 아니한다(헌재 2012.3.29, 2010헌바100).

① [○] 헌재 2012.11.29, 2011헌마318

> 징역형 수형자에게 정역의무를 부과하는 형법 제67조(이하 '이 사건 법률조항')가 청구인의 신체의 자유를 침해하는지 여부(소극) - 이 사건 법률조항은 수형자의 교정교화와 건전한 사회복귀를 도모하고, 노동의 강제를 통하여 범죄에 대한 응보 및 일반예방에 기여하기 위한 것으로서 그 목적이 정당하고, 수단의 적합성도 인정된다. 또한 관련 조항에 의하면 교도소에서의 작업시간 및 그 강도 등이 과중하다고 볼 수 없고, 생산성 없이 육체적 고통만 부과하는 내용의 작업은 배제되고 기술을 습득할 수 있는 직업 훈련을 통하여 재사회화를 위한 실질적인 교육이 이루어지며, 일정 정도의 작업장려금을 지급받아 노동의 가치를 인정받을 수 있다는 점 등에 비추어 볼 때, 신체의 자유에 대한 제한을 최소화하는 방식으로 집행되고 있다. 나아가 이 사건 법률조항으로 말미암아 작업이 강제됨으로써 제한되는 수형자의 개인적 이익에 비하여 징역형 수형자 개개인에 대한 재사회화와 이를 통한 사회질서 유지 및 공공복리라는 공익이 더 크므로 법익의 균형성도 인정되므로, 이 사건 법률조항은 신체의 자유를 침해하지 아니한다(헌재 2012.11.29, 2011헌마318).

② [○] 헌재 2010.2.25, 2008헌가23

사형제도가 헌법 제37조 제2항에 위반하여 생명권을 침해하는지 여부(소극) - 사형은 일반국민에 대한 심리적 위하를 통하여 범죄의 발생을 예방하며 극악한 범죄에 대한 정당한 응보를 통하여 정의를 실현하고, 당해 범죄인의 재범 가능성을 영구히 차단함으로써 사회를 방어하려는 것으로 그 입법목적은 정당하고, 가장 무거운 형벌인 사형은 입법목적의 달성을 위한 적합한 수단이다(헌재 2010.2.25, 2008헌가23).

③ [○] 헌재 2003.6.26, 2002헌가14

청소년 성매수자에 대한 신상공개를 규정한 청소년의 성보호에 관한 법률(이하, '법'이라고만 한다) 제20조 제2항 제1호가 과잉금지원칙에 위반되는지 여부(소극) - 신상공개제도는 범죄자 본인을 처벌하려는 것이 아니라, 현존하는 성폭력위험으로부터 사회 공동체를 지키려는 인식을 제고함과 동시에 일반인들이 청소년 성매수 등 범죄의 충동으로부터 자신을 제어하도록 하기 위하여 도입된 것으로서, 이를 통하여 달성하고자 하는 '청소년의 성보호'라는 목적은 우리 사회에 있어서 가장 중요한 공익의 하나라고 할 것이다. 이에 비하여 청소년 성매수자의 일반적 인격권과 사생활의 비밀의 자유가 제한되는 정도를 살펴보면, 법 제20조 제2항은 "성명, 연령, 직업 등의 신상과 범죄사실의 요지"를 공개하도록 규정하고 있는바, 이는 이미 공개된 형사재판에서 유죄가 확정된 형사판결이라는 공적 기록의 내용 중 일부를 국가가 공익 목적으로 공개하는 것으로 공개된 형사재판에서 밝혀진 범죄인들의 신상과 전과를 일반인이 알게 된다고 하여 그들의 인격권 내지 사생활의 비밀을 침해하는 것이라고 단정하기는 어렵다. 또한, 신상과 범죄사실이 공개되는 범죄인들은 이미 국가의 형벌권 행사로 인하여 해당 기본권의 제한 여지를 일반인보다는 더 넓게 받고 있다. 청소년 성매수 범죄자들이 자신의 신상과 범죄사실이 공개됨으로써 수치심을 느끼고 명예가 훼손된다고 하더라도 그 보장 정도에 있어서 일반인과는 차이를 둘 수밖에 없어, 그들의 인격권과 사생활의 비밀의 자유도 그것이 본질적인 부분이 아닌 한 넓게 제한될 여지가 있다. 그렇다면 청소년 성매수자의 일반적 인격권과 사생활의 비밀의 자유가 제한되는 정도가 청소년 성보호라는 공익적 요청에 비해 크다고 할 수 없으므로 결국 법 제20조 제2항 제1호의 신상공개는 해당 범죄인들의 일반적 인격권, 사생활의 비밀의 자유를 과잉금지의 원칙에 위배하여 침해한 것이라 할 수 없다(헌재 2003.6.26, 2002헌가14).

⑤ [○] 헌재 2012.12.27, 2012헌바46

이 사건 법률조항이 행위자의 책임에 비하여 형벌이 과도하여 책임과 형벌간의 비례원칙에 위배되는지 여부(소극) - 성매매 및 성매매알선 등 행위의 근절과 불법수익의 박탈은 달성되어야 할 중요한 공익이므로 이 사건 법률조항의 입법목적의 정당성과 수단의 적절성이 인정된다. 성매매가 산업적으로 재생산되는 연결고리를 차단하고 성매매알선 등 행위를 통해 불법수익을 얻으려는 유인을 막기 위해서는, 성매매알선 등 행위에 대한 처벌이 실질적 위하력을 가지도록 행위자에게 강한 책임을 물을 수밖에 없으므로, 이 사건 법률조항이 성매매 이외의 목적으로 건물을 제공할 때 통상 얻을 수 있는 이익을 필요적 몰수 · 추징의 대상에서 제외하지 않고 있더라도, 이는 중대한 공익을 달성하기 위한 것으로 행위자의 책임에 비하여 형벌이 과도하여 책임과 형벌간의 비례원칙에 위배되는 것으로 볼 수 없다(헌재 2012.12.27, 2012헌바46).

정답 ④

제7장 | 교정론

01 교정목적의 이론에 대한 설명으로 옳은 것은? 11. 교정

① 목적형주의는 교육주의 입장에서 수형자에게 사회방위를 위한 형벌과 병행하여 직업교육, 기술교육, 개선교육 등을 실시하는 것이다.

② 응보형주의는 어떠한 목적을 실현하기 위하여 개인에게 형벌을 과하는 것이 아니라, 야기된 범죄에 대하여 보복적인 의미로 형벌을 과하는 것이다.

③ 교육형주의는 범죄인에게 형벌을 과하는 대신 각종 교육을 통해 교화·개선함으로써 선량한 국민으로 재사회화시키는 것을 목적으로 한다.

④ 현대교정주의는 피해자에게 가해진 해악의 정도와 그 피해가 가해진 방법·형태에 상응하는 보복의 원칙에 따라 자유를 박탈하는 것이다.

해설

② [○] 응보형주의는 형벌의 목적을 응보로 이해하여, 행형의 본질적 목적은 자유의 박탈이라고 본다.

① [×] 교육형주의에 대한 설명이다. 목적형주의에서는 형벌은 그 자체가 목적이 아니라, 범죄인을 사회에서 격리시켜 사회의 안전을 유지하고 범죄자를 보호 및 교화개선(재사회화)하는 수단이라고 본다.

③ [×] 목적형주의에 대한 설명이다. 교육형주의에서는 형벌을 통한 범죄인의 자유박탈과 사회로부터의 격리는 교육을 위한 수단이라고 본다.

④ [×] 현대의 교정에서는 범죄자의 교화·개선과 재사회화를 궁극적인 목적으로 본다.

정답 ②

02 선별적 무능력화(selective incapacitation)에 대한 설명으로 옳지 않은 것은? 13. 교정

① 집합적 무능력화(collective incapacitation)에 비하여 교정예산의 절감에 도움이 되지 않는다.

② 범죄자 대체효과를 야기할 가능성이 있어 범죄예방에 도움이 되지 않는다는 비판이 있다.

③ 잘못된 부정(false negative)과 잘못된 긍정(false positive)의 문제를 야기할 수 있다.

④ 과학적 방법에 의하여 재범의 위험성이 높은 것으로 판단되는 개인을 구금하는 방법이다.

해설

① [×] 집합적 무능력화는 모든 강력범죄자를 장기간 구금하여 교정비용의 증가 및 과밀수용의 문제를 야기하게 되는바, 선별적 무능력화는 집합적 무능력화에 비해 이러한 문제를 해결할 수 있다고 본다.

② [○] 중·누범자들이 구금된 빈자리를 다른 범죄자들이 대신하는 경우에는 범죄감소효과를 기대하기 어렵다(범죄자 대체효과를 야기)는 단점이 지적된다.

③ [○] 선별적 무능력화는 범죄예측을 통해 행해지는바, 잘못된 긍정(false positive) 또는 잘못된 부정(false negative)의 문제가 야기될 수 있다.

④ [○] 소수의 중·누범자들이 대부분의 강력범죄를 저지른다는 전제에서 이들을 장기간 구금하여 범죄의 감소를 추구하는 방안이다.

정답 ①

03 교정의 이념에 대한 설명으로 옳지 않은 것은?

21. 교정

① 집합적 무력화(collective incapacitation)는 과학적 방법을 활용하여 재범의 위험성이 높은 것으로 판단되는 개인을 구금하기 위해서 활용되고 있다.

② 범죄자를 건설적이고 법을 준수하는 방향으로 전환시키기 위해 범죄자를 구금하는 것을 교정의 교화개선(rehabilitation)적 목적이라고 할 수 있다.

③ 무력화(incapacitation)는 범죄자가 구금기간 동안 범행할 수 없도록 범행의 능력을 무력화시키는 것을 의미한다.

④ 형벌의 억제(deterrence)효과는 처벌의 확실성, 엄중성 그리고 신속성의 세 가지 차원에 의해 결정된다.

해설

① [×] 집합적 무능력화란 '모든 강력범죄자(집단)'를 장기간 구금함으로써 범죄의 예방을 추구하는 방안이다. 반면에 선별적 무능력화란 '소수의 중 · 누범자(개인)'들이 대부분의 강력범죄를 저지른다는 전제(재범위험성이 높다고 판단)에서 이들을 장기간 구금하여 범죄의 감소를 추구하는 방안이다.

② [○] 교정의 목적(정당성)을 교화개선(rehabilitation)에서 찾는 입장은 범죄의 원인이 개인적 차원(소질)뿐만 아니라 사회적 원인(환경)에도 있다고 보아, 형의 집행을 통해 범죄자를 건전한 사회인으로 변화시켜 사회에 복귀(재사회화)시키는 것이 교정의 목적이라고 본다.

③ [○] 무능력화란 현대적 고전주의의 입장에서 범죄방지 및 피해자보호를 위해 범죄성이 강한 자들을 추방 · 구금 · 사형 등에 처함으로써 범죄가능성을 원천봉쇄하자는 주장이다.

④ [○] 인간은 합리적 · 이성적 존재이므로, 처벌을 강화하면 두려움 · 공포에 의해 범죄동기가 억제되고 범죄는 감소한다고 보는 입장(억제이론 등)에서는 범죄를 억제하는 요소로서 처벌의 확실성 · 엄중성 · 신속성을 제시한다.

정답 ①

04 교정이념 중 무력화(incapacitation)에 대한 설명으로 옳지 않은 것은?

23. 교정 7급

① 일반적으로 구금을 의미하고, 국외추방이나 사형집행도 포함한다.

② 집단적 무력화(collective incapacitation)란 재범의 위험성이 높다고 판단되는 상습범죄자의 구금을 통해 추가적인 범죄가 발생할 가능성을 제거하는 것을 의미한다.

③ 선택적 무력화(selective incapacitation)는 과학적인 방법으로 범죄를 예측하며, 교정자원을 효율적으로 활용할 수 있다.

④ 무력화 대상자 선택에 있어 잘못된 긍정(false positive)과 잘못된 부정(false negative)의 문제를 야기할 수 있다.

해설

② [×] 집단적(집합적) 무능력화란 모든 강력범죄자(집단)를 장기간 구금함으로써 범죄의 예방을 추구하는 방안이다. 반면에 '선택적(선별적) 무능력화'란 소수의 중 · 누범자(개인)들이 대부분의 강력범죄를 저지른다는 전제(재범위험성이 높다고 판단)에서 이들을 장기간 구금하여 범죄의 감소를 추구하는 방안이다.

① [○] 무력화(무능력화)란 현대적 고전주의의 입장에서 범죄방지 및 피해자보호를 위해 범죄성이 강한 자들을 추방 · 구금 · 사형에 처함으로써 범죄가능성을 원천봉쇄하자는 주장이다.

③ [○] 선택적 무력화는 범죄예측을 통하여 재범의 위험성을 과학적으로 판단하며, 과밀수용 현상의 해소 및 교정예산의 절감 등의 효과가 있다고 한다.

④ [○] 100% 정확한 범죄예측이 어려우므로, 대상자의 선별에 있어 잘못된 긍정(false positive) 또는 잘못된 부정(false negative)의 문제를 야기할 우려가 있다는 비판이 제기된다.

정답 ②

05 교정처우의 모델 중 재통합모델(또는 재사회화 모델)에 대한 설명으로 옳지 않은 것은? 14. 교정

① 수형자의 주체성과 자율성을 중시하여 수형자를 처우의 객체가 아니라 처우의 주체로 보기 때문에 처우행형과 수형자의 법적 지위확립은 조화를 이루기 어렵다고 본다.

② 범죄자의 사회재통합을 위해서는 지역사회와의 접촉과 유대 관계가 중요한 전제이므로 지역사회에 기초한 교정을 강조한다.

③ 수형자의 처우프로그램은 교도관과 수형자의 공동토의에 의해 결정되므로 처우프로그램에 수형자를 강제로 참여시키는 것은 허용되지 않는다고 본다.

④ 범죄문제의 근본적 해결을 위해서는 수형자 스스로의 행동 변화는 물론 범죄를 유발했던 지역사회도 변화되어야 한다는 입장이다.

해설

① [×] 수형자를 처우의 객체가 아닌 처우의 주체로 보아 대상자의 자발적 참여와 동의를 전제로 함으로써 주체성과 책임이 전제된 처우가 가능하게 되었고, 인권보장을 위한 수형자의 법적 지위확립 또한 가능하게 되었다.

② [○] 구금의 부정적 요인을 최소화하면서 지역사회에 재적응할 수 있도록 하는 모델로서, 지역사회와의 유대관계를 중시하고, 지역사회에 기초한 교정을 강조한다.

③ [○] 수용자의 주체성과 자율성을 인정하여 수용자의 동의와 참여하에 처우프로그램을 결정한다.

④ [○] 범죄자의 교화개선 외에 범죄를 유발하는 사회의 변화도 수반되어야 하며, 사회와 범죄자가 통합되어야 범죄문제는 해결될 수 있다고 본다.

정답 ①

06 범죄인처우모델(교정처우모델) 중 교화개선을 위한 모델과 가장 거리가 먼 것은? 22. 간부(72)

① 의료모델(치료모델) ② 경제모델(적응모델)
③ 재사회화모델(재통합모델) ④ 정의모델(공정모델)

해설

범죄인처우모델(수용자처우모델, 교정처우모델)은 ⓐ 처벌을 위한 교정모델[구금모델], ⓑ 교화개선을 위한 교정모델[의료모델, 개선모델(적응모델), 재통합모델], ⓒ 사법정의를 위한 교정모델[정의모델]로 구분할 수 있다.

④ [×] 정의모델(공정모델)은 '사법정의를 위한 교정모델'에 해당한다. 정의모델은 극단적인 개선모델이나 의료모델에 의해 야기되는 인권침해의 문제를 고려하고 응보의 측면을 강조하여 등장한 것으로서 범죄인의 법적 권리보장, 처우의 공정성 확보 및 사법정의의 실현에 중점을 두는 입장이다. 이 입장은 자유의사를 존중하는 현대적 고전주의의 접근방법으로, 수용자의 개선보다 교정제도의 개선을 강조한다(적법절차의 강조). 이에 따라 부정기형과 가석방제도를 폐지하고 정기형으로 복귀 및 선시제도의 채택, 법관의 재량권 제한, 미결구금일수의 형기산입, 수형자자치제의 확대, 옴부즈만제도의 채택, 교도소 처우의 공개 등을 주장한다.

① [○] 교화개선을 위한 교정모델 중 의료모델(치료모델)은 실증주의학파의 결정론적 관점에서 1920년대 말과 1930년대 초에 미국 교정국 등의 주도로 발전한 모델로서 범죄자를 인격이나 사회화에 결함이 있는 환자로 보아 처벌보다는 치료(처우)의 대상으로 보는 입장이다. 이에 의하면 수용자에 대한 처우를 강제적으로 실시하고, 교정시설에 광범위한 재량권을 부여할 것을 주장하고, 판결 전 조사제도를 중시하며, 미국 부정기형의 이론적 기초가 되었다.

② [○] 교화개선을 위한 교정모델 중 경제모델(적응모델, 개선모델)은 교육형사상 및 실증주의에 기초하여, 범죄인의 교화·개선을 통한 범죄방지에 목적을 두고 종교교회·상담·직업훈련 등을 통한 수용자의 사회복귀를 도모하는 입장이다. 이 또한 의료모델과 같이 범죄인을 처벌의 대상이 아닌 처우의 대상으로 보고, 부정기형을 인정하지만, 의료모형과 달리 범죄자도 자신의 행위에 대해 책임을 질 수 있고 준법 여부에 대한 의사결정능력이 있는 자라고 본다.

③ [○] 교화개선을 위한 교정모델 중 재사회화모델(재통합모델)은 구금의 부정적 요인을 최소화하면서 지역사회에 재적응할 수 있도록 하는 입장이다. 이에 의하면 범죄자의 교화개선 외에 범죄를 유발하는 사회의 변화도 수반되어야 하며, 사회와 범죄자가 통합되어야 범죄문제는 해결될 수 있다고 보며, 지역사회와의 유대관계를 중시하고, 지역사회에 기초한 교정을 강조한다.

정답 ④

07 교정의 이념에 대한 설명으로 옳지 않은 것은? 15. 교정

① 사회적 결정론자들은 사회경제적 조건을 범죄의 원인으로 보기 때문에 시장성 있는 기술 교육과 취업기회의 제공 등으로 범죄자를 복귀시키는 경제모델(economic model)을 지지한다.

② 재통합모델(reintegration model)은 범죄자의 사회재통합을 위해서 지역사회와의 의미 있는 접촉과 유대관계를 중시하므로 지역사회 교정을 강조한다.

③ 의료모델(medical model)은 범죄자가 자신의 의지에 따라 의사를 결정하고 선택할 능력이 없으며 교정을 통해서도 치료할 수 없기 때문에 선택적 무력화(selective incapacitation)를 주장한다.

④ 정의모델(justice model)은 형사사법기관의 재량권 남용은 시민에 대한 국가권력의 남용이라고 보아 공정성으로서 정의를 중시한다.

해설

③ [×] '의료모델'은 결정론의 입장에서 범죄자를 인격이나 사회화에 결함이 있는 환자라고 보아 처벌보다는 치료(처우)의 대상으로 본다. 선택적 무력화(선별적 무능력화)는 '정의모델'의 입장에서 제시되는 방안이다.

① [○] 범죄원인으로 경제적 환경을 중시하는 입장에서는 범죄자의 경제적 능력을 향상시켜 사회로 복귀시키는(재사회화) 모델을 범죄대책으로 주장한다.

② [○] 재통합모델에서는 범죄자의 교화개선 외에 범죄를 유발하는 사회의 변화도 수반되어야 하며, 사회와 범죄자가 통합되어야 범죄문제는 해결될 수 있다고 보아, 지역사회와의 유대관계를 중시하고 지역사회에 기초한 교정을 강조한다.

④ [○] 정의모델은 극단적인 개선모델이나 의료모델에 의해 야기되는 인권침해의 문제를 고려하고 응보의 측면을 강조하여 등장한 것으로서 범죄인의 법적 권리보장, 처우의 공정성 확보 및 사법정의의 실현에 중점을 두는 입장이다.

정답 ③

08 다음이 설명하는 교정처우모델로 가장 적절한 것은? 22. 경행경채

범죄자의 문제는 범죄가 발생한 사회 내에서 해결되어야 한다는 전제를 기초로 한 교정처우모델로 지역사회에 기반한 교정프로그램을 강조한다.

① 정의모델(justice model)

② 의료모델(medical model)

③ 적응모델(adjustment model)

④ 재통합모델(reintegration mode)

해설

범죄인처우모델(수용자처우모델, 교정처우모델)은 ⓐ 처벌을 위한 교정모델[구금모델], ⓑ 교화개선을 위한 교정모델[의료모델, 개선모델(적응모델), 재통합모델], ⓒ 사법정의를 위한 교정모델[정의모델]로 구분할 수 있다.

④ [○] 교화개선을 위한 교정모델 중 재사회화모델(재통합모델)은 구금의 부정적 요인을 최소화하면서 지역사회에 재적응할 수 있도록 하는 입장이다. 이에 의하면 범죄자의 교화개선 외에 범죄를 유발하는 사회의 변화도 수반되어야 하며, 사회와 범죄자가 통합되어야 범죄문제는 해결될 수 있다고 보며, 지역사회와의 유대관계를 중시하고, '지역사회에 기초한 교정을 강조'한다.

① [×] 정의모델(공정모델)은 사법정의를 위한 교정모델에 해당한다. 정의모델은 극단적인 개선모델이나 의료모델에 의해 야기되는 인권침해의 문제를 고려하고 응보의 측면을 강조하여 등장한 것으로서 '범죄인의 법적 권리보장, 처우의 공정성 확보 및 사법정의의 실현에 중점'을 두는 입장이다. 이 입장은 자유의사를 존중하는 현대적 고전주의의 접근방법으로, '수용자의 개선보다 교정제도의 개선을 강조'한다(적법절차의 강조). 이에 따라 부정기형과 가석방제도를 폐지하고 정기형으로 복귀 및 선시제도의 채택, 법관의 재량권 제한, 미결구금일수의 형기산입, 수형자자치제의 확대, 옴부즈만제도의 채택, 교도소 처우의 공개 등을 주장한다.

② [×] 교화개선을 위한 교정모델 중 의료모델(치료모델)은 실증주의학파의 결정론적 관점에서 1920년대 말과 1930년대 초에 미국 교정국 등의 주도로 발전한 모델로서 범죄자를 인격이나 사회화에 결함이 있는 환자로 보아 '처벌보다는 치료(처우)의 대상'으로 보는 입장이다. 이에 의하면 수용자에 대한 처우를 강제적으로 실시하고, 교정시설에 광범위한 재량권을 부여할 것을 주장하고, 판결 전 조사제도를 중시하며, 미국 부정기형의 이론적 기초가 되었다.

③ [×] 교화개선을 위한 교정모델 중 적응모델(경제모델, 개선모델)은 교육형사상 및 실증주의에 기초하여, 범죄인의 교화·개선을 통한 범죄방지에 목적을 두고 종교교회·상담·직업훈련 등을 통한 수용자의 사회복귀를 도모하는 입장이다. 이 또한 의료모델과 같이 범죄인을 '처벌의 대상이 아닌 처우의 대상'으로 보고, 부정기형을 인정하지만, 의료모형과 달리 범죄자도 자신의 행위에 대해 책임을 질 수 있고 준법 여부에 대한 의사결정능력이 있는 자라고 본다.

정답 ④

09 범죄자 처우의 모델에 대한 설명으로 옳지 않은 것은? 18. 교정

① 개선모델 – 가혹한 형벌을 지양하고 개선과 교화를 강조한다.

② 의료(치료·갱생)모델 – 수용자에 대한 강제적 처우로 인권침해라는 비판을 받았다.

③ 사법(정의·공정)모델 – 갱생에 대한 회의론과 의료모델로의 회귀경향이 맞물려 등장하였다.

④ 재통합모델 – 범죄자와 지역사회의 유대 및 지역사회에 기초한 처우를 중요시한다.

해설

범죄자 처우모델(수용자 처우모델)에는 구금모델, 의료모델, 개선모델, 재통합모델, 사법모델 등이 있다.

③ [×] 사법(정의·공정)모델은 극단적인 개선모델이나 의료모델에 의해 야기되는 인권침해의 문제를 고려하고 응보의 측면을 강조하여 등장한 것으로서 범죄인의 법적 권리보장, 처우의 공정성 확보 및 사법정의의 실현에 중점을 두는 입장이다. 따라서 '구금모델'로의 회귀경향에 따라 등장하였다고 보아야 한다.

① [○] 개선모델은 교육형사상 및 실증주의에 기초하여, 범죄인의 교화·개선을 통한 범죄방지에 목적을 두고 종교교회·상담·직업훈련 등을 통한 수용자의 사회복귀를 도모하는 입장으로, 범죄인을 처벌의 대상이 아닌 처우의 대상으로 본다.

② [○] 의료모델은 실증주의학파의 결정론의 입장에서 범죄자를 인격이나 사회화에 결함이 있는 환자라고 보아 처벌보다는 치료(처우)의 대상으로 보는 입장으로, 수용자에 대한 처우를 강제적으로 실시하고, 교정시설에 광범위한 재량권을 부여한다. 이에 대해서는 치료효과의 측정이 어렵고, 수용자가 단순히 치료의 객체로 취급되기 쉬워 인권침해의 우려가 있다는 비판이 제기된다.

④ [○] 재통합모델은 범죄자의 교화개선 외에 범죄를 유발하는 사회의 변화도 수반되어야 하며, 사회와 범죄자가 통합되어야 범죄문제는 해결될 수 있다고 보아, 지역사회와의 유대관계를 중시하고, 지역사회에 기초한 교정을 강조한다.

정답 ③

10 다음에서 설명하는 교화개선모형은? 22. 교정

- 1920년대 말과 1930년대 초에 미국 교정국 등의 주도하에 발전한 모델로 범죄 원인은 개인에게 있으므로 진단하고 치료할 수 있다고 본다.
- 처벌은 범죄자 문제를 해결하는 데 전혀 도움이 되지 않고, 오히려 범죄자의 부정적 관념을 강화시킬 수 있으므로 범죄자를 치료할 수 있는 치료 프로그램을 개발하고 적용하는 것이 필요하다.

① 적응모형(adjustment model)

② 의료모형(medical model)

③ 재통합모형(reintegration model)

④ 무력화모형(incapacitation model)

해설

② [○] 의료모형은 실증주의학파의 결정론적 관점에서 범죄자를 인격이나 사회화에 결함이 있는 환자로 보아 처벌보다는 치료(처우)의 대상으로 보는 입장이다.

① [×] 적응모형은 교육형사상 및 실증주의에 기초하여, 범죄인의 교화·개선을 통한 범죄방지에 목적을 두고 종교교회·상담·직업훈련 등을 통한 수용자의 사회복귀를 도모하는 입장이다. 의료모형과 같이 범죄자를 환자로 보아 처우를 행해야 한다고 보지만, 의료모형과 달리 범죄자도 자신의 행위에 대해 책임을 질 수 있고 준법 여부에 대한 의사결정능력이 있는 자라고 본다.

③ [×] 재통합모형은 구금의 부정적 요인을 최소화하면서 지역사회에 재적응할 수 있도록 하는 모델로서, 범죄자의 교화개선 외에 범죄를 유발하는 사회의 변화도 수반되어야 하며, 사회와 범죄자가 통합되어야 범죄문제는 해결될 수 있다고 보아, 지역사회와의 유대관계를 중시하고, 지역사회에 기초한 교정을 강조한다.

④ [×] 무력화란 현대적 고전주의의 입장에서 범죄방지 및 피해자보호를 위해 범죄성이 강한 자들을 추방·구금·사형에 처함으로써 범죄가능성을 원천봉쇄하자는 주장이다.

정답 ②

11 교화개선모형에 대한 설명으로 옳지 않은 것은?

21. 교정

① 범죄자의 형기는 범죄행위에 대한 것이 아니라 범죄자를 교화개선시키는 데 요구되는 시간이 되어야 한다.

② 적응모형(adjustment model)의 처우기법은 주로 지역사회에 기초한 사회복귀프로그램이다.

③ 교화개선모형에 입각한 대부분의 처우 프로그램은 효과가 없다고 비판받는다.

④ 범죄자의 사회재통합을 위해서는 지역사회와의 의미 있는 접촉과 유대관계가 전제되어야 한다.

해설

② [×] 교화개선모형 중 지역사회와의 유대관계를 중시하고 지역사회에 기초한 교정을 강조하는 입장은 '재통합모델'이다.

① [○] 수용자처우모델(범죄자처우모형)은 ⓐ 처벌을 위한 교정으로서 '구금모델', ⓑ 교화개선을 위한 교정으로서 '의료모델'·'개선모델'·'재통합모델', ⓒ 사법정의를 위한 교정으로서 '정의모델'로 나눌 수 있다. 이 중 교화개선을 위한 교정(교화개선모형)은 실증주의에 기초한 입장으로서, 일반적으로 범죄자의 형기는 범죄행위에 대한 것이 아니라(정기형 부정) 범죄자를 교화개선시키는 데 요구되는 시간이 되어야 한다(부정기형 인정)고 본다.

③ [○] 교화개선모형에 따른 처우의 효과에 대한 비판으로, 이후 정의모델이 등장하는 계기가 되었다.

④ [○] 교화개선모형 중 재통합모델에서는 범죄자의 교화개선 외에 범죄를 유발하는 사회의 변화도 수반되어야 하며, 사회와 범죄자가 통합되어야 범죄문제는 해결될 수 있다고 본다.

정답 ②

12 구금방법에 대한 설명으로 옳지 않은 것은?

18. 교정

① 펜실베니아시스템(Pennsylvania System)은 독거생활을 통한 반성과 참회를 강조한다.

② 오번시스템(Auburn System)은 도덕적 개선보다 노동습관의 형성을 더 중요시한다.

③ 펜실베니아시스템은 윌리엄 펜(William Penn)의 참회사상에 기초하여 창안되었으며 침묵제 또는 교담금지제로 불린다.

④ 오번시스템은 엘람 린즈(Elam Lynds)가 창안하였으며 반독거제 또는 완화독거제로 불린다.

해설

③ [×] 펜실베니아제는 퀘이커교도인 윌리암 펜(W. Pen)의 참회사상과 존 하워드(J. Howard)의 독거제(감옥개량운동)의 영향을 받았다. 침묵제·교담금지제는 오번제도에 대한 표현이다.

① [○] 펜실베니아제는 절대침묵과 정숙을 유지하며 주간·야간 구분 없이 엄정한 독거수용을 통해 회오·반성하는 것을 목적으로 하는 구금방식이다(엄정독거제, 분방제, 필라델피아제).

② [○] 오번제는 당시 산업사회의 노동력 확보라는 시대적 요구에 부응하면서 수용자들에게 도덕적 개선보다는 일하는 습관을 심어줌으로써 재범을 방지하는데 중점을 두는 것이었다.

④ [○] 오번제는 1823년 엘람 린즈(Elam Lynds)가 오번 교도소에서 새로운 혼거제를 실시하면서 시작되었는데, 엄정독거제의 결점을 보완하고 혼거제의 폐해를 제거하기 위한 목적으로 고안된 것으로서, 야간에는 독거구금하고 주간에는 침묵상태에서 혼거작업을 실시하는 구금방식이다(침묵제, 완화독거제, 교담금지제).

정답 ③

13 혼거수용제 및 독거수용제에 관한 비교설명으로 옳은 것은? 16. 경비

① 혼거수용제는 독거수용제에 비해 수용자간 범죄학습을 방지하는 데 유리하다.

② 혼거수용제는 독거수용제에 비해 수용시설 내 전염병 예방이 용이하다.

③ 독거수용제는 혼거수용제에 비해 교정예산이 많이 소요된다.

④ 독거수용제는 혼거수용제에 비해 집단적 사회적응훈련에 유리하다.

해설

③ [○] 독거제는 교정비용이 많이 소요되나, 혼거제는 교정비용이 절감된다.

① [×] 독거수용제(독거제)는 악풍감염(수용자간 범죄학습) 예방에 유리하나, 혼거수용제(혼거제)는 악풍감염의 우려가 있다.

② [×] 독거제가 혼거제에 비하여 전염병 예방에 유리하다.

④ [×] 독거제는 집단교육훈련 등 사회적 훈련에 부적합하다.

정답 ③

MEMO

MEMO

MEMO

2024 최신개정판

해커스경찰

노신 범죄학

단원별 기출+실전문제집

개정 3판 1쇄 발행 2024년 1월 10일

지은이	노신 편저
펴낸곳	해커스패스
펴낸이	해커스경찰 출판팀
주소	서울특별시 강남구 강남대로 428 해커스경찰
고객센터	1588-4055
교재 관련 문의	gosi@hackerspass.com 해커스경찰 사이트(police.Hackers.com) 교재 Q&A 게시판 카카오톡 플러스 친구 [해커스경찰]
학원 강의 및 동영상강의	police.Hackers.com
ISBN	979-11-6999-759-1 (13350)
Serial Number	03-01-01